에듀윌과 함께
서비스 경영 전문가로 나아갈 여러분!

고객 만족과 서비스의 가치를 높이는 일은
사람의 마음을 다루는 전문성에서 시작됩니다.

자격시험을 준비하다 보면
용어와 이론이 어렵게 느껴질 수도 있습니다.
하지만 꾸준히 개념을 익히고
문제를 반복해서 풀다 보면
여러분은 자연스럽게 고객을 관리하고
상황을 조율하는 능력을 갖추게 될 것입니다.

공신력 있는 전공 관련 자격증을 취득하여
취업 경쟁력을 얻고 싶은 취준생
서비스 전문성을 갖춘 관리자로 승진하기 위해
역량을 인정받고 싶은 직장인
CS 전문가로의 새로운 도전을 하는 학습자까지
각자의 자리에서 노력하는 여러분!

에듀윌을 믿고 끝까지 도전하세요.
이 책과 함께라면
CS리더스 관리사 합격은 현실이 됩니다.

누적판매 11만부 돌파
서비스 자격 초단기 합격 교재

최신 기출복원문제를 제공하는
에듀윌 SMAT/CS리더스 관리사 교재

CS리더스 관리사

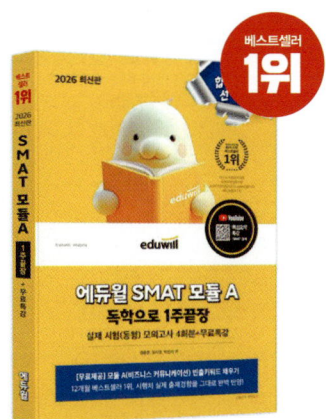

SMAT 모듈A

SMAT 모듈B

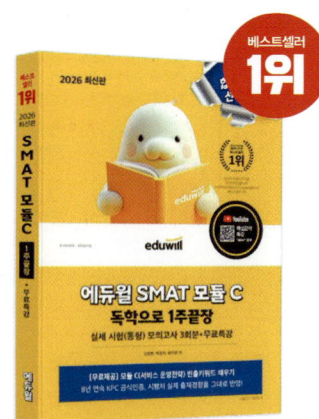

SMAT 모듈C

* 에듀윌 SMAT/CS리더스 관리사 시리즈 교재 누적 판매량 합산 기준(2018년~2026년 11월)
* 에듀윌 CS리더스 관리사 YES24 수험서 자격증 국가자격/전문사무 소비자전문상담/CS Leaders(관리사) 베스트셀러 1위(2025년 4월 월별 베스트)
* 에듀윌 SMAT 모듈A YES24 수험서 자격증 국가자격/전문사무 소비자전문상담사/CS Leaders(관리사) 베스트셀러 1위 (2020년 4월, 10월, 2021년 10월, 2023년 4월, 2024년 3월, 9월, 2025년 3월 월별 베스트)
* 에듀윌 SMAT 모듈B YES24 수험서 자격증 국가자격/전문사무 소비자전문상담사/CS Leaders(관리사) 베스트셀러 1위 (2020년 3월 2주, 2021년 11월 3주, 2022년 5월 3주, 7월 1주, 2024년 5월 1주, 2025년 5월 2주 주별 베스트)
* 에듀윌 SMAT 모듈C YES24 수험서 자격증 국가자격/전문사무 소비자전문상담사/CS Leaders(관리사) 베스트셀러 1위(2024년 10월 월별 베스트)

CS리더스 관리사 독학으로 한권끝장
1주 플래너

과목	CHAPTER	페이지	플랜
제1과목 CS 개론	CHAPTER 01 고객만족관리 개론	p.14	1일
	CHAPTER 02 고객만족경영(CSM)	p.23	
	CHAPTER 03 고객(소비자)행동	p.29	
	CHAPTER 04 고객관계관리(CRM)	p.36	
	CHAPTER 05 서비스(Service)의 정의	p.50	
	CHAPTER 06 서비스 리더십	p.55	
제2과목 CS 전략론	CHAPTER 01 서비스 기법	p.82	2일
	CHAPTER 02 마케팅 전략과 서비스 차별화	p.88	
	CHAPTER 03 서비스 차별화 사례연구	p.97	
	CHAPTER 04 서비스 품질	p.103	3일
	CHAPTER 05 고객만족 평가조사	p.112	
	CHAPTER 06 고객만족 컨설팅	p.119	
	CHAPTER 07 고객만족 혁신전략	p.124	
제3과목 고객관리 실무론	CHAPTER 01 전화 서비스	p.156	4일
	CHAPTER 02 고객상담	p.166	
	CHAPTER 03 예절과 에티켓	p.175	
	CHAPTER 04 비즈니스 매너	p.180	
	CHAPTER 05 소비자기본법	p.187	
	CHAPTER 06 개인정보 보호법	p.194	
	CHAPTER 07 프레젠테이션	p.206	

과목	CHAPTER	페이지	플랜
기출복원 모의고사	제1회	p.232	5일
	제2회	p.246	
	제3회	p.260	6일
	제4회	p.274	
	제5회	p.288	7일

CS리더스 관리사 독학으로 한권끝장
2주 플래너

과목	CHAPTER	페이지	플랜
제1과목 CS 개론	CHAPTER 01 고객만족관리 개론	p.14	1일
	CHAPTER 02 고객만족경영(CSM)	p.23	
	CHAPTER 03 고객(소비자)행동	p.29	2일
	CHAPTER 04 고객관계관리(CRM)	p.36	
	CHAPTER 05 서비스(Service)의 정의	p.50	3일
	CHAPTER 06 서비스 리더십	p.55	
제2과목 CS 전략론	CHAPTER 01 서비스 기법	p.82	4일
	CHAPTER 02 마케팅 전략과 서비스 차별화	p.88	
	CHAPTER 03 서비스 차별화 사례연구	p.97	5일
	CHAPTER 04 서비스 품질	p.103	
	CHAPTER 05 고객만족 평가조사	p.112	6일
	CHAPTER 06 고객만족 컨설팅	p.119	
	CHAPTER 07 고객만족 혁신전략	p.124	
제3과목 고객관리 실무론	CHAPTER 01 전화 서비스	p.156	7일
	CHAPTER 02 고객상담	p.166	
	CHAPTER 03 예절과 에티켓	p.175	8일
	CHAPTER 04 비즈니스 매너	p.180	
	CHAPTER 05 소비자기본법	p.187	9일
	CHAPTER 06 개인정보 보호법	p.194	
	CHAPTER 07 프레젠테이션	p.206	

기출복원 모의고사	제1회	p.232	10일
	제2회	p.246	11일
	제3회	p.260	12일
	제4회	p.274	13일
	제5회	p.288	14일

에듀윌이
너를
지지할게
ENERGY

처음에는 당신이 원하는 곳으로
갈 수는 없겠지만,
당신이 지금 있는 곳에서
출발할 수는 있을 것이다.

– 작자 미상

에듀윌
CS리더스 관리사
한권끝장 + 무료특강

머리말

예비 서비스 전문가를 위한 길잡이

국제화 시대와 정보산업의 발달로 고객의 요구가 다양해지고 있는 가운데, 비즈니스 경쟁력 제고를 위한 고객만족경영이 더욱 중요시되고 있습니다. CS리더스 관리사는 이러한 고객의 요구를 만족시키기 위해 보다 전문적인 이론과 실무를 다루고 있습니다. 직접적인 서비스직이 아니더라도 직장인들이 필수적으로 알아야 할 기본 매너부터 보다 전문적인 서비스를 수행하는 사람에게 적합한 내용까지 다양하게 담고 있는 CS리더스 관리사를 통해 서비스 전문가에 한 걸음 더 다가가기를 소망합니다.

본 서는 시험에 합격하기까지 꼭 필요한 내용만 압축하여 수록하였습니다. 문제은행 방식으로 출제되는 만큼 다양한 문제를 제공하기 위해 본 서에 수록된 기출복원 모의고사 5회분과 과목별 최빈출 문항 외에도 모바일로 풀어볼 수 있는 CBT 기출복원 모의고사 10회분을 무료로 제공하니 꼭 활용하여 단번에 합격하기를 기원합니다. 또한 과목별 핵심요약강의도 무료로 제공하니 알차게 활용하시기를 바랍니다. 에듀윌 CS리더스 관리사를 통해 많은 수험생들이 합격하기를 진심으로 기원합니다.

저자 이서희

이서희

| 약력 |
숙명여자대학교 대학원 원격공학 석사
현) 한국CS표준교육센터장
　　KCS사이버연수원장
　　(사)한국정보평가협회 CS Leaders 지도사
　　오산대학교 항공서비스과 겸임교수
전) 한국정보평가협회 출제부장
　　경북/마산직업전문학교 취업/직부교육강사
　　(주)지식21KT능력개발센터 교육팀장
　　MBC아케데미 CS Leaders 지도사 양성 총괄
　　동의과학대 항공서비스과 겸임교수
　　대전과학기술대 의료관광코디네이션학과
　　겸임교수
　　인덕대학교 서비스운항학과 겸임교수

| 실적 |
국가공인 CSLeaders(관리사) 자격증 위원
KT-IBM 기업교육(CS Leaders/병원CS/보험심사청구) 콘텐츠 개발 총괄
삼성전자서비스 CS Leaders 콘텐츠 공동개발
NCS과정 개발참여(동의과학대)
NCS평가과정 진행(대전과학기술대학)

서비스 자격 전문 검수진

박정아

| 약력 |

서강대학교 교육대학원 석사
현) IT&BASIC 교육연구소 소장
　　포스코 외 CS전문 강사
　　한국생산성본부 파트너 강사
전) (주)호텔신라 면세유통사업부 CS팀 근무
　　(주)홈플러스테스코 CS전문강사
　　오산대학교 관광서비스 경영실무 외래교수

| 수상 |

제11회 I-TOP 경진대회 서비스경영 분야 최우수상

유지영

| 약력 |

인하대학교 교육대학원 석사
현) SP컨설팅 대표
　　커넥트밸류 전임 교수
　　한국교육정보센터 이사
　　한국생산성본부 인증 SMAT 공인강사
　　연성대학교, 안산대학교, 신안산대학교, 대림대학교 SMAT 외래교수
전) 한화생명 CS전문 강사

김정현

| 약력 |

한국외국어대학교 경영대학원 석사
현) Burntimekorea(기업교육 전문회사) 대표
　　부천대학교 공동훈련센터 영업실무 교수
　　산업인력공단 일학습병행 영업마케팅 교수
전) 대전보건대학교 창업/경영 겸임교수
　　한국생산성본부 본부직속 SMAT 공인강사
　　리츠칼튼 호텔 호텔리어
　　(주)프라이어스 사업 본부장

시험안내

1. 시험 정보

CS리더스 관리사란 고객의 입장에서 고품질의 서비스의 필요성과 역할에 부합되도록 직무를 정의하고 비즈니스 경쟁력 향상을 위한 서비스 체계 기반 마련에 기여할 수 있는 인재를 위한 자격증입니다.

- 주관처: (사)한국정보평가협회(www.kie.or.kr)
- 응시료: 70,000원
- 응시자격: 제한 없음
- 응시지역: 서울, 인천, 대전, 대구, 부산, 광주
- 응시시간: 오전 11:00~오후 12:15

※ 주관처 홈페이지를 통해 2026년 시험일정을 확인하시기 바랍니다.
※ 온라인 원서 접수는 시작일 오전 9:00부터 가능합니다.
※ 자격 검정 일정 및 장소는 주관처의 사정에 따라 변경될 수 있습니다.
※ 접수 기간 중 응시 지원자에 따라 일부 고사장이 조기마감될 수 있습니다.
※ 응시자는 시험 시작 30분 전(오전 10:30)까지 신분 확인 및 응시자 교육을 위하여 고사실에 입실완료 하시기 바랍니다.

2. 학점인정

구분	해당 전공	인정 학점
전문학사	경영, 관광경영, 마케팅정보	6점
학사	경영학, 관광경영학, 호텔경영학	6점

※ 자격 취득자는 위 전공에 해당할 경우, 학점은행제 전공필수 학점으로 인정됩니다.

3. 검정 방법 및 기준

검정 방법	필기시험(1과목당 25문항씩 총 3과목 75문항/75분/5지 선다형)
검정 기준	고객만족과 서비스관련 종목에 관한 실무 이론 지식을 통해 교육학, 인사관리학, 마케팅학 등 유사 학문과의 관련 지식을 이용하여 고객 만족을 관리 및 교육하고 업무에 활용할 수 있는 능력을 갖추었는지 평가함

4. 합격기준

합격	전 과목 평균 100점 만점에 60점 이상
불합격	전 과목 평균 100점 만점에 60점 미만
과락으로 인한 불합격	3과목 중 단일 과목 획득 점수 40점 미만

5. 정답 개수별 환산 점수

정답 개수	점수	환산 점수	정답 개수	점수	환산 점수	정답 개수	점수	환산 점수
1	1.33	1	26	34.67	35	51	68	68
2	2.67	3	27	36	36	52	69.33	69
3	4	4	28	37.33	37	53	70.67	71
4	5.33	5	29	38.67	39	54	72	72
5	6.67	7	30	40	40	55	73.33	73
6	8	8	31	41.33	41	56	74.67	75
7	9.33	9	32	42.67	43	57	76	76
8	10.67	11	33	44	44	58	77.33	77
9	12	12	34	45.33	45	59	78.67	79
10	13.33	13	35	46.67	47	60	80	80
11	14.67	15	36	48	48	61	81.33	81
12	16	16	37	49.33	49	62	82.67	83
13	17.33	17	38	50.67	51	63	84	84
14	18.67	19	39	52	52	64	85.33	85
15	20	20	40	53.33	53	65	86.67	87
16	21.33	21	41	54.67	55	66	88	88
17	22.67	23	42	56	56	67	89.33	89
18	24	24	43	57.33	57	68	90.67	91
19	25.33	25	44	58.67	59	69	92	92
20	26.67	27	45	60	60	70	93.33	93
21	28	28	46	61.33	61	71	94.67	95
22	29.33	29	47	62.67	63	72	96	96
23	30.67	31	48	64	64	73	97.33	97
24	32	32	49	65.33	65	74	98.67	99
25	33.33	33	50	66.67	67	75	100	100

총 75문항 중 45문항(과목별로 15문항) 이상이면 합격!

구성과 특징

꼭 필요한 내용만 담은 핵심 이론 & 과목별 빈출 문항

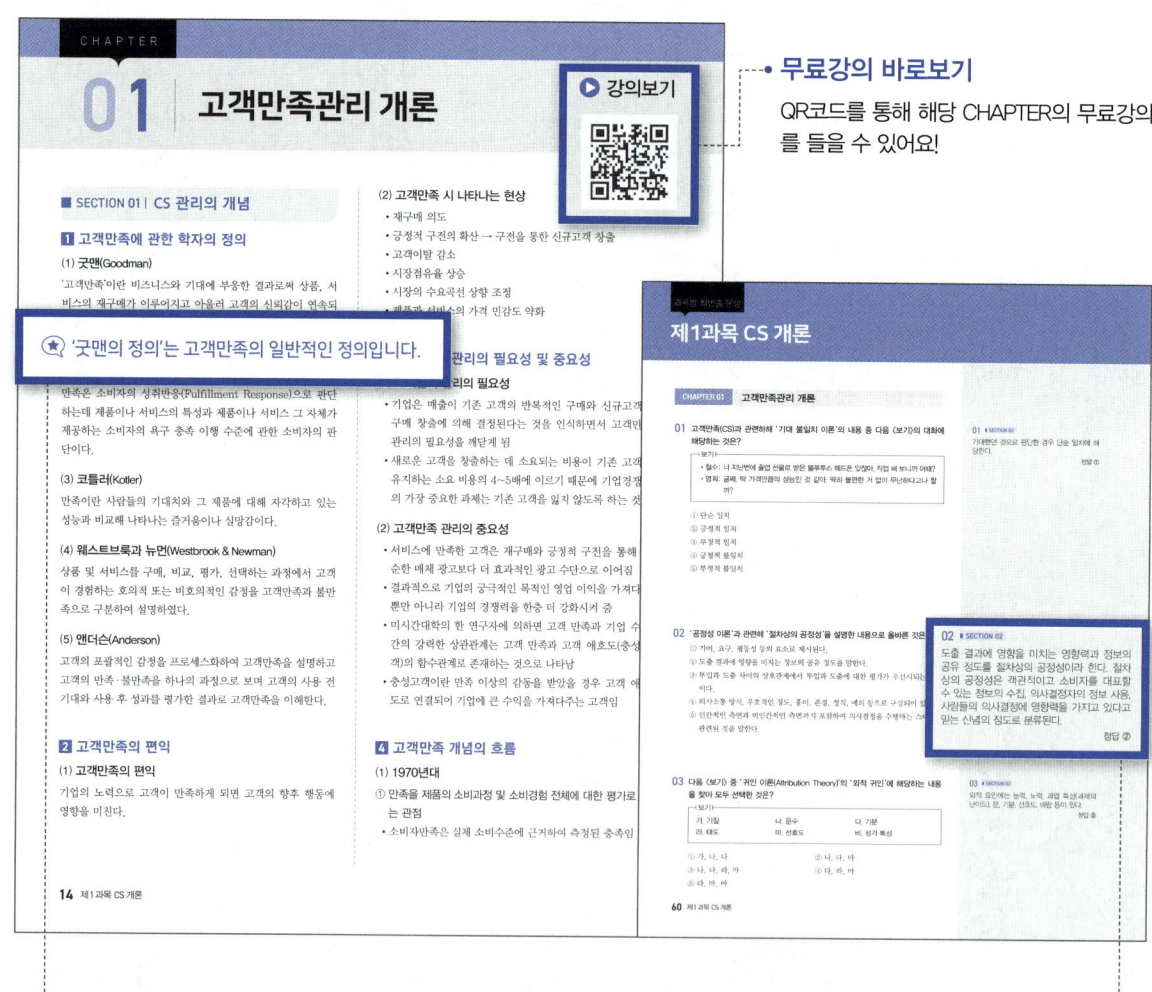

무료강의 바로보기
QR코드를 통해 해당 CHAPTER의 무료강의를 들을 수 있어요!

저자의 팁
★ 별 표시로 학습에 도움이 되는 내용을 담았어요. 오답으로 자주 출제되는 내용도 수록하였으니 반드시 확인하고 넘어가세요!

이론과 연결되는 SECTION
해설과 함께 이론의 SECTION을 표시했어요. 부족한 이론은 바로 학습하세요.

시험장에서 만날 문제들로 구성한 기출복원 모의고사

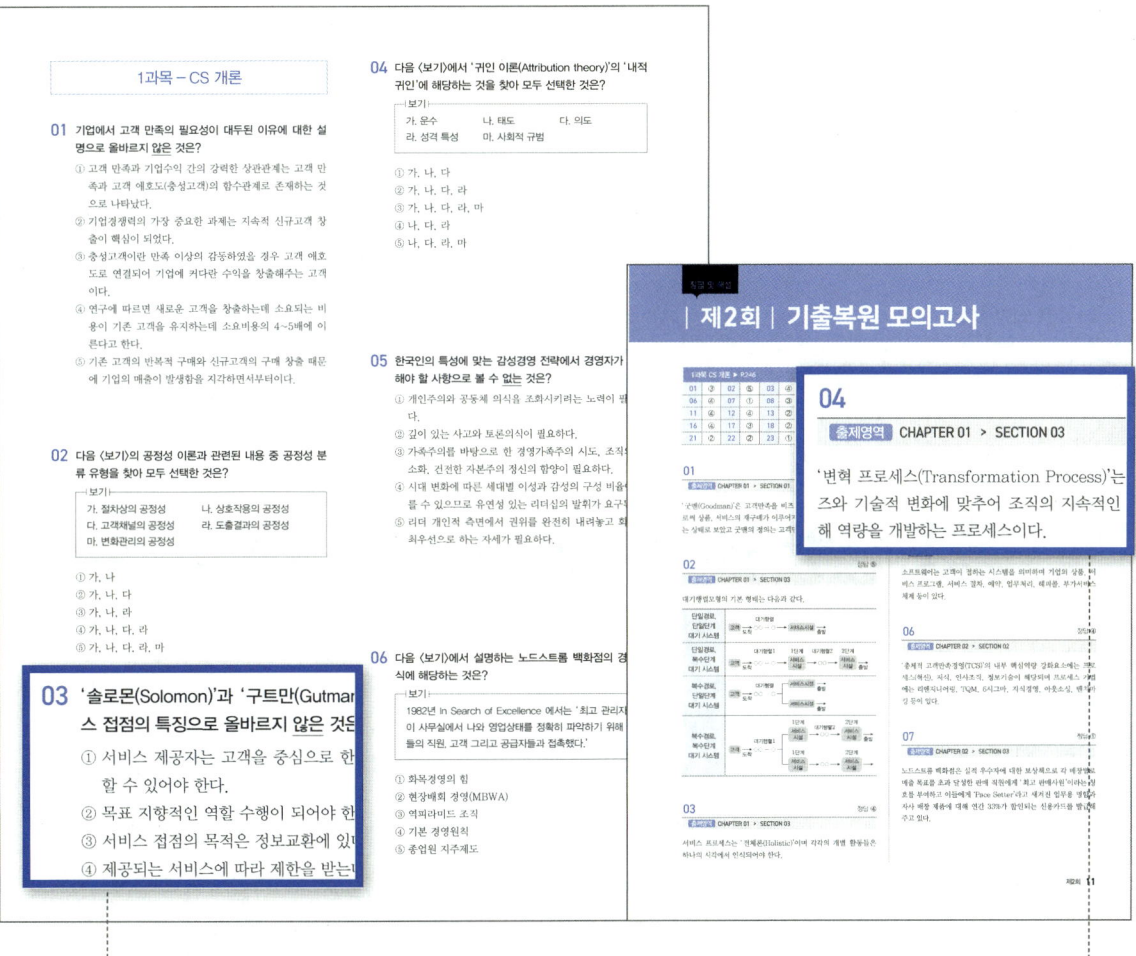

5회분의 기출복원 모의고사
실제 시험과 동일하게 구성한 기출복원 모의고사로 실전 감각을 키우세요!

상세한 해설
문항별 상세한 해설을 통해 오답까지 확실하게 정리하고 넘어가세요. '출제영역'을 통해 복습이 필요한 부분도 쉽게 확인할 수 있어요.

차례

제1과목	CS 개론	본문
CHAPTER 01	고객만족관리 개론	14
CHAPTER 02	고객만족경영(CSM)	23
CHAPTER 03	고객(소비자) 행동	29
CHAPTER 04	고객관계관리(CRM)	36
CHAPTER 05	서비스(Service)의 정의	50
CHAPTER 06	서비스 리더십	55
+ 과목별 최빈출 문항		60

제2과목	CS 전략론	본문
CHAPTER 01	서비스 기법	82
CHAPTER 02	마케팅 전략과 서비스 차별화	88
CHAPTER 03	서비스 차별화 사례연구	97
CHAPTER 04	서비스 품질	103
CHAPTER 05	고객만족 평가조사	112
CHAPTER 06	고객만족 컨설팅	119
CHAPTER 07	고객만족 혁신전략	124
+ 과목별 최빈출 문항		133

제3과목	고객관리 실무론	본문
CHAPTER 01	전화 서비스	156
CHAPTER 02	고객상담	166
CHAPTER 03	예절과 에티켓	175
CHAPTER 04	비즈니스 매너	180
CHAPTER 05	소비자기본법	187
CHAPTER 06	개인정보 보호법	194
CHAPTER 07	프레젠테이션	206
➕ 과목별 최빈출 문항		214

기출복원 모의고사	본문	정답 및 해설
제1회	232	2
제2회	246	11
제3회	260	20
제4회	274	28
제5회	288	37

➕ OMR		311

➕ CBT 기출복원 모의고사 10회분 - 교재 표지 뒤 QR코드를 촬영하여 이용하세요.

제1과목
CS 개론

CHAPTER 01	고객만족관리 개론	14
CHAPTER 02	고객만족경영(CSM)	23
CHAPTER 03	고객(소비자)행동	29
CHAPTER 04	고객관계관리(CRM)	36
CHAPTER 05	서비스(Service)의 정의	50
CHAPTER 06	서비스 리더십	55

출제비율

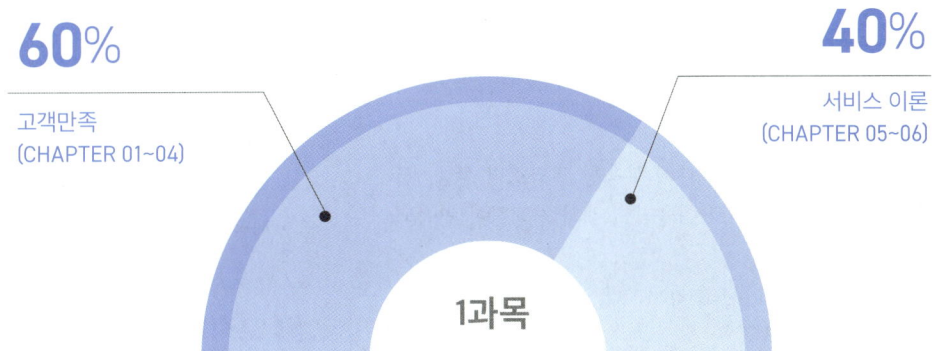

60%
고객만족
(CHAPTER 01~04)

40%
서비스 이론
(CHAPTER 05~06)

1과목

학습전략

CS 개론에서는 개념의 정의, 학자명, 장점과 단점, 서비스의 특징과 개선방안, 한계점, 프로세스 개념, 고객의 개념, 고객행동 영향요인 등 모든 부분에서 출제가 됩니다. 각 챕터별 모든 부분에서 고르게 출제되면서도 다양하게 변형된 문제들이 자주 보이므로 이론을 꼼꼼히 정독한 후 기출복원문제를 통해 최종 점검하시는 것을 추천합니다.

CHAPTER 01 | 고객만족관리 개론

강의보기

■ SECTION 01 | CS 관리의 개념

1 고객만족에 관한 학자의 정의

(1) 굿맨(Goodman)

'고객만족'이란 비즈니스와 기대에 부응한 결과로써 상품, 서비스의 재구매가 이루어지고 아울러 고객의 신뢰감이 연속되는 상태이다.

★ '굿맨의 정의'는 고객만족의 일반적인 정의입니다.

(2) 올리버(Oliver)

만족은 소비자의 성취반응(Fulfillment Response)으로 판단하는데 제품이나 서비스의 특성과 제품이나 서비스 그 자체가 제공하는 소비자의 욕구 충족 이행 수준에 관한 소비자의 판단이다.

(3) 코틀러(Kotler)

만족이란 사람들의 기대치와 그 제품에 대해 자각하고 있는 성능과 비교해 나타나는 즐거움이나 실망감이다.

(4) 웨스트브룩과 뉴먼(Westbrook & Newman)

상품 및 서비스를 구매, 비교, 평가, 선택하는 과정에서 고객이 경험하는 호의적 또는 비호의적인 감정을 고객만족과 불만족으로 구분하여 설명하였다.

(5) 앤더슨(Anderson)

고객의 포괄적인 감정을 프로세스화하여 고객만족을 설명하고 고객의 만족·불만족을 하나의 과정으로 보며 고객의 사용 전 기대와 사용 후 성과를 평가한 결과로 고객만족을 이해한다.

2 고객만족의 편익

(1) 고객만족의 편익

기업의 노력으로 고객이 만족하게 되면 고객의 향후 행동에 영향을 미친다.

(2) 고객만족 시 나타나는 현상
- 재구매 의도
- 긍정적 구전의 확산 → 구전을 통한 신규고객 창출
- 고객이탈 감소
- 시장점유율 상승
- 시장의 수요곡선 상향 조정
- 제품과 서비스의 가격 민감도 약화

3 고객만족 관리의 필요성 및 중요성

(1) 고객만족 관리의 필요성
- 기업은 매출이 기존 고객의 반복적인 구매와 신규고객의 구매 창출에 의해 결정된다는 것을 인식하면서 고객만족 관리의 필요성을 깨닫게 됨
- 새로운 고객을 창출하는 데 소요되는 비용이 기존 고객을 유지하는 소요 비용의 4~5배에 이르기 때문에 기업경쟁력의 가장 중요한 과제는 기존 고객을 잃지 않도록 하는 것임

(2) 고객만족 관리의 중요성
- 서비스에 만족한 고객은 재구매와 긍정적 구전을 통해 단순한 매체 광고보다 더 효과적인 광고 수단으로 이어짐
- 결과적으로 기업의 궁극적인 목적인 영업 이익을 가져다줄 뿐만 아니라 기업의 경쟁력을 한층 더 강화시켜 줌
- 미시간대학의 한 연구자에 의하면 고객 만족과 기업 수익 간의 강력한 상관관계는 고객 만족과 고객 애호도(충성고객)의 함수관계로 존재하는 것으로 나타남
- 충성고객이란 만족 이상의 감동을 받았을 경우 고객 애호도로 연결되어 기업에 큰 수익을 가져다주는 고객임

4 고객만족 개념의 흐름

(1) 1970년대

① 만족을 제품의 소비과정 및 소비경험 전체에 대한 평가로 보는 관점
- 소비자만족은 실제 소비수준에 근거하여 측정된 충족임

- 만족은 상품 그 자체가 아니라 소비된 상품의 만족에 기인하기 때문에 주관적임
- 기대 일치 또는 불일치라는 두 가지 성과는 판단에 영향을 미치기 때문에 만족도는 제품 자체에 근거한 것이 아니라 제품의 획득을 둘러싼 경험에 의한 것임
- 만족도는 단순 제품 평가가 아닌 제품 구매 과정까지 포함함

② 만족을 대상이나 목적에 대한 판단의 결과로 보는 관점
- 소비자만족은 지각된 제품 퍼포먼스가 기대 이상인 경우에 발생함

(2) 1980년대 – 만족을 심리적 관점에서 파악하는 관점
- 소비자만족이란 기대에 대한 불일치를 경험한 경우 감정과 소비 경험에 대해 사전에 소비자가 갖는 감정이 복합적으로 초래된 전체적인 심리적 상태
- 특정 제품 혹은 서비스 사용 또는 소비로 얻어지는 경험을 평가해 나타나는 소비자의 정서적 반응
- 만족은 구매한 특정 제품이나 서비스, 소매점, 쇼핑, 구매 행동 및 시장에서 발생하는 전반적인 행동과 관련된 경험에 대한 정서적 반응
- 만족은 흥미, 기쁨, 유쾌함 등의 긍정적인 정서 요인

SECTION 02 | CS 관리의 역사

1 고객만족의 유래

- 1972년 미국 농산부에서 농산품에 대한 소비자만족지수를 측정함
- 소비자만족지수를 활용한 '굿맨(Goodman) 이론'에서 고객들의 정서적인 불만요소를 정량적으로 지수화해 발표함
- 이후 미국의 리서치 회사인 J. D. Power가 자동차 부문의 기업 순위를 평가할 때 고객만족을 활용함
- 1981년 스칸디나비아 항공 사장인 얀 칼슨(Jan Carlzon)에 의해 '진실의 순간(MOT; Moment Of Truth)' 개념을 회사 경영에 도입하면서 확산됨

2 고객만족의 역사

(1) 1980년대 – CS 무관심 단계

기업중심의 경영이 이루어졌으며, 1981년 스칸디나비아 항공사의 MOT 도입으로 CS 경영이 성공을 거두고, 1980년대 후반 일본에서 고객만족 경영이 도입되었다.

(2) 1990년대 – CS 도입 및 침체기

고객중심 경영으로 전환되었고, 1992년 LG사가 고객가치창조 개념을 도입하면서 한국에 본격적으로 확산되었다. 이후 삼성의 신경영(1993)과 공기업(KT, 철도청 등)의 CS 도입이 본격화되었으나, 1997년 후반 IMF 외환위기로 침체를 겪었다.

(3) 2000년대 – CS 시대

고객감동 경영이 확산되며, 업종을 불문하고 대부분의 기업이 CS 경영을 도입하였다.

3 고객만족 결정요소

(1) 제품/서비스 특징
- 제품/서비스 특징에 대한 고객의 평가에 의해 영향을 받음
- 가격수준, 품질, 개인적 친분, 고객화 수준 간의 상관관계가 있음

(2) 고객감정

고객의 서비스 전 감정, 소비체험으로부터 얻은 부정적인 감정과 긍정적인 감정은 서비스의 지각에 영향을 미친다.

(3) 서비스의 성공/실패의 원인에 대한 귀인

기대한 것보다 서비스에 만족 또는 불만족하였을 경우 소비자는 그 이유를 분석하여 평가하며 이때 평가는 고객만족에 영향을 미친다.

(4) 공평성의 지각

서비스 전달자의 공평한 서비스 전달은 고객만족에 영향을 미친다.

(5) 다른 고객, 가족 구성원, 동료

구전에 의한 영향을 받는다.

4 고객만족의 요소

(1) 직접적 요소
- 성능
- 기능
- 가격
- 분위기
- 종사원의 서비스
- 사후 서비스
- 예 스마트폰의 성능, 스마트폰의 가격, 판매사원의 서비스 수준, 기업의 사후 서비스 등

(2) 간접적 요소
- 기업의 사회를 위한 공헌 활동
- 환경보호
- 복지 및 시설 제공
- 예) 소비자의 권익보호 등

5 고객만족 이론

(1) 기대불일치 이론

① 학자: 올리버(Oliver)

② 정의
- 제품의 구매 이전에 그 성과에 대한 기대를 형성하는 것
- 부정적 불일치(Negative Disconfirmation): 제품 구매 및 사용을 통하여 지각된 제품의 성과를 기대보다 못한 것으로 판단한 경우
- 긍정적 불일치(Positive Disconfirmation): 제품 성과를 기대보다 나은 것으로 판단한 경우

③ 순응(현상) 이론: 기대는 불일치 및 만족에 영향을 주고 성과에 순응하는 수준이며 순응 현상에서 나타나는 요인에 영향을 받음

④ 이론에 근거한 성과의 판단 연구 이론: 인지불협화 이론, 대조 이론, 동화-대조 이론, 비교 수준 이론, 일반화된 부정성 이론

(2) 공정성 이론

① 학자
- 아담스(Adams) - 이론 제시
- 페스팅거(Festinger)의 인지부조화 이론
- 호만스(Homans)의 교환 이론의 기초

② 기본 명제
- 개인은 교환에 있어 자신의 투입과 비교하여 성과를 극대화하려는 경향이 있음
- 개인은 서비스 제공자가 공정하게 행동한다고 인식할 때 자신의 성과를 최대로 할 수 있다고 지각함(사회교환 이론)

③ 호만스의 교환 이론: 모든 사람들은 자신이 지출하는 원가나 투자 대비 보상이 얼마나 돌아오는지를 가려서 이윤을 추구하기를 희망하며, 이러한 상호작용관계에서 사회질서가 형성됨

④ 공정성의 3가지 분류

도출결과	• 투입과 도출에 대한 평가가 가장 우선적임 • 기준(Standard), 기여(Contribution), 요구(Requirement), 평등성(Equity) 등의 요소
절차상	• 도출 결과를 산출하기 위한 방식이나 관점의 공정성을 평가함 • 도출결과에 미치는 영향력, 정보의 공유 정도
상호작용	• 의사결정을 수행하는 스타일과 관련된 것을 평가함 • 의사소통 방식, 우호적인 정도, 편견, 흥미, 존경, 정직, 예의로 구성

(3) 귀인 이론

① 학자
- 하이더(Heider) - 문제 제기
- 켈리(Kelly)

② 정의
- '사람들은 왜 특정한 행동을 하는가?'라는 질문에 답을 제시할 수 있도록 한 개인이 어떤 행동을 하였을 때 왜 그런 행동을 하였는지 원인을 규명할 수 있게 설명하는 이론
- 외부적 원인에 의한 것인지, 내부적 원인에 의한 것인지 판단 기준을 제공해주는 이론

③ 귀인 이론의 범주화 체계(버나드 와이너, Weiner)

인과성의 위치 차원 (Locus of Causality)	• 서비스 실패의 원인이 행위자 자신에게 있는지 상대방이나 상황에 있는지를 추론 • 인과성의 위치 차원에서 내적(Internal) 요인은 기분, 성격, 태도, 능력 등의 원인에 의한 것이고, 외적(External) 요인은 타인, 돈, 상황, 운수 등의 원인에 의한 것임
안정성 (Stability)	어떤 원인이 일시적인 것인지, 영원한 것인지, 실수에 의한 것인지 또는 반복적인 것인지를 추론함
통제성 (Controllability)	원인이 의도적일 수도 있고 비의도적일 수도 있다는 것을 추론함

★ 버나드 와이너 또는 워너로 혼용되어 출제됩니다.

④ 내적, 외적 귀인의 결정기준(켈리의 공변 모형)
- 차별성(특이성, Distinctiveness): 개인의 행동이 다양한 상황에서 나타나는지 아니면 특정 상황에 국한된 것인지에 좌우됨
- 일치성(합의성, Consensus): 유사한 상황에 직면한 모든 사람이 같은 방식으로 반응하는 행동을 의미함
- 일관성(지속성, Consistency): '개인이 정기적으로, 지속적으로 특정 행동을 하는지?', '같은 방식으로 오랜 시간 동안 같은 반응을 보이는지'를 의미함

SECTION 03 | CS 관리의 프로세스 구조

1 CS 프로세스의 개념

(1) 서비스 프로세스의 개념
- 기업 내의 원재료, 정보, 사람 등과 같은 Input을 제품과 서비스 등의 Output으로 변환시키는 작업이나 활동들의 집합
- 기업의 활동과 성과의 '패턴을 표시한 것'이 기업의 기본적인 활동을 표시하는 프로세스
- 서비스가 제공되는 실행 절차, 메커니즘, 활동의 흐름

(2) 마이클 해머(Michael Hammer) 교수의 정의

고객을 위한 결과물 또는 고객을 위해 가치를 창출하는 모든 관련 활동의 집합을 의미한다.

2 CS 프로세스의 유형

(1) 일반적인 조직의 프로세스

① 핵심 프로세스(Core Process)
- 기능의 경계를 넘어 외부고객에게 전달되는 최종 제품과 서비스를 창출하는 것
- 예 제조(생산), 공급 및 무역의 최적화, 제품 공급사슬 운영 최적화 등

② 지원 프로세스(Supporting Process)
- 조직 내부에서 이루어지지만 핵심 프로세스의 성과에 영향을 미치는 프로세스
- 고객에게 직접적으로 가치를 전달하지는 않지만 다른 프로세스의 진행을 도와 가치창출을 지원하는 프로세스
- 예 인적자원관리 프로세스, 재무회계 프로세스, 교육훈련 프로세스, 비즈니스 전략개발 구현, 비즈니스 정보관리, 리스크 관리, 준법 감시 및 통제 등

(2) 비즈니스 프로세스의 분류

① 학자
- 에드워드(Edwards)
- 페퍼드(Peppard)

② 경쟁 프로세스(Competitive Process)
- 조직이 영위하는 사업영역에서 경쟁자보다 뛰어나게 고객 가치를 제공하는 프로세스
- 프로세스의 초점이 고객 만족에 있으며, 고객의 기대 수준과 대비하여 판단이 가능함
- 예 비용으로 경쟁하는 경우 경쟁자보다 낮은 가격으로 생산하는 프로세스

③ 변혁 프로세스(Transformation Process)
- 변화하는 고객의 니즈와 기술적 변화에 맞추어 조직의 지속적인 경쟁우위 확보를 위해 역량을 개발하는 프로세스
- 예 신규 제품 개발, 학습 조직 구축 등

④ 기반 프로세스(Qualifying Process)
- 프로세스 결과물이 고객에게 가치 있다고 파악되지만 실제 경쟁이라는 측면에서는 핵심 프로세스가 아닌 경우
- 경쟁자보다 뛰어나지는 않더라도 고객에게 최소한의 가치를 제공하기만 하면 되는 프로세스
- 예 자동차 산업의 경우 디자인이나 다른 요소가 경쟁의 초점이 되면서 품질은 기본적인 요소가 됨

3 CS 프로세스의 중요성과 설계 시 주의사항

(1) 서비스 프로세스의 중요성
- 고객이 체험하는 서비스 전달 시스템은 고객이 서비스를 판단하는 증거가 됨
- 제공하는 프로세스에 따라 서비스 제공 절차가 복잡하여 고객에게 복잡하고 포괄적인 행동이 요구됨
- 서비스 상품 그 자체이며 동시에 서비스 전달 과정인 유통의 성격을 가짐
- 종업원과의 상호작용 과정에서 적절한 전달 프로세스가 고객의 태도에 영향을 주고 향후 거래 여부를 결정하는 중요한 변수로 작용함
- 서비스 프로세스 단계와 서비스 전달자의 처리 능력은 고객에게 가시적으로 보여져 고객만족도에 영향을 미침
- 서비스 프로세스는 품질의 결정요인이 됨

(2) 설계 시 주의사항
- 서비스 프로세스의 모든 과정은 고객 입장에서 계획하고 운영해야 함
- 서비스 프로세스는 목적론(Teleological)이며 실제적인 과업 성과를 중시해야 함
- 서비스 성과 시스템 또한 실제 프로세스와 상호 연계하여 궁극적인 성과를 제고함
- 서비스 프로세스는 전체론(Holistic)이며 각각의 개별 활동들은 하나의 시각에서 인식되어야 함
- 서비스의 무형성을 고려한 객관성, 정확성, 사실의 근거, 방법론을 구체적으로 제시함
- 프로세스는 구조화되고 정의된 절차를 따르되 지나치게 관료적이지 않도록 함
- 서비스 설계과정에서 종업원과 고객을 모두 고려해야 함

4 CS 프로세스의 표준화

(1) 구체적인 규칙과 기준

① 표준화(Standardization): 모든 고객에게 동일한 프로세스의 서비스를 제공하는 것으로 제품의 생산 과정에서 많이 활용되고 있으며, 대량생산에 유용한 방식
- 예) 사우스웨스트 항공사는 단거리 운행, 식·음료 제공 생략, 지정좌석제 폐지

② 개별화(Customization): 고객이 기호에 따라 제품을 요구하면 생산자가 그 요구에 따라 제품을 제공하는 일종의 맞춤제작 서비스 방식
- 예) 싱가포르 항공사는 가격은 높지만 개별화된 서비스 제공

5 CS 프로세스의 분류

(1) 서비스 매트릭스 분류 기준

① 노동 집중도: 서비스 전달에 필요한 장치나 설비 등 자본에 대한 의존도와 사람에 의존하는 정도인 노동에 대한 의존도의 상대적인 비율

② 고객과의 상호작용/개별화 정도
- 상호작용: 고객이 서비스 프로세스와 상호작용하는 정도
- 개별화: 서비스가 고객에 의해 개별화되는 정도

(2) 슈매너(Schmenner)의 서비스 프로세스 매트릭스

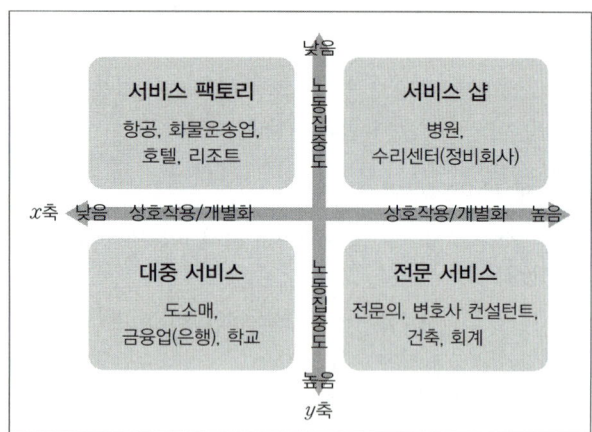

6 CS 프로세스의 설계 - 구매 전 과정

(1) 대기

- 고객이 서비스를 받을 준비가 된 시간부터 서비스가 개시되기까지의 시간
- 고객에게는 부정적인 경험으로 인식되므로 효과적인 대기 시간 관리가 필요함

(2) 휘(Hui)와 채(Tse)의 대기에 대한 수용 가능성

- 서비스를 받기 위해 대기 하는 시간이 합당하다고 인식하는 정도임
- 지각된 대기 시간은 고객의 수용 가능성에 직접적인 영향을 줌
- 고객의 대기 시간에 대한 기대와 실제 지각된 대기 시간의 차이, 즉 기대 불일치는 수용가능성에 영향을 줌
- 고객 스스로가 대기를 통제할 수 있으면 수용 확률이 높아지는 반면 그렇지 못하면 수용할 확률이 낮음
- 고객이 서비스를 통해 얻을 수 있는 혜택이 클수록 대기를 수용하는 반면 대기로 인한 심리적, 물질적 비용이 클수록 대기를 회피함

(3) 수용 가능성에 영향을 미치는 7가지 요인

① 지각된 대기 시간
② 기대 불일치
③ 거래 중요도
④ 기회비용
⑤ 통제 가능성
⑥ 안정성
⑦ 대기환경 빈도

(4) 대기관리 방안

① 예약
- 기다림을 피할 수 없는 경우 예약 시스템으로 수요 조절
- 수요를 덜 바쁜 시간대로 이동시키는 부수적인 편익
  → 공급능력 조절
- 예약 시스템의 한계로 노쇼(No-show)가 발생할 수 있으나 초과 예약으로 극복할 수 있음

② 운영 시스템의 변화
- 운영 프로세스 분석을 통한 운영 시스템의 변화
- 대기열 관리: 대기모양에 따라 대기열의 수, 그 위치, 대기열의 공간적 필요, 고객행동이 미치는 영향
- 대기 시스템 결정(대기열 관리)

단일 대기열	• 선착순의 원칙을 따르기 때문에 대기 시간에 공정성이 모든 사람에게 보장됨 • 고객이 기다리는 데 소요되는 전체 시간을 줄일 수 있음 • 특정 서비스 제공자를 선택할 수 없음
다중(복수) 대기열 (Multiple Queue)	• 서비스 종류에 따라 고객이 대기열의 유형을 선택할 수 있음 • 서비스 시설에 도착하여 어느 대기열에서 기다릴 것인지 또는 다른 줄이 더 짧아질 경우 옮길지 여부에 대한 결정을 해야 함

번호표	• 단일 대기열의 장점에 부가적인 편익이 추가됨 – 고객이 이것저것 생각하기 – 책 읽기 – 서로 이야기하기 • 고객이 자신의 번호가 호명될 때까지 주의를 기울여야 한다는 단점이 있음

• 대기행렬모형의 기본 형태

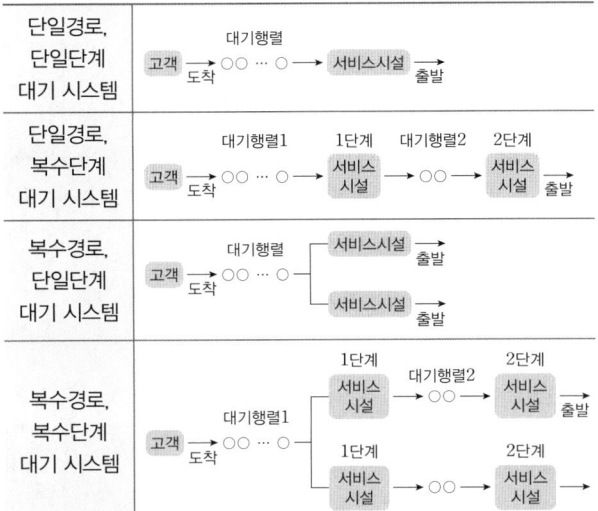

③ 대기고객 차별화의 기준
- 고객의 중요성: 단골고객 또는 조직의 공헌도가 높은 고객
- 업무의 긴박성: 매우 긴박한 요구를 가진 고객 예 병원응급실
- 거래의 지속성: 일반적으로 짧은 서비스는 긴급경로를 통해 우선권을 가질 수 있음
- 프리미엄 가격의 지불: 항공사 일등석 고객의 별도의 수속 절차나 긴급 시스템을 통하여 우선권 부여

④ 마이스터(Maister)의 대기열의 심리 8가지 원칙
  – 기다림을 즐겁게 하거나 적어도 참을 수 있게 하기
- 아무 일도 하지 않고 있는 시간이 뭔가를 하고 있을 때보다 더 길게 느껴진다.
- 프로세스 이전의 기다림이 프로세스 내의 기다림보다 더 길게 느껴진다.
- 근심은 대기 시간을 더 길게 느껴지게 한다.
- 불확실한 기다림이 더 길게 느껴진다.
- 원인이 설명되지 않은 대기 시간이 더 길게 느껴진다.
- 불공정한 대기 시간이 더 길게 느껴진다.
- 서비스가 더 가치 있을수록 사람들은 더 오랫동안 기다릴 것이다.
- 혼자 기다리는 대기 시간이 더 길게 느껴진다.

(5) 마이스터(Maister)의 지각된 대기 시간에 영향을 미치는 세 가지 통제요인

① 기업의 완전 통제요인: 공정성, 편안함, 설명, 확실성, 대기 단계
② 기업의 부분 통제요인: 점유, 불만
③ 고객 통제요인: 대기단위, 고객의 태도, 대기 목적 가치
④ 기본 원칙
- 평가는 고객이 한다.
- 평가는 절대적이 아니라 상대적이다.
- 고객은 기대 대비 성과를 평가한다.
- 고객의 기대를 관리하는 것이 중요하다.
- 고객 개별 니즈에 적응해야 한다.
- 개별 니즈에 적응하는 효율적인 방법은 일선 직원이나 지원시스템이다.
- 모든 의사결정 시 고객을 고려해야 한다.

(6) 대기관리의 방법

① 생산관리(기업이 수행하는 서비스의 방법 변화)

예약 활용	병원, 항공사, 극장 등
커뮤니케이션 활용	혼잡시간/적정시간의 안내, 업무 프로세스 E-mail 또는 SMS 안내
공정한 대기 시스템 구축	단일 또는 복수 대기선, 번호표, Express Line 활용
대안 제시 예 은행	ARS, ATM, 자동이체, 전화, 인터넷뱅킹 활용, 내방고객에게 인터넷 등록 및 사용안내

② 고객인식관리(고객의 지각 변화)
- 서비스가 시작되었다는 느낌을 주어라.
  – 도우미를 활용하여 안내함
  – 접수 대행 및 상담
  – 병원, 은행에서 유익한 읽을거리를 제공함
- 예상 대기 시간을 알려주어라.
  – "앞의 대기 손님이 OO명입니다. OO분만 기다리십시오." 라고 안내함
  – 정보 제공으로 고객이 선택할 수 있는 기회를 제공함
- 고객을 유형별로 대응하라.
  – 고객 창구를 업무별로 구분하여 처리함
- 이용되지 않는 자원은 보이지 않도록 하라.
  – 고객과 상호작용하지 않는 활동은 고객이 볼 수 없는 곳에서 수행함
  – 일하지 않고 있는 직원은 보이지 않게 함
  – 사용되지 않는 물리적 시설은 보이지 않게 함

7 CS 프로세스의 설계 – 구매 과정(서비스 접점 관리)

(1) 진실의 순간(MOT; Moment of Truth)

① MOT의 유래: 스페인어 'Moment De La Verdad'에서 유래된 말로 스페인 투우에서 투우사와 소가 일대일로 대결하는 최후의 순간을 의미함
② 학자: 스웨덴 경제학자 리처드 노먼(Richard Norman)
③ 정의: 고객이 우리(조직)가 제공하는 서비스와 접촉하여 느낌을 가질 때, 우리 조직을 선택한 것이 가장 좋은 선택이었다는 사실을 고객에게 입증해야 할 중요한 순간임
④ 대표 기업: 스칸디나비아 항공
⑤ 이론의 일반화
 • 1981년 얀 칼슨(Yan Kalson)이 회사 경영에 도입함
 • 8백만 달러의 적자를 7천 1백만 달러의 흑자로 전환함
 • 고객만족경영이 전 유럽뿐만 아니라 전 세계적으로 확산됨

(2) 서비스 접점의 개념(서비스 인카운터, Service Encounter)

 • 솔로몬과 구트만: 서비스 제공과정에서 고객과 서비스 제공자 간의 상호작용이 있어야 함
 • 린 쇼스택: 고객이 특정 서비스와 직접 상호작용하는 기간
 ★ 솔로몬과 구트만의 개념은 고객과 접점 종업원 간의 상호작용의 관점에서 본 것이며 린 쇼스택의 개념은 물리적 시설과 기타 유형적 요소, 상호작용까지 포괄하는 개념입니다.

(3) 서비스 접점의 유형

① 대면접점
 • 다른 유형에 비해 서비스 품질을 파악, 판단하기 복잡함
 • 서비스 유형적 단서, 고객의 행동도 서비스 품질에 영향을 줌
 • 예) 카운슬링, 의료, 교육, 컨설팅, 놀이공원
② 원격접점
 • 인적 접촉 없이 서비스의 유형적 증거와 기술적 과정 및 시스템 품질이 서비스 질의 결정적 요소로 작용함
 • 기계나 시스템으로 이루어지는 접점
 • 예) 현금자동인출기, 자동판매기, 인터넷 쇼핑, 청구서 및 정보성 우편
③ 전화접점
 • 상호작용에 잠재적 가변성이 존재함
 • 전화받는 종업원의 음성, 서비스 지식, 고객에 대한 배려심 등이 서비스 질의 결정적 요소로 작용함
 • 예) 고객센터, 콜센터

(4) 솔로몬과 구트만의 서비스 접점의 특징

① 서비스 제공자와 고객의 양자적 관계: 일방적 관계가 아니라 제공자와 고객이 모두 참여하며 각자의 경제적, 사회적, 개인적 특성에 의해 좌우됨
② 인간의 상호작용: 서비스 제공자와 고객 간의 커뮤니케이션은 상호작용적이며 호혜적 과정임
③ 목표 지향적 역할 수행: 고객의 욕구와 목표가 있을 때 발생함
④ 정보 교환의 목적: 서비스 제공자와 고객 간의 제공 중인 서비스와 관련된 정보를 교환하는 커뮤니케이션 과정임
⑤ 제공되는 서비스에 따른 제한: 제공되는 서비스 내용의 특성 및 참여자의 위치에 따라 서비스 접점의 범위가 제한됨

8 CS 프로세스의 설계 – 구매 후 과정

(1) 이시카와 가오루의 피쉬본 다이어그램

① 원인분석 요인

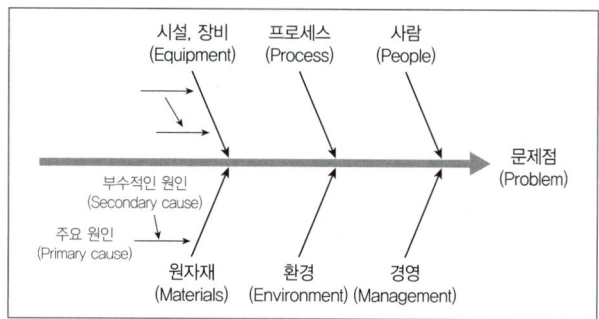

② 특징
 • 그림의 형태가 물고기의 뼈와 유사하다고 하여 'Fishbone Diagram'이라 부르며 문제의 근본 원인을 찾아 나가는 과정을 그림으로 표현함
 • 특성요인분석 기법, 저해요인 기법, 인과관계도표 등으로 불림
 • 마인드맵 기법의 의미를 지닌 방사형 사고의 표현과 더불어 현상과 결과의 원인 및 이유를 찾아 시각적으로 분석·정리하는 기법임
 • 문제의 잠재 원인을 순서대로 범주화하고, 그 범주에 속하는 프로세스상의 문제들을 모두 기술한 뒤에 그중에서 근본적 원인을 찾아 나가는 방식으로 진행함
③ 목적(활용)
 • 주요 원인(들) 결정
 • 근본 잠재 원인 결정
 • 잠재된 해결방안 결정
 • 프로세스의 변화나 해결방안을 계획하고, 실행에 옮김

④ 피쉬본 다이어그램 단계별 흐름(Flow)
- 1단계: 문제의 명확한 정의
- 2단계: 문제의 주요 원인 범주화
- 3단계: 잠재 원인 브레인스토밍
- 4단계: 주요 원인 범주의 세부사항 검토
- 5단계: 근본 원인 확인

⑤ 피쉬본 다이어그램의 사례 – 항공사

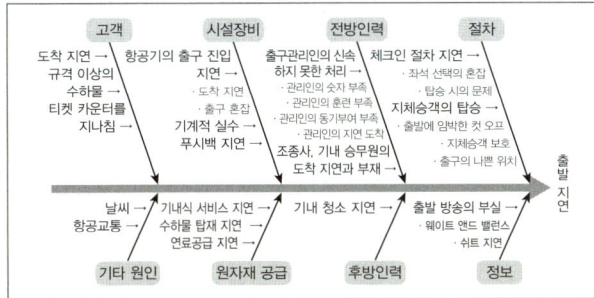

(2) 품질기능전개(QFD; Quality Function Deployment)

① 정의
- 고객의 니즈와 디자인 요소들 사이의 연결점을 발견하는 것을 돕기 위한 기법
- 고객의 모호한 생각을 구체적이고 실행 가능한 디자인으로 해석하여 나타냄
- 지속적인 개선을 이루기 위해 가능한 한 제품(서비스)이나 시스템 개발 초기 단계에서부터 고객을 참여시켜 고객의 요구에 맞는 공정을 설계하는 방법

② 목적(적용)
- 고객요구(CA; Customer Attributes)의 명확한 판단 및 설계목표의 명확화
- 기술특성(EC; Engineering Characteristics) 개발체제 추구
- 표준화 설계 및 현장 관리점의 명확화
- COST DOWN 제품설계
- 신제품 QA개발체제의 구축

③ 도입 현황

연도	내용
1966년	일본에서 아카오 요지에 의해 개념 창안
1972년	미쯔비시중공업의 고베조선소에서 소개
1978년	미즈노, 아까오 교수 공저인 '품질기능전개'가 간행된 후 기업에 QFD가 확산 적용됨
1983년	• 미국품질학회지에 소개된 후, 시카고 세미나를 통해 미국 내 널리 보급됨 • 주요 자동차 회사인 GM과 포드사 및 IT 제조회사인 3M, 휴렛팩커드에 의해 미국 산업계에 소개
1994년	일본 QFD 연구회와 공동으로 LG전자의 냉장고, 전자레인지 신제품 개발에 처음 적용하여 효과를 봄
1995년	삼성전자, 삼성SDI, 현대엘리베이터, 현대자동차, 나래이동통신, 쌍방울 등에 보급 확산
1996년 이후	6시그마의 중요 기법으로 대부분의 기업들에서 도입하여 사용됨

④ 품질기능전개(QFD)의 장점(이은주, 2005)
- 고객 요구사항에 대한 이해에 도움을 줌
- 제품 및 서비스에 대한 품질목표와 사업목표 결정에 도움을 줌
- 신제품 및 신서비스의 우선순위 결정을 위한 체계적 도구임
- 제품 및 서비스에 대한 팀의 공통된 의견을 도출할 수 있는 체계적 시스템을 제공함
- '품질의 집(HOQ)'을 사용하여 프로젝트의 모든 과정 및 결정사항을 문서화함
- 고객의 요구와 기술적 속성 간의 명확한 상관관계를 도출함
- 동시공학 개념에 입각한 기법으로 개발 중간에 새로운 제품 특성이 도출되면, '품질의 집'에 적용시킴으로써 설계 초기 고려 방안을 수정, 반복 적용함
- 제품 개발 기간을 단축할 수 있음

★ 품질의 집이란 품질기능전개를 수행하는 데 필요한 도구로, 고객의 요구와 기술적 속성을 행렬 형태로 나타낸 도표입니다.

⑤ 품질의 집(HOQ; House Of Quality)
- 고객의 요구와 서비스 계획과 관리방법, 계획 목표, 경쟁사의 제품이나 서비스 평가자들이 서로 얽히도록 구성된 품질기능전개의 전 과정
- 초기의 서비스를 설계할 때 개선하기 어려운 점, 고객만족에 대한 공헌의 중요성, 경쟁사와의 상대적인 경쟁 위치, 고객에게 제공되는 다양한 속성에 대한 상대적 중요성 등에 근거하여 초기 서비스 설계 시 의사결정에 사용됨

⑥ 품질의 집(HOQ)의 구성요소

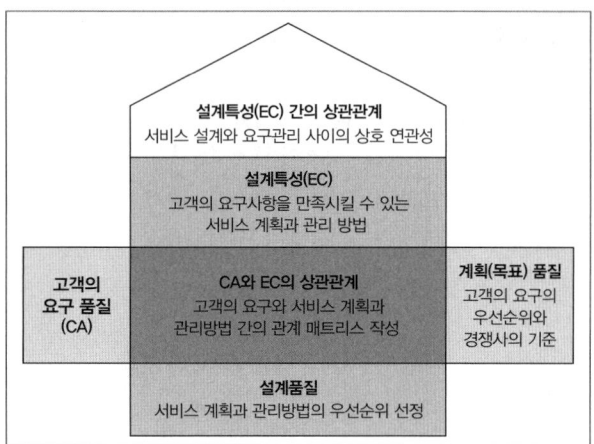

- 고객 요구사항(CA; Customer Attirbute)
  - 고객의 소리(VOC; Voice of the Customer)라고도 부름
  - 품질에 관한 고객의 요구를 고객의 언어로 표현한 것으로 다소 모호한 특징이 있음
  - 고객의 요구사항을 잘 반영하기 위해 대상 고객집단을 파악하는 것이 중요함
  - 고객의 요구사항에 대한 상대적 중요도는 고객의 견해에 따라 결정됨
  - 품질기능전개(QFD)의 전체 노력 중 50%가 타겟 고객 범주화와 요구사항을 추출하는데 소요됨
- 설계특성(EC; Engineering Characteristic)
  - 하나 이상의 고객 요구사항(CA)에 영향을 미치는 공학적 속성
  - 설계자에 의해 결정될 수 있는 기술적 변수들
  - 고객의 언어(CA)를 설계 특성(EC) 언어(예 엔진의 출력, 차체의 중량, 연비)로 변경함
- CA-EC 간 상관관계
  - CA와 EC가 얼마나 관련 있는지를 나타내며 품질의 집 몸체 부분(CA와 EC가 교차하는 영역)에 표시함
  - 교차되는 부분에 상관관계가 있으면 연관 관계의 강도를 표시함
- EC 간의 상관관계
  - 설계특성들끼리의 상호작용을 나타내며 품질의 집(HOQ)의 지붕 부분에 표시함
  - 강한 양의 상관관계, 보통 양의 상관관계, 상관관계 없음 등으로 작성하며 설계특성 간 보완 또는 상충 관계를 분석함
- 계획(목표) 품질: 고객인식 비교
  - 자사 제품(서비스) 및 경쟁사의 제품(서비스)에 대한 고객의 인식에 대한 비교
  - 설계자의 판단이 아닌 고객들의 실제 평가에 근거하여 판단함
  - 1~5의 척도로 표현함
- 설계품질: 제품이 고객의 요구사항을 가장 잘 만족시키도록 목표 설계특성(EC) 수준들을 구체적으로 설정함

⑦ 서비스 분야에 품질기능전개(QFD) 적용 시 한계점
- 새로운 제품의 고객은 새로운 시대적 변화에 따라 달라지므로, 현재 정의된 고객의 요구가 항상 정확하다고 보기 어려움
- 고객의 요구 속성 파악이 어려움
- 품질의 집을 구축하는데 가장 먼저 연결되어야 하는 고객의 소리는 고객이 사용하는 언어로 표현되기 때문에 정성적이며 모호한 경우가 많음
- 기술특성 선택에 따라 고객요구 중요도가 왜곡될 수 있음
- CA와 EC와의 연관관계를 제대로 파악하기 어려움
- 현 상황만 나타낼 수 있기 때문에 단순히 현 상황을 정리하는 것에 지나지 않다는 비판이 존재함

CHAPTER 02 고객만족경영(CSM)

▶ 강의보기

■ SECTION 01 | 고객만족경영의 기본 개념

1 고객만족경영의 기본 개념과 도입 배경

(1) 개념
경영의 모든 부문을 고객의 입장에서 생각하고 진정한 방법으로 고객을 만족시켜 기업의 생존을 유지하고자 하는 경영전략이다.

(2) 도입 배경

공급과잉	고객 파워시대
시장상황	• 국제화 • 소비자 욕구의 다양화 • 기업성장의 둔화 • 비슷해지는(동질화된) 제품 품질과 서비스 품질
변화	• 차별적·지속적 경쟁우위가 중요시됨 • 고객지향경영 및 사회지향경영으로 변화

2 고객만족경영의 중요성

(1) 도입 배경의 중요성(마이네트)
- 글로벌 경쟁이 격화됨
- 소수의 과점시장에서 다원적 경쟁시장으로 경쟁구조가 변화하면서 글로벌 경쟁시대가 됨
- 시장 내의 힘이 공급 과잉상태에 이르게 되면서 생산자와 소비자 사이의 대형 유통기관의 힘이 커지고 생산자보다 소비자가 더 중요한 요소로 부각됨
- 시장의 성숙화로 경쟁사보다 더 우수한 제품과 서비스를 개발하여 고객의 욕구를 충족시켜야 함
- 소비자의 욕구가 다양해지고 빠르게 변화함
- 소비행위의 변화로 하드웨어적인 요소보다 소프트웨어적인 요소가 중요한 요인으로 작용함
- 대중 정보사회의 확산으로 소비자가 소비자 문제에 적극적으로 참여하여 대응하려는 소비자의 주권의식이 확산됨

(2) 고객만족경영의 중요성(이유재)
- 상품, 서비스에 만족한 고객은 고정고객이 됨
- 고객의 기호 변화를 예측할 수 있음
- 불필요한 투자를 방지하여 비용을 절감할 수 있음
- 가격우위효과를 가져와 장기적 관점에서 높은 이윤을 창출함
- 구전효과를 통한 광고효과로 마케팅 효율성을 제고하여 비용을 절감할 수 있음

(3) 고객만족경영의 3대 원칙(일본능률협회 CS경영추진팀)
① 고객접점 최우선 – MOT
② 경영자, 관리자 주도
③ 고객의 만족도 – 정기/정량/완전측정

3 고객만족경영의 패러다임 변화(마이네트)

(1) 기업환경의 변화
- 시장의 성숙화로 차별화된 부가가치를 제공하는 서비스의 중요성이 대두됨
- 국제화, 시장 개방화, 인터넷의 발달
- 글로벌 경쟁의 격화로 인한 무한 경쟁시대로의 돌입
  → 소수의 과점시장에서 다원적 경쟁시장으로 경쟁구조가 변화함
- 시장 내 파워가 생산자 위주의 시장상황에서 소비자와 대형 유통기관으로 이동

(2) 소비자 행태의 변화
- 소득 증대, 시간가치 중시 등으로 소비자의 욕구와 가치가 변화함
- 소비행위의 변화로 하드웨어적 요소보다 소프트웨어적 요소, 감정적 요소들을 중시함
- 새로운 소비층의 출현으로 새로운 소비문화가 형성됨
- 소비자 주권의식과 환경의식이 확산됨

4 마케팅 패러다임의 확산(Day)

패러다임	기업 중심적		고객 중심적
주체	기업		고객
마케팅 전략	매스 마케팅		일대일 마케팅
점유율	시장		고객의 마음/경험/지갑
서비스 마케팅 전략	표준화 마케팅	변화 →	개인화/고객화 제품
가치	현재 기업가치		고객의 평생가치
지식기반	제품		고객의 경험/가치
마케팅 관리 대상	제품		고객의 경험/가치
고객경영 전략	획득		개발/유지/공유
BSC 전략	100% 마켓, 10% 고객		100% 고객, 10% 마켓
판매	제품		서비스

5 고객만족경영의 변화와 흐름

(1) 도입기(1980년대)
- 제품을 생산하는 대기업이나 백화점, 호텔, 항공사 등 인적 서비스를 중시하는 업체에서 제품과 서비스형 상품 중심의 판매 증진을 위해 고객만족이라는 의미를 보조적으로 활용하기 시작함
- 제품 하자 및 제품 설명, 성능의 특장점 중심의 기초적인 친절 서비스를 중심으로 접근함

(2) 성장기(1990년대)
- 각 기업이나 공공기관들이 고객만족경영기법을 도입하기 시작함
- 전사적 고객만족경영 체제 개념을 도입함
- CS경영팀 신설, 고객접점 전진배치, 데이터베이스 마케팅 기법을 국내에 최초로 도입함
- 고객관리시스템(CRM) 도입, A/S제도 도입, 사이버고객의 만족도에 대한 관심이 고조된 시기

(3) 완성기(2000년대)
- CRM경영기법 활용이 보편화됨
- 고객생애가치(LTV; Life Time Value)의 창출을 통한 고객 기여도가 극대화됨
- 기업은 고객만족경영의 실천과 사회적 책무를 동시에 요구받음(예 집단소송제, 제조물 책임법 등)
- 내·외부고객을 동시에 중시하고 글로벌 고객까지 고려함

6 고객만족의 3요소

(1) 하드웨어
- 고객이 물리적으로 체험하는 요소
- 기업 이미지, 브랜드 파워, 주차시설, 청결도, 매장의 분위기, 고객지원센터, 인테리어 등
- 예 다양한 상품의 진열

(2) 소프트웨어
- 고객이 접하는 시스템을 의미함
- 기업의 상품, 서비스 프로그램, 서비스 절차, 예약, 업무처리, 해피콜, 부가서비스 체계 등
- 예 고객이 주문 처리 절차를 쉽게 따라할 수 있음

(3) 휴먼웨어
- 종업원의 응대 태도에 대한 만족도를 의미함
- 친절도, 용모, 태도, 의사소통, 신뢰성, 이미지, 서비스 마인드, 접객 서비스 행동, 매너, 조직문화 등
- 예 고객이 매장을 나갈 때 친절하게 인사함, 직원이 단정하게 유니폼을 착용하고 있음

SECTION 02 | 고객만족경영의 발전 가능성

1 패러다임의 시프트

(1) 3C(마이클 해머)
① Customer(고객중시): 기업중심 → 고객중심
② Change(끊임없는 혁신): 고객, 인간, 고객가치창조 중심으로 변화에 적응
③ Competition(글로벌 무한 경쟁): 글로벌 경쟁체제 고객에게 주도권 이양

(2) 3S
① Standardization(표준화): 이후 실행해야 할 행위, 구성요소의 규격 등 복잡함을 일으키는 요소들에 대한 기준을 잡음
② Simplification(단순화): 현재의 제품계열에서 이익이 적거나 적자를 내고 있는 제품을 축소함
③ Specialization(전문화): 특정 유형의 문제, 목표대상(표적)에 지식과 기술을 전문적으로 적용해 작업을 전문화함

(3) 산업경쟁을 촉진하는 5대 세력(마이클 포터)
① 공급자: 제품 및 서비스의 차별화, 브랜드, 대체 제품 및 서비스 존재 여부, 교체비용, 공급 제품의 중요성 등을 고려함

② 대체품: 대체품의 가격 및 효능, 교체비용, 특성, 구매자의 성향 등을 고려함
③ 신규진입자
- 새로운 경쟁자들이 시장에 진출하기 어려울수록 수익성이 높고 시장진입이 낮을수록 수익성이 낮아짐
- 규모의 경제, 진입장벽, 경쟁우위, 자본, 기술이나 특허, 정부의 규제(정책) 등을 고려함
④ 경쟁자: 시장의 성장성, 제품 및 서비스의 차별성, 생산능력, 브랜드력, 고정비 비중 및 과잉 설비 유무, 철수 장벽 등 기업들 간의 경쟁 정도를 분석함
⑤ 구매자: 구매량, 가격 민감도, 정보력, 공급자 제품 및 서비스의 차별화, 브랜드, 대체 제품 및 서비스 존재 여부, 교체비용, 공급 제품의 중요성 등을 고려함

2 총체적 고객만족경영(TCS) 혁신

(1) TCS 혁신의 정의
고객만족경영이 일반화된 시점에서 한 차원 높은 고객만족경영 추진을 통한 경영 효율성 제고와 차별화된 경쟁우위를 창출하려는 것이다.

(2) TCS 혁신의 요소
① 내부 핵심역량 강화요소: 지식, 인사조직, 정보기술, 프로세스(혁신)
② 시장경쟁력 강화요소: 상품력, 가격 경쟁력, 브랜드, 이미지, 고객관리

(3) TCS 혁신의 성공요인
① 리더십: 최고경영자, 리더들의 혁신에 대한 적극적인 태도, 긍정적인 마인드 등
② 조직문화
- 혁신을 행하는 조직에서의 문화, 혁신 담당자, 조직구조 등
- 의사소통의 활성화, 혁신 추진 조직, 조직구조의 유연성, 구성원들 간의 공감대 형성, 창의적 사고, 평가와 보상 등
③ 고객과 시장: 고객을 중시하는 마인드, 시장 중심 마인드를 갖는 것
④ 자원 지원: 물질적·심리적 보상, 칭찬이나 격려, 자원분배 등
⑤ 프로세스 기법: 리엔지니어링, TQM, 6시그마, 지식경영, 아웃소싱, 벤치마킹 등

(4) TCS 혁신의 실패요인
- 전사적 합의점 도출 실패
- 혁신을 위한 물적·인적자원의 부족
- 기회 포착에 실패
- 기업 측면에서의 지나친 비용절감 강조

(5) 고객만족경영의 혁신을 위해 고려해야 할 특징(정병헌)
- 서비스업에서 이익과 원가의 개념을 고려해야 함
- 고객접점에 있는 종사자에 대한 인식이 변화되어야 함
- 조직구조, 절차, 규율과 같은 규범의 근간을 둔 정태적인 조직보다, 최일선 종사원의 지원이 제대로 수행될 수 있는 역동적인 조직으로 전환해야 함

3 경영혁신 – 슘페터(Joseph Schumpeter)의 경제발전론

(1) 정의
- '혁신(Innovation)'은 라틴어 'Innovare'에서 나온 것으로 '새로운 것을 만든다(To Make Something New).'를 의미함
- 경영혁신은 생산을 확대하기 위하여 노동, 토지 등의 생산요소의 편성을 변화시키거나 새로운 생산요소를 도입하는 기업가의 행위를 의미함
- 슘페터는 경제발전의 원동력을 혁신에서 찾음
- 드러커(Peter Drucker)는 혁신을 유용한 아이디어를 실행에 옮기고, 그 실행이 수용되거나 생산으로 연결되는 과정으로 정의함

(2) 슘페터의 5가지 혁신 유형
① 새로운 제품이나 서비스 또는 새로운 품질의 제품이나 서비스의 도입(새로운 재화의 도입)
② 새로운 생산방법의 도입
③ 새로운 시장의 개척
④ 원재료 혹은 반제품의 새로운 공급원의 개발
⑤ 새로운 산업구조의 구축

4 감성경영기법

(1) 골먼(Goleman)의 정의
"인간의 이성(합리주의)에 호소함은 한계가 있고 감성, 감정, 느낌에 호소해야 변할 수 있다."라며 인간의 행동 변화는 단순한 이성적 설득보다 감성에 호소할 때 더욱 효과적이라고 보았다.

(2) 감성경영의 종합적인 정의(문승권, 2004)
- 이성보다는 감성을 중시하는 경영
- 일할 맛 나고, 즐거운 직장의 분위기를 조성하는 경영
- 개별 구성원들과 조직 전체에 감성지능형 조직이 되는 감성 리더십에 의한 경영
- 최상의 품질과 서비스, 최고의 생산성을 추구하는 경영
- 창조적이고 활기찬 인적자원개발에 의한 인간 지향적 경영

(3) 감성경영의 효과
① 대외적 측면
- 감성 마케팅을 통한 기업의 매출액 상승효과
- 브랜드 가치의 상승효과

② 대내적 측면
- 감성 리더십을 통해 조직 구성원의 직무 만족도 향상, 조직 구성원의 충성도 강화, 핵심 인재양성 촉진
- 피그말리온 효과(Pygmalion Effect): 자기충족예언이라고도 하며 '어떻게 행동하리라는 주위의 예언이 행위자에게 영향을 주어 그렇게 만든다'는 이론

(4) 한국적인 특성에 맞는 감성경영 전략
- 리더 측면에서는 화합과 권위를 조화시키려는 노력이 필요함
- 개인주의와 공동체 의식을 조화시키려는 노력이 필요함
- 경영가족주의 시도, 조직의 간소화, 건전한 자본주의 정신의 함양이 필요함
- 깊이 있는 사고와 토론 의식이 필요함
- 유연성 있는 리더십 환경조성과 발휘가 필요함

SECTION 03 | 고객만족경영의 사례연구

1 노드스트롬(Nordstrom) 백화점 사례

(1) 경영이념
서비스(Service), 품질(Quality), 가치(Value), 구색(Selection)을 이념으로 한다.

(2) 기업구조
역피라미드 구조로 기업의 모든 부분이 고객을 가장 가까이에서 대하는 판매사원을 지원한다.

(3) 현장배회경영(Management By Wandering Around)
① 유래
- 1980년대 미국의 경영이론가 '톰 피터스'와 '로버트 워터맨'이『초우량 기업의 조건』이라는 저서에 소개한 개념
- '가장 뛰어난 아이디어는 점원과 창고직원으로부터 나온다.'
- 1982년 'In Search of Excellence'에서 최고 관리자들은 사무실에서 나와 영업상태를 정확히 파악하기 위해 그들의 직원, 고객 그리고 공급자들과 접촉함

② 개념: 경영진들이 직원들 모르게 비공식적으로 자주 매장을 방문하는 것을 의미함

③ 3현
- 3현주의(현장에서, 현물을 보고, 현상을 파악)에 의하여 일의 처리가 신속하게 이루어지도록 하는 현장경영도구
- 경영 혁신활동에 있어 계층 간 의사소통을 원활하게 하는 효과적인 방법임

(4) 노드스트롬의 SWOT 분석
① O(Opportunity) 외부환경 – 기회요인
- '트레이딩 업(Trading Up)' 현상: 중산층이 새로운 명품브랜드를 소비하는 경향
- 할인유통업의 성장 – Nordstrom Rack
- 인터넷 쇼핑몰 등 전자상거래의 등장

② T(Threat) 외부환경 – 위협요인
- 소매유통시장의 변화

③ S(Strength) 내부환경 – 강점요인
- 외부고객만족: 조건 없는 반품 수용, 개인별 고객수첩, 다양한 제품, 가격경쟁력, 매력적 쇼핑환경, 1인 밀착 서비스
- 내부고객만족: 피상적인 조건을 내세우지 않는 종업원 선발과 교육, 인사관리(내부승진정책, 동기부여와 인센티브(Pace Setter) 권한위임, 종업원 지주 제도 등)

④ W(Weakness) 내부환경 – 약점요인
- 승진, 보상 제도
- 고비용 구조
- 공통적 업무 기능에 집중화하지 못함
- 전국적 마케팅 노력의 부족

■ SECTION 04 | 고객만족 효과

1 재구매와 브랜드 애호도

(1) 재구매 의도
상품이나 서비스의 성과를 경험한 후 다시 소비하고자 하는 감정 상태로 상표 충성도의 개념까지 포함한 개념이다.

(2) 브랜드 애호도
개인이 상표에 대해 갖는 충성도이다.

2 구전(Word of Mouth)

(1) 구전의 유래
1954년 「포춘」지에 소개된 화이트(Whyte)의 고전적 마케팅 연구에서 '구전'이라는 단어가 처음 사용되었다(에어컨 설치의 군집현상 – 사회적 커뮤니케이션 결과).

(2) 구전의 정의
- 구전은 단지 언어적 커뮤니케이션에 제한된 것이 아님
- 영향력의 특성과 관련된 개인 혹은 집단 간의 영향력
- 개인들의 경험에 기초한 대면 커뮤니케이션
- 고객이 이해관계를 떠나서 자신의 직간접 경험을 비공식적으로 교환, 타인에게 전달하는 활동 혹은 행위
- 특정 주제에 관하여 고객 개인의 직간접적인 경험에 대해 긍정적 혹은 부정적인 내용의 정보를 비공식적으로 교환하는 의사소통 행위

(3) 구전 마케팅의 유형
버즈 마케팅, 입소문 마케팅, 바이럴 마케팅 등이 있다.

(4) 구전과 구매행동과의 관계
- 소비자 간의 구전은 매우 신뢰성이 높은 정보의 원천임
- 일방적이 아니라 쌍방적 의사소통이 이루어짐
- 소비자는 구매와 관련한 위험을 줄이고 제품 구매, 가격 등에 대한 정보를 얻기 위해 구전을 활용함
- 소비자들은 기업의 상업적인 의도를 인지하고, 기업이 자사제품에 대해 제공하는 긍정적 정보를 신뢰하지 않는 경향이 있음
- 실제 제품 구매 결정을 할 때 상업적 정보보다 자신의 주변 사람들로부터 듣는 비상업적 정보를 신뢰하는 경향이 있는데 이는 가족, 친구, 이웃, 동료 등 자신의 주변 사람들로부터 얻는 비상업적 정보원이 보다 진실하고 신뢰성이 높다고 인식하기 때문임(백종훈, 2007)

(5) 구전의 중요성
- 기업이 아니라 고객에 의해 창출되기 때문에 고객은 더욱 신뢰할 수 있는 정보로 이해함
- 불평 행동이 구매자에 대해서만 이루어지는 데 반해 구전은 많은 사람에게 빠른 속도로 전파되는 특성을 가지고 있어 잠재고객 상실로 기업 매출이 감소할 수 있음
- 일대일 커뮤니케이션으로 문서 자료나 타 매체에 비해 더욱더 큰 효과를 가짐
- 생생한 경험적인 요소에 기초를 두고 있어 확실한 정보를 얻게해 줌
- 고객준거집단에서의 추천 의도는 고객의 재방문으로 확산되는 과정에서 구전 커뮤니케이션으로 작용하면서 매우 중요한 의미를 지님

3 소비자 불평행동의 유형별 강도

(1) 정의
- 소비자가 제품이나 서비스에 불만족했을 때 나타내는 행동의 종류와 강도를 순서대로 나눈 것
- 숫자가 커질수록 소비자의 행동이 적극적임

(2) 강도별 유형
① 강도 1: 아무 일도 하지 않음
② 강도 2: 미래에는 동일 브랜드나 동일 판매자를 회피함
③ 강도 3: 친구나 아는 사람에게 부정적 구전 활동을 함
④ 강도 4: 판매자에게 항의하고 해결방안을 모색함
⑤ 강도 5: 외부 공공기관에 불만을 호소함

4 불만족에 대한 소비자의 반응(데이 & 랜던)

(1) 사적 반응
- 가족, 주변인들에게 하는 구전 활동
- 구매중단에 대한 결정을 포함하는 반응

(2) 공적 반응
- 교환
- 환불요구
- 불만시정 요구
- 소비자단체에 고발
- 법적 피해구제
- 소송

5 고객만족의 실천과제

(1) 조직문화 및 구조
- 최고경영자는 고객만족을 경영목표로 하는 경영 패러다임을 받아들이고 고객만족을 달성하기 위해 기업 내부 조직 구성원과 함께 공유함
- 모든 조직 구성원의 적극적인 참여
- 고객만족 지향적 기업문화의 구축
- 고객만족경영을 위해서는 고객을 가장 중요시하는 역피라미드 조직의 구조가 필요함

(2) 고객정보 관리 및 지속적 개선
- 외부고객을 만족시키기 위해서는 먼저 내부고객 만족이 선행되어야 함
- 고객만족도를 지수화하고 이를 통한 지속적인 개선활동이 가능하도록 고객만족 실현을 위한 고객정보관리체제(CRM)를 구축해야 함

CHAPTER 03 고객(소비자) 행동

 강의보기

■ SECTION 01 | 고객의 정의

1 고객(Customer)

(1) 정의
- 습관적으로 자사 물품을 구매하거나 서비스를 이용하는 사람
- 여러 번의 구매와 상호작용을 통해 형성됨
- 접촉이나 반복 구매를 한 적이 없는 사람은 고객이 아니라 구매자에 불과함
- 단골고객은 높은 친밀감과 애용가치를 가지고 있지만 고객 로열티에 대해서는 객관적인 분석이나 기준을 두지 않음으로써 로열티고객과는 다소 차이가 있음
- 일정 기간 동안 상호접촉과 커뮤니케이션을 통해 반복구매를 하고 기업이나 조직에 고객생애가치의 실현으로 수익을 창출해 줄 수 있는 사람

■ SECTION 02 | 고객의 범주

1 프로세스적 관점에 따른 고객

(1) 평면적 고객, 전통적인 고객
재화나 서비스를 구매하는 사람이다.

(2) 프로세스적 관점에서 본 고객
① 외부고객: 최종 제품의 구매자/소비자
② 중간고객: 도매상/소매상
③ 내부고객: 동료, 부하 등 본인이 하는 일의 결과를 사용하는 사람

(3) 가치체계를 기준으로 한 고객
① 사내고객, 가치생산고객: 상사와 부하, 부서와 부서, 공정과 공정, 동료와 동료
② 중간고객, 가치전달고객: 기업과 협력업체, 기업과 대리점, 기업과 유통업체
③ 최종고객, 가치구매고객: 기업과 최종고객, 최종 사용자(End User), 구매자와 사용자

2 참여 관점에 따른 고객

(1) 직접고객(1차 고객)
제공자로부터 제품 또는 서비스를 구입하는 사람이다.

(2) 간접고객(개인 또는 집단)
최종 소비자 또는 2차 소비자이다. 예를 들어 자동차를 살 경우 최종 소비자는 일반인이 되지만, 자동차 영업사원이 공급하여 판매할 경우 자동차 구매자는 간접고객이다.

(3) 공급자
제품과 서비스를 제공하면서 반대급부로 돈을 지급받는 행위가 수반되므로 고객이다.

(4) 내부고객
회사 내부의 종업원으로서 조직과의 관계에서는 고객이 되며 주주나 종업원의 가족도 내부고객이 될 수 있다.

(5) 법률 규제자
소비자 보호나 관련 조직의 운영에 적용되는 법률을 만드는 의회나 정부를 의미한다.

(6) 경쟁자
전략이나 고객관리 등에 중요한 인식을 심어주는 고객을 의미한다.

(7) 의견선도 고객
제품이나 서비스를 구매하기보다는 평판, 심사, 모니터링 등에 영향을 미치는 집단으로 소비자 보호단체, 기자, 평론가, 전문가 등을 뜻한다.

(8) 의사결정 고객
직접적으로 제품이나 서비스를 구입하거나 돈을 지불하지는 않지만 1차 고객이 선택하는 데 커다란 영향을 미치는 개인 또는 집단이다.

(9) 단골고객
자사의 제품이나 서비스를 반복적·지속적으로 애용하는 고객이다. 단, 사람을 추천하는 로열티는 가지고 있지 않다.

⑩ 한계고객

디마케팅 대상이 되는 고객으로 자사의 이익실현에 마이너스를 초래하는 고객이다. 고객명단에서 제외하거나 해약유도를 통해 고객의 활동이나 가치를 중지할 수 있다. 예 체리피커

★ 디마케팅은 기업이 상품에 대한 수요를 의도적으로 줄이려는 마케팅 기법입니다.

⑪ 옹호고객

단골고객의 성향을 포함하며 다른 사람까지 추천하는 적극성을 띤 고객이다.

⑫ 얼리어답터(Early Adopter)

- 미국 사회학자 에버릿 로저스(Everett M. Rogers, 1957)의 저서인 「디퓨전 오브 이노베이션(Diffusion of Innovation)」에서 처음 사용된 용어로 1995년부터 대중적인 신조어가 됨
- 제품이 출시될 때 남들보다 먼저 제품에 관한 정보를 접하고, 먼저 구입해 제품에 대한 평가를 내린 뒤 주변 사람들에게 제품의 특성을 알려주는 성향을 가진 소비자군

⑬ 헝그리 어답터(Hungry Adopter)

신제품을 구매하여 일정 기간 사용한 뒤 중고로 팔아 또 다른 신제품 구매 비용에 충당하는 소비자군을 이르는 용어이다.

⑭ 체리피커

기업의 상품 구매, 서비스 이용 실적은 좋지 않으면서 자신의 실속 챙기기에만 관심이 있는 소비자이다.

⑮ 웹시족

웹(Web)과 미시(Missy)의 합성어로 주로 20대 후반에서 30대 초반의 젊은 주부들로 육아, 쇼핑, 여가생활 등의 정보를 인터넷을 통해 얻을 뿐만 아니라 동호회를 조직하여 자신들의 목소리를 높이는 등 정보지향적인 성향을 갖는다.

⑯ 호모 에코노미쿠스

합리적인 소비를 추구하는 소비자로 공산품은 최저가의 상품을 구매하지만, 안전 문제가 중요한 식품이나 유아용품 등은 친환경, 유기농 상품들로 구매하는 성향을 갖는다.

⑰ 프리터족

1990년대 초 일본의 경제 불황으로 인해 정상적인 직장이 아닌, 아르바이트 또는 파트타임 등을 생계 수단으로 삼아 생활하는 계층을 의미한다.

⑱ 매스클루시버티

소수만을 대상으로 맞춤 생산방식에 의해 제공되는 고급품 또는 고급 서비스를 뜻하는 것으로 VIP 개념을 넘어 VVIP 개념을 도입하여 고객을 차별화하는 전략을 의미한다.

⑲ 코쿠닝족(Cocooning)

- 누에고치(코쿤, Cocoon)처럼 집에서 혼자 은둔하는 사람이라는 뜻으로 바깥 세상에 관심을 두지 않고 외출도 꺼리며 집에서 안락한 생활을 하려는 사람을 의미함
- 시장 대신 인터넷으로 물건을 구입하는 등 외출 없이도 충분히 생활하는 사람을 일컫는 용어

⑳ 딩크족

결혼해서 정상적인 부부생활을 하는 맞벌이 부부로, 수입은 두 배(Double Income)이지만 아이는 갖지 않는다(No Kids)고 주장하는 새로운 가족형태를 뜻한다.

㉑ 루비족

- 신선함(Refresh), 비범함(Uncommon), 아름다움(Beautiful), 젊음(Young)의 단어 첫 글자를 따서 조합한 말로, 평범하고 전통적인 아줌마를 거부하는 40~50대 여성을 의미함
- 루비족은 가족을 위해 희생하며 헌신하던 예전의 어머니와는 다르게 자신을 위한 투자를 아끼지 않음

㉒ 포미족

- 건강(For health), 싱글족(One), 여가(Recreation), 편의(More convenient), 고가(Expensive)의 단어 첫 글자를 따서 만든 신조어
- 자신을 가꾸거나 자기 자신을 높이는 것과 관련해 소비를 줄이지 않는 사람으로, 과소비가 아닌 삶의 질을 높이기 위해 합리적으로 지출하는 소비자를 일컫는 용어

㉓ 모디슈머(Modisumer)

- Modify(수정하다), Consumer(소비자)의 합성어로 기업이나 판매자가 제시한 기성품을 자신만의 독특한 방식으로 풀어내고 재탄생시키는 소비자를 일컫는 용어
- 예 농심에서 짜파게티 출시 35주년을 맞이하여 '트러플 짜파게티 큰사발'을 출시하였는데, 이는 걸그룹 '마마무'의 멤버 화사가 TV프로그램에서 직접 만들어 먹으며 화제가 된 것을 기업이 마케팅에 적용한 사례임

(24) 프로슈머(Prosumer)

- '생산자'란 뜻의 '프로듀서(Producer)'와 '소비자'란 뜻의 '컨슈머(Consumer)'의 합성어로 소비뿐만 아니라 제품의 생산과 유통 과정까지 참여하는 소비자를 뜻함
- 미국 미래학자 앨빈 토플러(Alvin Toffler)가 1980년 출간된 자신의 책 「제3의 물결(The Third Wave)」에서 처음 사용함

(25) 블랙컨슈머(Black Consumer)

악성을 뜻하는 블랙(Black)과 소비자를 뜻하는 컨슈머(Consumer)의 합성 신조어로 악성민원을 고의적, 상습적으로 제기하는 소비자를 뜻한다.

3 그레고리 스톤(Gregory Stone)의 고객 분류

(1) 경제적 고객

- 고객가치를 극대화하려는 고객
- 자신이 투자한 시간, 돈, 노력에 대해 최대의 효용을 얻으려는 고객
- 경제적 고객은 까다롭고 경쟁기업에 대한 정보도 밝은 편이므로 이런 고객을 잃는 것은 경고 신호로 받아들여야 함

(2) 윤리적 고객

- 서비스 기업의 윤리적인 행동에 더욱 큰 비중을 두는 고객
- 윤리적 고객을 유치하기 위해서는 기업의 사회적 이미지가 깨끗하고 윤리적이어야 함
- 기업의 서비스에 윤리적 색채를 부과하는 것이 바람직함
- 예 서비스 매출의 일부가 장애인을 위한 복지기금으로 사용된다는 등의 사회적 마케팅 활동

(3) 개인적 고객

- 개인 간의 교류를 선호하는 고객
- 특성 없이 비슷하고 형식적인 서비스보다는 자기를 인정해주는 서비스를 원함
- 최근의 서비스 마케팅 경향은 개인화되어가는 경향이 있으므로 고객관계관리(CRM) 등의 활동을 활성화하고 고객 정보를 잘 활용할 경우 가능함
- 예 자기의 이름을 불러주는 것과 같은 개인적 인식

(4) 편의적 고객

- 자신이 서비스를 받는 데 있어서 편의성을 중시하는 고객
- 편의를 위해서라면 추가로 비용을 지불할 수 있는 고객
- 예 추가로 비용을 지불하더라도 백화점의 배달 서비스나 선물용으로 포장해서 발송해주는 서비스를 선호함

SECTION 03 | 고객의 특성

1 고객 행동의 영향 요인

(1) 문화적 요인

① 문화
- 한 개인의 욕구와 행동을 결정하는 가장 기본적인 요소
- 사람은 태어나 성장하면서 가족 및 다른 사회계층 및 집단으로부터 가치관, 선호성, 지각, 행동을 습득하고 학습함

② 문화의 특성
- 규범성과 연대성: 규범에 의해 생리적, 사회적, 개인적 욕구 해결의 방향 및 지침이 되고, 아울러 외부사회의 집단에 의한 압력에 의해 연대성을 갖게 됨
- 학습성: 문화는 타고나거나 본능적인 것이 아니라 삶의 초기에 학습을 통해 알게 됨
- 공유성: 신념이나 가치 또는 관습이 문화적 특성으로 인정받기 위해서는 대다수 구성원에 의하여 공유되어야 함
- 지속성과 동태성: 사회구성원들에 의하여 공유된 관습은 유지되기를 바라고 다음 세대로 계승되기를 기대함. 또한 문화는 점진적으로 변화하는 동태성이 있음
- 만족성: 학습된 욕구뿐만 아니라 기본적(생리적)인 측면도 만족시킴

(2) 사회적 요인

사회적 요인으로 준거집단, 가족, 사회적 역할과 지위에 영향을 받는다.

① 준거집단
- 의견선도자(Opinion Leader)는 집단에서 가장 큰 영향력이 있음
- 1차적 집단: 좀 더 지속적이며, 도덕과 관습 등에 의한 비공식인 상호작용을 하는 집단 예 가족, 친구, 이웃 및 동료 등
- 2차적 집단: 덜 지속적이며, 사회의 복잡화·전문화로 필요성이 증대되었고, 특정 목적 달성을 위해 의도적으로 형성된 특수한 이해관계를 바탕으로 한 상호작용을 하는 공식적이고 합리적인 집단 예 학교, 종교 집단, 전문가 단체 등
- 준거집단에 영향을 주는 유형(Park & Lessing)

정보적 영향	소비자는 준거집단 구성원의 의견(정보)을 신뢰하게 되어 영향을 받게 됨
실용적 영향	소비자가 보상을 기대하거나 처벌을 피하기 위해 다른 사람의 기대에 순응하고자 할 때 영향을 받게 됨
가치 표현적 영향	사람들은 자신의 이미지를 강화할 목적으로 특정 집단의 가치, 규범, 행동을 받아들이게 됨

② 가족
- 사회에서 가장 중요한 소비자 구매조직으로 한 사람의 태도, 의견, 가치관에 가장 영향력 있는 1차적 준거집단
- 의사결정 단계에서 가족 구성원의 역할: 정보수집자, 영향력 부여자, 의사결정자, 구매담당자, 소비자

③ 역할과 지위: 집단에서 개인이 위치는 역할과 지위에 의해 정의됨

(3) 개인적 요인
- 고객의 구매의사결정은 개인적 특성으로 라이프스타일, 연령, 직업, 경제적 상황, 개성, 가치관에 의해 영향을 받음
- 기호도는 연령에 의해 식품, 의류, 가구, 오락 등으로 변화함
- 직업과 경제적 상황에 따라 고객의 소비 유형에 영향을 미침

2 고객의사결정

(1) 1단계 – 욕구의 인식

① 내적자극에 의한 욕구: 배고픔, 목마름, 수면 등 인간의 정상적인 욕구에서 비롯됨
② 외적자극에서 비롯되는 욕구: 친구 또는 주변 사람이 구입한 물건을 보고 사고 싶다는 자극을 받을 때
③ 매슬로우의 욕구위계이론 5단계
- 가장 중요한 욕구를 먼저 충족시킨 후 그 다음 단계의 욕구를 충족시키려고 하며 현대 서비스에서는 위계 단계가 높은 사회적 욕구, 자아실현 욕구에 더 많은 비중을 둠
- 생리적 욕구 → 안전 욕구 → 사회적 욕구 → 존경 욕구 → 자아실현 욕구

④ 소비자의 구매동기

이성적 고려	• 가격 • 감가상각 • 절약 • 시간과 공간 절약 • 이익과 검약	• 내구성 • 능률 • 노동절약 정도 • 내용연수
정서적 고려	• 용이성, 편의성 • 놀이와 휴식 • 사랑과 애정 • 모험과 흥분	• 안전과 보호 • 긍지와 권유 • 성과 낭만 • 미적인 즐거움

(2) 2단계 – 정보탐색

① 정보탐색
- 욕구를 인식하면 욕구를 충족시킬 제품 또는 서비스에 관한 정보를 탐색함
- 위험을 줄이는 방법으로 구매의사결정에 영향을 미침
- 정보원천의 영향력은 고객특성에 따라 다르게 나타남
- 서비스를 구입할 때 고객들은 인적 정보원에 보다 많이 의존함
- 구매에 관심을 기울이는 정도인 관여도가 높을수록 많은 정보를 탐색함

② 고객의 정보원천 4가지

개인적 원천	가족, 친구, 이웃, 친지 등
상업적 원천	광고, 판매원, 포장, 웹사이트 등
공공적 원천	대중매체(신문, 뉴스), 소비자 단체 등
경험적 원천	제품 사용, 조사 등

③ 기업 및 제품선택에 영향을 미치는 위험의 유형
- 성능 위험(Perfomance Risk): 구매 상품이 기대한 만큼 성능을 발휘하지 못하는 경우에 발생하는 위험
- 재무적 위험(Financial Risk): 의사결정의 잘못으로 입게 되는 금전적 손실
- 신체적 위험(Physical Risk): 상품의 사용 결과 소비자가 해를 입을 가능성에 대한 위험
- 심리적 위험(Psychological Risk): 구매한 상품이 자아 이미지에 부정적 영향을 미칠 수 있는 위험
- 사회적 위험(Social Risk): 구매한 상품이 준거집단으로부터 부정적으로 평가를 받을 위험
- 시간상실 위험(Time Loss Risk): 시간이나 노력의 상실 없이 구매 상품의 반품 및 수리를 받을 수 없는 경우에 발생하는 위험

④ 기업 및 제품선택의 위험을 줄이기 위한 소비자 행동
- 강한 상품보증이나 보증기간이 긴 브랜드 구매
- 더 많은 정보탐색
- 소량 구매 후 대량 구매
- 유명한 브랜드를 찾거나 자신이 신뢰할 수 있는 사람에게 정보를 구함
- 과거에 만족했거나 수용할 만한 것으로 기억하고 있는 브랜드 구매

(3) 3단계 – 제품/서비스 대안 평가

① 제품/서비스 대안 평가
- 대안: 서비스는 제품에 비해 구매 전에 충분한 정보 수집이 어려우므로 대안을 찾기보다는 처음 대안을 선택하는 경향이 있음
- 평가는 다음과 같은 기준에 따라 이루어짐

상품평가의 객관적인 기준	비용, 성능, 적합성, 편의성
상품평가의 주관적인 기준	상품의 상징적 가치
기업평가 기준	기업 이미지
중요성에 따른 기업평가 기준	상품 선택성(구색), 상품의 가격, 상품의 디자인과 유행성, 판매원의 서비스, 상품의 품질, 입지적 편의, 서비스(일반적인 것)

(4) 4단계 – 제품 또는 서비스 구매단계

① 제품/서비스 구매: 평가단계 후 고객은 가장 선호하는 제품 또는 서비스를 선택하거나 구매할 의사를 결정함
② 구매의도에 영향을 미치는 요인
- 구매상황요인: 소비자의 경제적 요인(현금, 구매예산), 시간적 요인(구매 허용시간), 물리적 요인(배달 가능 여부), 인적 요인(구매 동반자의 영향)
- 상점 내 상황요인: 소비자가 직접 탐색 가능한 상품요인, 판촉요인, 진열상태

③ 구매의사결정의 방해요인: 웹사이트상의 다른 구매자의 후기 또는 평론가·전문가의 의견, 서비스 제공자의 불친절, 고객 자신의 문제 등
④ 고객의사결정의 위험을 줄이는 방안: 무료쿠폰, 가격할인, 포인트 활용, 시설의 개방 등을 이용하여 고객과의 신뢰 구축

(5) 5단계 – 구매 후 행동

고객의 구매 후 만족과 불만족에 따라 재구매 여부가 결정 된다. 구매 후 고객의 반응은 구전 커뮤니케이션, 불만족의 귀인, 긍정적 또는 부정적 편견, 브랜드 애호도 등을 통해 나타난다.

3 고객의 역할

(1) 생산자원으로서의 역할

① 고객은 부분직원(Partial Employee): 조직의 생산 역량을 키워주는 인적자원의 한 부분으로 보는 관점
② 장점
- 고객의 참여를 극대화하여 서비스 프로세스를 설계한다면 가장 효율적인 서비스를 고객에게 제공할 수 있음
- 직원들이 다른 업무를 수행하므로 조직의 생산성이 증가함
  예 셀프서비스의 활용으로 인건비 감소
③ 단점: 불만의 원천이 될 수 있음

(2) 서비스 품질에 기여하는 공헌자로서의 역할

- "가만히 앉아서 듣는 교육생보다 직접 참여하는 교육생이 학습효과가 크게 나타난다."
- 서비스의 상호작용에서도 고객이 효과적으로 자신의 역할을 수행했다고 믿는 고객일수록 서비스에 더 만족함
  예 교육 서비스, 의료 서비스, 휘트니스 서비스 등

(3) 잠재적인 경쟁자로서의 역할

- 고객은 서비스 제공과정의 일부분을 수행하기도 하고 때로는 전체적으로 수행하기도 함
- 서비스를 직접 생산할 것인지 외부에서 조달할 것인지의 선택과정에서 서비스를 외부에서 제공받지 않고 내부에서 직접 생산한다면 고객은 서비스 기업의 경쟁자가 됨

4 고객의 특성 파악

(1) 인구 통계적 정보

① 고객 프로필 정보: 이름, 주소(우편, 이메일), 전화번호(집, 사무실, H/P, FAX), 직장, 부서명, 직위(최종 승진일), 출신 학교, 기념일(생일, 결혼 기념일, 창립기념일)
② 관계 정보
- 가족 관계(배우자/자녀 프로필 정보: 고객 프로필 정보와 동일)
- 가입 커뮤니티(커뮤니티 멤버와 주요 프로필), 고객 소개 정보(소개해 준 고객 수 및 주요 프로필), 기타 관계 정보

(2) 고객 가치 정보

① 고객 분류 등급: 자신의 고객 분류 기준
② 계약 정보: 구(가)입 상품명/시기, 구(가)입 빈도 및 횟수, 금액, 고객평생가치(LTV; Life Time Value), 고객 지갑 점유율, 매출 채권 관련
③ 구매력 정보: 소득 수준, 소득의 원천, 재산 상태 등

(3) 고객 니즈, 성향 정보

① 고객 니즈 정보
- 상품에 대한 니즈
- 선호하는 브랜드나 상품, 디자인, 색상 등

② 고객 선호, 성향 정보: 취미, 특기(수준, 가입 동호회 등), 기호품(술, 담배, 음식, 의상), 성격, 커뮤니케이션 스타일, 의사결정 스타일, 문화적·예술적 소양 등

SECTION 04 | 고객니즈파악

1 MBTI의 개념

(1) 개발
- 1921~1975년에 브릭스(Katharine Cook Briggs)와 마이어(Isabel Briggs Myers) 모녀에 의해 개발되었음
- MBTI는 마이어스브릭스 유형 지표(The Myers – Briggs Type Indicator)의 약어
- 융의 심리유형론은 MBTI의 바탕이 되는 이론임

(2) 내용
- 개인이 쉽게 응답할 수 있는 자기보고 문항을 통해 각자가 인식하고 판단할 때 선호하는 경향을 찾아낸 뒤, 그 경향들이 행동에 어떤 영향을 끼치는가를 파악하여 실생활에 응용함
- 1921년부터 본격적인 연구를 시작하여 A~E형이 개발되었고, F형은 1962년 미국 ETS(Educational Testing Service)에서 출판, 1975년에는 G형이 개발되었으며, 이후 K형, M형 등이 개발됨
- 장점을 위주로 구분하고 있는 점이 가장 큰 특징임
- 성격유형은 모두 16개이며 외향형과 내향형, 감각형과 직관형, 사고형과 감정형, 판단형과 인식형 등 네 가지 분리된 선호 경향으로 구성됨
- 선호 경향은 교육이나 환경의 영향을 받기 이전에 잠재되어 있는 선천적 심리경향을 말하며, 각 개인은 자신의 기질과 성향에 따라 각각 네 가지의 한쪽 성향을 띠게 됨

2 MBTI 구성 – MBTI의 4가지 선호 경향

(1) 에너지의 방향이 어느 쪽인가? – 주의 초점

선호 지표	외향형(Extroversion)	내향형(Introversion)
설명	폭넓은 대인관계를 유지하고 사교적, 정열적이며 활동적임	깊이 있는 대인관계를 유지하고 조용하고 신중하며 이해한 다음에 경험함

(2) 무엇을 인식하는가? – 인식 기능

선호 지표	감각형(Sensing)	직관형(iNtuition)
설명	오감에 의존하여 실제의 경험을 중시하며 지금 현재에 초점을 맞추고 정확, 철저히 일을 처리함	육감 내지 영감에 의존하며 미래지향적이고 가능성과 의미를 추구하며 신속, 비약적으로 일을 처리함

(3) 어떻게 결정 하는가? – 판단 기능

선호 지표	사고형(Thinking)	감정형(Feeling)
설명	진실과 사실에 큰 관심을 갖고 논리적이고 분석적이며 객관적으로 판단함	사람과 관계에 큰 관심을 갖고 상황적이며 정상을 참작한 설명을 함

(4) 채택하는 생활양식은 무엇인가? – 생활양식

선호 지표	판단형(Judging)	인식형(Perceiving)
설명	분명한 목적과 방향이 있으며 기한을 엄수하고 철저히 사전계획하고 체계적임	목적과 방향은 변화 가능하고 상황에 따라 일정이 달라지며 자율적이고 융통성이 있음

3 MBTI의 유의점

(1) 해석할 때 유의점
- MBTI 검사의 대중성과 결과 해석의 단순성 때문에 종종 과신하는 경우가 있음
- 심리검사에 대한 전문적 지식이 부족한 사람들이 MBTI를 실시·해석하는 경우가 종종 있음
- 일반적으로 성격검사를 사용하는 검사자는 검사의 장점뿐만 아니라 제한점을 확실히 알고 있어야 함
- 사람을 협소하게 범주화하거나 명명하기 위해 사용해서는 안 됨
- MBTI는 해석을 통해 내담자가 다양한 상황에서 융통성 있게 행동할 수 있도록 가르칠 필요가 있음

(2) 실시할 때 유의점
- 성격이 좋고 나쁜 것이 아니라, 우리가 서로 다르다는 것을 인정하기 위함임을 알고 있어야 함
- 변명이나 합리화를 위한 것이 아니라 성장하기 위함임을 알고 있어야 함
- 창조의 공평성에 따라 누구에게나 장점이나 단점이 있음을 인정할 수 있어야 함
- 비판과 편가름이 아니라 이해하고 받아들이는 태도가 필요함
- 자신의 성격 특성을 이해하고 자신이 선호하는 특성을 통해 인간관계, 일 처리 방식에 대한 이해를 갖고자 하는 것임을 알고 있어야 함

4 고객의 성격유형별 구매행동 특성

(1) 외향형
쇼핑을 즐거운 과정으로 인식하고 있으며, 신상품에 대한 욕구가 높아 판매원에 대한 부담감이 적다.

(2) 내향형
쇼핑 시 판매자로부터 부담감을 느껴 혼자서 상품을 선택하는 것을 선호하며, 만족한 제품은 재구매로 이어져 상표 충성도가 높다.

(3) 감각형
제품 구매 시 주로 실용적이고 쓸모 있는 제품을 선택한다.

(4) 직관형
다양한 기능의 제품을 선호한다.

(5) 사고형
논리적이고 사실적인 광고를 선호하며, 주변 친구나 동료의 의견을 받아들이기보다는 자신의 판단으로 상품을 구입하는 경향을 보인다.

(6) 감정형
감성적이고 부드러운 광고를 선호하며 친구나 동료의 의견을 수용하여 제품을 구매하는 성향을 가진다.

(7) 판단형
주로 계획적인 쇼핑을 즐긴다.

(8) 인식형
쇼핑을 호기심을 충족하는 과정으로 인식하여 충동구매하는 경향을 보인다.

04 | 고객관계관리(CRM)

■ SECTION 01 | 고객관계관리(CRM) 개념

1 고객관계관리(CRM)

(1) 정의

① 일반적인 정의
- 고객에 대한 이해를 바탕으로 영업, 마케팅, 고객 서비스 프로세스를 재구성하는 일련의 활동
- 다양한 채널을 통한 고객과의 커뮤니케이션으로부터 수집된 정보를 기반으로 고객과의 관계를 유지하고 발전해 나가는 과정
- 정보기술 관점에서 기업이 보유하고 있는 고객데이터를 수집, 통합, 가공, 분석하여 개인의 특성에 맞는 마케팅활동을 하는 것
- 고객정보를 데이터 마이닝(Data Mining)을 통하여 분석하여 기업의 신속한 의사결정을 할 수 있도록 정보를 제공하는 역할을 함
- CRM은 시장점유율(Market Share)보다 고객점유율(Customer Share)을 중시하고, 수익성이 높은 고객을 파악·획득 및 유지하는 일련의 활동으로 고객획득 보다는 고객유지에 중점을 둠

② 메타그룹의 정의
- CRM은 Customer Relationship Management의 약자로 고객에 관한 지식을 지속적으로 듣고 추출하고 대응하는 일련의 프로세스
- 기업이 고객 니즈, 기대치 및 행동을 더 잘 이해하고 이를 통해 사회 기회나 변화에 기민하게 대처할 수 있도록 도와주는 경영활동

(2) 목적
- 고객과 장기적인 관계유지(고객평생가치)
- 고객확대방안(신규고객 창출, 고객점유율의 확대)
- 고객의 로열티 관리 전략수립 및 실행, 평가
- 기존고객 활성화를 통한 수익 증대

(3) 장점
- 광고비 절감
- 특정 고객 표적화간 용이함
- 특정 캠페인의 효과 측정이 용이함
- 가격이 아닌 서비스를 통해 기업 경쟁력을 확보할 수 있음
- 고객이 창출하는 부가가치에 따라 마케팅 비용을 사용하는 것이 가능함
- 제품 개발과 출시과정에 소요되는 시간을 절약할 수 있음
- 고객 채널의 이용률을 개선함으로써 개별 고객과의 접촉을 최대한 활용할 수 있음

(4) 특징
- 고객지향적이며, 고객평생가치가 핵심임
- 개별 고객의 생애에 걸쳐 거래를 유지하거나 늘려감
- 정보기술에 기초를 둔 과학적인 제반 환경의 효율적 활용을 요구함
- 고객과의 직접적인 접촉으로 쌍방향 커뮤니케이션을 지속함
- 마케팅뿐 아니라 기업의 모든 내부 프로세스의 통합을 요구함

(5) 고객관리 사이클

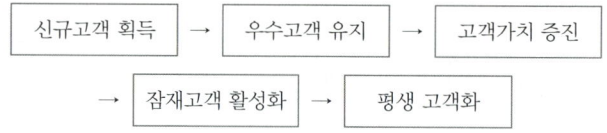

2 고객관계관리(CRM)의 분류

(1) 분석 CRM
- 고객정보를 활용하기 위해 고객 데이터를 추출, 분석하는 시스템
- 모든 고객 채널을 통해 입수된 정보를 전사적으로 공유하며 통합하고 이를 분석하여 마케팅에 활용함
- 모델링 작업 시 실체 유형(분석도구)
  - 고객 세분화, 고객 프로파일링, 제품 콘셉트 발견, 캠페인 관리, 이벤트 계획, 프로모션 계획 등의 기획 및 방법에 대한 아이디어 도출, 고객 캠페인을 통한 '타깃(Target) 마케팅' 수행

- 고객정보를 저장하고 분석하여 의미 있는 데이터를 도출하는데 필요한 IT시스템
- 데이터 웨어하우스, 데이터마이닝, OLAP(On-line Analytical Processing), ODS(Operation Data Store)

(2) 운영 CRM
- 영업 마케팅 및 고객 서비스의 프론트 오피스를 연계한 거래이력 업무 지원
- 백 오피스의 통합
- 서비스 프로세스의 자동화
- 고객의 정보를 수집/운영하는 CRM
- 운영 솔루션
  - EMS: E-mail 전송과 반응시간 추적
  - 웹로그 솔루션: 웹사이트 로그 데이터 수집

(3) 협업 CRM
- 고객의 라이프사이클에 따라 기업의 여러 채널과 고객 접점 채널에서 이루어지는 관계와 커뮤니케이션에 관한 모델
- 모든 정보들을 고객에게 피드백하는 CRM
- 운영 솔루션: 콜센터(전화), E-mail, 비디오, 팩스나 FOD(Fax On Demand), 우편 등에 대한 기능
- 접근방법: 비효율적인 프로세스 탐색, 채널통합, 지속적인 자동화

3 CRM 등장배경

(1) 기업경쟁 기준의 변화
- 양적 성장 → 수익성 중심
- Local 경쟁 → Global 경쟁
- 원가 경쟁 → 고객중심

(2) 세부 변화
① 마케팅 광고의 변화: 매스마케팅에서 차별화된 마케팅
② 유통채널의 다양화
- 인터넷 환경으로의 변화
- 채널의 다양화로 일관된 서비스 제공
- Supply Channel 간의 상호작용(Interaction) 증가로 물류 개선의 기회 제공
- 신규 개념의 사업형태 등장

③ 기업의 패러다임 변화
- 매출 중심에서 수익 중심으로 변화
- 가치경영의 목표
- 평생고객 확보

④ 컴퓨터와 정보통신 기술의 발전: 데이터 웨어하우스(특정 체계를 갖춘 자료의 저장 및 관리의 자동화)
⑤ 개인 생활방식의 변화: 개인의 생활방식 다변화
⑥ 고객 요구 변화
- 고객 요구의 다변화
- 고객중심의 사고 지향
- Internet Business 요구
- 고객만족의 준거 변화

4 CRM의 목적과 기대효과

(1) 매출증대
매출증대를 통한 고객 수 증대와 고객평생가치(CLV)의 제고를 목적으로 한다. 고객 1인당 CLV를 높이기 위한 3가지 핵심활동은 아래와 같다.
① 교차판매(Cross Selling): 기존의 상품계열에 고객이 관심을 가질만한 다른 상품을 접목시켜 판매함
② 추가판매(Up Selling): 고객이 기존에 구매하던 상품과 같은 종류의 업그레이드된 상품을 판매함
③ 고객유지: 고객이 타사로 이탈하지 않고 계속해서 자사 고객으로 유지됨

(2) 비용 감소
고객 확보 및 유지에 소요되는 비용의 감소를 목적으로 한다.

5 CRM이 필요한 산업

(1) 고객생애가치를 실행할 수 있는 산업
고객 1인당 생애가치가 큰 금융, 전자제품, 자동차 등의 산업에 적합한 반면 문구류 등과 같은 생애가치가 적은 산업에는 적합하지 않다.

(2) 고객접촉빈도가 큰 산업
고객과의 접촉빈도가 큰 금융, 음식점 등의 산업에 적합하다.

(3) 고객과 직접적인 접촉이 이루어지는 서비스업의 경우
e-비즈니스가 가능한 산업에서도 대리점과 같은 간접채널로 고객과 접촉하는 업종의 경우 본사의 시장 상황 및 고객 니즈 파악이 가능하다.

(4) 제품 차별화 가능성 여부
제품 차별화가 가능한 업종보다 제품 차별화가 어려운 산업에 효과적이다.

(5) 영업인의 이동이 많은 산업

보험, 자동차, 사무기기 산업처럼 영업인의 이동이 많아 고객의 관리가 어려운 경우에 효과적이다.

6 DBM과 CRM의 비교

(1) 공통점
① DBM: 고객에 대한 데이터베이스를 구축하고 거래 데이터를 분석하여 고객에 대한 여러 정보를 활용하는 마케팅
② CRM
- DBM을 기반으로 발전하게 됨
- 기존·가망고객에 대한 데이터를 전산 시스템에 축적하여 고객의 개별적인 정보 속성을 고려하여 마케팅 활동 등을 함

(2) 차이점
① DBM
- 단기적 관점, 신규고객 창출이 핵심 목적
- DM(Direct Mail)의 반응률 향상과 같은 미세한 목표들을 중심으로 관리함

② CRM
- 장기적인 관점, 기존고객 유지가 핵심 목적
- 새로운 수요 창출, 수익 증대, 평생고객화 등의 지속적인 사이클을 통해 고객의 평생가치를 극대화시키는 전략
- 업무 프로세스의 혁신과 프로세스 전체의 효과 및 효율성을 추구함
- 마케팅, 세일즈, 서비스, 고객접점 등의 통합을 통해 고객 정보를 다양하고 적극적으로 활용함

■ SECTION 02 | CRM 전략 및 시스템 구축

1 CRM의 전략 수립

(1) 전략 수립의 6단계
① 1단계: 환경분석
② 2단계: 고객분석
③ 3단계: CRM 전략 방향 설정
④ 4단계: 고객에 대한 마케팅 제안(Offer) 결정
⑤ 5단계: 개인화 설계
⑥ 6단계: 대화(Communication) 설계

(2) 1단계 – 환경 분석
① 시장매력도 분석: 기업을 둘러싼 경제적, 정치적, 법률적, 사회적, 기술적 및 경쟁적 요인들의 변화를 파악함
② 시장매력도에 영향을 미치는 요인
- 시장요인: 시장의 규모·성장성, 매출의 순환성·계절성
- 산업요인: 신규진입자의 위협, 공급업자의 협상력, 경쟁자의 수준
- 환경요인: 기술적, 경제적, 정치적, 사회적 환경

(3) 2단계 – 고객분석
① 고객 평가
- 수익성 점수(Profitability Score): 특정 고객의 매출액, 거래기간 등을 고려하여 자사에 기여하는 수익에 대한 점수
- 위험성 점수(Risk Score): 특정 고객이 자사에 얼마나 나쁜 영향을 주는지를 나타내는 점수
- 커버리지 점수(Coverage Score): 고객이 자사의 상품 중에서 얼마나 많은 종류의 상품을 구매하는가를 나타내는 점수
- RFM 점수: 최근성, 거래 빈도, 구매금액에 따라 측정된 고객의 점수

(4) 3단계 – CRM 전략 방향 설정
CRM을 통해 달성하고자 하는 목적 혹은 기대효과를 규명하고 목적 달성을 위해 필요한 활동이 무엇인지 찾는 단계이다.
① 고객 수 증대: 외부 업체와의 제휴, 이벤트, 기존 고객의 추천을 통한 신규고객 확보 등의 활동, 기존고객 유지 활동
② 고객 단가 증대: 추가판매, 교차판매, 재판매
③ 구매 빈도 증대: 사용방법을 다양화함 → 사용량, 구매 횟수가 늘어나 매출 증대로 이어짐

(5) 4단계 – 고객에 대한 마케팅 제안(Offer) 결정
① 고객에게 제공할 혜택 결정
- 사전적 유인: 상품 구매(거래)를 유인하기 위해 고객에게 제공함 예) 할인쿠폰, 저가상품을 무료제공하여 매장으로 유인함
- 사후 보상적 유인: 구매에 대한 보답차원에서 고객에게 제공함 예) 항공사 마일리지에 따른 무료 항공권을 제공함
- 맞춤상품 제공: 맞춤형 이벤트 등 고객이 원하는 서비스를 제공함
- 적합한 상품 권유: 고객이 상품을 선택하는 데 어려움을 겪지 않도록 적합한 상품을 미리 파악하여 권유함
- 개별적 가격 적용: 고객에 따라 개인화된 가격을 적용함
- 제품 개발에 반영: 신제품 개발에 관한 고객의 니즈를 수집하여 반영함

② 부가적인 혜택 측면의 마케팅 제안 결정
- 금전적
  - 직접혜택: 사은품 제공, 캐시백, 사이버머니 등
  - 간접혜택: 상품점검 및 수리 서비스, 제휴할인, 신상품 출시 시 평가고객으로 활용 등
- 비금전적
  - 정보욕구 충족: 맞춤 E-mail, 주문형 정보제공
  - 자기 존경욕구 충족: 감사/축하 편지 발송, 전담 상담원의 응대, 고객커뮤니티 지원

(6) 5단계 – 개인화 설계
제안이 결정된 다음 그 제안을 어떻게 고객에게 적합한 형태로 전달할 것인가에 대한 방법을 설계하는 단계이다.
① 개인화 규칙 유형
- 인적 특성 기반 규칙: 성별, 연령, 거주지, 직업, 취미 등
- 심리적 특성 기반 규칙: 구매 제품의 형태(유형), 구매주기, 웹 페이지 관심정보 등

② 웹 개인화 3가지 유형
- 실질적 개인화
- 형식적 개인화
- 복합적 개인화

(7) 6단계 – 대화(Communication) 설계
고객에게 무엇을 제공하느냐와 무엇을 어떻게 제공하는지를 파악해야 하며 '어떻게'에 해당하는 것이다.
① Communication 방법: 우편, 전화, 인적 접촉, 매스 미디어, E-mail, 문자 메시지, 웹 콘텐츠 등 다양한 채널을 활용함
② 효과적인 Communication
- 표현(Dialog)
  - 고객의 이해도와 내용의 특성이 반영된 다양한 구상
  - 고객의 기호, 심리 등에 대한 이해를 바탕으로 최대한 공감대를 만들어 낼 수 있는 메시지를 전달함
  - 개인적 특성에 따라 차별화된 내용이 포함되도록 해야 함
- 포장(Packaging): 메시지의 전달이 최적으로 이루어질 수 있는 포장과 내용물 삽입 방법

2 CRM의 시스템 구축

(1) 고객 데이터의 원천
① 내부 데이터

기초적인 인적 데이터	회원으로 가입할 때 신청서에 기재된 데이터 마일리지 적립의 판촉 방법 등으로 회원가입 권유를 통해 확보함 카드결제에 따른 인적 데이터 온라인 회원 가입신청서에 기재된 데이터 본인이 직접 작성하므로 매우 신뢰성 높은 데이터 기초적인 인적 데이터 종류: 고객리스트, 가입 신청서, 제품 보증카드, 인터넷(쿠키), 웹로그, 클릭스트림
접촉 또는 거래 데이터	거래정보, 신청서, 제품 보증카드, 인터넷(쿠키), 웹로그, 클릭스트림
조사 데이터	문의, 불만정보, 서베이 데이터, 패널 데이터, 직접반응 데이터

② 외부 데이터

직접 수집 데이터	타기업 고객정보, 전문정보 공급업체 정보(회원명부, 센서스 자료, 라이프 스타일 자료)
제휴 활동 데이터	정보 중개자의 정보 간접 활동, 제휴한 타기업 정보 간접 활용

(2) CRM의 시스템 구축 단계
① 1단계 – 기업의 특성에 맞는 고객전략 수립
- CRM 구축 목적과 그에 따른 기업 가치 증대의 내용을 구체적으로 파악함
- 고객이 제품 또는 서비스를 구매하는 채널을 파악함

② 2단계 – 인프라 구축
- 데이터 웨어하우스와 정보분석 지원환경을 구축함
- 구축한 인프라를 통해 개별 고객을 분석함
- 새로운 커뮤니케이션 채널(백 오피스와 프론트 오피스 시스템, 전자상거래 등)을 확립함
- 데이터 웨어하우스의 정의와 역할

정의	거래이력, 고객 캠페인에 대한 다차원적 분석을 위한 데이터 구조 방대한 분량의 고객 프로파일 데이터가 저장되어 있는 정보 창고
역할	OLAP(다차원 분석), 데이터마이닝 툴을 이용하여 고객 세분화와 캠페인 관리 시스템으로 대상고객 분석정보 제공 고객반응정보 피드백 분석 결과 고객관리 시스템에 반영

③ 3단계 – 데이터마이닝을 통한 고객분석과 마케팅 실시
- 고객의 성향을 분석하여 구매를 창출함
- 잠재고객층과 충성고객층 등 다양한 고객층의 차별화 마케팅 전략을 시도함
- 데이터마이닝: 데이터와 데이터의 관계를 찾아내거나 숨겨진 패턴을 발견하여 겉으로 드러나지 않는 정보를 발견 및 유용한 정보를 찾아 비즈니스에 활용하기 위한 기술

④ 4단계 – 고객분석 결과를 실질적으로 판매과정에서 활용
단순 상품 판매에서 교차판매, 추가판매, 재구매 등을 통해 고객생애가치의 극대화를 추구함

⑤ 5단계 – 고객유지를 위한 서비스와 피드백 관리
- 고객과의 유대관계를 강화함
- 차별화·개인화된 서비스를 제공하여 이탈고객을 감소시킴
- 기존고객을 양질의 우수고객으로 전환시킴

■ SECTION 03 | CRM의 성공 & 실패 분석

1 CRM의 성공 요인과 실패 요인

(1) 전제조건

효과적인 CRM을 실현하기 위한 공감대 형성, 인적자원, 비현실적인 기대치, 교육훈련에 대한 철저한 준비가 필요하다.

(2) 성공적인 CRM 구현 단계(스탠리 브라운)

① 목표를 분명하게 설정하라.
② 관련된 모든 부서를 참여시켜라.
③ 조직에 영향을 주어라.
④ 기업에서 가장 유능한 직원을 참여시켜라.
⑤ 기업의 다른 전략 과제들과 조율하라.
⑥ 직원들로 하여금 프로젝트에 참여하고 싶도록 하라.
⑦ 교육훈련에 인색하지 마라.
⑧ 인터페이스, 데이터 전환, 데이터 전송에 유의하라.
⑨ 구현의 수익성을 고려하라.
⑩ 지나치게 전문화된 솔루션을 피하라.
⑪ 가시적인 성과에 초점을 맞추어라.
⑫ 비판적인 자세로 방법론을 선택하라.
⑬ 프로젝트의 진척 현황을 주의 깊게 살펴라.
⑭ 위기의식 조성으로 프로젝트 진행을 가속화하라.
⑮ 이해관계가 상충되는 부서와 끊임없이 커뮤니케이션을 하라.

(3) 실패(방해) 요인
- 데이터베이스 구축·유지를 위한 과도한 투자비용
- 데이터베이스 중에서 의미 없는 데이터 수집
  - 평생 단 한 번 구입하는 제품 예) 그랜드 피아노
  - 상표에 대한 충성심을 거의 보이지 않는 제품
  - 단위당 판매가 적은 경우
  - 정보 수집에 비용이 많이 드는 경우
  - 장기적으로 타산이 맞지 않는 경우
- 역기능 고객 등에 의한 모든 조직 구성원의 고객지향 곤란
- 개인정보 수집의 거부감
- 고객의 유지·차별화 과정에서 다른 고객들의 역차별로 인한 소외감

(4) CRM 도입 실패 원인
- 고객, 상품, 거래 등 방대한 양의 고객정보 데이터 무시
- 일부 부서에서만 적용
- 무계획
- 정보시스템 조직과 업무부서 간의 협업 부족
- 고객중심이 아닌 기업을 위한 CRM
- 문제 있는 업무의 프로세스 자동화
- 기술 숙련도에 대한 충분하지 않은 고려

■ SECTION 04 | e-CRM의 개념 및 전략

1 e-CRM의 개념

(1) 개념

1999년대 후반에서 2000년대 초반에 도입되어 고객정보의 수집과 활용 측면에서 인터넷을 기반으로 하는 e-business의 한 형태이다.

(2) 특징
- E-mail, 음성서비스, 동영상 등의 멀티미디어 수단 통합
- 복수채널의 운영으로 인한 불필요한 관리비용 절감
- 채널 간 잡음으로 인한 고객정보 관리의 오류 발생 가능성 감소
- e-CRM 환경에서 모델의 구축 초기에 대규모 투자 요구
- 신규고객의 진입과 관리에 소요되는 비용은 거의 '0'에 가까움
- 단일 통합 채널을 활용함으로써 고객접점에서의 운영비용 혁신적 절감

(3) 구성요소

① e-Marketing: 고객의 정보를 수집하고 분석하여 잠재고객 확보
② e-Service: 인터넷에서 고객에게 제공되는 서비스 관리
③ e-Sales: 온라인 판매를 지원하기 위한 활동
④ e-Community: 고객의 문의나 불만 제기에 대한 책임 있는 대응을 위해 커뮤니티 채널 확보에 노력하여 고객과의 상호작용이 이루어지는 부분
⑤ e-Security: 웹사이트를 방문한 고객들의 개인정보를 바이러스 및 해킹으로부터 보호하기 위한 장치 확보

(4) e-CRM의 도입 효과

① 고객만족 수준의 증가
- 고객 자신의 스케줄에 맞추어 시간과 공간의 제약 없이 이용함
- 고객 주문의 처리속도가 빨라지고 주문절차가 단순하고 명확하여 편리성이 증가함
- 고객의 불만이나 추가 서비스의 요구 등이 즉각적으로 접수되고 이를 처리하는 과정 또한 통일되고 신속한 대응으로 고객만족도가 증가함
- 기업과 고객 간에 계약 체결 이후의 추가적인 고지사항이나 요구사항이 적시에 보완되어 전달됨
- 고객 입장의 거래 비용이 저렴해짐

② 기업 운영비용의 감소
- 사람의 노동력을 필요로 하지 않는 자동화 시스템으로 거래 가능 시간은 확대, 운영비용은 감소함
- 자동화 판매 시스템으로 거래당 판매비용이 감소함
- 기업 내의 여러 부서 간 통합된 정보를 공유함
- 정확한 업무처리가 가능함
- 처리과정의 단순화로 인한 오류가 감소함
- 고객 관련 정보에 대한 접근이 수월해짐
- 보다 효과적인 의사결정이 가능해짐

③ 기업 영업수익의 증가
- 고객이탈에 따른 손실 예방
- 다양한 서비스 제공을 통한 새로운 판매기회 창출이 가능함

(5) e-CRM과 기존 CRM의 차이점 – 김종완, 오기욱(2002)

구분		e-CRM	CRM
관계	범위	확장된 전사적 관계	전사적 관계
	통제	기업과 고객	기업
	본질	복잡하고 유동적	단순 통계적
	초점	고객	기업, 종사원

		e-CRM	CRM
데이터	요약	구매이력 이외에 방문 횟수, 관심횟수, 광고관심횟수, 게시판 사용횟수 등 고객의 행위를 표현하는 정보사용	구매 및 서비스 데이터에 근거한 데이터(구매금액, 구매건수, Call건수)
	목적	고객관계가치 이해와 증진	고객응대
	채널	인터넷을 활용한 단일 통합체계(웹로그 데이터, 이메일 반응, 웹 콜 센터)	복수의 분산된 채널(영업점 방문, 전화, DM, TM 등)
	활용	상품추천 시스템, 캠페인 관리, 웹 페이지 개인화(Personalization)	마케팅-영업-서비스에 전달, 판매원 배정(SFA), 캠페인 관리
고객요청처리 비용		On-demand Access로 단순한 절차와 시간 처리	복잡하고 처리과정에 오류 가능성 존재
비용		초기 IT 도입 비용은 높은 반면, 유지 관리 비용이 낮음	높은 인건비로 관리 비용이 상대적으로 높음
서비스 대응		Multimedia, FOA, 음성, 동화상 등	주로 전화를 이용한 단순한 질의응답
서비스의 범위		시·공간적 제약 탈피	제한된 시간·지역적 한계 존재

2 e-CRM의 전략

(1) 고객접근 전략 – 퍼미션 마케팅(Permission Marketing)

① 정의
- 고객에게 기업이 접근하는 것을 허락하는 것(세스 고딘)
- e-CRM에서 가장 중요한 키워드는 '강요당하는 느낌이 들지 않게 하는 것'

② 대표적인 형태: 옵트 인 메일(Opt-in-mail) 서비스
- 사이트에 회원으로 가입할 때 광고 수신 여부와 필요로 하는 정보를 등록함으로써 허용한 사람에게만 이메일을 발송하는 서비스
- 일반적인 이메일 광고에 비해 3~5배의 반응률을 보임

③ 반대되는 형태: 정크 메일(Junk Mail)
- 고객이 수신을 허락하지 않는 메일
- 스팸 메일(Spam Mail)로 처리되므로 이용자가 원하는 유익한 정보만을 보내어 기업 이미지를 긍정적으로 만들 수 있는 기회가 됨

(2) 고객유지 전략

① 인센티브 서비스(Incentive Service): 추가적 혜택 제공
② 개인화 서비스(Personalize Service): 일대일 마케팅을 실현하고, 지속적 방문을 실현하기 위한 가장 기본적인 서비스
③ 원 스톱 쇼핑 서비스(One – Stop – Shopping Service): 소비자가 상품 구입을 모두 한곳에서 마칠 수 있도록 하는 서비스 제공
④ 레커멘데이션 서비스(Recommendation Service): 고객에게 상품을 추천하는 서비스

(3) 고객만족 전략

① 어드바이스 서비스(Advice Service): 고객이 상품 구입 시 망설이고 있을 때 사람이 직접 질문에 답하거나 안내해 주는 서비스
② 서스펜션 서비스(Suspension Service): 관심품목 및 찜상품 기능 등을 추가하여 고객이 상품정보를 개인 홈페이지에 기록해 둘 수 있는 서비스
③ 매스 커스터마이즈 서비스(Mass Customize Service): 개별 고객이 원하는 사양을 가진 제품을 제공해 주는 서비스
④ 저스트 인 타임 서비스(Just – In – Time Service): 시간이나 장소에 구애받지 않고 고객의 상황에 맞추어 상품을 제공해 주는 서비스
⑤ 리마인드 서비스(Remind Service): 고객의 과거 구매력이나 속성으로부터 향후 행동을 예측하거나 기념일 등을 등록하도록 유도하여 이를 이용하여 상품이나 구매를 촉진하는 전략

(4) 고객 창출 전략

① 커뮤니티 서비스(Community Service): 고객을 창출하기 위해 게시판 기능 등을 이용하여 이용자 상호 간의 정보교환을 위한 서비스
② 인비테이션 서비스(Invitation Service): 기존 고객이 다른 사람들에게 사이트를 추천하도록 유도함으로써 고객을 창출하는 전략

■ SECTION 05 | 인간관계의 개선 기술

1 인간의 기본 욕구

(1) 욕구 5단계 이론(매슬로우)

인간의 욕구는 상호 경쟁하는 것이 아니라 계층에 따라 질서를 가진다는 이론이다. 매슬로우는 하위단계의 욕구가 충족되어야 상위단계의 욕구를 충족시킬 수 있다고 주장하였다.

① 1단계 – 생리적 욕구
 • 배고픔, 수면, 갈증 등 인간의 가장 기초적인 욕구
 • 조직에서는 적정한 임금과 휴식, 업무환경 등을 통해 충족됨
② 2단계 – 안전과 안정 욕구
 • 위험, 위협, 고통이 없는 안전과 안정을 추구하는 욕구
 • 조직에서는 작업환경의 안전, 물가상승에 따른 임금인상 보장, 직무의 안정도 등을 통해 충족됨
③ 3단계 – 사랑과 소속감에 대한 욕구
 • 사랑, 우정 등 사람들과 시간을 함께 보내는 것에 대한 욕구
 • 조직 내 소속감 또는 다른 구성원과 교류를 통해 충족됨
④ 4단계 – 존경의 욕구
 • 다른 사람으로부터 지위, 명성, 존엄성을 인정받으려는 욕구
 • 조직에서는 직위, 성과급 증가, 도전의식, 승진기회 등의 욕구
⑤ 5단계 – 자아실현 욕구
 • 자신이 잠재적으로 지닌 것을 실현하려고 하는 욕구
 • 조직에서는 개인의 성공과 승진, 통제능력 소유 등의 욕구

2 인간관계론의 역사

(1) 과학적 측면에서의 인간관계론

• 1911년 프레드릭 테일러(Frederick Taylor)의 『과학적 관리의 원리』에서 처음 제시된 개념
• 작업과정에서 활용되는 지식과 기술을 체계화하였고 경영과 행정의 발전에 중요한 기초를 제공함
• 합리화를 지나치게 강조하여 인간을 기계부속품으로 취급하고 있다는 비판을 받음
• 엘튼 메이요의 호손 실험(Hawthorne Experiment): 1920년 후반 근로자들이 작업환경과 생산성에 미치는 효과를 연구한 이론이며 조직의 생산성 향상을 위해 인간의 정서적 요인에 초점을 맞춘 관리기술을 제시함
 – 종업원의 태도나 감정은 집단 내의 인간관계에서 영향을 받으며 생산성에 큰 영향을 미침
 – 공식적 조직 내에 존재하는 자생적인 비공식적 조직이 만들어낸 규범에 의해 인간행동이 통제됨

(2) 현대의 인간관계론

정보화 사회로 발전하면서 인간관계 중심의 행동과학에서는 자립적 인간관을 중시하게 되었다. 생산조직에서의 능률문제보다 갈등과 부작용의 문제에 더 큰 관심을 가지며 대표적인 이론은 다음과 같다.

① 강화 이론(스키너): 특정 행동의 결과가 긍정적 보상을 받게 되면 그 행동은 점차 지속적으로 강화되는 개인의 행동이 환경에 의해 형성된다는 이론

② 사회교환 이론: 대가와 보상을 주고받는 사회교환과정에서 얻은 것에서 들어간 비용을 뺀 것이 사회교환과정의 결과로, 그 결과가 서로에게 도움이 된다고 여겨지면 그 관계는 지속된다는 이론
- 비교 수준(CL; Comparison Level)
  - 특정한 인간관계를 통해 얻고자 기대하는 보상 혹은 대가
  - 관계의 만족감에 대한 지표로 볼 수 있음
- 대체관계 비교 수준(CL alt; Comparison Level for alternatives)
  - 다른 사람과 관계를 맺을 때 기대되는 성과 중 가장 높은 성과 기준을 의미함
  - 주로 과거의 인간관계에서 받아온 성과의 평균수준을 나타냄
  - 현재 인간관계 청산 여부의 결정요인이 됨
  - 만족감보다는 지속성에 대한 지표라고 볼 수 있음
  - 새로운 인간관계에서 기대되는 대체관계 비교 수준이 현재의 인간관계에서의 성과보다 높으면 현재의 관계를 청산하고 새로운 관계로 옮겨감

3 인간관계의 형성 단계(휴스턴과 레빙거)

(1) 첫인상 형성 단계(면식 단계)
- 두 사람의 직접적인 접촉 없이 관찰을 통해 서로를 아는 단계
- 그릇된 인상 형성에 미치는 요인: 상투적인 표현, 선입견, 논리의 오류(후광효과, 악마효과)

(2) 피상적 역할 단계(접촉 단계)
- 두 사람 사이에 직접적인 교류가 일어나는 단계(인간관계 주요 요인: 공정성과 호혜성)
- 상대방의 인격 특성보다는 역할이 중시됨(역할과 자신을 지나치게 동일시하거나 반대로 특정 역할에 피상적으로 개입하는 위험에 빠지기도 함)

(3) 친밀한 사적 단계(상호의존 단계)
- 두 사람 사이에 크고 작은 상호의존이 나타나는 단계
- 호혜성의 원칙이 초월되며 상호교류가 개인적 수준까지 발전하는 사적인 관계로 진전

★ 호혜성이란 상대방으로부터 받은 것을 되돌려 주는 것으로 상대방이 나에게 우호적이라면 나도 우호적으로 대하고 나에게 비우호적이라면 나도 비우호적으로 대하는 것을 말합니다.

4 인간관계의 유형

(1) 공유적 관계와 교환적 관계
① 공유적 관계: 상대방과 자신이 하나라고 지각하는 관계로 호혜성의 원칙이 무시되며 가족이나 친구들 사이에서 나타남
② 교환적 관계: 거래적이고 교환적인 성격을 지니며, 호혜성과 형평성의 원칙을 요구함

(2) 종적 관계와 횡적 관계
① 종적 관계: 사회적 지위나 위치가 서로 다른 사람끼리의 상호작용이며 형식적이고 수단적인 속성이 강함
② 횡적 관계: 사회적 지위나 위치가 서로 유사한 사람끼리의 상호작용이며 자발적인 속성을 가짐

5 인간관계의 발전 및 해체

(1) 인간관계 심화요인 – 3R(넬슨 존스)
① 보상성(Reward): 인간관계에서 얻을 수 있는 긍정적 보상의 효과로 보상의 범위와 깊이가 확대될수록 인간관계가 더 심화됨
② 상호성(Reciprocality): 보상이 서로 균형 있게 교류되는 것으로 긍정적 보상의 영역이 넓어지고 인간관계가 더 심화됨
③ 규칙(Rule): 서로의 역할과 행동에 대해 명료하게 설정된 기대나 지침을 의미하는 것으로 분명한 교류 규칙이 인간관계를 더 심화시킴

(2) 인간관계 촉진요인
자기 공개(자신을 드러내는 단계) → 정서적 지지와 공감(인간관계 심화) → 즐거운 체험의 공유(인간관계 유지의 주요 원천) → 현실적 도움 교환(인간관계 유지 가능)

(3) 인간관계 해체요인
- 접촉과 관심의 감소
- 갈등해결의 실패
- 투자와 보상의 균형이 깨질 때(사회교환 이론)

6 인간관계 속의 문제

(1) 아노미(Anomi) 이론(머튼, R.K. Merton)
사회문화적 규범으로부터 일탈하는 것이며 사회에서 인정하는 문화적 목표와 제도적 수단에 따르지 않는 행동 방식이다. 문화적 목표를 달성하기 위한 제도화된 수단을 얻기 어려울 때 아노미가 나타나고 범죄나 비행이 발생한다.

① 장점
- 일탈의 원인을 문화와 사회구조 속에서 파악하여 심리학적 환원론을 극복함
- 빈민층의 범죄가 기회의 평등이라는 신화와 현실의 사회적 불평등과의 갈등, 모순임을 밝힘
- 청소년 범죄나 비행을 이해하는데 도움을 줌

② 단점
- 일시적으로 발생하는 범죄에 대한 설득력이 없음
- 중산층이나 상류 계층에서 발생하는 비행, 범죄에 대해서는 설명하지 못함
- 충동적인 일탈, 개인적 반응의 차이 등으로 인한 일탈행위를 설명하지 못함
- 문화의 다양성과 더불어 추구하는 목표의 다양성을 간과함

③ 아노미 상태의 적응 방식

동조형	문화적 목표와 제도적 수단을 모두 수용하는 적응방식으로 부적응 유형에서 제외되기도 함
혁신형	문화적 목표는 수용하지만 제도적 수단은 포기함 예 사기, 횡령, 강도
의례주의형	문화적 목표를 거부하지만 제도적 수단에는 집착함
패배주의형	문화적 목표와 제도적 수단을 모두 거부함 예 약물중독자, 방랑자, 은둔자, 정신질환자 등
반역형	문화적 목표와 제도적 수단을 모두 거부하지만 패배주의형과는 달리 기존의 것을 새로운 것으로 대치함 예 여성해방운동가, 급진적 사회운동가, 히피 등

(2) 부적응적인 인간관계의 유형

① 회피형(고립형)

인간관계를 회피하고 고립된 생활을 하며, 인간관계 폭이 극히 제한된 유형
- 경시형: 인간관계를 중시하지 않으며, 고독을 즐김
- 불안형: 불안과 두려움으로 인간관계를 피하지만 무시하지는 않음

② 피상형

깊이 있는 인간관계를 맺지 못하나 겉으로는 넓고 원만한 인간관계를 맺고 있는 것으로 보임
- 실리형: 업무 중심적인 인간관계에 치중
- 유희형: 놀기 위한 인간관계를 즐기며 진지한 인간관계를 피함

③ 미숙형

대인관계 기술이 부족하여 인간관계가 원활하지 못하나 친밀한 인간관계를 맺고자 하는 욕구를 지닌 유형
- 소외형: 다른 사람들로부터 따돌림을 당하지만 인간관계에 적극적이고 능동적인 유형
- 반목형: 주변 사람들과 효율적인 관계를 맺기 어려운 유형
- 의존형: 사람에게 항상 관심과 애정을 확인하려는 유형
- 지배형: 자신을 중심으로 세력과 집단을 만들려는 유형

7 대인지각

(1) 정의
- 주관적 판단에 근거하여 다른 사람에 대한 인상을 형성하는 것을 의미함
- '인간이 사회생활을 하면서 어떻게 대인지각을 행하고 있는가'하는 것은 사회적 행동이해를 위한 기초 문제임
- 대인지각은 통상의 물적 대상의 지각과는 그 수단이 되는 정보의 성질이 다르고 간접적·단편적인 정보에 의존하는 일이 많기 때문에 고유의 특징을 가짐

(2) 특징
- 최초로 얻은 정보에 의하여 강하게 규정되는 '초출효과(初出效果)'가 현저함
- 어떤 측면에 대한 평가가 다른 측면에까지 확대되는 '후광효과(後光效果)'가 나타남
- 자기 자신의 심리적 상태를 인지하는 상대에 투사하는 경향
- 상대를 정확하게 인지하는 능력에는 개인차가 있음

★ 초출효과란 첫인상과 같은 최초의 정보가 강하게 규정되는 효과로 초두효과, 초기효과라고도 합니다.

(3) 형성 과정

자극의 선택과 단순화 → 자극의 조작화 → 의미해석

① 자극의 선택과 단순화
- 인간의 자극을 선택적으로 받아들임
- 여러 정보 중 일부만 선별적으로 받아들이는 지각과정

② 자극의 조작화
- 주의를 기울여 선택된 자극을 이해하기 편한 효율적 패턴으로 조작화하는 과정
- 조작화 과정에서 일반적으로 나타나는 경향
  - 주어진 사실을 그대로 보지 않고 필요하다고 생각되는 다른 사항들을 첨가해서 묶어보려는 경향
  - 방해가 되는 사항들은 고려 대상에서 제외시켜 가능한 이해하기 쉽도록 간소화하는 경향
  - 지각한 사실들을 구조화시키고 패턴화하여 의미 있는 형태로 만들려고 하는 경향

③ 의미해석: 관찰한 모든 것에 대해 각자가 가지고 있는 경험이나 지식에 따라 특정한 의미를 부여함

(4) 대인지각의 기본 경향

단순화	그 강도가 지나치게 강하거나 약할 경우 → 스테레오 타입
일관화	상황이 부적절할 경우 → 후광효과, 초두효과, 관용효과
자기중심적 판단	비현실적인 경우(대비효과)

(5) 왜곡 유형

고정관념	• 범주화: 어투, 생김새, 종교, 인종, 국적, 성 등 • 어떤 특정한 대상이나 집단에 대하여 많은 사람들이 공통으로 가지는 비교적 고정된 견해와 사고를 뜻하며, 집단 특성에 근거하여 판단하려는 경향
현저한 정보의 과다한 영향력	전경 – 배경 원리에 따라 사람들은 배경적인 정보보다는 돌출해 보이는 도형적인 정보에 주의를 하게 되며 이를 중심으로 인상 형성을 하게 되는 현상

8 대인지각과 왜곡 유형

후광효과	개인이 가진 지능, 사교성, 용모 등과 같은 특성 중 하나에 기초하여 그 개인에 대한 일반적 인상을 형상화하는 것
관대화 경향	다른 사람을 매우 좋게 평가하고자 하는 경향
중심화 경향	판단을 함에 있어 아주 나쁘다거나 아주 좋다거나 하는 판단을 기피하고 중간 정도인 것으로 판단하려는 경향
최신(근)효과	판단을 함에 있어 최근 제공된 정보에 더 큰 비중을 두는 것
초두효과	• 처음 제시된 정보가 나중에 제시된 정보보다 더 큰 영향력을 행사하는 경향 • 판단을 함에 있어 처음 주어진 정보에 보다 큰 비중을 두는 경향
대조효과	판단을 함에 있어 최근에 주어진 정보와 비교하여 판단하는 경향
투영효과	판단을 함에 있어 자신과 비교하여 남을 평가하는 경향
스테레오 타입	집단 특성에 근거하여 판단하는 경향(직무상 특성, 인종적 특성) 예 유태인 – 돈, 약삭빠름, 인색, 야심, 빈틈이 없음
방사효과	매력적인 짝과 함께 있는 사람의 사회적인 지위나 가치가 높게 평가되어 자존심이 고양되는 현상

9 자기개방

(1) 조하리의 창

미국의 심리학자 조세프 루프트(Joseph Luft)와 해링턴 잉햄(Harrington lngham)의 이름을 합쳐 조하리(Johari)의 마음의 창문(Window of Mind)이라는 자기개방 모형을 개발하였다.

[듣기] 질문, 요청, 격려

구분	내가 알고 있는 정보	내가 모르는 정보
타인이 알고 있는 정보	① 공개된 영역 Open Area	② 맹목 영역 (보이지 않는 창) Blind Area
[말하기] 정보 공유, 자기 표현 타인이 모르는 정보	③ 숨겨진 영역 Hidden Area	④ 미지 영역 Unknown Area

① 공개된 영역
  • 개방형, 인간관계가 넓음
  • 개방 영역이 지나치게 넓으면 주책스럽고 경박스러운 사람으로 비칠 수 있음
② 맹목 영역(보이지 않는 창)
  • 자기 주장형, 거침없이 이야기함
  • 타인의 말에 귀를 기울일 줄 알아야 함
③ 숨겨진 영역
  • 신중형, 실수, 공격당하는 일이 적음
  • 계산적, 실리적, 뛰어난 적응력
  • 현대인에게 가장 많은 유형이며 타인과 좀 더 넓고 깊이 있는 교류가 필요함
④ 미지 영역
  • 고립형, 음성증상(무감동, 무관심, 무감각)
  • 소극적, 고민이 많음
  • 인간관계에 좀 더 적극적이고 긍정적인 태도를 가져야 함

(2) 존 포웰의 자기개방 5단계

5단계에서 시작한 대화가 1단계로 이어지면서 깊이 있고 친밀한 대화를 나누게 되며 행복한 인간관계를 맺게 된다. 5단계~3단계는 실제적인 의사소통이 아니며 2단계는 인간관계를 개선하는 데 가장 유용한 단계, 1단계는 특별한 경우에만 일어나는 단계이다.

① 5단계 – 상투적인 표현 단계: 일상적인 회화 수준
② 4단계 – 사실 정보를 교환하는 단계: 객관적인 사실 전달 수준으로 느낌, 감정은 개입되지 않음
③ 3단계 – 생각과 판단을 이야기하는 단계: 자신의 의견이나 판단, 생각, 견해 등을 밝힘

④ 2단계 - 느낌, 감정, 직관의 단계: 자신의 감정을 표현하며 진정한 자아개방이 이루어짐
⑤ 1단계 - 최상의 의사소통 관계: 진실의 단계. 매슬로우의 욕구단계 중 가장 높은 "최고의 경험"에 기초하여 의사소통의 언어로 재해석함

10 의사소통

(1) 개념

둘 이상의 사람이 상호 간 이해를 도모하기 위해 메시지, 생각, 감정 등을 공유하는 과정으로 언어적 의사소통과 비언어적 의사소통을 사용하여 메시지를 전달할 수 있다.

(2) 의사소통 과정(7가지 구성요소)

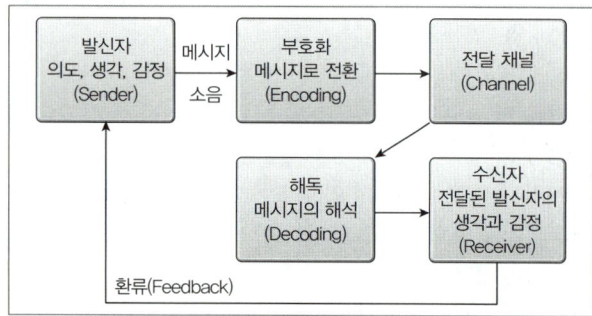

(3) 이상적인 의사소통을 특정 짓는 준거(하버마스)

① 이해 가능성(Comperhensibility): 발언이 모호하지 않고 의도가 분명해야 함
② 진지성(Sincerity): 발언의 속임수가 있어서는 안 됨
③ 타당성(Rightness or Legitimacy): 발언이 맥락에 맞아야 함
④ 진리성(Truth): 교환되는 메시지가 진실이어야 함

★ 전문 용어의 사용으로 일반 대중을 소외시키는 행위는 이해 가능성을 고려하지 않은 것입니다.

11 공식적 의사소통

(1) 하향적 의사소통(상의하달)

조직의 계층 또는 명령 계통에 따라 상급자가 하급자에게 의사와 정보를 전달하는 것으로 구두 또는 문서에 의한 명령과 일반 정보가 있다. 이 경우 특정 직무를 지시하고 절차 및 실행에 대한 정보를 주며 조직 목표를 주입시키는 데 목적이 있다.
① 유형: 편람, 뉴스레터, 게시, 기관지, 구내방송 등
② 장점: 조직 내의 사정을 알리고 구성원의 사기를 높임
③ 단점: 일방적, 획일적, 비밀 누설의 위험성

(2) 상향적 의사소통(하의상달)

계층의 하부에서 상부로 정보와 의사가 전달되는 것이다.
① 유형: 보고, 제안제도, 의견조사, 면접 등
② 장점: 쌍방향 의사소통 가능
③ 단점: 선택적 여과현상의 발생 가능성

★ 여과현상이란 좋지 않은 소식이나 반대 의견 등을 걸러내 전달하지 않으려는 현상을 말합니다.

(3) 수평적 의사소통(횡적 의사소통)

상하관계에 있지 않은 사람들 간에 이루어지는 의사소통이다.
① 유형: 사전심사제도, 회의, 위원회 회람, 통보 등
② 장점: 협력 촉진, 임무 조정, 문제 해결, 정보 공유, 갈증 해소

12 비공식적 의사소통

(1) 포도넝쿨(Grape Vine) 의사소통

학연, 지연 등 조직 내 자생적으로 형성된 의사소통이다.
① 장점
 • 빠른 전달 속도와 즉각적인 반응
 • 하급자의 스트레스 해소
 • 구성원 간 아이디어 전달 경로
 • 조직 변화의 필요성, 집단 응집력 제고
② 단점
 • 조직 내 정보나 감정 전달의 정확성이 낮음
 • 본래 뜻과 다르게 변질될 가능성이 있음

(2) 유언비어(뜬소문, Rumor)

사실에 근거를 두지 않은 비공식적이 커뮤니케이션이다.

13 에드워드 홀(Edward T. Hall)의 근접학

친밀한 거리 (46cm 이하)	가족, 연인과 같은 친밀한 유대 관계
개인적 거리 (46cm~122cm)	• 어느 정도 친밀함이 전제됨 • 일상적인 대화에서 무난하게 사용할 수 있는 거리 • 격식과 비격식의 경계 지점
사회적 거리 (122cm~360cm)	• 사무적인 대화 • 정중한 격식 및 예의가 요구됨 • 별다른 제약 없이 제3자의 개입이 허용되며 대화의 참여 및 이탈이 자유로운 편임
공적인 거리 (360cm~762cm)	연설, 강의와 같은 특수한 경우

14 의사소통의 일반적인 장애요인

지각상의 장애	• 자신에게 유리한 방향으로 메시지 선택 및 해석 • 고정관념, 상동적 태도, 후광효과
준거틀의 차이	전달자와 수신자가 각기 다른 기준을 적용하여 해석
정보원의 신뢰도	전달자에 대해 수신자가 가지고 있는 신뢰, 확신 등이 반영됨
가치판단(고정관념)	수신자는 미리 형성된 고정관념으로 메시지를 판단함
청취	겉으로 드러난 정보 이외에 발신자의 관점을 이해하려고 노력해야 함
정보의 여과	• 전달된 정보가 한 번 걸러지는 것 • 하급자가 불리한 정보를 은폐한 채 상급자에게 긍정적 정보를 전달하는 경우
집단의 응집력	• 집단의 응집력이 강할수록 집단 내에서만 통용되는 독특한 언어들이 존재함 • 집단 밖의 사람들과 커뮤니케이션하는 경우 문제가 발생할 수 있음
정보의 과부화	정보의 홍수로 필요한 것만 선택하여 정보를 습득하기 어려움

15 효과적인 의사소통

(1) 개선방안

경청하기 (반응-공감하기)	• 상대방의 말에 집중하려는 노력 • 상대방의 관점에서 이해하려는 태도 • 상대의 감정과 자신의 감정을 잘 전달하는 것이 중요함
피드백 사용	정확한 의사소통 과정
평이한 언어 사용	듣는 사람이 이해할 수 있는 용어의 사용
의사소통 채널의 다양화	의사소통의 충실도는 게시판/공지 → 메모 편지 → E-mail/음성 메일 → 전화/화상회의 → 면대면 회의순으로 높음
정보기술의 적극적 활용	조직 구성원이 의사소통하는 방법을 급진적으로 변화시킴

(2) 효과적인 의사소통 기법

① 한 발 들여놓기 기법
- 상대방이 충분히 들어줄 수 있는 작은 요청을 한 후, 일단 수용이 되면 조금씩 요청을 증가시켜 나감으로써 자신이 원하는 도움을 얻어내는 방법
- 쉬운 부탁을 2번 이상 한 후 어려운 부탁으로 진행함

② 얼굴 부딪히기 기법
- 자신이 원하는 것보다 훨씬 큰 것을 상대방에게 요청하고 상대방이 이를 거절하면 요구의 규모를 조금씩 축소하면서 결국 자신이 원하는 것을 얻어내는 방법
- 예) 미국의 워터게이트 사건 - 상상을 초월한 예산을 먼저 요구한 후 거절되었을 때 삭감된 예산을 청구하여 관철시킴. 결과적으로 관철된 금액도 매우 큰 금액이었음

SECTION 06 | 교류분석

1 교류분석(TA)

(1) 개념
- 1957년 에릭 번(Eric Berne)에 의해 창안된 인간의 교류나 행동에 관한 이론 체계이자 동시에 거기에 의거하여 실시하는 치료 요법
- 상호 반응하고 있는 인간 사이에서 이루어지고 있는 교류를 분석하는 방법
- 교류의 원어인 Transaction은 '거래, 흥정하는 것'을 의미하지만, 심리학에서는 대화, 커뮤니케이션, 거래, 교류 등으로 번역됨
- 교류란 단순히 표면상의 말의 교환뿐만 아니라 마음속 깊이 전해지는 미묘한 의미, 정교한 의도, 숨겨진 느낌 등 여러 측면을 포함한 깊은 수준의 의사소통을 의미함
- 교류반응 즉, 사람들이 언어적, 비언어적 자극에 대하여 다양하게 반응하는 것을 의미함
- 교류분석은 심리치료에 기초를 이루는 정신분석과 행동주의에 기반을 두고 일반인이 이해하기 쉬운 사고방식이나 방법을 치료에 도입하여 '정신분석학의 구어판(口語版)'이라고 불리기도 함
- 교류분석은 개인의 성장과 변화를 위한 체계적인 심리치료법이며 성격이론임
- 인간행동에 대한 하나의 이해체계로서 교류분석은 심리적 갈등의 해소, 자기성장 및 자각증진을 도모할 뿐만 아니라 대인관계 개선방법을 제시하고 있음
- 교류분석은 초기에는 집단치료에 이용되었으나 점차 개인 상담이나 개인 치료와 다른 심리치료 등 여러 분야에 널리 이용되고 있음

(2) 인간관

- 비결정론적 철학에 뿌리를 둠
- 사람들은 중요한 타인의 기대나 요구에 의해 영향을 받음
- 습관을 초월하고 새로운 목표나 행동으로 선택할 수 있는 사람의 능력을 믿는 긍정적인 특징을 가짐
- 사람들은 중요한 타인의 기대나 요구에 영향을 받으며, 특히 초기의 결정은 다른 사람들에게 매우 의존적이었던 어린 시절에 내려진 결정이기 때문에 영향을 많이 받음
- 결정은 다시 검토하거나 도전할 수 있으며 초기 결정이 더 이상 적절하지 않으면 새로운 결정을 만들 수도 있음

(3) 3대 철학

① 긍정적: 인간은 긍정적 존재이다.
② 자율성: 인간은 자율적 존재이며 자율성은 생리적, 생득적이다.
③ 변화 가능성: 인간은 변화와 성장을 위한 재결단을 내릴 수 있다.

2 교류분석의 욕구 이론 3가지

(1) 스트로크

① 개념: 친밀한 신체적 접촉에 대한 일반적 용어로 의미가 확대되어 구어체로 타인에 대한 존재의 인정을 뜻하는 모든 행위를 포함함

② 의의
- 인간이 주고받는 스트로크의 방법은 개인 성격 형성에 많은 영향을 미침
- 자유는 인간의 자각, 자발성과 친밀성이 가능한 자율적인 상태에서 시작할 때만 획득할 수 있으나 자유는 항상 책임감과 정비례함
- 스튜어트와 조인스는 언어적 대 비언어적, 긍정적 대 부정적, 조건 대 무조건 스트로크로 나누고 있음

(2) 시간구조화의 영역

폐쇄	타인으로부터 멀리하고 대부분의 시간을 공상이나 상상으로 지내며, 자신에게 자기 스스로의 방법으로 스트로크를 주려고 하는 자기애적인 것을 의미함
의식	• 전통, 습관에 따름으로써 간신히 스트로크를 유지함 • 상호 간의 존재를 인정하면서 누구와도 특별히 친하게 지냄 없이 일정한 시간을 보냄
활동	지금 여기서 행하고 있는 일을 통해 서로 스트로크를 주고받는 실용적인 시간 구조화 형태를 의미함
잡담	직업, 취미, 스포츠, 육아 등 무난한 화제를 대상으로 특별히 깊이 들어가지 않고 즐거운 스트로크의 교환
게임	• 일종의 필요악으로 불가결한 역할을 연출함 • 스트로크 면에서 게임은 어떤 이유로 신뢰와 애정이 뒷받침된 진실한 교류가 영위되지 않으므로 부정적 스트로크를 교환하고 있는 것으로 봄
친교	두 사람이 서로 신뢰하며 상대방에 대하여 순수한 배려를 하는 진실한 교류

(3) 기본적 인생태도(해리스, Harris)

어릴 때 양친과의 스트로크를 주체로 하여 배양되는 자기나 타인 또는 세계에 대한 기본적인 반응, 태도 또는 그것에 기인하는 자기상이나 타인상을 의미한다.

① 자기부정과 타인긍정(I'm not OK – You're OK) – 패배형
- 자신의 장점을 발견하지 못하고 다른 사람의 장점을 크게 보며 열등의식이 있음
- 인간관계를 회피하는 경향(GAF; Get Away From)과 우울하고 소외되는 경향이 있음

② 자기부정과 타인부정(I'm not OK – You're not OK) – 염기세포형
- 모든 사람이 인생의 패자이며 인생은 살 가치가 없는 것으로 여기고 절망감과 허무감으로 만사 무기력, 무관심적인 태도를 가짐
- 희망이 없는 비관적 삶의 태도(GNW; Go Nowhere With)로 자신, 타인에게 모두 부정적으로 지각하며 반항적이고 체념적인 태도를 가짐

③ 자기긍정과 타인부정(I'm OK – You're not OK) – 자아도취형
- 자신이 타인보다 우월하고 언제나 옳다고 생각하는 독선적, 자기중심적, 이기적 태도(GRO; Get Rid Of)를 가짐
- 의사소통을 할 때 상황을 통제하고, 대화를 지배하며, 권력을 장악하려는 경향으로 주변 사람들과 갈등 및 충돌을 일으키기 쉬운 유형

④ 자기긍정과 타인긍정(I'm OK – You're OK) – 원만형
- 건강한 자존감과 자아상을 유지하며 사람들에게 친밀감, 편안함, 안정감을 주는 가장 이상적인 삶의 자세를 가짐
- 타인과 조화롭게 살아가는 태도(GOW; Go On With)를 가지며 문제를 건설적으로 풀어나감
- 대인관계에서 진정한 관계를 맺기 위하여 시간을 투자하며 문제를 건설적으로 해결할 수 있는 능력을 갖추고 있어 건강하고 행복한 삶의 방식과 태도를 지니게 됨

3 교류분석 구조의 4가지 분석 이론

(1) 구조분석
자아상태의 현상에 근거를 두고 그 사람의 사고, 감정과 행동을 분석하는 방법이다.

① 3가지 자아상태

어버이 자아 (부모 자아, P)	부모나 부모 대리자의 내사로 특정 상황에 대해 부모가 느낄 것이라고 상상했던 감정을 재경험함 • 통제적 어버이 자아: 어린 시절 부모가 개인의 행동을 통제하고 비판하기 위해 취하던 행동을 그대로 모방해서 표현하는 경우의 상태 • 양육적 어버이 자아: 어린 시절 부모가 자신을 돌보면서 보여준 행동을 재연할 때의 상태
성인 자아 (어른 자아, A)	자신이 성인으로서 가지는 모든 능력을 사용하여 자신을 둘러싼 사건들에 대해 지금 여기서 반응하는 방식으로 행동하고 사고하고 느낄 때의 상태
어린이 자아 (C)	충동적, 감정적, 자발적 행동으로 이루어짐 • 순응적 어린이 자아: 어린 시절과 똑같이 행동, 사고 때 나타나며 성인이 되어서도 부모나 주위의 기대에 맞추려고 했던 어린 시절의 행동방식이 종종 재연되는 상태 • 자유 어린이 자아: 부모나 주위 사람들의 요구나 강압과는 무관하게 행동하는 경우에 나타남

② 병적 구조
- 오염(Contamination): 하나의 자아상태의 내용이 다른 자아상태와 혼합된 것
- 배타(Exclusion): 자아상태의 경계가 두터운 벽처럼 지나치게 경직되어 자아상태 간의 교류가 차단된 것

(2) 교류패턴 분석
P, A, C를 응용해서 일상적인 서로 간의 의사소통을 분석하는 것이다. 교류의 형태는 다음과 같이 나눌 수 있다.

① 상보교류(평행교류; Complementary Transaction)
- 어떤 자아상태에서 보내지는 메시지에 대하여 예상대로의 반응이 되어 돌아오는 교류
- 자극과 반응의 주고받음이 평형되고 있는 교류

② 교차교류(Crossed Transaction)
- 타인의 어떤 반응을 기대하기 시작한 교류에 대해 예상 외의 반응이 되돌아오는 것
- 의사소통이 끊어져서 발신자는 무시당한 것 같은 기분이 되거나 침묵현상이 일어난다든지, 화제가 바뀐다든지, 때로는 싸움이 되어 버리는 경우도 있음

③ 이면(암묵)교류(Ulterior Transaction)
- 상대방의 하나 이상의 자아상태를 향해서 현재적 교류와 잠재적 교류의 양쪽이 동시에 작용하는 복잡한 교류
- 표면적으로 당연한 메시지를 보내고 있는 것 같으나 그 주된 욕구나 의도, 진의가 이면에 숨겨져 있는 것이 특징

(3) 게임 분석
반복해서 일어나는 일련의 상보 및 이면교류이며 표면적으로 합리적이라 하더라도 내부에는 동기를 수반하고 있는 계략을 가진 일련의 교류이다.

(4) 각본 분석
어린 시절에 만들어져 양친에 의해 강화되고, 그 후 일어나는 여러 사건에 의해 정당화되며 최종적으로 선택된 하나의 대안으로 결정에 도달한 것이다.

4 접촉경계혼란(게슈탈트)

(1) 정의
'형태, 전체, 모습' 등의 뜻의 독일어로, 사람들은 어떤 자극에 노출되면 이를 개별적인 부분으로 보지 않고, 완결성, 연결성, 근접성, 유사성의 원리에 따라 '전체(게슈탈트)', '형태', 즉 '게슈탈트'를 형성하여 지각하는 경향이 있다.

(2) 주요 개념
① 내사(Introjection): 개체가 환경의 요구를 무비판적으로 받아들이는 상태로 어린 시절 부모나 권위자, 선생님의 영향으로 생긴 내적 가이드(사고방식 및 규범)가 마치 자신의 생각인 양 여겨지는 것들
② 투사(Projection): 자신의 생각이나 욕구, 감정 등을 타인의 것으로 지각하는 현상
③ 융합(Confluence): 밀접한 관계에 있는 두 사람이 서로 간에 차이점이 없다고 느끼도록 합의함으로써 서로의 독자성을 무시하고 동일한 가치와 태도를 지닌 것처럼 여기는 상태
④ 반전(Retroflexion): 타인이나 환경과 상호작용하는 대신에, 자기 자신을 대상으로 삼아 외부에 하고 싶은 행동을 자신에게 하거나, 외부에서 나에게 해주길 바라는 행동을 스스로에게 하는 상태
⑤ 자의식(Egotism): 개체가 자신에 대해 지나치게 의식하고 관찰하는 현상

CHAPTER 05 | 서비스(Service)의 정의

■ SECTION 01 | 서비스의 어원과 정의

1 서비스의 어원과 정의

(1) 어원

라틴어로 노예를 의미하는 '세르브스(servus)'에서 유래된 단어로, 유사 용어로는 Sevitude, Serve, Servant 등이 있다.

(2) 정의

① 자이다믈(Zeithmal): 서비스는 행위(Deeds), 과정(Processes) 그리고 그 결과적인 성과(Performances)를 의미함
② 라스멜(Rathmell): 시장에서 판매되며 손으로 만질 수 없는 무형의 제품
③ 베솜(Bessom): 자신이 수행할 수 없거나 하지 않는 활동, 만족 그리고 혜택으로 판매될 수 있는 것
④ 베리(Berry): 제품은 유형물, 고안물, 객관적 실체인 반면 서비스는 무형 활동이나 노력이므로 '제품의 본질'이 유형적 혹은 무형적인가의 여부로 판단해야 함
⑤ 레티넨(Lehtinen): 고객만족을 제공하려는 고객접촉 인력이나 장비의 상호작용결과로 일어나는 활동 또는 일련의 활동으로 소비자에게 만족을 제공하는 것
⑥ 코틀러(Kotler): 서비스는 어떤 사람이 상대방에게 제공할 수 있는 활동이나 혜택으로 무형적이고 소유될 수 없으며 물리적 생산물과 결부될 수도 있고 그렇지 않을 수도 있음

2 서비스의 경제학적 정의

(1) 정의

재화와 용역을 구별하는 지배적인 견해로 물질적 재화와 비물질적 재화로 규정하고 양자 간의 차이로 서비스(용역)는 재화의 형태에서 변화를 일으키지 않는다.

① 아담 스미스: 서비스 노동은 부를 창출할 수 없는 비생산적 노동임
② 세이: 비물질적인 것은 보존이 쉽지 않으므로 부가 아님
③ 마샬: 인간은 물질적인 물체를 창조할 수 없음
★ 아담 스미스는 서비스의 생산과 비생산적 논의를 처음 제기하였다.

3 서비스의 경영학적 정의

(1) 활동적인 측면

① 미국마케팅학회(AMA; American Marketing Association): 판매를 위해 제공되는 모든 활동, 효익 혹은 만족을 의미함
② 스탠턴(W. J. Stanton): 소비자나 이용자에게 판매될 경우에 욕망에 대한 만족을 가져오는 무형의 활동이며, 반드시 유형재나 타 서비스의 판매와 결부되지 않고 독립적으로 인식되어지는 것
③ 블루아(K. J. Blois): 한 재화의 형태에서 물리적 변화가 없이 편익과 만족을 낳는 판매에 제공되는 활동

(2) 속성에 의한 측면

① 라스멜(Rathmell): 시장에서 판매되는 무형의 제품
② 주드(Judd): 소유권의 이전이 없는 재산

(3) 봉사론적 측면

레빗(Levitt)은 하인이 일방적으로 주인에게 봉사한다는 과거의 통설을 전제로, 현대적 서비스는 인간이 제공하는 봉사적 서비스를 기계로 대체하는 방법(서비스의 기계화, 표준화, 시스템화를 통하여 생산성 향상)을 구상해야 한다고 보았다.

(4) 인간 상호 관계론적 측면

서비스는 무형적 성격을 띠는 일련의 활동으로 서비스 종업원과 상호관계에서부터 발생하여 고객의 문제를 해결해 준다.

■ SECTION 02 | 서비스 3단계

1 크리스토퍼의 서비스 3단계

(1) 사전 서비스(Before Service)

판매 전에 제공되는 서비스로 판매 가능성을 높이기 위한 예약 서비스, 정상적인 서비스에 영향을 미칠 수 있는 파업 혹은 자연재해에 대한 긴급 상황 계획을 세우고 고객에게 기술적 훈련과 지침서를 제공한다.

- 명시된 회사의 정책, 회사에 대한 고객의 평가, 회사조직, 서비스 전달 시스템의 유연성, 기술적 서비스
- 예) 주차 유도원, 상품 게시판

(2) 현장 서비스(On Service)

고객과 서비스 제공자 사이에 직접적으로 상호거래가 이루어지는 서비스의 본질 부분으로 재고수준을 설정하고 수송수단을 선택하며 주문처리 절차를 확립하는 것 등이 해당한다. 현장 서비스 요소로 인도 시간, 오더 필링의 정확성, 인도 시 제품 상태, 재고 가용성이 영향을 미친다.

- 재고품질 수준, 주문의 편리성, 제품 대체성
- 예) 고객이 업장에 들어서는 순간

(3) 사후 서비스(After Service)

현장 서비스가 종료된 시점 이후의 유지 서비스로 충성고객 확보를 위해 중요한 단계이다.

- 설치보증, 변경, 수리, 부품, 제품 추적, 고객 클레임 및 불만 처리, 수리 중 일시적인 제품 대체
- 예) 고객 불평 처리 부서

SECTION 03 | 서비스의 특징

1 미 통계청의 이용 기능에 따른 서비스 분류

(1) 유통 서비스
물건이나 인적 이동을 담당하는 수송(유통업) 산업이나 정보이동을 담당하는 정보통신(통신업) 산업이 제공하는 서비스이다.

(2) 도·소매업
제품의 상거래 관련 서비스로서 생산자와 소비자를 연결하여 장소적 혹은 시간적 편리성을 제공하는 서비스이다.

(3) 비영리 서비스
정부 및 비영리 기관이나 공익단체처럼 사적인 이익을 추구하지 않는 조직이 제공하는 서비스(공공행정, 복지사업)이다.

(4) 생산자 서비스

- 금융, 재무, 보험, 부동산, 사업, 법률 및 기타 전문가 서비스로서 제조업이나 서비스업에 제공되는 중간재적 성격
- 기업 내에서 제공될 경우 경상비로 분류되는 다양한 서비스
- 한 기업의 산출물이 다시 다른 기업의 투입물로서 판매될 수 있는 서비스

(5) 소비자 서비스
의료, 교육, 자동차 정비 및 기타 유지보수, 숙박, 음식, 레저, 그리고 민간가계를 포함하는 사회적/개인적 서비스로서 생활의 질을 높이기 위해 개인에게 제공되는 서비스이다.

2 코틀러(Kotler)의 서비스 분류

코틀러는 재화 – 서비스의 결합 수준으로 분류하였다.

(1) 순수 유형재화
순수하게 유형재화만 제공하는 것으로 서비스를 수반하지 않는 재화이다.
예) 비누, 치약, 소금 등

(2) 서비스가 수반되는 유형재화
소비자의 욕구 강화를 위해 약간의 서비스가 수반되는 유형제품이다.
예) 자동차 회사가 전시장 제공 및 배달 서비스 제공

(3) 서비스와 유형재의 혼합
재화와 서비스가 같은 정도로 구성된다.
예) 음식점

(4) 서비스가 주 제품이며 유형재와 추가적 서비스가 약간씩 수반
어떤 추가적 서비스에 지원적 재화가 수반되는 주요 서비스이다.
예) 항공기 탑승객에 대한 서비스

(5) 순수 서비스
제품 자체가 서비스로 구성된다.
예) 어린아이 돌보기, 정신요법, 마사지

3 쇼스택(Shostack)의 서비스 분류

(1) 유형성 스펙트럼
쇼스택은 제공되는 재화나 서비스에는 대부분 유형적 요소와 무형적 요소가 포함되어 있기 때문에 이를 재화 대 서비스나 유형성 대 무형성의 이분적 용어로 설명하는 것은 적절하지 않다고 보았으며 많은 제품이 유형성과 무형성의 특징을 함께 가지고 있다는 개념을 바탕으로 유형성 스펙트럼을 제시하였다.

(2) 예시

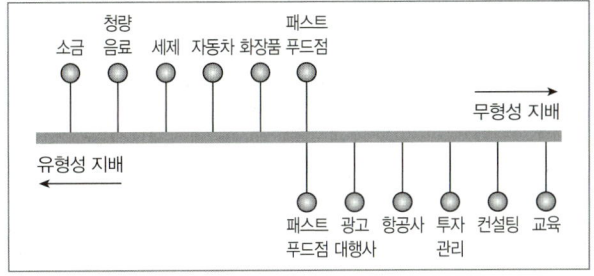

4 러브락(Lovelock)의 분류

(1) 2차원적 분류
러브락은 기존의 서비스 분류체계의 미흡함을 보완하기 위해 두 가지 이상의 분류기준을 결합함으로써 경영 관리적 가치를 지닌 유용한 분류를 할 수 있다고 주장하였다.

(2) 분류

① 서비스 행위의 성격에 따른 분류

구분		서비스의 직접적 대상	
		사람	사물
서비스 제공의 성격	유형적	의료, 호텔, 여객운송	화물운송, 장비수리
	무형적	광고, 경영자문, 교육	은행, 법률서비스

② 고객과의 관계유형에 따른 분류

구분		서비스의 조직과 고객과의 관계유형	
		회원관계	공식적 관계 없음
서비스 제공의 성격	계속적 거래	은행, 전화가입, 보험	라디오 방송, 경찰
	단속적 거래	장거리 전화, 연극회원	렌터카, 우편서비스

③ 수요와 공급의 관계에 따른 분류

구분		시간에 따른 수요의 변동성 정도	
		많음	적음
공급이 제한된 정도	피크 수요 충족	전기, 전화, 소방	보험, 법률서비스
	피크 수요에 비해 공급능력 적음	회계, 호텔, 식당	위와 비슷하거나 불충분한 설비 능력

④ 서비스 제공방식에 따른 분류

구분		서비스 지점	
		단일입지	복수입지
고객과 서비스 기업과의 관계	고객이 서비스 기업으로 간다	극장, 이발소	버스, 패스트푸드점
	서비스 기업이 고객에게 간다	잔디관리, 택시, 방역	우편배달, 긴급 자동차 수리

⑤ 서비스 상품의 특성에 따른 분류

구분		서비스 설비, 시설에 근거한 정도	
		높다	낮다
서비스가 사람에 근거한 정도	높다	일류 호텔, 병원	경영컨설팅, 회계
	낮다	지하철, 렌터카	전화

5 재화와 서비스의 특징 비교

(1) 형태

① 제품와 서비스의 비교

제품		서비스
• 유형성 • 물건	↔	• 무형성 • 일련의 행위 또는 과정

② 서비스 형태의 특징
- 서비스는 저장이 불가능함
- 서비스는 쉽게 특허낼 수 없고 전시되거나 소통할 수 없음
- 서비스는 가격 책정이 어려움

(2) 표준화

① 제품와 서비스의 비교

제품		서비스
• 동질성 유지 • 표준화 용이	↔	• 다양함 • 이질성

② 서비스 표준화의 특징
- 서비스 제공과 고객만족은 지원과 고객의 행위에 달려 있음
- 서비스 품질은 많은 통제가 불가능함
- 제공된 서비스가 계획되거나 촉진된 것과 일치하는지 확실히 알기 어려움

(3) 분리성

① 제품와 서비스의 비교

제품		서비스
분리성	↔	비분리성

② 서비스 분리성의 특징
- 서비스는 고객이 거래에 참여하거나 영향을 미침
- 고객이 서로에게 영향을 미침
- 직원이 서비스 성과에 영향을 미침
- 분산화가 필수적이며 대량생산이 어려움
- 생산과 소비가 동시에 일어남

(4) 보관

① 제품과 서비스의 비교

제품	서비스
• 재고 • 보관 가능	소멸성

② 서비스 보관의 특징
- 서비스는 수요와 공급을 맞추기 어려움
- 서비스는 반품되거나 재판매될 수 없음

6 서비스의 특징

(1) 무형성(비가시성)

서비스는 실체가 아닌 수행이기 때문에 소유할 수 있는 것이 아니라 경험을 통해 감각적, 심리적으로 느껴야 하는 무형의 가치재이다.

① 문제점
- 특허로 보호받기 어려움
- 진열하거나 설명하기 어려움
- 가격 설정 기준이 명확하지 않음

② 대응 전략
- 실체적 단서 제공(국내 1위, 능률협회 서비스 대상 등)
- 구전 활동 적극 활용
- 세심한 기업 이미지 관리
- 가격 설정 시 구체적인 원가 분석
- 구매 후 커뮤니케이션 강화(감사 메일 등)

(2) 이질성(비표준성)

서비스는 고객에게 전달되는 동안 문화, 사람, 공간의 이질성으로 인해 그 내용과 질이 달라진다.

① 문제점
- 고객마다 서비스가 달라질 수 있음
- 종업원에 따라 서비스의 내용이나 질이 달라질 수 있음
- 표준화와 품질 통제가 곤란함

② 대응 전략
- 우수한 요원을 선발하여 훈련 제공
- 서비스 수행과정을 표준화하는 청사진 준비
- 고객의 제안 및 불평불만 처리 시스템 구축
- 고객조사
- 개별화 전략 시행
- 서비스의 질의 균일화

(3) 비분리성

서비스는 생산과 동시에 고객에 의해 소비되므로, 집중화된 대량생산이 불가능하다.

① 문제점
- 서비스 제공 시 고객이 개입함
- 집중화된 대규모 생산이 곤란함
- 구입 전 시험이 불가능함
- 사전에 품질 통제가 어려움

② 대응 전략
- 서비스 제공자들을 교육, 훈련시킴으로서 자사에 대한 고객 신뢰도 제고
- 철저한 고객 관리
- 여러 지역에서 서비스망 구축

(4) 소멸성(비저장성)

서비스는 보관할 수 없으며, 리콜(Recall)이나 A/S가 불가능하다.

① 문제점
- 서비스는 재고로 보관할 수 없음
- 재고와 저장이 불가능하므로 재고 조절이 곤란함
- 구매된 서비스라 하더라도 1회로써 소멸하며, 제품의 경우 몇 회라도 반복하여 사용이 가능함

② 대응 전략
- 수요와 공급 간의 균형
- 서비스 실패 시 강력한 서비스 회복전략 실시
- 수요에 따라 생산계획 변동
- 유휴 시설이나 장비의 새로운 용도를 개척
- 종업원에게 여러 직무를 시행할 수 있도록 도울 수 있는 기반을 만듦
- 대기나 예약 같은 형태로 수요를 재고로 보관함

7 서비스 유형

(1) 사람의 신체에 대한 유형적 서비스
- 고객의 신체를 대상으로 한 물리적 접촉을 통한 서비스
- 고객이 현장에 존재해야 함
- 고객의 서비스 참여도가 가장 높음
- 고객을 응대하는 현장 직원의 업무 능력과 태도가 가장 중요
- 예) 병원, 헬스클럽, 이발소

(2) 유형물에 대한 유형적 서비스
- 사람이 아닌 일반 재화나 고객의 소유물을 대상으로 한 유형적 서비스
- 고객이 반드시 서비스 현장에 존재하는 것은 아님
- Door-to-Door 서비스가 일반화됨
- 고객의 참여도가 적음
- 예) 소포 발송, 시계수리, 세탁물 보관

(3) 사람의 정신에 대한 무형적 서비스
- 사람을 대상으로 하나 내용은 무형적·정신적인 서비스
- 사람의 감성, 지성, 마인드 등 정신적 영역에 영향을 미치는 전문적인 서비스가 대부분임
- 서비스의 질뿐만 아니라 제공하는 행동, 자세가 서비스 평가에 매우 중요한 요소
- 예) 연예, 오락, 교육, 예술전시, 공연 등

(4) 무형자산에 대한 무형적 서비스
- 고객의 돈, 기록, 데이터 등의 무형적 자산을 대상으로 하는 서비스
- 정보화 사회로의 진입이 본격화됨에 따라 가장 발전하는 분야
- 서비스 내용은 무형적이고 대상은 사람이 아님
- 고객이 느끼는 실질적인 혜택이 매우 중요한 평가 요소
- 직원 훈련, 전문성, 신뢰성에 기초한 이미지 관리가 가장 중요함
- 예) 회계, 법률, 은행, 보험, 증권투자 등

■ SECTION 04 | 관광서비스

1 관광서비스의 개념

(1) 정의
① 기능적 정의: 관광기업의 수입 증대를 목적으로 위한 종사원의 헌신, 봉사와 업무에 대해 최선을 다한다는 태도 즉, '세심한 봉사정신'을 의미함
② 비즈니스적 정의: 관광기업의 활동을 통하여 관광객이 호감과 만족감을 느끼게 함으로써 가치를 가지는 지식과 행위의 총체를 의미함
③ 구조적 정의: 관광기업이 관광객의 요구에 맞추어 소유권 이전 없이 제공하는 상품인 무형의 행위 또는 편익의 총체를 의미함

(2) 특성
- 서비스 자체의 본질적인 특성을 가짐 예) 무형성, 이질성, 소멸성, 생산과 소비의 동시성, 비용 산출의 난이성, 서비스 선택 시 지각의 위험도 등
- 유형적인 물건 서비스(기반시설, 편의시설, 교통시설, 관광자원)와 무형적인 인적 서비스에 의존적인 특성인 동시성을 가짐
- 관광 서비스의 특성상 정보화 의존영역에 한계적인 특성을 가짐
  - 제품 속성에 따른 구분에 의해 시설에 대한 물적 서비스 의존성과 동시에 무형재 요소인 인적 서비스의 의존성이 매우 높은 서비스 영역에 속함
  - 고급지향적인 물리적 서비스

2 관광 종사자의 서비스
종사원의 태도와 행동에 영향을 미치는 다섯 가지 요인은 지식, 기술, 능력, 인성, 신체적 특성이다.

★ 관광 종사자의 소득이나 학력은 다섯 가지 요인에 해당하지 않습니다.

CHAPTER 06 | 서비스 리더십

강의보기

■ SECTION 01 | 서비스 리더십의 핵심요소

1 리더십(Leadership)

(1) 어원
리더십의 어원은 '리탄(Lithan)'으로 '가다(to go)'라는 뜻이며, 좋은 결과를 얻기 위해 목표를 수행해 나가는 것을 의미한다.

(2) 학자들의 정의
① 캠벨(Campbell): 새로운 기회를 창출하기 위해 자연의 역량을 집중시키는 활동
② 로크(E. A. Locke): 리더십의 핵심 3가지를 다음과 같이 정의함
   • 관계: 구성원들과의 관계 속에서 형성되는 역동적인 현상
   • 과정: 리더십은 단순히 직위에서 요구되는 활동을 수행하는 것 이상의 과정
   • 행동을 이끄는 것: 리더는 다양한 방법을 이용하여 구성원들의 바람직한 행동을 유도해야 함
③ 로빈스(Robbins, 1998): 경영학 관점에서 리더십은 관리자가 수행해야 하는 여러 기능 중 하나로, 계획, 통제, 조직화, 지휘 기능 등을 포함함
④ 유클(Yukl, 1988): 관리자의 역할을 14가지로 구분하고, 이를 측정하는 설문지인 MPS(Managerial Practices Survey)를 개발하여 관리 기능을 제시함
   • 유클의 MPS 측정요소 14가지: 계획과 조직화, 문제해결, 역할과 목표의 명확화, 정보교류, 관찰, 동기유발, 자문, 위임, 지원, 개발과 멘토링, 갈등관리와 팀빌딩, 네트워킹, 인정, 보상

2 리더십(Leadership) 이론

(1) 특성론
특성은 선천적 측면이 강하며 후천적으로 육성될 수 있는 가능성이 상대적으로 적다는 입장이다.
① 리더의 특성: 신장, 체중, 건강, 외모, 지능, 자신감, 사교성, 의지력, 외향성, 분석력, 판단력, 자제력 등
② 비판: 특성들 간의 공통성 결여와 우선순위의 모호함 등을 객관적, 과학적으로 증명하지 못함
• 예) 조선시대 관리 선발 요건으로 '신언서판(身言書判)'이라 하여 풍채, 언변, 문필, 판단력의 재능을 보았음

(2) 행위론
인적자원 중시 사상이 대두하며 등장했으며, 행위는 후천적으로 훈련과 개발을 통하여 얼마든지 육성될 수 있다는 견해이다.
① 연구: 오하이오주립대, 미시간대 연구, 블레이크와 무(1964)의 관리격자 이론, 타넨바움과 슈미트(1958)의 참여론 등
② 비판: 리더의 스타일이 어느 상황에서나 효과적으로 적용될 수 있다는 보편론적 입장을 취하고 있음

(3) 상황론
상황은 하나가 다른 하나에 의존하는 것으로 리더의 행동과 스타일이 부하의 특성, 리더와 부하의 관계, 주어진 과업의 특성, 조직구조의 성격 등에 따라 달라진다는 이론이다.
① 피들러(1967)의 상황 이론: 최초의 상황이론으로 평가받음
   • 리더의 특성
     − 관계 중심적(좋은 인관관계에 관심을 가지는 유형)
     − 과업 중심적(생산성에 우선순위를 두고, 과업이 완료되는 것에 관심을 가지는 유형)
   • 상황특성(상황의 호의성)
     − 리더와 부하의 관계(자신감, 신뢰)
     − 업무 구조(과제가 형식화 및 구조화된 정도)
     − 지휘 권한(리더가 고용, 해고, 훈련, 승진 등에 영향을 미치는 정도)
② 허쉬와 블랜차드(1978)의 성숙도 이론: 리더의 행동을 과업행동과 관계행동의 2차원 축으로 분류하고, 부하의 성숙도 수준을 상황요인으로 보아 부하의 성숙도에 따라 리더십 스타일을 달리해야 한다고 봄
   • 리더십 유형: 지시형, 참여형, 설득형, 위임형
   • 상황변수: 구성원의 성숙도(능력, 의지)
③ 하우스(1971)의 목표 − 경로 이론: 기대이론을 바탕으로 리더는 부하가 목표를 달성할 수 있도록 지원하고 방향을 제시하며, 부하의 개인적 목표가 조직 전체의 목표와 조화를 이루도록 돕는 역할을 한다고 봄

- 리더십 유형: 지시형, 지원형, 참여형, 성취 지향형
- 상황변수
  - 외적 통제요인: 과업구조, 공식적 권한 체계, 과업집단
  - 개인적 특성 요인: 통제범위, 경험, 지각된 능력

(4) 변혁론, 비전론

리더십은 특성이나 행위이지만 리더십의 효과는 상황변수에 따라 달라진다는 것이다.

- 1980년대 이후 리더십 이론으로 변혁론과 비전론(카리스마적 리더십)이 발전함
- 20세기 초의 특성론을 비판하고 새로운 리더십 관점을 개발하려는 연구가 활발해짐
- 변혁적 리더십은 리더의 도덕성과 동기요소를 바탕으로 구성원들이 공동의 목표와 새로운 변화에 동참하게 만드는 리더십

3 동기 이론

동기란 인간이 어떠한 행동을 하는 내적 요인 또는 마음 상태이며 동기부여는 조직 구성원이 어떤 목적을 달성하기 위하여 특정 방향으로 행동하도록 의도하는 것이다.

(1) 허츠버그의 동기위생 이론

① 동기(만족)요인: 심리적 성장에 관련된 요인으로 개인의 동기를 자극하고 만족여부에 영향을 미치는 요인
   예) 성취, 인정, 일 자체, 책임, 승진, 성장 가능성
② 위생(불만족)요인: 불만족 여부에 영향을 미치는 요인
   예) 조직체의 방침, 감독, 임금, 대인관계, 작업조건, 안전

(2) 알더퍼의 ERG 이론

인간은 여러 욕구를 동시에 경험할 수 있으며 하위욕구가 반드시 먼저 충족되어야 할 필요는 없다고 본다. 상위 욕구 좌절 시 하위 욕구로 귀환하며 하위 욕구를 집중적으로 충족하려고 한다. 매슬로우와 허츠버그의 이론을 확장한 것으로 매슬로우 이론의 경험적 타당성을 보완하고 인간의 욕구를 3단계로 단순화, 개념화하였다.

① 1단계 – 존재 욕구(생존 욕구, Existence Needs): 생리적 욕구, 안전(물리적) 욕구
② 2단계 – 관계 욕구(Relatedness Needs): 사회적 욕구, 존경 욕구, 안전 욕구
③ 3단계 – 성장 욕구(Growth Needs): 자아실현과 성장에 관련된 욕구, 존경욕구

★ 동기의 내용 이론 간의 관계는 다음과 같습니다.

★ 매슬로우 욕구단계론에 대한 설명은 교재 42p에 있습니다.

(3) 맥그리거의 X·Y 이론

① X 이론: 인간의 낮은 수준 욕구와 관련된 인간관과 전략
- 인간은 본능적으로 행동한다.
- 인간은 강제적으로 동기화된다.
- 개인이 가장 중요하다.
- 인생관은 염세적이다.
- 인간은 본질적으로 일을 싫어한다.

② Y 이론: 인간의 높은 수준 욕구와 관련된 인간관과 전략
- 인간은 본질적으로 선하다.
- 인간은 인본주의에 따라 행동한다.
- 인간은 자발적인 협력에 의해 동기화한다.
- 인간의 본성은 협동적이다.
- 집단이 가장 중요하다.
- 인생관은 낙천적이다.
- 인간은 본질적으로 일을 하고 싶어 한다.

(4) 스키너의 강화 이론

① 효과의 법칙: 어떤 행동을 했을 때 그 행동 이후에 제공되는 강화물의 유무에 따라 행동이 증가 또는 감소함
② 강화 유형
- 정적 강화: 어떤 행동을 한 후에 유쾌한 자극을 줌으로써 의도한 반응을 증가시키기 위해 사용되는 강화 예) 칭찬, 인센티브, 보상, 승진
- 부적 강화: 불쾌한 자극을 제거해 줌으로써 바람직한 행동을 증가시키기 위해 사용되는 강화 예) 소멸, 벌

4 서비스 리더십

(1) 정의

리더가 내부고객(파트너)과 수평적으로 상호작용하면서 동의와 설득을 통해 서비스 품질 향상과 고객 만족을 이끄는 리더십(예) 에버랜드 서비스 리더십)이다.

(2) 구성요소

① 태도(Mind): 마음 상태나 자세, 열정, 애정, 신뢰
② 신념(Concept): 철학, 비전, 혁신
③ 능력(Skill): 창조능력, 관리운영능력, 인간관계능력

(3) 커트 라이만(Curt Reimann)의 우수한 리더십 특성

① 고객에 대한 접근성(Customer Contact): 리더가 고객을 염두에 두고 리더십을 발휘함
② 솔선수범과 정확한 지식의 결합(Visible, Committed Knowledge): 리더가 무엇을 어떻게 해야 하는지 잘 알며 동시에 그것을 솔선수범함
③ 일에 대한 열정(Missionary Zeal): 리더는 업무에 누구보다도 열정을 가짐
④ 도전적 목표(Aggressive Targets): 리더는 다소 달성하기 어려운 도전적 목표를 세움
⑤ 강력한 추진력(Strong Drives): 리더는 강력하게 일을 추진하는 능력을 가짐
⑥ 기업문화의 변화(Communication of Values): 조직원들에게 기업에서 추구할 가치가 무엇인지 알려주어 궁극적으로 원하는 방향대로 기업문화를 바꾸어 감
⑦ 조직화(Organization): 리더는 이상의 모든 요소를 잘 조직화하여 조직적으로 실천

■ SECTION 02 | 서비스 리더십의 유형

1 서번트 리더십(Servant Leadership)

(1) 정의(Robert Greenleaf)

Servant와 Leadership의 합성어로 부하의 성장을 돕고 팀워크와 공동체를 형성하는 리더십이다. 타인을 위한 봉사에 초점을 두고 종업원, 고객 및 공동체를 우선으로 여기며 그들의 욕구를 만족시키기 위한 헌신이다.

(2) 10가지 특성

① 경청: 남의 말을 잘 듣는다.
② 공감: 남에게 동정심을 갖는다.
③ 치유: 남을 치유한다.
④ 설득: 설득한다.
⑤ 인지: 깨닫는다.
⑥ 통찰: 개념화 능력이 뛰어나다.
⑦ 비전 제시: 예지능력이 있다.
⑧ 청지기 의식: 청지기로서의 삶을 산다.
⑨ 구성원의 성장: 다른 사람을 성장시키는 데 몰두한다.
⑩ 공동체 형성: 공동체를 형성한다.

★ 청지기란 다른 사람의 물건을 위탁받아 관리하는 사람을 말합니다.

2 카리스마 리더십

(1) 배스(Bass)의 카리스마 리더십 이론

카리스마적 리더들은 자신들의 신념을 확신하며 스스로를 초자연적인 속성을 지닌 것으로 인식한다. 부하들은 단순히 리더를 신뢰하고 존경할 뿐만 아니라, 리더를 초인적 영웅이나 영적 존재로서 숭배하고 이상화한다. 리더는 부하들의 정신, 역동적인 기제(투사, 억압, 퇴행 등)에 대한 촉매 역할을 하며, 개인적인 정신 역동 과정은 집단 과정을 통해서 확대된다. 카리스마적 리더는 특히 부하들이 규범, 신념, 환상 등을 공유하고 있을 때 나타난다는 입장이다.

(2) 카리스마 리더의 특성

- 리더는 비전, 수사학적 능력(Rhetorical Skill), 이미지 및 신뢰 형성, 개인적 매력 등을 갖춰야 함
- 비전은 미래에 대한 통찰력을 의미하며, 카리스마적 리더가 되기 위해서는 부하들에게 비전을 제시할 수 있어야 하고, 비전은 반드시 말로 표현되어야 함
- 수사학적 능력은 비전을 전달할 수 있는 언어적 능력이며 말할 때 은유법, 대구법, 이야기 등을 많이 사용하는 것이 효과적임
- 리더는 자신감과 강한 도덕적 믿음이 있어야 하고, 개인적 희생을 감수하며, 독특한 행동으로 부하의 신뢰를 얻어야 함
- 카리스마적 리더는 부하들을 사로잡기 위하여 눈 접촉, 자세, 제스처, 억양, 표정 등의 비언어적 표현으로 다양한 정서적인 표현을 해야 함
- 부하들을 강하게 만들어 자기 효능감을 증진시켜야 함

(3) 카리스마 부하의 특성

- 부하는 리더와 비전을 동일시해야 함
- 부하들은 카리스마적 리더에 대하여 무조건 순종함
- 부하는 능력 향상(Empowerment)을 가져와야 함
- 정신적 몰입을 수반해야 함

3 참여 리더십

(1) 정의

리더가 부하에게 정보를 요구하고 그들의 아이디어를 공유하며, 의사결정 과정에서 정보자료 등을 많이 활용하여 부하들의 의견을 의사결정에 반영시키는 형태의 리더십이다.

(2) 장점
- 조직 목표에 대한 참여 동기를 증대시킴
- 집단의 지식과 기술 활용이 용이함
- 조직 활동에 더욱 헌신하게 함
- 개인적 가치, 신념 등을 고취시킴
- 참여를 통해 경영에 대한 사고와 기술을 익힘
- 자유로운 의사소통을 장려함

(3) 단점
- 참여에 따르는 시간이 소요됨
- 타협에 의한 어중간한 결정에 도달할 수 있음
- 책임 분산으로 인한 무기력이 생길 수 있음
- 헌신적이고 선견지명을 가진 지도자를 찾기 힘듦
- 참여적 스타일을 배우기 어려움
- 구성원들의 자격이 서로 비슷한 상황에서만 제한적으로 효과가 발휘됨

4 감성 리더십

(1) 정의(다니엘 골먼)

탁월한 리더란 구성원 스스로가 자발적으로 주어진 목표에 몰입하도록 이끌어 주는 리더이며 탁월한 리더의 역량을 분석한 결과, 지적 능력 그 이상의 관계능력이 있음을 확인하였다.

(2) 역량의 조건
- 냉철한 자아관찰 및 이해
- 자신의 감정 통제
- 타인에 대한 배려와 애정
- 도전정신과 열정

(3) 감성 지능의 5가지 요소

① 자아인식(Self-awareness)
- 정의: 자신의 기분, 감정과 본능적 욕구가 타인에게 미치는 영향을 인식하고 이해하는 것
- 특징: 감성인식, 현실적인 자기 평가, 자기를 낮추는 유머, 정확한 자기 평가

② 자기조절(Self-regulation)
- 정의: 혼란스러운 충동·기분의 통제, 방향 재조정 능력과 행동에 앞서 생각하고 판단을 유보하는 능력
- 특징: 자기 통제, 신뢰감과 성실함, 변화에 대한 개방성

③ 동기부여(Motivation)
- 정의: 부와 지위를 넘어서는 목표를 위해 일하려는 열정, 에너지와 끈기를 가지고 목표를 추구하는 성향
- 특징: 성취를 위한 강력한 추진력, 실패 앞에서도 낙천적으로 생각함, 조직에 대한 헌신

④ 감정이입(Empathy)
- 정의: 타인의 감춰진 감정을 이해하고, 타인의 감정 상태에 따라 대처하는 능력
- 특징: 타인 이해, 문화적 감수성, 고객의 욕구에 부응하는 서비스

⑤ 대인관계 기술(Social Skill)
- 정의: 인간관계 및 인적 네트워크를 구축하고 관계를 유지하기 위한 것으로 라포(Rapport)를 형성하고 공통점을 발견하는 능력
- 특징: 변화를 효과적으로 리드함, 설득력, 갈등관리, 팀을 조직하고 이끄는 능력

SECTION 03 | 서비스 리더의 역할

1 서비스 리더의 역할

(1) 기업문화(Corporate Culture)

구성원에게 조직의 의미를 부여하고 그들에게 행동규칙을 제공하는 공유된 가치관과 신념의 패턴을 의미한다.

(2) 현대 조직에 필요한 리더의 역할(패렌과 케이, Caela Farren & Beverly Kaye)
- 지원자(Facilitator)
- 평가자(Evaluator)
- 예측자(Predictor)
- 조언자(Advisor)
- 격려자(Encourager)

(3) 충성스런 리더가 되기 위한 6가지 원칙(프레드릭 라이할트, Frederick F. Reichheld)

① 실천을 통해 설득하라(Preach what you practice).
② 윈-윈 전략을 사용하라(Play to win-win).
③ 고객과 종업원을 신중히 선정하라(Be picky).
④ 단순한 조직을 유지하라(Keep it simple).
⑤ 성과에 대한 적절한 보상은 필수이다(Reward the right results).
⑥ 열심히 듣고, 분명하게 말하라(Listen hard, talk straight).

SECTION 04 | 서비스 경영 패러다임에 따른 경쟁 전략

1 서비스 기업 경영의 변화

(1) 기업 경영 패러다임
- 고객중심의 경영(Customer Driven Management)
- 가치 중심의 경영(Value Driven Management)
- 인터넷 중심의 경영(Internet Driven Management)
- 글로벌 경영(Globalization)
- 관계성(Relationship)
- 혁신 경영(Breakthrough Management)
- 전문 지식(Specialized Knowledgement)

(2) 서비스 기업의 경쟁 환경이 일반 제조 기업과 다른 점
- 진입 장벽이 상대적으로 낮음(특허 보호가 없어 모방이 용이함)
- 규모의 경제를 실현하기 어려움
- 수요의 변동이 심함
- 고객충성도의 확보가 핵심임
- 내부고객의 만족이 중요함

2 서비스 경쟁 전략

(1) 원가우위 전략
① 전반적으로 낮은 원가를 유지하여 경쟁사보다 낮은 가격으로 제품과 서비스를 제공함으로써 고객가치를 높이는 것
② 자본 투자를 줄이기 위한 공업화 절차들을 강조하는 전략
③ 가격에 민감한 고객을 대상으로 표준화된 상품을 제공하는 전략
④ 가치사슬 활동의 비용 측면 효율성 제고를 위한 실천 방안
- 규모의 경제 실현(서비스의 공업화, 표준화)
- 공급망의 효율적 운영(원재료 제공과 판매망)
- 경험곡선(종업원의 업무 숙달로 인한 비용절감 효과) 또는 학습곡선 효과
- 비싼 원재료 또는 부품의 저가품 대체
- 비용우위(아웃소싱 또는 수직적 통합)

(2) 차별화 전략
① 제품, 서비스, 디자인 등과 같은 요소로 경쟁사에 비해 다르다고 느끼는 독특한 가치를 고객에게 제시하는 전략
② 가격보다는 제품이나 서비스로 브랜드 로열티를 강화함
③ 신규진입 기업에 대하여 진입장벽으로 작용함
④ 고객들의 특정 니즈를 충족시키는 서비스를 설계하는 접근 방식
- 원가우위와 상충
- 고객만족을 위한 직무설계
- 고객별 만족 극대화

(3) 집중화 전략
① 특정 소비자집단, 특정 지역, 일부 제품 종류를 집중적으로 공략하는 전략
② 특정 시장을 선택하여 집중하는 전략으로 시장점유율이 낮아 적은 수량 생산에 따른 높은 원재료 공급단가를 갖고 있더라도 효율적인 운영이 가능함
③ 가격 프리미엄 전략 및 대체품이 없는 독점력을 확보할 수 있음

3 서비스 지속적 우위(SCA; Sustainable Competitive Advantage)

(1) 개념
경쟁자들과는 다른 독특하고 차별화된 우수한 서비스를 제공하여 경쟁우위를 지속하는 것이다.

(2) 요소
① 독특한 가치: 고객의 가치평가(프리미엄 가격의 지불의사 충분)
② 대체 불가능: 고객별 개별화 전략(높은 전환비용 발생)
③ 희소성: 탁월한 경영자원 및 핵심역량(브랜드 전환방지)
④ 모방불가: 지속적 경쟁우위(규모의 경제, 자본비용, 차별화, 경험효과 등)

(3) 시장방어 전략

전략	특징	방법
저지 전략 (Blocking)	경쟁사의 진입비용 증가 및 예상수입량 희석 목적	• 서비스 보증 • 집중 광고 • 입지 • 유통 통제 • 전환비용
보복 전략 (Retaliation)	경쟁사의 수익 확보 저지 목적, 시장점유율 유지를 위한 공격적 경쟁	• 고객과의 계약기간 연장 • 장기고객 요금할인 • 가격 인하 • 판매촉진
적응 전략 (Adaptation)	경쟁사가 이미 시장에 안착했을 경우 시장 잠식을 막기 위한 전략	• 서비스 추가 또는 서비스 패키지 강화 • 경쟁우위 개발

제1과목 CS 개론

CHAPTER 01 고객만족관리 개론

01 고객만족(CS)과 관련해 '기대 불일치 이론'의 내용 중 다음 〈보기〉의 대화에 해당하는 것은?

> **보기**
> - 철수: 너 지난번에 졸업 선물로 받은 블루투스 헤드폰 있잖아. 직접 써 보니까 어때?
> - 영희: 글쎄, 딱 가격만큼의 성능인 것 같아. 딱히 불편한 거 없이 무난하다고나 할까?

① 단순 일치
② 긍정적 일치
③ 부정적 일치
④ 긍정적 불일치
⑤ 부정적 불일치

01 ■ SECTION 02
기대했던 것으로 판단한 경우 단순 일치에 해당한다.
정답 ①

02 '공정성 이론'과 관련해 '절차상의 공정성'을 설명한 내용으로 올바른 것은?

① 기여, 요구, 평등성 등의 요소로 제시된다.
② 도출 결과에 영향을 미치는 정보의 공유 정도를 말한다.
③ 투입과 도출 사이의 상호관계에서 투입과 도출에 대한 평가가 우선시되는 기준이다.
④ 의사소통 방식, 우호적인 정도, 흥미, 존경, 정직, 예의 등으로 구성되어 있다.
⑤ 인간적인 측면과 비인간적인 측면까지 포함하여 의사결정을 수행하는 스타일과 관련된 것을 말한다.

02 ■ SECTION 02
도출 결과에 영향을 미치는 영향력과 정보의 공유 정도를 절차상의 공정성이라 한다. 절차상의 공정성은 객관적이고 소비자를 대표할 수 있는 정보의 수집, 의사결정자의 정보 사용, 사람들의 의사결정에 영향력을 가지고 있다고 믿는 신념의 정도로 분류된다.
정답 ②

03 다음 〈보기〉 중 '귀인 이론(Attribution Theory)'의 '외적 귀인'에 해당하는 내용을 찾아 모두 선택한 것은?

> **보기**
> 가. 기질 나. 운수 다. 기분
> 라. 태도 마. 선호도 바. 성격 특성

① 가, 나, 다
② 나, 다, 마
③ 나, 다, 라, 마
④ 다, 라, 마
⑤ 라, 마, 바

03 ■ SECTION 02
외적 요인에는 능력, 노력, 과업 특성(과제의 난이도), 운, 기분, 선호도, 바람 등이 있다.
정답 ②

04 비즈니스 프로세스의 분류 중 '기반 프로세스'에 대한 설명으로 올바른 것은?

① 프로세스의 초점이 고객만족에 있으며 고객의 기대수준과 대비하여 판단이 가능하다.
② 조직이 영위하는 사업영역에서 경쟁자보다 뛰어나게 고객가치를 제공하는 프로세스를 의미한다.
③ 경쟁자보다 뛰어나지는 않더라도 고객에게 최소한의 가치를 제공하기만 하면 되는 프로세스를 의미한다.
④ 미래의 산업 전략이 성공할 수 있도록 사람, 기술, 프로세스를 결합해 조직의 역량을 구축해 나가는 과정을 의미한다.
⑤ 변화하는 고객의 니즈와 기술적 변화에 맞추어 조직의 지속적인 경쟁우위 확보를 위해 역량을 개발하는 프로세스를 말한다.

04 ■ SECTION 03
기반 프로세스(Qualifying Process)는 프로세스 결과물이 고객에게 가치있다고 파악되지만 실제 경쟁이라는 측면에서는 핵심 프로세스가 아닌 경우로, 경쟁자보다 뛰어나지는 않더라도 고객에게 최소한의 가치를 제공하기만 하면 되는 프로세스이다.
정답 ③

05 서비스 프로세스의 중요성에 대한 설명으로 올바르지 <u>않은</u> 것은?

① 서비스 프로세스는 상품 자체가 아닌 기업의 서비스 개발 시스템 향상과 밀접한 연관성이 있다.
② 서비스 프로세스의 단계와 서비스 전달자의 처리 능력은 고객에게 가시적으로 보이는데 기인한다.
③ 직원과 상호작용 과정에서 적절한 전달 프로세스가 고객의 태도에 영향을 주고 향후 거래 여부를 결정하는 중요한 변수로 작용한다.
④ 서비스 프로세스에 따라 서비스의 제공 절차가 복잡하여 고객에게 복잡하고 포괄적인 행동이 요구되기도 한다.
⑤ 고객이 체험하는 서비스 전달 시스템은 고객이 서비스를 판단하는 중요한 증거가 된다.

05 ■ SECTION 03
서비스 프로세스는 서비스 상품 그 자체임과 동시에 서비스 전달 시스템 유통의 성격을 가진다.
정답 ①

06 '슈매너(Schmenner)'가 제시한 서비스 프로세스 매트릭스 중 '전문 서비스'에 대한 내용으로 올바르지 <u>않은</u> 것은?

① 낮은 상호작용
② 높은 노동집중도
③ 높은 개별화 서비스
④ 전문의, 변호사 등의 업종
⑤ 컨설턴트, 건축, 회계 등의 업종

06 ■ SECTION 03
전문 서비스(Professional Service)는 높은 상호작용을 특징으로 한다.
정답 ①

07 '데이비드 마이스터'가 분류한 대기 시간에 영향을 미치는 통제요인 중 '고객 통제요인'에 해당하는 것은?

① 점유
② 불만
③ 공정성
④ 편안함
⑤ 대기단위

07 ■ SECTION 03
고객 통제요인에는 대기단위, 고객의 태도, 대기 목적 가치가 해당된다.
정답 ⑤

08 '대기(Wait)관리 방안'과 관련해 대기 시스템 중 고객이 서비스 시설에 도착하여 어느 대기열에서 기다려야 하는지 또는 다른 대기열이 짧아질 경우 옮겨야 하는지 여부를 결정해야 하는 유형은?

① 단일 대기열
② 맞춤 대기열
③ 집단 대기열
④ 다중 대기열
⑤ 복합 대기열

08 ■ SECTION 03
다중 대기열(Multiple Queue)은 고객이 서비스 시설에 도착하여 어느 대기열에서 기다릴 것인가와 다른 줄이 더 짧아질 경우 나중에라도 옮겨갈 것인가를 결정해야 한다.

정답 ④

09 고객이 어떠한 인적 접촉 없이 서비스 기업과 접촉을 하는 것으로 은행의 ATM, 자동티켓 발매기, 인터넷 주문 및 반품 등에 해당하는 서비스 접점 유형은?

① 전화접점
② 원격접점
③ 생산접점
④ 대면접점
⑤ 브랜드접점

09 ■ SECTION 03
원격접점(Remote Encounter)은 고객이 어떠한 인적 접촉 없이 기계나 시스템으로 이루어지는 접점으로, 현금자동인출기, 자동판매기, 인터넷 쇼핑, 청구서 및 정보성 우편이 이에 해당된다.

정답 ②

10 '피쉬본 다이어그램(Fishbone Diagram)'에 대한 설명으로 올바르지 않은 것은?

① 일본의 품질 관리 통계학자인 '이시카와 가오루'에 의해 개발되어 일명 '이시카와 다이어그램'이라 불린다.
② 현상과 결과에 대한 근본적인 원인과 이유를 물고기 뼈 모양과 같이 시각적으로 분석·정리하는 기법이다.
③ 기업이 고객의 불만을 직접 추적하는 데 도움을 주며 품질 문제를 일으킨다고 의심되는 요인과 그에 관계되는 부수적인 요소들을 함께 검토할 수 있다.
④ 기업에서는 고객들이 필요로 하는 서비스 품질 요소들을 명확하게 나타내지 못하기 때문에 프로세스 설계의 문제점을 만족시키기 위해 고안한 방법이다.
⑤ 기존 자료의 부족으로 인해 참고할 만한 자료가 없거나 미래의 불확실한 상황을 예측하고자 할 경우 도입하는 분석 기법 중 하나로 전문가 합의법이라고도 한다.

10 ■ SECTION 03
⑤는 델파이 기법(Delphi Method)에 대한 설명이다.

정답 ⑤

CHAPTER 02　고객만족경영(CSM)

11 '마이네트'가 제시한 고객만족경영 도입 배경의 중요성에 대한 설명으로 올바르지 <u>않은</u> 것은?
① 시장의 성숙화로 경쟁사보다 더 우수한 제품과 서비스를 개발하여 고객의 욕구를 충족시켜야 한다.
② 소비자의 욕구가 다양해지고 빠르게 변화하고 있다.
③ 공급 과잉상태로 인해 대형유통기관의 힘이 커지면서 소비자보다 생산자 중심의 경제활동으로 변화하였다.
④ 소비자가 직접 소비자 문제에 적극적으로 참여하여 대응하려는 소비자 주권의식이 확산되었다.
⑤ 소비행위의 변화로 인해 하드웨어적인 요소보다 소프트웨어적인 요소가 중요한 요인으로 작용되고 있다.

11 ■ SECTION 01
시장 내의 힘이 공급이 과잉상태에 이르게 되면서 생산자와 소비자 사이의 대형 유통기관의 힘이 커지면서 생산자보다 소비자가 더 중요한 요소로 부각되었다.
정답 ③

12 고객만족경영(CSM) 패러다임의 변화에 대한 설명으로 올바르지 <u>않은</u> 것은?
① 시장의 성숙화, 국제화, 개방화, 인터넷의 발달, 무한경쟁시대의 도래로 인해 기업 환경이 변화되었다.
② 소비자 위주의 소비시장에서 생산자 위주의 공급시장으로 변화되었다.
③ 생존 차원의 필수적 소비에서 선택적 소비 행태로 변화되었다.
④ 기성세대와 차별되는 소비 형태, 가치관을 지닌 새로운 세대가 등장하였다.
⑤ 기업이 목표시장의 니즈를 파악하고 고객의 니즈와 기대를 만족시키려는 시장지향성 기업경영이 요구되고 있다.

12 ■ SECTION 01
생산자 위주의 공급시장에서 소비자 위주의 소비시장으로 변화되었다.
정답 ②

13 우리나라 고객만족경영(CSM)의 시기별 흐름 중 1990년대의 내용에 해당하지 <u>않는</u> 것은?
① CS 경영팀 신설
② 데이터베이스 마케팅 도입
③ 전사적 고객만족경영 체제 도입
④ 사이버 고객만족에 대한 관심 고조
⑤ 고객관계관리(CRM) 경영기법의 보편화

13 ■ SECTION 01
고객관계관리(CRM) 경영기법의 보편화는 2000년대의 내용이다.
정답 ⑤

14 고객만족(CS)의 3요소 중 '하드웨어'에 대한 내용으로 올바른 것은?

① 주문 처리 절차가 비교적 간단하다.
② 고객의 요구나 불만에 신속하게 반응한다.
③ 고객의 취향에 따른 맞춤 서비스를 제공한다.
④ 다양한 상품이 구비되어 있어 선택의 폭이 넓다.
⑤ 직원이 상품이나 서비스에 대한 질문에 상세히 설명해 준다.

14 ■ SECTION 01

①, ③은 소프트웨어, ②, ⑤는 휴먼웨어에 대한 설명이다.

정답 ④

15 생산성 향상 운동의 하나인 '3S'의 내용 중 현재의 제품계열에서 이익이 적거나 적자를 내고 있는 제품을 축소해 나가는 것을 의미하는 요소는?

① Satisfaction
② Simplification
③ Specialization
④ Specification
⑤ Standardization

15 ■ SECTION 02

3S는 Standardization(표준화), Simplification(단순화), Specialization(전문화)이다. Simplification(단순화)은 현재의 제품계열에서 이익이 적거나 적자를 내고 있는 제품을 축소해 나가는 것이다.

정답 ②

16 '마이클 포터(Michael Porter)' 교수가 제시한 산업경쟁을 촉진하는 '5대 세력(Five Force)' 중 다음 〈보기〉의 내용에 해당하는 것은?

┌보기┐
초기 투자, 대체비용, 정부의 규제, 기술 장벽 등에 대하여 검토한다.

① 경쟁자
② 공급자
③ 구매자
④ 대체자
⑤ 신규진입자

16 ■ SECTION 02

새로운 경쟁자들이 시장에 진출하기 어려울수록 수익성이 높고 시장진입이 낮을수록 수익성이 낮아진다. 신규진입자는 규모의 경제, 진입장벽, 경쟁우위, 자본, 기술이나 특허, 정부의 규제(정책) 등을 고려해야 된다.

정답 ⑤

17 총체적 고객만족경영(TCS)의 혁신 요소 중 '시장경쟁력 요소'에 해당하는 것은?

① 지식
② 브랜드
③ 정보기술
④ 프로세스
⑤ 인사조직

17 ■ SECTION 02

시장경쟁력 요소에는 상품력, 신상품 개발, 가격 경쟁력, 브랜드, 이미지, 고객관리 등이 있다.

정답 ②

18 한국인의 특성에 맞는 감성경영 전략에서 경영자(리더)가 고려해야 할 사항이 아닌 것은?

① 화합과 권위를 조화시키려는 리더의 노력이 필요하다.
② 깊이 있는 사고와 토론의식이 필요하다.
③ 공동체 의식을 강화하고 개인주의를 최대한 자제하기 위한 노력이 필요하다.
④ 가족주의를 바탕으로 한 경영가족주의 시도, 조직의 간소화, 건전한 자본주의 정신의 함양이 필요하다.
⑤ 시대 변화에 따른 세대별 이성과 감성의 구성 비율이 다를 수 있으므로 유연성 있는 리더십의 발휘가 요구된다.

18 ■ SECTION 02
개인주의와 공동체 의식을 조화시키려는 노력이 필요하다.
정답 ③

19 노드스트롬(Nordstrom) 백화점의 경영 방식 중 외부고객 만족을 위한 정책이 아닌 것은?

① 개인별 고객수첩의 활용
② 매력적인 쇼핑 환경의 제공
③ 동기부여와 인센티브
④ 다양한 제품 구색
⑤ 조건 없는 반품 수용 정책

19 ■ SECTION 03
동기부여와 인센티브는 내부고객 만족 정책에 해당한다.
정답 ③

20 '구전(口傳)'의 개념에 대한 설명에 해당하지 않는 것은?

① 구전은 언어적 커뮤니케이션에 제한된 것이 아니다.
② 구전은 개인들의 경험에 기초한 대면 커뮤니케이션이다.
③ 영향력의 특성과 관련된 개인 혹은 집단 간의 영향력을 말한다.
④ 특정 주제에 관하여 고객들의 개인적인 직·간접적인 경험에 대해 긍정적 혹은 부정적인 내용의 정보를 비공식적으로 교환하는 의사소통이다.
⑤ 고객의 이해관계와 밀접한 관련이 있으며 자신의 간접적인 경험이 아니라 직접적이고 생생한 경험을 공식적으로 교환하는 활동이나 행위를 의미한다.

20 ■ SECTION 04
고객이 이해관계를 떠나서 자신의 직·간접적인 경험을 비공식적으로 교환하는 활동 혹은 행위를 말한다.
정답 ⑤

21 '구전(口傳)'과 구매행동과의 관계에 대한 설명으로 올바르지 않은 것은?

① 일방적이 아니라 쌍방적 의사소통이 이루어지는 특징이 있다.
② 소비자 간의 구전은 일반적으로 매우 신뢰성이 높은 정보의 원천이다.
③ 소비자는 구매와 관련된 위험을 줄이고 제품구매, 가격 등에 대한 정보를 얻기 위해 구전을 활용한다.
④ 소비자는 기업이 자사 제품에 대해 제공하는 긍정적 정보를 제품 판매를 위한 것으로 간주하고 신뢰하지 않는 경향도 있다.
⑤ 소비자는 실제 제품 구매를 결정할 경우 비상업적 정보보다 자신의 주변 사람들로부터 듣는 상업적 정보를 절대적으로 신뢰하는 경향이 있다.

21 ▪ SECTION 04
소비자는 실제 제품 구매 결정을 할 때 상업적 정보보디 자신의 주변 사람들로부터 듣는 비상업적 정보를 신뢰하는 경향이 있다.
정답 ⑤

22 고객만족(CS)을 위한 실천 과제로 올바르지 않은 것은?

① 고객만족 지향적 기업문화를 구축해야 한다.
② 고객을 가장 중요시하는 역(逆)피라미드의 조직 구조가 필요하다.
③ 고객만족 성과를 명확하게 측정하고 이에 방해가 되지 않도록 보상을 위한 평가 시스템을 지양하는 노력이 필요하다.
④ 고객만족도를 지수화하고 이를 통한 지속적인 개선활동이 가능하도록 고객만족 실현을 위한 고객정보관리체제를 구축해야 한다.
⑤ 최고경영자는 고객만족을 경영목표로 하는 패러다임을 받아들이고 이를 달성하기 위해 기업 내부 조직 구성원과 함께 공유해야 한다.

22 ▪ SECTION 04
고객만족 성과의 명확한 측정과 철저한 보상을 위한 평가 시스템의 운영이 필요하다.
정답 ③

CHAPTER 03 고객(소비자) 행동

23 자사의 제품이나 서비스를 반복적·지속적으로 구매하되, 다른 사람들에게 적극적으로 추천하지 않는 고객 유형은?

① 경쟁자
② 직접고객
③ 간접고객
④ 단골고객
⑤ 한계고객

23 ▪ SECTION 02
단골고객은 자사의 제품이나 서비스를 반복적·지속적으로 애용하는 고객이다. 단, 사람을 추천하는 로열티는 가지고 있지 않다.
정답 ④

24 다음 〈보기〉의 대화에 해당하는 고객의 유형은?

┌ 보기 ┐
- 영희: 혹시 이번에 '○○ 식품'에서 새로 출시한 라면 먹어봤어?
- 철수: 그 자장 라면이랑 해물 라면 말이지?
- 영희: 응, 맞아.
- 철수: 주말에 먹어봤는데 맛있긴 하더라. 그런데 자장 라면하고 해물 라면을 함께 끓여서 먹으면 완전 맛있어지는 거 알아?
- 영희: 그러면 라면 맛이 이상해지는 거 아니야?
- 철수: 아니야, 날 믿고 한 번 시도해 봐.

① 폴리슈머(Polisumer)
② 프로슈머(Prosumer)
③ 트윈슈머(Twinsumer)
④ 모디슈머(Modisumer)
⑤ 소셜슈머(Socialsumer)

24 ■ SECTION 02
모디슈머는 Modify(수정하다), Consumer(소비자)의 합성어로 기업이나 판매자가 제시한 기성품을 자신만의 독특한 방식으로 풀어내고 재탄생시키는 소비자를 일컫는 용어이다.
정답 ④

25 '그레고리 스톤(Gregory Stone)'이 제시한 고객 분류 중 자신이 투자한 시간, 돈, 노력에 대해 최대의 효용을 얻으려는 고객 유형은?

① 편의적 고객
② 윤리적 고객
③ 경제적 고객
④ 개인적 고객
⑤ 참여적 고객

25 ■ SECTION 02
경제적 고객은 고객가치를 극대화하려는 고객으로, 자신이 투자한 시간, 돈, 노력에 대해 최대의 효용을 얻으려는 고객이다.
정답 ③

26 준거집단에 영향을 주는 유형 중 다음 〈보기〉의 설명에 해당하는 것은?

┌ 보기 ┐
소비자가 보상을 기대하거나 처벌을 회피하기 위해 다른 사람의 기대에 순응할 경우 발생된다.

① 실용적 영향
② 정보적 영향
③ 자발적 영향
④ 급진적 영향
⑤ 가치 표현적 영향

26 ■ SECTION 03
준거집단에 영향을 주는 유형 중 실용적 영향(Utilitarian Influence)은 소비자가 보상을 기대하거나 처벌을 피하기 위해 다른 사람의 기대에 순응하고자 할 때 영향을 받게 된다.
정답 ①

27 고객행동의 영향 요인 중 연령, 직업, 경제적 상황, 개성, 가치관, 생활방식(Life Style) 등에 해당하는 것은?

① 개인적 요인
② 사회적 요인
③ 수단적 요인
④ 문화적 요인
⑤ 선택적 요인

27 ■ SECTION 03
고객의 구매 의사결정은 라이프 스타일과 가치관, 연령, 직업과 경제적 상황, 개성과 자아개념 등 개인적 특성에 영향을 받는다.
정답 ①

28 고객의 의사결정을 위해 필요한 정보원천의 분류 중 공공적 원천에 해당하는 것은?

① 포장
② 동료
③ 포스터
④ 대중매체
⑤ 제품 사용

28 ■ SECTION 03
공공적 원천에는 대중매체, 영향력 있는 소비자 단체가 해당된다.

정답 ④

29 기업 및 제품 선택에 있어 위험을 줄이기 위한 소비자의 행동이 아닌 것은?

① 더 많은 정보를 탐색한다.
② 소량 구매 후 대량 구매를 한다.
③ 상품보증 내용이 강하거나 보증기간이 긴 브랜드를 구매한다.
④ 유명한 브랜드를 찾거나 자신이 신뢰할 수 있는 사람에게 정보를 구한다.
⑤ 과거에 만족했거나 수용할 만한 것으로 기억하고 있는 브랜드는 가급적 제외한다.

29 ■ SECTION 03
과거에 만족했거나 수용할 만한 것으로 기억하고 있는 브랜드를 구매한다.

정답 ⑤

30 고객 특성 파악을 위한 고객 가치 정보 중 계약 정보에 해당하는 것은?

① 소득 원천
② 재산 상태
③ 출신 학교
④ 고객 소개 정보
⑤ 고객 지갑 점유율

30 ■ SECTION 03
계약 정보에는 구(가)입 상품명/시기, 구(가)입 빈도 및 횟수, 금액, 고객평생가치(CLV), 고객지갑 점유율, 매출 채권 관련이 있다.

정답 ⑤

31 '마이어스브릭스 유형 지표(MBTI)'의 해석에 관한 유의사항으로 올바르지 않은 것은?

① MBTI는 사람을 협소하게 범주화하거나 명명하기 위해 사용해서는 안 된다.
② MBTI 검사의 대중성과 결과 해석의 단순성 때문에 종종 MBTI를 과신하는 사람들이 있을 수 있다.
③ MBTI는 해석을 통해 내담자가 다양한 상황에서 융통성 있게 행동할 수 있도록 지도해야 한다.
④ 일반적으로 성격검사를 사용하는 검사자는 검사의 장점과 더불어 제한점을 확실히 알고 있어야 한다.
⑤ 쉽고 단순한 결과 해석이 가능하기 때문에 심리검사에 대한 전문적 지식이 부족한 사람이라 하더라도 충분히 검사와 해석이 가능하다.

31 ■ SECTION 04
심리검사에 대한 전문적 지식이 부족한 사람들에 의해 MBTI가 실시·해석되는 경우가 종종 있는데, MBTI는 전문가와 함께 실시해야 전문적인 검사와 해석이 가능하다.

정답 ⑤

32 소비자의 MBTI 유형별 행동 단서 중 '사고형(Thinking)'의 특성이 아닌 것은?

① 객관적인 증거를 중시하는 경향을 보인다.
② 의사결정에 있어 논리적 검증 패턴을 사용한다.
③ 다른 사람들의 구매 결정에 크게 영향을 받지 않는다.
④ 판매원의 지식을 시험하는 듯한 느낌을 받을 수 있다.
⑤ 판매원과의 상호접촉에서 인간관계를 우선적으로 중시한다.

32 ■ SECTION 04
⑤는 감정형(Feeling)의 특성이다.

정답 ⑤

CHAPTER 04 고객관계관리(CRM)

33 고객관계관리(CRM)의 특징에 대한 설명으로 올바르지 않은 것은?

① 고객에게 필요한 상품, 서비스는 물론 차별화된 보상 등 적절한 혜택을 제공하여 고객과의 관계관리에 기업의 초점을 맞추는 고객중심적인 경영 방식이다.
② 단순히 마케팅에만 역점을 두는 것이 아니라 기업의 모든 내부 프로세스 통합을 요구한다.
③ 정보기술에 기초를 둔 과학적인 제반 환경의 효율적 활용을 요구한다.
④ 고객의 수익이 가장 높은 지점에 관계를 구축하여 단기적인 이윤을 추구하는 정적인 경영 방식이다.
⑤ 고객과의 직접적인 접촉을 통해 쌍방향 커뮤니케이션을 지속한다.

33 ■ SECTION 01
기본적으로 개별 고객의 생애에 걸쳐 거래를 유지하거나 늘려나가고자 한다.

정답 ④

34 고객관계관리(CRM) 사이클을 순서대로 바르게 나열한 것은?

① 신규고객 획득 → 고객가치 증진 → 우수고객 유지 → 잠재고객 활성화 → 평생 고객화
② 신규고객 획득 → 고객가치 증진 → 잠재고객 유지 → 우수고객 활성화 → 평생 고객화
③ 신규고객 획득 → 잠재고객 유지 → 고객가치 증진 → 우수고객 활성화 → 평생 고객화
④ 신규고객 획득 → 우수고객 유지 → 고객가치 증진 → 잠재고객 활성화 → 평생 고객화
⑤ 신규고객 획득 → 우수고객 유지 → 평생 고객화 → 잠재고객 활성화 → 고객가치 증진

34 ■ SECTION 01
고객관계관리(CRM) 사이클의 순서는 '신규고객 획득 → 우수고객 유지 → 고객가치 증진 → 잠재고객 활성화 → 평생 고객화'이다.

정답 ④

35 메타(Meta) 그룹에서 제시한 고객관계관리(CRM)의 분류 중 다음 〈보기〉의 설명에 해당하는 것은?

---보기---
- 프론트 오피스 고객 접점을 연계한 업무 지원을 한다.
- 백 오피스와 CRM을 통합한다.
- 자동화된 비즈니스 프로세스를 의미한다.

① 협업 CRM
② 혁신 CRM
③ 운영 CRM
④ 집단 CRM
⑤ 분석 CRM

35 ■ SECTION 01
운영 CRM(Operational CRM)은 영업, 마케팅 및 고객 서비스의 프론트 오피스를 연계한 거래이력 업무 지원과 백오피스의 통합, 서비스 프로세스의 자동화를 의미한다.
정답 ③

36 고객관계관리(CRM)의 등장배경 중 고객의 변화에 해당하는 것은?
① 시장의 세분화
② 시장의 규제 완화
③ 고객만족의 준거 변화
④ 컴퓨터와 정보통신기술(IT)의 발전
⑤ 대중 마케팅(Mass Marketing)의 비효율성 증대

36 ■ SECTION 01
고객관계관리(CRM)의 등장배경 중 고객의 변화에는 고객 요구의 다변화, 개인 생활방식의 변화, 고객만족의 준거 변화 등이 해당된다.
정답 ③

37 고객평생가치(CLV) 제고를 위한 핵심 활동 중 다음 〈보기〉의 대화에 해당하는 것은?

---보기---
- 직원: 환영합니다. 고객님. ○○ 버거입니다. 주문 도와드릴까요?
- 손님: 네, ○○ 버거 세트 하나 포장해 주세요.
- 직원: 500원 추가하시면 햄버거 라지 사이즈 가능하신데 변경하시겠습니까?
- 손님: 네, 그럼 변경해 주세요.

① 추가판매(Up Selling)
② 유인판매(Bait Selling)
③ 하향판매(Down Selling)
④ 교차판매(Cross Selling)
⑤ 재고판매(Stock Selling)

37 ■ SECTION 01
추가판매(Up Selling)는 고객이 기존에 구매하던 상품과 같은 종류의 업그레이드된 상품을 판매하는 것이다.
정답 ①

38 고객관계관리(CRM) 전략 수립과 관련해 고객 분석에 있어 고객을 평가하는 방법 중 다음 〈보기〉의 설명에 해당하는 것은?

> 보기
> 얼마나 최근에, 자주, 얼마의 금액으로 구매했는가를 파악하여 기업의 입장에서 가장 가치 있는 고객을 파악하는 방법을 말한다.

① RFM
② Scoring
③ Risk Score
④ Coverage Score
⑤ Profitability Score

38 ■ SECTION 02
RFM 점수는 최근성, 거래 빈도, 구매금액에 따라 측정된 고객의 점수이다.
정답 ①

39 고객관계관리(CRM) 시스템 구축 5단계 중 다음 〈보기〉의 설명에 해당하는 것은?

> 보기
> 고객의 성향을 분석하여 구매를 창출하고 잠재고객층과 충성고객층 등 다양한 고객층의 차별화 마케팅을 시도한다.

① 인프라 구축
② 기업의 특성에 맞는 고객전략 수립
③ 고객 유지를 위한 서비스와 피드백 관리
④ 데이터마이닝을 통한 고객 분석과 마케팅 실시
⑤ 고객분석 결과를 실질적으로 판매과정에서 활용

39 ■ SECTION 02
'데이터마이닝(Datamining)을 통한 고객분석과 마케팅 실시'는 CRM 시스템 구축 3단계로, 고객의 성향을 분석하여 구매를 창출하고 잠재고객층과 충성고객층 등 다양한 고객층의 차별화 마케팅 전략을 시도한다.
정답 ④

40 e-CRM의 구성요소 중 인터넷상에서 상품이나 서비스를 온라인으로 판매하기 위한 활동이나 여기에 필요한 수단을 의미하는 것은?

① e-Sales
② e-Service
③ e-Security
④ e-Marketing
⑤ e-Community

40 ■ SECTION 04
e-Sales는 인터넷상에서 상품이나 서비스의 판매를 지원하기 위한 활동을 의미한다.
정답 ①

41 'e-CRM'에 대한 설명으로 올바르지 않은 것은?

① 구매이력 이외에 방문횟수, 관심횟수, 광고관심횟수, 게시판 사용횟수 등 고객의 행위를 표현하는 다양한 정보를 사용할 수 있다.
② 고객 요청 시 언제든지 온라인에 접속하여 처리할 수 있기 때문에 단순한 절차와 실시간 처리가 가능하다.
③ 커뮤니케이션, 마케팅의 다양성을 중시하여 적극적인 고객화를 통한 장기적인 수익 실현을 목적으로 한다.
④ 초기 기반 시설에 대한 설치비용이 높은 반면 유지 관리 비용이 낮다.
⑤ 영업점 방문, 전화, DM, TM 등 복수의 분산된 채널을 적절하게 활용한다.

41 ▪ SECTION 04
인터넷을 활용한 단일 통합체계(웹로그 데이터, 이메일 반응, 웹 콜센터)를 활용한다.
정답 ⑤

42 '휴스턴'과 '레빙거'가 제시한 인간관계 형성 단계 중 다음 〈보기〉의 설명에 해당하는 것은?

┤보기├
• 두 사람 사이에 크고 작은 상호의존이 나타나는 단계이다.
• 호혜성의 원칙을 초월하여 상호교류가 개인적 수준까지 발전하는 사적인 관계로 진전된다.

① 면식 단계
② 독립 단계
③ 평가 단계
④ 접촉 단계
⑤ 상호의존 단계

42 ▪ SECTION 05
상호의존 단계는 친밀한 사적 단계라고도 하며, 두 사람 사이에 크고 작은 상호의존이 나타나는 단계이다.
정답 ⑤

43 '넬슨 존스(R. Nelson Jones)'가 제시한 인간관계 심화요인 중 서로의 역할과 행동에 대해 명료하게 설정된 기대나 지침을 의미하는 것은?

① 관심
② 규칙
③ 동기
④ 보상성
⑤ 상호성

43 ▪ SECTION 05
규칙(Rule)은 서로의 역할과 행동에 대해 명료하게 설정된 기대나 지침을 의미하는 것으로 분명한 교류 규칙이 인간관계를 더 심화시킨다.
정답 ②

44 부적응적 인간관계 유형 중 실제로 깊이 있는 인간관계를 맺지 못하지만, 겉으로는 넓고 원만한 인간관계를 맺고 있는 것으로 보이는 유형은?

① 고립형
② 회피형
③ 피상형
④ 관리형
⑤ 의존형

44 ■ SECTION 05
피상형 인간관계는 깊이 있는 인간관계를 맺지 못하나 겉으로는 넓고 원만한 인간관계를 맺고 있는 것으로 보이는 유형으로 맺는 이유에 따라 실리형과 유희형이 있다.

정답 ③

45 대인지각 왜곡 유형 중 판단을 함에 있어 최근에 주어진 정보와 비교하여 판단하는 경향을 보이는 유형은?

① 고정관념
② 대조효과
③ 투영효과
④ 관대화 경향
⑤ 스테레오 타입

45 ■ SECTION 05
① 고정관념: 어떤 특정한 대상이나 집단에 대하여 많은 사람들이 공통으로 가지는 비교적 고정된 견해와 사고를 뜻하며, 집단 특성에 근거하여 판단하려는 경향
③ 투영효과: 판단을 함에 있어 자신과 비교하여 남을 평가하는 경향
④ 관대화 경향: 다른 사람을 매우 좋게 평가하고자 하는 성향
⑤ 스테레오 타입: 집단 특성에 근거하여 판단하는 경향

정답 ②

46 '머튼(Merton)'이 제시한 인간관계 부적응 유형 중 문화적 목표는 수용하지만 제도적 수단은 포기하는 유형은?

① 반역형
② 동조형
③ 혁신형
④ 패배주의형
⑤ 의례주의형

46 ■ SECTION 05
혁신형은 문화적 목표는 수용하지만 제도적 수단은 포기하는 유형으로 사기, 횡령, 강도 등을 예로 들 수 있다.

정답 ③

47 의사소통의 유형 중 하향적 의사소통에 대한 설명으로 올바르지 <u>않은</u> 것은?

① 조직의 계층 또는 명령 계통에 따라 상급자가 하급자에게 자신의 의사와 정보를 전달하는 것을 의미한다.
② 보고, 내부 결재, 개별 면접 등의 전달 방법을 주로 사용한다.
③ 특정 업무를 지시하고 절차 및 실행에 대한 정보를 주며 주로 조직 목표를 주입시키는 데 목적을 둔다.
④ 상사에 대한 거부감이 있을 경우 의사소통에 왜곡이나 오해가 발생할 가능성이 있다.
⑤ 일방적이고 획일적이기 때문에 피명령자의 의견이나 요구를 참작하기 어려운 경우가 많다.

47 ■ SECTION 05
하향적 의사소통의 전달 방법에는 편람(Handbook, Manual), 뉴스레터(Newsletter), 게시, 기관지, 구내방송, 강연 등이 있다.

정답 ②

48 의사소통 장애요인에 대한 설명으로 올바르지 않은 것은?

① 수신자가 전달자의 말이나 행동을 얼마나 신뢰하느냐에 따라 전달된 메시지의 반응 양식이 달라질 수 있다.
② 전달자와 수신자는 각자 다른 입장에 처해 있으므로 동일한 문제에 대하여 각기 다른 기준을 적용할 수 있다.
③ 집단의 응집력이 약할수록 집단 내에서만 통용되는 독특한 언어가 없기 때문에 집단 밖의 사람들과의 의사소통에 장애가 유발될 수 있다.
④ 수신자들은 전체 메시지를 수신하기 이전에 미리 형성된 고정관념으로 메시지를 판단하는 경우가 있다.
⑤ 지나치게 많은 정보를 가지고 있을 경우 전달자의 메시지가 올바르게 해석되지 않은 채 배제될 수 있다.

48 ▌SECTION 05
집단의 응집력이 강할수록 집단 내에서만 통용되는 독특한 언어들이 존재하므로 집단 밖의 사람들과의 커뮤니케이션에 문제가 생길 수 있다.
정답 ③

49 '교류분석(TA)'의 기본 개념에 대한 설명으로 올바르지 않은 것은?

① 미국의 정신과 의사인 '에릭 번(Eric Berne)'에 의해 창안된 이론이다.
② 상호 반응하고 있는 인간 사이에서 이루어지고 있는 교류를 분석하는 방법을 의미한다.
③ 정신분석과 행동주의에 기반을 두고 있다.
④ 개인의 성장과 변화를 위한 체계적인 심리 치료법이며 성격 이론이다.
⑤ 초기에는 개인 상담이나 개인 치료에 이용되었으나 점차 집단 치료로 확대되었다.

49 ▌SECTION 06
교류분석(TA)은 초기에는 집단 치료에 이용되었으나 점차 개인 상담이나 개인 치료, 다른 심리치료 등 여러 분야에 널리 이용되고 있다.
정답 ⑤

CHAPTER 05 서비스(Service)의 정의

50 서비스의 정의에 대하여 다음 〈보기〉의 내용과 같이 주장한 학자는?

┌보기────────────────────────┐
│ 서비스란 자신이 수행할 수 없거나 하지 않는 활동, 만족 그리고 혜택으로서 판매될 수 있는 것을 말한다. │
└─────────────────────────┘

① 세이
② 마샬
③ 베솜
④ 스탠턴
⑤ 자이다믈

50 ▌SECTION 01
베솜(Bessom)은 서비스를 자신이 수행할 수 없거나 하지 않는 활동, 만족 그리고 혜택으로 판매될 수 있는 것이라고 정의했다.
정답 ③

51 '크리스토퍼(Christopher)'가 제시한 고객 서비스 3단계 중 '거래 후 서비스'에 해당하는 것은?

① 주문의 편리성
② 기술적 서비스
③ 시스템의 유연성
④ 명시된 회사의 정책
⑤ 수리 중 일시적 제품 대체

51 ■ SECTION 02
거래 후 서비스에는 설치, 보증, 변경, 수리, 부품, 제품 추적, 고객 클레임, 불만, 제품 포장·수리 중 일시적인 제품 대체가 해당된다.

정답 ⑤

52 '러브락(Lovelock)'이 제시한 다차원적 서비스 분류에서 다음 도표의 (나)에 들어갈 업종에 해당하는 것은?

구분		서비스 조직과 고객과의 관계 유형	
		회원관계	비회원관계
서비스 제공의 성격	계속적 거래	(가)	(나)
	단속적 거래	(다)	(라)

① 보험
② 은행
③ 렌터카
④ 전화 가입
⑤ 라디오 방송

52 ■ SECTION 03
(가) 은행, 전화가입, 보험
(나) 라디오 방송, 경찰
(다) 장거리 전화, 연극 회원
(라) 렌터카, 우편서비스

정답 ⑤

CHAPTER 06 서비스 리더십

53 다음 〈보기〉에서 허쉬와 블랜차드가 제시한 '상황적 리더십' 모형을 찾아 모두 선택한 것은?

┤보기├
가. 서번트 리더십   나. 참여형 리더십
다. 위임형 리더십   라. 카리스마 리더십

① 가, 나
② 가, 나, 다
③ 나, 다
④ 나, 다, 라
⑤ 가, 나, 다, 라

53 ■ SECTION 01
허쉬와 블랜차드(1988)의 상황적 리더십 모형은 '과업지향적 행동과 인간관계적 행동'을 개념화하고 기본적 리더십 행위를 지시적, 설득적, 참여적(참가적), 위임적(위양적) 유형으로 제시하였다.

정답 ③

54 '알더퍼(Alderfer)'의 ERG 이론 중 개인의 자아실현과 관련된 욕구로 '매슬로우(Maslow)'의 욕구 단계론의 '존경 욕구'와 '자아실현 욕구'에 해당하는 것은?

① 존재 욕구
② 관계 욕구
③ 태도 욕구
④ 성장 욕구
⑤ 완성 욕구

54 ▪ SECTION 01
동기의 내용 이론 간의 관계

매슬로우의 욕구단계론	알더퍼의 ERG
자아실현 욕구	성장 욕구
존경 욕구	
사회적 욕구	관계 욕구
안전 욕구	
생리적 욕구	생존 욕구

정답 ④

55 '서번트 리더십(Servant Leadership)'의 역할에 대한 설명으로 올바르지 <u>않은</u> 것은?

① 고객만족을 실현하는 사람은 조직 구성원이다.
② 최종적으로 고객에게 서비스를 제공해야 한다.
③ 조직 구성원에게 만족을 제공하기 위해 봉사하는 것이다.
④ 특정적인 힘으로 조직 구성원에게 깊고 경이적인 영향력을 행사할 수 있어야 한다.
⑤ 고객만족을 위해서는 조직 구성원 개개인을 내부고객으로 인식해야 한다.

55 ▪ SECTION 02
④는 카리스마 리더십에 해당된다.

정답 ④

56 감성 리더십을 구성하는 요소 중 타인의 이해, 문화적 감수성, 고객의 욕구에 부응하는 서비스 등과 관련성이 높은 것은?

① 자아의식
② 감정이입
③ 동기부여
④ 자기 통제
⑤ 대인관계 기술

56 ▪ SECTION 02
감정이입(Empathy)은 타인의 감춰진 감정을 이해하고 타인의 감정 상태에 따라 대처하는 능력을 의미하며 구성요소에는 타인 이해, 문화적 감수성, 고객의 욕구에 부응하는 서비스가 있다.

정답 ②

57 서비스 기업과 일반 제조 기업의 차이에 대한 설명으로 올바르지 <u>않은</u> 것은?

① 고객충성도 확보가 핵심이다.
② 진입장벽이 상대적으로 낮다.
③ 규모의 경제를 실현하기 어렵다.
④ 수요의 변동이 거의 발생되지 않는다.
⑤ 내부고객을 우선적으로 만족시켜야 한다.

57 ▪ SECTION 04
서비스 기업은 제조 기업에 비해 수요의 변동이 심하다.

정답 ④

58 서비스 경쟁을 위한 원가우위 전략 중 가치사슬 활동에 있어 비용 측면의 효율성 제고를 위한 실천 방안이 아닌 것은?

① 비용우위
② 규모의 경제 실현
③ 서비스 개별화와 차별화
④ 공급망의 효율적인 운영
⑤ 비싼 원재료 또는 부품 등의 저가품 대체

58 ▪ SECTION 04

가치사슬 활동의 비용 측면의 효율성 제고를 위해서는 서비스의 공업화, 표준화가 필요하다.

정답 ③

59 서비스의 지속적 경쟁우위(SCA)를 확보하기 위한 조건 중 '탁월한 경영자원 및 핵심 역량'에 해당하는 것은?

① 희소성
② 모방 불가
③ 독특한 가치
④ 높은 전환비용
⑤ 정보기술의 개발

59 ▪ SECTION 04

서비스 지속적 우위(SCA)의 확보 요건에는 독특한 가치, 대체 불가능한 고객별 개별화 전략, 희소성, 모방 불가가 있다. 이 중 희소성은 탁월한 경영자원 및 핵심 역량에 부합하는 요소로 브랜드 전환을 방지한다.

정답 ①

60 기존 고객 유지를 위한 시장방어 전략 중 '저지 전략(Blocking)'에 해당하는 것은?

① 판매촉진
② 집중 광고
③ 가격 인하
④ 경쟁우위 개발
⑤ 고객과의 계약기간 연장

60 ▪ SECTION 04

저지 전략(Blocking)은 경쟁사의 진입비용 증가, 예상수입량 희석을 목적으로 하며, 방법으로 집중 광고, 서비스 보증, 입지 및 유통 통제, 전환비용이 있다.

정답 ②

꿈을 끝까지 추구할 용기가 있다면
우리의 꿈은 모두 실현될 수 있다.

– 월트 디즈니(Walt Disney)

제 2 과목
CS 전략론

CHAPTER 01 서비스 기법	82
CHAPTER 02 마케팅 전략과 서비스 차별화	88
CHAPTER 03 서비스 차별화 사례연구	97
CHAPTER 04 서비스 품질	103
CHAPTER 05 고객만족 평가조사	112
CHAPTER 06 고객만족 컨설팅	119
CHAPTER 07 고객만족 혁신전략	124

출제비율

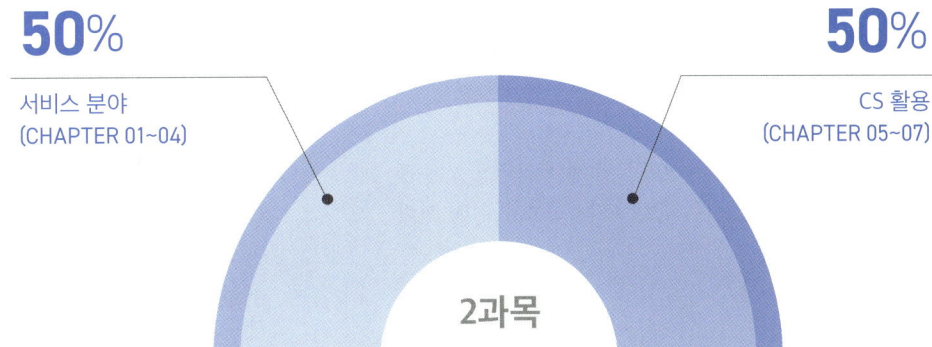

50%
서비스 분야
(CHAPTER 01~04)

50%
CS 활용
(CHAPTER 05~07)

2과목

학습전략

CS 전략론에서는 학자의 이름, 마케팅 전략의 종류, 제품 및 서비스 차별화 요소, 서비스 품질의 모형, 고객만족도 조사 방법 등이 출제됩니다. 2과목 역시 모든 챕터에서 고르게 출제되므로 각 개념과 활용 등에 대한 부분을 정독해야 하며, 과목별 최빈출 문항을 이용해 각 챕터별로 출제되는 문제 유형을 익히는 것을 추천합니다. 마지막으로 자주 틀리는 문제를 오답정리하여 한 번 더 점검하시는 것을 권합니다.

CHAPTER 01 서비스 기법

■ SECTION 01 | 서비스 청사진

1 서비스 청사진

(1) 개념

린 쇼스택(Lynn Shostack)은 서비스 설계를 목적으로 주관적인 서비스 프로세스를 2차원적으로 가시화하기 위해 서비스 청사진을 제안하였다.

(2) 정의

무형의 서비스를 역할 또는 관점이 다른 사람들이 객관적으로 쉽게 이해할 수 있도록 서비스 시스템을 명확하게 나타내는 그림 또는 지도이다. 종업원, 고객, 기업 측의 전달과정에서 각자 역할의 단계와 흐름 등 서비스 전반을 이해하도록 묘사해 놓은 것이며 서비스 마케터들에게는 필수적인 계획, 실행, 통제의 도구이다. 판매되는 서비스 또는 제품에 관계없이 고객과의 상호작용을 확인하고 관리하는 데 가치가 있으며 목적에 따라 새로운 서비스 개발, 서비스 재설계에 이용한다.

(3) 위험요소

서비스를 그림 등으로 단순히 묘사하는 것에는 아래와 같은 위험이 따른다.
① **지나친 단순화**: 점차 복잡해지는 서비스 시장에서 지나친 단순화는 위험요소로 작용됨
② **불완전성**: 서비스를 표현할 때 직원, 관리자, 고객은 자신에게 익숙하지 않은 서비스의 항목이나 요소를 빠뜨리는 경향이 있음
③ **주관성**: 어떤 사람이 말로 서비스를 표현하는 것은 그 서비스에 대한 노출 정도와 개인적인 체험에 의해 왜곡될 수 있음
④ **편향된 해석**: 어떤 두 사람도 한 단어를 정확히 같은 뜻으로 해석하지 않음

(4) 서비스 청사진의 구성도를 통해 얻을 수 있는 정보

- 서비스 청사진의 각 구성요소가 상호 관련성을 가질 때 서비스 청사진을 통해 현재 서비스 제공 프로세스의 문제점을 분석하여 어느 부분에서 서비스 실패점이 발생하는지 포착할 수 있음
- 다이어그램과 차별되는 부분은 고객의 행동을 포함하고, 서비스 프로세스에 고객의 관점을 반영하고 있다는 것을 의미함
- 서비스 시스템의 전체적 구조를 파악하고 서비스 설계와 관련된 의사결정 문제를 도출할 수 있음
- 서비스 시스템 내에 존재하는 중요한 관리 포인트인 실패 가능 포인트(Fail Point), 대기 포인트(Waiting Point), 결정 포인트(Decision Point)를 파악할 수 있음

2 서비스 청사진의 구성요소

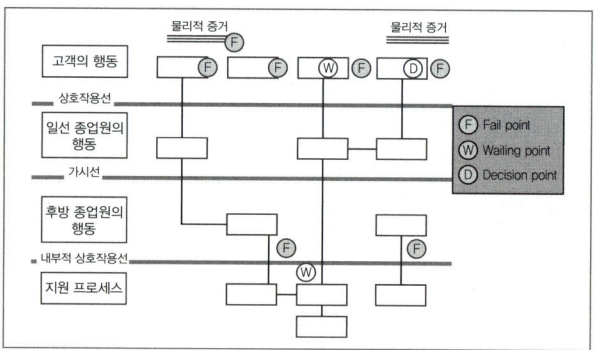

(1) 고객의 행동

서비스 구매, 소비, 평가의 프로세스에서 고객이 수행하는 단계, 선택, 활동, 상호작용 등을 말한다.

(2) 종업원의 행동

고객과 대면하는 접점 종업원의 두 가지 행동 영역이다.
① **일선 종업원의 행동**: 고객의 눈에 가시적으로 보이는 행동
② **후방 종업원의 행동**: 고객에게 직접 보이지 않지만 무대 위 종업원의 행동을 지원하는 행동

(3) 지원 프로세스

서비스를 전달하는 종업원을 지원하기 위한 내부서비스이다.

(4) 수평선

① **상호작용선**: 고객과 기업 간의 직접적인 상호작용이 발생하는 것을 기준으로 고객과 기업이 상호작용할 때 수직선을 내려 종업원의 관계가 성립한다는 것을 표시함

② 가시선: 고객에게 보이는 활동과 보이지 않는 활동을 구분하는 선
③ 내부적 상호작용선: 서비스를 지원하는 활동과 고객과 접하는 활동을 구분하며, 이 내부적 상호작용선을 가로지르는 수직선은 내부적 서비스의 접점임

3 서비스 청사진의 작성

(1) 작성 목적
- 청사진의 개념 명확화
- 공유된 서비스 비전의 개발
- 서비스의 복잡한 이해관계의 재인식
- 역할과 책임의 규정 등에 대한 서비스 프로세스에 포함된 각 활동과 그 활동 간의 연결의 명확화

(2) 작성 단계
① 1단계: 과정의 도식화
② 2단계: 실패 가능점의 확인
③ 3단계: 경과시간의 명확화
④ 4단계: 수익성 분석
⑤ 5단계: 청사진의 수정

(3) 서비스 청사진의 효용성
- 서비스 수요 추정 시 예측 오류를 줄이고자 할 때
- 서비스 고객의 불평을 체계적으로 분석하고자 할 때
- 고객만족을 위해 서비스 시설 및 주변 환경의 개선 계획을 수립하는 경우
- 호텔 객실이나 항공 좌석의 점유율을 제고하기 위한 전략 계획을 수립하고자 할 때
- 서비스 시설 내에서 고객의 동선 분석을 통해 서비스 생산성을 증대시키고자 할 때

(4) 서비스 청사진의 이점
- 교육적으로 활용하기에 용이함
- 종업원에게 자신의 일에 대한 전체 과정을 연결시켜 보게 함으로써 고객지향성을 강화함
- 서비스의 실패점(Fall Point)을 파악해 품질개선의 목표를 세움
- 서비스 시스템을 전체적으로 시각화함으로써 조금 더 포괄적인 서비스 제공이 가능함
- 내부 상호작용선은 부서 간의 독립성을 명확하게 나타내어 끊임없이 품질개선에 도움을 줌
- 서비스 구성요소와 연결을 명확하게 하여 전략적 토의를 쉽게 함
- 서비스 각 요소에서 투입되는 비용과 수익 및 자본 파악, 평가의 기초를 제공함
- 내부 및 외부 마케팅을 위한 합리적인 기반을 제공함
- 품질개선을 위한 상의하달(Top-Down)과 하의상달(Bottom-Up)을 촉진함

SECTION 02 | 서비스 모니터링

1 서비스 모니터링의 준비

(1) 개념
서비스 기업에서 정한 서비스 표준대로 고객 접점에서 서비스가 이루어지고 있는지 전문가를 통하여 과학적으로 평가받는 활동이다.

(2) 실시
① 측정요소
- 고객을 대면하는 접점 직원의 서비스 수준
- 서비스 제공 환경 관리 부분
- 고객접근 프로세스
- 운영 부분
- 예 서비스 품질, 종업원의 능력, 친절도, 서비스 표준의 준수 여부

② 실시 방법: 미스터리 쇼핑
③ 실시 장소: 쇼핑센터, 할인점, 패스트푸드점 등 유형적인 구매행위가 많은 비중을 차지하는 서비스 접점이 많은 곳을 중심으로, 현장방문을 통한 암행감사인 미스터리 쇼퍼(Mystery Shopper) 기법을 실시함

(3) 서비스 모니터링의 실시 목적
궁극적인 목적은 종업원의 서비스 품질을 평가하고 직원별 서비스 내용을 객관적으로 평가하여 종업원의 잠재능력 개발을 통한 전문적 서비스 응대 및 상담 기술을 향상시키고 질적 개선을 통한 고객만족을 극대화하기 위한 것이다.
- 접점종업원의 접객태도 향상
- 직무능력 향상
- 고객만족과 고객충성도 향상
- 수익성 향상을 위한 효과적인 관리수단
- 접점 서비스 품질 수준 향상 및 유지
- 회사 전체의 수익 향상을 위한 중요한 정보 획득

(4) 모니터링 운영 프로세스 또는 조건

- 행동지침으로 서비스 표준 매뉴얼을 작성함
- 서비스 모니터 요원의 객관적인 평가를 위한 사전 교육과 지속적인 관리가 필요함
- 서비스 모니터링 결과에 따른 교육을 이행할 기관이 필요함
- 서비스 모니터링을 1회성 이벤트가 아닌 장기적인 측면에서 지속적인 개선의 도구로 활용함

2 서비스 모니터링 요소

(1) 대표성
표본추출 테크닉이기 때문에 모니터링 대상 접점을 통하여 전체 접점 서비스의 특성과 수준을 측정할 수 있어야 한다.

(2) 객관성
평가만을 위한 모니터링이 아닌 종업원의 장단점을 발견하고 능력을 향상시킬 수 있는 수단으로 활용할 수 있다. 편견 없이 객관적인 기준으로 평가하여 누구든지 인정할 수 있게 해야 한다.

(3) 차별성
서로 다른 스킬 분야의 차이를 인정하고 반영해야 하며, 모든 업무에는 효과적인 대응행동과 비효과적인 대응행동이 있다. 기대를 뛰어넘는 스킬과 고객 서비스 행동은 어떤 것인지, 격려와 보상은 어떻게 해야 하는지 등을 판단하는 데 도움을 줄 수 있어야 한다.

(4) 신뢰성
하나의 대상을 유사한 척도로 여러 번 측정하거나 한 가지 방법으로 반복 측정하였을 때 일관성 있는 결과를 산출하는 정도이다. 모든 평가자는 같은 방법으로 모니터링해야 하며 누가 모니터링 하더라도 그 결과에 큰 차이가 없어야 한다.

(5) 타당성
고객들이 실제로 어떻게 대우를 받았는지에 대한 고객의 평가와 모니터링 점수가 일치해야 하고 이를 반영해야 한다.

(6) 유용성
위에서 제시한 다섯 가지 요소는 대표적이고 객관적이며 신뢰할 수 있는 유용한 데이터를 만들기 위한 것이다. 가치 있는 정보를 확보하고 활용하기 위한 전 단계라고 할 수 있으며 궁극적으로 정보는 조직과 고객에게 영향을 줄 수 있어야만 가치를 발휘하게 된다.

3 서비스 모니터링 기법

(1) 고객의 소리(VOC; Voice Of Customer)

① 유래: 제조업의 무결점(ZD; Zero Defect) 운동의 개념이 서비스업에 적용되어 이를 ZC(Zero Complaint)라고 하여 고객 불만과 불평을 최소화하자는 제도에서 유래됨

② 정의
- 고객으로부터 피드백을 받는 고객중심 전략의 한 방법이며 고객이 기업에게 보내는 커뮤니케이션을 총칭함
- 고객의 방문, 문의, 상담, 항의, 건의, 제안, 거래 등 고객과 기업의 커뮤니케이션을 통해 습득한 모든 데이터를 의미함
- 고객 접점의 접근성, 반응성, 친절성을 제고하기 위해 다양한 고객의 소리를 체계적으로 수집·저장하여 분석하고 이를 경영활동에 활용하며 분석된 정보를 토대로 다시 고객에게 피드백을 해 줌으로써 고객의 니즈를 충족시키는 일련의 마케팅 활동 시스템

③ 장점
- 고객과의 커뮤니케이션으로 CRM의 한계를 극복하여 데이터를 통한 분석이 아닌 고객의 실제 성향 파악이 가능함
- 1차 자료보다 빠르고 기업의 모든 채널에서 수집이 가능함
- 고객의 요구 사항을 원시 데이터로써 알 수 있음
- 기간별 수집, 취합, 분석 등을 통하여 기업에 대한 고객 반응 정도에 대한 트렌드를 알 수 있음
- 고객의 실질적인 요구 사항을 알 수 있어 향후 예상되는 기업의 대응체제를 마련할 수 있음
- 객관적인 데이터를 내부직원들에게 공유함으로써 기업활동을 활성화시킬 수 있음
- 고객의 입장에서 서비스 프로세스의 문제점을 파악 가능함
- 예상 밖의 아이디어를 고객의 소리에서 얻을 수 있음
- 고객과의 관계 개선 및 유지가 가능함
- 표준화된 서비스 응대로 고객의 기대를 충족함

④ 단점
- 고객의 소리가 너무 다양하여 기업에 영향을 주는 적합한 정보 분석이 어려움
- 고객을 응대하는 고객 접점 종업원의 처리부서가 불명확함
- 고객의 입장에서 신속한 처리가 이루어지지 않음

처리부서의 문제	• 동일한 내용의 VOC 제기로 업무에 지장을 줌 • 제한된 해결방안 • 불명확한 VOC의 해결 기준
기업 측면에서의 문제	• 고객 접점에서 본사로 전달되고 처리되는 사이 처리과정 추적이나 피드백이 되지 않음 • 기업에서 VOC에 대한 부정적인 시각이 생기고 VOC에 대한 처리권한이 불명확함

⑤ 목적
- 고객이 쉽게 의견을 제시할 수 있는 경로를 제공하고 고객의 불만에 효율적으로 대처할 수 있게 함
- VOC 내용을 체계적으로 분석하여 각 부분에 대한 신속한 피드백과 문제해결 또는 개선활동에 반영함

⑥ 청취 방법: 전화 서베이, 고객패널, 우편조사, 추적전화, 사후거래조사 등

⑦ 성공 조건
- 제품 및 서비스의 전 수명에 걸쳐 VOC를 적극적으로 추구
- 고객의 문의, 제안, 신고, 불만, 칭찬을 접수하는 즉시 기록
- 자료의 신뢰성을 높이기 위해 고객의 소리를 코딩으로 분류
- 자료에 대한 통계보고서를 작성해 추세 파악 및 변화 점검
- VOC와 보상 연계, VOC로 인해 발생한 조직의 변화 평가

⑧ VOC 관리에서 고객 피드백의 가치를 훼손하는 8가지(Goodman)
- 비능률적이고 중복된 자료 수집
- 일관성 없는 자료 분류
- 즉시 사용하지 않음으로써 오래된 자료
- 결론이 서로 다르게 보고되는 다양한 분석
- 우선순위를 명시하지 않는 분석
- 행동을 수반하지 않는 분석
- 비능률적인 보고체로 인한 자료의 상실
- VOC로 인해 실행한 개선효과에 대한 점검 미미

(2) 미스터리 쇼핑

① 유래: 은행이나 소매점 등에서 정직하지 않은 직원을 적발하기 위해 실시한 모니터링 기법에서 유래된 것으로 1940년대 미국의 윌마크가 고객응대 서비스를 평가하기 위한 도구로 "미스터리 쇼핑"이란 용어를 처음 사용함

★ 가장 일반적으로 모니터링(Monitoring)이라 칭하며 Secret Shopping, Mystery Customer, Anonymous Audit, Virtual Customers, Spotter Services, Performance Audits 등의 다양한 명칭으로 사용됩니다.

② 정의: 마케팅 조사회사에서 훈련받은 전문요원이 고객을 가장하여 서비스를 체험하여 조사하는 방식

③ 목적
- 단순히 불량한 종업원의 감시가 아니라 고객응대 서비스의 개선을 통해 고객만족도 향상
- 고객 서비스 현황 및 환경에 대한 평가 진단
- 서비스 제공 실패 파악 및 개선과 보완점을 발견하여 서비스의 표준 마련
- 조사리스트를 바탕으로 마케팅 전략 수립
- 운영 및 시설의 실태, 종업원의 업무수행능력 등을 중심으로 모니터링

④ 유의점: 조사의 유효성을 위해 적절성, 신뢰성, 윤리성, 실용성, 안전성(미스터리 쇼퍼 활동시), 객관성 등을 고려함

⑤ 미스터리 쇼퍼가 갖추어야 할 자격 요건

신뢰성	미스터리 쇼핑을 의뢰한 회사와 사업장은 미스터리 쇼퍼의 활동과 보고서에 의존하게 되므로 신뢰에 대한 기대를 충족시켜야 함
관찰력	짧은 쇼핑 기간 동안 매장을 돌면서 이름 받기, 설명 듣기, 기타 자세한 사항들을 주시하고 기억해야 함
계획성	다른 성격의 매장을 한 번에 쇼핑하는 경우도 있으므로 매장의 마감시간을 엄수해 활동할 수 있는 계획적인 활동이 요구됨
객관성	미스터리 쇼핑은 사실 그대로 적는 것을 원칙으로 함
융통성	사업장의 정해진 일시에 맞춰 활동해야 하므로 매장에서 융통성 있게 조사할 수 있도록 정해진 시간 내에 많은 것을 얻으려면 사전에 기본적인 정보를 알아 두어야 함
꼼꼼함	쇼핑하기 전에 매장에 대한 준비를 철저히 하고, 쇼퍼 본인에게 기대되는 것이 무엇인지 정확하게 파악하고 있어야 하며 보고서를 제출하기 전에는 정확히 기록했는지, 모두 완성했는지를 꼼꼼히 체크해야 함
정직함	가장 중요한 자격요건으로 모든 요건의 기본 바탕이 되며 보고서에 보고나 대답을 왜곡하지 않아야 함
작문 능력	미스터리 쇼퍼가 쓰는 코멘트와 설명은 읽는 사람으로 하여금 마치 거기에 있는 것처럼 느끼도록 만들어야 하는데 뛰어난 작문실력을 요구하는 것은 아니나 말 그대로 생생한 그림을 그릴 수 있어야 함

(3) 고객패널

① 정의
- 일정 기간 서비스에 대한 고객의 태도와 지각을 기업에 알려주기 위해 모집된 지속적인 고객집단
- 상품이나 서비스를 제공하는 회사와 계약을 맺고 지속적으로 모니터링 자료를 제공하는 역할을 함

② 패널의 구성: 패널은 고정된 표본으로서 어느 기간 동안 구성원들이 일정하게 유지됨
- 순수패널(True Panel): 구성원들은 동일한 변수에 대해 반복적으로 응답함
- 혼합패널(Omnibus Panel): 구성원들은 동일하게 유지되지만 수집되는 정보가 경우에 따라 달라짐
- 고객패널구성: 개인 소비자, 가구, 점포 등으로 구성원들이 최종소비자 중에 규모가 큰 세분시장의 의견을 반영할 수 있도록 구성함

③ 고객패널 조사 방법: 고객패널이 현장 비교체험, 모니터링, 설문조사, 시장조사 등의 활동을 진행한 뒤 토론을 통해 도출한 진단 결과를 경영 개선사항으로 제시하는 제도

SECTION 03 | MOT 사이클 차트

1 MOT 사이클 차트의 개요

(1) 정의
- 고객이 처음으로 접촉해서 서비스가 마무리될 때까지의 서비스 행동의 전체 과정을 고객의 입장에서 그려보는 방법
- 서비스 프로세스상에 나타나는 일련의 MOT들을 보여주는 시계모양의 도표로 '서비스 사이클 차트'라고도 함

(2) 방법 및 특징
- 고객과의 접점들을 리스트화하여 고객이 서비스를 받는 시점부터 서비스의 완료 시점까지를 정리하고 서비스의 접점에서 불량 포인트가 있는지 고객의 입장에서 분석함
- 서비스 전달 시스템을 고객의 입장에서 이해하기 위한 방법으로 고객이 경험하는 MOT들을 원형차트의 1시 방향에서 시작하여 순서대로 기재함
- 일반적으로 종업원들은 자신이 맡은 업무에만 관심을 두고 일하는 경향이 있으나 고객은 서비스 과정에서 경험하는 일련의 순간 전체를 가지고 품질을 평가함

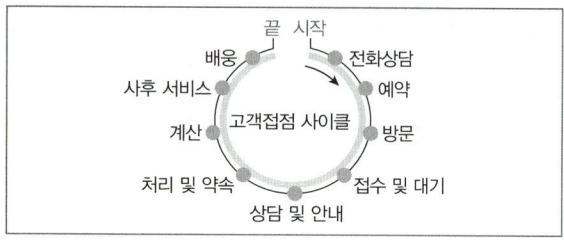

2 MOT 사이클 차트 분석

(1) 분석 단계
① 1단계: 서비스 접점 진단하기(하드웨어, 소프트웨어, 휴먼웨어)
- 고객 입장에서 서비스 접점을 진단하는 과정에서 파악된 주요 불만 요인을 같이 정리함
- 각 담당자의 주요고객 접점별로 고객관점에서 중요도와 만족도를 점검하고 주요 불만요인을 분석함

② 2단계: 고객 접점(서비스 접점) 설계
- 새로운 고객서비스 행동지침을 정리해 고객 접점 표준안을 만듦
- 새롭게 만들어진 표준안은 고객 서비스 상황에서 단순한 업무적 대응을 넘어 세부적이고 필요한 사항을 고객에게 제공하고 목표가 지켜질 수 있는 표준지침으로 운영됨
- 새로운 고객 접점 표준은 구체적이고 평가 가능하며 고객의 만족 여부에 따라 새로운 표준이 도입될 수 있는 융통성을 가져야 고객의 체감에 반응하는 고객 접점의 운영임

③ 3단계: 고객 접점(서비스 접점) 사이클 세분화
④ 4단계: 고객 접점 시나리오 만들기
⑤ 5단계: 일반적인 표준안에서 구체적인 표준안으로 행동하기
- 만들어진 고객 서비스 표준안을 기준으로 표준안대로 훈련하고 교육받은대로 행동하는 것이 중요함
- 표준안대로 행동하고 있는지 주기적으로 점검하고 미비점을 보완하는 피드백이 있어야 함

(2) 접점 분석
고객 입장에서 서비스 접점을 진단하는 과정 중 파악된 주요 불만 요인을 표로 정리한 뒤, 각 담당자의 주요 고객 접점별로 고객 관점에서 중요도와 만족도를 점검하고 주요 불만 요인을 분석한다.

3 서비스 접점 표준안 만들기

(1) 서비스 표준안 작성 기준
- 누가, 언제, 무엇을 해야 하는지 구체적으로 제시해야 함
- 서비스 제공자에게 명확한 지침을 제공해야 함
- 서비스 표준은 관찰 가능하고 객관적으로 측정 가능해야 함
- 고객의 요구를 바탕으로 작성해야 함
- 업무 명세와 수행 개요로 명문화해야 함
- 최상의 표준은 경영진과 직원들이 고객의 요구에 대해 상호이해를 바탕으로 함께 만들어야 함
- 조직의 전반적인 표준으로 최상층을 포함해 조직 내 모든 구성원들이 받아들여야 함

(2) 서비스 표준 매뉴얼의 필요성
- 각 접점별로 표준 응대안 도출
- 서비스의 동일한 품질 유지
- 서비스 품질의 상향평준화 도모
- 상황별 최적 응대안 도출
- 예측 불가능한 상황에서 일반적으로 따라야 할 지침을 종업원에게 제공

4 MOT 관련 이론

(1) 깨진 통나무 물통 법칙
여러 나무 조각으로 묶어서 만든 물통은 어느 한 조각이 깨지거나 높이가 낮으면 그 낮은 나무 조각의 높이만큼만 물이 담긴다. 고객은 접점에서 경험한 서비스 중 가장 불량한 서비스를 잘 기억하며 기업을 평가할 때 중요한 잣대로 삼는 경향이 있다.

(2) 깨진 유리창의 법칙

미국의 범죄학자인 제임스 윌슨과 조지 켈링이 발표한 이론으로 낙서, 유리창 파손 등 경미한 범죄를 방치하면 큰 범죄로 이어진다는 의미의 이론이다. 기업에서 사소하지만 치명적인 비즈니스의 허점을 방치해서는 안된다는 의미로 널리 알려졌다.

★ 고객 접점에서는 '100-1=0'이라는 법칙이 성립됩니다.

5 서비스 디자인의 이해

(1) 정의

이해관계자 간에 잠재된 요구를 명확히 포착하고 이것을 창의적이고 다학제적, 협력적인 디자인 방법을 통해 실체화함으로써 고객에게 효과, 효율적이며 가치 있는 서비스 경험을 향상시키는 방법 및 분야이다.

(2) 서비스 디자인 사고의 5가지 원칙(This is service design thingking, Marc Stickdorm)

① 사용자 중심(User-Centered): 서비스는 고객의 입장에서 디자인되어야 함
② 공동 창작(Co-Creative): 모든 이해 관계자가 서비스 디자인 과정에 참여해야 함
③ 순서 정하기(Sequencing): 서로 밀접하게 연관된 기능의 순서대로 시각화되어야 함
④ 증거 만들기(Evidence): 무형의 서비스는 유형의 형태로 시각화함
⑤ 총체적 관점(Holistic): 사용자는 무의식 상태로 오감(시각, 촉각, 미각, 후각, 청각)의 모든 것을 활용해 환경을 인지하므로 서비스의 모든 환경이 고려되어야 함

(3) 서비스 디자인의 프로세스 모델(방법론) - 4D(더블 다이아몬드 디자인 프로세스 모델)

① 발견(Discover): 실제 문제 발견
② 정의(Define): 사용자의 공감을 바탕으로 신중하게 문제에 대한 정의. 순차적으로 제공되는 서비스 내용을 분석하여 각 접점마다 고객에게 제공하는 서비스의 맥락을 살펴 서비스 원칙을 수립하는 단계
③ 개발(Develop): 문제 해결을 위한 아이디어의 발상과 검증을 통한 최적의 아이디어를 선택하여 시제품화(Prototype)
④ 전달(Delivery): 제작된 결과물 테스트

6 서비스 디자인의 방법론(분석도구)

(1) 고객여정맵(Journey Map)

IDEO의 아셀라 고속철도 프로젝트를 통해서 처음 소개되었으며 이후 서비스 디자인에서 많이 사용하고 있는 도구 중의 하나이다. 고객 접점(Touch Point)과 고객이 직접 접촉하지 않지만, 고객이 서비스를 이용하면서 체험하게 되는 부분의 합이 시계열적으로 차례로 배열된 것으로 고객이 서비스를 이용하는 여정을 시각화하는 방법이다.

(2) 페르소나(Persona)

시나리오를 도출하기 위해 특정인을 가상화하여 그 인물을 연구하는 방식이다. 인물을 설정하여 설명을 붙이고 페르소나의 조건을 설정하고 그 인물이나 그룹에게 필요한 질문이나 의문을 만들어 내는 것은 특정 인물이나 그룹을 위해 브레인스토밍을 할 때 중요하게 활용될 수 있다.

(3) 아이디어 발상(Creative Idea)

① 브레인스토밍 기법: 창의성 사고 기법 가운데 가장 오래된 기법으로 현재까지 가장 광범위하게 사용하고 있음
② 마인드맵: '두뇌에 저장된 사고를 재생하듯' 표현하는 것으로 기존의 표현방식과 달리 일차적인 행동을 맡고 있는 좌뇌와 상상력을 맡고 있는 우뇌의 잠재력을 파악한 후 이들이 서로 도와주어 창의력이 개발될 수 있도록 시각적으로 표현함
예 책 내용을 요약하여 이해하기 편하게 도식화하는 것

(4) KJ법(KJ Method) - 친화도 분석 기법

1964년 일본의 동경공업대학 교수이자 세계적인 문화인류학자인 가와키다 지로가 개발한 방법으로 전체의 문제점을 알지 못하는 상황에서 다양한 각도에서 수집된 개별적 자료를 조합해 나가면서 전체의 틀로 구조화시켜 문제점을 파악하는 방식이다. 데이터 및 정보를 분류하고 집약해서 새로운 문제의 구조를 착안하는 아이디어 발상법이며 아이디어를 조직화하고 정리하는 수렴적 방법이다.

(5) 스토리보드(Story Board)

영화나 텔레비전 광고 또는 애니메이션 등과 같은 영상물을 제작하기 위해 작성하는 문서의 일종이며 서비스 디자인에서 스토리보드는 연결된 일련의 사건을 시각화하는 그림이나 사진들이다. 서비스가 이루어지는 상황을 포함하거나 새로운 서비스 프로토타입의 가상적인 수행 상황을 보여줄 수 있다.

CHAPTER 02 | 마케팅 전략과 서비스 차별화

 강의보기

■ SECTION 01 | 서비스 마케팅 전략

1 마케팅(Marketing) 개념의 변화

(1) 마케팅의 정의

마케팅에 대한 이해는 교환의 의미에서 출발하였다. 즉, 마케팅은 생산자인 기업과 소비자 간의 교환(Transaction)의 과정이다.

(2) 생산 개념(Production Concept)
- 판매자 관점에서 가장 오래된 개념
- 소비자들의 선택 기준이 가격과 제품의 활용성에 있다고 가정함
- 시장의 욕구보다는 기업의 내적인 능력에 초점을 둠

(3) 제품 개념(Product Concept)
- 조직체는 지속적인 제품 개선에 힘써야 한다는 개념
- 소비자들의 선택 기준이 품질, 성능 및 혁신적인 특성 면에 있다고 가정함
- 레빗(Levitt)은 제품 개념이 구체화된 욕구와 관련된 제품 그 자체에 집착하고 제품 시장의 영역을 너무 좁게 규정함으로써 경쟁의 범위를 잘 파악하지 못하는 오류를 범하는 마케팅 근시안(Marketing Myopia)을 초래할 가능성이 있다고 보았음

(4) 판매 개념(Sales Concept)
- 기업이 과잉생산 상황에서 시장이 원하는 것을 제조하는 대신 기업에서 생산한 제품을 판매하는 것에 목적을 두는 개념
- 서지오 지먼(Sergio Zyman)에 따르면, 마케팅의 목적은 많은 이익을 창출하기 위해 더 많은 비용을 지출하며 더 많은 사람들에게 더 많은 것을 판매하는 데 있음
- 판매자 욕구에 초점을 두며, 판매자 중심 시장개념을 따르는 활동으로 기업에서 판매 자체가 목적일 뿐 소비자의 구매 후 만족도에 관심을 기울이지 않는 과오를 범할 수 있음

(5) 마케팅 개념(Marketing Concept)
- 1950년대 중반에 도입됨
- 구매자 욕구를 만족시키는 데 초점을 둠
- 고객지향 개념으로 불리기도 하며 확장되면 시장지향적 개념(Market Orientation)으로 발전함

(6) 복합적 마케팅 개념

마케팅의 복잡성과 활동 범위를 인식하고 상호조화를 이끌어내는 접근 방식이다.

복합적 마케팅의 4가지 구성요소	
관계 마케팅	기업의 유지와 수익을 위해 고객과의 장기적인 관계를 구축하는 것을 목표로 함
통합적 마케팅	기업의 과업이 고객을 위한 가치 창조와 커뮤니케이션 및 전달을 위해 통합된 마케팅 프로그램으로 모든 형태를 취하는 마케팅 활동
내적 마케팅	조직 내 모든 구성원들이 적절한 마케팅의 원칙으로 고객관점을 갖는 능력 있는 조직원을 고용, 훈련, 동기부여해야 함
사회 마케팅	기업의 관심사와 마케팅의 윤리적, 환경적, 법적, 사회적 맥락에서 이해하는 것

2 서비스 마케팅의 발전

(1) 피터 드러커가 주장한 마케팅 활동
- 스스로 대상을 명확히 선택하고 시장을 잘 파악해야 함
- 경쟁의 무대에서 얼마나 훌륭한 가치를 고객에게 제공할 수 있는지 판단함
- 제공자 중심의 강요가 아닌 고객중심, 고객 지향적인 방식으로 진행함
- 고객이 구입하는 제품과 서비스 그 자체보다는 '그것을 어떻게 사용할 것인가', '그것으로 무엇을 할 것인가'에 초점을 맞추어 마케팅을 전개함

(2) 칼 알브레히트의 서비스 삼각형(초우량 서비스 기업)

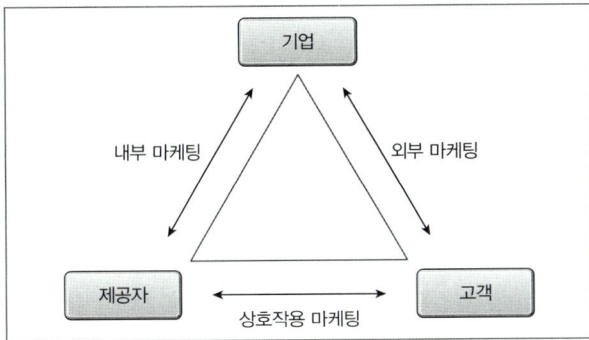

① 외부 마케팅(External Marketing): 서비스 삼각형의 오른쪽에 위치하며 서비스를 제공하기 이전에 고객과 커뮤니케이션하는 모든 것으로 기업이 고객의 기대를 형성하고 고객과 약속하는 활동
② 상호작용 마케팅(Interactive Marketing) 또는 리얼타임 마케팅(Real-Time Marketing): 서비스 삼각형의 아래쪽에 위치하며 기업이 한 약속을 종업원, 대리인 등이 제대로 지키는 과정으로 고객에게 서비스를 제공하는 데 있어 구성원의 역량
③ 내부 마케팅(Internal Marketing): 서비스 삼각형의 왼쪽에 위치하며 기업 경영자가 서비스 약속을 이행할 수 있게 서비스 제공자를 지원하는 것으로 서비스 제공자가 고객과 약속한 서비스를 제공할 능력과 의지를 가질 수 있도록 교육, 동기부여, 보상, 장비와 기술을 확충하는 일련의 활동

(3) 마케팅 전략의 정의

포터(Porter)는 경쟁에 있어서 유일한 가치가 있는 지위를 창조하고 교환하는 활동이라고 정의하였다.

3 서비스 마케팅 전략 – SWOT 분석

(1) SWOT 분석의 개념(코틀러, Kotler)

'Strengths-Weaknesses-Opportunities – Threats analysis'의 약자로 조직이 전략 계획을 수립할 때 조직의 사명이 정해지고 나면 경영자들이 조직의 목적과 목표를 달성하기 위해 조직 내·외부의 환경을 점검하여 분석하는 것을 의미한다.

(2) SWOT 분석의 목적(역할)

기업의 내부환경을 분석해 강점과 약점을 발견하고, 외부환경을 분석해 기회와 위협을 찾아내어 이를 토대로 강점은 살리고 약점은 보완, 기회는 활용하고 위협은 억제하는 마케팅 전략의 방향과 세부 전술을 수립한다.

(3) SWOT 분석

서술 방법 외부환경＼내부환경	S 자사의 강점, 자사의 기술력, 비전	W 자사의 취약점
O 사회, 경쟁, 경제, 정치, 기술, 정보, 고객	SO 확대전략 강점을 갖고 기회를 살리는 전략	WO 우회, 개발전략 약점을 보완하여 기회를 살리는 전략
T 경쟁사 혹은 외부 위협요소	ST 안정성장전략 강점을 가지고 위협을 회피하거나 최소화하는 전략	WT 축소, 철수전략 약점을 보완하면서 동시에 위협을 회피하거나 최소화하는 전략

① 1단계: 기업 경영의 기회 및 위협요인을 파악하는 과정

외부기회 요인	• 경제호황 • 새로운 기술의 출현 • 경쟁력이 약해진 경쟁사 • 새로운 시장 발견 및 대두
외부위협 요인	• 자원의 고갈 • 정부의 규제 • 소비자 기호의 변화 • 우월한 대체재 등장 • 극복하기 어려운 경쟁자 출현

② 2단계: 내적 환경 분석으로 자사의 강점과 약점 파악

내부강점 요인	• 우월한 제조기술 • 능력 있는 종업원 보유 • 높은 시장 점유율 • 탄탄한 마케팅 조직 • 원활한 자금 조달 • 고객충성도
내부약점 요인	• 무능한 관리자 • 경쟁력 없는 기획팀 • 뒤떨어진 기술 • 낮은 연구개발비 • 높은 이직률

③ 3단계: 분석된 기업의 기회와 위협요인, 강점과 약점 요인을 바탕으로 SWOT 매트릭스 작성
- 시장 환경의 변화 요인을 크게 자사에게 유리한 변화 요인인 기회요인과 자사에게 불리하게 작용하는 변화 요인인 위협요인으로 분류
- 분석된 자사의 가치사슬의 각 단계가 경쟁사에 비하여 비교우위에 있다면 강점으로, 비교열위에 있다면 약점으로 분류

④ 4단계: 분석 결과로 얻어진 것 중 핵심적인 SWOT을 대상으로 전략 도출
⑤ 5단계: SWOT 분석을 활용한 동태적 마케팅 전략 수립

4 서비스 마케팅 전략 - STP 전략

(1) 분석과정
① S(Segmentation): 욕구와 선호성이 다른 독특한 구매자 집단을 확인, 규명하고 세부적으로 설명하는 것
② T(Targeting): 세분시장 중에서 진출할 세분시장을 하나 또는 그 이상 선정하는 것
③ P(Positioning): 각각의 표적 세분시장에 대해 그 기업의 시장제공물의 중요한 특징적 이점을 개발하여 전달하는 것

(2) STP 전략 단계
① 시장 세분화
- 시장 세분화의 기준과 세분시장 파악
- 시장 세분화에 대한 윤곽도 개발

② 표적시장 선정
- 시장부분의 매력도 평가
- 표적시장의 선점

③ 포지셔닝
- 각 표적시장 부분에 대한 포지셔닝 개념 파악
- 선정 포지셔닝 개념의 선택, 개발, 전달

★ STP 전략 단계의 자세한 내용은 6~8에서 확인할 수 있습니다.

5 시장 세분화

(1) 정의(코틀러, Kotler)
시장의 고객을 동질적인 하위그룹으로 세분하는 것으로 이러한 하위그룹은 마케팅 믹스에 적합한 표적시장으로 선정하기 위한 것이다.

(2) 장점(얀켈로비치, Yankelovich)
- 이익 가능성이 높은 몇 개의 세분화 시장에 대해서만 판매촉진비를 설정할 수 있도록 범위를 정할 수 있음
- 세분화된 시장의 요구에 적합하게 제품계열을 결정할 수 있음
- 미래의 시장변동에 대비해 계획을 수립하고 대책을 마련할 수 있음
- 광고매체를 합리적으로 선택할 수 있고 각 매체별로 효과에 따라 예산을 할당할 수 있음
- 판매저항이 최소화되고 판매호응이 최대화될 것으로 예측되는 기간에 판촉활동을 집중할 수 있음

(3) 고객(시장) 세분화의 요건(코틀러)

분류	요건
측정 가능성	세분시장의 규모와 구매력 및 특성이 측정될 수 있어야 함
접근 가능성	세분시장에 효과적으로 도달해 서브할 수 있어야 함
실질성	세분시장이 충분히 크거나 수익이 있어야 함
행동 가능성	세분시장을 유인하고 그 세분시장에 제공할 수 있도록 하는 효과적인 마케팅 프로그램을 수립할 수 있어야 함
차별화 가능성	개념적으로 구분될 수 있으며 마케팅 믹스 요소와 프로그램에 대해 서로 다르게 반응해야 함

(4) 고객 세분화 방법
① 소비재 시장에서 가능한 시장 세분화 방법

지리적 변수	국가, 도시/농촌(인구밀도), 기후 등
인구 통계적 변수	나이, 성별, 소득, 가족 규모, 직업, 세대, 국적, 사회계층, 종교, 교육수준 등
행동 분석적 변수	제품구매 빈도, 사용량, 상표 충성도, 가격 민감도, 구매할 때 중시하는 변수
심리 분석적 변수	라이프 스타일, 개성

② 산업재 시장에서 가능한 시장 세분화 방법

인구 통계적 변수	기업 규모, 산업 규모, 입지, 기술, 산업의 종류
운영적 변수	채용한 기술, 고객 능력, 사용자와 비사용자의 지위 등
구매 습관적 변수	권한구조, 구매기능조직, 구매기준
상황적 변수	구매의 긴급도, 특수 용도성, 구매 규모
개인적 특성	구매자와 판매자의 유사성, 충성심 등

6 표적시장 선정

(1) 시장표적화
표적시장 결정을 위해 잠재력 있는 세분시장의 규모, 성장률, 수익성, 규모의 경제, 낮은 위험도, 세분시장의 매력도, 기업의 목표와 재원을 고려하여 세분시장을 평가한 후 진출할 가치가 있는 하나 혹은 그 이상의 세분시장을 표적시장으로 삼는 과정이다.

(2) 세분시장 평가 기준
- 세분시장의 규모와 성장성 확인
- 적정 규모와 성장 가능성이 있어야 함
- 매력적인 특징을 가지고 있어야 함
- 기업의 목표와 자원 확인

(3) 세분시장 유형
① 단일제품 전체시장 도달 전략
- 시장을 하나의 통합체로 파악함
- 모든 계층의 소비자로부터 공통적인 욕구를 발견하여 실행 가능한 강력한 이미지에 목표를 두고 단일 제품과 단일 마케팅 프로그램을 개발하여 전체시장에 펼치는 전략

② 다수제품 전체시장 도달 전략
- 시장을 세분화한 후 모든 세분시장을 표적시장으로 선정함
- 각 부문에 적합한 제품과 마케팅 믹스를 투입하는 형태의 전략
- 제품개발비, 생산비, 관리비, 재고관리비, 촉진 비용 등 비용증대를 유발한다는 단점이 있음

③ 단일시장 집중
- 기업이 단일 제품으로 단일 세분시장에 펼치는 전략
- 주로 기업의 자금 및 능력이 제한되어 있거나 기업이 새로운 시장에 진입할 때 추가적인 세분시장의 확장을 위해 이용함
- 소비자의 욕구가 변화하거나 새로운 경쟁자가 진입하게 되면 위험분산이 되지 않아 위험이 수반됨

④ 시장 전문화 전략
- 특정 고객집단의 다양한 욕구를 충족시키기 위해 다양한 제품을 판매하기 위한 전략
- 특정 고객집단의 구매가 급격히 감소하는 경우 위험분산이 되지 않는 단점이 있음

⑤ 제품 전문화 전략
- 다양한 세분시장에 단일 제품으로 전략을 펼치는 유형
- 특정 제품 영역에서 강력한 명성을 얻을 수 있지만 현재 기술을 완전히 대체할 수 있는 혁신적인 기술 개발이 되었을 때는 심각한 위험이 발생함

⑥ 선택적 전문화 전략
- 세분시장 중에서 매력적이고 기업 목표에 적합한 몇 개의 세분시장에 진입하는 전략
- 위험을 분산시킨 복수의 단일 세분 집중화 전략을 의미함
- 진입하고자 하는 각 세분시장마다 제품 및 전략이 상이하기 때문에 시너지 효과가 낮으며 상당한 제품 개발 및 마케팅 비용이 수반됨

(4) 표적 마케팅

무차별화 전략	• 세분시장의 차이를 무시하고 하나의 제품으로 전체 시장 추구함 • 대량 유통경로와 대량광고에 의존하게 되며 기업에서 가장 많은 수의 구매자에게 구사할 제품과 마케팅 프로그램을 개발함 • 무차별화 전략의 목표는 제품 또는 서비스가 소비자의 마음속에서 우월한 이미지를 갖도록 하는 것이며 제조에 있어서 표준화와 대량생산에 해당하는 마케팅 • 모든 소비자들이 거의 동일한 선호성을 가지고 있으며 그 시장이 자연적인 세분시장을 보이지 않는 경우에 적절한 전략 • 장점: 무차별화 전략의 단순한 생산라인으로 제조 및 재고관리, 유통 등의 비용을 절감시키고 단일 광고 프로그램으로 광고비용과 마케팅 조사비용의 절감 효과를 얻을 수 있음 • 단점: 일반적으로 가장 큰 세분시장을 공략하므로 경쟁이 치열하여 이익을 얻기가 더 어려울 수도 있음
집중화 전략	• 목표달성에 가장 적합한 하나 또는 소수의 표적시장을 선정, 마케팅 활동을 집중하는 전략 • 기업의 자원이 제한되어 있는 경우에 주로 사용되는 전략 • 큰 시장에서 낮은 시장점유율을 누리기보다 소수의 작은 시장에서 높은 시장점유율을 누리기 위한 방법 • 장점: 소비자의 요구를 잘 파악하였기 때문에 강력한 위치를 얻을 수 있음 • 단점: 작은 규모의 시장에 속한 소비자의 구매행동의 변화에 따른 위험을 감수해야 하며, 경쟁자가 동일 시장에 진입할 경우 시장성을 잃을 수 있음
차별화 전략	• 여러 개의 세분시장에서 활동하지만 각각의 세분시장에 대해 다른 프로그램을 설계함 • 일반적으로 무차별화 전략보다 높은 매출과 이익을 낼 수 있어 다수의 기업들이 구사하는 마케팅 전략 • 장점: 경제성으로 일관된 마케팅 믹스를 추구하므로 광고비, 제품 생산비, 재고비용, 수송비용, 세분화하는 데 필요한 마케팅 조사비용 절감 • 단점: 각 세분시장별로 조사·예측·촉진계획 및 유통관리, 차별적 광고를 제작하기 때문에 상당한 비용이 발생함

7 포지셔닝

(1) 정의
알 리스(Al Ries)와 잭 트라우트(Jack Trout)에 의해 보급된 것으로 어떤 제품에 대해 위치하는 것이 아니라 잠재고객의 마음속에 위치하는 주관적인 속성이라고 정의한다.

(2) 일반적인 6가지 방법

서비스 속성	• 기업이 '가장 잘 할 수 있는 것'에 초점을 둠 • 피드럴 익스프레스사는 '하룻밤 새 배달'이라고 하는 최고의 택배회사로 포지셔닝
서비스 용도	• 제공되는 서비스가 어떻게 사용되고 적용되는가에 초점을 둠 • 헬스클럽 이용상황에 따라 고객을 체중조절을 원하는 사람, 단지 운동을 원하는 사람, 근육단련을 원하는 사람 등으로 분류하고 각 포지션은 각각 서로 다른 세분시장을 목표로 고유의 장비와 설비로 포지셔닝
가격/품질 관계	사우스 웨스트 항공사는 고객을 대상으로 부가 서비스를 제공하지 않고 저렴한 가격으로 포지셔닝한 반면, 스칸디나비아 항공사는 차별화된 고가격으로 포지셔닝
서비스 등급	• 피자헛은 단순한 패스트푸드 레스토랑이 아니라 '정통 레스토랑'임을 강조함 • 광고 문구에도 '피자업체 중 최고의 정통 레스토랑'이라는 표현을 사용함
서비스 이용자	• 세탁세제를 파는 A기업은 가정용 세탁을 전문으로 하는 데 반해, B기업은 비즈니스용 세탁전문업체로 포지셔닝 • 호텔의 경우 사업차 출장 고객 대상, 관광객 대상 등으로 각각 포지셔닝
경쟁사	서비스 기업은 경쟁사와 대비하여 자신의 서비스를 포지셔닝

(3) 수행절차(아커와 샨비)
① 1단계: 경쟁자 확인
② 2단계: 경쟁자 인식 및 평가분석을 통하여 파악
③ 3단계: 경쟁자 기업과 제품시장에서의 포지셔닝 결정(시장 위치 결정)
④ 4단계: 소비자 분석 수행
⑤ 5단계: 포지셔닝 의사결정
⑥ 6단계: 모니터링

(4) 포지셔닝의 역할
① 제품과 시장 간의 관계를 정의하고 이해하는 데 필요한 진단적 도구 제공: 자사와 경쟁사 간에 서비스 속성의 차이, 자사의 서비스가 고객의 욕구와 기대를 충족하는 정도, 제시된 가격 조건하에서의 예상수요 수준 등을 파악함
② 시장기회 확인: 신서비스 상품의 도입이나 기존 서비스 상품의 재설계(상품 속성의 추가/감소/변경/강조할 속성의 변화), 기존 서비스 상품의 제거(고객욕구 미충족 상품/과잉경쟁 상품) 등을 확인함
③ 경쟁자에 대응할 수 있는 다른 마케팅 믹스 결정: 서비스의 유통(접근성이나 이용 가능성), 가격 및 수요공급전략, 촉진전략, 서비스 제공절차의 조정, 종업원 및 고객관리 등을 통해 차별화된 경쟁우위를 확보함
④ 경쟁자의 시장진입과 모방으로부터 자사 보호: 시장의 잠재 경쟁자와 기존 경쟁자들을 파악하고, 경쟁상품들을 비교 평가함으로써 자사 상품의 경쟁우위를 유지·강화할 수 있는 방책을 강구함

8 서비스 마케팅 전략 – 마케팅 믹스 전략(8P)

(1) 전통적인 마케팅 믹스
1960년 제롬 매카시(Jerome McCarthy) 교수는 마케팅 활동을 4가지의 넓은 종류의 수단인 마케팅 믹스 수단으로 분류하여 제시하였다.

Product	• 다양성 • 물리적 제품 특징 • 품질 • 서비스	• 보증 • 상품의 편의 제공 • 브랜드(딩) • 반품
Price	• 표준가격 • 가격수준 • 거래조건(할부, 신용) • 차별화	• 할인 • 공제 • 고객의 인지가격
Place	• 경로 • 범위 • 분류(구색) • 점포 입지	• 수송(배송) • 보관 • 재고
Promotion	• 판매 촉진 • 인적 판매-선발, 훈련 • 인센티브 • 광고-매체유형, 광고유형	• 직접 마케팅 • 홍보 • 공중관계 • 인터넷/웹 전략

(2) 현대적 마케팅 믹스

코틀러는 복합적 마케팅의 개념을 반영하기 위해 4P를 최신화하여 확장된 마케팅 믹스 3P(사람, 물리적 증거, 프로세스)에서 성과(Performance)를 추가하여 제시하였다.

People	• 고객 행동 • 고객(교육, 훈련) • 고객 개입 및 접촉 • 직원(훈련, 동기부여, 팀워크, 분업화, 업무수행, 용모)
Physical Evidence	• 시설 설계 • 직원 복장 • 환경 • 계산서 • 장비 • 기타 유형적 단서(보고서, 명함, 연설문, 보증)
Process	• 단계 수(단순, 복잡) • 정책절차 • 고객관여도 • 제도적 장치 • 활동의 흐름(표준화, 고객화)
Performance	• 재무적 및 비재무적(판매수익, 상표자산, 고객자산) • 기업 자체 차원을 넘는 시사점, 윤리 환경, 법규, 공동체

9 고객 서비스 지향 4Cs

(1) 고객 서비스 지향

미국 노스캐롤라이나 대학 광고학과 로버트 로터본 교수는 '새로운 마케팅 시대'에서 판매자 관점인 전통적인 마케팅 믹스 4Ps는 고객 관점의 4Cs에 합치되어야 한다고 고객만족전략론을 제시하였다.

Customer (고객)	• 고객 자체를 의미함 • 고객이 가진 필요와 요구(Needs & Wants) • 고객과의 관계 등
Cost (비용)	• 소비자가 받아들이는 가치라는 의미의 비용 • 기회비용 • 교환비용(브랜드 교환)
Convenience (편의성)	• 유통과는 조금 다른 범주로 가치교환의 편의성 • 무이자 할부 서비스 • 동영상으로 된 상품설명서
Communication (커뮤니케이션)	• 마케팅의 시작과 끝 • 시장조사와 소비자 필요 분석(Needs Analysis)부터 마케팅 활동의 마지막 단계인 고객평가

10 서비스 마케팅 전략 – 틈새시장(Niche Market, 적소시장) 전략

(1) 개념

시장의 비어 있는 공간을 의미하는 용어로, '남이 모르는 좋은 낚시터'라는 은유적인 뜻을 가진 소규모의 시장에 대한 특화된 상품을 가지고 시장 영역을 만드는 것이다. 즉, 하나의 세분시장을 더 작은 하위 세분시장으로 나눔으로써 틈새시장을 확인하고 시장의 빈틈을 공략하는 새로운 상품을 잇따라 시장에 내놓음으로써 다른 특별한 제품 없이도 시장점유율을 유지시켜 가는 판매 전략이다.

(2) 공통 요소(특징)

- 끊임없는 변화
- 없어지거나 새로 생성되기도 함
- 틈새시장이 대형시장이 되기도 함
- 여러 기업이 똑같은 틈새시장에 공존하기도 함

(3) 틈새 마케팅의 핵심

- 차별화, 전문화, 집중화
- 위 세 조건을 만족시키지 못할 경우 다소 위험성이 따르며 시장이 크게 성장하면 대기업이 참여하기 때문에 시장의 규모를 적절히 조정해야 함
- 영업 이익면에서 중소기업에 유리한 마케팅이지만 최근에는 대기업의 진출이 이어지고 있음

(4) 전제조건

- 중소기업은 높은 매출액을 실현할 수 없더라도 높은 수익을 보장할 수 있는 충분한 시장 규모와 구매력이 있어야 함
- 장기적인 시장 잠재력이 있어야 함
- 이상적인 틈새시장은 중요 경쟁자들의 관심 밖에 있어야 함
- 기업 측면에서 시장의 욕구를 충족시켜 줄 수 있는 능력과 충분한 자원을 보유하고 있어야 함
- 소비자로부터 확립해 놓은 신뢰 관계를 통해 주요 경쟁자들의 공격을 방어할 수 있어야 함(경쟁자들의 적극적인 참여가 있을 때 틈새시장 형성이 어려움)

(5) 전략

① 세분단위 시장개척 전략: 기존의 세분시장을 다시 세분화하여 대기업으로부터 고립된 세분단위 시장을 개척함
② 세분단위 시장심화 전략: 세분단위 시장을 좁지만 깊게 개척하여 소비자의 수요를 증대시키는 전략
③ 개성화 대응 전략: 소비자가 가지는 적극적인 개성화 의식을 전제로 함

(6) 틈새 마케팅(Niche Marketing)

① 파레토 법칙
- 이탈리아 인구의 20%가 이탈리아 전체 부의 80%를 가지고 있다고 주장한 이탈리아의 경제학자 빌프레도 파레토의 이름에서 유래한 용어로, 조셉 M. 주란이 경영학에 이 용어를 처음 사용함
- 소비자행동론에 기초한 이론인 '파레토 최적' 개념이며, 대부분의 현상이 중요한 소수(Vital Few)에 의해 결정된다는 법칙
- 사회, 경제, 경영 분야의 많은 현상을 간단명료하게 설명하여 20세기의 지배적인 패러다임이 되었으며, 선택과 집중, VIP 마케팅 등으로 연결되었음

② 롱테일 법칙
- 2004년 「와이어드」 편집장 크리스 앤더슨의 '롱테일' 관련 기사로 처음 소개되었으며 미국을 중심으로 화제가 된 법칙
- 롱테일이란 판매 분포도에서 공룡의 긴 꼬리처럼 길게 이어지는 부분을 뜻하는데 꼬리 부분에 해당하는 사소한 상품 80%의 판매량이 상위 20%의 매출을 압도한다는 개념으로 80%의 '사소한 다수'가 20%의 '핵심 소수'보다 우수한 가치를 만든다는 법칙
- 현대 사회가 인기 상품이나 주력 상품에 집중하는 획일적 사고에서 벗어나 다양한 가능성에 눈 뜰 수 있는 계기가 되었으며 80%의 사소한 다수가 만들어 내는 새로운 시장과 지식 등 다양성의 힘을 강조함
- 유통, 광고, 재고 비용이 거의 제로에 가까운 온라인이 있기에 가능한 법칙이며, 대량생산, 대량소비의 시대가 끝나고 소량 다품종 생산이 일반화되면서 이미 예고된 전략으로 틈새 마케팅의 한 형태로 부각되었음
- 과거 마이너에 속했던 상품들이 전체 매출의 20~30%까지 차지하고 이익면에서도 50% 가까운 현상을 보여주는 새로운 유통 모델이 만들어지고, 정보의 검색, 생산, 유통 비용이 충분히 낮아짐으로써 비주류 틈새시장의 규모가 기존 주류 시장의 규모만큼 커지는 형태가 됨
- 역파레토 법칙, 상생의 법칙으로 연결됨

■ SECTION 02 | 서비스 패러독스

1 서비스 패러독스(Service Paradox)

(1) 정의
최근 연구 결과에 따르면 과거에 비해 서비스가 다양해지고 좋아졌음에도 오히려 소비자의 불만의 목소리가 높아졌는데 이러한 아이러니한 현상을 서비스 패러독스라 한다.

(2) 서비스 공업화
서비스 패러독스의 현상으로 서비스 공업화를 들 수 있다. 효율성 제고 및 비용 절감 등을 위해 서비스 활동의 노동집약적 부분을 기계로 대체하고, 자동차 생산 공장에서 채용하는 것과 같은 계획화, 조직, 훈련, 통제 및 관리를 서비스 활동의 전개에도 적용하는 것이다.

(3) 원인

서비스 표준화	종업원의 자유재량이나 서비스의 기본인 인간적 서비스가 결여되어 풍요로운 서비스 경제 가운데 서비스의 빈곤이라는 인식을 낳게 됨
서비스 동질화	획일적인 서비스를 제공하고 상황에 따라 유연하게 대응하지 못하며 경직되는 위험을 지님
서비스 인간성 상실	효율성만을 강조함에 따라 인간을 기계의 부속품처럼 취급하게 됨으로써 제조업의 발전과정에서 나타났던 인간성 무시가 발생함
기술의 복잡화	제품이 너무 복잡해져서 소비자나 종업원이 기술의 진보를 따라가지 못하는 경우 발생하며, 손쉽게 인근 업소에서 수리받지 못하고 고객이 멀리까지 가서 기다려야 함
종업원 확보의 악순환	인력확보가 힘들어짐에 따라 종업원을 충분한 교육, 훈련 없이 채용함

SECTION 03 | 서비스 회복 패러독스

1 서비스 실패(Service Failure)

(1) 정의
서비스 제공자가 서비스를 제공하는 과정에서 발생하는 여러 가지 실수들로 고객과의 약속 위반과 같은 형태로 나타나는 서비스의 오류이다.

(2) 학자별 정의
① 벨(Bell), 젬케(Zemke): 서비스 경험이 심각하게 떨어지는 서비스 결과를 경험하는 것
② 헤스켓(Heskette), 새서(Sasser), 하트(Hart): 서비스 과정이나 결과에 대하여 서비스를 경험한 고객이 좋지 못한 감정을 갖는 것 → 문제의 원인이 무엇이든 서비스 제공자가 서비스 실패에 대해 회복하여야 한다고 주장함
③ 베리, 레너드(Leonard), 파라수라만: 책임이 분명한 과실로 인하여 초래된 서비스 과정이나 결과에 대한 과실 → 천재지변과 같은 불가항력적 문제는 서비스 제공자의 과실이 아니므로 서비스 실패가 아님
④ 자이다믈, 베리, 파라수라만: 고객이 지각하는 허용 영역(Zone of Tolerance) 이하로 떨어지는 서비스 성과
⑤ 존스턴(Johnston): 책임소재와는 무관하게 서비스 과정이나 결과에 있어서 무엇인가 잘못된 것(Something Wrong)
⑥ 윈(Weun): 서비스 접점에서 고객 불만족을 야기하는 열악한 서비스 경험

(3) 고객이 기업을 이탈하는 유형과 영향도

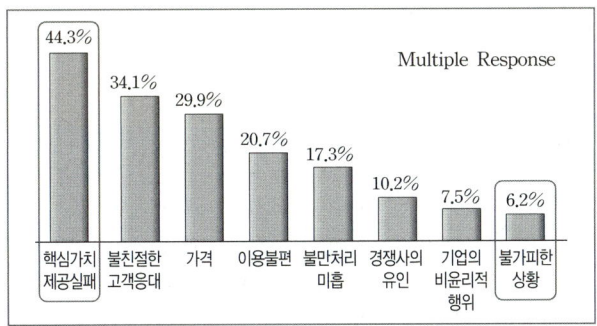

(4) 서비스 전환 유형(수잔 키비니)

전환 유형	전환 행동
가격	높은 가격, 가격 인상, 불공정한 가격 산정 등
불편	서비스를 제공받는 위치/시간, 서비스의 대기 시간, 대기 시간의 불편
핵심 서비스 실패	서비스 제공자의 업무 실수, 계산상의 오류, 서비스 파멸
서비스 접점 실패	서비스 제공자에 대한 무례함, 전문성 부족, 고객에 대한 무관심
서비스 실패 반응	부정적 반응 혹은 무반응, 내키지 않는 반응
경쟁	경쟁자의 서비스가 더 우수함
윤리적 문제	속임수, 안전상의 문제, 강압적 판매, 이해관계 대립
비자발적인 전환	서비스 제공자의 업무 중단/이전, 고객이동

2 서비스 회복과 서비스 회복 패러독스

(1) 서비스 회복
서비스 회복이란 제공된 서비스의 문제 발생으로 불만족한 고객을 서비스 제공자와 적극적인 문제해결 노력을 통해 만족 상태로 돌려 놓는 과정 또는 행위를 의미한다.

(2) 서비스 실패에 대한 회복 효과와 문제점
이중일탈효과(Double-Deviation Effect)라고 하여 회복 노력을 서두르게 하여 다시 한 번 서비스 실패를 가져오는 상황이 발행할 수 있다.

(3) 서비스 회복의 일반적인 두 가지 유형
① 심리적 회복: 사과(Apologizing)와 공감(Empathizing)
② 물질적 회복: 서비스 실패로 야기된 금전적 손실과 불편함에 대한 보상

(4) 서비스 회복 패러독스
서비스 회복을 통해 우수한 서비스를 제공함으로써 불만족한 고객을 만족시킨다면 해당 기업에 충성적인 고객으로 그 서비스 기업과 재거래를 하기도 한다. 서비스 실패가 일어나더라도 그것이 효과적으로 회복만 된다면 실패 발생 전보다 고객에게 더 큰 만족을 줄 수 있는 기회가 될 수 있다.

3 서비스 회복 패러독스의 영향요인

(1) 공정성 이론
스티브 브라운과 스티브 택스가 주장한 서비스 실패 처리에서 고객이 기대하는 공정성 유형은 다음과 같다.

분배(결과) 공정성	• 고객이 얻게 되는 결과 또는 산출을 통하여 공정성 수준 평가 • 고객이 불만 수준에 맞는 보상을 기대(금전적 보상, 차후 무료서비스 제공, 가격할인, 수리 및 교환의 형태 등)
절차 공정성	• 문제를 해결하는 과정에서 적용될 수 있는 기준 • 서비스 실패를 처리하기 위해 사용되는 절차에 대하여 지각하는 것(회사의 정책, 규칙, 적시성 등)
상호작용 공정성	• 서비스 제공자의 응대 태도로 고객에게 친절, 배려, 공손한 응대를 보여주는 것 • 바이스(Bies)와 모악(Moag): 정중함, 관심, 진실성, 무례함의 정도 • 클레머(Clemmer): 정직, 친절, 민감성 • 파라수라만(Parasuraman): 공감, 확신

(2) 귀인 이론
귀인이 소비 후 행동에 영향을 주는 세 가지 차원은 안정성, 통제성, 책임성이다.

(3) 서비스 회복 기대
고객이 추구하는 가장 일반적인 일곱 가지 서비스 회복 방안은 다음과 같다.

① 기업의 비용을 발생시키는 회복
- 제품수리
- 서비스 수정
- 전액 환불 또는 일부 환불

② 기업의 비용을 발생시키지 않는 회복
- 기업의 사과
- 발생한 사건에 대한 기업의 설명
- 같은 문제가 반복되지 않을 것이라는 확신
- 고객의 불만을 기업에 표현할 수 있는 기회

SECTION 04 | A/S의 중요성

1 애프터 서비스(After-Sales Service)

(1) 정의
제품의 판매 후 제공되는 설치 서비스, 기술적 상담, 유지보수, 제품 업그레이드 등을 포함한 포괄적인 개념이다.

(2) 이점과 역할
- 재거래와 재구입
- 기존 제품의 품질 기능 향상 및 고객의 욕구 충족
- 신제품 개발의 시간과 비용 절감
- 고객의 니즈와 트렌드 파악
- 수익창출에 드는 비용 및 시간적 노력 절감

(3) 품질요소
- 매력적 품질요소 예) 처리시간
- 일원적 품질요소
- 당연적 품질요소(A/S는 당연적 품질요소로 취급)
- 무차별 품질요소
- 역 품질요소

2 애프터 서비스 품질차원(브래디와 크로닌)

상호작용 품질	태도 및 행동	• 접수직원 친절도 • 수리직원 친절도 • 고객도움 의지 • 직원 믿음(말, 행동)
	처리시간	• 접수 시간 • 접수 후 수리 시간
결과 품질	전문성/기술	• 문제점 파악의 정확도 • 수리직원의 전문 기술 보유 정도 • 서비스 후 문제 해결 정도 • 서비스 후 제품 신뢰도 • 서비스 항목 외 서비스
물리적 환경	편의성	• 전화상담실 이용의 편리성 • 서비스센터 방문의 편리성 • 내부 시설 배치 • 내부 편의 시설 • 서비스센터 이용시간 편리성
	정책	• 무상/유상의 합리성 • 수리비용 • 무상서비스 보증기간

★ 애프터 서비스 품질차원의 요인 중 전문성/기술, 태도 및 행동, 정책 그리고 처리시간 순으로 영향도가 높은 것으로 나타났습니다.

CHAPTER 03 | 서비스 차별화 사례연구

 강의보기

■ SECTION 01 | 고객인지 프로그램

1 고객가치 구분(세스, 뉴먼, 그로스)

(1) 기능가치(Functional Value)

제품의 품질, 기능, 가격, 서비스 등과 같은 실용성 또는 물리적 기능과 관련한 가치이다.

(2) 사회가치(Social Value)

제품을 소비하는 사회 계층 집단과 관련된 가치이다.

(3) 정서가치(Emotional Value)

제품의 소비에 의한 긍정적 또는 부정적 감정 등의 유발과 관련된 가치이다.

(4) 상황가치(Conditional Value)

제품 소비의 특정 상황과 관련된 가치이다.

(5) 인식가치(Epithetic Value)

제품 소비를 자극하는 새로움, 호기심과 관련된 가치이다.

2 고객인지 가치

(1) 인지부조화, 인지불협화(페스팅거, Leon Festinge)

소비자가 두 개의 지각이 각각 옳다고 보는 반면 서로 조화되지 않고 지각될 때, 즉 불균형 형태에서 나타나는 심리상태이다. 태도와 행동이 일치하지 않을 때 긴장감을 경험한다.

㉮ 여우와 신포도 이야기 – 더운 어느 날 여우가 길을 걷고 있었다. 한참 걷다 보니 탐스러운 포도송이가 높은 나무 위에 주렁주렁 매달려 있는 것을 발견하였다. 포도를 먹기 위해 여우는 발버둥을 쳐보았지만 결국 포도를 먹지 못하였다. 여우는 날이 더우니 포도가 시고 맛이 없을 것이라고 투덜대며 포기하고 가던 길을 재촉하였다.

(2) 인지적 협화

상품을 아직 사지 않은 사람보다 산 사람이 상품 광고를 더 열심히 보는 것을 인지적 협화의 예로 들 수 있다. 자신의 구매행동이 옳았다고 생각하고 싶어 하는 마음으로 인해 나타난다.

3 고객인지 프로그램

(1) 정의

서비스 기업에서 최고의 고객을 식별하는 수단으로, 충성도 프로그램의 형태로 기업에서 고객을 인식하고 그 고객에게 보상을 가능하게 하는 시스템이다.

(2) 장점

- 고객행동을 예측할 수 있는 고객 데이터베이스가 됨
- 고객정보 파일은 관계 마케팅을 수행하는 데 있어 여러 가지 면에서 기초가 됨
- 기업에서 고객인지 프로그램은 고객과의 원활한 의사소통을 가능하게 함
- 서비스 기업에서 가장 중요한 고객을 파악하여 고객에게 적절한 제품 또는 서비스를 적시에 제공할 수 있으므로 효율적인 마케팅 활동을 가능하게 함
- 마케팅의 기본교리에 충실할 수 있는 기존고객을 유지하는 것을 기본으로 함
- 로열티 마케팅 전략을 통해 고객 및 기타 이해관계자의 지지가 증가하고 기업의 목표에 도달함

(3) 단점

고객 입장에서 자신의 정보가 노출된다는 불쾌감을 느낄 수 있다.

(4) 리츠칼튼호텔의 활용 사례

① **고객 코디네이터**: 매일 아침 호텔의 간부회의에 참석하여 지배인, 객실 관리자 및 기타 관계자들에게 당일에 투숙할 고객에 대해 자신이 입수한 모든 정보를 공유함

㉮ 투숙 예정 고객이 과거에 체인 내의 어떤 호텔에 투숙하였을 때 아침 일찍 특정 신문을 넣어달라고 부탁한 적이 있었다면 별도의 요청이 없더라도 이 손님이 머무르는 객실에는 새벽에 그 신문을 배달함

② **고객취향수첩**: 직원들이 근무 중에 사소한 사실이라도 고객정보를 얻게 되면 추가로 입력하는데 체인 호텔들이 이러한 고객정보 데이터베이스를 공유하고 있기 때문에 고객이 어느 곳에 있는 리츠칼튼호텔에 다시 투숙하게 되더라도 동일한 서비스를 제공받을 수 있음

SECTION 02 | 서비스 수익체인

1 구성요소

(1) 서비스 수익체인
서비스 개체를 매개로 하여 기업들이 경영성과를 창출하는 데 필요한 여러 요소를 개념적으로 통합한 것이다.

(2) 구성요소
① 표적시장: 시장 세분화의 인구 통계학적 그리고 심리 통계학적 요소, 세분시장의 욕구, 욕구가 어떤 방법으로 누구에 의해 처리되는가 등으로 구성
② 서비스 개념: 고객을 위해 산출된 결과물을 고객에게 제공하는 데 중요한 서비스 요소는 무엇이고, 어떻게 이들 요소들이 표적시장과 직원에게 인지되는가 등으로 구성
③ 운영 전략: 전략의 주요 요소, 투자 분야, 품질과 비용의 통제 등으로 구성
④ 서비스 전달 시스템: 서비스 전달 시스템의 특징, 준비되어야 할 서비스 능력, 서비스 제공 수준 등으로 구성

(3) 구성도

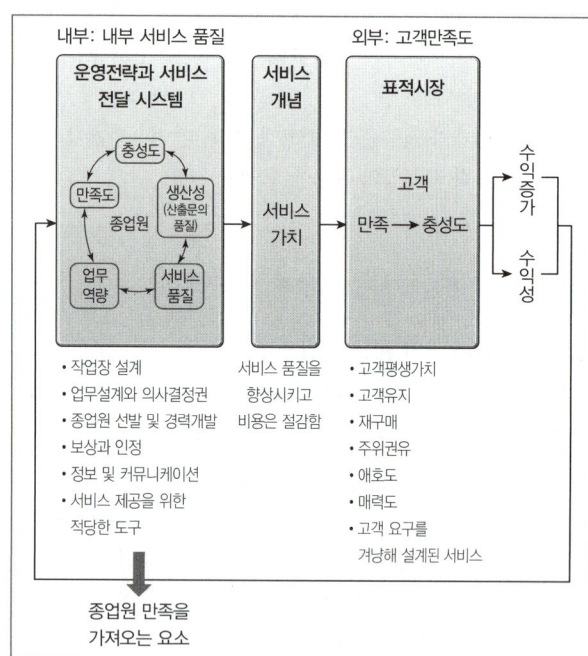

※ 출처: 이정학, 서비스마케팅, 2009

2 고객신뢰성 구축 – 고객만족거울

(1) 유래
벤저민 슈나이더(Benjamin Schneider)와 데이비드 보웬(David Bowen)의 논문에서 처음 등장하였다.

(2) 내용
종업원의 만족이 곧 고객만족으로 이어진다는 고객만족 선순환의 원리를 설명한 효과로 고객과 종업원 만족 수준 사이의 밀접한 관계를 은행지점들을 예로 연구하였다. 자기의 일이 지원되고 있다고 믿는 정도가 고객만족에 대한 가장 일관된 정보를 가져다 준다는 의미이다.

3 서비스 수익체인의 각 연결관계와 기능

(1) 연결관계
연구 결과 5%의 고객충성도의 신장은 25%에서 85%까지의 이윤 신장을 가져올 수 있다고 추정하였다. 결론적으로 고객충성도로 대변되는 시장 점유율의 질적 측면은 시장 점유율의 양적 측면만큼이나 중요하다.
- 고객충성도는 수익성과 성장을 유발함
- 고객만족은 고객충성도를 높임
- 서비스 가치는 고객만족을 유도함
- 종업원 생산성은 가치를 유발함
- 종업원 충성도는 종업원 생산성을 유발함
- 종업원 만족은 종업원 충성도를 유발함
- 내부 품질은 종업원 만족을 가져옴

(2) 서비스 수익체인의 관리를 위한 7가지 단계(헤스켓)
① 모든 의사결정 단위를 망라해 서비스 수익체인의 각 연관관계 측정
② 자체 평가한 결과에 대한 상호 의견 교환
③ 성과 측정을 위한 균형점수카드(Balanced Scorecard) 개발
④ 성과 향상을 위한 행동 지침의 설계
⑤ 측정한 결과에 대한 보상 개발
⑥ 개별 영업 단위에서 결과에 대한 커뮤니케이션
⑦ 내부적으로 성공 사례에 대한 정보 공유

4 서비스 전달 시스템

(1) 서비스 운영 시스템

운영 시스템의 구성	
고객과의 접촉 정도에 따른 구분	• 가시적인 부분(접점 종업원) • 비가시적인 부분(후방 종업원) • 지원 시스템
고객이 직접 참여하는 서비스 (이발, 숙박, 건강관리 등)	고객이 직접 후방 시스템을 볼 수 있음
고객의 접촉도가 낮은 서비스(전화, 교환, 은행거래 등)	뒤에서 벌어지는 메커니즘을 거의 알 수 없음

(2) 서비스 전달 시스템

서비스 생산품이 고객에게 전달되는 장소, 시간, 방법 등을 의미한다. 전달 시스템 중 셀프서비스(ATM 기기, 각종 자동판매기)가 발전함에 따라 서비스 운영 시스템에서 고객에게 드러나는 가시적인 부분이 줄어든다. 제공자는 직접 접촉을 줄임으로써 비용을 절감하고 생산성 향상을 꾀할 수 있으며, 고객은 공간적 이동의 불편과 시간을 절약할 수 있다. 서비스 전달 시스템 구축 시 유의점은 다음과 같다.

- 고객과 접촉을 증대시킬 수 있는 시스템을 구축함
- 어떤 고객 계층을 대상으로 서비스할 것인지 결정함
- 서비스 기업에서 제공하는 서비스의 종류를 명확히 함
- 제조 개념을 통한 서비스 제공의 표준화를 추구함
- 고객과의 접촉을 증대할 수 있도록 후방업무를 자동화, 원활화, 간소화시킴

(3) 서비스 마케팅 시스템

서비스의 창조와 전달을 개념화하기 위한 것으로 광고, 홍보, 전화, 편지, 팩스, 대금청구, 대중매체 보도, 고객들에 의한 구전, 시장조사 등의 다양한 활동을 포함한다. 서비스 마케팅의 범위와 구조는 서비스 조직에 따라 큰 차이가 있다.

5 서비스 전달 시스템의 종류

(1) 기능 위주의 서비스 전달 시스템

표준화된 서비스 생산에 적합하며 서비스 제공자의 업무를 전문화하여 고객이 직접 서비스 제공자를 찾아가는 형태이다.
예 병원, 영화관, 건강검진 등
① 장점: 신속하게 서비스를 제공할 수 있음
② 단점: 서비스 프로세스의 특정 부분에 의해 쉽게 제약을 받을 수 있음

(2) 고객화 위주의 서비스 전달 시스템

고객의 욕구가 다양하다는 점에서 착안하여 설계한 시스템이다.
예 미용실, 세탁업, 숙박시설 등
① 장점: 기능 위주의 전달 시스템보다 폭 넓은 업무를 수행할 수 있으며, 다양한 고객의 욕구를 충족시킬 수 있음
② 단점: 일관되고 표준화된 서비스를 제공하기 어려움

(3) 프로젝트 위주의 서비스 전달 시스템

보편적으로 사업의 규모가 크고 기간이 길며, 사업 내용이 복잡하고 1회성으로 비반복적인 사업에 적합한 시스템이다. 계획과 관리가 중요하며, PERT/CPM, 간트차트 등과 같은 관리 기법들을 이용한다.
예 2002 한일월드컵, 신공항건설, 경영컨설팅 등

■ SECTION 03 | 고객 위주의 제품 차별화

1 제품의 분류

(1) 필립 코틀러의 제품 차원 분류

분류	특징
핵심 이점 (Core Benefit)	고객이 실제로 구입하는 근본적인 이점이나 서비스
기본적 제품 (Basic Product)	핵심 이점을 유형 제품으로 형상화시킨 것으로 제품의 기본적인 형태
기대하는 제품 (Expected Product)	제품을 구입할 때 구매자들이 정상적으로 기대하고 합의하는 일체의 속성과 조건
확장 제품 (Augmented Product)	경쟁자가 제공하는 것과 구별되게 하는 추가적인 서비스와 이점을 포함하는 제품
잠재적 제품 (Potential Product)	미래에 경험할 수 있는 변환과 확장 일체를 의미함

(2) 레빗의 제품 차원 분류

분류	특징
핵심 제품	• 사용으로 욕구 충족을 얻을 수 있는 제품 • 제품이 주는 근본적 혜택이며 기본적 욕구를 충족시킬 수 있는 특성으로서 제품 개념
실체 제품	구매자가 실물적 차원에서 인식하는 수준의 제품으로 핵심 제품에 포장, 상표, 스타일, 기타 속성 등이 가미된 형태의 제품
확장 제품	실제 제품에 추가 혜택을 포함하는 제품으로 배달, 설치, 품의 품질 보증 등이 포함된 형태의 제품

(3) 내구성, 유형성에 따른 분류

내구성, 유형성, 용도에 따라	소비재	
	산업재	
내구성, 유형성 기준에 따라	비내구재	• 한 번 내지 두 번 사용으로 소모되는 유형 제품(예 종이컵 등) • 어떤 장소에서든 구매할 수 있으며 대량 광고를 통해 구매를 유도하고 선호도를 구축할 수 있는 제품
	내구재	여러 번 사용할 수 있는 유형 제품으로 인적 판매와 서비스가 수반됨(예 냉장고, 기계류, 의류 등)
	서비스	• 무형이고, 분리가 불가능하며 소모성과 변화성이 높음 • 높은 수준의 품질 통제, 공급자의 신뢰성이 요구됨

(4) 소비자의 쇼핑 습관을 기준으로 한 소비재의 분류

편의품	단가가 저렴하고 번번히 구매하는 제품
	• 필수품: 소비자가 정기적으로 구매하는 제품
	  예 치약, 비누, 케첩 등
	• 충동제품: 사전 계획이나 정보탐색의 노력 없이 구입하는 제품 예 캔디, 잡지 등
	• 긴급품: 긴급할 때 구매하는 제품
	  예 비 오는 날 우산, 눈 오는 날 부츠와 삽 등

선매품	고객이 여러 제품의 품질, 가격 등의 기준으로 비교 후 구매하는 제품으로 가구, 의류, 가전제품 등 동질적 선매품과 이질적 선매품으로 나누어짐 • 동질적 선매품: 품질 면에서 유사하지만 가격 차이가 있으므로 비교 쇼핑하는 제품 • 이질적 선매품: 가격보다 중요한 제품 특성과 서비스에 차이가 있는 제품
전문품	• 제품의 가격이나 점포의 거리에 관계없이 소비자가 특별히 구매 노력을 기울이는 제품 • 미술품, 고급 자동차 등 상표 식별이 가능한 제품
비탐색품	소비자가 알지 못하거나 알고 있다 하더라도 일반적으로 구매하지 않는 유형 예 생명보험, 묘지, 백과사전 등

(5) 산업재

생산 과정의 투입 방법과 상대적인 비용 관점에서 원자재와 부품, 자본재, 소모품과 서비스의 세 분류로 구분한다.

2 제품 차별화 요소

(1) 기업이 제품을 차별화하는 이유(체임벌린)
- 실제 시장이 동질적 시장이 아니라 이질적 시장임
- 고객도 소득이나 기호가 다름
- 독특한 욕구를 가지고 있음
- 기업은 다른 욕구를 가진 고객에게 알맞은 다른 제품을 제공하여 개별적 유리성을 확보해야 함

(2) 제품 차별화

제품	• 형태 • 특성 • 성능	• 적합성 • 내구성 • 신뢰성	• 수선 용이성 • 스타일 • 디자인
서비스	• 용이한 주문 • 적기 배달 • 설치	• 고객훈련 • 고객상담 • 수선 및 유지	• 기타 서비스
요원	• 능력 • 예절	• 신용도 • 신뢰성	• 적응성 • 커뮤니케이션
경로	• 범위	• 전문 지식	• 성과
이미지	• 상징물 • 색상과 슬로건	• 분위기 • 사건 및 구성원 행동	

※ 출처: Philip Kotler, Marketing Management, 2007. p.450~453

(3) 제품 차별화 요소

형태 (Form)	제품의 크기, 모양 또는 물리적인 구조 예 아스피린 복용량의 크기, 모양, 색상, 복용시간 등을 기준으로 차별화함
특성 (Feature)	제품의 기본적인 기능을 보완하는 특징 예 자동차 제조 시 내장 및 외장수준에서 고가격으로 차별화된 특성을 제공할 것인지, 저가격으로 표준화된 것을 제공할 것인지 결정함
성능 품질 (Performance Quality)	제품의 기본적인 특징이 작동되는 수준
적합성 품질 (Conformance Quality)	생산된 모든 제품 단위가 일관되게 만들어졌으며 또한 약속한 목표 규격명세를 충족시키는 정도 예 Porsche 911은 10초 내에 시속 60마일까지 가속할 수 있도록 설계됨
내구성 (Durability)	정상적인 또는 긴박한 조건에서 제품에 기대되는 작동 수명의 측정치
신뢰성 (Reliability)	그 제품이 특정 기간 내에 고장이 나지 않거나, 제대로 움직일 가능성의 측정치
스타일(Style)	그 제품이 구매자에게 어떻게 잘 보이며, 좋게 느껴지느냐 하는 것

수선 용이성 (Repairability)	기능을 발휘하지 못하거나 원활하게 작동되지 않는 제품을 정상적으로 작동시키기 용이한지를 측정한 수치(수신자부담 전화 또는 팩스, 원격관리, FQA)
디자인 (통합적 힘; Design)	기업에게 경쟁적 우위를 제공하는 요인으로 제품이 소비자에게 어떻게 보이고 느껴지며 기능을 수행하는지에 영향을 주는 특성의 집합체

3 제품 차별화 수단과 원리

(1) 신속성, 친절도 향상, 매력적인 서비스 제공자, 설명, 정보 제공

서비스 내용에서 차별화하기 어려운 경우, 서비스는 직접 소비자와 대면하여 제공되는 경우가 많으므로 서비스 내용은 같더라도 제공하는 과정과 서비스 접점에서 느끼는 심리적·사회적 만족도가 높아지도록 제공하면 경쟁사가 모방하기 어렵다.

(2) Blue Ocean

제품, 서비스 구성요소 중에서 아예 없애버림(Erase), 수준 낮추기(Recuce), 수준 올리기(Raise), 새로운 요소 추가하기(Create)를 통해서 새로운 고객가치 곡선을 창조하여 차별화하는 방법이다.

(3) 기능요소 차별화

혁신적인 기술에 의해 기존 제품이 해결하는 방식보다 효율적이고 편리하게, 신속하게, 보다 노력이 적게 들며, 경제적으로 해결할 수 있는 제품을 제공하는 방법이다.

(4) 감성요소 차별화

제품의 기능적 차별화 요소를 발견하기 어렵거나 실현하는데 어려움이 있는 경우에 효과적이며 감성적 차별화는 서서히 구축되며 일단 축적되면 오래 지속되는 고정자산의 성격을 가진다.

(5) 상징요소 차별화

제품 기능 자체보다는 자아 이미지와 준거집단의 가치 표출에 의해 차별화를 꾀하는 경우에 해당한다.

SECTION 04 | 병원마케팅관리

1 의료경영의 이해

(1) 의료기관의 특징
- 비영리 동기(Nonprofit Motive)
- 자본집약적, 노동집약적(Labor Intensive)
- 다양한 사업 목적을 갖는 조직체
- 생산된 서비스의 품질관리나 업적평가가 어려움
- 이중적인 지휘체계(Dualiness of Authority)를 가짐

(2) 의료기관의 경제적인 특징
① 정보의 비대칭성(Asymmetry of Information): 질병치료에 대한 지식이 보건의료 서비스 공급자에게 편중되어 있음
② 외부효과(External Effect): 한 개인이나 기업의 소비 또는 생산 활동이 다른 개인이나 기업의 효용 또는 이윤에 영향을 미치며 이러한 영향이 시장가격기구 또는 이해 관련 당사자의 계약에 의해 조정되지 않는 경우를 말함
③ 경쟁제한(Restriction on Competition): 면허권자에게만 주어지기 때문에 생산 부분에 독점이 발생함
④ 생활필수품으로서의 보건의료(Essential Need): 우리가 건강하게 삶을 영위하기 위해서 필요한 필수 요건 중 하나임
⑤ 공공재(Public Goods)적 성격: 사람이 같은 장소에서 같은 양을 동시에 소비할 수 있고, 그 가격을 부담하지 않는 개인들의 소비 행위를 배제하기 어려운 특수한 재화임
⑥ 질병의 예측 불가능성(Uneven and Unpredictable): 수요의 불확실성 및 불규칙성이 있음
⑦ 치료의 불확실성(Uncertainty of Outcome): 공급 측의 불확실성인 치료 결과의 불확실성이 있음

(3) 의료 환경의 변화
① 사회적 환경
- 국민소득 수준 및 생활수준의 향상
- 인구의 평균수명 연장 및 고령화
- 질병구조의 변화
- 양질의 의료서비스에 대한 수요 증가

② 제도적 환경
- 의료보험제도와 민간보험제도
- 의료수가 제도
- 의료시장 개방

③ 기술적 환경
- 진단장비의 발전
- 의약품 및 치료기법 개발

2 의료 서비스(Health Care Service)

(1) 양질의 의료 서비스 조건(마이어, Mayers)
① 접근성: 양질의 의료 서비스는 모두가 편리하게 이용할 수 있도록 접근성이 우선되어야 하고 재정적·지리적·사회문화적 이유로 주민에게 필요한 의료 서비스를 제공하는 데 있어서 장애를 받아서는 안 됨
② 조정성: 의료의 내용에는 예방, 치료, 재활 및 보건 증진 사업과 관련된 다양한 서비스가 잘 조정되어 포함되어야 함
③ 적정성: 질적인 측면에서 의료의 의학적 적정성과 의료의 사회적 적정성이 동시에 달성될 수 있도록 제공되어야 함
④ 지속성: 각 개인에게 제공되는 의료는 시간적·지리적으로 상관성을 갖고 적절히 연결되어야 함
⑤ 효율성: 의료의 목적을 달성하는 데 투입되는 자원의 양을 최소화하거나 일정한 자원의 투입으로 최대의 목적을 달성할 수 있어야 함

(2) 의료 서비스 품질
① 도나베디언의 의료 서비스 품질요소
- 효능(Efficacy)
- 효과(Effectiveness)
- 적정성(Optimality)
- 효율성(Efficiency)
- 수용성(Acceptability)
- 합법성(Legitimacy)
- 형평성(Equity)

② 부오리(Vuori)의 의료 서비스 품질요소
- 효과(Effectiveness): 이상적인 상황에서 서비스 또는 프로그램이 달성할 수 있는 최대한의 효과와 비교했을 때 통상적인 상황에서 실제적으로 나타난 영향의 정도
- 효율(Efficiency): 서비스 또는 프로그램의 단위 생산비용 당 실제적으로 나타난 영향의 정도
- 의학적·기술적 수준(Medical/Technical Competence): 현재 이용 가능한 의학적인 지식과 기술을 환자 진료에 적용한 정도
- 적합성(Adequacy): 제공된 서비스 또는 프로그램이 집단의 필요에 부합한 정도

(3) 의료 서비스의 특성
일반 서비스와 차별화된 특성을 가진 의료 서비스의 특성은 다음과 같다.
- 의료 서비스는 무형적인 제품이다.
- 기대와 실제 성과와의 불일치가 크다.
- 수요예측이 불가능하다.
- 의료 서비스에 있어서 의사결정자는 다양하다.
- 의료 서비스 비용은 간접 지불 형태를 갖는다.

3 의료관광

(1) 정의
의료 서비스와 휴양, 레저, 문화활동 등 관광활동이 결합된 새로운 관광형태이다.

(2) 의료관광 서비스의 수요에 따른 분류
① 침습적(Invasive) 의료관광: 비전염성 질병을 가진 환자들을 위해 전문의가 시행하는 시술로 치과치료, 성형외과, 암치료비가 저렴한 국가에서 시행하는 침습적 시술에 해당하며 대부분 침습적 시술은 하이테크적이며 최첨단 기술에 의존하게 됨
② 진단적(Diagnostic) 의료관광: 혈관검사, 골밀도검사, 심장스트레스 검사, 심전도검사 등의 검사를 받기 위해 다른 나라로 여행하는 것을 포함하며 예방적 건강검진으로 휴가 중에 이용이 가능한 경우도 해당함
③ 라이프스타일 의료관광: 웰니스, 영양섭취, 스트레스 감소, 몸무게 감량, 안티에이징에 해당하며 단순하게는 자기만족에 초점을 둔 요가와 같은 전통적인 기법과 최신식 기술이 융합된 형태

(3) 의료관광의 범위
① 수술치료형: 중증 난치병 치료
② 수술 의료관광: 성형수술, 치과치료, 기타 수술 등
③ 치료 회복 의료관광: 병과 관련된 재활치료, 치료회복, 해수요법, 식이요법 및 해독요법 등
④ 웰빙 의료관광: 치료 레크리에이션, 라이프스타일 리모델링을 위한 재활치료, 작업치료, 해수요법, 식이요법 및 해독요법 등
⑤ 여가 의료관광: 미용시술, 피트니스, 전신 마사지 등
⑥ 기치료 의료관광: 영혼치료, 요가 및 명상 등

(4) 웰니스와 의료의 개념 구분

웰니스(사전적)	의료(사후적)
• 건강 유지 및 증진	• 질병치료와 관리
• 예방적 조치	• 사후교정
• 전체(포괄)적 활동	• 일시적 활동
• 개인적 책임	• 임상 책임
• 일상생활과 융합(통합)	• 일상생활과 구분

CHAPTER 04 | 서비스 품질

▶ 강의보기

■ SECTION 01 | 서비스 품질의 개념

1 서비스 품질에 대한 학자의 견해

(1) Lewis and Booms
서비스 품질은 인도된 서비스 수준이 고객의 기대와 얼마나 일치하는가의 척도이다.

(2) 그렌루스(Grönroos)
서비스 품질은 소비자의 지각된 서비스와 기대 서비스의 비교 평가의 결과이며 기술적 품질, 기능적 품질, 이미지와 같은 제 변수와 함수 관계이다.

(3) PZB(파라수라만, 자이다믈, 베리)
서비스 기업이 제공해야만 한다고 느끼는 소비자의 기대와 제공한 서비스 기업의 성과에 대한 소비자들의 인식을 비교하는 데서 나오는 것이다.

(4) 자이다믈(Zeithaml)
지각된 서비스 품질의 성격은 다음과 같다.
- 객관적 또는 실제적 품질과 다름
- 서비스의 구체적 속성이라기보다는 매우 추상적인 개념임
- 태도와 유사한 개념으로서 전반적인 평가임
- 품질의 평가는 대개 비교 개념으로 이루어짐

2 서비스 품질의 2차원적 분류

(1) 결과(기술) 품질
- 신뢰성(Reliability)
- 고객이 실제로 얻은 것으로 WHAT의 측면
- 고객이 서비스 과정 혹은 서비스 제공자에게 받은 것
- 파라수라만(Parasuraman) 등은 결과 품질(Outcome Quality)로 설명함
- 그렌루스(Grönroos)는 기술 품질(Technical Quality)로 설명함
- 레티넨(Lehtinen) 등은 물리적 품질(Physical Quality)로 설명함

(2) 과정(기능) 품질
- 응답성(Responsiveness)
- 공감성(Empathy)
- 확신성(Assurance)
- 유형성(Tangibles)
- 고객이 서비스를 받는 과정에서 평가되어지는 것으로 HOW의 측면
- 고객이 서비스를 어떻게 받는가 또는 서비스 제공과정을 어떻게 경험하는가를 나타냄
- 파라수라만(Parasuraman) 등은 과정 품질(Process Quality)로 설명함
- 그렌루스(Grönroos)는 기능 품질(Functional Quality)로 설명함
- 레티넨(Lehtinen) 등은 상호작용 품질(Interactive Quality)로 설명함

★ 일반적으로 서비스 품질은 2차원 접근법으로 기술적 또는 결과적 차원과 기능적 또는 과정적 차원으로 분류함(이유재, 이준엽, 2001)

3 서비스 품질 측정

(1) 측정 목적
- 개선, 향상, 재설계의 출발점
- 경쟁우위 확보와 관련한 서비스 품질의 중요성이 증대됨

(2) 측정이 어려운 이유
- 주관적 개념임
- 서비스 전달 전에 테스트가 불가함
- 고객으로부터 서비스 품질에 대한 데이터 수집이 어려움
- 자원이 고객과 함께 이동하므로 고객이 자원의 변화를 관찰함
- 고객은 프로세스의 일부이며 변화 가능성이 있는 요인이 되어 서비스 품질에 영향을 미침

(3) 서비스 품질 관리의 중요성 – 서비스 품질과 기업 성과

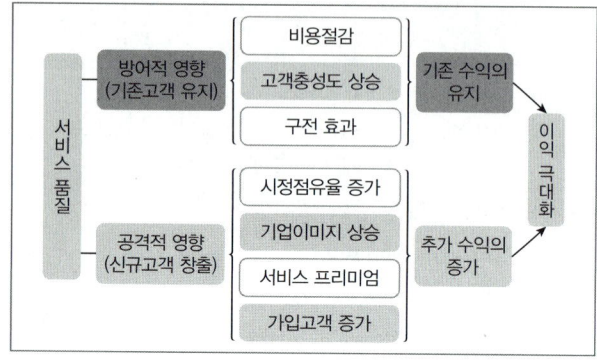

4 PZB의 SERVQUAL 모형

(1) SERVQUAL 모형

PZB(파라수라만, 자이다믈, 베리)는 네 개의 서비스 산업을 대상으로 사용자와 대상자를 선정하여 탐색조사를 실시하였으며, 서비스 품질을 구성하고 있는 10가지 차원으로 제시하였다.

차원		내용
경험형 서비스	신뢰성	기업의 서비스 수행과 고객 믿음 간의 일관성, 서비스의 정확성 ㈀ 정확한 장부기록, 서비스 수행시간의 일관성
	반응성	서비스 제공자의 신속한 대응능력, 즉각적으로 서비스를 제공하려는 의지 ㈀ 신속한 배달과 고객 요구에 즉각적인 대응 및 처리
	능력	서비스 수행에 필요한 지식과 기술의 보유 정도 ㈀ 외국은행 직원의 외국어 구사능력, 서비스 기술 등
	접근성	고객과의 접근 가능성과 접촉의 용이성 정도 ㈀ 전화를 통한 접근 용이성, 고객이 편리한 시간에 이용할 수 있는지 여부 등
	의사 소통	고객에게 경청하고 고객의 요구나 의문에 대한 이해를 높일 수 있는 능력 ㈀ 서비스 내용, 서비스 비용, 가치 등에 대한 자세한 설명
신뢰형 서비스	신용성	고객이 인식하게 되는 신뢰나 믿음, 정직함, 진실성 등 ㈀ 기업 이미지, 평판, 고객 특성에 대한 종업원의 인지 노력 등
	안정성	서비스 위험이나 의심의 제거나 감소 ㈀ 물리적 안전감, 재정적 안정, 개인정보 비밀 보장 등
탐색형 서비스	고객 이해	고객의 요구에 대한 이해 노력, 고객의 욕구를 알려는 노력 등 ㈀ 고객의 특별 주문, 특별 관심사 제공, 정규 고객인지 및 파악
	유형성	서비스의 물리적 증거로 장비, 사람, 의사소통 등이 해당함 ㈀ 서비스 점포의 위치, 실내장식, 유니폼 등

(2) SERVQUAL의 5가지 차원

10가지 차원	5가지 차원	정의
유형성	유형성	물리적 시설, 장비, 직원, 커뮤니케이션 자료의 제공
신뢰성	신뢰성	약속한 서비스를 믿을 수 있고 정확하게 수행할 수 있는 능력
응답성	응답성	고객을 도와주고 신속한 서비스를 제공하려는 의지
능력 예의 신용성 안전성	확신성	종업원의 지식 및 공손함, 신뢰성과 안정성을 유발시키는 능력
접근성 커뮤니케이션 고객이해	공감성	쉽게 접근할 수 있고 의사소통이 잘 되고 고객을 제대로 이해하려는 개인적 관심과 애정

(3) SERVQUAL의 문제점

- 차원성(Dimensionality) 문제
- 기대의 측정 문제
- 기대의 해석과 조작화(Operationalization)
- 차이점수 등식(Equation)의 신뢰성 및 타당성 문제 등 제기

★ SERVQUAL은 서비스 산업마다 상이한 측정도구가 있어야 할 필요성이 제기되는 등 여러 학자들에 의해 문제점이 제기되었습니다.

5 가빈(Garvin) 모델

(1) 가빈 모델

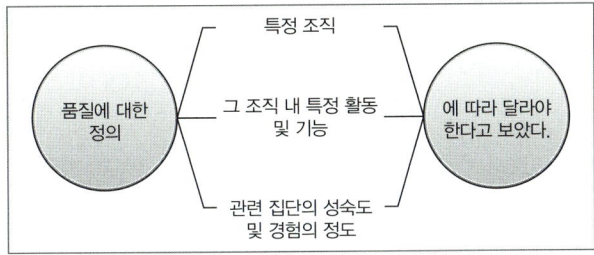

(2) 가빈 모델의 5가지 관점에서의 품질 정의

선험적 접근 (vs. 경험적)	• 철학적 관점 • 품질을 고유한 탁월성과 동일한 개념으로 정의
제품 중심적 접근	• 경제학적 관점 • 품질을 제품의 고유한 속성으로 보고 객관적으로 측정 가능한 변수라고 봄
사용자 중심적 접근	• 생산관리, 경제학, 마케팅적 관점 • 고객들은 다양한 욕구를 잘 충족시켜 주는 제품의 품질이 가장 좋다고 가정함
제조 중심적 접근	• 경제학적 관점으로 사용자 중심적 접근과 대조, 공급 측면에 초점을 둠 • 기업이 제품의 속성을 명세서와 일치하게 제조하면 고객의 신뢰성이 높아져 고객에게 만족을 주게 된다는 관점
가치 중심적 접근	• 생산관리 측면의 관점 • 원가와 가격에 의해 품질을 정의하는 관점

(3) 가빈 모델 품질의 8가지 범주

범주	개념
성과	제품이 가지고 있는 운영적인 특징
특징	특정 제품이 가지고 있는 경쟁적 차별성
신뢰성	잘못되거나 실패할 가능성의 정도
적합성	고객들의 세분화된 요구를 충족시킬 수 있는 능력
지속성	제품이 고객에게 지속적으로 가치를 제공할 수 있는 기간
서비스 제공 능력	기업이 고객을 통하여 가질 수 있는 경쟁력으로 속도, 친절, 경쟁력, 문제해결능력
심미성	사용자 감각에 소구할 수 있는 내용
인지된 품질	기업 혹은 브랜드의 명성

6 그렌루스의 품질 차원

(1) 정의

기대된 서비스와 지각된 서비스 간의 비교를 통해 소비자에게 지각되는 것을 전체적인 서비스의 질이라 규정하고 제3의 구성요소로 기업 이미지를 제시하였다.

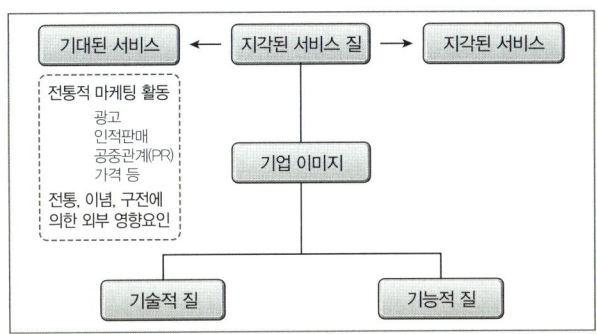

(2) 6가지 품질 구성요소

① 전문성과 기술(Professionalism and Skills): 전문적인 방안을 이용해서 서비스 공급자, 종사원, 운영체계, 그리고 물리적인 자원들이 신들의 문제를 해결하는 데 필요한 지식과 기술을 가지고 있다고 고객들이 인식하는 것

② 태도와 행동(Attitudes and Behavior): 고객과 접촉하는 서비스 종사원들이 매우 친절하고 자발적으로 고객에 대해 관심을 기울이고 문제를 해결한다고 고객이 느끼는 것

③ 접근성과 융통성(Accessibility and Flexibility): 서비스 받기 쉬운 위치에 존재하도록 설계되고 운영되며, 고객의 바람과 수요에 따라 융통성 있게 조절될 수 있다고 고객이 느끼는 것

④ 신뢰성과 믿음(Reliability and Trustworthiness): 약속을 잘 지키고 고객들에 대한 생각을 최우선적으로 고려하여 서비스를 행할 것이며, 믿을 수 있다고 고객이 생각하는 것

⑤ 서비스 회복(Recovery): 서비스 실패 상황이 일어나더라도 서비스 공급자가 즉각적이고 능동적으로 바로잡기 위해 노력하고 새롭게 수용 가능한 해결대안을 찾아내려 한다고 고객이 느끼는 것

⑥ 평판과 신용(Reputation and Credibility): 고객과 서비스 공급자에 의해 그 서비스 운영이 성과와 가치를 나타내며 공감할 수 있다고 고객이 믿는 것

7 알브레히트와 젬케의 모델

(1) 정의
1980년대 브리티시항공을 대상으로 서비스 품질의 구성 차원에 대한 연구를 진행하였다.

(2) 구성 차원
- 돌봄과 관심(Care and Concern)
- 자발성(Spontaneity)
- 문제 해결(Problem Solving)
- 회복(Recovery)

8 카노(가노, 狩野) 품질 모형

(1) 특징
- 품질의 이원적 인식 방법을 제시함
- 동기-위생 이론을 바탕으로 함
- 주요 품질요소 3가지(당연적 품질, 일원적 품질, 매력적 품질)와 잠재적인 품질요소 2가지(무관심 품질, 역 품질요소)로 구분함
- 고객에게 만족을 주는 정도에 따라 품질의 역할을 분류할 수 있는 방법을 제안함
- 고객의 요구사항을 기업의 입장에서 정리하여 전략적 활용 방법을 제시함

(2) 장점
- 품질 속성이 지니는 진부화 경향을 설명할 수 있는 단서를 제공함
- 제품과 서비스에 대한 소비자 요구의 이해를 도와 소비자 만족에 가장 큰 영향을 주는 특성을 규명함
- 거래(Trade-off) 상황에서 중요한 가이드가 됨 → 기술적 또는 재정적 문제로 인하여 동시에 두 가지 제품이나 서비스를 프로모션하지 못할 때, 고객만족에 더 많은 영향을 주는 방향으로 결정함
- 만족·불만족이라는 주관적 측면과 물리적 충족·불충족이라는 객관적 측면을 함께 고려함

★ 진부화 경향이란 제품, 서비스, 기술 등이 시간이 지남에 따라 고객에게 새롭거나 흥미롭게 느껴지지 않는 경향입니다.

(3) 품질 모형

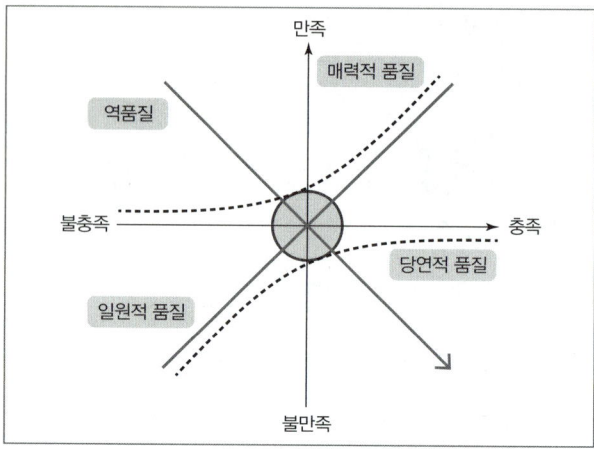

① **매력적 품질 요소**: 고객이 기대했던 것이라도 고객의 기대를 훨씬 초과하는 만족을 주는 품질 요소
- 주문획득인자(Order Winner): 경쟁사를 따돌리고 고객을 확보할 수 있는 요소로 작용함
- 진부화 현상: 소비자의 기대수준이 높아짐에 따라 일원적 요소 또는 당연적 요소로 옮겨가는 현상

② **당연적 품질 요소**
- 최소한 마땅히 있을 것으로 생각되는 기본적인 품질 요소
- 충족되면 당연한 것으로 별다른 만족감을 주지 못함
- 충족되지 않으면 불만을 일으키는 불만족 요인이 됨
- 예 스마트폰의 카메라, 음성녹음 및 동영상 촬영

③ **일원적 품질 요소**: 성과요소와 같은 개념으로 고객의 명시적 요구사항
- 만족요인: 충족될수록 만족 증대, 충족되지 않을수록 불만이 증대되며 소비자의 요구수준이 높아짐에 따라 어느 수준이 되면 당연적 품질요소로 변하기도 함
- 예 자동차의 연비, 호텔에서의 짧은 대기 시간, 학원 강의시간 준수, 직원의 친절도, 교사의 전문성, 기내 승무원의 접객태도

④ **역 품질 요소**
- 충족이 되면 불만을 일으키고, 충족이 되지 않으면 만족을 일으키는 품질요소
- 생산자가 충족시키려는 노력을 기울이지만 결과적으로 사용자는 불만족스럽다고 평가하는 품질요소

⑤ **무관심 품질 요소**
- 충족되든 충족되지 않든 만족도 불만도 일으키지 않는 품질요소
- 고객의 니즈를 잘못 파악하였을 때 발생함
- 예 웹사이트의 커뮤니티 제공이나 FAQ, 쇼핑 사이트의 명성

9 주란(J. M. Juran)의 품질 분류

(1) 사용자의 눈에 보이지 않는 내부적 품질
- 항공, 철도, 전화, 호텔, 백화점, 유원지 등의 설비나 시설 등의 기능을 발휘하도록 보수가 잘 되고 있는지의 여부
- 충분한 정비가 되지 않으면 사용자에게 품질 저하로 나타남

(2) 사용자의 눈에 보이는 하드웨어적 품질
- 백화점 등에서 사용자에게 판매하기 위한 상품의 진열상 상태나 고객의 동선
- 예) 레스토랑 요리의 맛, 호텔의 실내장식, 철도 항공기 등의 좌석 크기, 조명의 밝기 등

(3) 사용자의 눈에 보이는 소프트웨어적 품질
적정한 광고, 청구금액의 착오, 은행의 기장 착오, 컴퓨터의 실수, 배달사고, 항공기, 철도 등의 사고, 전화 고장, 상품의 매진, 품절 등에 관련된 품질을 의미한다.

(4) 서비스 시간, 신속성
열을 지어 기다리는 시간, 매장에서 판매원이 올 때까지의 시간, 고충이나 수리신청에 대한 회답시간, 수리에 요하는 시간 등을 의미한다.

(5) 심리적 품질
예의 바른 응대, 환대, 친절 등의 기본적 품질로 불특정 다수의 고객과 직접적으로 접촉할 종업원에게 매우 중요한 요소이다.

* 출처: J. M. Juran. "Quality Control Handbook 3rd ed", New york : McGraw-Hill Book Company, 1974.

10 한국 서비스 품질지수

(1) KS-SQI 2006년 조사모델(2.0)

우리나라 서비스 산업과 고객 특성을 반영하여 서비스 산업 전반의 품질에 대한 소비자의 만족 정도를 나타내는 종합지표로 한국표준협회(KSA)와 서울대학교 경영연구소가 대한민국 서비스 산업과 소비자의 특성을 반영해 공동 개발한 서비스품질 측정 모델이다.

영역	구성요인	내용
성과 영역	본원적 서비스	고객이 서비스를 통하여 얻고자 하는 기본적인 욕구의 충족
	예상 외 부가서비스	고객에게 타사 대비 차별적 혜택과 부가적 서비스 제공
과정 영역	신뢰성	• 고객이 서비스 제공자에게 느끼는 신뢰감 • 서비스 제공자의 진실성, 정직성, 서비스를 구행하는 데 필요한 기술과 지식 소유
	친절성	• 예의 바르고 친절한 응대 태도 • 인사성이 밝으며 공손한 자세로 응대
	적극 지원성	고객의 요구에 신속하게 서비스를 제공하고자 하는 의지
	접근용이성	서비스 제공 시간 및 장소의 편리성
	물리적 환경, 매체 유형성	서비스 평가를 위한 외형적 단서

(2) KS-eSQI 3.0의 서브모델

비대면 플랫폼서비스에 특화된 KS-eSQI 모델로 KS-SQI 모형에서 고려하지 않은 비대면 서비스의 특성을 업계에서의 현상 관찰을 통해 발굴함으로써 이론과 현상을 종합적으로 포괄한 비대면 서비스 품질 측정 차원들을 도출하였다.

상품/콘텐츠	플랫폼 디자인	플랫폼 시스템	약속이행
상품 및 정보	경험공간	기술지원	신뢰

효율성	상호작용	보안/정보보호
혜택 및 편리함 (시간, 비용, 노력 등)	다양한 상호작용	안전

11 e-서비스 품질

(1) 일상적인 e-서비스 품질의 4가지 핵심 차원
① 효율성: 고객이 웹 사이트에 접속하여 원하는 제품과 정보를 찾아내는 것이 최소한의 노력으로 가능한지 여부
② 실행성/성취 이행: 서비스 약속의 정확성, 상품의 보유, 약속한 시간에 상품 전달
③ 신뢰성: 사이트의 기술적인 기능, 상품의 구매 가능성과 제대로 작동하고 있는지 여부
④ 보안성: 구매행동 자료 비공개, 신용정보의 안전 보장

(2) 서비스 회복 시 e-서비스 품질의 3가지 차원
① 응답성: 고객에게 문제 발생 시 적절한 정보를 제공할 수 있는 능력, 환불 절차, 온라인 보증을 제공할 수 있는 능력
② 보상/배상: 환불 시 물류비용에 대한 배상 정도
③ 실시간 접촉: 온라인 및 전화를 통해 문의할 수 있는 고객서비스 직원의 존재 여부

SECTION 02 | 서비스 품질의 결정요인 및 향상 방안

1 서비스 품질을 평가하는 범주

(1) 탐색 물질
소비자가 제품을 구매하기 전에 결정할 수 있는 제품의 속성으로 색채, 스타일, 가격 등과 같은 요인이다.

(2) 경험 물질
소비자들이 구매하는 기간 중이나 구매한 후에 판단할 수 있는 속성으로 맛, 착용 가능성 및 확실성과 같은 요인이다.

(3) 서비스 품질 결정요인

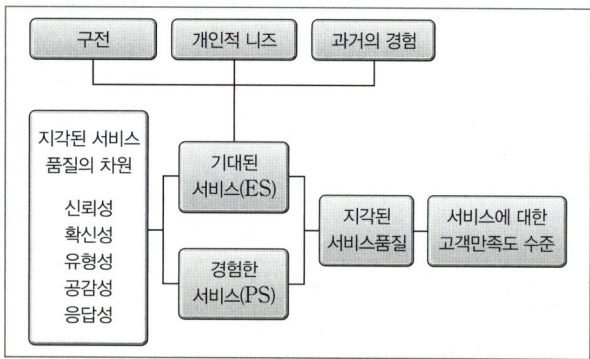

- 기대된 서비스(ES)
  - 소비자가 기업이 제공해야 한다고 생각하는 서비스
  - 영향을 미치는 요인: 기업 측의 약속, 전통과 사상, 과거의 경험, 구전, 커뮤니케이션, 개인적 요구 등
- 경험한(지각된) 서비스(PS)
  - 기업이 소비자에게 제공한 서비스에 대한 소비자의 만족 및 인식
  - 영향을 미치는 요인: 기업의 물질적·기술적 자원, 고객 담당직원, 참여고객 등
- ES=PS: 수용 가능한 서비스 → 만족
- ES>PS: 수용 불가능한 서비스 → 불만족

★ 품질 결정 요인의 상대적 중요성은 다음과 같습니다.
신뢰성 > 응답성 > 확신성 > 공감성 > 유형성(결과의 측면을 중요시함)

2 서비스 품질 저하요인

(1) 서비스 품질에 영향을 미치는 조직 내부 요인

① 생산과 소비의 비분리성 및 노동집약성
  - 제품은 제조된 후에 판매되고 소비되는 반면 서비스는 판매된 후에 고객 앞에서 생산됨
  - 노동집약성으로 인하여 서비스는 표준화되기 어렵고 제공된 서비스의 편차로 고객의 서비스 경험이 불만족스러워짐

② 직원에 대한 부적절한 서비스
  - 고객이 받은 서비스의 품질은 서비스 직원이 수행하는 서비스의 품질이므로 서비스 직원에 대한 부적절한 서비스는 서비스 품질문제의 주요 원인이 됨
  - 직원에 대한 부적절한 서비스는 고객의 서비스에 대한 문제로 이어짐
  - 기업은 고객뿐만 아니라 서비스 제공자들에게도 만족할 만한 서비스 품질을 제공하는 것이 중요함

③ 고객을 수치로 보는 견해
  - 기업들은 많은 고객을 보유하고 있으므로 고객들에게 개별화된 서비스를 제공하려 하지 않고 단순히 수치로만 보는 경향이 있음

(2) 서비스 산업에서 품질이 낮은 이유

- 서비스에서 비용절감이 서비스 수준의 저하 초래
- 인건비 상승으로 인한 셀프서비스와 자동화의 확대
- 서비스업 종사자들의 프로의식 결여
- 서비스 생산성 및 효율성에 대한 지나친 강조
- 서비스 수준이 높지 않을 것으로 예상하는 고객의 존재
- 다수의 고객에게 다양한 서비스를 제공하는 경우 실수 발생 가능성의 존재
- 서비스의 재작업, 소환, 실수의 개선 등의 요구에 관대
- 서비스 생산과 판매의 동시성으로 인한 품질관리의 어려움 존재
- 기업의 단기적 견해
- 커뮤니케이션 차이

3 서비스 품질 개선방안

(1) 단기적인 관점

① 각 프로세스 단계별 서비스 품질의 결정요소 파악: 서비스 품질의 개선은 서비스 전달 시스템을 설계하고 이를 바탕으로 대기시간, 투입품질 규정, 산출품질 규정, 불만 고객의 수, 절차 및 서비스 결정요인에 대한 운영기준 설정 등을 분석하고 실시함

② 고객의 서비스에 대한 기대관리: 서비스 측정모형을 이용하여 고객의 기대를 조사 검토함

③ 고객에게 서비스 내용 제공
- 서비스의 일부를 고객 스스로 수행할 수 있게 한다든지 서비스 사용의 적절한 시기, 방법 또는 서비스가 수행되는 과정을 설명해 줌으로써 고객의 지식을 증대시킬 수 있음
- 서비스에 대한 지식이 있는 고객은 더 좋은 의사결정을 할 수 있음

④ 품질기준을 설계하고 실행: 서비스 표준 매뉴얼을 작성은 종사원이 직무를 수행하는 목표나 지침이 되는 하드(Hard) 표준과 소프트(Soft) 표준으로 구분됨

⑤ 서비스 품질 전달 시스템의 설계에 피드백: 위의 과정을 통해 얻은 결과를 투입 쪽에 연결하여 개선을 유도하고 서비스 품질 향상을 위한 프로세스를 설계함

⑥ 자동화 실천
- 서비스 제공은 인적 활동과 물적 활동으로 이루어짐
- 인적 활동 측면에서 기술적으로 자동화가 가능한 영역은 자동화 시스템으로 대체할 때 서비스 제공의 오류를 줄일 수 있으며 높은 서비스 품질을 제공할 수 있음

⑦ 유형적 요소 관리
- 고객의 기대관리는 서비스 제공 이전의 현실적 기대를 보증하는 것임
- 유형적 요소의 관리는 서비스 제공 중 또는 이후의 고객 인식형성과 관계가 있고 요소 관리를 통하여 제공되는 서비스의 질과 만족도가 향상됨

(2) 장기적인 관점

① 기업 내에 품질 문화 정착: 지속적으로 높은 서비스 품질을 유지시키기 위해서는 기업문화 내에 품질개념이 구현되도록 하여야 함

② 서비스 품질 문화개발에 적합한 인재고용
- 훌륭한 교육과 훈련을 제공하여야 함
- 정기적으로 인정하고 보상하여야 함
- 매 순간 모든 대상에 대해 정보를 공유하여야 함
- 어떤 것이든 개선할 수 있다는 분위기를 제공하여야 함

SECTION 03 | 조직문화관리

1 내부 마케팅과 서비스 품질

(1) 정의(베리, 파라수라만)

종업원들의 욕구를 만족시키는 직무상품을 통하여 자격을 갖춘 종업원을 선발, 개발, 동기부여시키고 유지하는 과정이다.

(2) 특성(구본석, 1994)

- 내부·외부고객에게 좋은 서비스를 제공하는 것이 당연하고 중요한 것으로 여겨지는 기업 서비스 문화를 개발해야 함
- 기업 서비스 문화가 확립된 후 유지해야 함
- 고객과의 접점에 있는 종사원이 새로운 서비스 마케팅 활동에 대한 범위와 전략 등을 올바르게 발휘할 수 있도록 충분히 이해시키는 교육의 과정이 필요함
- 서비스 기업의 경영자는 기업의 마케팅 전략을 최종 소비자에게 판매하기 이전에 현장에서 일하는 접객 종사원에게 판매할 필요가 있음

(3) 목적(그뢴루스, 1983)

① 전략적 수준
- 종업원에 대한 작업 동기부여와 판매 마인드 및 고객 지향성을 지원하기 위한 조직 분위기를 강화함
- 경영방법, 종업원 정책, 내부 교육정책 및 기획과 통제 절차 등을 활용함

② 전술적 수준
- 서비스를 판매하기 위해 경쟁우위 서비스나 캠페인을 활용하고 종업원의 마케팅 노력을 적극적으로 지지함
- 서비스가 시행되기 전에 완전히 개발되어야 하며 반드시 종업원에게 수용되어야 함

2 내부 마케팅 영향요인

(1) 기업 내의 공식적인 관리통제(하틀라인과 페럴)

① 투입통제: 종사원 선발, 교육훈련, 전략계획, 자원할당
② 과정통제: 조직구조, 관리절차, 보상
③ 결과통제: 불평, 서비스 품질, 고객만족

(2) 내부 커뮤니케이션(스콧과 미쉘)

① **종업원의 감정 표현/사회적 욕구 충족 수단**: 종업원들은 자신의 집단 내에서 커뮤니케이션을 통하여 관리자 또는 동료들과 고충이나 만족감을 표현함

② **종업원들의 동기유발을 촉진**: 종업원들에게 명령하고 성과에 대하여 보상·평가하며 직무를 설정하고 교육훈련을 실시함

③ **의사결정을 하는 데 주요한 정보기능 담당**: 정보처리활동과 커뮤니케이션 채널이 개인, 집단 그리고 조직의 의사결정에 필요한 정보를 정확히 전달하기 위한 개선방안들을 실천함

④ **조직 구성원의 행동을 통제하는 기능**: 공식적인 커뮤니케이션 경로를 조직도로 하여 이를 통해 구성원들의 행동을 통제함

(3) 교육훈련의 효과(피고르와 마이어)

- 기업경영 목적 달성과 성장을 위해 요구되는 내부고객의 지식과 기능을 향상시킬 수 있는 요인
- 교육훈련을 통한 내부고객의 사기 제고
- 불평불만 해소
- 상호 커뮤니케이션 개선
- 서비스 산업의 지속적인 경쟁우위를 달성하기 위해 조직의 사명 및 전략에 대한 이해
- 내부고객의 지식과 능력 향상
- 마케팅에 대한 내부고객의 태도를 변화시키는 역할
- 친밀감과 안정감을 갖게 함
- 작업의 질과 양이 표준수준으로 향상되어 임금상승 도모
- 종사원의 기능을 증진시켜 승진에 대비한 능력 향상 도모
- 재해발생과 기계설비의 소모율 감소
- 새로운 기술습득은 물론 신속성과 정확성을 기대할 수 있음
- 종사원의 불만과 결근 및 이직 방지

(4) 권한위임

직접적으로 서비스를 제공하고 있는 종사원들에게 가능한 최대의 의사결정권을 부여하여 종사원이 문제에 직면했을 때 자신감을 가지고 본인의 소임을 다할 수 있도록 하는 제도이다.

★ 권한위임의 두 가지 측면인 '자유와 존경', '기대와 책무'의 균형이 맞아야 합니다.

① **장점**
- 고객의 요구와 문제에 유연하고 신속하게 대응할 수 있음
- 열정적, 우호적인 분위기에서 고객을 접촉하고 충성고객을 창출할 수 있음
- 혁신적인 아이디어를 개발할 수 있음
- 종사원의 동기부여를 통해 생산성 증진과 서비스를 개선시키는 고객지향 서비스 활동을 수행하게 해줌
- 종사원의 태도와 행위변화를 유도하여 직무만족을 증대시킴
- 역할 모호성이 감소함

② **단점**
- 부서마다의 자율적 행동으로 일선 부서 간 고객 서비스의 격차가 발생함
- 자율성이 보장되는 만큼 책임이 따름
- 의사결정에 대한 일선 부서의 자율성이 확대되면 상층부의 공식적인 통제가 약화됨
- 사업 환경의 변화나 조직 전체의 혁신이 요구될 경우 최고 경영진의 통제력 약화에 대한 부담이 발생함

③ **권한위임의 비용**
- 종업원 채용과 교육훈련 비용이 많이 듦
- 책임 있는 정규직 종업원의 비중이 높아져 인건비가 상승함
- 서비스 제공이 보다 느리고 서비스의 일관성이 낮아질 수 있음
- 고객이 공평한 대우를 받지 못한다고 생각할 수 있음
- 직원이 '점포를 송두리째 주는' 즉, 무리한 의사결정을 할 수 있음

(5) 보상 시스템

① **보상의 목표**: 종업원을 유인하고 동기를 부여하여 경쟁을 유발시킬 수 있는 효과적인 임금구조체계에 있음

② **보상 방법**
- 소속 직장의 공적 이미지를 부각시켜 종업원으로 하여금 직장 구성원으로서 자부심을 가질 수 있도록 함
- 생산적인 제안에 대하여 금전적 보상과 인정을 실시함
- 종업원의 업무에 대하여 적절한 권한위임을 실시하여 책임감을 가지고 업무를 수행할 수 있도록 함
- 종업원을 위한 라운지, 회의실, 카페테리아 등과 같은 고급 시설을 제공함으로써 근무환경에 대하여 만족감을 높임
- 수당과 임금수준을 보통수준보다 높게 지급함

(6) 고용안정성(복리후생제도)

복리후생제도는 종업원의 복지향상을 위하여 시행되는 임금 이외의 간접적인 모든 급부를 의미한다. 임금 이외의 수단에 의하여 종업원의 노동력을 유지, 발전시켜 종업원의 능력을 최대로 발휘하게 함으로써 생산성 향상을 도모하고 종업원의 경제적·문화적 생활향상을 목적으로 하는 제도의 총칭이다.

(7) 경영층 지원

최고 경영층의 지원은 고객지향성과 외부고객 지향성을 고취시킨다.

3 서비스 종사원의 역할 모호성

(1) 갈등의 개념
- 갈등의 어원은 라틴어의 콘피게레(configere)로 '함께'라는 의미의 콘(con)과 '충돌이나 다툼'을 의미하는 피게레(figere)의 합성어로 개인이나 집단의 충돌을 의미함
- 대립되는 둘 혹은 둘 이상의 욕구나 충동이 한 개체 안에 존재하고 있는 상태로 힘의 세기가 같으며 작용하는 방향이 상반되는 상황을 뜻하는 심리학적 용어
- 조직을 구성하는 개인과 집단, 조직 간에 잠재적 또는 현재적으로 대립하고 마찰하는 사회적·심리적 상태를 의미함
- 관련 당사자 간의 상반되는 행동을 전제로 함
- 인간 내적 요인이나 환경적 요인에 의해 저지되기도 하나 특정 요인에 의해 표면화되거나 약화되기도 함
- 역기능만 제공하는 것이 아니라 순기능으로 새로운 해결책을 만들어 주는 기회를 제공함

(2) 갈등요소
① 조직의 특성: 목표의 불일치, 직위의 불일치, 한정된 자원, 명령체계의 불일치, 업무의 상호의존성 등
② 개인의 특성: 능력과 기술, 성격의 차이, 인식의 차이, 가치와 윤리, 감정, 의사소통 장벽, 문화의 차이 등

(3) 갈등대처 유형 5가지(토마스와 킬만)
① 경쟁형: 상대방을 희생시키고 자신의 갈등 해소
② 회피형: 갈등이 없었던 것처럼 행동하여 이를 의도적으로 피하는 방법
③ 수용형: 상대방의 갈등이 해소되도록 노력하는 방법
④ 타협형: 양자가 조금씩 양보하여 절충안을 찾으려는 방법
⑤ 제휴형: 양쪽 모두 만족할 수 있는 갈등 해소책을 적극적으로 찾는 방법

(4) 행동주체를 기준으로 한 갈등 유형(스토너)
- 개인적 갈등
- 개인 간 갈등
- 개인과 집단 간 갈등
- 집단 간 갈등
- 조직 간 갈등

(5) 갈등의 본질적 요소
① 상호의존성: 서로에게 영향을 주고받는 관계가 동시적, 역동적으로 이루어질 때 성립
② 상반된 목표: 상호의존적 관계에 있는 사람들이 서로 다른 목표를 가질 경우 갈등 발생
③ 한정된 자원: 한정된 자원을 서로 점유하려고 할 경우 발생
④ 개입에 의한 좌절: 목표를 달성하는 과정에서 다른 사람이 개입하여 방해하게 될 경우에 발생
⑤ 행동화된 충돌: 서로 간의 좋지 않은 감정이 행위를 통해 표출되면서 충돌이 발생했을 때 갈등이 생김

(6) 역할 모호성의 정의
① Kahn(1989): 개인이 직무를 수행하기 위해 갖고 있는 정보와 역할을 수행함에 있어 필요한 정보 사이에 불일치가 있는 것
② Senatra(1980): 역할을 수행하면서 책임과 권한을 정확히 파악하지 못한 상태로 개인에게 주어진 역할의 수행정보가 부족할 때 나타나는 현상으로 역할 기대를 확실히 알 수 없고 종업원 자신이 무엇을 해야 하는지 확신할 수 없을 때 발생함

(7) 역할 모호성의 발생 상황
- 개인이 역할과 관련된 충분한 정보를 가지고 있지 못할 때
- 성과에 대한 기대를 분명히 모를 때
- 기대를 충족시킬 방안을 모를 때
- 직무행위의 결과를 모를 때

(8) 역할 모호성의 발생 원인(Berry)
- 서비스 표준이 없을 때
- 우선순위 없이 너무 많은 서비스 표준이 존재할 때
- 서비스 표준이 제대로 커뮤니케이션되지 않을 때
- 서비스 표준이 성과측정, 평가, 보상시스템과 연결되어 있지 않을 때

(9) 조직 환경에 초점을 둔 발생 원인(Kahn, Katz)
- 개인의 이해영역을 초과하는 조직의 규모와 복잡성
- 조직의 빠른 성장
- 기술의 빠른 변화
- 잦은 인사이동
- 근로자에게 새로운 요구를 하는 환경의 변화
- 정보에 제한을 가하는 관리 관행

(10) 역할 모호성의 감소 방안
- 하향적 의사소통
- 교육훈련을 통한 역할 명료성 확립

CHAPTER 05 고객만족 평가조사

 강의보기

SECTION 01 | 고객만족도 측정 방법

1 고객만족지수

(1) 측정 목적

고객만족의 수준을 파악하고 제품 및 서비스 품질과 기업 내부의 프로세스 개선을 도모하기 위해 고객만족도를 측정한다.

(2) 측정 필요성
- 자사의 경쟁 관련 품질성과(Quality Performance) 연구
- 자사 및 경쟁사의 고객충성도 분석
- 고객기대가 충족되지 않은 영역평가
- 고객의 제품 및 서비스 가격 인상의 허용 폭 결정
- 경쟁사의 CS 강·약점 분석
- 잠재적인 시장진입장벽 규명
- 효율성 평가 및 불만 해소의 영향 분석
- 고객 유지율의 형태로 예측된 투자수익률(ROI; Return of Investment) 예측

(3) 고객만족도 측정의 3원칙

① 계속성의 원칙
- 고객만족도를 과거, 현재, 미래와 비교할 수 있도록 정기적으로 계속해서 실시해야 함
- 고객니즈는 환경에 따라 항상 변하고 만족도 또한 제품 품질의 향상, 애프터 서비스의 등에 따라 달라짐

② 정확성의 원칙
- 정확한 조사와 정확한 해석을 실시해야 함
- ㉮ 조사 대상자의 표본은 적절한가?, 조사항목이 만족도를 충분히 조사할 수 있는 내용인가?, 조사 방법이 적절한가?, 조사 담당자가 적절한가?

③ 정량성의 원칙
- 항목별로 정량적 비교가 가능하도록 조사하는 것이 중요함
- 만족도 조사 결과를 숫자로 표현함
- 만족도 조사 결과를 측정하는 방법은 설문에 의하여 5점 또는 7점 척도를 사용함

2 고객만족지수 측정의 방법

(1) 직접 측정

① 측정 방법
- 단일 또는 복수의 문항을 통해서 전반적인 만족도를 측정함
- 일반적으로 소비자만족에 대한 이론적 연구들은 직접 측정을, 실용성을 강조하는 연구들은 간접 측정을 선호함
- 민간부문에서도 많이 활용함

② 장점
- 복수의 설문항목을 통해 만족이라는 잠재변수를 측정할 때 발생할 수 있는 오차를 줄이는 데 기여함
- 조사 모델이 단순화됨으로써 간명하게 만족도지수를 구하여 혼합 측정에서 나타나는 중복 측정의 문제를 해소함

③ 한계점: 직접 측정에서는 조사모델이 단지 세 가지 항목으로 측정되므로 다양한 서비스 품질 차원을 포함시키지 못함

(2) 간접 측정

① 측정 방법
- 하위요소에 대한 평가를 합산하는 부문별 만족의 복합점수로 나타냄
- 여러 가지 서비스의 하위요소 또는 품질에 대한 차원만족도의 합을 복합점수로 간주함
- 단일 문항으로 측정된 체감만족도는 단지 차원만족도의 가중치를 구하기 위한 회귀분석의 종속변수로만 사용할 뿐 종합만족도 합산에는 포함시키지 않음
- 종합만족도는 가중치가 부여된 각 차원만족도의 합으로만 산정함
- 대표적인 방식에는 민원행정서비스 만족도 조사가 있음

② 장점
- 중복 측정 문제를 완화시킬 수 있음
- 다양한 서비스 품질 차원을 고려하기 때문에 만족도를 개선하기 위한 다양한 정보를 제공함

③ 한계점
- 만족도 차원의 구성에서 모든 요소를 포함시킬 수 없으며 측정오차가 발생할 가능성이 있음
- 실제로 체감만족도 점수는 높은데 차원만족도의 점수는 낮게 나오거나 그 반대의 경우도 나타남

(3) 혼합 측정

① 측정 방법
- 직접 측정과 간접 측정을 혼합하여 고객만족도 지수를 구함
- 기관행정 이용자 만족도조사의 경우 단일 설문문항으로 측정되는 체감만족도를 종속 변수로 하고 차원만족도를 독립변수로 하여 회귀분석을 실시한 뒤 산출된 회귀계수를 각 차원의 가중치로 활용함
- 체감만족도와 차원만족도를 합산할 때 구성비율은 기관행정 이용자 만족도는 3:7, 주요정책 만족도는 4:6, 지방자치단체 합동평가의 주민 만족도는 5:5의 비율로 합산함
- 지방자치단체 합동평가의 주민 만족도 조사와 서울특별시를 비롯한 각 지자체가 자체적으로 실시하는 각종 만족도 조사에도 사용됨

② 장점
- 간접 측정과 마찬가지로 다양한 서비스 품질 차원을 고려하고 직접 측정의 설문문항을 이용하여 차원의 가중치를 활용함
- 회귀분석과 같이 통계분석을 활용하여 각 차원의 가중치를 구하는 방식이 비교적 간단하고 실증적임

③ 한계점
- 체감만족도와 차원만족도를 합산하여 종합만족지수를 구할 때 중복 측정 문제가 발생함
- 체감만족도와 차원만족도를 합산할 때 그 구성 비율을 어떻게 해야 하는가에 대한 일률적인 지침은 주지 못함
- 이에 관한 이론적인 근거와 경험적 연구의 부족으로 적절한 구성비율을 정하기 어려움
- 차원만족도의 항목이나 만족도도 조사마다 다르고 조사대상과 유형에 따라 차원의 가중치가 달라지고 있다는 점도 간과하기 어려움

3 ACSI 측정 모형

(1) 모형의 개발

스웨덴의 고객만족지표를 기초로 하여 미국품질연구회와 미시간대학 국가품질연구소의 클라스 포넬(Claes Fornell)이 소비자들의 기업, 산업, 경제 부문 및 국가경제에 대한 지각적 만족을 측정하기 위해 개발한 모형이다.

(2) 모형의 핵심
- 고객만족의 선행변수로 지각된 전반적인 품질과 고객의 기대가 지각된 가치에 영향을 미쳐 고객만족으로 이어져 소비자의 불만은 감소하고 고객충성도는 증가함
- 다른 측정 모델들과는 달리 전반적인 고객만족도를 잠재변수로 측정하여 점수로 나타냄으로써 기업 및 산업, 그리고 국가 간의 비교 가능한 경제 지표로 활용할 수 있음
- ACSI는 이미 제품 구매 및 서비스에 대한 경험을 가진 고객의 만족도뿐만 아니라 차후 고객의 충성도를 확인, 설명할 수 있는 지표가 됨
- 품질 평가의 세 가지 구성요소: 고객화, 신뢰도, 전반적인 품질 평가

4 NCSI, PCSI 측정 모형

(1) NCSI
- ACSI를 기반으로 개발된 NCSI는 우리나라의 국가고객만족지수로 한국생산성본부와 미시간대학이 공동으로 개발함
- 국내·외에서 생산되어 국내의 최종 소비자에게 판매되고 있는 제품 및 서비스에 대해 해당 제품을 사용한 경험이 있는 고객이 직접 평가한 만족수준의 정도를 모형화하고 이에 근거하여 측정 및 계량화한 고객만족 지표
- 고객만족의 결과변수로 소비자의 불평과 고객충성도를 설정함

(2) NCSI 설문구성 내용

구성개념 잠재변수		측정변수의 설명
선행 변수	고객 기대수준	구입 전 평가로 전반적인 품질 기대수준, 개인적 니즈 충족 기대, 신뢰도 등
	인지서비스 품질수준	구매 후 평가로 전반적 품질수준, 개인적 니즈 충족 정도, 신뢰도 등
	인지가치수준	• 가격 대비 품질수준 • 품질 대비 가격수준
	고객만족지수	• 전반적 만족도 • 기대 불일치 • 이상적인 제품 및 서비스 대비 만족수준
성과 변수	고객불만	고객의 공식적/비공식적 제품 및 서비스에 대한 불만
	고객충성도	• 재구매 가능성 평가 • 재구매 시 가격인상 허용률 • 재구매 유도를 위한 가격인하 허용률

(3) PCSI(Public-Service Customer Satisfaction Index)

ACSI나 NCSI와 같은 기존의 고객만족도 조사 모형은 민간부문이 주 대상이 되므로 고객만족의 선행요인이나 결과변수는 공공부문의 특수성을 반영하는 데에는 한계가 있다. 그로 인해 2004년 한국능률협회컨설팅과 서울대학교는 공공기관의 특성을 반영한 독자적 평가 모형인 PCSI를 공동개발하였다. 이 모형은 모든 공공기관이 적용할 수 있는 보편적이고 체계적인 구조를 가지며, 동시에 만족도 결과를 실무적으로 활용할 수 있는 환류구조를 갖도록 설계되었다.

5 NPS 측정 모형

(1) NPS(Net Promoter Score)

브랜드에 대한 고객의 충성도(로열티)를 측정하는 데 사용되는 지표이다.
① 나쁜 이익: 고객과의 관계를 희생해 가며 얻은 이익을 뜻하며 기업 성장의 단기적 기여에 그침
② 좋은 이익: 고객과의 관계를 발전시켜 가며 얻은 이익으로 기업의 장기적 성장의 원천이 됨

(2) NPS의 특징

- 쉽고 간단하면서도 기업의 미래 성장을 가늠해 볼 수 있는 조사 방법
- 완벽한 효율성으로 승승장구하고 있는 기업의 경우 이론적으로 모든 고객을 추천고객으로 만들 수 있을 것이고, 그 반대의 경우는 모든 고객이 비추천고객이 됨
- NPS는 소비자에게 "우리 기업 또는 브랜드를 친구나 동료에게 추천하겠습니까?"라는 질문에서 출발함

(3) 측정 공식

```
NPS(Net Promoter Score)
= P(적극적 추천 고객 비중) − D(비추천 고객 비중)
```

① 추천 고객: 거래 회사에서 지속적인 구매를 하며 친구들에게도 구매를 권하는 열성적인 지지자들
② 중립 고객: 만족은 하고 있으나 쉽게 경쟁사에 현혹될 수 있는, 열성이 부족한 고객
③ 비추천 고객: 좋지 않은 경험으로 인해 불만족스러워하는 고객

■ SECTION 02 | CS 평가 시스템 구축

1 CS 평가 시스템 프로세스

(1) 프로세스 구축

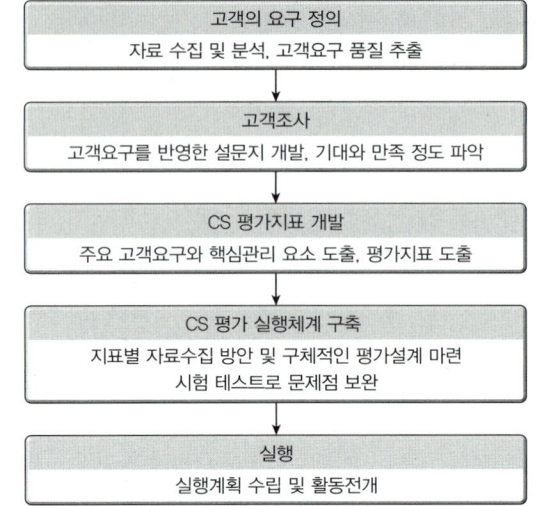

2 고객의 요구 정의

(1) 자료원천

① 1차 자료: 현재 특별한 목적이나 조사를 위해서 조사자가 직접 수집한 본래의 자료
- 조사 방법: 관찰법, 표적집단면접법, 서베이법(질문조사)
- 조사 수단: 설문지, 정성적 측정 방법, 기술적 설비

② 2차 자료: 조사자가 필요로 하는 자료 중 다른 기관이나 개인이 수집하여 분석하고 분류해 놓은 자료
- 내부 2차 자료: 회계 목적이나 마케팅 목적으로 기업이 자체적으로 수집, 보관하는 자료
- 외부 2차 자료: 행정기관, 이외의 기관과 인터넷으로부터 획득한 자료, 마케팅조사 회사가 신디케이트조사에 의해 수집해 놓은 자료

(2) 조사유형

① 탐험조사
- 조사자가 주어진 문제에 대해 잘 모를 때 실시함
- 특정 그룹이나 제한된 숫자의 개인 인터뷰를 통해 예비조사를 실시하여 조사목표를 수정하거나 재규정하는 데 사용함
- 비계량적인 방법과 비정형적인 절차를 사용하여 자료수집과 분석을 함
- 조사 방법: 표적집단면접법, 전문가의견조사, 문헌조사

② 기술조사
- 표적모집단이나 시장의 특성으로 소비자의 태도, 구매행동, 시장점유율에 관한 자료를 수집, 분석하고 결과를 기술하는 조사유형
- 조사 방법: 패널, 서베이, 실험과 관찰

③ 인과관계조사: 두 개 이상의 변수들 간의 인과관계를 밝히기 위해 실시되는 조사유형

3 자료수집 방법

(1) 표적집단면접법(FGI; Focus Group Interview)
표적집단면접법(FGI)은 1명 또는 2명의 사회자의 진행 아래 6~12명의 참여자가 주어진 주제에 대하여 토론하도록 함으로써 자료를 수집하는 방법이다.

① 표적집단: 특별한 인구통계적, 심리분석적 기타 고려사항에 근거하여 다양한 관심 주제에 대해 장시간 동안 논의하도록 모인 6~12명 정도 사람들의 집단

② 표적집단면접법의 실시
- 1회만 실시할 수도 있으나 다른 집단을 대상으로 여러 번 실시함
- 집단의 역동적 분위기와 참석자들의 상호 커뮤니케이션, 사회자의 진행능력에 따라 성공이 좌우됨

③ 표적집단면접법을 사용하는 이유
- 마케팅 문제 정의를 위한 정보를 제공함
- 조사에서 어떤 정보를 획득해야 하는지 알 수 있음
- 계량적 조사로부터 얻은 결과에 대해 구체적인 이해를 할 수 있음
- 소비자들의 내면적 욕구, 태도, 감정과 행동을 파악할 수 있음
- 신제품 아이디어와 기존제품의 다른 용도를 알 수 있음

④ 장점
- 새로운 아이디어 창출
- 행동의 내면적 이유 도출
- 다양한 주제의 자료수집
- 전문성 정보 획득

⑤ 한계점
- 높은 비용
- 주관적 해설
- 자료의 신뢰성 문제
- 자료의 일반화 가능성이 낮음

(2) 서베이법(Survey Method)
다수의 응답자들을 대상으로 설문조사하는 방법으로 기술조사를 가장 많이 사용한다. 조사문제가 명확히 정의된 경우에 사용하며 정형화된 설문지를 이용해 고객이 알고 있는 정도, 신념, 선호도, 만족의 크기를 측정한다.

① 장점
- 큰 규모의 표본 확보 및 일반화 가능성
- 다양한 측면에서의 차이 분석 가능
- 자료수집 용이
- 객관적 해석 가능
- 직접 관찰할 수 없는 요인이나 개념의 추정 가능

② 한계점
- 설문지 개발의 어려움
- 탐사방식에 의한 깊이 있는 질문 불가능
- 장시간 소요
- 낮은 응답률
- 응답의 정확성 문제
- 부적절한 통계기법 사용으로 인한 현실 오도 가능성

(3) 관찰법(Observation Method)
새로운 자료와 관련된 사람과 상황을 관찰하여 수집하는 방법으로 조사대상의 행동패턴을 관찰하고 기록하여 수집한다.

① 장점
- 정확하고 세밀한 자료 수집 가능
- 조사 대상자와의 대화가 불가능한 경우에도 가능

② 한계점
- 행동의 내면적 요인은 측정 불가능
- 소수를 대상으로 하므로 분석 결과를 일반화하기 어려움
- 관찰시점과 기록시점의 차이에 따른 오차의 발생 가능성

(4) 실험법(Experimental Method)
가장 과학적이고 확실한 조사 방법이며 관찰된 결과에 상충하는 설명을 제거함으로써 인과관계를 설명하는 방법이다. 주제와 맞는 집단을 선택하고 그 집단을 상이한 실험처리에 맞추어야 하며 외부에서 발생하는 변수를 통제해야 한다. 관찰된 반응의 차이가 통계적으로 유의한지 검토하는 것이 필요하다.

① 장점: 인과관계를 정확하게 분석하므로 효과적인 가설 검증으로 과학적 연구가 가능함

② 한계점
- 실험결과가 반드시 현실적으로 적용될 수 있다고 보기 어려움
- 윤리적 문제의 발생 가능성

(5) 행동조사법

고객들의 구매기록, 점포조사 자료 및 고객 데이터베이스에 고객 구매행위를 분석하여 고객의 선호성을 파악한다. 실제적인 고객들의 선호성이 반영되어 설문지보다 더 신뢰할 수 있다.

(6) 문헌조사 방법

기존 연구의 결과물인 학술문헌, 업계문헌, 통계자료 등을 통해 자료를 수집하는 방법이다. 1차 자료의 직접 수집이 어려운 경우에 주로 사용되는 방법이며 양적 자료와 질적 자료 수집에 모두 활용이 가능하다. 문헌조사를 통한 자료는 2차 자료의 수집용으로 활용되는 경우가 많다.

① 장점
- 시간과 비용을 절약할 수 있고 정보 수집이 비교적 용이함
- 연구문제에 대한 기존 연구 동향을 알 수 있음

② 한계점
- 문헌의 정확성과 신뢰성 확보의 어려움
- 문헌 해석 시 연구자의 편견이 개입될 수 있음
- 선행 연구 신뢰도가 현행 연구 신뢰도에 영향을 미침

(7) 투사법

응답자에게 불명확한 상황이나 타인의 행동 등을 제시하고 해석하도록 하는 것이다. 내면에 있는 신념이나 태도, 감정, 동기, 가치관 등이 밖으로 표출될 수 있도록 연상법, 완성법, 구성법, 표현법 등과 같은 방법으로 심리적 동기를 유발하는 기법의 조사 방법이며 조사의 목적에 대해 응답자가 모르게 하면서 간접적으로 조사하는 점이 특징이다. 검사 방법으로는 연상법(단어 연상법), 완성법(문장 또는 스토리 완성법), 구성법(그림 또는 사진 반응법, ZMET, 만화 완성법), 표현법(역할연기법) 등이 있다.

(8) 기타 방법

① Gang Survey
- 서베이의 문제점을 보완하는 조사 방법으로 대상자들을 일정한 장소에 모아 놓고 보조물(사진, 시제품) 등을 제시하여 설문지를 작성하게 하는 방법
- 응답자들을 특정 장소에서 정해진 시점에 동시에 조사하는 것이 특징인 방법

② CLT(Central Location Test)
- 응답자를 일정한 장소에 모이게 한 후 시제품이나 광고 카피 등에 대한 소비자 반응을 조사하는 방법
- 일정한 장소, 정해진 시간 안에 응답자들이 자유롭게 조사 장소를 방문하도록 하여 조사원과 개인 면접형식으로 조사가 이루어짐

③ HUT(Home Usage Test, 가정유치조사): 일정 기간 동안 조사 대상자가 실생활 속에서 제품 또는 서비스를 사용하게 한 후 평가하는 방식으로 소비자 반응을 조사하는 방법

④ ZMET(Zaltman Metaphor Elicitation Technique, 잘트만식 은유 추출기법)
- 미국 하버드 비즈니스 스쿨의 제랄드 잘트만 교수가 개발한 조사 방법
- 기존의 정성조사 방법은 소비자의 잠재니즈를 쉽게 파악하기 어렵기 때문에 언어가 아닌 이미지를 이용한 은유를 통해 소비자의 생각과 감정을 체계적으로 파악하는 방법

⑤ 심층면접법(Depth Interview)
- 주로 1차 자료를 수집하기 위한 정성조사 방법 중 하나
- 어떤 주제에 대해 전문 면접원이 조사대상자 1명을 대상으로 그의 느낌과 믿음을 자세히 묘사하거나 자유롭게 이야기하는 탐사방식에 의해 깊게 질문해 나가는 비구조화된 인터뷰 방식

4 CS 평가 시스템 프로세스의 조사 방법

(1) 정성조사 기법을 적용해야 하는 경우
- 양적 조사의 사전 단계, 가설의 발견, 예비적 정보의 수집, 사전 지식이 부족한 경우
- 가설의 질적 검증 및 의미를 확인할 때(양적 조사 결과에 대한 의미 확인, 가설의 검증)
- 소비자 언어를 발견 및 확인할 때
- 소비자를 깊이 이해하려는 시도를 할 때
- 다량의 샘플링이 어려운 경우
- 소비자의 정보를 획득할 때
- 신속한 정보를 획득할 때

(2) 정량조사 기법을 적용해야 하는 경우
- 가설 질적 검증을 통한 확정적인 결론을 획득할 때
- 시장 세분화/목표시장을 선정할 때
- 시장 경쟁상황 및 소비자 태도/행동을 파악할 때
- 소비자 특성별 니즈 구조와 차이를 확인할 때
- 각 상표의 포지셔닝(강·약점)을 파악할 때
- 가장 바람직한 콘셉트, 용기, 상표명 등을 선정할 때

(3) 정성조사와 정량조사의 비교

구분	정성조사	정량조사
특징	적은 인원의 사람을 대상으로 고객의 의견을 심층적으로 파악	• 전체 모집단을 대표할 수 있는 표본 대상 • 구조화된 질문지로 양적 자료 수집
종류	• 면접법(표적집단면접법/심층면접법) • 관찰법 • 투사법	• 일대일 개별 면접법 • 전화 면접법 • 우편 면접법
장점	• 유연성 • 현장성 • 심층적 • 신속성 • 저비용	• 자료의 객관성 • 자료의 대표성 • 신뢰도 측정 • 다목적성
단점	• 전체시장을 대표하지 못함 • Researcher, Moderator의 자질에 영향을 많이 받음 • 조사결과 해석이 주관적임	• 장시간 소요 • 고비용 • 샘플 조사(Sample Survey) : 질문이 지나치게 단순화됨

5 고객조사를 위한 설문지 개발

(1) 설문지 개발 시 유의사항
- 뜻이 복잡 미묘하거나 비상식적인 단어는 사용하지 않음
- 유도하는 질문을 하지 않음
- 듣는 사람이 오해할 수 있는 단어는 사용하지 않음
- 응답범위를 활용하여 과잉반응이 나오지 않도록 해야 함
- 제시된 항목 이외에 응답이 가능하도록 '기타'를 추가해야 함

(2) 개발 단계
① 조사 목적에 맞는 정보의 결정
② 자료수집 수단의 결정: 인터넷, 전화, 우편 등
③ 개별 질문 내용의 결정
- 그 질문이 반드시 필요한가?
- 하나의 질문으로 충분한가?
- 응답자가 응답할 수 있는 질문인가?
- 응답자가 질문에 응답할 것인가?

④ 질문과 응답 형태의 결정: 개방형 질문, 선다형 질문, 이분형 질문, 척도점을 이용한 질문
⑤ 질문의 표현
- 가급적 쉬운 질문을 사용함
- 애매모호한 질문은 피해야 함
- 부정적 질문은 삼가야 함
- 한 번에 두 개 이상의 질문을 하지 않음

⑥ 질문의 순서 결정
- 단순하고 흥미로운 질문부터 시작함
- 논리적이고 자연스러운 흐름에 따라 질문을 위치시킴
- 포괄적인 질문을 한 다음 구체적인 질문을 함
- 어렵거나 민감한 질문은 뒤에 위치시킴
- 중요한 질문은 설문지 내용이 많은 경우 앞쪽에 위치시킴

⑦ 설문지의 외형적 특성 결정: 종이의 질, 인쇄상태 등
⑧ 설문지의 검토와 수정
⑨ 설문지 표지의 개발: 수신인, 조사회사, 조사 목적 등
⑩ 사전 설문조사와 필요시 수정

■ SECTION 03 | CS 평가 결과의 활용

1 고객충성도의 정의

(1) 존(Jones)과 새서(Sasser)의 정의(1995)
한 기업의 사람, 제품 및 서비스에 대한 애착 또는 애정의 감정상태이다.

(2) 라이할트(Reichheld, 1996)의 정의
고객으로 하여금 장기간에 걸쳐 그 기업의 제품, 서비스를 재구매하게 하고 타인에게 추천하는 구전활동과 프리미엄 가격을 지불하게 하게 하는 등의 행동으로 나타나는 감정상태이다.

2 고객충성도의 측정(Bowen&Chen)

(1) 행동적 측정 방법
특정 제품/서비스에 대하여 반복 구매행동, 구매비율 및 구매 빈도 등으로 측정 가능하다.
① 문제점: 반복 구매가 항상 브랜드를 향한 심리적인 몰입의 결과가 아님
② 측정 방법: 구매비율, 구매 가능성, 제품 재구매 가능성, 구매 빈도, 반복 구매행동, 구매순서 등이 측정지표로 이용됨

(2) 태도적 측정 방법
호의적인 태도를 가지고 반복적으로 제품 및 서비스를 구매하는 것을 의미하며 충성, 약속, 신의와 같은 태도 관련 자료를 이용하여 측정한다.
① 문제점: 충성도를 하나의 차원에서만 측정하게 됨
② 측정 방법: 우호적 태도, 제품/서비스에 대한 재구매 의도 및 타인에 대한 추천 등이 측정 지표로 이용됨

(3) 통합적 측정 방법

행동적 측정 방법과 태도적 측정 방법의 장단점을 통합적으로 고려한 것으로 고객의 호의적인 태도와 브랜드 교체성향, 반복구매행동, 총 구매량 등을 포괄적으로 측정하는 방법이다.

3 고객충성도의 형성요인

(1) 고객충성도 구분

구분	특징
진실한 충성도	• 강한 애착과 높은 재구매 고객유형으로 특정 기업이나 브랜드를 이용하며 경쟁업체에 쉽게 유혹되지 않음 • 기업이 고객에게 다른 기업이 제공하는 것 이상의 가치를 제공함으로써 고객에게 완전한 만족을 느끼게 해 그 결과로 형성되는 충성도를 의미함 • 형성요인: 품질만족, 가격만족, 기대, 기업과의 관계
거짓된 충성도	• 특정 브랜드에 대한 호감이 없더라도 빈번하게 구매가 이루어지는 유형으로 습관적 구매, 경제적 인센티브, 편안함, 대안 부족으로 구매가 이루어짐 • 정보의 규제나 높은 전환비용, 독점시장과 같은 요인에 의해 고객의 행동적 충성도가 강화되는 것을 의미함 • 형성요인: 경쟁제한성, 전환비용 등
잠복된 충성도	• 낮은 행동적 충성도와 기업에 대한 강한 애착을 가지고 있는 유형 • 기업에 대한 좋은 이미지를 가지고 있으나 가격, 접근성, 마케팅 전략이 재구매 욕구로 연결되지 않았기 때문에 행동적 충성도가 낮은 유형
낮은 충성도	• 재구매율, 태도적 애착이 둘 다 낮은 유형 • 거짓 충성도와 낮은 충성도는 경쟁업체의 마케팅에 동요되기 쉬우므로 경쟁사로 전환될 수 있음

(2) 고객충성도의 분류

① 소비자의 구매패턴에 따른 분류(브라운)
- 완전한 충성도
- 분열된 충성도
- 변화하기 쉬운 충성도
- 무(無) 충성도

② 고객에 초점을 맞춰 고객충성도 단계에 따른 분류(라파엘과 레이피)
- 예비고객: 구매에 관심을 보일 수 있는 계층
- 단순고객: 적어도 한 번은 가게를 방문하는 계층
- 고객: 빈번하게 구매하는 계층
- 단골고객: 정기적으로 구매하는 계층
- 충성고객: 주변 사람들에게 칭찬하는 계층

(3) 소비자 충성도 4단계의 동태적 발전(올리버)

① 1단계 – 인지적 충성
- 고객에게 가용한 브랜드 속성정보로 인해 하나의 브랜드가 대체안보다 선호될 수 있음을 제시함
- 단계를 인지적 충성 또는 브랜드 신념에만 근거한 충성 단계

② 2단계 – 감정적 충성
- 만족스러운 사용 경험이 누적됨에 따라 증가함
- 즐거운 충족감과 같은 만족의 정의인 즐거움 차원을 반영함
- 이 단계에서의 몰입을 감정적 충성이라 하며 소비자의 마음에 인지와 감정으로 새겨짐
- 이 형태의 충성은 이탈(Switching)하기 쉬운 상태에 해당함

③ 3단계 – 행동 의욕적 충성: 브랜드에 대한 긍정적인 감정을 갖게 되는 반복적인 경험에 의해 영향을 받으며 행위의도를 갖는 단계

④ 4단계 – 행동적 충성: 의도가 행동으로 전환됨

(4) 충성도의 향상 전략(레이나르츠, 쿠머)

구분	단기거래 고객	장기거래 고객
높은 수익	① Butterflies	② True Friends
낮은 수익	③ Strangers	④ Barnacles

① Butterflies
- 회사의 제공 서비스와 소비자 욕구 간의 적합도가 높고 잠재 이익도 높음
- 태도적인 충성도가 아니라 거래적인 만족을 달성하도록 해야 함

② True Friends
- 회사의 제공 서비스와 소비자 욕구 간의 적합도가 높고 잠재이익도 높음
- 지속적인 의사소통이 필요함
- 태도적이며 행동적인 충성도 구축과 고객을 양성하고 방어, 지속적인 고객관계 유지가 필요함

③ Strangers
- 회사의 제공 서비스와 소비자 욕구 간의 적합도가 낮음
- 관계유지를 위한 더 이상의 투자는 불필요함
- 매 거래마다 이익을 창출해야 함

④ Barnacles
- 회사의 제공 서비스와 소비자 욕구 간의 적합도가 제한되고 잠재이익이 낮음
- 규모와 지갑점유율(Share of Wallet)이 낮으면 상향, 교체구매를 유도해야 함

CHAPTER 06 고객만족 컨설팅

▶ 강의보기

■ SECTION 01 | 서비스 품질관리 컨설팅

1 GAP 모형

(1) GAP 정의

고객이 안고 있는 기대와 지각의 차이를 서비스 갭(GAP)이라 한다.

(2) 고객 GAP

고객 GAP은 기대 서비스와 지각 서비스 간의 차이에서 발생한다. 고객의 기대 서비스는 고객이 서비스를 경험할 때 사용되는 준거점이며 고객의 지각 서비스는 고객이 실제 경험한 서비스에 대한 주관적인 평가이다.

고객기대 원천	
마케터가 통제 가능한 요인	가격, 광고, 판매촉진 등
서비스 제공자(마케터)가 제한적으로 영향을 미치는 요인	개인적 요구, 구전 등

2 5가지 GAP 모델(제공자의 GAP)

(1) GAP 1 – 고객이 기대하는 바를 기업에서 알지 못할 때(촉진의 차이)

① 원인
- 마케팅조사의 중요성에 대한 이해 부족
- 경영자가 고객의 기대 파악 실패
- 상향 커뮤니케이션 결여
- 지나치게 많은 관리 단계

② 해결방안
- 고객의 기대조사
- 고객의 불평을 전략적으로 이용
  - 고객이 유사 업종에서 원하는 것을 연구, 조사
  - 거래를 근거로 고객 조사
  - 직원들로 하여금 고객과 상호작용하게 함
- 상향적 커뮤니케이션 활성화
  - MBWA(현장순회관리)
  - 조직의 관리단계 축소

(2) GAP 2 – 적합한 서비스 설계와 표준을 선택하지 못함 (이해의 차이)

① 원인
- 어설픈 서비스 설계
- 고객중심적 서비스 업무의 표준화 결여
- 부적합한 물리적 증거와 서비스 스케이프

② 해결방안
- 체계적인 서비스 설계
- 구체적인 서비스 품질 목표 개발
- 서비스 업무 표준화
- 적절한 물리적 증거와 서비스 스케이프

(3) GAP 3 – 서비스 표준을 제대로 제공하지 못함

① 원인
- 인사정책의 결함
  - 역할 모호성 및 역할의 갈등
  - 부적절한 평가 및 보상시스템
  - 권한위임, 지각된 통제 및 팀워크의 부족
- 업무에 적합하지 않은 감독 및 통제 시스템
- 수요와 공급을 일치시키는 데 실패
- 업무에 적합하지 않은 종업원

② 해결방안
- 효과적인 인사정책
- 교육, 피드백, 커뮤니케이션 제공
- 접점 근무자들에게 권한 위임 및 팀워크의 형성
- 종업원에게 인식된 통제 권한 제공
- 경영통제시스템
- 수요와 공급의 연결
- 종업원 – 업무적합성 보장, 기술 – 직무적합성 보장

(4) GAP 4 – 서비스 전달과 외부 커뮤니케이션의 차이 (행동의 차이)

① 원인
- 커뮤니케이션 부족 또는 부적합
- 커뮤니케이션 중 과잉약속
- 고객기대를 효과적으로 관리하지 못함
- 통합 서비스 커뮤니케이션의 부족

② 해결방안
- 수평적 쌍방향 커뮤니케이션 증대
- 광고와 인적 판매에서의 정확한 약속
- 고객기대의 효과적인 관리

(5) GAP 5 – 고객의 기대된 서비스와 인식된 서비스가 일치하지 않을 때
① 원인: GAP 1~4
② 해결방안: GAP 1~4를 줄여야 함

3 서비스 기대관리(고객이 기대하는 서비스)

(1) 이상적 서비스

어떤 서비스에 대하여 소비자가 원하는 가장 바람직한 서비스 수준을 의미하며 기대수준은 대부분 현실적으로 이루어지기 어려운 경우가 많다.

(2) 희망 서비스

제공받을 서비스에 대한 희망 수준, 바람과 소망을 의미한다.

(3) 적정(최저) 서비스
- 여러 가지를 고려하여 허용 가능한 최저수준의 기대
- 고객이 불만없이 받아들이는 서비스 수준, 즉 최소한의 허용 가능한 기대수준 또는 수용할 수 있는 성과의 최하 수준
- 고객이 서비스 받았다고 생각할 수 있는 최저 상태
- 고객은 희망 서비스 수준을 가지고 있지만 항상 충족되는 것은 아님
- 적정 서비스 수준은 경험을 바탕으로 한 예측 서비스 수준에 의해 형성됨

(4) 예측된 서비스
- 고객이 실제로 받을 것이라고 기대하는 서비스 수준
- 이상적 서비스와 적정 서비스 수준 사이의 범위에 걸쳐 있음

(5) 허용 영역
- 희망 서비스 수준과 적정 서비스 수준 사이의 영역, '미발각 지대'
- 고객이 서비스의 이질적인 특징, 즉 다양성을 알고서 기꺼이 받아들일 수 있는 범위
- 동일한 고객이라 하더라도 고객의 상황적인 요인에 따라 서비스의 허용구간이 확장될 수도 있고 줄어들 수도 있음
- 서비스가 허용구간 안에 위치할 경우 고객은 서비스 성과에 별다른 반응을 보이지 않음
- 허용구간은 고객과 서비스 차원에 따라 다르게 나타남

4 서비스 기대 영향 요인

(1) 영향 요인

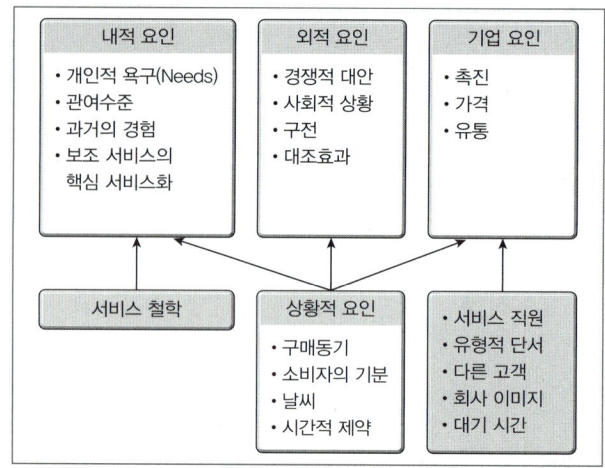

(2) 서비스 품질 향상을 위한 권고 사항
- 경청
- 기초적인 서비스
- 회복
- 공정함
- 구성원 연구조사
- 신뢰성
- 서비스 디자인
- 고객을 놀라게 함
- 팀워크
- 봉사자 지도력

SECTION 02 | 고객만족(CS) 트렌드

1 트렌드

(1) 유행의 정의

트렌드와 같은 의미로 혼동하지만, 일반적으로 널리 쓰는 '유행'은 보통 단기적인 유행을 뜻하는 패드(Fad)에 가깝다.

(2) 트렌드의 정의

동향 또는 경향, 추세, 유행 등으로 정의되며 독창성이나 저작권을 신경 쓰지 않고 남을 따라할 수 있다고 여겨지는 것이다. 경제변동 중에서 장기간에 걸친 성장 및 정체, 후퇴 등 변동경향을 나타내는 움직임이며, 추세변동 또는 경향이라고도 한다. 트렌드와 패드(Fad)를 나누는 것이 큰 의미가 없다고 생각할 수도 있으나 트렌드를 예측하고 그에 맞는 제품을 출시해야 하는 기업 입장에서는 트렌드와 패드(Fad)를 구분해야 한다. 이때 큰 변수의 하나가 유행 기간이다. 트렌드는 공간적으로 미시, 거시, 초거시 트렌드로 구분하고 시간적으로 단기, 중기, 장기, 초장기 트렌드로 구분한다.

(3) 트렌드의 특징

- 경제학에서 트렌드는 장기적인 관점에서 성장, 정체, 후퇴 등 경제의 변동경향을 나타내는 용어로 사용됨
- 마케팅에서 트렌드는 과거와 현재의 현상들을 바탕으로 미래에 전개될 시장과 고객의 변화에 대응함
- 트렌드는 유행과 달리 단기간에 나타났다 사라지는 것이 아니라 적어도 5년 혹은 10년 정도 지속되면서 사회 전반에 영향을 미치는 변화의 흐름을 의미함
- 특정 시점에 하나의 징후로 출발하여 사회, 경제, 문화의 다양한 영역에서 포괄적이며 동시적으로 나타남
- 인구 통계적 변화, 대중의 가치관 변화, 생활양식과 기술 등 사회 전반적인 부분에 점진적으로 광범위한 변화를 가져옴

2 트렌드의 유형

(1) 메타 트렌드

- 문화 전반을 아우르는 광범위하고 보편적인 트렌드
- 자연 생태계처럼 아주 긴 기간을 거쳐 변하는 것으로 자연의 기본 법칙, 영원성을 지닌 진화의 법칙

(2) 메가 트렌드

거대한 변화를 의미, 사회문화적 환경의 변화와 함께 형성된 트렌드가 모여 사회의 거대한 조류를 형성하게 되는 현상으로 조건은 다음과 같다.

- 최소한 30년에서 50년간 지속되어야 함
- 삶의 모든 영역에서 징후를 찾아볼 수 있어야 함
- 기본적으로 글로벌한 성격을 지녀야 함
- 반발, 즉 일시적인 반응을 일으키는 것을 설명할 수 있어야 함

(3) 마이크로 트렌드

소수의 열정적인 집단이 동조하는 작은 변화로, 현 시대의 다양하고 개별화된 소비자 수요와 움직임을 풀어내는 트렌드이다.

(4) 사회문화적 트렌드

사람들의 삶에 대한 감정과 동경, 문화적 갈증 등으로 표현할 수 있는 트렌드이다.

(5) 소비자 트렌드

- 기술, 경기, 소비 문화로부터 소비의 표층 영역까지 포괄하여 광범위하게 나타나는 현상으로 5년에서 10년 동안 지속되어 소비세계의 새로운 변화를 형성함
- 남들을 따라하는 모방심리나 유행과는 달리 어떤 욕구나 강렬한 심리적 동기가 내재되어 있는 광범위한 행동에 의해 형성됨

(6) 마케팅 트렌드

전적으로 마케팅 언어와 마케팅 현상 세계에서만 존재하는 트렌드이다.

(7) 주류 트렌드

- 트렌드가 보다 강해져 궁극적으로 전 사회를 관통하는 것
- 거시적인 환경의 변화는 사회와 소비자들의 행동을 변화시켜 새로운 소비 경향을 일으킴
- 기업과 제품에 영향을 주는 마케팅의 6가지 거시환경 지표로 인구, 기술, 소득(경제), 정치, 법률, 사회, 문화가 있음

SECTION 03 | 고객만족(CS) 플래닝

1 계획 수립(Planning)

(1) 계획 수립

조직의 목표를 달성하기 위해 무엇을, 언제, 어디서, 어떻게, 누가 할 것인가를 결정하는 과정을 뜻한다.

(2) 계획 수립이 제공하는 장점

- 집중도와 유연성을 향상시켜 줌
- 조직 구성원의 행동지침이 됨
- 조정을 도움
- 시간관리가 용이해짐
- 통제의 근원이 됨

(3) 계획 수립 시 고려해야 하는 성공적인 목표의 조건

- 구체적이어야 함
- 측정 가능해야 함
- 기간이 명시되어야 함
- 달성 가능해야 함

2 계획 수립 절차

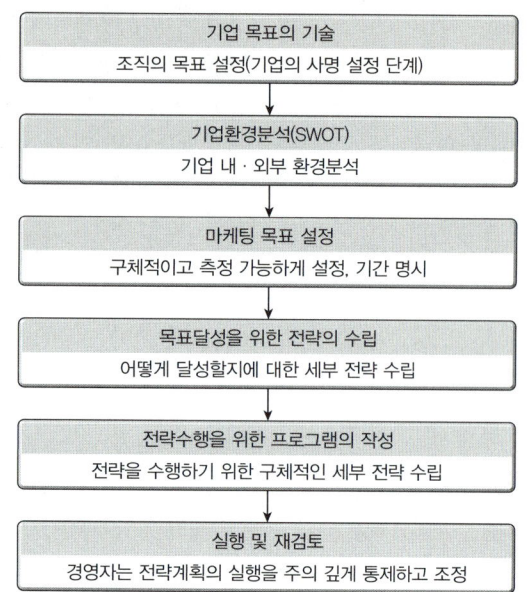

3 계획 수립 유형

(1) 기간을 기준으로 한 구분

① 단기 계획(1년 이하): 생산시설의 가동률만 변경하여 효과가 마케팅 실적에 나타날 수 있도록 하는 것
② 중기 계획(1~2년): 기업이 생산시설을 확충하거나 축소하여 그 효과가 마케팅 실적으로 나타날 수 있도록 하는 것
③ 장기 계획(3년 이상): 기업의 현재와 미래를 모두 포함하는 개념으로 기업의 혁신, 신제품 개발, 서비스 개발과 기업의 현재 수익과 미래 수익의 균형을 맞추고 기업의 목표와 우선순위를 정하여 올바르게 자원을 배분하는 것

(2) 적용 범위에 따른 구분

① 전략적 계획
- 조직 전반에 걸쳐 장기적인 관점에서 조직이 나아갈 방향을 정하는 것이며 이것이 실현될 수 있도록 하기 위해 전략적 계획에 근거하여 작성하는 중기 계획
- 전략 계획 수립 단계에서 조직 목표를 설정하고 이를 달성하기 위한 자원조달과 배분 그리고 그 수행방안을 결정하는 포괄적인 계획

② 전술적 계획: 무엇을 누가, 언제, 어떻게 해야 하는지에 대한 구체적이고 단기적인 의사결정과정이며 중간관리자나 초급관리자가 계획에 참여함
③ 운영 계획
- 전략적 계획을 실천하기 위한 구체적 활동이 담긴 계획을 실행하는 데 필요한 활동과 자원에 비중을 둠
- 생산 계획, 재무 계획, 마케팅 계획, 인적자원 계획 등

4 계획 수립 기법

(1) 예측법

미래에 어떤 일이 발생할 것인지에 관한 가정을 만드는 과정으로 모든 계획은 명시적이든 묵시적이든 예측이 포함되어 있다.
① 상황대응 계획법(단기간 예측법): 환경변화로 인하여 당초 계획이 부적절한 것으로 판단되었을 때 새로운 환경에 적절히 대응할 수 있도록 대안을 찾아 행동을 수정하는 과정
② 시나리오 계획법(장기간 예측법)
- 미래에 전개될 여러 시나리오를 예측하고 대응되는 계획을 수립하는 것으로 시나리오 플래닝이라고 함
- 1950년대 미국이 적국의 공격 전략에 대응하기 위한 군사 전략용으로 최초 개발되었으며 1970년대부터 기업의 경영 기법에 적용되기 시작함
- 주로 중장기 사업전략 수립 시 사용함

(2) 벤치마킹

① 정의
- 기업이 자신의 경영 프로세스 및 성과를 다른 기업이나 다른 산업의 베스트 프랙티스와 비교·평가해 그 차이를 극복하기 위한 문제 해결과 혁신을 시도하는 것을 의미함
- 조직의 향상을 위해 최상을 대표하는 것으로 인정된 조직의 제품, 서비스 그리고 작업과정을 검토하는 지속적이고 체계적인 과정

② 특징
- 목표지향적
- 외부적 관점
- 평가기준에 기초
- 정보 집약적
- 객관적 행동 수반

③ 유형

내부 벤치마킹	• 서로 다른 위치의 사업장이나 부서, 사업부 사이에서 일어나는 벤치마킹 • 정보를 수집하기 용이하나 자사 내에서의 활동이므로 근시안적인 조사와 분석활동이 될 수 있음
경쟁 벤치마킹	• 동일한 고객을 대상으로 제품 또는 서비스를 판매하는 직접적인 경쟁자 사이의 벤치마킹 활동 • 동종 업종이기 때문에 직접 관련이 있는 정보를 얻을 수 있고 비교도 가능하나 정보를 수집하기 어렵고 서로 적대적인 관계라면 사실상 불가능한 활동
기능 벤치마킹	• 최신의 제품, 서비스, 프로세스를 가지고 있는 것으로 인식되는 조직을 대상으로 한 벤치마킹 • 새롭고 혁신적인 기법을 발견할 수 있으나 서로 다른 업종이기 때문에 방법 이전에는 한계가 있으며, 이러한 문제로 인해 많은 시간이 걸릴 수 있음
포괄 벤치마킹	관계가 없는 다른 업종에 대한 벤치마킹

④ 벤치마킹을 하는 이유
- 전략적 목적으로 사용함
- 시장 변화를 예측할 수 있음
- 새로운 아이디어를 만들어낼 수 있음
- 경쟁 업체 또는 초우량 기업과 제품, 경영 프로세스를 비교함으로써 자사의 경쟁력 또는 서비스의 향상 방법 등을 파악할 수 있음
- 조직이 추구하는 적절한 목표를 설정하는 데 도움이 됨

SECTION 04 | 자주 출제되는 마케팅 용어

(1) 뉴 노멀(New Nomal)
거대한 위기 이후 경제, 사회 등에 새로운 기준이 정착한 상태로 제1차 세계대전, 2007-2008 금융위기, 9.11 테러 등 거대한 사건과 관련하여 사용되었다.

(2) 휘게(Hugge) 라이프
'웰빙'을 뜻하는 노르웨이어에서 비롯된 말로 덴마크어로 편안하게, 함께, 따뜻하게를 의미한다.

(3) 플렉스(Flex)
주로 재력이나 귀중품 등을 과시하는 신조어로 국내에서 한 래퍼가 사용한 이후 유행하기 시작하였다.

(4) 언더독(Under Dog) 효과
개 싸움에서 아래에 깔린 개(언더독)를 응원한다는 뜻에서 비롯되어 경쟁에서 열세에 있는 약자를 더 응원하고 지지하는 심리현상을 뜻한다.

(5) 플래그쉽 마케팅(Flagship Marketing)
플래그는 무언가를 대표하여 앞에 내세울 수 있는 것을 의미하여 시장에서 성공을 거둔 특정 상품을 중심으로 판촉활동을 하는 마케팅 기법이다.

(6) 코즈 마케팅(Cause Marketing)
- 이유, 명분을 뜻하는 'Cause'에서 비롯된 합성어로 기업이나 브랜드를 사회가 추구하는 공익적 가치에 연계시켜, 경제적 이익과 공익을 동시에 추구하는 마케팅을 의미함
- 기업이 환경, 보건, 빈곤 등과 같은 사회적인 이슈를 기업의 이익 추구를 위해 활용함
- 1984년 미국 아메리칸익스프레스가 소비자들이 신용카드를 사용할 때 얻는 수입의 일부를 자유의 여신상 복원에 기부한 프로젝트가 대표적인 사례로 꼽힘

(7) 레트로 마케팅(Retro Marketing)
과거 향수를 불러일으킬 수 있는 아이템을 현대인의 기호와 필요에 맞게 해석하여 복고 유행을 일으키는 마케팅 유형이다.

(8) 넛지 마케팅(Nudge Marketing)
넛지란 팔꿈치로 슬쩍 찌르다라는 뜻으로 흥미를 유발하여 소비자의 관심을 끌되, 선택은 소비자 스스로가 할 수 있게 하는 마케팅 전략이다.

(9) 티저 마케팅(Teaser Marketing)
중요한 내용을 감춰 소비자들의 궁금증을 유발시킨 뒤 점차 본 모습을 드러내는 방식의 마케팅이다.

(10) 리쇼어링(Reshoring)
- '다시'라는 뜻의 리(Re)와 '해외에 있는 타사 또는 자사 계열사의 제조나 서비스 역할을 이전하여 수행하는 일'이라는 쇼어링(Shoring)의 합성어
- 인건비, 세금 등 비용절감 등을 이유로 생산과정의 일부를 해외로 이전했던 '오프쇼어링(Off-shoring)' 기업이 다시 본국으로 돌아오는 현상을 의미하는데, 일반적으로 제조업체의 본국으로의 회귀를 뜻함

CHAPTER 07 고객만족 혁신전략

강의보기

■ SECTION 01 | 고객 분석 및 기획

1 고객 욕구 분석

(1) 고객 욕구의 발생
이상적인 상황과 현재 상황의 차이에 의해 발생한다.

(2) 고객 욕구의 형태
① 실용적, 기능적 욕구: 삶의 일부분이 편해지기를 바라는 욕구
② 사회적, 상징적 욕구: 남들에게 인정 또는 존경받고 싶은 사회적인 욕구
③ 경험적 욕구: 개인적인 인생이나 쾌락, 즐거움을 추구하고 싶은 욕구

2 고객심리의 응용

유인 효과	• 기존 브랜드보다 상대적으로 열등한 신규 브랜드가 추가될 경우 기존 브랜드의 선택확률이 높아지는 현상 • 기업은 키우고자 하는 타깃 브랜드에 직접 투자하는 대신 데코이 브랜드를 출시하는 간접 투자 전략을 통해 타깃 브랜드의 매출을 증대시킴 • 종류: 타협 효과, 범주화 효과
부분적 리스트 제시 효과	구매 고려군의 크기를 줄여 부분적으로 제시하여 얻는 효과
타협 효과	2개의 속성 중 어느 것이 중요한지에 대한 불확실성이 지각될 때 양 속성을 결합한 것으로 보이는 대안을 선택하는 경향 • 소비자: 최고가와 최저가의 중간에서 구매 • 기업: 주력 브랜드, 중간 정도의 가격대에 판매
스놉(속물) 효과	다수의 사람들이 구매하는 제품을 구매하지 않고 희소성 있는 제품을 구매하는 소비행태로 제품이 폭넓게 유행하여 대중화되면 더 이상 그 상품을 구매하지 않는 현상. 명품효과, 백로효과 등으로 불림
바넘 효과	• '포러 효과(Forer Effect)'라고도 하며 사람들이 보편적으로 가지고 있는 성격이나 심리적 특징을 자신만의 특성으로 여기는 심리적 경향 • 예 혈액형 마케팅
레트로 마케팅	• 과거를 회고한다는 의미를 가지고 있으며, 과거 향수를 불러 일으킬 수 있는 아이템을 현대인의 기호와 필요에 맞게 해석하여 복고 유행을 일으키고 있는 마케팅 유형 • 예 키덜트 마케팅
분수 효과	• 샤워 효과의 반대 개념으로 아래층에 방문한 소비자를 위층으로 올리면서 소비를 유도하는 것 • 예 백화점의 식품 매장이나 화장품 혹은 패션 잡화를 1층 아래에 배치하는 것
자이가르닉 법칙	• 미완성 과제에 대한 기억이 완성 과제에 대한 기억보다 더 강하게 남는다는 법칙 • 예 티저광고
스토리텔링	'이야기(Story)'와 '말하기(Telling)'의 합성어로 제품의 기본적 사양에 관한 정보를 소비자에게 전달하는 것이 아니라 제품에 얽힌 이야기를 전달하는 것으로 소비자가 사람과 사람 사이에서 느끼는 감정을 제품에서도 느낄 수 있게 하는 마케팅 기법
베블런 효과	• 베블런의 저서 「유한계급론」에서 유한계급 소비자들은 기존의 전통적 소비자 수요이론이나 경제학적 설명에서 주장하는 합리적인 선택과는 달리 자신을 과시하기 위하여 소비하는 과시적 소비를 한다고 주장 • 부유층이나 상류층 소비자들에 의해 이루어지는 소비 형태로 가격이 상승하는데도 수요가 줄어들지 않고, 오히려 증가하는 현상
밴드왜건 효과	• 타인의 소비성향을 따라가는 행동으로 스놉 효과와 대비되는 이론(편승효과) • 예 특정 재화가 시장점유율이 높을수록 판매가 증가하는 경향을 보이는 것, 시청률이 높은 인기 연예인의 의류, 액세서리, 헤어스타일 등이 대유행하는 현상
디드로 효과	하나의 물건을 구입한 후 그 물건과 어울리는 다른 제품들을 계속 구매하는 현상
선도자의 법칙	• '더 좋은 것보다는 맨 처음이 낫다.' • 마케팅에 있어서 기본적인 요소는 최초로 뛰어들 수 있는 영역을 만드는 일
천장 효과, 바닥 효과	• 스케일 감쇠 효과의 유형 • 천장 효과: 검사의 난이도가 매우 낮아 검사에 응한 대상자들이 모두 점수가 높은 것 • 바닥 효과: 측정 도구가 측정하려는 특성의 하위 수준에 속한 사람들을 변별하지 못하는 것

침묵의 나선 이론	• 1970년 독일의 사회과학자 노엘레-노이만이 발표한 정치학과 매스 커뮤니케이션 이론 • 주로 언론 분야에서 많이 활용되며 매체가 여론에 미치는 영향을 설명할 때 자주 인용되는 이론 • 사람들은 자신의 견해가 다수의 의견에 속한다고 지각하면 자기 의견을 표현을 하는 반면, 소수의 의견에 속한다고 지각하면 사회적 고립에 대한 공포를 벗어나기 위해 침묵하게 되는 현상
확증 편향	• 영국 런던대학의 인지심리학자 왓슨(Peter Cathcart Wason)이 처음 사용한 용어 • 원래 가지고 있는 생각이나 신념을 확인하려는 경향성으로 흔히 하는 말로 '보고 싶은 것만, 듣고 싶은 것만, 믿고 싶은 것만' 선택적으로 보고 듣고 믿는 심리현상
앰부시 마케팅	스포츠마케팅 전략으로 공식 스폰서가 아님에도 불구하고 소비자들에게 마치 공식 스폰서인 것처럼 위장하여 홍보하는 전략으로 올림픽, 월드컵과 같은 영향력 있는 대회에서 구사하는 전략
언택트 마케팅	컨택트(Contact)에 Un이 붙어 '접촉하지 않는다'는 의미로, 고객과 마주하지 않고 서비스와 상품 등을 판매하는 비대면 마케팅으로 사람과의 접촉을 최소화하는 형태로 정보를 제공하는 마케팅

3 고객(소비자) 행동 분석

(1) 소비자 행동의 특성
- 소비자는 자주적인 사고를 한다.
- 소비자 동기와 행동은 조사를 통해 이해할 수 있다.
- 소비자 행동은 목표 지향적이다.
- 소비자 행동에 대한 영향은 사회적으로 합리적인 것이다.
- 소비자 행동은 마케팅 활동(제품, 가격, 유통, 촉진 등)에 의해 영향을 받는다.

(2) 태도의 일반적 정의
어떤 대상(사람, 사물, 사안)에 대해 일관성 있게 호의적·비호의적, 긍정적·부정적으로 반응을 나타내려는 학습된 선유경향(Learned Predisposition)이다.

(3) 태도의 특성
- 태도는 지속적이다.
- 태도는 선천적인 것이 아니다.
- 태도는 방향성과 강도에 있어서 다르다.
- 태도는 직접 관찰할 수 없다.
- 태도는 특정 상황에서 나타난다.

(4) 관여도의 일반적 정의
소비자 의사결정 과정, 정보처리 과정, 태도형성 및 변화에 가장 큰 영향을 주는 요인이며 주어진 상황에서 특정 대상에 대한 개인의 중요성 '지각 정도' 또는 '관심도'이다.

(5) 관여도 측정에 필요한 네 가지 차원(로렌트와 캐퍼러)
① 부정적 결과의 중요성: 제품의 중요성(제품에 부합하는 개인의 주관적 중요성)과 잘못된 상품 선택에 의한 부정적 결과가 얼마나 중요한가에 대한 개인의 지각을 평가한 것
② 잘못 선택할 가능성: 잘못된 선택을 할 확률에 대한 개인의 지각을 측정하는 것
③ 쾌락적 가치: 상품의 구매와 사용이 개인에게 즐거움을 줄 수 있는 정도
④ 상징적 가치: 상품의 구매와 사용에 대하여 고객이 부여하는 상징성의 표출 정도를 측정하는 것

(6) 관여도의 유형별 분류
① 고관여: 소비자가 높은 관심도를 가지고 있으며 구매 의사 결정을 잘못 내렸을 때 지각될 위험이 높음
　　㉠ 자동차, 주택, 명품 등
② 저관여: 구매자들이 자아개념이나 자아가치와는 무관하게 구매행위가 일어나는 상황으로 개인적 관심도가 낮고 구매 결정을 잘못하더라도 지각될 위험이 거의 없음
　　㉠ 비스킷, 라면, 음료수

(7) 관여도 수준에 따른 마케팅(커뮤니케이션) 전략

고관여도	• 중심단서, 중심경로를 통해 태도변화가 일어남 • 중심단서: 제품에 대한 자세한 설명, 혜택 강조, 차별점 강조 → 광고 캠페인 개발, 매체 선정 시 인쇄매체 이용
저관여도	• 주변단서, 주변경로를 통해 태도변화가 일어나는 것 • 주변단서: 광고모델의 매력도, 아름다운 배경, 흥겨운 음악 등 → 마케팅 커뮤니케이션 도구의 개발과 소구 필요, 가능한 짧고 강렬한 메시지의 방송광고가 바람직함

(8) 고관여도와 저관여도의 비교
① 고관여도 관점
- 소비자는 목표지향적인 정보처리자이다.
- 소비자는 정보탐색자이다.
- 소비자가 능동적 수신자이므로 태도변경을 위한 광고의 효과가 약하다.
- 소비자는 구매에 앞서 상표들을 평가한다.

- 소비자는 기대만족을 극대화하려고 노력하며, 최선의 선택을 위해 다수 속성을 검토한다.
- 제품이 소비자의 자아 이미지에 중요하며 라이프스타일이 소비자 행동에 많은 영향을 미친다.
- 집단의 규범과 가치는 제품구매에 중요하다.

② 저관여도 관점
- 소비자는 주어지는 대로 정보를 수용한다.
- 소비자는 정보수용자이다.
- 소비자가 수동적 수신자이므로 친숙도 형성을 위한 광고효과는 강하다.
- 소비자는 우선 구매하며, 상표평가는 구매 후 일어난다.
- 소비자는 수용 가능한 만족 수준을 모색하며 상표 친숙도를 근거로 하여 소수의 속성만을 검토한다.
- 제품이 소비자의 자아 이미지에 중요하지 않고 라이프스타일이 소비자 행동에 영향을 미치지 않는다.
- 집단의 규범과 가치는 제품구매에 중요하지 않다.

(9) 관여도의 결정 요인

① 개인적인 요인: 한 제품에 개인이 지속적으로 갖는 관여

② 제품 요인
- 소비자 자신의 중요한 욕구와 가치를 충족시키는 제품에 높게 관여함
- 자신의 즐거움과 쾌락적 가치를 부여하는 제품에 대하여 더 높게 관여함
- 제품의 객관적 혜택과는 무관한 주관적 혜택이며 제품과 관련해서 높은 수준의 지각된 위험을 가짐
- 지각된 위험: 신체적 위험, 성능 위험, 심리적 위험, 사회적 위험, 재무적 위험, 시간손실 위험 등

③ 마케팅 요인: 광고, 판매촉진, 이벤트 등 마케팅 활동에 의해 영향을 받는 것

④ 상황적 요인: 동일한 제품과 서비스라 하더라도 상황에 따라 관여도에 차이가 나타나는 것

(10) 고객 세분화 유형의 분류

① 단일 기준
- 상품에 의한 세분화
- 연령에 의한 세분화
- 지역에 따른 세분화
- 구매액에 따른 세분화

② 다 기준
- REM에 의한 세분화
- RFM에 의한 세분화
- CLV에 의한 세분화

4 고객(소비자) 분석 기법

(1) 고객평생가치(CLV; Customer Lifetime Value)

① 의의
- LTV(Life Time Value)라고도 하며 '기업과 거래하는 기간 동안 고객에게서 얻는 수익 혹은 손실'을 의미함
- 한 고객으로부터 발생하는 모든 미래 수익의 현재가치를 의미하며 기업들은 현재의 고객 수에 기초하여 계산한 미래 수익의 현재가치를 통해 자사 가치의 적정성을 평가하고자 함

② 고객가치 파악을 위한 고려사항
- 활동 고객은 모두 몇 명인가?
- 고객 1인당 수익은 얼마인가?
- 고객유지 비율은 얼마나 되는가?
- 고객 1인당 수익의 증가율은 얼마인가?
- 신규고객 증가율은 얼마인가?

(2) RFM 분석법

고객이 언제 제품을 구입했는가(Recency; 구매시점), 얼마나 자주 제품을 구입하는가(Frequency; 구매빈도), 제품구입에 얼마나 사용했는가(Monetary; 구매금액)의 3가지 요소를 가지고 고객의 등급을 분석하는 방법이다.

(3) AIO 분석법

활동(Activities), 관심(Interests), 의견(Opinions)을 인구통계학적으로 파악하는 라이프스타일 측정 방법이다.

① 활동(Activities)
- 사람들이 자신의 일을 수행하고 여가를 보내는 활동
- 일, 취미, 사회적 사건, 휴가, 오락, 클럽회원, 지역사회, 쇼핑, 스포츠 등과 같이 명백한 행동에 관해 질문함
- 예 '나는 동일 상품을 반복해서 구입하는 편이다.'와 같은 문항을 주고 그 행동과 일치하는지 답하게 함

② 관심(Interests)
- 어떠한 사물과 사건 또는 화제에 대하여 특별하고 계속적인 주의를 부여하는 정도를 조사하는 것
- 예 주로 가족, 직업, 공동체, 패션, 대중매체, 성취도 등에 대한 관심을 조사함

③ 의견(Opinions)
- 어떤 질문이 제기되는 상황에 대하여 개인의 응답을 조사함
- 예 자기자신, 사회적 문제, 정치, 경제, 교육, 미래, 문화 등에 대한 의견을 질문함

SECTION 02 | 고객경험 이해 및 관리

1 고객경험 관리(CEM)의 이해

(1) 고객경험 관리(CEM)
제품이나 서비스에 대한 고객의 경험을 체계적으로 관리하는 프로세스이다. 기업이 고객의 제품 탐색에서 구매, 사용 단계에 이르기까지 모든 과정에 대한 분석과 개선을 통해 긍정적인 고객경험을 창출하는 것이다.

(2) CRM과 CEM의 차이

CRM: 고객 정보에 관심	CEM: 고객 감정에 관심
내부 지향적, 운영 지향적	고객중심적
기업이 목표에 초점, 마케팅 및 교차판매를 목적으로 고객정보를 수집, 분석	고객경험 향상을 위해 시스템과 기술 및 단순화된 프로세스 활용
기업이 고객에 대해 파악한 것을 찾아내어 활용	고객이 기업에 대해 느끼는 것을 파악
고객과의 상호작용 기록이 생긴 후 시작	'접점'에서 시작
교차판매를 유도하는 후행적인 성격	고객의 기대와 경험 간에 차이가 있는 곳에 제품이나 서비스를 위치, 판매하는 선행적 성격
판매 시점의 데이터, 웹사이트 클릭 자료, 자동화된 세일즈 추적 등을 통한 모니터링	설문, 관찰, 타깃 고객 조사, VOC

(3) 고객경험의 유형
슈미트가 제시한 경험적 마케팅의 전략적 모듈 기반이 되는 5가지 경험은 다음과 같다.

① 감각적 경험(Sense)
- 오감(시각, 청각, 촉각, 미각, 후각)을 통하여 소비자가 원하는 경험을 창출함
- 기업이나 브랜드 아이덴티티를 만들어 내고 유지하는 데 있어 가장 강력한 도구
- 예 기업과 브랜드명, 시각적인 상징, 컬러, 사운드, 슬로건 등

② 감성적 경험(Feel): 긍정적인 감정(저관여, 비내구적인 식료품 상표 또는 서비스, 산업용 제품 등)에서부터 즐거움과 자부심 같은 강한 감정에 이르기까지 영향을 주는 경험

③ 인지적 경험(Think)
- 창조적 인지력과 문제 해결의 경험을 만들어주려는 목적으로 지성에 호소함
- 인지는 놀라움, 호기심, 흥미를 통해서 고객이 수렴적 사고 또는 확산적 사고를 갖도록 함
- 인지 마케팅의 목적은 회사 및 상품의 가치 향상을 가져오는 정교한 사고방식에 고객들을 끌어들이는 것에 있음

④ 행동적 경험(Act): 육체적인 경험과 라이프스타일, 상호작용에 영향을 끼치는 것이 목표

⑤ 관계적 경험(Relate)
- 감각, 감성, 인지, 행동의 다른 네 가지 차원을 모두 포함함
- 인적이고 사적인 차원을 넘어 개인적 경험을 증가시키고 개인으로 하여금 이상적인 자아나 타인, 문화 등과 연결시켜 고객의 자기 향상 욕구를 자극함

2 경험 마케팅(슈미트)

(1) 경험 마케팅
고객의 경험 또는 체험에 중점을 두는 마케팅이며 슈미트가 제시한 경험유형을 마케팅 전략에 활용한다.

(2) 경험 마케팅의 특징
- 고객경험을 중시함
- 실제 소비상황에 대해 철저한 연구를 함
- 소비자들은 이상적일 뿐만 아니라 감성적 존재라고 가정함
- 경험 마케팅의 방법과 도구는 다양하고 다각적임

(3) 경험 제공의 7가지 수단

① 광고나 기업의 내·외부 커뮤니케이션 수단
- 광고나 기업의 내·외부 커뮤니케이션 수단들이 포함됨
- 예 기업 홍보물 자료, 팸플릿, 뉴스레터, 연차보고서, PR 캠페인 등

② 시각적·언어적 아이덴티티
- 감각, 감성, 인지, 행동, 관계 브랜드를 만들기 위해 사용함
- 예 이름, 로고, 그래픽 디자인 등

③ 제품의 외형을 이용한 경험 제공 수단: 제품 디자인, 포장 및 제품진열, 판매 시점 광고물에 사용되는 브랜드 캐릭터 등

④ 공동브랜딩(Co-branding) 경험 제공 수단: 이벤트 마케팅과 스폰서, 제휴, 공동경영, 라이센싱, 영화 속의 제품삽입(PPL), 생활협동조합, 캠페인 등의 유형

⑤ 경험 제공 수단 중 가장 포괄적인 형태의 공간적 환경: 소매공간

⑥ 웹사이트의 상호작용: 인터넷을 통한 통신, 상호작용, 구매경험을 변화시킴

⑦ 인적요소: 가장 강력한 경험 수단으로 영업사원, 판매사원, A/S 담당자, 기업·브랜드와 관련된 사람 등

(4) 고객경험 관리 5단계

1단계: 고객의 경험 분석	소비자의 사회·문화적 맥락이나 기업 고객의 사업 맥락을 주시함
2단계: 고객의 경험적 기반 확립	해당 상표가 주장하는 경험의 종류에 대한 위치화, 전달하려고 하는 가치제안 그리고 커뮤니케이션해야 할 전반적인 실행주제를 포함하는 전략을 수립함
3단계: 상표 경험 디자인	로고나 표식, 포장, 소매 공간의 모습과 느낌 그리고 광고, 카탈로그 및 온라인에 경험적인 플랫폼을 실행함
4단계: 고객 상호접촉 구축	• 대면접촉, 점포 내, 방문 판매, 호텔의 접수대, 웹사이트의 전자상거래 엔진 등 다양한 상황에서 이루어지는 극적이고 상호작용적인 고객 접점에서 경험적인 플랫폼을 실행함 • 다양한 상황에서 고객 인터페이스를 설계함
5단계: 끊임없는 혁신	신제품 개발, 고객을 위한 창의적인 마케팅 행사에서 경험적인 플랫폼을 실행함

(5) 고객경험 관리의 효과
- 고객 유지비용 절감
- 판매 수익 증대
- 고객 1인당 매출 증대
- 고객 유치로 이어짐
- 가격프리미엄 제공

3 고객가치

(1) 개념(자이다믈)
- 가치는 낮은 가격이다.
- 가치는 내가 어떤 제품에서 원하는 것이다.
- 가치는 내가 지불한 비용에 대해 얻는 품질이다.
- 가치는 내가 지불한 것에 대해 얻는 것이다.

(2) 특성
① 동적성: 동적 개념으로 시간에 따라 변하는 평가 기준과 소유과정에서 일어나는 변화를 강조함
② 주관성: 고객가치는 고객이 인식하고 느끼는 것으로 고객가치에 대한 평가는 고객 자신의 주관적인 판단기준임
③ 상황성: 고객의 가치에 대한 평가가 사용되는 특정 상황으로부터 그 영향을 쉽게 받음
④ 다차원: 고객 가치 구동 요인의 다양성과 단계성

(3) 구성요소
① 파라수라만과 그루얼(2000)의 구분

획득가치 (Acquisition Value)	금전적 비용의 희생을 통해 얻는 가치
거래가치 (Transaction Value)	거래를 통해 얻는 즐거움과 같은 감정
사용가치 (In-use Value)	제품이나 서비스의 효용성
상환가치 (Redemption Value)	거래 이후 장기간 제공되는 잉여가치

② 스위니와 수타르(2001)의 구분

감정적 가치	제품에서 제공받는 느낌이나 정서적인 측면에서 파생되는 가치
사회적 가치	사회적인 개념을 증대시키는 제품의 능력에서 파생되는 가치
비용대비 가격/가치	제품의 사용에 따른 시간 절약에서 오는 비용절감에 의한 가치
품질/성과	제품의 지각된 품질과 기대성과의 차이에서 파생되는 가치

4 고객가치의 측정

(1) SERV_PERVAL의 5차원(페트릭)
① 품질: 서비스에 대한 전반적인 우월성, 우수성에 관한 고객의 평가, 측정 항목
  예 신뢰성, 믿음성, 일치성, 우수한 품질
② 정서적 반응: 즐거움이라는 관점에서 기술되는 고객의 평가
  예 좋은 느낌, 즐거움, 행복감
③ 금전적 비용: 고객이 지불하는 비용에 대한 편익
  예 금전적 값어치, 적당한 가격, 좋은 구매, 공정한 가격
④ 행동적 비용: 서비스 획득 노력, 탐색시간, 비금전적 희생과 관련된 고객 평가
  예 이용 용이성, 에너지 소모, 접근성, 편리성, 노력소모
⑤ 명성: 공중들이 반복하여 접하게 되는 불완전한 정보에 대한 평가의 결과물
  예 좋은 평판, 높은 평가, 긍정적 생각, 높은 지위, 신망

(2) 고객가치 등식

$$가치 = \frac{고객에게\ 제시된\ 결과물 + 과정상의\ 품질}{서비스\ 가격 + 서비스\ 획득\ 비용}$$

① **고객에게 제시된 결과물**: 구매하려는 것은 결과이지 제품이나 서비스 그 자체는 아님
② **과정상의 품질(프로세스 품질)**: 전달되는 방식도 결과만큼 중요함

예)
- 신뢰성: 서비스 제공자는 약속한 것을 제공하였는가?
- 대응성: 서비스는 적절한 시간에 제공되었는가?
- 권위: 서비스 제공자는 전달과정 중에 고객에게 확신을 심어 주었는가?
- 감정이입: 서비스 제공자는 고객의 입장을 참작할 수 있었는가?
- 가시적 증거: 서비스가 실제로 수행되었다는 증거가 남아 있는가?

③ **가격과 획득비용**: 획득비용을 낮추는 방법이 고객에게 가치 있는 것으로 인식되면 보다 높은 서비스 가격을 책정할 수도 있음

(3) 고객가치의 제안

고객은 여러 개의 경쟁상품이 있다면, 총 제공물과 총 비용의 차이 또는 비율을 따져본 후 가장 매력적인 가치를 제공하는 공급자를 선택한다. 이때 고객에게 제시하는 것이 바로 가치제안이다. 잠재 고객들에게 자사의 제품이나 서비스가 어떤 가치를 줄 수 있는지, 왜 경쟁사가 아닌 자사를 선택해야 하는지에 대한 주장을 정리해 놓은 지침으로, 자사 제품을 이용했을 때 얻을 수 있는 혜택을 요약한 표나 쪽지 정도로 해석할 수 있다.

(4) 고객가치지수(CVI; Customer Value Index)

① **의의**
- 고객가치 경영을 위해서는 현재 고객가치 수준을 측정하고 고객가치에 핵심적으로 영향을 주는 요소를 발굴해 경쟁력을 높일 수 있는 새로운 가치제안을 제공해야 함
- 고객가치를 파악하고 경영하게 되면 고객이 무엇에 더 가치를 두고 있는지를 알 수 있기 때문에 전략적인 의사결정을 할 수 있게 됨
- 구매동기와 재구매의 원인에 결정적인 영향을 미치는 요소들에 집중적인 투자와 자원을 할당하여 성과를 높일 수 있음
- 투입된 가격(Price) 대비 획득된 효용(Utility)의 크기를 측정하여 산출하며 고객이 제품을 구매하고 사용하면서 어떤 요소에 더 가치를 두는지 파악할 수 있음

② **측정단계**

1단계	고객니즈 수집 및 분석
2단계	고객가치 요소 발굴
3단계	추출된 고객가치 요소를 활용한 리서치 시행
4단계	고객가치 측정 모델에 의해 현재의 가치 수준을 측정하고 핵심가치(Core Value)를 추출
5단계	4단계를 바탕으로 고객가치 콘셉트 도출
6단계	고객가치 향상을 위한 전략과제 도출

■ SECTION 03 | 서비스 유통관리

1 서비스 수요관리

(1) 수요조절 전략(마케팅 믹스 요소)
- 가격 전략
- 서비스 상품의 다양화
- 서비스 제공 시간대와 장소의 조정
- 촉진(커뮤니케이션)

(2) 수요 재고화 전략
- 예약시스템 활용
- 대기 시간 관리

2 서비스 공급관리

(1) 공급능력과 수요를 일치시키는 전략(가용능력균형 전략)
- 수요를 공급능력에 맞추기
- 서비스 제공물 변경하기
- 고객과 의사소통하기
- 서비스 제공시간 변경하기
- 가격 차별화하기

(2) 수요이동 전략

너무 많은 수요	• 커뮤니케이션을 통해 혼잡한 날짜와 시간을 알림 • 애호고객을 우선적으로 고려 • 피크타임을 알려주고 평상시 이용의 편익을 알림 • 할인 없이 정상요금 적용
너무 적은 수요	• 기존 고객의 이용 증대를 위해 세일, 광고 사용 • 새로운 세분시장에 어필하기 위한 서비스 제공물 변경 • 운영시간 조정 • 고객이 있는 곳으로 서비스 이동

(3) 수요 변동에 맞춘 공급능력 조정

너무 많은 수요	• 시간, 인력, 시설, 장비의 확장 • 다양한 직무 훈련 • 고객참여 확대 • 파트타임 직원 활용 • 시설을 임차하거나 공유 • 장비를 임대하거나 공유 • 하청 또는 아웃소싱(Out Sourcing)
너무 적은 수요	• 시설 장비 유지관리 및 개보수 • 종업원 휴가 또는 교육 • 종업원 감원 또는 해고 • 과잉설비 매각

3 서비스 상품관리

(1) 서비스 상품의 구성

① 핵심 서비스
- 고객의 기본적인 욕구인 핵심가치를 충족하기 위한 서비스
- ㉮ 항공사의 상품운송, 병원의 질병치료, 컴퓨터 회사의 컴퓨터 수리

② 보조 서비스
- 핵심 서비스의 이용을 편리하게 하거나 그 내용을 확장 또는 강화시키는 서비스로 고객이 필요로 하는 정보 제공, 문제 해결을 위한 자료 제공 등 다양한 서비스 활동을 포함
- ㉮ 스마트폰 이용 시 부가적으로 제공되는 문자메시지, 음성사서함, 인터넷 접속, 대금 결제 등

(2) 보조 서비스의 유형 8가지(러브락)

정보 요소	핵심 서비스 및 보조 서비스에 대한 안내, 서비스 제공장소, 영업시간, 가격, 사용 방법, 판매 조건, 예약확인, 계산내역서, 영수증 등
자문/상담 요소	서비스 사용에 관한 지도·교육·훈련, 경영기법 및 기술자문, 개인적 상담·조언·충고·감사 등
주문접수 요소	서비스 신청, 주문처리, 예약 등
접대/확대 요소	정중한 고객맞이, 음료제공, 대기시설의 쾌적함, 교통수단, 안전, 배려 등
안전유지 요소	구매상품·임대물에 대한 배려(포장, 배달, 설치, 청소, 수선, 정비, 사용시설 안내 등), 동행한 사람 또는 사물에 대한 배려(유아, 애완동물, 짐, 자동차 주차) 등
예외사항 요소	특별 주문(어린이나 의료적 요구), 종교적 준수사항, 기타 표준 서비스 외의 요구, 특별한 커뮤니케이션(불평, 제안, 칭찬), 문제해결, 보상 등
대금청구 요소	정확하고 명료한 청구서 발송 및 제시, 서비스 이용내역과 산출금에 대한 구두 설명, 고객 자신의 계산에 의한 청구, 전산 처리된 영수증 발급 등
지불 요소	셀프서비스(동전이나 신용카드 삽입, 전자결제 등), 직접 지불(현금, 수표, 신용카드, 쿠폰 등), 예금계좌 자동이체(신용카드, 인터넷뱅킹, ATM) 등

(3) 서비스 상품의 분류(고객관점에 의한 분류)

① 편의적 서비스 상품
- 소비자가 최소한의 시간이나 노력만으로 습관적으로 자주 구매하는 저가의 서비스 상품
- 고객이 구매할 때 느끼는 위험의 정도가 매우 낮음
- 고객의 관여도가 매우 낮은 편
- 소비자는 정보탐색에 많은 노력을 기울이지 않기 때문에 편리한 위치의 점포를 선택함
- ㉮ 우편 서비스나 필름현상소, 세탁서비스 등

② 선매 서비스 상품
- 소비자가 원하는 서비스를 얻기 위해 경쟁 서비스와 품질, 가격 등을 비교하여 구매노력을 들인 후 구매하는 상품
- 사회적, 심리적으로 중요하게 인식하는 경우가 많아 소비자들은 편의서비스 상품에 비해 구매위험을 높게 인식함
- ㉮ 치과, 미용실, 식당 등

③ 전문 서비스 상품
- 서비스가 가지는 차별적이고 전문적인 성격으로 인해 고객은 특정 서비스를 구매하기 위해 적극적으로 노력함
- 구매위험이 매우 크고, 관여도가 매우 높음
- 가격에 대해서는 비탄력적인 경우가 많음
- ㉮ 특정 가수의 콘서트, 법률 서비스, 경영 컨설팅 등

4 브랜드, 상표

(1) 상표
특정 기업의 제품이나 서비스임을 확인하고 경쟁사와 구별하기 위해 사용하는 명칭, 슬로건, 디자인 등을 의미한다.

(2) 서비스 상표의 요건

요건	특징
독특성 (Distinciveness)	• 경쟁사의 것과 명백히 구분되어야 함 • 구체적이며 기업의 특성이 잘 드러나야 함
관련성 (Relevance)	• 서비스의 속성이나 효익을 가지고 있어야 함 • 서비스의 혜택과 성격이 잘 드러나도록 하여 고객에게 기업을 적절하게 포지션하고 확인할 수 있어야 함
기억용이성 (Memorability)	• 발음하기 쉽고 쓰기 쉬우며 기억하기 용이해야 함 • 독특함, 간결성, 단순성을 갖추어야 함
유연성 (Flexibiliy)	불가피한 전략변화에 순응할 수 있어야 함

5 서비스 가격 책정

(1) 서비스 가격과 재화 가격의 차이점

① 고객의 준거가격의 차이
- 준거가격은 제품이나 서비스에 대해 고객이 기억하는 가격으로 최근에 지불한 가격, 가장 자주 지불하는 가격, 유사한 제공물에 지불한 가격의 평등 등으로 구성됨
- 서비스는 무형성과 기업별 제공 방식의 다양성으로 가격구조가 매우 복잡하여 고객이 서비스에 대한 정확한 준거가격을 갖지 못함

② 비금전 비용의 역할
- 고객이 서비스를 구매할 때 시간비용, 탐색비용, 불편비용, 심리적 비용 등이 고려되며 이는 금전적 가격보다 더 중요하게 작용함
- 고객은 품질을 단서로 가격을 지불하는데 가격이 너무 낮으면 품질을 의심하고 너무 높으면 저항을 초래할 수 있음

(2) 서비스 가격 전략

① 가격차별화 전략
- 시간: 서비스의 이용시간대나 구매시간대에 따라 수요가 다를 때 가격 차별화
- 고객: 고객의 연령, 직업, 회원 여부 등에 따른 차별화
- 장소: 서비스 제공장소에 따라 가격을 달리함
- 구매량: 서비스 구매량에 따라 가격을 달리함

② 묶음가격 전략
- 순수묶음가격: 개별적 구매가 불가능하며 패키지로만 구매 가능함
- 혼합묶음가격: 서비스를 패키지로 할인가에 구매가 가능하며 개별적으로도 구매 가능함

③ 복수이용 할인제도: 기존 고객의 반복 구매 자극, 신규 고객 유인을 위해 복수 이용객 할인 전략을 사용함

④ 심리적 가격 전략
- 품위가격: 고가 정책을 구사함
- 단수가격: 1,000원을 970원에 판매함
- 가격단계화: 가장 잘 팔리는 가격 범위나 가격대를 정하고 그 범위 내에서 몇 개의 가격 단계로 구분함
- 유인가격: 소비자의 반응을 유도하기 위한 목적으로 특정 품목을 매우 저렴하게 책정함

(3) 기타 가격 전략

① 선도가격: 미끼상품을 통해 보완상품의 판매를 활성화시키는 가격 전략

② 상충흡수가격 전략
- 제품 도입 초기에 고가로 설정하여 고소득층을 흡수한 후, 점차 가격을 하락시켜 중류 및 하류 소득층에게 판매하는 전략
- 투자액을 조기에 회수할 목적이거나 수요의 가격탄력도가 낮은 제품인 경우, 대량생산이 어려운 경우, 고(高)가격이 정당하게 받아들여지는 경우, 서비스의 법적 보호 또는 기타 이유로 경쟁사가 참여하기 어려운 경우에 해당하는 전략

③ 시장침투가격: 처음에는 낮은 가격으로 시장에 진출하여 짧은 시간에 시장 점유율을 확보한 후 점차 가격을 조정하는 전략

④ 팽창가격: 세일 등에서 가격의 범위만 정하는 마케팅

⑤ 로스 리더(Loss Leader)
- 고객을 유인하기 위해 원가 이하 또는 시중가보다 훨씬 저렴하게 판매하는 상품으로 '미끼상품, 유인상품' 등으로도 불림
- 손해를 보더라도 다른 고수익 상품의 구매를 유도해 전체 매출을 높이려는 가격책정 전략

6 서비스 보증(Guarantee)

(1) 서비스 보증
기업이 제공하기로 한 제품을 약속하겠다는 서약 또는 확신으로 이를 지키지 않을 경우 기업은 어떤 형태로든 배상을 하겠다는 의미이다.

(2) 서비스 보증의 편익
- 좋은 보증은 기업으로 하여금 고객에게 초점을 맞추게 함
- 효과적 보증은 조직에 명쾌한 기준을 제시함
- 좋은 보증은 고객으로부터 대표성 있는 피드백을 유도함
- 보증이 필요할 때가 기회가 됨
- 보증으로 발생한 정보는 추적할 수 있고 지속적인 개선의 노력에 통합될 수 있음
- 보증은 결과적으로 종업원 사기 및 고객 애호도를 강화시킬 수 있음
- 고객에 있어 보증은 위험을 감소시키고 조직에 대한 신뢰를 구축함

■ SECTION 04 | 마케팅 성과관리

(1) 성과관리의 개념
조직이 기대하는 목표를 달성하는 것을 목적으로 하는 경영관리체계이며 명확한 지표와 목표를 가지고 성과를 개선하기 위한 지속적인 과정을 의미한다.

(2) 성과관리의 목적
- 회사, 사업본부, 부서, 개인의 목표를 연계한 회사의 전략 실행
- 회사의 성과달성에 필요한 직원의 지식, 기술 및 행동양식 확보
- 회사가 직원에게 기대하는 성과목표와 역량수준에 대한 지속적인 의사소통
- 회사 및 개인의 성과향상에 대한 책임을 평가자와 피평가자가 공유
- 직원의 공헌 내용을 평가하여 Total Reward 개념으로 보상

(3) 성과관리의 필요성
① 회사의 이익
- 조직의 목표 공유
- 성과에 대한 명확한 보장
- 역량 개발의 책임
- 코칭의 의무
- 커뮤니케이션 및 방향성
- 비즈니스 선택과 집중

② 개인의 이익
- 목표달성에 대한 동기유발
- 성과와 역량에 따른 합리적이고 공정한 보상
- 개인의 기여도
- 상위 직급과의 쌍방향 커뮤니케이션 활성화
- 업무 목표 및 역량개발 체계화

(4) 성과관리의 내용
- 목표와 전략에 입각한 사업계획과 업무 관리
- 기관 활동의 성과에 대한 종합적이고 다양한 평가
- 결과 측면에 초점을 둔 성과평가와 관리
- 성과정보의 광범위한 활용(기관운영의 기초로 성과정보 활용)
- 관리수단과 요소에 대한 자율권 확대

(5) 성과관리의 3단계
① 성과기획 단계
- 개개인의 역할과 책임 규명
- 성과목표가 설정되어 이를 측정할 지표 개발

② 성과코칭 단계
- 업무수행에 대해 모니터링하여 코칭과 피드백 제공
- 수행을 위한 지속적인 코칭과 카운슬링의 제공 필요

③ 성과리뷰/성과검토 단계
- 성과목표에 대비하여 달성된 성과 결과를 평가
- 직무 충실화, 교육훈련, 카운슬링, 지도 등 필요

제2과목 CS 전략론

CHAPTER 01 서비스 기법

01 서비스 청사진의 작성 목적에 해당하지 <u>않는</u> 것은?
① 전반적인 효율성과 생산성을 평가하기 위해
② 서비스의 복잡한 이해관계를 재인식하기 위해
③ 기업에서 직원의 역할과 책임을 규정하기 위해
④ 미처 공유되지 못한 서비스 비전의 개발을 위해
⑤ 개발하려는 프로세스에서 서비스 청사진의 개념을 명확하게 하기 위해

01 ▪ SECTION 01
청사진은 공유된 서비스 비전의 개발을 목적으로 한다.
정답 ④

02 서비스 모니터링의 구성요소 중 다음 〈보기〉의 (   ) 안에 들어갈 내용으로 올바른 것은?

보기
(   )(이)란 가치 있는 정보를 확보하고 활용하기 위한 전 단계라고 할 수 있으며, 궁극적으로 조직과 고객에게 영향을 줄 수 있어야만 가치를 발휘하게 된다.

① 기능성
② 접촉성
③ 융통성
④ 유용성
⑤ 보상성

02 ▪ SECTION 02
유용성이란 가치 있는 정보를 확보하고 활용하기 위한 전 단계라고 할 수 있으며, 궁극적으로 정보는 조직과 고객에게 영향을 줄 수 있어야만 가치를 발휘하게 된다.
정답 ④

03 'VOC(Voice Of Customer)'의 장점에 대한 설명으로 올바르지 <u>않은</u> 것은?
① 고객과의 관계를 개선하고 유지할 수 있다.
② 고객의 요구와 기대의 변화를 파악할 수 있다.
③ VOC를 통해 예상 밖의 아이디어를 얻을 수 있다.
④ 표준화된 서비스 응대로 고객의 기대를 충족시킬 수 있다.
⑤ CRM을 통해 수집된 제한적인 데이터의 범위 안에서 최대한의 효율적 분석으로 고객의 잠재된 성향을 파악할 수 있다.

03 ▪ SECTION 02
VOC는 고객과의 커뮤니케이션을 통하여 CRM의 한계를 극복하여 데이터를 통한 분석이 아닌 고객의 실제 성향 파악을 가능하게 한다.
정답 ⑤

04 '고객의 소리(VOC)' 성공을 위한 방안이 아닌 것은?

① 제품 및 서비스의 전 수명과 주기에 걸쳐 VOC를 적극적으로 추구한다.
② 현장에서 발생된 VOC는 접수하는 즉시 기록한다.
③ 자료에 대한 통계보고서를 작성하여 추세를 파악하고 점검한다.
④ 서비스 혁신에 도움을 주는 VOC에 대하여 보상 제도를 구축한다.
⑤ 효과적인 VOC 운영을 위해 이로 인해 발생된 조직의 변화는 평가대상에서 제외하여야 한다.

04 ▪ SECTION 02
VOC로 인해 발생한 조직의 변화를 평가해야 한다.

정답 ⑤

05 '미스터리 쇼핑(Mystery Shopping)'의 목적 및 필요성에 대한 내용으로 올바르지 않은 것은?

① 고객 서비스 현황 및 환경에 대한 평가 진단을 목적으로 한다.
② 지속적이고 체계적으로 고객 서비스 수준을 관리하고 서비스 표준을 강화하는 데 매우 효과적인 방법이라 할 수 있다.
③ 조사 리스트를 바탕으로 마케팅 전략을 수립하는 것이다.
④ 일반적으로 조직 및 인사관리 실태, 고위 임원진의 업무수행실적 등을 중심으로 모니터링이 이루어진다.
⑤ 서비스 제공 실패를 파악하고 개선과 보완점을 발견하여 서비스 표준을 마련하는 것이다.

05 ▪ SECTION 02
일반적으로 미스터리 쇼핑은 운영 및 시설의 실태, 종업원의 업무수행능력 등을 중심으로 모니터링이 이루어지고 있다.

정답 ④

06 MOT 사이클 차트 분석 단계 중 다음 〈보기〉의 (   ) 안에 들어갈 내용으로 올바른 것은?

┤보기├
• 1단계: (   )
• 2단계: 고객 접점 설계
• 3단계: 고객 접점 사이클 세분화
• 4단계: 고객 접점 시나리오 만들기
• 5단계: 구체적인 서비스 표준안으로 행동하기

① 수익성 예측지표 작성
② 구체적 포지셔닝 전개
③ 서비스 접점 진단
④ 경쟁시장의 지속적 관여
⑤ 고객의 문제해결 능력 배양

06 ▪ SECTION 03
MOT 사이클 차트 분석 단계 중 1단계는 서비스 접점 진단하기(하드웨어, 소프트웨어, 휴먼웨어)이다.

정답 ③

07 서비스 표준안 작성 시 고려해야 할 사항이 아닌 것은?

① 고객의 요구를 바탕으로 작성되어야 한다.
② 서비스 표준은 관찰이 불가능한 부분까지 최대한 고려해야 하고 주관적 견해에 따라 측정 가능해야 한다.
③ 업무 명세와 수행 개요를 명문화한다.
④ 경영진과 직원, 고객의 요구에 대한 상호이해가 바탕이 되어야 한다.
⑤ 전반적인 표준으로 경영진을 포함해 조직 내 모든 구성원들이 받아들여야 한다.

07 ■ SECTION 03
서비스 표준은 관찰 가능하고 객관적으로 측정 가능해야 한다.
정답 ②

CHAPTER 02 마케팅 전략과 서비스 차별화

08 마케팅 개념의 흐름과 관련해 소비자의 선택 기준이 품질, 성능 및 혁신적인 특성에 있다고 가정하고 '마케팅 근시안(Marketing Myopia)'을 초래할 가능성이 높은 마케팅 개념은?

① 자원 개념
② 제품 개념
③ 투자 개념
④ 관리 개념
⑤ 가치 개념

08 ■ SECTION 01
마케팅 개념의 흐름 중 '제품 개념'은 조직체가 지속적인 제품 개선에 힘써야 한다는 것으로, 마케팅 근시안을 초래할 가능성이 있다(레빗에 의해 주창된 개념).
정답 ②

09 SWOT 분석에 의한 마케팅 전략 중 약점을 극복함으로써 시장의 기회를 활용하는 전략 유형은?

① W-O 전략
② W-T 전략
③ S-O 전략
④ S-T 전략
⑤ S-W 전략

09 ■ SECTION 01
W-O 전략은 우회, 개발 전략으로, 약점을 보완하여 기회를 살리는 전략이다.
정답 ①

10 SWOT 분석 단계 중 내적 환경 분석과 관련해 내부 강점 요인이라 판단할 수 있는 근거에 해당하는 것은?

① 뒤떨어진 기술
② 무능한 관리자
③ 낮은 연구개발비
④ 높은 시장 점유율
⑤ 경쟁력 없는 기획팀

10 ■ SECTION 01
내부 강점 요인이라 판단할 수 있는 근거에는 우월한 제조기술, 능력 있는 종업원 보유, 높은 시장 점유율, 탄탄한 마케팅 조직, 원활한 자금 조달, 고객의 높은 충성도가 있다.
정답 ④

11 소비재 시장에서 가능한 시장 세분화 방법 중 지리적 변수에 해당하는 것은?

① 세대
② 종교
③ 인구밀도
④ 교육수준
⑤ 상표 충성도

11 ■ SECTION 01
지리적 변수에는 국가, 도시/농촌(인구밀도), 기후 등이 있다.

정답 ③

12 표적시장 선정을 위한 표적 마케팅 활동 중 '집중화 전략'에 대한 설명으로 올바르지 않은 것은?

① 기업의 자원이 제한되어 있지 않을 경우 주로 사용되는 방법이다.
② 소수의 작은 시장에서 높은 시장점유율을 달성하기 위한 전략이다.
③ 소비자의 기호나 구매행동 변화에 따른 위험을 감수해야 할 수도 있다.
④ 자사보다 큰 경쟁자가 동일 시장에 진입할 경우 시장성을 잃을 수도 있다.
⑤ 기업의 목표 달성에 가장 적합한 하나 또는 소수의 표적시장을 선정하여 마케팅 활동을 집중하는 전략을 말한다.

12 ■ SECTION 01
집중화 전략은 기업에 자원이 제한되어 있는 경우에 주로 사용되는 방법이다.

정답 ①

13 표적시장 선정과 관련해 다음 〈보기〉의 내용에 해당하는 마케팅 전략은?

┤보기├
• 기업의 목표 달성에 가장 적합한 하나 또는 소수의 표적시장을 선정하여 마케팅 활동을 집중하는 전략이다.
• 기업의 자원이 제한되어 있을 때 주로 사용된다.

① 실천화 전략
② 집중화 전략
③ 기술화 전략
④ 차별화 전략
⑤ 무차별화 전략

13 ■ SECTION 01
집중화(Concentrated) 전략은 세분시장 분석을 통해 기업의 목표 달성에 가장 적합한 하나 또는 소수의 표적시장을 선정하여 마케팅 활동을 집중하는 전략으로, 기업에 자원이 제한되어 있는 경우에 주로 사용되는 방법이다. 큰 시장에서 낮은 시장점유율을 누리기보다는 소수의 작은 시장에서 높은 시장점유율을 누리기 위한 방법이다.

정답 ②

14 '아커'와 '산비'가 제시한 포지셔닝 전략 수행절차 6단계 중 〈보기〉의 (　) 안에 들어갈 내용으로 올바르지 않은 것은?

┌─보기─────────────────────────────┐
• 1단계: (　가　) 확인
• 2단계: (　나　) 인식 및 평가 분석
• 3단계: 경쟁 기업과 제품 시장에서의 포지셔닝 결정
• 4단계: (　다　) 분석 수행
• 5단계: (　라　) 의사결정
• 6단계: (　마　)
└──────────────────────────────────┘

① (　가　) 경쟁자
② (　나　) 소비자
③ (　다　) 소비자
④ (　라　) 포지셔닝
⑤ (　마　) 모니터링

14 ▮ SECTION 01
포지셔닝 전략 수행절차 6단계 중 2단계는 '경쟁자 인식 및 평가 분석'이다.
정답 ②

15 확장된 마케팅 믹스 '7Ps' 중 시설 설계, 장비, 환경, 직원 복장 등에 해당하는 요인은?
① People
② Product
③ Process
④ Promotion
⑤ Physical Evidence

15 ▮ SECTION 01
7Ps 중 Physical Evidence에는 시설 설계, 장비, 환경, 직원 복장, 기타 유형적 단서(보고서, 명함, 연설문, 보증), 계산서가 해당된다.
정답 ⑤

16 틈새시장(Niche Marketing)에 대한 설명으로 올바르지 않은 것은?
① 기업 환경 속에서 자사의 최적의 위치를 추구하기 위한 전략이다.
② 소규모의 시장에 대하여 특화된 상품을 가지고 시장 영역을 만드는 전략이다.
③ 틈새 마케팅의 핵심은 표준성, 분산성, 투명성에 있다.
④ 틈새시장은 시장 세분화의 개념보다 더욱 세분화된 개념이라 할 수 있다.
⑤ 다른 기업에서 손대지 않는 잠재성이 있는 시장으로 경쟁 기업이 진입하기 전까지 독점을 유지할 확률이 높다.

16 ▮ SECTION 01
틈새 마케팅의 핵심은 차별화, 전문화, 집중화이다.
정답 ③

17 '서비스 패러독스(Service Paradox)'의 발생 원인 중 '기술의 복잡화'에 대한 설명에 해당하는 것은?

① 인간을 기계의 부속품 정도로 취급하여 인간 존엄성이 무시되는 현상이 발생하였다.
② 인력확보가 힘들어짐에 따라 충분한 교육훈련 없이 종업원을 채용하는 문제가 발생하였다.
③ 획일적인 서비스를 제공하고 상황에 따라 유연하게 대응하지 못하며 경직되는 위험을 지니고 있다.
④ 손쉽게 인근 업소에서 수리받던 시대는 지나가고 이제 고객이 멀리까지 가서 기다려야 하는 시대가 되었다.
⑤ 종업원의 자유재량이나 서비스의 기본이 되는 인간적 서비스가 결여되어 서비스 빈곤이라는 인식을 낳게 되었다.

17 ■ SECTION 02
①은 인간성 상실, ②는 종업원 확보의 악순환, ③은 서비스의 동질화, ⑤는 서비스의 표준화에 대한 설명이다.
정답 ④

18 서비스 실패에 대한 일반적인 개념이 <u>아닌</u> 것은?

① 책임소재와는 무관하게 서비스 과정이나 결과에 있어서 무엇인가 잘못된 것을 의미한다.
② 서비스 과정이나 결과에 대하여 서비스를 경험한 고객이 좋지 못한 감정을 갖게 되는 것이다.
③ 고객이 지각하는 허용영역 이하로 떨어지는 서비스 성과를 의미한다.
④ 천재지변과 같은 불가항력적 문제 역시 서비스 제공자의 과실로 보는 것을 말한다.
⑤ 서비스 경험이 심각하게 떨어지는 서비스 결과를 초래하는 것이다.

18 ■ SECTION 03
베리, 레너드, 파라수라만의 정의에 따르면 서비스 실패란 책임이 분명한 과실로 인하여 초래된 서비스 과정이나 결과에 대한 과실로 천재지변과 같은 불가항력적 문제는 서비스 제공자의 과실이 아니므로 서비스 실패가 아니다.
정답 ④

19 '수잔 키비니' 교수가 제시한 서비스 전환 유형 중 사기 또는 강매(强賣), 안전상의 문제, 이해관계 대립 등에 해당하는 것은?

① 윤리적 문제
② 비자발적 전환
③ 핵심 서비스 실패
④ 서비스 실패 반응
⑤ 서비스 접점 실패

19 ■ SECTION 03
윤리적 문제에는 속임수, 안전상의 문제, 강압적 판매, 이해관계 대립이 해당된다.
정답 ①

20 서비스 회복(Service Recovery)에 대한 설명으로 올바르지 않은 것은?

① 서비스 회복은 서비스 실패에 대응하여 조직이 취하는 일련의 조치, 즉 불만을 해소하기 위한 체계적인 활동을 말한다.
② 서비스 회복의 핵심은 불평하는 고객뿐만 아니라 불만을 표현하지 않는 고객까지도 사전에 조사하여 서비스 접점의 문제점을 해결하는 것이다.
③ '그렌루스'는 서비스 회복에 대하여 "부정적 불일치로 인해 발생되는 서비스 실패는 결국 고객 불만족으로 이어지므로 적절한 서비스 회복을 통해 불만족한 고객을 만족한 상태로 회복시킬 수 있다."라고 주장하였다.
④ 서비스 회복이 제대로 이루어지지 않을 경우 고객이 이탈하게 되고 다른 사람들에게 부정적 구전을 전할 수도 있다.
⑤ 서비스 회복 노력을 서두르지 않을 경우 고객의 마음에 다시 한 번 실패를 가져오는 '이중일탈 효과(Double-Deviation Effect)'가 발생할 수 있다.

20 ▪ SECTION 03
이중일탈 효과(Double-Deviation Effect)는 회복 노력을 서둘러 실제로 고객의 마음에 다시 한 번 더 서비스 실패를 가져오는 상황을 의미한다.

정답 ⑤

21 서비스 실패 처리에서 고객이 기대하는 공정성 유형 중 다음 〈보기〉의 설명에 해당하는 것은?

┌ 보기 ┐
고객의 서비스 실패에 대한 유형적 보상을 의미하는 것으로 교환 및 환불, 가격할인, 쿠폰 제공 등에 해당된다.
└─────┘

① 절차 공정성
② 조사 공정성
③ 비교 공정성
④ 분배 공정성
⑤ 상호작용 공정성

21 ▪ SECTION 03
분배적 공정성(Distributive Fairness)은 고객이 얻게 되는 결과 또는 산출을 통하여 공정성 수준을 평가하며 고객이 불만 수준에 맞는 보상을 기대하는 것으로 금전적 보상, 차후 무료서비스 제공, 가격할인, 수리 및 교환의 형태가 있다.

정답 ④

CHAPTER 03 서비스 차별화 사례연구

22 고객인지 가치와 관련해 '세스(Sheth), 뉴먼(Newman), 그로스(Gross)'가 제시한 5가지 가치 유형 중 제품 소비의 특정 상황과 관련된 가치 유형은?

① Social Value
② Epithetic Value
③ Functional Value
④ Emotional Value
⑤ Conditional Value

22 ▪ SECTION 01
상황가치(Conditional Value)는 제품 소비의 특정 상황과 관련된 가치이다.

정답 ⑤

23 고객인지 프로그램의 활용에 따른 장점에 대한 설명으로 올바르지 않은 것은?

① 고객에게 차별화된 서비스를 제공하고 고객의 행동을 예측할 수 있다.
② 서비스 기업은 고객 각자의 개인 취향에 맞는 서비스를 제공할 수 있다.
③ 고객 정보파일은 관계 마케팅을 수행하는 데 있어 여러 가지 측면에서 기초가 된다.
④ 고객과의 원활한 의사소통을 가능하게 해주며 기존 고객 유지의 측면이 아닌 잠재 고객 확보를 기본으로 하고 있다.
⑤ 서비스 기업에서 가장 중요한 고객을 파악하여 적절한 제품이나 서비스를 적시에 제공할 수 있으므로 효율적인 마케팅 활동을 가능하게 한다.

23 ■ SECTION 01
기업에서 고객인지 프로그램은 고객과의 원활한 의사소통을 가능하게 해주며 마케팅의 기본교리인 기존고객을 유지하는 것을 기본으로 한다.

정답 ④

24 '서비스 수익체인(Service Profit Chain)'을 이용하여 기업의 핵심 역량을 향상시키고 운영 단위를 지속적으로 관리하기 위해 고려해야 할 사항이 아닌 것은?

① 내부적 성공 사례에 대한 정보 공유
② 성과 향상을 위한 행동 지침의 설계
③ 성과 측정을 위한 균형점수카드 개발
④ 개별 영업 단위에서 결과에 대한 커뮤니케이션
⑤ 외부 경쟁자 성공 사례에 대한 회피 전략 수립

24 ■ SECTION 02
서비스 수익체인을 관리하기 위해서는 내부적 성공 사례에 대한 정보를 공유하는 등 조직의 내부 역량 강화에 초점을 두어야 한다.

정답 ⑤

25 서비스 전달 시스템의 종류 중 '고객화 위주의 서비스 전달 시스템'에 대한 설명으로 올바르지 않은 것은?

① 1회성의 비(非)반복적인 사업에 많이 쓰이는 서비스 전달 시스템이다.
② 고객의 욕구가 서로 다양하고 다르다는 점에 착안하여 서비스 전달 시스템을 설계한다.
③ 기능 위주의 전달 시스템보다 폭넓은 업무를 수행할 수 있다.
④ 일관되고 표준화된 서비스를 제공하기 어렵다.
⑤ 다양한 고객의 욕구를 충족시킬 수 있다.

25 ■ SECTION 02
①은 프로젝트 위주의 서비스 전달 시스템에 대한 설명이다.

정답 ①

26 프로젝트 위주의 서비스 전달 시스템의 설계가 필요한 업종과 관련이 깊은 것은?

① 병원
② 미용실
③ 건강검진
④ 숙박시설
⑤ 한일월드컵

26 ▎SECTION 02

프로젝트 위주의 서비스 전달 시스템은 보편적으로 사업 규모가 크고, 기간이 길며, 사업 내용이 복잡하고, 1회성으로 비반복적인 사업에 적합한 시스템이다. 사례로 2002 한일월드컵, 신공항건설, 경영컨설팅 등이 있다.

정답 ⑤

27 다음 〈보기〉의 내용 중 '필립 코틀러'가 제시한 5가지 제품 품질 차원을 찾아 모두 선택한 것은?

┤보기├
가. 확장 제품   나. 핵심 이점   다. 잠재적 제품
라. 기본적 제품 마. 복합적 제품

① 가, 나, 다
② 가, 나, 다, 라
③ 가, 나, 다, 라, 마
④ 나, 라, 마
⑤ 나, 다, 라, 마

27 ▎SECTION 03

필립 코틀러(Philip Kotler)가 제시한 5가지 제품 품질 차원은 핵심 이점(Core Benefit), 기본적 제품(Basic Product), 기대하는 제품(Expected Product), 확장 제품(Augmented Product), 잠재적 제품(Potential Product)이다.

정답 ②

28 '레빗(Levitt)'이 제시한 3가지 제품 차원 중 구매자가 실물적 차원에서 인식하는 수준의 제품으로 핵심 제품에 포장, 상표, 스타일, 기타 속성 등이 가미된 형태의 제품 차원은?

① 실체 제품
② 선택 제품
③ 본원 제품
④ 확장 제품
⑤ 핵심 제품

28 ▎SECTION 03

실체(유형) 제품(Tangible Product)은 구매자가 실물적 차원에서 인식하는 수준의 제품으로 핵심 제품에 포장, 상표, 스타일, 기타 속성 등이 가미된 형태의 제품이다.

정답 ①

29 제품 차별화 요소 중 생산된 모든 제품 단위가 일관되게 만들어졌으며 또한 약속한 목표 규격명세를 충족시키는 정도에 해당하는 것은?

① 유통 품질
② 보상 품질
③ 적합성 품질
④ 기능적 품질
⑤ 마케팅 품질

29 ▎SECTION 03

적합성 품질(Conformance Quality)은 생산된 모든 제품 단위가 일관되게 만들어졌으며 또한 약속한 목표 규격명세를 충족시키는 정도를 의미한다.

정답 ③

30 의료기관의 경제적 특징에 대한 설명으로 올바르지 <u>않은</u> 것은?

① 국민의 건강한 삶을 위해 필요한 다양한 요소 중 건강의 증진, 질병 예방 및 치료 등의 보건의료 분야가 필수적인 요소로 인식되었다.
② 일반적인 상품에 대한 수요는 소비자의 구매의지에 의해 결정되지만 의료에 대한 수요는 질병이 발생해야 나타나기 때문에 예측이 매우 어렵다.
③ 개인이나 기업의 소비 및 생산 활동이 다른 개인이나 기업의 효용과 이윤에 영향을 미치지 않는 내부 효과가 존재한다.
④ 많은 사람들이 같은 장소에서 같은 양을 동시에 소비할 수 있고, 그 가격을 부담하지 않는 개인의 소비 행위를 배제하기 어려운 공공재적 성격을 가지고 있다.
⑤ 보건의료 서비스는 면허 제도를 통해 의료시장에서 법적 독점권을 부여하기 때문에 공급 시장의 진입장벽을 높이는 원인이 된다.

30 ▪ SECTION 04
의료기관은 한 개인이나 기업의 소비 또는 생산 활동이 다른 개인이나 기업의 효용 또는 이윤에 영향을 미치는 외부 효과가 존재하며 이와 같은 영향은 시장가격기구 또는 이해 관련 당사자의 계약에 의해 조정되지 않는다.

정답 ③

31 의료 서비스의 사회적 환경에 대한 설명으로 올바르지 <u>않은</u> 것은?

① 소비자의 의식수준이 향상되어 의료에 대한 인식이 변화하고 있다.
② 우리나라 인구의 평균수명이 연장됨에 따라 고령화 사회로 진입하게 되었다.
③ 국민의 생활수준 향상으로 인해 건강에 대한 관심이 증대되면서 양질의 의료 서비스에 대한 관심 역시 더욱 높아졌다.
④ 인구 고령화 사회로 접어들면서 만성퇴행성 질환인 순환기계 질환과 근골격계 질환 등이 크게 증가하여 질병의 구조가 변화하였다.
⑤ 삶의 질에 대한 관심이 높아지면서 양질의 의료 서비스에 대한 수요가 증가하는 반면 소비자의 지불용의도는 상대적으로 낮아지는 추세를 보이고 있다.

31 ▪ SECTION 04
삶의 질에 대한 관심이 높아지면서 양질의 의료 서비스에 대한 수요가 증가하고 소비자의 지불용의도가 높아짐에 따라 의료의 질적 향상 및 시설 투자에 대한 관심이 증대되었다.

정답 ⑤

32 '마이어'가 제시한 양질의 의료 서비스 조건과 관련해 다음 〈보기〉의 설명에 해당하는 것은?

┌ 보기 ┐
양질의 의료 서비스를 위해 각 개인에게 제공되는 의료는 시간적·지리적으로 상관성을 갖고 적절히 연결되어야 한다.
└──────┘

① 효율성
② 지속성
③ 적정성
④ 조정성
⑤ 수요성

32 ▪ SECTION 04
지속성은 개인에게 제공되는 의료는 시간적·지리적으로 상관성을 갖고 적절히 연결되어야 한다는 것을 의미한다.

정답 ②

33 '부오리(Vuori)'가 제시한 의료 서비스 품질 요소 중 서비스 또는 프로그램의 단위 생산비용당 실제적으로 나타난 영향의 정도를 의미하는 요소는?

① Adequacy
② Efficiency
③ Effectiveness
④ Medical Competence
⑤ Technical Competence

33 ▮ SECTION 04
효율(Efficiency)은 서비스 또는 프로그램의 단위 생산비용당 실제적으로 나타난 영향의 정도이다.

정답 ②

34 '웰니스(Wellness) 관광'의 개념에 대한 내용이 아닌 것은?

① 예방적
② 포괄적
③ 일상의 융합
④ 개인적 의무
⑤ 질병 치료와 관리

34 ▮ SECTION 04
웰니스 관광의 개념에는 건강 유지 및 증진, 예방적 조치, 전체(포괄)적 활동, 개인적 책임, 일상생활과 융합(통합)이 있다. ⑤ 질병 치료와 관리는 의료의 개념에 해당한다.

정답 ⑤

CHAPTER 04　서비스 품질

35 '자이다믈(Zeithaml)'이 제시한 지각된 서비스 품질의 성격에 해당하지 않는 것은?

① 서비스 품질은 서비스의 구체적 속성이라기보다는 매우 추상적인 개념이다.
② 서비스 품질은 고객이 여러 서비스들 간의 상대적 우월성 또는 우수성을 비교함에 따라 고(高)·저(低)로 평가된다.
③ 서비스 품질은 태도와 유사한 개념으로서 전반적인 평가이다.
④ 서비스 품질의 평가는 대개 절대적(주관적) 개념으로 이루어진다.
⑤ 서비스 품질은 객관적 또는 실제적 품질과 다르다.

35 ▮ SECTION 01
서비스 품질의 평가는 대개 비교 개념으로 이루어진다.

정답 ④

36 서비스 품질 측정이 어려운 이유로 올바르지 않은 것은?

① 서비스 전달이 완료되기 이전에는 검증되기가 어렵다.
② 서비스 품질은 주관적이기 때문에 객관화하여 측정하기가 어렵다.
③ 고객으로부터 데이터를 수집하는 일에 시간과 비용이 많이 들고 회수율도 낮다.
④ 자원이 서비스를 전달하는 과정에서 고객과 분리되어 이동되기 때문에 측정의 객관성이 저해된다.
⑤ 고객이 서비스 프로세스의 일부이며, 변화를 일으킬 수 있는 요인이기 때문에 측정에 어려움이 있다.

36 ▮ SECTION 01
자원이 고객과 함께 이동하므로 고객이 자원의 변화를 관찰한다.

정답 ④

37 'SERVQUAL'의 5가지 품질에 따른 차원별 설문 내용 중 '신뢰성'에 대한 사항에 해당하지 <u>않는</u> 것은?

① 직원의 복장 및 용모
② 업무기록의 정확한 유지 및 보관
③ 약속한 시간 내에 서비스를 제공
④ 정해진 시간 안에 업무처리 약속을 준수
⑤ 소비자의 문제에 대한 관심 및 해결

37 ■ SECTION 01
신뢰성(Reliability)에는 기업의 서비스 수행과 고객 믿음 간의 일관성, 서비스의 정확성이 해당되며 정확한 장부기록, 서비스 수행시간의 일관성을 예로 들 수 있다.
정답 ①

38 'SERVQUAL'의 5가지 품질 차원 중 고객을 도와주고 즉각적으로 서비스를 제공하려는 의지에 해당하는 것은?

① Empathy
② Tangibles
③ Reliability
④ Assurance
⑤ Responsiveness

38 ■ SECTION 01
응답성(Responsiveness)은 고객을 도와주고 신속한 서비스를 제공하려는 의지이다.
정답 ⑤

39 '가빈'이 제시한 5가지 관점의 품질 차원 중 다음 〈보기〉의 설명에 해당하는 것은?

┌ 보기 ┐
생산관리, 경제학, 마케팅적 관점에서 고객은 다양한 필요, 욕구, 선호를 지니고 있으므로 이를 가장 잘 충족시켜 주는 제품의 품질이 가장 좋은 것이라고 가정하는 것이다.

① 선험적 접근
② 제품 중심적 접근
③ 제조 중심적 접근
④ 가치 중심적 접근
⑤ 사용자 중심적 접근

39 ■ SECTION 01
사용자 중심적 접근(User-Based Definition)은 생산관리, 경제학, 마케팅적 관점으로 고객들의 다양한 필요, 욕구, 선호를 가장 잘 충족시켜주는 제품의 품질이 가장 좋은 것이라고 가정하는 것이다.
정답 ⑤

40 카노(Kano) 품질 모형의 장점에 대한 설명으로 올바르지 <u>않은</u> 것은?

① 거래(Trade-off) 상황에서 중요한 가이드라인을 제공한다.
② 품질 속성이 지닌 진부화 경향을 설명할 수 있는 단서를 제공한다.
③ 제품과 서비스에 대한 소비자 요구의 이해를 도와 소비자 만족에 가장 큰 영향을 주는 특성을 규명할 수 있다.
④ 만족·불만족이라는 주관적 측면을 배제하고 궁극적으로 물리적 충족·불충족이라는 객관적 측면을 고려하여 대응할 수 있다.
⑤ 기술적 또는 재정적 문제로 인하여 서비스와 제품을 동시에 프로모션하지 못할 경우 고객 만족에 더 많은 영향을 주는 방향으로 결정할 수 있다.

40 ■ SECTION 01
만족·불만족이라는 주관적 측면과 물리적 충족·불충족이라는 객관적 측면을 함께 고려한다.
정답 ④

41 '주란(Juran)'의 서비스 품질 구분과 관련해 다음 〈보기〉의 설명에 해당하는 것은?

| 보기 |
| 예의 바른 응대, 환대, 친절 등의 기본적 품질로서 불특정 다수의 고객과 직접적으로 접촉할 경우 종업원에게 매우 중요한 요소이다. |

① 심리적 품질
② 서비스 시간성과 신속성
③ 사용자의 눈에 보이는 하드웨어적 품질
④ 사용자의 눈에 보이는 소프트웨어적 품질
⑤ 사용자의 눈에 보이지 않는 소프트웨어적 품질

41 ■ SECTION 01
심리적 품질(Psychological Quality)은 예의 바른 응대, 환대, 친절 등의 기본적 품질로서 불특정 다수의 고객과 직접적으로 접촉할 경우 종업원에게 매우 중요한 요소이다.
정답 ①

42 내부 마케팅의 영향요인 중 다음 〈보기〉의 ( ) 안에 들어갈 내용으로 올바른 것은?

| 보기 |
| • 투입통제: (가) |
| • 과정통제: (나) |
| • 결과통제: (다) |

① (가) 교육훈련
② (가) 조직구조
③ (나) 전략계획
④ (다) 자원할당
⑤ (다) 종사원 선발

42 ■ SECTION 03
(가)에는 종사원 선발, 교육훈련, 전략계획, 자원할당, (나)에는 조직구조, 관리절차, 보상, (다)에는 불평, 서비스 품질, 고객만족이 해당된다.
정답 ①

43 권한위임의 이점에 대한 설명으로 올바르지 않은 것은?
① 고객의 요구에 보다 유연하게 대응할 수 있다.
② 고객의 요구와 문제에 신속하게 대응할 수 있다.
③ 열정적이고 우호적인 분위기에서 혁신적인 아이디어를 개발할 수 있다.
④ 일선 부서 간 고객 서비스의 격차가 발생되어 서비스의 다양성을 실현할 수 있다.
⑤ 종사원의 동기부여를 통해 생산성 증진과 서비스를 개선시키는 고객지향 서비스 활동을 수행하게 해준다.

43 ■ SECTION 03
부서마다 자율적으로 행동하게 되면 일선 부서 간 고객 서비스의 격차가 발생할 수 있다는 단점이 있다.
정답 ④

44 행동주체를 기준으로 '스토너(Stoner)'가 제시한 갈등 유형에 해당하지 않는 것은?
① 개인적 갈등
② 개인 간 갈등
③ 개인과 집단 간 갈등
④ 집단적 갈등
⑤ 집단 간 갈등

44 ■ SECTION 03
행동주체를 기준으로 한 갈등 유형은 개인적 갈등, 개인 간 갈등, 개인과 집단 간 갈등, 집단 간 갈등, 조직 간 갈등으로 분류한다.
정답 ④

CHAPTER 05 고객만족 평가조사

45 고객만족지수(CSI) 측정의 필요성으로 올바르지 <u>않은</u> 것은?
① 고객의 기대가 충족된 영역에 대한 평가
② 자사 및 경쟁사의 고객충성도 분석
③ 잠재적인 시장 진입 장벽 규명
④ 효율성 평가 및 불만 해소의 영향 분석
⑤ 자사의 경쟁 관련 품질성과 연구

45 ■ SECTION 01
고객의 기대가 충족되지 않은 영역에 대한 평가를 위해 고객만족지수(CSI)를 측정해야 한다.
정답 ①

46 고객만족도 측정 원칙 중 다음 〈보기〉의 설명에 해당하는 것은?

┤보기├
고객의 니즈는 주변 환경에 따라 항상 변하기 때문에 고객만족도를 파악하기 위해서는 과거·현재·미래와 비교할 수 있어야 하며 이를 통해 미래에 어떻게 변할 것인지에 대해 파악할 수 있어야 한다.

① 정량성의 원칙
② 공급성의 원칙
③ 계속성의 원칙
④ 정확성의 원칙
⑤ 능동성의 원칙

46 ■ SECTION 01
고객만족도 측정의 3원칙에는 계속성의 원칙, 정확성의 원칙, 정량성의 원칙이 있으며 〈보기〉의 내용은 계속성의 원칙에 대한 설명이다.
정답 ③

47 고객만족 측정 방법 중 '직접 측정'에 대한 설명으로 올바르지 <u>않은</u> 것은?
① 전반적 만족을 측정하는 방법으로써 상품이나 서비스에 대한 총체적인 자료를 제공하기 때문에 이론적 연구에서 주로 많이 이용된다.
② 일반적으로 단일한 설문 항목 또는 복수의 설문 항목을 통해 만족도를 측정하는 방식을 말한다.
③ 조사 모델이 비교적 복잡하기 때문에 하위 차원에 대한 만족도 결과를 합산할 때 발생되는 중복 측정의 문제를 방지하는 데 어려움이 있다.
④ 단일 문항 측정 방법에서 측정 오차 문제를 해소하기 어렵기 때문에 복수의 설문 항목을 통한 측정으로 한정하여 정의하기도 한다.
⑤ 직접 측정에 의거하여 종합만족도를 구하고 있는 대표적인 조사로 ACSI, NCSI 등을 꼽을 수 있다.

47 ■ SECTION 01
직접 측정은 조사모델이 단순화됨으로써 간명하게 만족도지수를 구하여 혼합 측정에 나타나는 중복 측정의 문제를 해소할 수 있다.
정답 ③

48 다음 〈보기〉의 설명에 해당하는 고객만족 측정 모형의 명칭은?

> ─보기─
> 한국능률협회컨설팅(KMAC)과 서울대학교가 함께 공동 개발한 공공부문 고객만족도 측정의 대표적인 현장 실천형 모델로써 품질지수, 만족지수, 성과지수 등으로 측정 항목이 구성되어 있다.

① NCSI
② PCSI
③ ACSI
④ KS-SQI
⑤ KS-CQI

48 ■ SECTION 01
한국능률협회컨설팅과 서울대학교가 공동 개발한 고객만족 측정 모형은 PCSI로 이 모형은 모든 공공기관이 적용할 수 있는 보편적이고 체계적인 구조로 설계되었다.
정답 ②

49 자료수집 방법 중 '관찰법'에 대한 설명으로 올바르지 않은 것은?
① 조사 대상의 행동 패턴을 관찰하고 기록함으로써 자료를 수집하는 방법을 말한다.
② 정확하고 세밀한 자료 수집이 가능하다.
③ 주로 소수를 대상으로 하기 때문에 분석 결과를 일반화하기 어렵다.
④ 행동에 대한 내면적 요인의 측정이 불가능하다.
⑤ 조사 대상자와 면담 또는 대화가 불가능할 경우 자료수집의 진행이 어렵다.

49 ■ SECTION 02
조사 대상자와 대화가 불가능한 경우에도 관찰법을 이용하여 자료수집이 가능하다.
정답 ⑤

50 '정성조사(Qualitative Study)'의 장점이 아닌 것은?
① 대표성
② 신속성
③ 현장성
④ 심층적
⑤ 유연성

50 ■ SECTION 02
대표성은 정량조사의 장점에 해당한다.
정답 ①

51 설문지 개발과 관련해 질문의 순서를 결정할 경우 유의해야 할 사항으로 올바르지 않은 것은?
① 응답자가 답변하기 쉬운 질문을 한다.
② 단순하고 흥미로운 질문부터 시작한다.
③ 어렵거나 민감한 질문은 뒤에 위치시킨다.
④ 중요한 질문은 설문지 내용이 많을 경우 앞쪽에 위치시킨다.
⑤ 논리적이고 자연스러운 흐름에 따라 질문을 위치시킨다.

51 ■ SECTION 02
①은 질문의 표현 시 유의사항에 해당한다.
정답 ①

52 행동적·태도적 충성도 차원의 고객 세분화 유형 중 재구매율과 태도적 애착이 둘 다 낮은 성향을 보이며, 경쟁업체의 마케팅 전략에 동요되기 쉬운 고객 집단에 해당하는 것은?

① 낮은 충성도
② 높은 충성도
③ 거짓된 충성도
④ 지배적 충성도
⑤ 잠복된 충성도

52 ■ SECTION 03
고객충성도 중 낮은 충성도는 재구매율, 태도적 애착이 모두 낮은 유형으로 경쟁업체의 마케팅에 동요되기 쉬워 경쟁사로 전환될 수 있다.
정답 ①

CHAPTER 06 고객만족 컨설팅

53 'SERVQUAL'의 5가지 GAP 모델 중 'GAP 1'이 발생되었을 경우, 그 원인에 해당하지 않는 것은?

① 지나치게 많은 관리 단계
② 상향 커뮤니케이션의 결여
③ 업무에 적합하지 않은 종업원
④ 경영자가 고객의 기대 파악 실패
⑤ 마케팅 조사의 중요성에 대한 이해 부족

53 ■ SECTION 01
업무에 적합하지 않은 종업원은 'GAP 3 – 서비스 표준을 제대로 제공하지 못함(수행의 차이)'의 원인이다.
정답 ③

54 고객의 기대에 대한 영향 요인 중 '상황적 요인'에 해당하는 것은?

① 촉진 전략
② 시간적 제약
③ 서비스 가격
④ 서비스 직원의 역량
⑤ 유통 구조에 의한 편리성

54 ■ SECTION 01
상황적 요인에는 구매동기, 소비자의 기분, 날씨, 시간적 제약이 해당된다.
정답 ②

55 고객의 기대에 대한 영향 요인 중 '외적 요인'에 해당하는 것은?

① 개인적 욕구
② 사회적 상황
③ 관여도
④ 유형적 단서의 제공
⑤ 과거의 서비스 경험

55 ■ SECTION 01
외적 요인에는 경쟁적 대안, 사회적 상황, 구전, 대조효과가 해당되며, ①, ③, ⑤는 내적 요인, ④는 기업 요인에 해당된다.
정답 ②

56 트렌드(Trend) 유형 중 사람들의 삶에 대한 감정과 동경, 문화적 갈증 등의 내용에 가장 부합하는 트렌드 유형은?

① 메타 트렌드(Meta Trend)
② 메가 트렌드(Mega Trend)
③ 마케팅 트렌드(Marketing Trend)
④ 소비자 트렌드(Consumer Trend)
⑤ 사회문화적 트렌드(Social-cultural Trend)

56 ■ SECTION 02
① 메타 트렌드: 문화 전반을 아우르는 보편적인 트렌드
② 메가 트렌드: 거대한 변화를 의미
③ 마케팅 트렌드: 마케팅 언어, 마케팅 현상 세계에서만 존재하는 트렌드
④ 소비자 트렌드: 기술, 경기, 소비 문화로부터 소비의 표층 영역까지 광범위하게 나타나는 현상

정답 ⑤

57 다음 〈보기〉에서 계획수립 기법 중 예측 기법에 해당되는 유형을 찾아 모두 선택한 것은?

┤보기├
가. 벤치마킹   나. MBO
다. 외부조직 계획법   라. 참여적 계획수립
마. 시나리오 계획법   바. 상황대응 계획법

① 가, 나
② 나, 라
③ 다, 마, 바
④ 라, 마, 바
⑤ 마, 바

57 ■ SECTION 03
예측법에는 상황대응 계획법(Contingency Planning), 시나리오 계획법(Scenario Planning)이 있다.

정답 ⑤

CHAPTER 07 고객만족 혁신전략

58 소비자 심리와 관련해 다음 〈보기〉의 사례에 해당하는 용어는?

┤보기├
연예인 또는 축구 선수들의 전유물로 여겨졌던 롱패딩이 전국적으로 유행 중이다. 칼처럼 살을 에는 겨울 추위에는 롱패딩만한 제품이 없겠으나, 새로운 '잇템'으로 떠오르며 부담을 호소하는 학부모들도 많다고 한다.

① 속물 효과
② 백로 효과
③ 스놉 효과
④ 베블런 효과
⑤ 밴드왜건 효과

58 ■ SECTION 01
밴드왜건 효과는 '다수의 소비자나 유행을 따라 상품을 구입하는 현상'을 의미한다.

정답 ⑤

59 다음 〈보기〉의 ( ) 안에 들어갈 내용으로 올바른 것은?

> ┤보기├
> ( )(이)라는 인지심리학 개념이 있다. '사람은 보고 싶은 것만 본다.'는 ( )(을)를 간결히 설명할 수 있는 흔한 말이다. 사람들은 일반적으로 원하는 결과를 간절히 바라거나 각자의 뿌리 깊은 신념을 지키고자 할 때 ( )(을)를 쉽게 보이게 된다. ( )에 휩싸이면 유리한 정보만 선택적으로 모으거나 편향된 논리와 방법을 동원하여 원하는 주장을 하게 된다. ( )(은)는 우리 일상에서 흔히 접할 수 있는 현상인데 부작용을 초래하는 경우는 신념의 깊이가 과도하게 강할 때이다.

① 모멘텀 현상
② 확증 편향
③ 관대화 경향
④ 빅브라더 현상
⑤ 죄수의 딜레마

59 ■ SECTION 01
확증 편향(Confirmation Bias)은 원래 가지고 있는 생각이나 신념을 확인하려는 경향성으로 흔히 하는 말로 '보고 싶은 것만, 듣고 싶은 것만, 믿고 싶은 것만' 선택적으로 보고 듣고 믿는 심리현상이다.

정답 ②

60 소비자 행동 특성에 대한 설명으로 올바르지 않은 것은?
① 소비자의 제품 구매 동기와 행동은 조사를 통해 파악할 수 있다.
② 소비자는 구매 결정 과정에서 외부 환경의 영향에 상관없이 내부 환경의 영향에 전적으로 의존하는 경향을 보인다.
③ 소비자는 스스로 판단하여 필요한 제품이나 서비스에 관한 정보를 수집하고 이를 기반으로 구매를 할 것인지 판단한다.
④ 소비자 행동은 경우에 따라 외부 사람들에게 불합리하게 보일 수 있으나 대부분의 소비자 행동은 매우 합리적인 목표를 수반한다.
⑤ 소비자가 목표 지향적이고 능동적으로 판단하여 움직인다 하더라도 이는 소비자가 반드시 최적의 정보를 가지고 최고의 대안을 선택한다는 의미로 해석되기 어렵다.

60 ■ SECTION 01
소비자는 구매 결정 과정에서 외부 환경과 내부 환경의 영향을 받는다.

정답 ②

61 제품에 관한 소비자의 관여 수준에 따른 유형 중 고관여도 관점에 대한 내용으로 올바르지 않은 것은?
① 소비자는 정보탐색자이다.
② 소비자는 목표지향적인 정보처리자이다.
③ 소비자는 우선 구매하며, 상표평가는 구매 후에 일어난다.
④ 소비자는 능동적 수신자이기 때문에 태도변경을 위한 광고의 효과는 약하다.
⑤ 소비자는 기대만족을 극대화하려고 노력하며, 최선의 선택을 위해 다수의 속성을 검토한다.

61 ■ SECTION 01
소비자는 우선 구매하며, 상표평가는 구매 후에 일어난다는 것은 저관여도 관점에 대한 내용이다.

정답 ③

62 고객 분석을 위해 필요한 고객 세분화 유형의 분류 중 단일 기준에 따른 분류로 보기 어려운 것은?

① 지역에 따른 세분화
② CLV에 따른 세분화
③ 연령에 의한 세분화
④ 상품에 의한 세분화
⑤ 구매액에 따른 세분화

62 ■ SECTION 01
CLV에 따른 세분화는 다 기준에 해당한다.
정답 ②

63 '고객경험 관리(CEM)'의 특징에 대한 설명으로 올바르지 않은 것은?

① 내부 지향적이며 운영 지향적이다.
② 고객 상호작용의 순간, 즉 '접점'에서부터 시작된다.
③ 고객이 기업에 대해 생각하고 느끼는 것을 파악한다.
④ 기업에 대한 고객 경험을 향상시키기 위해 시스템과 기술 및 단순화된 프로세스를 활용한다.
⑤ 고객의 기대와 경험 간의 차이가 있는 곳에 제품이나 서비스를 위치시켜 판매하는 선행적 성격이 강하다.

63 ■ SECTION 02
CEM은 고객 중심적이다. 내부 지향적이며 운영 지향적인 것은 CRM의 특징이다.
정답 ①

64 '서비스 상표(Brand)'의 요건에 대한 설명으로 올바르지 않은 것은?

① 브랜드명은 발음하기 쉽고 쓰기 쉬우며 기억하기 용이할수록 좋다.
② 구체적이며 기업의 특성이 잘 드러나는 표현이 들어가야 한다.
③ 브랜드명은 경쟁사의 것과 명백하게 구분되는 것이 효과적이다.
④ 브랜드명은 기업의 불가피한 전략변화에 순응하지 않아야 한다.
⑤ 기억하기 용이한 요건으로 독특함, 간결성, 단순성이 있어야 한다.

64 ■ SECTION 03
브랜드명은 기업의 불가피한 전략변화에 순응할 수 있어야 한다.
정답 ④

65 〈보기〉의 사례에 가장 부합하는 가격 책정 정책은?

┌보기├─
타이어의 새로운 기준!
이제 ○○ TIRE가 최저가로 고객을 모십니다.
런칭기념 특별할인 70~30%
└─

① 할증가격 전략
② 종속가격 전략
③ 흡수가격 전략
④ 침투가격 전략
⑤ 정산가격 전략

65 ■ SECTION 03
시장침투가격(Penetration Pricing)은 처음에는 낮은 가격으로 시장에 진출하여 짧은 시간에 시장 점유율을 확보한 후 점차 가격을 조정하는 전략이다.
정답 ④

**에듀윌이
너를
지지할게**
ENERGY

작은 성공부터 시작하라.

성공에 익숙해지면 무슨 목표든지 이룰 수 있다는
자신감이 생긴다.

– 데일 카네기(Dale Carnegie)

제 3 과목
고객관리 실무론

CHAPTER 01 전화 서비스		156
CHAPTER 02 고객상담		166
CHAPTER 03 예절과 에티켓		175
CHAPTER 04 비즈니스 매너		180
CHAPTER 05 소비자기본법		187
CHAPTER 06 개인정보 보호법		194
CHAPTER 07 프레젠테이션		206

출제비율

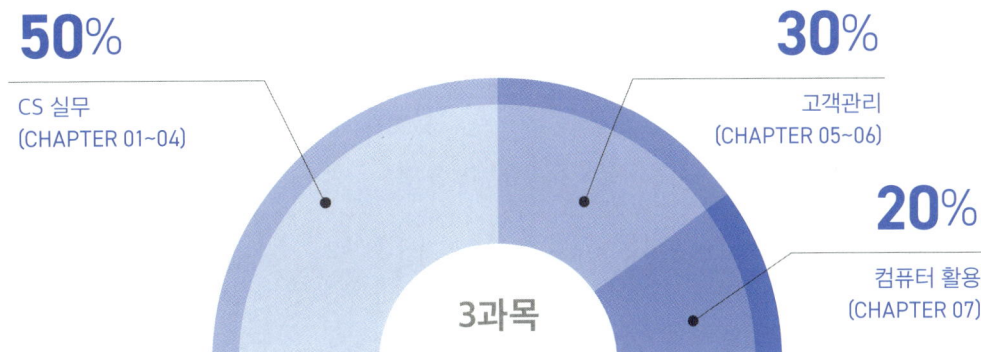

- 50% CS 실무 (CHAPTER 01~04)
- 30% 고객관리 (CHAPTER 05~06)
- 20% 컴퓨터 활용 (CHAPTER 07)
- 3과목

학습전략

고객관리 실무론에서는 이미지, 예절과 에티켓, 매너, 소비자기본법, 개인정보 보호법 등이 주로 출제됩니다. 고객관리 실무론에 대해 많은 수험생들이 앞의 두 과목에 비해 쉽다는 생각으로 소홀히 하기 쉬워 오히려 점수가 나오지 않는 경우가 많습니다. 여성과 남성의 절의 순서, 에티켓 등 쉬워 보이지만 헷갈리는 내용은 한 번 더 꼼꼼하게 정리해야 하며, CHAPTER 05, 06의 법 부분은 난이도가 높은 편이니 오답정리까지 하여 한 번 더 점검하시는 것을 추천합니다.

CHAPTER 01 전화 서비스

 강의보기

SECTION 01 | 상황별 전화응대

1 전화응대의 장단점

(1) 전화응대의 장점
- 즉시성, 익명성, 보편성의 이점 때문에 다양한 채널을 통하여 사용되고 있음
- 문제해결 방법을 신속하게 얻을 수 있으며 문제해결 시간이 단축됨
- 고객문제가 발생하면 언제, 어디서나 즉시 응대할 수 있음

(2) 전화응대의 단점
- 상담 내용이 복잡한 것은 전화상담으로 이해시키고 설득시키기 어려움
- 의사소통의 어려움이 있는 경우 오류를 범하기 쉬움
- 의사소통의 장애로 잘못 전해질 수 있음
- 상대방의 표정이나 비언어적 정보를 얻을 수 없어 고객의 욕구를 파악하는 데 한계가 있음

2 전화응대 시 유의사항 및 바람직한 자세

(1) 유의사항
- 음량을 조절하여 고객보다 조금 낮은 소리로 이야기함
- 고객이 말하는 속도를 맞추어 고객과 일치감을 형성함
- 강조할 부분, 쉴 부분을 구분하여 또박또박 말해야 함
- 고객이 이해하기 어려운 전문용어의 사용은 자제함
- 명령형, 지시형 대신 의뢰형, 권유형으로 말해야 함
- 부정적인 말은 우회적, 긍정적으로 표현하고 플러스 화법을 사용함
- "안 됩니다.", "없습니다." 등의 단답식 부정형의 사용은 삼가야 함
- 고객이 요구를 충족시키지 못했을 때 차선책 또는 대안을 제시해야 함

(2) 전화응대의 바람직한 자세
- 전화기 옆에는 필기도구를 준비하여 항상 통화하면서 메모할 수 있도록 준비함
- 상대를 마주보고 대하듯이 정중하고 친절한 태도로 응대함
- 정확하고 간결한 표현을 사용함
- 중요한 내용(일시, 장소, 숫자, 금액 등)은 하나하나 반복하여 확인함
- 도중에 끊어지면 전화를 먼저 건 쪽에서 다시 거는 것이 원칙임
- 통화 도중에 상대방을 기다리게 할 때는 주위의 대화 내용이나 소음이 들리지 않도록 수화기를 손으로 가리거나 대기 버튼을 누르도록 함
- 통화는 용건만 간단히 하도록 함
- 통화가 끝났을 때 수화기는 상대방이 끊은 것을 확인한 다음 조용히 내려 놓음
- 전화가 잘 들리지 않을 경우 상대방 탓이 아닌 전화기 탓으로 돌려야 함

3 전화응대의 3원칙

(1) 친절
- 고객응대 시 가장 중요한 덕목
- 전화의 시작은 인사이며 상대를 존중하면서 잘 듣고자 하는 열린 마음으로 응대해야 함
- 호칭이나 직함에 주의하고 단어 선택에 신중해야 함
- 눈앞에서 고객을 맞이하는 마음으로 응대해야 함

(2) 신속
- 고객은 대면 서비스보다 전화응대를 더 길게 느끼므로 간결하게 통화해야 함
- 문의사항에 대한 보고나 통보의 경우 예정 시간을 알리고, 늦어지는 경우 중간보고해야 함
- 전화를 걸기 전 5W 3H에 따라 말하는 순서와 요점을 정리해야 함
- 소속, 이름을 밝혀 쌍방의 시간을 절약하고 불필요한 말은 반복하지 않음
- 필요한 농담은 정도가 지나치지 않게 하며 시간을 준수함

> 5W와 3H는 다음과 같다.
> - 5W: Who(사람), When(때), Where(장소), Why(이유), What(목적)
> - 3H: How(방법), How much(경비), How many(수량)

(3) 정확

- 목소리가 커뮤니케이션에 미치는 영향이 86%, 단어가 미치는 영향이 14%임
- 메모를 받는 경우, 담당자에게 정확한 내용을 반드시 전달하고 중요한 내용의 경우 재차 확인함
- 성명, 품명, 수량, 일시, 장소 등은 천천히, 정확하게 전달해야 함
- 전문용어나 틀리기 쉬운 단어는 사용하지 않고, 상대가 요점을 이해했는지 확인함
- 중요한 내용은 다시 한번 강조함

4 전화응대의 구성요소(알버트 메라비언)

(1) 커뮤니케이션의 전달 정도

전화응대에서는 어떤 단어를 사용하느냐보다 목소리, 음성, 음량, 말의 속도, 발음이 더 큰 요소로 작용한다.

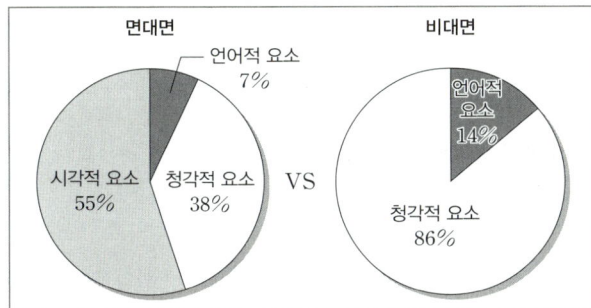

(2) 구성요소

음성	언어 전달의 86%는 목소리 톤에 의해 좌우됨
억양	단조로운 억양은 개선이 필요함
속도	고객이 말하는 속도에 보조를 맞춰 서로의 간극을 줄이는 것은 고객과 일치감을 형성하는 최상의 도구
명확한 발음	• 전화응대자의 기본 자질 • 불명확한 발음은 고객에게 혼란을 주며 잘못된 내용으로 전달됨
띄어 읽기	문장의 내용이 달라질 수 있음에 주의함
효과적인 의사소통의 단어 선택	고객이 받을 수 있는 이점 위주의 단어, 고객의 욕구와 문제, 흥미에 관심을 보여줄 수 있는 단어, 확신을 줄 수 있는 긍정적인 표현, 전문용어보다는 단순하고 통상적인 상용단어를 사용함
적극적인 경청	• 비판 또는 평가하지 않음(맞장구, 공감 표시) • 질문으로 상대방의 내용 확인, 잘 듣고 있음을 인식

5 전화응대의 예절

(1) 전화를 받는 요령

① 신속한 초기 수신
- 전화는 벨이 울리면 곧바로 받아야 함
- 두 번 이상 울리지 않게 받으며 부득이하게 세 번 이상 울린 후 받았을 때는 "늦게 받아 죄송합니다."라고 사과해야 함
- 전화를 받으면 먼저 회사명과 소속을 밝혀 고객에게 적극적으로 서비스할 의사가 있다는 태도를 보이는 것이 중요함
- 상대방에게 용건을 물을 때는 육하원칙에 의거해 메모하고 메모한 내용을 확인하여 신속하게 대응함

② 고객이 찾는 사람이 없을 때
- 상황을 잘 설명하되 너무 자세하게 설명하지는 않음
- 통화 가능 시간을 추정해서 알려 주며, 이때 조금 시간적인 여유를 두는 것이 좋음
- 메시지를 남길 것인지, 다른 사람에게 연결시켜 줄 것인지, 이쪽에서 전화를 하도록 할 것인지 등 고객의 의사를 확인해야 함
- 메모를 남길 때에는 메모지를 준비해 두어 활용하고 전화를 받는 사람의 이름을 밝혀 신뢰를 줌
- 메모를 전한 후에는 잘 전달되었는지 꼭 확인해야 함

(2) 전화를 거는 요령

- 전화를 걸기 전에는 먼저 내용을 정리하여 정확하게 메시지를 전달해야 함
- 상대방과 통화가 되면 소속과 이름을 밝힘
- 상대방을 확인한 후 용건을 분명하게 전달함
- 만약 통화 도중에 전화가 끊어질 경우에는 즉시 다시 걸고 "통화 중에 전화가 끊어져서 대단히 죄송합니다."라고 사과함
- 용건이 끝난 후 인사를 하고 수화기를 내려놓을 때도 상대방보다 늦게 조용히 끊어야 함
- 업무 전화를 건 쪽이 먼저 끊음

(3) 상황별 전화응대

상황	정형화법
전화가 잘 들리지 않을 때	• 한 번 더 말해 줄 것을 요청하거나 다시 걸어 주도록 정중히 요청함 • 상대방의 탓이 아닌 전화기 탓으로 말함
전화를 바꾸어 줄 때	전화를 건 사람과 받을 사람을 확인하고 대기 버튼을 누른 후 내용을 전달하고 바꾸어줌
전화가 잘못 걸려왔을 때	친절하고 정중한 태도로 상대방이 무안하지 않도록 응대함

받을 사람이 부재중일 때	• 부재중인 이유와 일정을 알림 • 용건을 대신 받아도 되는지 묻도록 함 • 용건을 부탁받았을 때는 반드시 확인하고 메모함
통화 도중에 고객이 올 때	• 먼저 눈인사나 가벼운 목례로 곧 응대할 것을 알림 • 통화는 가능한 빨리 끝내도록 함 • 통화가 길어질 경우 양해를 구함 • 급한 경우 다른 사원에게 방문 고객을 응대하도록 함
불평 전화를 받았을 때	• 고객의 말을 무조건 끝까지 들어야 함 • 사실을 확인하기 전에 먼저 사과하고 불만 사항을 조사함 • 불만 사항의 처리 시간을 정확히 함 • 전화를 끊기 전에 다시 사과를 하거나 인사함
통화를 끝낼 때	상대방이 끊은 후 수화기를 내려놓아야 함

(4) 경어 사용

경어란 상대에 대한 존경의 마음을 언어로 표현한 것이다. 상대방과 상대방의 동작, 상태 그리고 그 사람에게 속하는 것을 높여서 말한다.

(5) 간접 존대

- 신체부분, 성품, 심리, 소유물과 같이 주어와 밀접한 관계를 맺고 있는 대상을 통하여 주어를 간접적으로 높이는 것
- '넥타이가 멋있으시네요.'처럼 '~시'를 동반하는 것은 올바르나 '주문하신 커피가 나오셨습니다.'처럼 '~시'를 사물 등에 남용하는 것은 바른 경어법이 아님

(6) 호칭

호칭은 상대와 상황에 따라 적절하고 올바르게 사용해야 한다. 친구나 동료 등 대등한 위치의 사람은 자연스럽게 이름을 부르고(예 ○○ 씨) 아래 사람이라도 처음 대면하는 경우엔 존칭을 붙여 부른다. 나이가 위이거나 지위가 상급인 경우 직위나 적정한 사회적 경칭을 사용하며 사내에서는 직급과 직책 중에서 더 상위 개념을 칭하는 것이 통상적 예의이다.

(7) 올바른 호칭법

① 틀리기 쉬운 호칭
- 상사에 대한 존칭은 호칭에만 사용함(사장실 ○, 사장님실 ×)
- 문서에는 상사의 존칭을 생략(사장 지시)
- 본인 입석하에 지시를 전달할 때는 '님'을 붙임

② 적절한 호칭
- 잘못된 호칭: 아저씨, 아줌마, 아가씨, ○○○ 씨, 꼬마야 등
- 올바른 호칭: 선생님, 사장님, 사모님, 고객님, ○○○ 고객님, 어린이 등

③ 주의를 요하는 호칭 습관
- 상대방의 이름을 복창하거나, 다른 사람의 이름을 소개할 때 '성, ○자, ○자'라고 해야 함
- 다른 사람에게 자신을 소개할 때는 이름에 '자'라는 말을 붙이지 않음
- 윗사람에게 "수고하십시오."라고 하지 않음

6 수명(지시받기)

(1) 명령을 받는 방법
- 호명을 받으면 곧 "예"하고 대답해야 함
- 메모지를 준비해서 요점을 기록함
- 끝까지 잘 듣고 5W 3H를 활용해 모호한 점을 질문함
- 요점을 간단히 복창함
- 능력, 시간, 내용을 생각하여 수행함

(2) 명령받을 때 주의점
- 명령의 목적이 무엇인가를 확실히 파악해야 함
- 명령자의 진의를 파악해야 함
- 육하 원칙에 의거해 명령의 내용을 완전히 파악해야 함

(3) 수명 시 의견 제시 방법
- 공정히 진술하고 겸허한 마음으로 솔직히 말함
- 사실에 의거해서 있는 그대로를 간결히 말함
- 근거가 되는 데이터를 갖추고 다시 상사의 지시를 구함

(4) 상황별 수명 방법

직속상사 이외의 명령	직속상사에게 먼저 보고하고 그 지시에 따름
이중으로 받은 명령	• 일의 우선순위를 결정함 • 판단할 수 없을 때 상사나 선배와 상의함
잘못된 명령	상사의 명령이 잘못되었을 경우 원인규명을 하거나 자신의 의견을 제시함
불가능한 명령	불가능한 이유를 말하고 재지시를 받음

7 보고

(1) 보고
보고는 법규, 지시나 명령 등에 의하여 구두, 전화, 서면 등으로 일정한 의사 또는 자료를 전달하는 것이며 상향적 정보흐름의 형태이다.

(2) 보고의 요령
- 지시한 사람에게 완료 즉시 직접 보고함
- 내용이 긴 경우 결론, 이유, 경과 등의 순서로 간결하게 보고함
- 보고할 내용이 몇 가지 이상 중복된다면 전체 상황을 먼저 보고하고, 하나씩 나누어서 보고함
- 끝을 분명하게 맺도록 함
- 필요한 경우 중간보고를 함
- 상사에게 보고할 때에는 상사의 정면을 피해서 약간 측면으로 적정거리에서 보고함
- 보고가 길어질 경우 상급자의 권유가 있을 때까지 자리에 앉지 않음

(3) 보고를 필요로 하는 경우
- 지시받은 업무가 끝났을 경우
- 정기적이거나 계속적인 업무의 경우 그 진행 상황을 보고함
- 지시받은 일이나 이미 승인된 작업 계획이 도중에 변경된 경우
- 상사가 담당하고 있는 업무 관련 정보가 입수된 경우

(4) 중간보고가 필요한 경우
- 업무가 완료되기까지 상당한 시간이 걸릴 때
- 상황이 변했을 때
- 작업을 진행하는 데 있어 곤란한 문제가 발생했을 때
- 지시한 방침이나 방법으로는 불가능할 때
- 결과나 전망이 보일 때

(5) 보고의 일반 원칙
- 필요성의 원칙
- 완전성의 원칙
- 적시성의 원칙
- 정확성의 원칙
- 간결성의 원칙
- 유효성의 원칙

SECTION 02 | 콜센터 운영 사이클

1 콜센터

(1) 콜센터의 전략적 정의
- 고객접근이 용이한 개방형 고객상담 센터
- 고정고객의 관계 개선 센터
- 고객감동을 실현할 수 있는 휴먼릴레이션 센터
- 우량고객 창출 센터
- 원스톱 고객서비스를 제공하는 서비스 품질 제공 센터

(2) 인바운드 콜 서비스
걸려오는 전화를 받는 업무이며 고객의 필요와 요구, 불만사항을 처리하거나 주문접수 처리, 제품설명 및 고객의 의문점이나 궁금증을 확인한다.
① 업무: 상담(신규가입·접수 등), 승인, 통신판매, 보험가입, 민원, 상품정보 안내, 클레임, A/S 접수, 텔레뱅킹 등
② 특징: 고객접근 용이성, 사전 예측성, 정밀성, 신속/정확성, 서비스성, 프로세스성

(3) 아웃바운드 콜 서비스
전화를 거는 업무로 적극적인 판매 및 마케팅, 캠페인 전개 등의 업무를 수행한다.
① 업무: 판촉 활동 강화(부가서비스 가입 촉진), 해피콜, 시장조사, 연체고객관리, 기념일/생일 축하전화, 텔레마케팅 등
② 특징: 기업주도형, 양질의 고객데이터 보유, 목표달성과 성과분석, 적극적인 커뮤니케이션과 고객설득 능력, 판매 이후 사후관리, 성과지향형, CRM, DBM 마케팅 기법 및 솔루션의 전략적 활용

★ 혼합형(블랜딩) 콜센터란 인바운드 및 아웃바운드 혼합 상황의 업무처리를 의미합니다.

(4) 조직구성원에 따른 콜센터
① 직할(직영) 콜센터: 기업 내부의 조직원들이 고객정보 보호, 지속적인 업무 진행, 고객관리의 질을 지속적으로 향상시키기 위해 직접 운영하는 방식
② 아웃소싱형 콜센터: 운영에 따른 리스크 등을 방지하고 효율성, 생산성, 전문성을 고려하여 시설, 시스템, 인력 등을 외부의 전문 콜센터 운영업체에서 조달하는 방식
③ 제휴형 콜센터: 콜센터 운영의 장점과 전문성을 지닌 업체와 제휴하여 시스템, 인력, 업무 노하우를 결합 또는 공유하여 운영하는 방식

(5) 장비 구성에 따른 콜센터

① 컴퓨터 전화통합(CTI; Computer Telephony Integration) 시스템
- 전화장치 처리 시스템과 컴퓨터 처리 시스템이 연동되어 음성처리와 데이터를 처리하는 장치
- 자동적인 콜 처리 및 콜 분배, 콜 데이터 분석 및 관리가 가능한 CTI 시스템

② 웹 콜센터(VOIP; Voice Over Internet Protocol)
- 인터넷, 컴퓨터 장치를 통해 실시간 화면을 보며 다양한 고객 상담을 할 수 있는 웹 콜센터
- 기존의 회선교환 텔레폰 개념에서 벗어나 음성을 데이터로 전환하여 전화나 팩스 전송에 소요됐던 회선비용을 절감해 고객들이 시내전화요금만으로 인터넷, 인트라넷 환경에서 시외전화, 국제전화 서비스를 받는 장점이 있는 패킷 교환 통신시스템
- 네트워크 전송이 가능한 콜센터

2 콜센터의 핵심 요소

(1) 전략 수립
- 목표 수립
- 인적·물적 자원 결정
- 세부행동 지침 수립
  - ㉮ 고객 사후 서비스(After Service)를 위한 곳 → 모든 고객의 문의에 대해 신속, 정확, 친절하게 응답하는 것이 주요 목표

(2) 체계적인 운영 프로세스
① 회사의 마케팅 부서와 연계
② 타 부서와 연계된 업무 프로세스 및 역할 분담의 명확한 설계
③ 콜센터 운영 시 고려사항

합목적성	고객 사후 서비스를 위한 곳이며 모든 고객의 문의에 대해 신속, 정확, 친절하게 응답하는 것이 주요 목표
전문성	전문 상담능력 정착, 자문 컨설팅 요청
적응성	업무, 데이터 활용, 팀워크에 대한 적응
효율성과 생산성	수익성, 경쟁성, 지속성, 투자 대비 효율 고려
복잡상황 대응성	비대면으로 이루어지는 상황에 대한 대응능력
고객 서비스성	고객배려, 고객참여, 고객 감동 기법의 발굴과 교육훈련 등 고객 서비스의 향상 방안 모색

(3) 효율적인 인프라 구축
- 새로운 기술의 도입
- 최적의 콜센터 환경 구축(상담원의 업무 효율성 제고)

(4) 콜센터 상담원의 역할
- 고객관리 및 분석가
- 고객을 설득시킬 수 있는 전문성 보유자
- 텔레커뮤니케이터
- 고객카운슬러
- 기업가치를 전달하는 홍보맨

(5) 콜센터 생산성을 위한 고려사항
- 우수한 상담원의 채용
- 지속적인 교육
- 적절한 업무 배치
- 합리적인 평가와 이에 따른 보상
- 직업에 대한 비전 제시 등 우수한 상담원을 지속적으로 확보
- 숙련된 상담원이 지속적으로 업무에 종사할 수 있도록 상담원의 재택근무 지원

3 콜센터의 역할

(1) 서비스 전략적인 측면
- 철저한 서비스 실행조직으로 기업 전체에 미칠 영향을 중시해야 함
- 서비스 고객의 니즈를 정확히 이해하고 이에 피드백을 줄 수 있어야 함
- 기업의 서비스 전략을 효과적으로 수행하기 위한 콜센터 운영지표를 가지고 있어야 함
- 다양한 커뮤니케이션 채널을 확보해야 함

(2) 기업경영 측면
- 고객확보 측면
- 고객유지 측면
- 고객가치증대 측면

(3) 콜센터 운영성과지표(앤톤 & 페인버그)

지표명	정의
서비스 수준	• 총 인입된 콜 중 목표시간 내에 상담원과 연결된 통화의 비율 • 산식: {(X초 내 응답콜 수+X초 내 포기콜 수)/(총 응답콜 수+포기콜 수)}×100
평균 응답속도	상담원 연결콜들의 상담원 연결 요청 시부터 상담원이 응대를 시작할 때까지의 시간의 평균

평균 대기시간	• 대기시간(교환기 산정) • 산식: 총 대기호(Queue) 누적 대기시간/(상담원 연결 성공콜 수 + 대기 중 포기콜 수)
포기율	• 포기호는 '1-응대율'의 개념 • 상담원 연결 요청 후 상담원 연결 통화를 포기하거나 시간 경과로 강제로 전화가 끊어진 경우
최초콜 해결율	• 한 번의 통화로 처리 완료된 콜의 비율 • 산식: 최초 완결 콜/총 상담원 처리콜 수
스케줄 준수율	업무 투입 시간으로 스케줄 된 시간 중에 실제로 그 시간을 업무에 투입했는지의 비율
평균 통화시간	고객과의 통화에 소요되는 시간
평균 후처리시간	통화 종료 후, 상담과 관련된 업무를 마무리 하는 데 소요되는 시간
상담원 이직율	• 일정기간 동안 전체 상담원 대비 이직한 상담원의 비율 • 산식: 월간 이직율=(월중 이직 인원)/(월초 인원+월말 인원)/2×100
불통율	통화 중 신호 받아서 센터 내 시스템으로 아예 못 들어오는 콜 비율
고객만족도	상담원의 응대에 대해 콜센터를 이용한 고객이 평가한 서비스 만족도 점수

출처: 콜센터 성과관리 및 이직관리에 대한 Essay, 박종태, 2007

(4) 가입자당 평균 수익(ARPU; Average Revenue Per User)

ARPU가 상승한다는 것은 사용자가 해당 사이트에 대한 이용이 높아진다는 것을 의미하며, 사용자별로 ARPU를 분석하여 고객을 분류·관리할 수 있게 해준다. 일반적으로 충성도 높은 고객 20%가 매출의 80%를 올린다는 80:20 법칙(파레토 법칙)이 적용된다.

SECTION 03 | 매뉴얼 작성 체계

1 스크립트(Script)

(1) 스크립트의 의의

- 고객응대를 기본으로 작성된 가상 시나리오
- 대화를 어떻게 이끌어갈 것인가의 순서를 도식화한 것
- 고객 또는 마케팅 상황에 따라 탄력적으로 대화를 이끌어가는 대본
- 상담원이 고객과 텔레마케팅 대화를 이끌어가는 일종의 역할연기 대본

(2) 스크립트의 역할

① 텔레마케팅 실무의 필수품(텔레마케팅의 4요소): 스크립트, Data Sheet, 질문과 응답, 컴퓨터 시스템 및 장비

② 고객응대의 기초
- 텔레마케팅의 목표나 상황에 따라 구성이 달라짐
- 상황의 변화에 따라 능동적 대처가 가능하도록 작성함

③ 텔레마케팅의 대화 대본
- 고객, 마케팅 상황에 따라 탄력적으로 활동하는 매뉴얼
- 음성만으로 메시지를 제공하므로 표준화된 스크립트가 준비되어야 함

(3) 스크립트의 필요성 및 목적

① 상담원들은 어느 정도 표준화된 언어표현과 상담 방법으로 모든 고객을 대할 수 있게 됨

② 상담원들은 일정한 상담 수준을 유지하게 되어 고객들이 어느 상담원과 상담을 하더라도 불편을 겪지 않게 됨

③ 콜센터 내의 생산성 관리에 도움을 줌: 스크립트 작성을 통해 상담원들이 불필요한 표현이나 상담 도중 흐름을 잃지 않게 하여 평균 통화시간을 조절할 수 있음

④ 스크립트 작성을 통해 상담원들은 고객에게 전화 목적에 대한 효율적인 메시지 전달을 할 수 있으며 일관된 흐름에 입각한 논리적인 상담을 진행할 수 있음

(4) 스크립트의 구성요소

① 도입
- 고객과의 신뢰감 형성을 위한 첫 인사를 함
- 회사와 상담원을 소개함
- 전화를 받는 사람이 결정권자인지 확인함

② 본론
- 전화받는 상대방을 확인한 후 본 상담을 진행함
- 고객을 이해하는 시간을 통해 고객과의 유대관계를 형성함
- 직접적인 상품 설명보다 고객에 대한 서비스를 강조하는 것이 유리함
- 고객의 반론을 극복하기 위해 반론 상황에 따른 스크립트를 작성해 충분히 연습함

③ 종결
- 상품 또는 서비스에 대한 설명을 마무리함
- 감사 인사 후 자신의 소속과 성명을 남기고 끝맺음 인사를 함

(5) 스크립트 작성의 원칙

활용목적 명확화	텔레마케팅 목표는 상황에 따라 달라지기 때문에 처음부터 명확하게 설정해야 함
간단명료	반드시 알리고 설명 및 설득할 내용을 명료하게 작성해야 함
이해	고객이 쉽게 이해할 수 있어야 하며 동음이의어의 사용을 피해야 함
유연	끊어 읽기 등을 활용하여 대화 흐름이 유연하고 자연스럽도록 함
설득/확신	짧은 시간 내에 고객을 이해시키고 설득할 수 있어야 하며, 전체 대화 중 '클라이맥스'를 구성하여 생동감 있게 작성해야 함
고객중심	고객에게 신뢰성과 혜택 등을 제공할 수 있어야 함
상황대응	변화하는 상황에 대응하고 상대방이 거부할 경우에 대비한 질문을 추가해야 함
상황관리	작성목적과 수정 시의 동기 등을 수시로 체크하여 최초로 작성한 문서의 변화상황을 알 수 있도록 자료나 스크립트를 파일로 만들어 보관해야 함
차별성	원고 내용은 요점이 있어야 하므로 상대방에게 제공할 수 있는 특별한 편익을 미리 강조함
회화체 활용	• 차트식: '예', '아니오'에 따라 다음 질문이나 설명이 변하는 경우에 활용함 • 회화식: 상대방과 대화하면서 진행함 • 혼합식: 차트식+회화식

2 콜센터의 조직

(1) 일반적인 특성

① **비정규직 중심의 전문조직**: 비정규직, 계약직 중심의 근무형태가 주종인 전문조직으로 고용형태상 임금, 근로조건, 복지수준, 그리고 사회적 인식 등의 차별이 존재함
② **특정 업무의 선호**: 상담원들 개인의 특정 업무 선호도에 따라 구직 신청에서 입사까지의 반응, 근무매력도, 조직 적응력 등에 상당한 차이가 발생함
③ **커뮤니케이션 장벽**: 정규직과 비정규직 간의 의식 내지는 시각 차이, 참여도, 학습능력의 차이, 근속기간의 차이 등 보이지 않는 커뮤니케이션 장벽이 존재함
④ **독특한 집단의식, 한우리 문화**: '도시락 문화'로 콜센터 내에서 자신들과 가장 우호적인 상담원들끼리 무리를 이루어 개인적 친밀감과 유대감을 형성하는 독특한 문화가 존재함
⑤ **개인 편차**: 직업에 대한 만족감, 직업에 대해 만족하는 사람과 만족하지 못하는 사람 간의 의식, 적극성, 자기계발, 인간관계, 고객응대 수준에서 차이가 많이 나는 편임

(2) 콜센터 관련 여러 현상

① **콜센터 심리공황**: 콜센터 조직이 확대되고 활성화됨에 따라 상담원들이 선호하지 않는 업종이나 기업의 콜센터는 상담원의 기피, 집단이탈, 인력 채용과 운영 효율의 저하를 초래하여 콜센터의 관리직도 자기역할의 한계를 느끼게 되어 콜센터 조직의 와해를 빚게 되는 현상
② **콜센터 바이러스 현상**
• 공식적으로 발표하지 않았는데도 좋지 않은 소문이나 근무조건 변경 등의 내용이 콜센터 조직 내에 금방 확산되는 현상
• 특정한 사람에게만 알린 정보가 대부분의 상담원들에게 재빠르게 전파되는 현상
③ **철새 둥지 현상**: 상담원들이 근무조건의 변화, 급여 차이, 업무 난이도에 대한 적응 실패, 복리후생 빈약 등으로 인해 심리 변화와 태도 변화를 일으켜 조금이라도 낫다고 생각하는 콜센터로 이직하는 심리 현상

(3) 콜센터 문화에 영향을 미치는 요인

① **사회적 요인**: 직업의 매력도 및 인식 정도, 취업정보 개방에 따른 이직의 자유로움과 행정당국의 제도적 지원 등
② **커뮤니케이션 요인**: 고객 개개인의 특성과 상황, 고객의 커뮤니케이션 태도 등에 영향을 미침
③ **기업적 요인**: 물리적 요인, 인간적 요인, 관리적 요인으로 세분화할 수 있음
④ **개인적 요인**: 개인의 직업관, 사명감, 자발적인 노력, 전문직으로의 도전, 콜센터 적응 정도, 근무 만족도 등의 요인에 영향을 미침

(4) 콜센터 조직 구성원

구성원	역할
텔레마케터	텔레마케팅 실무자이며 제품홍보 및 판촉활동, 고객관리 및 고객유치, 정보수집, 자료정리, 고객상담, 고객분석 등의 업무 담당
유니트 리더 (콜센터 리더)	텔레마케터 10여 명 정도의 소단위 리더로서 업무를 수행하며 일반 텔레마케터와 함께 고객상담 업무 담당
슈퍼바이저	• 텔레마케터들의 업무를 지휘감독, 모니터링을 통해 성과 분석관리, 실질적 관리자의 역할 • 텔레마케팅 전략수립 및 판촉전개, 최적의 콜센터 환경 조성, 스크립트 작성, 고객리스트 정비, 운영코스트 관리, 현장교육 코칭, 이직률 관리 등의 업무 수행

QAD(Quality Assurance Developer)	통화품질 관리 및 운영 책임자, 실시간 통화품질 관리를 통한 상담 품질 확인, 상담원 개별 문제 확인 및 교정을 통한 표준화된 상담 모델 마련
QAA(Quality Assurance Anaylist)	통화품질 관리자로서 상담내용을 모니터링하여 평가, 관리, 감동을 통해 통화품질을 향상시키는 업무수행을 하며 전문적 지식, 객관적 판단능력을 필요로 함

(5) 콜센터의 용어

① 포기호(Abandoned Call): 주로 통신회선 과다, 근본적인 회선수 부족 등으로 인해 상담원이 응답하기 전에 전화를 한 사람이 전화를 끊는 경우가 생기는데, 이때 자동호분배기까지만 연결되어 끊어진 통화를 말함

② 평균 마무리 처리시간
- 상담원이 고객과의 통화를 마친 후 일을 마무리 하는 데 필요한 시간
- 평균 통화 처리시간 = 평균 통화시간(ATT) + 평균 마무리 처리시간(Wrap-up)

③ ANI(Automatic Number Identification): 전화번호 외의 고객의 보관된 정보를 상담원이 알 수 있도록 컴퓨터에 고객정보를 스크린 팝업을 통해 보여주는 기능

(6) 콜센터 매니지먼트 부재의 근본 원인

- 경험적 전문성 중심의 채용과 발탁으로 인한 근본적인 매니저 자질의 부재
- 업무 과중으로 인한 자기계발의 한계
- 기업이나 조직의 콜센터 매니저에 대한 장기적인 인재육성 의욕과 관심의 부족
- 텔레마케팅 산업의 급속한 발전으로 인한 전문인력의 부족현상 심화
- 전문화, 표준화, 고급화되지 못하는 조직관리 체계
- 비정규직 관리의 노하우 부재와 자기학습 부족
- 정규조직과 비정규조직의 이해관계 대립과 갈등
- 콜센터 리더를 대상으로 한 리더십, 인성훈련, 조직관리 강화를 위한 전문연수, 세미나 등의 참석 기회 부족

(7) 일반적인 텔레마케팅의 전개 과정

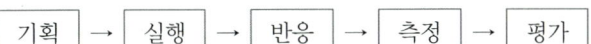

기획 → 실행 → 반응 → 측정 → 평가

3 감정노동

(1) 정의(알리 혹실드)
양질의 서비스를 제공하는 데 필요한 육체적 혹은 정신적 노동 이상의 노동이라고 보았다.

(2) 감정노동의 두 가지 유형

① 표면화 행위
- 자신의 감정을 외면한 채 조직의 강요에 의해 나타낼 수밖에 없는 목소리, 억양, 얼굴 표정 등을 지어야 하는 것으로 스스로의 의지와 무관하게 어쩔 수 없이 서비스 표준에 맞추어 표현해야 하는 행위를 의미함
- 감정과 다른 행동, 고객에게 거짓감정 표현, 실제 감정과 다른 행동, 자신의 진심과 다른 감정표현 등을 측정함

② 내면화 행위
- 자신의 강점을 기업에서 원하는 기준에 맞추도록 스스로를 변화시켜 나가려는 보다 적극적인 행위를 의미함
- 업무에 적합한 감정표현, 내키지 않은 기분에도 좋은 척하는 노력 등으로 측정함

(3) 감정노동을 덜어주는 전략
- 감정적 노동에 스트레스를 덜 받는 종업원 선발하기
- 적절한 교육훈련(경청하는 기술, 문제해결능력 등)
- 대처능력 및 전략을 교육하거나 부여하기(직무순환, 계획된 휴식, 팀워크 활용 등)

(4) 분노조절 훈련
- 감정노동으로 인한 스트레스로 분노를 억누를 수 없다면 적극적인 스트레스 해소법을 찾아야 함
- 가장 좋은 방법은 '이완 호흡'으로 눈을 감고 3, 4회 정도 깊고 크게 숨을 들이마신 뒤 천천히 내쉬도록 함

4 텔레마케터 성과관리

(1) 성과관리
텔레마케터의 업무 수행능력을 향상시키기 위해 지속적이고 개별적으로 지도, 강화, 교정하는 활동이다.

(2) 모니터링의 두 가지 방법
① QC(Quality Control, 품질관리): 잘못된 점을 찾아 정정
② PI(Performance Improvement, 성과향상): 잘된 점을 찾아 칭찬

(3) 콜센터 핵심 성과지표

미국 퍼듀대학교의 Jon Anton 교수와 그가 속한 콜센터 전문 연구기관 CCDQ(Center for Customer Driven Quality)에서 제시한 측정지표가 보편적으로 사용된다.

인바운드 성과지표	아웃바운드 성과지표
• 콜당 비용 • 판매건당 비용 • 시간당 판매량 • 평균 판매가치 • 아웃바운드에 대한 판매비율 • 시간당 접촉 횟수 • 1인당 연간 평균 매출 • 1교대당 평균 매출	• 80%의 콜에 대한 응대속도 • 평균 응대속도 • 평균 통화시간 • 평균 통화 후 처리시간 • 평균 포기율 • 평균 대기 시간 • 첫 통화 해결률 • 불통률 • 상담원 착석률 • 평균 포기 전 시간 • 스케줄 준수율 • 평균 출근율 • 1콜당 비용 • 평균 판매가치 • 8시간 기준 상담원당 평균 인입콜

(4) 모니터링의 기본 프로세스

목표 설정	• 명확해야 함 • 측정가능해야 함 • 주기적으로 검토되어야 함 • 결과는 정량적이고 객관적이어야 함 • 달성을 위한 행동 계획이 포함되어야 함
평가척도 구성	평가자 간 상호 일치도를 검증하며 합동 모니터링 실시
실행평가 및 분석	현상을 파악하고 개선안을 도출
상담원 피드백	모니터링 후 피드백 실시

(5) 모니터링의 평가 목적

- Communication(소통)
- Education(교육)
- Bench Marking(벤치마킹)
- Incentive(보상)
- Survey(조사)

5 코칭의 종류

(1) 개별 코칭

상담원 개인을 대상으로 일대일로 만나는 방식이며 신입사원, 실적 부진자, 민원 유발자 등을 대상으로 하는 QAD 코칭에서 가장 기본이 되는 유형이다.
① 대상: 신입사원, 실적 부진자, 민원 유발자
② 장점: QAA와 상담자 간의 친밀감 형성 및 집중적, 세분화된 코칭과 개인화된 코칭 및 피드백이 가능함
③ 단점: QAA의 경험과 지식에 의존해야 함

(2) 프로세스 코칭

일정한 형식을 유지하면서 진행되는 방식으로 콜센터에서 가장 흔히 사용하는 형태이다. QAA나 코칭을 하는 사람이 사전에 코칭 대상과 시기, 코칭 내용을 선정하여 상담원에게 코칭을 정해진 프로세스에 따라 실시하여 다른 형태에 비해 상담원의 집중력을 높일 수 있고, 체계적으로 접근이 가능하다.

(3) 스팟 코칭

짧은 시간에 콜센터의 상담원을 대상으로 수시로 주의를 집중시켜 적극적이고 긍정적인 참여를 통해 성취를 향상시키는 고도의 기술을 요하는 형태이다. 비형식적인 코칭으로 상담원이 코칭을 받았는지 여부를 깨닫지 못하는 경우도 있을 정도로 심적 부담감과 거부감이 적고, 상담원과의 친밀감을 가질 수 있으며 짧은 시간에 많은 상담원과 접촉할 수 있다.

(4) 풀 코칭

짧은 미니 코칭보다는 코칭 시간이 길고 코칭의 내용이 구체적으로 이루어지며 모니터링 평가표에 따라 업무 및 2~3개의 통화품질 기준에 관한 내용을 가지고 진행하는 코칭이다.

(5) 그룹 코칭

콜센터에서 적정 수준의 통화품질을 유지하기 위해서 시행되는 코칭이며 일대 다수의 형태로 진행된다.
① 장점
- 공통된 목표를 가지고 진행하므로 상담원들 사이의 유대감이 형성되며 다른 상담원과의 협력을 통한 시너지 효과를 기대할 수 있음
- 상담원의 상호작용과 상담원들 간의 비교 및 커뮤니케이션을 통한 업무 능력의 향상 등을 도모할 수 있음

② 한계점: 상대적으로 개인화된 코칭에는 한계가 있으며, 인원이 많아 일정 부분 통제가 필요함

(6) Silent(Remote) Monitoring

상담원과 떨어진 장소에서 상담원의 통화를 모니터링하는 방법이다.

① 장점
- 무작위 콜이므로 샘플로 사용하기 좋음
- 상담원은 콜이 모니터링되고 있는지 모르고 콜을 처리함 → 자연스러운 콜처리 가능
- 고객과 상담원 간의 자연스런 상호작용 관찰 QA팀 설립 → 콜센터에서 콜을 관찰하는 QA팀을 만들어 표준화, 일관성 있는 모니터링 가능

② 단점
- 즉각적인 피드백이 어려움
- QAD가 콜 대기하는 시간이 생긴다면 비효율적인 방법이 됨
- 감시당하는 느낌을 줄 수 있음
- 해당 모니터링의 목적에 대한 분명한 전달이 없다면 상담원은 'Big Brother'의 공포가 생길 수 있음

★ Big Brother란 감시자를 지칭하는 용어로 감시, 통제하는 관리권력 또는 체계를 의미합니다.

(7) Side-by-side Monitoring

QAD가 상담원의 근처에서 콜을 듣는 방법으로 관리자가 상담원의 근처에서 상담내용 및 업무처리 과정, 행동을 직접 관찰하고 즉각적으로 피드백 하는 형식이다.

① 장점
- 즉각적인 피드백 가능 → QAD의 지도 아래 즉각적인 코칭 기회 제공
- QAD가 상담원의 참고 자료 이용 등 행동을 관찰할 수 있음
- 신규 상담원에게 좋은 방법 → 상호작용을 통해 도움을 줄 수 있는 위치
- 상담원과 인간적인 관계 성립 → 신뢰, 자신감 성립
- 질문에 대답 가능 → 대화하는 방식으로 코칭

② 단점
- 상담원이 제약을 받는다고 느끼면 자연스럽고 편안하게 콜을 처리할 수 없음
- 상담원이 Best Behavior를 보여주려 하기 때문에 측정된 성과가 전형적인 성과가 아닐 수 있음

(8) Call Taping

콜 샘플을 녹음한 것 중 랜덤으로 선택하여 듣고 상담원 성과를 평가하는 방법이다.

① 장점
- 상담원이 자신의 콜을 듣고 콜처리에 대해 객관적으로 알 수 있음
- 성과와 피드백 간의 즉각적인 연결 가능 → 어떤 부분의 스킬이 개선되어야 하는 지를 파악하도록 도움
- QAD는 상담원을 모니터할 특정 기간을 계획하여 유연성 및 컨트롤 향상 → QAD가 전화를 대기하는 시간을 줄임

② 단점
- 즉각적인 피드백이 어려움
- QAD의 바쁜 일정으로 피드백이 늦어질 수 있음 예 지난주의 콜에 대해 다음 주에 코칭

(9) 그 외 모니터링 방법

① Self Monitoring : 직접 자신의 상담내용을 듣고 스스로를 평가하는 방법
② Peer Monitoring : 정해진 동료 파트너의 상담내용을 듣고 장·단점 피드백, 벤치마킹하는 동료평가제
③ Real Time Monitoring : 상담원이 모니터링 여부를 모르도록 무작위로 추출한 상담내용을 듣고 정해진 평가표에 의해 향상성, 표준화를 평가하는 방법
④ Recording Monitoring : 상담원이 모르는 채 무작위로 추출한 상담내용을 평가자가 녹음하여 평가결과를 상담원과 공유하는 방법

(10) 모니터링 평가 활용

- 서비스 품질 측정
- 개별적인 코칭과 Follow-up
- 보상과 인정
- 교육 니즈 파악
- 인력 선발과정 수정
- 업무 프로세스 개선

CHAPTER 02 고객상담

강의보기

SECTION 01 | 상황별 응대법과 인사말

1 대면응대 기법

(1) 공감적 경청

상황별 적절한 인사법과 응대법은 고객과의 대화에 중요한 요소이다. 서비스 전달자의 제안에 대해 고객이 제대로 이해했는지 확인할 수 있고, 고객이 문제해결 방법을 바꿀 의도가 있는지 파악할 수 있다. 고객을 이해하려는 의도를 가지고 경청하며 먼저 고객을 이해하여 그 감정을 표현한다.

(2) 경청의 방해요인

개인적 요인	• 편견 • 심리적 혼란 • 신체상태 • 사고의 속도 • 청각능력의 감소 • 잘못된 추측
외부적 요인	• 소음 • 어수선한 분위기 • 전화벨이 울리는 경우 • 적절하지 못한 상담사의 용모 • 상담 중 다른 고객의 상담 요청

2 고객만족 화법

(1) 쿠션 화법

단호한 표현보다는 미안한 마음을 먼저 전하여 사전에 쿠션 역할을 할 수 있는 말을 전하는 화법이다.
예 "죄송합니다만, 잠시만 기다려 주십시오."

(2) 신뢰 화법

상대방에게 신뢰감을 줄 수 있는 말을 전하는 화법이다.
예 "이쪽으로 안내해 드리겠습니다."
  "저희 부서에서 해결해 드리겠습니다."

(3) 레이어드 화법

의뢰나 질문형식으로 바꾸어 말하는 화법이다.
예 "이쪽 자리 괜찮으십니까?"
  "다시 전화 드려도 괜찮으시겠습니까?"

(4) I-Massage 화법

나를 주어로 하는 대화법으로 주로 회사 책임으로 표현한다.
예 "저희의 확인 부족으로 일어난 일입니다."

(5) 아론슨 화법

미국의 심리학자 아론슨의 연구에서 유래한 것으로 대화나 상담에서 부정(-)과 긍정(+)의 내용을 혼합하여 사용하는 경우 부정적인 말을 먼저 하고 긍정적인 말로 마무리하는 화법이다. 약점도 있지만 강점도 있다는 관점의 차이를 강조하는 화법이다.
예 "날씨는 흐리지만 선선해서 좋네요."

(6) Yes, But 화법(긍정법/간접부정법/역전법)

일단 긍정하는 식의 맞장구를 치고 반대 의견을 말하는 것으로 고객에게 거절할 때에도 그 거절이 잘못되었다는 인상을 주지 않는다는 강점이 있다.
예 "대단히 옳은 말씀입니다만, ~하지 않습니까?"
  "그런 경우도 있겠군요. 그런데 ~"

(7) 보상 화법

약점이 있으면 반대로 강점이 있게 마련이다. 지적한 약점은 더 좋은 강점을 만들어낸다는 연관적(대칭적) 관계를 강조하는 화법이다.
예 "가격이 비싼 만큼 품질이 좋습니다."

(8) 후광 화법

유명 연예인이나 매출 자료를 제시하여 고객의 반대 저항을 감소시켜나가는 심리적 화법이다.
예 "이 제품이 요즘 유행하는 연예인 '김○○ 패딩'입니다. 입어보시면 따뜻하고 옷맵시를 잘 살려줘서 만족하실 겁니다."

(9) 샌드위치 화법
상대방의 잘못을 지적해야 할 때 충고나 질책 등을 하지 않고 칭찬을 먼저 한 다음 잘못에 대해 명확히 이해할 수 있도록 조언하며 격려의 말로 마무리한다.
- 예) "박 대리가 제안한 스마트워치 디자인은 정말 뛰어나! 그런데 스마트 기기라는 느낌이 너무 부각되는 것 같더군. 조금 더 전통적인 손목시계의 감성을 강조하면 완벽하겠어."

(10) 부메랑 화법
부메랑은 던지면 다시 되돌아오는 기구로 이를 화법에 응용시킨 것이다. 고객이 제품에 대한 트집을 잡을 때, 그 트집이 제품의 장점 또는 특징이라고 주장하는 화법이다. 거절 요인을 구매요인으로 전환시킬 수 있다.
- 예) 고객이 가격이 너무 비싸다고 할 때 '가격이 비싼 것이 이 제품의 특징이다.', '조건이 까다로운 것이 그만큼 신뢰를 주는 우리 회사의 장점이다.' 등으로 표현함

(11) 산울림 화법
고객의 말을 반복하여 이해와 공감을 얻으며 고객이 거절하는 말을 그대로 솔직하게 받아주는 데 포인트가 있다.

3 고객의 상황파악을 위한 질문기법

(1) 개방형 질문
고객이 자유롭게 의견이나 정보를 말할 수 있도록 질문하여 고객들 마음에 여유가 생기도록 하며 고객이 적극적으로 이야기하게 함으로써 고객의 니즈를 파악할 수 있다.

(2) 선택형 질문
단순한 사실 또는 몇 가지 중 하나를 선택하게 하여 고객의 욕구를 파악하려는 질문이다. 고객의 니즈에 초점을 맞출 수 있으며 화제를 정리하고 정돈된 대화를 할 수 있다.

(3) 확인형 질문
고객의 답변에 초점을 맞추는 질문이며 고객의 니즈를 정확하게 파악할 수 있다. 처리해야 할 사항을 확인받을 수도 있다.

4 씽(J. Singh)의 불만고객 유형 분류

(1) 소극적으로 불평하는 사람 – 수동적 불평자
- 어떤 조치를 취할 가능성이 가장 적은 고객 유형
- 제품이나 서비스 제공자에게 어떤 것도 말하지 않음
- 타인에게 부정적 구전을 하지 않음
- 제3자에게 제품이나 서비스에 대한 불평을 하지 않음
- 제품이나 서비스에 대한 불평결과가 투입하게 될 시간과 노력에 대한 보상을 해주지 못할 것이라고 생각하며 불평의 효율성에 대해 의구심을 가짐
- 개인적 가치 및 규범이 불평을 하지 않게 하는 경우도 있음
- 화내는 불평자나 행동 불평자보다 해당 기업에서 떠날 가능성이 낮음

(2) 불평을 표현하는 사람 – 표현 불평자
- 제품이나 서비스 제공자에게 적극적으로 불평하는 고객의 유형
- 부정적 구전을 퍼뜨리거나 거래 기업을 전환하거나 제3자에게 불평을 하지 않음
- 제품이나 서비스 제공자에게 최고의 고객으로 전환될 수 있는 고객의 유형
- 적극적인 불평을 통해 기업에게 두 번째 기회를 줌
- 제품이나 서비스 제공자에게 불평한 결과가 긍정적일 것이라 믿음
- 구전의 확산 및 제3자에게 불평하는 것이 덜 긍정적이라고 생각함
- 이들의 개인적 규범은 자신들의 불평과 일치함
- 화내는 불평자나 행동 불평자보다 해당 기업에서 떠날 가능성이 낮음

(3) 화내면서 불평하는 사람 – 화내는 불평자
- 친구나 친척들에게 부정적 구전을 하고 다른 업체로 전환 의도가 높은 고객
- 제품이나 서비스 제공자에게 불평하는 성향은 평균 수준
- 제3자에게 불평을 하지는 않지만 불평해봤자 들어주지도 않는다는 소외의식을 갖고 있음
- 기업에게 두 번째 기회를 주지 않음

(4) 행동으로 불평하는 사람 – 행동 불평자, 적극적 행동자
- 모든 상황에서 평균 이상의 불평 성향을 갖는 고객 유형
- 제품이나 서비스 제공자에게 불평을 하는 고객
- 다른 사람들이나 제3자에게도 불평을 하는 고객
- 이들의 개인적 규범과 불평은 일치함
- 다른 유형의 사람들보다 더 높은 소외의식을 가짐
- 극단적인 경우 '테러리스트'의 가능성이 있음

★ 씽은 식료품, 자동차 수리 서비스, 의료 서비스, 금융 서비스를 대상으로 한 연구에서 불만고객을 위와 같은 4가지 유형으로 분류하였습니다. 산업과 상황에 따라 불만고객의 유형 비율은 달라질 수 있으나 일반적으로 모든 기업과 산업에서는 4가지 유형으로 나타납니다.

SECTION 02 | 안내법과 손님맞이 방법

1 방문객 안내

(1) 목적지까지 손님 안내
- 손님의 바로 앞에 서지 않고 2~3보 앞의 한 쪽으로 비켜서서 안내함
- 가끔 뒤돌아보며 방문객의 발걸음과 맞추어 떨어지지 않도록 주의함
- 방향을 가리킬 때는 다섯 손가락을 가볍게 모아 손바닥 전체를 비스듬히 위로 향하게 안내함
- 나란히 걸을 때에는 연장자가 오른쪽에 서게 함
- 모퉁이를 돌 때는 돌아보면서 방문객과의 거리를 확인함

(2) 계단에서의 예절
- 계단을 오르내릴 때에는 뛰지 않음
- 올라갈 때는 남성이, 내려갈 때는 여성이 먼저 서도록 함
- 손님을 안내해 계단을 오를 때에는 손님의 왼쪽 서너 계단 앞에서 오름
- 상사와 함께 계단을 오를 때에는 상사가 먼저, 내려올 때는 아랫사람이 먼저 내려옴

(3) 엘리베이터에서의 예절
- 엘리베이터 탑승 전 행선 층을 알려주고 안내자가 먼저 탑승하며 승무원이 있는 경우에는 방문객이 먼저 탑승하도록 함
- 내릴 때는 방문객이나 상사가 먼저 내리고 승무원이 있는 경우 안내자가 먼저 내림
- 엘리베이터로 들어갈 때 왼편 안쪽이 상석이 됨
- 호텔이나 아파트 등의 엘리베이터에 여성이 타고 있을 경우 남성은 모자를 벗는 것이 매너임
- 방문객에게 사전에 행선 층을 알려주도록 함
- 복잡한 엘리베이터 안쪽에 위치하고 있을 경우 정중하게 "○○층 부탁드립니다."라고 부탁하는 것은 예의에 어긋나지 않음

(4) 고객을 사무실에 안내할 경우
- 응접실에 도착하면 목적지에 도착했음을 알림
- 응접실에 들어설 때 안에 아무도 없더라도 반드시 노크한 후 문을 열어야 함
- 긴 의자는 손님용, 팔걸이 의자는 직원용
- 가방은 옆에 두고 서류는 테이블 위에 올려둠

(5) 응접실에서의 상석
- 입구에서 가장 먼 쪽
- 책상에서 멀리 떨어진 쪽
- 경치를 바라보기 좋은 곳

2 소개하기

(1) 소개하기
사람을 소개할 때 먼저 그 사람의 특기나 특징을 담아 소개하는 것이 좋으며 자리에 앉아 있을 때 소개를 받게 되면 반드시 일어서서 인사한다. 소개받은 상대방의 이름은 충분히 주의해서 듣고 기억해야 하고 정식으로 소개받을 때까지는 조용히 기다린다.

(2) 소개 순서

먼저 소개할 사람	나중에 소개할 사람
직위가 낮은 사람	직위가 높은 사람
남자	여자
한 사람	여러 사람
연소자	연장자
직장인	방문한 손님
상대를 잘 아는 사람	상대를 잘 모르는 사람

3 고객맞이

(1) 처음 맞이하는 단계
고객이 들어오면 시선을 맞춰 가볍게 인사한 후 두 세걸음 앞으로 다가가 미소를 띠며 "어서오십시오."하고 맞아들인다. 접수하는 사람이 따로 없을 경우에는 먼저 본 사람이 나서서 고객이 서성거리지 않도록 배려한다.

(2) 상대를 확인하고 용건을 듣는 단계
- 고객이 "○○사에서 온 ○○○입니다, 팀장님 계십니까?" 하고 물을 경우 "아, ○○사에서 오셨습니까? 실례지만 어떤 일로 오셨습니까?"하고 용건에 대해 정중히 묻는다.
- 상대가 용건을 말하면 용건과 이름을 한 번 반복하고 "잠깐 기다려 주십시오."하며 목례를 한 후 담당자에게 연락을 한다.

(3) 판단하는 단계
고객이 자신의 이름을 대고 만날 사람의 이름을 말했을 경우에는 별문제가 없지만 용건만 말할 경우 담당부서와 담당자가 누구인지 정확하게 판단(확인)한다.

(4) 처리하는 단계
고객의 용무가 정확하고 신속하게 처리되도록 배려한다. 처리 중이나 전화 연락 도중에는 불필요한 말을 삼가고, 도중에 다른 볼일을 보거나 하여 손님이 기다리는 일이 없도록 한다.

(5) 만족을 주었는지 아닌지를 확인하는 단계
업무가 처리되었음을 고객에게 알려준다. 고객의 돌아가는 모습을 잘 보고 응대태도에 불만이 없는지 한 번 더 생각해 본다.

■ SECTION 03 | 접객자세와 지시동작

1 자세

(1) 선 자세
- 손을 앞으로 모으고 서 있는 공손한 자세를 함
- 종아리와 허벅지가 일자로 붙도록 하여 바르게 섬
- 허리는 펴고 아랫배는 들어가게 하고 가슴을 쫙 폄
- 남성은 왼손을, 여성은 오른손을 위로 함
- 턱을 앞으로 당겨 바르게 서며 시선은 앞을 향하도록 함
- 엄지로 깍지를 끼우고 손가락이 보이지 않도록 함
- 손톱은 안 보이도록 가볍게 말아 쥠
- 손의 위치는 여성은 엄지가 배꼽의 약간 아래쪽, 남성은 팔을 굽히지 않은 상태로 아래로 내림
- 뒤꿈치를 붙이고 발은 15도 정도 벌림

(2) 앉는 자세(여성일 경우)
- 의자 앞에 서서 다리 하나를 뒤로 살짝 밀어 의자의 위치를 찾음
- 스커트를 잘 정리해 자리에 앉음
- 양손으로 스커트 앞뒤를 쓸어 내리듯이 하여 앉음
- 손은 허벅지 중간쯤에 위치하고 오른손이 위로 오도록 함
- 의자의 2/3만 앉고 등을 바르게 세움
- 다리는 약간 사선으로 하여 발목을 꺾이지 않도록 함
- 어깨와 턱에 지나치게 힘을 주지 말고 시선을 바로 하여 편안하게 앉음

(3) 걷는 자세
- 몸의 중심을 바닥을 딛는 발에 두고 어깨는 수평으로 하며, 머리와 몸은 흔들지 않음
- 두 팔은 자연스럽게 드리우고 걸음에 맞춰 약간 흔들어 줌
- 발의 앞과 뒤가 동시에 바닥에 닿아 평행하게 함
- 보폭은 자기의 체격에 맞도록 자연스럽게 하며 실내에서는 실외보다 보폭을 좁게 하여 발자국 소리가 나지 않게 주의해야 함
- 신발을 끌지 않으며 잘못된 걸음걸이는 교정하도록 노력해야 함

2 지시동작

(1) 방향 안내 자세
- 방향 안내 시 손가락으로 안내를 하는 것은 매우 큰 실례임
- 30도 정도 구부린 어느 정도 먼 거리에 있는 사람을 가리키는 자세를 함
- 사람을 가리킬 때는 두 손을 모두 사용해 안내함
- 물건을 가리킬 때에는 한 손은 방향을 가리키고 다른 한 손은 아랫배 쪽에 두도록 함
- 방향을 제시할 때는 정확한 동작으로 바르게 안내함

(2) 방향 안내 순서
① 방향 제시 전 질문한 사람의 얼굴을 바라봄
② 질문을 복창하고 방향을 제시하는 쪽으로 시선을 돌림
③ 다시 방향을 제시한 상태로 상대의 얼굴을 다시 한 번 바라봄
④ 상대가 자신의 안내를 확실하게 이해했는지 확인함

■ SECTION 04 | 컴플레인과 클레임 분석

1 컴플레인과 클레임

(1) 컴플레인(Complain)
'가슴을 치다'라는 의미를 가지며 상대방의 잘못된 행위에 대한 불만사항 통보로 불만족한 감정상태를 표현하는 것이다. 고객이 상품을 구매하는 과정 또는 구매한 상품에 관하여 품질, 서비스 등을 이유로 불만을 제기하는 것이다. 이는 행동 또는 내부의 조치에 의해 즉시 해결될 수 있다.

(2) 클레임(Claim)

'당연한 것으로서 권리, 유산 등을 요구 혹은 청구하다.'라는 뜻을 내포하고 있다. 상대방의 잘못된 행위에 대한 시정요구이며 클레임 처리가 되지 않을 경우, 고객에게 물질적, 정신적 보상, 크게는 법적으로 보상하여 해결해야 한다.
① 소프트 클레임: 불편함을 느끼는 정도로 나타남
② 일반 클레임: 불편함과 불쾌감이 혼재되어 나타남
③ 하드 클레임: 불편함보다 불쾌감이 강하며 고객불만의 정도도 강하게 나타남

(3) 컴플레인과 클레임의 원인

컴플레인과 클레임의 원인으로 직원의 응대가 약 65%로 가장 큰 원인이다.
① 회사 문제(제도, 상품)
② 고객 자신의 문제
③ 직원응대의 문제
- 직원응대의 불친절
- 규정만 내세우는 안내
- 업무처리 미숙
- 타 부서로 책임회피

★ 최초 불만은 회사로 시작하지만 처리과정에서 직원의 불친절한 응대로 회사보다 직원에 불만이 많아지는 경우가 많습니다.

2 굿맨의 법칙에 의한 히든 클레임

(1) 굿맨의 법칙

마케팅 조사 회사 TARP사 사장 존 굿맨이 실시한 고객만족도 조사 결과에 따른 것으로 3가지 법칙이 존재한다.

(2) 제1법칙 – 불만족한 고객

불만을 제기하고 해결에 만족한 고객의 서비스 재구입 결정율이 불만은 있으면서 불만을 제기하지 않은 고객의 서비스 재구입 결정율보다 높다.

(3) 제2법칙 – 구전 마케팅

고충처리에 불만을 품은 고객의 안 좋은 평가가 만족한 고객의 호의적인 평가보다 파급력이 높다.

(4) 제3법칙 – 소비자 교육의 필요성

소비자 교육을 받은 소비자는 기업에 대한 신뢰도가 높아 호의적인 소문의 파급 효과를 기대할 수 있으며 상품의 구입 의도가 높아져 시장 확대에 공헌할 수 있다.

■ SECTION 05 | 고객불만처리 원칙

1 불만고객의 중요성

(1) 불만행동

제품이나 서비스에 대한 부정적 정보를 제조사, 판매자를 넘어 정부, 사회, 소비자단체 등에 전달하는 행동이다.

(2) 불만고객

- 회사를 상대로 서비스 불만에 대해 표현하고 해결을 요구함
- 불만고객은 표현하지 않는 고객보다 상대적으로 회사의 발전과 경쟁력 향상에 없어서는 안 될 중요한 고객이 됨

(3) 불만고객 관리의 중요성

- 불만고객은 고객 유지율을 증가시켜 매출을 높일 수 있기 때문에 매우 중요함
- 불만고객으로부터 나오는 평가는 빠르게 퍼지기 때문에 고객의 불만이 커지기 전에 관리하는 것이 최상의 방법
- 불만고객을 효율적으로 관리하면 불만을 관리하는 시간을 절약할 수 있음
- 고객의 불만에 귀를 기울이면 기업에 필요한 유용한 정보를 얻을 수 있음

2 불만고객의 유형

(1) 고객불만 제기 방법

① 직접 호소: 말로써 제품, 서비스, 기업 이미지 등에 불평함
② 인터넷 게시판: 내부 및 다른 고객들도 알 수 있도록 개방된 채널을 활용함
③ 편지, 문서: 불만을 서면, 팩스 등으로 제기하고 근거를 남김
④ 고객센터 상담: 고객센터에 불평 신청 및 상담 요청함
⑤ 법적인 호소: 소비자 보호원, 법률기관 등에 공식적으로 호소함

(2) 고객불만 유형

① 효용 불만: 고객이 제품이나 서비스를 사용한 후 고객의 욕구를 충족시키지 못했을 때 발생하는 불만
② 심리적 불만: 서비스나 제품의 성능이나 기능보다는 사회적 수용, 개인존중, 자아실현 측면의 불만
③ 균형 불만: 고객의 기대수준을 중요시하여 고객의 필요와 욕구를 충족시켰더라도 고객의 기대 수준보다 낮았을 경우 발생하는 불만
④ 상황적 불만: 여러 가지 형태의 소비생활과 관련된 상황적 요건, 시간, 장소, 목적에 따른 불만

3 불만고객 응대의 기본 원칙

(1) 피뢰침의 원칙
고객은 개인적인 감정이 있어서 화를 내는 것이 아니라 일 처리에 대한 불만으로 복잡한 규정과 제도에 대해 항의하는 것이다. 고객이 화를 내고 거친 언어를 사용한다고 해서 그것을 자신에게 화를 내는 것이라고 생각한다면 누구든지 감정적인 동요를 일으킬 수밖에 없다. 자신이 아닌 우리 회사나 제도에 항의하는 것이라는 관점을 가져야 고객의 심한 언어로부터 자유로울 수 있다.

(2) 책임공감의 원칙
고객의 비난과 불만이 자신을 향한 것이 아니라고 해서 고객의 불만족에 대해서 책임이 전혀 없다는 말은 아니다. 우리는 조직 구성원의 일원으로서 자신이 한 행동의 결과이든 다른 사람이 한 일처리의 결과이든 고객의 불만족에 대한 책임을 같이 져야 한다.

(3) 감정통제의 원칙
인간은 감정의 동물이다. 전화를 받거나 거친 고객들을 만나다 보면 자신도 모르게 자신의 감정을 드러내는 경우가 발생하게 된다. 프로와 아마추어의 차이는 그것을 통제할 수 있느냐 없느냐의 차이다.

(4) 언어절제의 원칙
고객보다 말을 많이 하게 되면 자신의 입장에서만 이야기할 수 있어 고객과의 공감대가 형성되지 않고 문제도 해결되기 어렵다. 즉, 고객상담에 있어서 고객보다 더 많이 말을 하는 것은 최대한 피하고 경청과 공감의 자세가 필요하다.

(5) 역지사지의 원칙
고객을 이해하기 위해서는 반드시 고객의 입장에서 문제를 바라보아야 한다. 고객이 마치 우리의 업무 프로세스나 규정들을 모두 알고 있다는 것을 전제로 상담하는 오류를 범해서는 안 된다.

4 다양한 상황에서의 고객불만

(1) 물리적 상황에 대한 불만
외형, 인테리어, 호텔이나 음식점 매장의 입지조건, 설비, 재질 등에 대한 불만이다.

(2) 시간적 상황에 대한 불만
매장 운영시간, 고객 상담시간, 지연시간 등에 대한 불만이다.

(3) 감각적 상황에 대한 불만
오감으로 느낄 수 있는 색조, 그림, 소음 정도, 청결함, 음악 종류에 대한 불만이다.

(4) 인적상황에 대한 불만
종업원의 복장, 접객태도, 상담태도, 대화 정도에 대한 불만이다.

(5) 절차적 상황에 대한 불만
회원가입 절차, 물건 사는 절차 등에 대한 불만이다.

(6) 정보적 상황에 대한 불만
카탈로그, 상품설명서, 통보서, 인터넷 게시판 등의 정보제공에 대한 불만이다.

(7) 금전적 상황에서의 불만
지불수단이나 결제조건, 멤버십 유무에 따른 금전적인 부담 정도, 금전적인 혜택이나 우대 등에 대한 불만이다.

(8) 제공적 상황에 대한 불만
제품이나 서비스를 제공하는 주체의 핵심적인 역할에 대한 불만이다.

5 상황에 따른 불만고객 응대

(1) 기업에 문제가 있는 경우
- 고객의 입장에 동조하면서 긍정적으로 듣도록 함
- 변명을 하지 않도록 함
- 고객의 입장이 되어 성의 있는 태도로 대함
- 감정적인 표현 및 노출을 피하고 일보 후퇴하여 냉정하게 검토함
- 즉각적이고 솔직하게 사과함
- 사실 중심으로 명확하게 설명함
- 신속하게 처리함
- 적극적인 자세로 응대함

(2) 고객에게 문제가 있는 경우
- 고객이 무엇이든지 다 이야기할 수 있도록 진지하게 경청함
- 고객의 잘못에 대해 반격하지 않고 간접적으로 인지하게 함
- 고객의 자존심이 상하지 않도록 배려함
- 고객이 이야기하는 도중에 절대로 변명하지 않음

6 불만고객처리 4원칙

(1) 제1원칙 - 공정성 유지
실제로 공정해야 할 뿐만 아니라 고객에게도 공정하게 보여야 하며 이를 위해 독립적인 조사기관이 필요하다.

(2) 제2원칙 - 효과적인 대응
보상에 쓰는 돈의 총액 중에서 불평 처리에 드는 비용은 적은 부분밖에 차지하지 않지만 고객에게 보여주는 데는 굉장한 효과가 있다. 따라서 보상방침을 관대하게 한다.

(3) 제3원칙 - 고객 프라이버시 보장
불평행동에 대한 비밀을 지켜 주기를 바라는 고객들이 있음을 알고 이를 존중한다.

(4) 제4원칙 - 체계적 관리
고객이 제기한 불평 내용에 대해 조치를 취하고 결과를 고객에게 알린다. 고객의 불평에서 알게 된 내용을 조직 내의 다른 사람들과 공유한다.

7 서비스 7거지악

(1) 개념
칼 알브레히트는 "조직 외부에 양질의 서비스를 제공하려면 먼저 조직 내부에 양질의 서비스를 제공할 수 있는 체제를 구축해야 한다."고 말하면서, 서비스업에서 공통적으로 발견되는 종업원의 응대태도 불량을 서비스 7거지악이라 명명하였다.

(2) 요소
① 무관심(Apathy): 나와는 관계없다는 식의 태도, 고객이 창구에 다가와도 쳐다보지 않는 행위
② 무시(Brush-off): 마치 먼지를 털어내듯 고객의 요구나 문제를 못 본 척하고 고객을 피하는 일
③ 냉담(Coldness): '귀찮으니 저리 좀 가주세요.'라는 식으로 고객 사정을 고려하지 않음
④ 건방떨기/생색(Condescension): 낯설어하는 고객에게 생색을 내거나 어딘지 모르게 건방진 태도
⑤ 로봇화(Robotism): 완전히 기계적으로 응대하여 고객 개인 사정에 맞는 따뜻함이나 인간미를 전혀 느낄 수 없는 태도
⑥ 규정핑계(Rule Book): 고객만족보다는 조직의 내부 규정을 앞세우기 때문에 종업원의 재량권을 행사하거나 예외를 인정할 수 없어 상식이 통하지 않는 경우
⑦ '뺑뺑이' 돌리기(Runaround): "죄송합니다만, 여기는 담당이 아닙니다."라는 식으로 고객을 전가하는 행위

SECTION 06 | 코칭

1 코칭의 정의

(1) CCU(Corporate Coach University; 글로벌 코치양성 전문기관)의 정의
코칭은 코치와 발전하려고 하는 의지가 있는 개인이 잠재능력을 최대한 개발하고, 발견 프로세스를 통해 목표설정, 전략적인 행동, 그리고 매우 뛰어난 결과의 성취를 가능하게 해주는 강력하면서도 협력적인 관계이다.

(2) Lawson Consulting Group의 정의
미국의 컨설팅기관 Lawson Consulting Group은 코칭을 성과 향상에 걸림돌이 되는 장애물을 극복하고 핵심역량을 극대화하기 위해 설계된 지속적인 프로세스 행동의 변화를 유발하며, 학습자가 능력이나 지식을 갖고 있음에도 성과가 떨어질 때, 이를 다시 상승시킬 수 있는 매우 유용한 방법이라고 정의하였다. 코치란 학습자들이 목적 달성에 맞는 비전을 가지도록 돕고, 목표를 달성할 수 있도록 지속적으로 지원하는 사람이다.

(3) 포니즈(Fournies)의 정의
부하가 바람직하게 행동하도록 리더와 부하 간에 행해지는 쌍방 간의 대면 대화를 말한다. 조직 구성원이 직무수행에 요구되는 능력을 향상시키기 위한 방법이며 상사 코칭은 배려적 행동, 내재동기 촉진, 역량강화를 통해 구성원에게 영향을 미친다.

2 코칭 대화 프로세스 모형

(1) ICAN 전략 모형(조성진, 2008)
- 정형화(Identify)
- 상황 파악(Circumstance)
- 실행계획 수립(Action Plan)
- 양육지원(Nurturing)

(2) GROW 코칭 모델(John Whitmore)
1980년대 후반에 영국에서 도입되었으며 코칭에서 구조화된 코칭 모델로 가장 널리 알려진 모델이다. 가장 기본적인 코칭 모델로 효과적인 목표수립과 문제해결을 위한 기법 중 하나이다.
① Goal: 대화의 목표 정하기(목표 설정)
② Reality: 코칭 주제에 대한 현실점검(현실 확인)
③ Obstacles & Options: 구체적 실행계획, 예상 장애물과 대안 탐색하기
④ Will: 실천의 확인(실행의지 확인)

3 코칭의 필요성

(1) 개인적 차원
코치와 코치받는 사람은 파트너십을 통해 새로운 시각으로 가능성을 창조하고 성과를 이룰 수 있다. 코치받는 사람이 자신의 목표를 설정하도록 함으로써 조직의 목표에 끌려간다는 느낌 대신 스스로 성취감을 느끼고, 이에 대한 성공 경험을 통해 자신감을 배양하도록 한다. 지속적인 자기 개발을 통해 성공을 이룰 수 있다.

(2) 조직 차원
조직과 한 방향으로 정렬하게 함으로써 기업에 최대의 성과를 가져다 주는 핵심 인재를 보유 및 육성하게 된다. 일방적인 지시나 명령 하달의 커뮤니케이션에서, 경청하고 적절하게 질문하며 지원해 주는 스타일로 변화함으로써 조직 내 인간관계를 개선하고 신뢰 문화를 구축하는 데 공헌한다. 상호 존중의 문화 구축으로 조직의 창조성과 연결되어 막대한 성과와 연결된다.

4 코치의 역할 및 수행 활동

(1) 코치의 정의
코치는 학습자들이 목적 달성에 맞는 비전을 가지도록 돕고, 목표를 달성할 수 있도록 지속적으로 지원하는 사람을 뜻한다.

(2) 코치의 역할

후원자	• 직원들이 개인적인 성장과 경력상 목표를 달성하는 데 도움이 되는 업무가 무엇인지 결정하는 것을 도와주는 사람 • 성과가 뛰어난 직원을 공인해 주는 역할 이외에도 그 직원이 조직 내의 중요한 정보, 의사결정자 및 다른 사람들과 접촉할 수 있도록 해줌
조언자	직원의 자기계발 프로세스에 관여하며 어떤 분야에서 존경받는 조언자이며 기업의 정치적 역학관계에 대처하는 방법 및 영향력을 행사해서 파워를 형성하는 방법도 알고 있는 사람
평가자	• 특정 상황하에서 직원의 성과를 관찰하여 적절한 피드백이나 지원을 하기로 직원과 약속한 사람 • 직원들이 자신의 강점, 개발이 필요한 부분, 관심, 경력상의 목표 등을 평가하는 일을 도움
역할모델	말한 바를 행동으로 보여주는 역할을 수행하면서 직원들의 기업문화에 적합한 리더십 유형을 보여줌
정보제공/ 교수(교사)	직원들이 자신의 업무를 효과적으로 수행할 수 있도록 업무상 비전, 가치, 전략, 서비스 및 제품, 고객 등에 관한 정보를 제공하는 중요한 역할을 함

(3) 코치의 수행 활동(역할)
• 코치는 경청하고 관찰하는 데 있어서 고도의 훈련을 받아 개개인의 특성에 맞게 그들의 필요에 접근해 가는 방법에 숙련된 사람임
• 코치는 사람들이 스스로 전략과 해결책을 도출하도록 함
• 코치는 학습자의 주의를 환기시키고 간과된 단계를 상기시키며, 힌트와 피드백을 제공, 수행 방법을 구조화하고 부가적 과제나 문제 또는 문제적 상황을 제공함
• 코칭은 학습활동을 학습자의 배경지식에 의해 조정하며, 언제, 어떻게, 왜 진행해야 하는지에 대한 보충 지도를 제공하는 등 온전히 학습자에게 초점을 맞춘 교육임

5 코칭의 효과

(1) 장점
• 업무 수행성과에 직접적으로 관련되어 있음
• 코치와 학습자의 동시 성장이 가능함
• 상하 간의 커뮤니케이션 능력을 향상시킬 수 있음
• 일대일로 지도하므로 교육효과가 높음

(2) 단점
• 교육의 성패가 코치의 능력에 따라 지나치게 좌우됨
• 일대일 방식이므로 코치의 시간이 많이 소요되며 노동집약적임
• 매일의 코칭은 학습자에게 부담이 될 수 있음
• 코치와 학습자 간의 계약관계는 학습에 지장을 줄 수 있음

(3) 코칭이 필요한 시기 및 대상

① 코칭이 필요한 시기
• 해결해야 하는 문제가 발생했을 때
• 조치를 취해야 할 때(조직 또는 부서의 목표나 비즈니스 상황이 변화되었을 때)
• 문제의 팀원을 발견하였을 때
• 새로운 업무가 시작될 때
• 신입직원에 대한 적응지도 및 훈련이 필요할 때
• 교육훈련 후의 추가 지도가 필요할 때

② 코칭이 필요한 대상
• 최고의 실적을 내기를 원하는 팀원
• 평균 이하 또는 중간 정도의 실적을 보이고 있는 팀원
• 업무에 관한 자신감의 개발이 필요한 팀원

(4) 컨설팅이 필요한 시기 및 대상

① 컨설팅이 필요한 시기
- 조직 재구성의 상황
- 경영환경 변화에 따른 인사상의 불이익(강등, 강급, 좌천 등)이 있는 상황
- 임금 동결(임금, 지위 또는 직책의 조정)의 상황
- 개인적인 문제를 가진 팀원들이 다른 사람들의 실적에 영향을 미치고 있는 상황

② 컨설팅이 필요한 대상
- 당신에 대해 불쾌해 하는 팀원
- 업무할당에 대해 불만족이 있는 팀원
- 동료와의 사이에 갈등을 겪고 있는 팀원
- 스트레스가 쌓이고 지친 팀원
- 업무를 수행하는 기술 또는 능력에 대해 불안을 느끼는 팀원
- 새로운 업무에 도전하기를 꺼리는 팀원
- 지지/격려받는 팀원과 비난/비평받는 팀원
- 지원을 필요로 하는 개인적인 문제를 갖고 있는 팀원
- 실패를 경험하고 있는 팀원
- 새로운 업무에 실망하는 팀원

6 코칭과 멘토링

(1) 공통점
- 코칭은 멘토링(Mentoring)과 혼용되기도 함
- 개인적·조직적 변혁과 개발을 가져오는 데 강력한 지원
- 인간의 잠재성을 이끌어 내는 학습자들이 학습하는 방법을 배움(Learn how to learn)으로써 성장한다는 믿음을 공유함
- 브루너(Bruner)의 '스스로 행동함으로써 배운다(Learning by doing)'는 철학에 기초함
- 코치의 핵심 역할은 조직원의 수행의 질을 향상시키거나, 목적을 달성하는 데 필요한 실천 의지를 다지고 동기유발을 지속시키는 것

(2) 차이점
① 코칭: 즉각적인 수행향상을 목적으로 하면서 개인지도나 수업의 방식을 통해 지식과 기능의 향상을 도모하는 것
② 멘토링: 한 걸음 뒤로 물러서서 보다 장기적인 관점에서 학습자의 지식과 기능의 발전을 도모하기 위해 조언과 상담을 실시하는 것으로 코칭보다 약 3,000년이나 앞서 시작됨

(3) 코치의 역할
- 프로세스 전문가로 학습이 일어나서 성과를 향상시키도록 프로세스를 지원함
- 수행의 질 향상 및 목적을 달성 하는 데 필요한 실천 의지를 다지고 동기유발을 지속시킴
- 소기의 목적이 달성될 때까지 지속적으로 지원함
- 많은 시간을 함께하는 내부인이 수행하는 경우가 많음

(4) 멘토의 역할
- 전문적이고 구체적인 지식이나 지혜를 가지고 도움을 주는 내용 전문가
- 업무 또는 사고 등에 의미 있는 변화를 일으키게 해 주는 조언자
- 그 역할이 장기적일 수도 있고 단기적(혹은 일회성)일 수도 있음
- 팀원이 원할 때 혹은 프로세스상 꼭 필요할 때 지원 가능
- 같은 조직에 있는 사람 또는 외부 전문가가 수행하는 경우가 많음

(5) 코칭의 유사 개념 비교

구분	코칭	카운슬링
대상	성장과 변화를 추구하는 건강한 사람	상처받은 사람
기대효과	새로운 각도로 문제를 보고 자신의 해결책을 개발	치유
시각	미래지향적	과거지향적
역할	Support	Help

구분	컨설팅	멘토링
대상	당면 문제를 시급히 해결하고 싶은 사람	직장동료 또는 후배
기대효과	전문가의 조언과 답을 제공받음	문제해결, 능력개발
시각	현재중심적	미래중심적
역할	조언과 답 제공	조언과 지도

CHAPTER 03 | 예절과 에티켓

 강의보기

■ SECTION 01 | 이미지 컨설팅

1 이미지 메이킹의 개요

(1) 이미지의 정의
'모방하다'의 'Imago'라는 라틴어에서 유래된 말로 특정 대상의 외적 형태에 대한 인위적인 모방이나 재현을 의미한다.

(2) 이미지의 형성 요소
① 가시적인 요소: 시각적인 형상과 모습
② 관념적인 요소: 개념, 느낌, 분위기, 연상

(3) 기업 이미지의 특징
기업의 이미지가 형성되기까지 투입된 수많은 지혜와 품성, 정신과 노력이 농축되며 이미지는 거짓말을 하지 않는다.
- 부분적인 것이 아니라 총체적인 것
- 구체적인 것이 아니라 추상적인 것
- 일시적인 것이 아니라 연속적인 것

(4) 이미지의 속성(Daniel Boorstin)
'사건에 대해 진실된 측면을 보여주기보다 조작되고 단편적인 측면을 강조한다.'는 '가관념(Pseudo Ideals)'의 개념을 주장하였다.
- 가치체계와 관계있으며 가짜 이상(Pseudo-ideal)이라고도 함
- 인공(위)적(Synthetic)
- 믿을 수 있는(Believable) 것
- 수동적(Passive)
- 두드러진(Vivid) 것
- 단순화(Simplified)
- 모호한(Ambiguous)

(5) 이미지의 분류

내적 이미지	• 인간의 심리적, 정신적, 정서적인 특성 등이 고유하고 독특하게 형성되어 있는 상태로 심성, 생각, 습관, 욕구, 감정 등의 유기적인 결합체 • 로젠버그: 개인의 생각과 느낌의 총합이라고 보고 자아개념을 자신의 신체, 자신의 행동, 자신의 능력 등을 판단하는 자신에 대한 지각의 본질이며 동시에 행동해야 할 방향을 결정하는 주체로 봄 • 리안: 자아개념은 자신의 특성, 능력, 결점 및 외모에 대한 지각이며 지각의 객체로서의 자아는 특별한 인간의 행동 방향을 결정하는 단위
외적 이미지	• 인간의 외부로 나타나는 종합적인 이미지로 내적 이미지가 외모, 언행, 자세, 표정 등의 꾸밈 행동을 통하여 외부로 표현되는 현상 • 카이저: 외적 이미지는 외모 전체적으로 보이는 모습으로 정의내려 시각적 요소뿐만 아니라 비언어적 제스처, 표정, 자세의 중요성도 강조함
사회적 이미지	• 특정한 사회 속에서만 성립되고 또한 그 사회의 내부에서는 사회구성원이 모두 의심 없이 수용하는 이미지 • '어린이들은 햄버거를 좋아한다.'와 같은 이미지는 동양권의 초등학생들에게는 인정되지만 서양에서는 햄버거가 일반화된 식사 메뉴의 하나이기 때문에 인정하기 어려움. 어린이들이 햄버거를 즐긴다는 이미지는 동양권에서 성립되는 사회적인 이미지

2 인상 형성 요인

(1) 생활가치
개인의 생활가치는 비교적 초기에 형성되며 오랜 시간 동안 안정적으로 유지된다. 가치는 잠정적인 것으로 그 나름의 태도와 선택을 관찰하고 추론함으로써 명백해지며 생활가치는 특정한 사람이나 인종적 집단에 의해서 선호되는 행위, 관습, 제도를 지칭한다.

(2) 경험과 배경
자신의 경험은 물론 타인의 경험을 통해 전해 들어 대상의 이미지가 결정된다. 매스컴의 급속한 발달은 생활환경을 확대시키고, 정보를 통한 간접 경험이 이미지 형성에 중요한 영향을 미치게 되었다.

(3) 욕구

대상에 대한 개인 욕구의 만족과 불만족이 이미지 형성에 영향을 미친다.

(4) 인상 형성에 영향을 미치는 이론

① 내현성격이론
- 도식의 일종으로 성격 특성들 간의 관계에 대해 개인이 가지고 있는 이론
- 일반 사람들이 다른 사람의 성격을 판단하는 데 사용하는 나름의 틀

② 고정관념: 집단 특성에 근거하여 판단하는 경향(직무상 특성, 인종적 특성 등)

3 인상 형성의 과정

(1) 인상 형성의 과정

지각, 사고, 감정 심리과정의 상호작용에 의해 이미지가 형성된다.

지각과정	• 인간이 환경에 대해 의미를 부여하는 과정 • 주관적이며 선택적으로 이루어져 동일한 대상에 대해 다른 이미지를 부여함
사고과정	과거와 관련된 기억과 현재의 지각이라는 투입요소가 혼합되어 개인의 이미지 형성
감정과정	• 지각과 사고 이전의 감정에 의해 반응하는 과정 • 감정적 반응은 확장 효과를 가짐

(2) 인상 형성에 영향을 미치는 효과

초두 효과	• 첫 이미지 정보의 전달 효과 • 상대방에게 전달되는 이미지 중에서 처음에 강하게 들어 온 정보가 전체적인 이미지의 판단에 결정적인 영향을 미침 • 사람은 이 하나의 정보를 통해 전체를 판단함 • 초두효과는 맥락효과(Context Effect)로 이어짐
맥락 효과	처음에 내린 판단에 따라 이후 입력되는 정보들에 대한 판단도 맥을 잇게 된다는 효과
빈발 효과	첫인상이 좋지 않게 형성되어도 반복해서 제시되는 행동이나 태도가 진지하고 솔직하다면 점차 좋은 인상으로 바뀌는 현상
일관성 오류	사람들은 한 번 판단을 내리면 상황이 달라져도 그 판단을 지속하려는 욕구를 가지고 있다는 이론
인지적 구두쇠 이론	인상 형성에서 사람들은 상대를 판단할 때 가능하면 노력을 덜 들이면서 결론에 이르려고 한다는 이론
부정성 효과	부정적 정보가 긍정적 정보보다 인상 형성에 더 강력하게 작용한다는 효과

콘크리트 법칙	첫 만남에서 짧은 순간 결정된 '첫인상'이 단단하게 굳어 쉽게 바뀌지 않는 현상
호감득실 이론	자신을 처음부터 계속 좋아해주던 사람보다 자신을 싫어하다가 좋아하는 사람을 더 좋아하게 되고 반대로 자신을 처음부터 계속 싫어하던 사람보다 자신을 좋아하다가 싫어하는 사람을 더 싫어하게 된다는 이론

(3) 첫인상

① 정의
- 첫 번째 만남 후에 남는 상대방에 대한 느낌
- 고덴 엘포트(Gorden Alport): 사람들은 만난 지 30초 동안에 처음 만난 상대의 성별, 나이, 체격, 직업, 성격, 깔끔함, 신뢰감, 성실감 등을 어느 정도 평가가 가능함

② 위력
- 첫인상에서 형성된 이미지는 계속해서 강력한 영향력을 행사하게 됨
- 이후 관계 형성의 방향을 결정하는 중요한 열쇠가 됨

③ 특징
- 일회적: 단 한 번만 형성됨
- 신속성: 약 3~7초 사이에 이미지가 결정됨
- 일방적: 개인의 의지와는 상관없이 보이는 대로 판단됨
- 초두효과: 처음 들어온 정보가 뒤의 정보를 차단함

4 엘버트 메라비언의 법칙

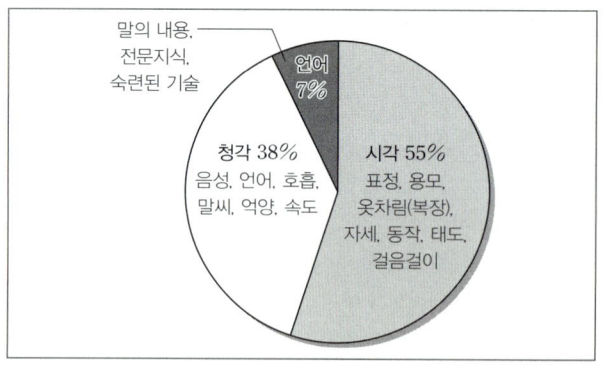

5 시선

(1) 올바른 시선 처리

① 상대를 지나치게 오래 쳐다보지 않는다: 대화 시간의 40~60% 정도, 한 번에 약 5초에서 10초 정도 응시
② 부드러운 시선으로 고객을 응대
③ 고객의 눈높이에 맞추어 시선을 준다: 시선과 몸의 방향을 일직선이 되도록 같이 움직임. 자신의 몸을 상대편 쪽으로 약간 숙여 자신이 상대의 이야기에 주의를 기울이고 있음을 느끼도록 함

(2) 시선처리 시 주의할 점

- 고객이 싫어하는 시선으로 대화를 하면서 시선이 아래로 향하지 않도록 주의함
- 대화 중 곁눈질을 하면 무시하는 듯한 느낌을 주게 됨
- 위로 치켜 뜨는 시선은 거만한 느낌을 주며 아래위로 훑어 보는 시선은 불쾌감을 줌
- 산만한 시선처리는 고객에게 불안감을 주어 신뢰감을 얻기 어렵기 때문에 눈을 너무 자주 깜박거리거나 옆을 힐끗힐끗 쳐다보지 않아야 함
- 여러 대상 중 한 사람에게만 시선이 집중되면 나머지 사람들은 소외감을 느끼게 됨
- 대화 시 적당한 시선처리는 상대방에게 부담을 주지 않으면서 편안하게 대화를 할 수 있도록 해주어야 함

SECTION 02 | 인사매너

1 인사의 중요성

(1) 인사의 의의

인사는 많은 예절 가운데서도 가장 기본이 되는 것으로 상대방에게 마음속에서 우러나오는 존경심과 반가움을 나타내는 형식의 하나로 사람의 호감을 사는 데 있어 더없이 중요한 역할을 한다고 볼 수 있다. 처음 만나는 사람들 사이에서 새로운 인간관계가 시작됨을 나타내는 신호가 되는 것이 바로 인사이다.

- 상대방에 대한 친절과 존경심의 표현
- 스스로의 이미지를 높이는 기준이 됨
- 낯선 환경에서 인사를 잘함으로서 상대방에게 호감과 신뢰감을 형성할 수 있음
- 인사는 상대방을 위한 것이라기보다 궁극적으로 나 자신을 위한 것

(2) 인사의 시기

- 일반적으로 30보 이내(인사 대상과 방향이 다를 때)
- 가장 좋은 시기는 6보(인사 대상과 방향이 마주칠 때)
- 측방에서 갑자기 만났을 때는 즉시 인사함
- 상사를 사외 인사와 함께 복도에서 만났을 경우에는 멈추어 서서 정중하게 인사함
- 복도에서 상사 한 사람을 만났을 경우에는 걸음을 멈출 필요가 없으며 한쪽 옆으로 비키며 가볍게 인사함

2 인사의 종류

(1) 목례(15°)

길이나 실내, 복도에서 사람을 자주 대할 때 하는 인사법이며 눈인사라고도 한다. 다음과 같은 상황에서 목례를 한다.

- 계단이나 엘리베이터와 같은 좁은 장소
- 구내식당이나 화장실
- 전화통화 중
- 직장 내 동료들 사이
- 한 번 만난 사람을 또 만났을 경우
- 접견실을 방문한 손님에게 차를 대접할 경우

(2) 보통례(30°)

일상생활에서 가장 많이 하는 인사법으로 보통 윗사람이나 손님에게 한다. 윗사람에게 할 때는 2~5m 가량 앞에서 하며 숙인 상체는 상대방이 답례를 한 후 한 호흡 정도의 간격을 두고 천천히 일으킨다. 반드시 인사말을 함께 해야 한다. 다음과 같은 상황에서 보통례를 한다.

- 일상생활에서 직원 간 인사할 때
- 어른이나 선생님을 만날 때

(3) 정중례(45°)

엄숙한 장소에서 가장 많이 사용되는 인사이며 서서 하는 인사법 중 가장 정중한 의미를 담은 인사이다. 다음과 같은 상황에서 정중례를 한다.

- 고객을 처음 맞이할 때
- 사과, 감사, 맞이, 배웅의 의미를 담을 때
- 면접 시

3 인사의 자세

(1) 인사의 올바른 자세

표정	밝고 환한 미소를 지음
시선	상대의 눈을 바라봄
턱	안으로 당기며 숙이지 않고 상황을 봄
어깨	자연스럽게 빼고 당당하게 섬
등, 허리, 무릎	위에서 당긴다는 느낌으로 곧게 폄
손	• 여자: 왼손 위에 오른손을 올린 공수 자세. 이때 겨드랑이는 붙이지 않고 살짝 뗌 • 남자: 차렷 자세로 가볍게 팔을 내리며 손은 계란을 쥐었다는 느낌으로 주먹을 쥠
발	발꿈치를 서로 붙이고 양발의 각도는 20~30도 유지

(2) 잘못된 인사

- 눈을 쳐다보지 않고 하는 인사
- 망설임이 느껴지는 인사
- 말로만 하는 인사
- 분명하지 않은 형식적인 인사
- 고개만 끄덕이는 인사
- 인사말을 하지 않는 인사
- 무표정한 인사
- 과도하게 허리를 굽히는 인사
- 자세가 흐트러진 인사(고개를 옆으로 돌려서 인사, 턱을 올리는 인사, 발과 무릎이 벌어짐 등)
- 상황에 맞지 않는 인사(계단 위에서 상급자에게 인사, 윗사람에게 "수고했습니다"라고 하는 인사 등)

SECTION 03 | 전통예절

1 절

(1) 절의 의미

윗사람을 공경하고 아랫사람을 공경하는 예로써 행해지며 공경해야 할 대상을 상징하는 표상에 대해서도 하고 의식행사에서도 한다.

(2) 절의 종류

① 작은 절(초례, 반절): 웃어른이 아랫사람의 절에 대한 답배 시에 하는 절
② 보통절(행례, 평절): 항렬이 같은 사람, 관직의 품계가 같은 경우에 하는 절
③ 큰절(진례): 자기가 절을 해도 답배를 하지 않아도 되는 높은 어른에게 또는 의식행사에서 하는 절
④ 매우 큰절(배례): 관, 혼, 상, 제, 수연, 고희 시에 하는 절

(3) 남자의 절 순서

① 작은 절: 공수한 손을 바닥에 짚고 무릎 꿇은 자세에서 머리와 엉덩이까지 등이 수평이 되게 엎드렸다가 일어남
② 평절
- 공수를 하고 선 후 허리를 굽혀 공수한 손을 바닥에 짚음
- 왼쪽 무릎을 먼저 꿇은 다음 오른쪽 무릎을 가지런히 꿇음
- 팔꿈치를 바닥에 붙이고 이마를 공수한 손등에 댐
- 이마가 손등에 닿으면 머물러 있지 말고 즉시 떼어낸 다음 오른쪽 무릎을 세운 후 공수한 손을 세운 무릎 위에 얹음
- 오른쪽 무릎에 힘을 주며 일어난 다음 두 발을 가지런히 모음
③ 큰절
- 왼손이 위로 가게 공수를 하고 어른을 향해 섬
- 공수한 손을 눈높이까지 올렸다가 내리면서 허리를 굽혀 공수한 손을 바닥에 짚음
- 왼쪽 무릎을 먼저 꿇고 오른쪽 무릎을 꿇어 엉덩이를 깊이 내려앉음
- 팔꿈치를 바닥에 붙이며 이마를 공수한 손등 가까이에 대는데 이때 엉덩이가 들리지 않도록 주의함
- 공손함이 드러나도록 잠시 머물러 있다가 머리를 들며 팔꿈치를 펴고, 오른쪽 무릎을 세워 공수한 손을 바닥에서 떼어 오른쪽 무릎 위를 짚고 일어남
- 공수한 손을 눈높이까지 올렸다가 내린 후 묵례

★ 묵례는 말없이 고개만 숙이는 인사입니다.

(4) 여자의 절 순서

① **작은 절**: 평절을 약식으로 하고, 답배의 대상이 나이가 많이 차이 나면 남녀 모두 앉은 채로 한 손 또는 양손을 바닥에 짚는 것으로 답배

② **평절**
- 공수한 손을 풀어 내린 다음 왼쪽 무릎을 먼저 꿇고 오른쪽 무릎을 가지런히 꿇은 다음 엉덩이를 깊이 내려서 앉음
- 몸을 앞으로 30도 정도 숙이면서 손끝을 무릎선과 나란히 바닥에 댐
- 잠깐 머물렀다가 윗몸을 일으키며 두 손바닥을 바닥에서 떼고 오른쪽 무릎을 먼저 세우고 일어남
- 두 발을 모으고 공수한 다음 가볍게 묵례

③ **큰절**
- 오른손이 위로 가게 포개어 잡고 공수한 손을 들어 어깨 높이만큼 올린 다음 시선은 손등을 봄
- 왼쪽 무릎을 먼저 꿇고 오른쪽 무릎을 가지런히 꿇은 다음 엉덩이를 깊이 내려서 앉음
- 윗몸을 45도쯤 앞으로 굽힌 다음 잠시 머물러 있다가 윗몸을 일으킴. 전통 복장의 경우 머리 장식 때문에 머리를 깊이 숙이지 못함
- 오른쪽 무릎을 먼저 세우고 일어나 두 발을 모은 후 올렸던 두 손을 내려 공수한 후 가볍게 묵례

★ 각 절의 특징, 절하는 방법이 문제로 출제되기도 합니다. 각 절의 특징과 방법을 반드시 숙지하세요.

(5) 절하는 횟수

① **기본 횟수**: 남자는 최소 양수로 한 번, 여자는 최소 음수로 두 번을 행한다.
② **생사에 따른 횟수**: 산 사람에게는 기본 횟수만 행하며 죽은 사람이나 의식행사에서는 기본 횟수의 배로 행한다.

2 공수

(1) 공수의 의미

공수는 배례의 기본 동작으로 두 손을 앞으로 모아 잡는 것을 의미한다.

(2) 성별과 의식행사의 성격에 맞는 공수

① 남자와 여자의 손 위치가 다름
- 남자: 평상시 왼손이 위로, 흉사 시 오른손이 위로 옴
- 여자: 평상시 오른손이 위로, 흉사 시 왼손이 위로 옴

② 평상시와 흉사 시가 다름

③ 의식행사에 참석했을 때나 어른을 뵐 때 반드시 행해야 함

④ **제의례(제사)**: 조상의 제사는 자손이 조상을 받드는 길한 일이므로 흉사가 아님. 따라서 평상시의 공수 자세를 취해야 함

CHAPTER 04 | 비즈니스 매너

강의보기

■ SECTION 01 | 비즈니스 매너

1 명함

(1) 명함의 유래

루이 14세 때 생긴 이후 루이 15세 때는 동판으로 인쇄한 명함을 사교에 사용하였다. 중국에서는 예로부터 친구 집에 방문 시 친구가 부재중일 경우 자기 이름을 쓴 것을 놓고 오는 관습이 있었다.

(2) 명함의 구성 요소

- 사각형 순 백지를 사용함
- 일반지 명함은 86mm×52mm 사이즈를 많이 사용했으나, 최근에는 수입지 명함과 같은 90mm×50mm 사이즈를 많이 사용함
- 명함 크기와 모양에 남녀의 차이는 없음
- 본인의 이름과 직함은 물론 직장과 자택의 주소와 전화번호, 핸드폰과 팩스번호, E-mail 등을 기입하여 제작하는 것이 일반적임
- 지나치게 장난스럽거나 영어로 이상한 뉘앙스를 풍기는 이메일 주소는 피하는 것이 좋음
- 이메일 주소는 이름 머리글자와 성을 조합해서 만드는 것이 비즈니스 매너임

(3) 명함의 종류

유럽과 미국에서는 업무용 명함과 사교용 명함을 구분하여 사용하였다. 최근 직장인들도 사교용 명함(개인적인 명함)을 사용하는 경우가 많아지고 있다.

① 사교용 명함
- 꽃이나 선물을 보낼 경우나 초청장, 방문용으로 사용
- 성명과 주소만 기입

② 업무용 명함
- 꽃이나 선물을 보낼 경우라도 업무관계일 경우에는 업무용 명함을 사용해야 함
- 회사의 주소, 직위 등을 기입

(4) 명함을 건네는 방법

- 깔끔한 명함 지갑 이용
- 지갑이나 수첩 등에 여분의 명함이 있어야 함
- 간단히 인사나 악수가 끝난 뒤에 교환
- 윗사람이 먼저 건네는 것이 예의이나 아랫사람 및 용건이 있는 사람이 자기 소개 차원에서 먼저 건네기도 함

(5) 고객에게 명함을 건네는 방법

① 고객보다 먼저 명함을 꺼냄
② 바른 명함인지 확인함
③ 180도 돌린 후 여백을 잡음
④ 목례를 하면서 가슴선과 허리선 사이에 공손히 전달함
⑤ 반드시 고객보다 먼저 명함을 꺼내야 하며 고객이 2인 이상일 경우 윗사람에게 먼저 건네야 함

(6) 명함을 받는 방법 및 주의사항

- 명함을 교환할 때는 일어서서 하는 것이 원칙
- 목례를 하며, 양손으로 받아야 함
- 동시에 주고받을 때는 오른손으로 주고 왼손으로 받음
- 받은 명함은 허리 높이 이상으로 유지
- 받은 명함은 정성껏 다루어야 함
- 혹시 모르는 한자가 있을 경우는 "실례하지만 어떻게 읽습니까?"라고 질문함
- 앉아서 대화를 나눌 때 명함을 테이블 위에 올려두는 것이 상대방을 지칭하는 것에 도움이 됨
- 상대방의 명함을 받고 싶을 경우 정중히 요청함
- 명함이 없을 경우 사과와 함께 이름과 연락처 등을 적은 메모를 전달함

(7) 명함 관리 유의사항

- 명함을 받으면 뒷면이나 여백에 만난 날짜와 장소, 이유 등과 상대방에 대한 사항을 반드시 메모해 두어야 함
- 명함은 명함지갑에 깨끗하고 바르게 넣어 보관함
- 면담 예정자 한 사람에 대하여 최소 3장 이상을 준비함
- 명함지갑은 꺼내기 쉬운 곳(상의 안주머니, 가방)에 보관함
- 받은 명함과 자신의 명함은 항시 구분하여 보관함

(8) 명함 분류

- 보통 직장관계 명함과 개인관계 명함으로 분류함
- 사람의 계층이 폭넓을 때는 직장 및 회사별, 업종별, 모임별로도 분류하여 정리함
- 직장관계 명함은 업종별로 나누어 색인을 만들어 관리하고 개인적인 관계는 '가나다' 순으로 정리함

2 악수

(1) 악수의 유래

악수는 서로 만나 반가운 마음을 표현하는 것이며 손을 잡음으로써 일체감을 느낄 수 있다. 중세 시대까지만 해도 손에 무기가 없으므로 공격할 의사가 없다는 것을 확인시키기 위한 수단으로 사용되었으며 오늘날에도 우호와 화합의 상징으로 이용된다. 로마인들에게 손은 신뢰의 상징으로 악수하는 행위는 상대방을 신뢰한다는 표시이다. 법정에서 선서를 할 때 손을 들고 하는 것도 같은 맥락에서 시작된 것이다.

(2) 악수 청하기

① 원칙적으로 오른손 사용: 오른손이 부상을 당해 왼손으로 하게 될 경우 양해를 얻어 악수를 사양해야 함
② 너무 세거나 약하지 않게 쥠: 너무 느슨하게 쥐는 것은 냉담한 느낌을 줄 수 있고 스치듯 가볍게 쥐는 것은 상대를 경멸하는 느낌을 줄 수 있음
③ 상하로 가볍게 흔들고 자신의 어깨보다 높이지 않음: 여자와 악수할 때는 남자와 악수할 때처럼 손을 흔들지 않는 것이 바람직함
④ 손을 흔드는 횟수: 손을 적게 흔드는 것은 반가움의 정도가 덜한 것으로 비칠 수 있음
⑤ 일어서서 받음: 남성은 반드시 일어서서, 여성은 앉은 채 악수를 받아도 무방하지만 젊은 여성일 경우 앉아 있는 모습은 외관상 좋지 않으므로 일어서서 받는 것이 좋음

(3) 악수하는 방법

① 여성이 먼저 악수를 청하는 것이 에티켓: 주저하지 말고 즉시 악수를 청하여 손을 내미는 것이 자연스러움
② 필요 없는 과장된 행동은 삼가야 함: 양손을 걸치거나 어깨를 껴안는 등의 과도한 행위는 하지 않아야 함
③ 여성은 장갑을 벗지 않아도 되지만 남성은 오른쪽 장갑을 벗고 악수함: 여성의 장갑이 승마장갑 또는 청소용 장갑인 경우는 반드시 벗어야 함
④ 반드시 일어서서 상대의 눈을 보면서 함: 부드럽게 미소 짓고 손을 팔꿈치 높이만큼 올려서 상대의 손을 꼭 잡았다가 놓음
⑤ 상호 대등하게 함: 악수를 하며 절까지 할 필요는 없으며 허리를 굽힌다거나 두 손으로 손을 감싸 안을 필요가 없으며 상호 대등하게 악수를 나눔

(4) 악수를 먼저 청하는 경우

먼저 청해야 하는 경우	• 윗사람이 아랫사람에게 • 여성이 남성에게 • 기혼자가 미혼자에게 • 지위가 높은 사람이 지위가 낮은 사람에게 • 선배가 후배에게
예외인 경우	• 국가원수, 왕족, 성직자 등 • 남녀 간의 악수에서는 상하 구별이 우선 → 상대가 부부동반일 경우 남자들이 먼저 악수를 청하는 것도 실례가 아님

(5) 악수의 기본 원칙

미소	처음 만난 사람과 악수할 때에는 자연스럽고 부드럽게 미소를 지어 보여야 친근하면서 긍정적인 인상을 심어줄 수 있음
눈맞춤	상대방의 눈을 보지 않고 하는 악수는 큰 실례임
적당한 거리	지나치게 손을 길게 뻗기보다는 손을 팔꿈치 높이만큼 올려서 팔꿈치가 자연스럽게 굽혀지는 정도의 거리에 서서 손을 내미는 것이 좋음
리듬	두세 번 흔들고 약 2초 정도 잠시 상대방의 손을 꼭 잡았다가 놓음
적당한 힘	적당히 힘을 주면서 상대방의 손을 잡아야 함

3 이동수단에서의 상석

(1) 자동차의 상석

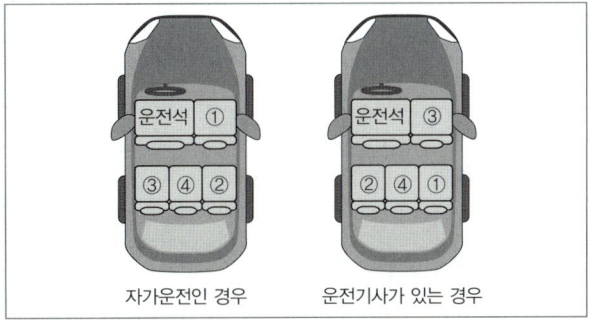

자가운전인 경우   운전기사가 있는 경우

(2) 열차의 상석

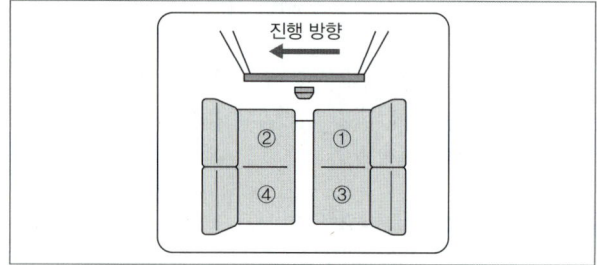

SECTION 02 | 비즈니스 에티켓

1 E-mail 네티켓

(1) E-mail 네티켓

- 누가 보냈는지를 알려야 하며 자신의 신분을 감춘 E-mail은 신뢰성이 떨어지고 스팸메일로 오해받을 수 있음
- 용량이 큰 파일이나 여러 개의 파일은 압축하여 첨부해야 함
- 첨부파일은 꼭 필요한 경우에만 첨부하며 첨부파일을 통한 컴퓨터 바이러스 피해 가능성도 고려해야 함
- 불필요한 군더더기 말은 읽는 사람에게 부담이 되므로 내용은 간결하게 함
- 언어의 선택은 신중하게, 약어 및 속어 사용을 삼가야 함
- 영어 대문자로만 쓰지 않음
- 매너를 준수해야 함
- 받는 사람의 주소는 정확히 확인해야 함
- 수신 후 24시간 이내에 답장하고 유머 메일과 정보성 메일은 수신자 동의를 얻은 후 발송해야 함

2 문화의 이해

(1) 문화

문화란 지식, 신앙, 예술, 도덕, 법률, 관습 등 인간이 그 사회 구성원으로서 공유하는 인식과 습관의 총체이다.

(2) 문화의 차이 5가지 범주(홉스테드)

개인주의 성향	• 집권주의가 강한 나라일수록 구성원의 능력보다는 조직에의 협조와 충성을 강조하며 모든 것을 같이 결정해야 한다고 믿음 • 개인주의 국가에서는 모든 것을 자기가 결정해야 한다고 믿으며 자기존중에 비중을 두는 경향이 있음
권위주의 성향	권위에 대응하는 성향에 따라 권위주의와 평등주의로 분류됨
불확실성 회피 성향	불확실성에 대응하는 성향에 따라 모험주의와 안정주의로 나뉨
남성적 성향	• 남성적 성향이 얼마나 강한가에 따라 남성지향성과 여성지향성으로 나눌 수 있음 • 남성지향성 사회에서는 목표, 성과, 이익중시의 경영활동에 초점을 두고, 여성지향성 사회에서는 종업원의 직무만족을 더 중시하는 경향이 있음
시간 성향	시간에 대하여 어떤 인식을 갖는가에 따라 과거, 미래, 현재에 대한 생각이 문화권마다 다름

(3) 국제 비즈니스 에티켓의 필요성

- 외국 언어 습득
- 세계적 매너 습득
- 세계적 감각 향상

3 글로벌 비즈니스 매너

(1) 제스처

몸짓언어(보디랭귀지, Body Language)로 중요한 의사소통 방법 가운데 하나이며 만국 공용어이지만 때로는 사고나 오해를 불러올 수 있으므로 주의해야 한다.

(2) 의미가 다른 제스처

손바닥을 아래로 하여 손짓	• 누군가를 오라고 부르는 의미(중동, 극동지역) • 가라는 의미(서구지역)
손가락으로 하는 링 사인	• 돈(한국, 일본) • 무가치함(남부 프랑스) • OK 표시(미국, 서유럽) • 음탕하고 외설적인 사인(브라질, 남미)
손바닥을 바깥쪽으로 향한 V 사인	• 승리(유럽) • 욕(그리스)
손등을 바깥쪽으로 향한 V 사인	• '꺼져 버려'라는 의미(영국, 프랑스) • 승리(그리스)
손바닥을 펴서 흔드는 행위	• '안녕'의 의미(유럽, 한국 등) • 무챠: 당신의 일이 잘되지 않기를 바란다(그리스)
엄지를 중지와 검지 사이에 끼워 넣는 행위	• 외설적이고 경멸하는 제스처(유럽, 지중해 연안 국가, 한국) • 문신이나 부적 등의 다양한 형태(남미) • '아이가 귀엽다'는 의미(미국)

주먹을 쥔 채 엄지손가락만 위로 올리는 행위	• '매우 좋다'는 의미(미국) • 무례한 제스처(호주) • '입 닥쳐!'라는 의미(그리스) • 동성연애자의 사인(러시아)
합장	• 인사(태국, 기타 불교국가) • 거만함 표시(핀란드)
머리를 위아래로 끄덕이는 행위	• YES라는 의미의 긍정 표현 • NO(불가리아, 그리스)

★ 이 외에 멕시코 인디언들은 사진을 찍으면 영혼을 빼앗긴다고 생각하는 풍습이 있으므로 주의해야 합니다.

(3) 나라별 식사 예절

일본	• 왼손으로 밥그릇을 들고 오른손으로 젓가락을 사용해 음식을 먹음 • 숟가락을 사용하지 않고 젓가락만을 사용하는 것이 예절이기 때문에 국을 먹을 때도 국그릇을 손에 들고 젓가락을 이용해 건더기를 먹은 후 국물을 마심
중국	• 중국의 식습관은 함께 나누어 먹는 공찬제(共餐制)로, 음식을 나눠 먹으며 친근감을 높이고 젓가락으로 다른 사람에게 음식을 집어주며 호의를 표현함 • 식사를 할 때 젓가락을 식탁에 세게 내려놓거나 젓가락으로 음식을 찌르는 등의 행위는 예의에 어긋남 • 음식을 모두 다 비우면 부족하다 생각하므로 음식을 조금 남기는 것이 예의 • 개인용 접시에 담은 음식은 남기지 않는 것이 예의이며, 개인용 접시에 음식을 담을 때는 공용 수저를 이용해야 함
태국	• 그릇 위에 젓가락을 올려놓는 것은 죽음을 의미함 • 포크는 음식을 숟가락에 얹을 때만 사용함 • 국물이 있는 음식은 손으로 그릇을 들지 않고 숟가락으로 떠서 먹어야 함
인도	• 대부분 손을 사용하여 식사를 하는데 왼손은 화장실에서 사용하기 때문에 식사에는 사용하지 않으며 오른손을 사용함 • 대부분 종교적인 이유로 돼지고기나 술을 먹지 않음 • 일반적으로 작고 낮은 의자를 사용하거나 바닥에 앉아 식사를 함 • 식사 중 이야기를 하는 것은 무례한 행동이라고 여기므로 식사에 집중하는 것이 좋음
영국	• 음식을 제공받기 전까지 먼저 식사를 하지 않도록 주의함 • 식사 중 팔꿈치를 테이블에 올려놓는 것은 무례한 행동 • 냅킨은 입을 닦는 용도로만 사용해야 함
칠레	항상 손을 테이블 위에 얹어 놓는 것이 좋음

(4) 자신을 소개할 때 예절

• 존칭을 삼가야 함
• 비즈니스 석상에서 자신을 소개할 때는 지위를 밝히지 않음
• 이름과 성을 밝히는 것이 상례임
• 회사 밖에서 소개할 때는 회사명을 덧붙임
• 이름 앞에 'Mr', 'Miss' 같은 존칭을 생략하고 이름 전체를 소개함

(5) 서양의 다양한 경칭

미국 등 영어권 국가	• 공식석상에서 대부분 여자에게는 '미스(Miss)'나 '미세스(Mrs.)', 남자에게는 '미스터(Mr.)'를 성 앞에 붙여서 부름 • 최근에는 여성의 경칭을 '미즈(Ms.)'로 통일하기도 함
영국	• 'ESQ(Esquire)': 신사라 할 수 있는 신분에 대한 경칭. '미스터(Mr.)'보다 더 심오한 존경의 뜻을 담음 • 'Dr.', 'Sir.': 말하는 사람이 스스로 지위를 낮춤으로써 상대방에게 경의를 표하는 것. 'Sir.'의 경우 나이나 지위가 비슷한 사람끼리 또는 여성에게는 호칭하지 않으며 여성은 상대방이 아무리 지위가 높아도 동년배의 남성에게는 사용하지 않아야 함 • 'Majesty', 'The Hon': 왕족이나 주요 공직자, 고위 관리직의 경칭

(6) 초청·방문·선물

① 초청
• 공식적인 초청에는 반드시 초청장을 보냄
• 큰 규모의 연말 행사는 3주 전, 일반적인 행사는 2주 전 초청장을 발송함

② 방문
• 회사를 방문할 때는 전화로 시간을 예약하여 상대방이 편한 시간대로 정함
• 방문 시 식사약속이 아닌 경우, 업무 방해가 되지 않는 범위 (15~20분) 내에서 대화함
• 가정 방문 시 정시에 도착해야 하며, 식사초대일 경우 꽃이나 와인, 외국에서는 전통 공예품을 준비하는 것이 좋음
• 방문 시간보다 여유 있게 도착하여 용모와 복장을 점검함
• 안내받은 공간에서 대기 중 상대방이 도착하면 즉시 일어나서 인사함
• 대화 중 스마트 워치나 손목시계를 통해 시간을 확인하는 행위는 상대방에게 바쁘다고 느끼게 할 수 있어 주의함
• 성공적인 대화가 이루어지지 않아 실망한 모습을 보이면 상대방에게 좋지 않은 인상을 남길 수 있어 주의함

③ 선물: 미국기업은 일반적으로 미화 20~30불 이내 금액일 경우에 허용하며 그 이상의 선물은 받지 않거나 부득이하게 받았을 경우 신고하도록 되어 있음

(7) 나라별 선물 시 유의사항

미국, 영국, 캐나다	백합은 장례식에서 주로 사용되므로 죽음과 관련되어 있음
중국	• 짚신과 시계는 '끝내다'라는 의미로 죽음과 관련되어 있음 • 선물 권유 시 3번 정도 거절하는 것이 예의임 • 식사 초대 시 음식물 선물은 금지함 • 축의금은 짝수로, 조의금은 홀수로 냄
일본	• 가벼운 선물은 방문 시 예의임 • 칼은 '단절'을 뜻하고 하얀색은 죽음과 관련되어 있음 • 연초에는 연하장을 중심으로 선물함 • 여름에는 선물로 식료품을 선물함 • 포장할 때 반짝거리는 것이나 리본은 제외함 • 홀수로만 선물함
독일	• 흰색, 갈색, 검정색 포장지와 리본을 사용하지 않음 • 꽃은 홀수로 선물함(단, 13 제외) • 값비싼 선물은 뇌물로 취급함
프랑스	• 빨간 장미는 구애의 의미가 강해서 단순한 선물로 주면 오해를 살 수 있음 • 카네이션은 장례식에서 주로 사용되므로 죽음과 관련되어 있음 • 향수나 와인은 기피함
사우디 아라비아	• 누드화와 애완동물은 격을 떨어뜨린다 생각함 • 손수건은 이별을 의미함 • 선물 증정 시 오른손으로 해야 함
이슬람 국가	• 돼지고기와 술 선물을 금지함 • 여성(여주인)과 관련된 선물을 금지함(이슬람 일부 국가)

4 비즈니스 프로토콜(의전)

(1) 프로토콜(의전)
프로토콜이란 의전이라고도 하며 주로 외교 분야에서 상대국과의 관계에 있어서 지켜야 할 주요한 형식을 의미한다.

(2) 의전의 원칙 – 5R
① 상대에 대한 존중(Respect)과 배려(Consideration)
② 문화의 반영(Reflecting Culture) 등 가변성(Variability)
③ 상호주의(Reciprocity)
④ 서열(Rank)
⑤ 오른쪽(Right)이 상석

(3) 서열 기준

직위에 의한 서열 기준	• 직급(계급) 순위 • 헌법 및 정부조직법상의 기관 순위 • 기관장 선순위 • 상급기관 선순위 • 국가기관 선순위
공적 직위가 없는 인사의 서열 기준	• 전직(前職) • 연령 • 행사 관련성 • 정부산하단체, 공익단체 협의장, 관련 민간단체장 등

(4) 자리와 예우에 관한 기준
• 자리를 기준으로 할 때에는 중앙이 가장 우선이 됨
• 자리를 둘로 나눌 수 있는 경우에는 상대편이 보았을 때 좌측이 우선임
• 시각적으로 볼 때 앞의 것이 공경스러울 때는 앞이 우선이고 뒤의 것이 공경스러운 것일 때는 뒤가 우선임
• 아랫사람은 윗사람에게 먼저 경의를 표시하고 대등한 관계에서는 서로 경의를 표시함
• 예우의 서열에 일정한 기준은 없으나 직위의 높고 낮음, 나이, 직위가 같을 때는 정부조직법상의 순서 등에 의함
• 각종 행사에서 특별한 역할이 있을 때에는 서열에 관계없이 자리 등의 배치를 달리 할 수도 있음

(5) 테이블 배치

상석	• 벽이 있다면 벽을 등진 자리 • 큰 홀이면 입구에서 먼 자리 • 창문이 있다면 경치가 보이는 자리
여러 사람이 함께 앉는 테이블일 경우	• 상석은 연령이나 직위를 기준으로 함 • 연령은 어리나 직위가 높다면 직위가 우선 • 같은 조건일 경우 여성이 우선

부부 동반 파티	부부가 서로 마주보고 앉는 것이 원칙
주빈이 없는 남자만의 모임	• 초청자 옆이 제일 상석이 됨 • 주빈이 있는 남자만의 모임일 때 주빈은 초청자의 맞은편이 적절함
주빈이 있는 부부모임	원탁에 앉을 경우 초청자는 오른쪽에 주빈의 부인을 앉히고, 맞은편 자기 부인의 오른쪽에 주빈을 앉게 함
일반적인 식당에서 좌석 배치	식당의 지배인이나 종업원의 안내대로 착석

(6) 식사 에티켓

① 음식 주문 시 매너
- 식탁에 앉자마자 주문하는 행동을 삼가며 메뉴를 여유 있게 훑어보고 모르는 음식에 대해서는 웨이터에게 물어보는 것이 더 매너있는 행동임
- 여러 가지 요리에 대한 관심을 가지고 자신의 기호를 분명히 하면서 신중하게 선택하는 모습이 상대방에게 신뢰감을 줄 수 있음

② 초대받았을 경우
- 제일 비싼 요리를 주문하거나 초청자보다 비싼 것을 주문하는 것은 매너에 어긋나므로 중간 정도의 가격에서 선택하는 것이 좋음
- 메뉴를 선택할 때 상대방에게 일임하거나 "똑같은 것으로"라고 말하는 것은 좋지 않음

(7) 식사 중 매너

나이프와 포크	• 포크와 나이프를 쥔 채 말하지 않음 • 놓여 있는 나이프와 포크는 바깥쪽에서 안쪽으로 놓인 순서대로 사용
접시	• 가능한 한 움직이지 않도록 해야 함 • 테이블에 놓여 있는 접시는 음식의 순서에 따라 편리하도록 정돈되어 있음 예 수프 접시를 웨이터가 가져간 후 그 자리에 빵 접시를 가져다 놓고 먹는 것은 매너가 아님 • 식사가 끝나고 웨이터가 가져가기 편리하도록 접시를 포개어 놓는 것도 웨이터에게 오히려 불편을 끼치는 일로 바람직하지 않음
빵	• 빵은 수프를 먹은 뒤 먹도록 하고 수프나 커피 등에 적셔 먹는 일은 삼가야 함 • 빵을 깨끗하게 자른다고 나이프를 사용하기보다는 손으로 떼어서 먹는 것이 바람직함 • 버터는 자신의 빵 접시에 옮겨 발라 먹는 것이 좋음
냅킨	냅킨을 혼자서 먼저 펴거나 식사 중 테이블 위에 올려놓는 것은 금기 사항이며 주빈이 냅킨을 편 다음에 펴는 것이 알맞음

(8) 테이블 매너 시 유의사항
- 음식에 입을 대고 먹지 않도록 함
- 식사 중에 머리에 손을 대는 일이 없도록 함
- 식탁에서는 다리를 꼬고 앉거나 허리를 구부리지 않음
- 식사 중에는 담배를 피우지 않으며 디저트가 끝나고 커피가 나올 때 피우도록 함
- 말없이 음식만 먹지 말고 공통의 관심사나 대화를 즐기도록 하며, 비즈니스라 해도 사업 이야기나 토론 등 무거운 주제보다는 가벼운 대화가 좋음
- 웨이터를 불러야 할 때는 소리 내어 웨이터를 부르지 않으며 웨이터와 시선이 마주칠 때까지 기다렸다가 조용히 손을 약간 들도록 함. 손을 높이 들어 흔들거나 해서도 안 됨
- 테이블에서 화장을 고쳐서는 안 됨

(9) 기타 에티켓
- 고급 식당에서 종업원의 안내를 받지 않고 들어가 빈자리를 찾아다니거나 자리를 잡아서는 안 되고, 반드시 입구에서 안내를 받아야 함
- 레스토랑에 들어갈 때는 손을 씻고 들어가고 안내인이 있는 경우 안내인의 뒤를 따라 여성, 남성의 순으로 들어감
- 안내인이 없을 때 남성은 주빈 또는 여성들이 의자에 앉도록 도와주고 의자에 앉을 때는 왼쪽에서 앉음
- 휴대품을 식탁 위에 올려놓는 것은 금물이며 손가방 등은 의자의 등받이에 놓는 것이 원칙이고, 귀중품이 없는 큰 가방은 바닥에 내려놓음
- 장갑이나 부채도 식탁 위에 놓아서는 안되므로 가방 속에 넣도록 함
- 계산은 웨이터에게 계산서를 받아 테이블에서 하며 계산서에 'Service Charge'가 포함되어 있는 경우에는 팁을 주지 않음
- 'Service Charge'가 포함되어 있지 않은 경우에는 청구액의 10~15% 정도를 팁으로 지불하는 것이 좋음

5 컨벤션 기획 – MICE 산업

(1) 컨벤션의 개념

Con(함께)+vene(만나다)=회합하다(Convene) → '함께 모이고 참석하다'의 의미로 다수의 사람이 특정 활동을 하거나 협의하기 위해 한 장소에 모이는 회의를 의미한다. 기업회의보다 규모가 큰 3개국 10명 이상이 참가하여 정보 교환, 네트워킹, 사업 등을 목적으로 한다.

(2) 컨벤션 산업

- 방문객들이 도시를 방문하면서 생겨나는 산업
- 회의가 중심이 되고 전시회와 행사(문화, 스포츠 이벤트)가 수반되는 모임
- 관광산업·레저·숙박·유흥·식음료·교통·통신 등 연관 분야에 파급효과가 크고, 지식과 정보의 생산과 유통을 촉진하는 고부가가치 산업

(3) 컨벤션 용어

① Agenda: 안건(의제)
② Motion: 동의
③ Suspention: 정회
④ Right of Reply: 답변권
⑤ Draft Resolution: 결의안 초안/단독제안
⑥ Veto Power: 거부권

(4) MICE 산업

MICE 산업이란 유치를 통해 직·간접적으로 경제적 이익을 얻는 산업을 의미한다.

기업회의 (Meeting)	최소 참가자를 10인 이상으로 하며 최소 반일(4시간) 이상 진행되는 모든 회의
포상관광 (Incentive Travel)	조직원들의 성과에 대한 보상 및 동기를 부여하기 위한 순수 포상여행을 말하며, 상업용 숙박시설에 1박 이상 체류하는 것
컨벤션 (Convention)	기업회의보다 규모가 큰 3개국 10명 이상이 참가하여 아이디어 교환, 사회적 네트워크 형성, 토론, 정보교환, 사업 등 MICE 목적으로 설립된 유료 시설을 사용하는 회의
전시 (Exhibition)	제품, 기술, 서비스를 특정 장소인 전문 전시시설에서 1일 이상 판매, 홍보, 마케팅하는 등의 활동

(5) 회의의 종류

컨벤션 (Convention)	• 회의 분야에서 가장 일반적으로 사용되는 용어로 일반적으로 대회의장에서 개최되는 일반 단체 회의를 말하며 그 뒤에 소형의 브레이크 아웃 룸에서는 위원회를 열기도 함 • 브레이크아웃(Breakout)이란 단체가 몇 개의 작은 그룹으로 나누어질 때 사용하는 용어 • 기업의 시장조사 보고, 신상품 소개, 세부 전략 수립 등 정보전달을 주목적으로 하는 정기집회에 많이 사용되며 전시회를 수반하는 경우가 많음
컨퍼런스 (Conference)	• 컨벤션과 유사하지만 더 전문적인 문제를 다룸 • 컨벤션은 다수 주제를 다루는 업계의 정기회의에 자주 사용되는 반면 컨퍼런스는 주로 과학이나 기술, 학술분야의 새로운 지식 습득 및 특정 문제점의 연구를 위한 회의에 사용됨
컨그레스 (Congress)	컨퍼런스와 유사하며 일반적으로 유럽에서 국제회의를 지칭하는 것으로 사용됨
포럼 (Forum)	제시된 한 주제에 대해 상반된 견해를 가진 동일 분야의 전문가들이 사회자의 주도하에 청중 앞에서 하는 공개토론회로 청중이 자유롭게 질의에 참여할 수 있으며 사회자가 의견을 종합함
심포지움 (Symposium)	• 포럼과 유사하나 제시된 안건에 대해 전문가들이 청중 앞에서 벌이는 공개토론회 • 포럼에 비해 다소 형식을 갖추며 청중의 질의 기회도 적음
세미나 (Seminar)	• 대면토의로 진행되는 비형식적 모임 • 주로 교육 목적을 띤 회의로 30명 이하의 참가자가 어느 1인의 지도하에 특정 분야에 대한 각자의 경험과 지식을 발표하고 토론함
워크숍 (Workshop)	• 최대 35명 그리고 보통은 30명 정도의 인원이 참가하는 훈련 목적의 소규모 회의로 특정 문제나 과제에 관한 아이디어나 지식, 기술, 통찰방법 등을 서로 교환함 • 집단사고·집단작업을 통하여 교육자의 전문적인 성장을 꾀하고, 교직(教職) 수행상 의제 문제를 해결하려는 두 가지의 목적이 있음
전시회 (Exhibition)	• 전시참가업체에 의해 제공된 상품과 서비스의 전시 모임 • 무역이나 산업, 교육분야 또는 상품 및 서비스 판매업자들의 대규모 전시회로 회의를 수반함 • 전시회는 컨벤션이나 컨퍼런스의 한 부분에 설치하며 엑스포지션(Exposition)은 주로 유럽에서 전시회를 말할 때 사용되는 용어
무역박람회 (Trade Show 또는 Trade Fair)	• 부스(Booth)를 이용하여 여러 판매자가 자사의 상품을 전시하는 형태 • 전시회와 매우 유사하나 컨벤션의 일부로서 열리지 않는다는 점이 다름

CHAPTER 05 소비자기본법

 강의보기

SECTION 01 | 소비자기본법의 이해

1 입법 목적

(1) 목적(제1조)
소비생활의 향상과 국민경제의 발전에 이바지함을 목적으로 하며 세부 내용은 다음과 같다.
- 소비자의 권익 증진
- 소비자의 권리와 책무 규정
- 국가, 지방자치 단체 및 사업자의 책무 규정
- 소비자 단체의 역할 및 자유시장경제에서 소비자와 사업자 사이의 관계 규정
- 소비자 정책의 종합적 추진을 위한 기본적인 사항 규정

(2) 소비자기본법상의 정의(제2조)
소비자란 사업자가 제공하는 물품 또는 영역(시설물 포함)을 소비생활을 위하여 사용(이용 포함)하는 자 또는 생산활동을 위하여 사용하는 자로서 대통령령이 정하는 자를 말한다.
① 소비생활자: 사업자가 제공하는 물품 또는 용역(시설물 포함)을 소비생활을 위하여 사용(이용 포함)하는 자
② 정책적 소비자: 생산 활동을 위하여 사용하는 자로서 대통령령이 정하는 자

(3) 일반적 소비자의 정의

이마무라 세이와	소비자는 생활자이며 일반 국민임과 동시에 거래과정의 말단에서 구매자로 나타나는 것
폰 히펠	소비자란 개인적인 용도에 쓰기 위하여 상품이나 서비스를 제공받는 사람
가토 이치로	소비자란 국민 일반을 소비생활이라고 하는 시민생활의 측면에서 포착한 개념
타케우치 쇼우미	소비자란 타인이 공급하는 물자나 용역을 소비생활을 위하여 구입 또는 이용하는 자로서 공급자에 대립하는 개념

(4) 정책적 소비자의 범위(동법 시행령 제2조)
생산활동을 하는 농어민이 원재료나 자본재를 구입해도 다른 사업자에 비해 경제력이나 지식면에서 힘이 부족한 약자인 경우 소비자로 인정하여 정책적으로 보호하려는 취지로 범위를 규정하고 있다.

소비자	제공된 물품 등을 농업 및 축산업과 어업 활동을 위하여 사용하는 자
소비자에서 제외	• 제공된 물품 등을 원재료(중간재), 자본재 또는 이에 준하는 용도로 생산 활동에 사용하는 자 • 「원양산업발전법」 제6조 제1항의 규정에 따라 해양수산부 장관의 허가를 받은 원양어업자

(5) 사업자의 정의와 범위
① 정의: 물품을 제조, 수입, 판매하거나 용역을 제공하는 자
② 범위
- 사업자는 자연인, 법인, 법인격 없는 사단이나 조합 등 여러 가지 모습을 띠고 있음
- 자선행위나 단순한 기부행위와 같이 반대급부를 받지 않는 행위는 포함되지 않음

(6) 소비자 단체와 사업자 단체
① 소비자 단체: 소비자의 권익을 증진하기 위하여 소비자가 조직한 단체
② 사업자 단체: 2명 이상의 사업자가 공동의 이익을 증진할 목적으로 조직한 단체

2 소비자의 권리와 책무

(1) 소비자의 4대 권리
1962년 미국의 케네디 대통령이 소비자의 이익 보호를 위한 특별교서를 통해 소비자의 4대 권리를 최초로 선언하였다.
① 안전에 대한 권리(The Right To Be Safety)
② 정보를 제공받을 권리(The Right To Be Informed)
③ 선택의 권리(The Right To Be Choose)
④ 의견을 반영시킬 권리(The Right To Be Heard)

(2) 소비자의 기본적 권리(제4조)
국제소비자기구에서도 우리나라 소비자기본법상 명시된 소비자권리와 거의 동일한 내용의 8대 소비자권리를 선언하였다.

① 물품 또는 용역으로 인한 위험으로부터 생명과 재산을 보호할 권리
② 물품 선택 시 필요한 지식 및 정보를 제공받을 권리
③ 물품 사용 시 거래 상대, 구입 장소, 가격 및 거래 조건 등을 선택할 권리
④ 소비생활에 영향을 주는 국가 및 지방자치단체의 정책, 사업활동에 의견을 반영할 권리
⑤ 물품 사용으로 인한 피해는 신속하고 공정하게 적절한 보상을 받을 권리
⑥ 합리적인 소비생활을 위해 필요한 교육을 받을 권리
⑦ 소비자 스스로의 권익을 위해 단체를 조직하고 활동할 수 있는 권리
⑧ 안전하고 쾌적한 소비생활 환경에서 소비할 권리

(3) 소비자의 책무(제5조)
① 소비자는 사업자 등과 더불어 자유시장경제를 구성하는 주체임을 인식하여 물품 등을 올바르게 선택하고, 시장에서 소비자의 권리를 정당하게 행사하여야 한다.
② 소비자는 스스로의 권익을 증진하기 위해 필요한 지식과 정보를 습득하도록 노력하여야 한다.
③ 소비자는 자주적이고 합리적인 행동과 자원 절약적이고 환경 친화적인 소비생활로 소비생활의 향상과 국민 경제의 발전에 적극적인 역할을 다하여야 한다.

(4) 국제소비자기구의 소비자 5대 책무
① 비판적 의식
② 자기주장과 행동
③ 사회적 관심
④ 환경에의 자각
⑤ 연대

3 국가와 지방자치단체의 책무

(1) 국가 및 지방자치단체 책무(제6조)
① 관계 법령 및 조례의 제정 및 개정·폐지
② 필요한 행정조직의 정비 및 운영 개선
③ 필요한 시책의 수립 및 실시
④ 소비자의 건전하고 자주적인 조직활동의 지원·육성

(2) 위해의 방지(제8조)
국가는 사업자가 소비자에게 제공하는 물품 등으로 인한 소비자의 생명, 신체 또는 재산에 대한 위해를 방지하기 위해 다음 사항에 관하여 사업자가 지켜야 할 기준을 정해야 한다.

① 물품 등의 성분·함량·구조 등 안전에 관한 중요한 사항
② 물품 등을 사용할 때의 지시사항이나 경고 등 표시할 내용과 방법
③ 그 밖에 위해방지를 위하여 필요하다고 인정되는 사항

(3) 계량 및 규격의 적정화(제9조)
① 국가 및 지방자치단체는 소비자가 사업자와의 거래에 있어서 계량으로 인하여 손해를 입지 아니하도록 물품 등의 계량에 관하여 필요한 시책을 강구하여야 한다.
② 국가 및 지방자치단체는 물품 등의 품질개선 및 소비생활의 향상을 위하여 물품 등의 규격을 정하고 이를 보급하기 위한 시책을 강구하여야 한다.
예) 평 → m^2

(4) 표시의 기준(제10조)
국가는 소비자가 사업자와의 거래에 있어서 표시나 포장 등으로 인하여 물품 등을 잘못 선택하거나 사용하지 아니하도록 물품 등에 대하여 제조, 수입 또는 판매하거나 제공한 사업자의 명칭 등 표시 기준을 정하여야 한다.
① 상품명·용도·성분·재질·성능·규격·가격·용량·허가번호 및 용역의 내용
② 물품 등을 제조·수입 또는 판매하거나 제공한 사업자의 명칭(주소 및 전화번호 포함) 및 물품의 원산지
③ 사용방법, 사용·보관할 때의 주의사항 및 경고사항
④ 제조연월일, 부품보유기간, 품질보증기간 또는 식품이나 의약품 등 유통과정에서 변질되기 쉬운 물품은 그 유효기간
⑤ 표시의 크기·위치 및 방법
⑥ 물품 등에 따른 불만이나 소비자피해가 있는 경우의 처리기구(주소 및 전화번호 포함) 및 처리방법
⑦ 「장애인차별금지 및 권리구제 등에 관한 법률」 제20조에 따른 시각장애인을 위한 표시방법

(5) 광고의 기준(제11조)
국가는 물품 등의 잘못된 소비 또는 과다한 소비로 인하여 발생할 수 있는 소비자의 생명, 신체 또는 재산에 대한 위해를 방지하기 위하여 광고의 내용 및 방법에 관한 기준을 정해야 한다.
① 용도·성분·성능·규격 또는 원산지 등을 광고하는 때에 허가 또는 공인된 내용만으로 광고를 제한할 필요가 있거나 특정 내용을 소비자에게 반드시 알릴 필요가 있는 경우
② 소비자가 오해할 우려가 있는 특정 용어 또는 특정 표현의 사용을 제한할 필요가 있는 경우
③ 광고의 매체 또는 시간대에 대하여 제한이 필요한 경우

(6) 거래의 적정화(제12조)

국가는 사업자의 불공정한 거래조건이나 거래방법으로 인하여 소비자가 부당한 피해를 입지 아니하도록 필요한 시책을 수립·실시하여야 한다.

(7) 정보제공(제13조)

① 국가 및 지방자치단체는 소비자의 기본적인 권리가 실현될 수 있도록 소비자의 권익과 관련된 주요 시책 및 주요 결정사항을 소비자에게 알려야 한다.
② 국가 및 지방자치단체는 소비자가 물품 등을 합리적으로 선택할 수 있도록 하기 위하여 물품 등의 거래조건·거래방법·품질·안전성 및 환경성 등에 관련되는 사업자의 정보가 소비자에게 제공될 수 있도록 필요한 시책을 강구하여야 한다.

(8) 소비자의 능력 향상(제14조)

① 국가 및 지방자치단체는 소비자의 올바른 권리행사를 이끌고, 물품 등과 관련된 판단능력을 높이며, 소비자가 자신의 선택에 책임을 지는 소비생활을 할 수 있도록 필요한 교육을 하여야 한다.
② 국가 및 지방자치단체는 경제 및 사회의 발전에 따라 소비자의 능력 향상을 위한 프로그램을 개발하여야 한다.
③ 국가 및 지방자치단체는 소비자교육과 학교교육·평생교육을 연계하여 교육적 효과를 높이기 위한 시책을 수립·시행하여야 한다.
④ 국가 및 지방자치단체는 소비자의 능력을 효과적으로 향상시키기 위한 방법으로 「방송법」에 따른 방송사업을 할 수 있다.
⑤ 제1항의 규정에 따른 소비자교육의 방법 등에 관하여 필요한 사항은 대통령령으로 정한다.

★ 소비자교육의 방법(동법 시행령 제6조)에는 정보통신매체를 이용하는 방법, 현장실습 등 체험 위주의 방법, 평생교육시설(법인·단체가 아닌 것)을 활용하는 방법, 비상업적 공익광고 등 다양한 매체를 활용하는 방법이 있습니다.

(9) 개인정보의 보호(제15조)

국가 및 지방자치단체는 소비자가 사업자와의 거래에서 개인정보의 분실·도난·누출·변조 또는 훼손으로 인하여 부당한 피해를 입지 아니하도록 필요한 시책을 강구하여야 한다.

(10) 소비자 분쟁의 해결(제16조)

국가 및 지방자치단체는 소비자의 불만이나 피해가 신속·공정하게 처리될 수 있도록 관련 기구의 설치 등 필요한 조치를 강구하여야 한다.

(11) 시험검사시설의 설치 등(제17조)

국가 및 지방자치단체는 물품 등의 규격·품질 및 안전성 등에 관하여 시험·검사 또는 조사를 실시할 수 있는 기구와 시설을 갖추어야 한다.

(12) 사업자의 책무(제19조)

① 사업자는 물품 등으로 인하여 소비자에게 생명·신체 또는 재산에 대한 위해가 발생하지 아니하도록 필요한 조치를 강구하여야 한다.
② 사업자는 물품 등을 공급함에 있어서 소비자의 합리적인 선택이나 이익을 침해할 우려가 있는 거래조건이나 거래방법을 사용하여서는 아니 된다.
③ 사업자는 소비자에게 물품 등에 대한 정보를 성실하고 정확하게 제공하여야 한다.
④ 사업자는 소비자의 개인정보가 분실·도난·누출·변조 또는 훼손되지 아니하도록 그 개인정보를 성실하게 취급하여야 한다.
⑤ 사업자는 물품 등의 하자로 인한 소비자의 불만이나 피해를 해결하거나 보상하여야 하며, 채무불이행 등으로 인한 소비자의 손해를 배상하여야 한다.

4 소비자단체

(1) 소비자단체의 업무 등(제28조)

① 소비자단체는 다음 각 호의 업무를 행한다.

> 1. 국가 및 지방자치단체의 소비자의 권익과 관련된 시책에 대한 건의
> 2. 물품 등의 규격·품질·안전성·환경성에 관한 시험·검사 및 가격 등을 포함한 거래조건이나 거래방법에 관한 조사·분석
> 3. 소비자문제에 관한 조사·연구
> 4. 소비자의 교육
> 5. 소비자의 불만 및 피해를 처리하기 위한 상담·정보제공 및 당사자 사이의 합의의 권고

② 소비자단체는 제1항 제2호의 규정에 따른 조사·분석 등의 결과를 공표할 수 있다.
③ 소비자단체는 제78조의 규정에 따라 자료 및 정보의 제공을 요청하였음에도 사업자 또는 사업자단체가 정당한 사유 없이 이를 거부·방해·기피하거나 거짓으로 제출한 경우에는 그 사업자 또는 사업자단체의 이름(상호 그 밖의 명칭 포함), 거부 등의 사실과 사유를 「신문 등의 진흥에 관한 법률」에 따른 일반 일간신문에 게재할 수 있다.
④ 소비자단체는 업무상 알게 된 정보를 소비자의 권익을 증진하기 위한 목적이 아닌 용도에 사용하여서는 아니 된다.

⑤ 소비자단체는 사업자 또는 사업자단체로부터 제공받은 자료 및 정보를 소비자의 권익을 증진하기 위한 목적이 아닌 용도로 사용함으로써 사업자 또는 사업자단체에 손해를 끼친 때에는 그 손해에 대하여 배상할 책임을 진다.

(2) 소비자단체의 등록(제29조)

일정한 요건(제29조 제1항, 시행령 제23조)을 갖춘 소비자단체는 공정거래위원회 또는 지방자치단체에 등록할 수 있다. 일련의 등록 절차를 거친 소비자단체만이 다음의 권리를 갖는다.
- 자율적 분쟁조정을 행할 수 있음(제31조)
- 국가 및 지방자치단체의 보조금 지급대상이 될 수 있음(제32조)
- 단체소송의 제기와 정보제공 요청을 할 수 있음(제70조)

(3) 소비자단체 등록의 취소(제30조)

① 소비자단체의 부정등록: 공정거래위원회 또는 지방자치단체의 장은 거짓 또는 그 밖의 부정한 방법으로 제29조의 규정에 해당하는 등록을 한 경우 등록을 취소하여야 한다.
② 요건을 갖추지 못한 경우: 공정거래위원회 또는 지방자치단체의 장은 제29조 제1항 각 호의 요건을 갖추지 못한 경우 3개월 이내에 보완할 것을 명령받고, 기간이 경과할 때까지 요건을 갖추지 못할 경우 공정거래위원회 또는 지방자치단체의 장으로부터 단체의 등록을 취소받을 수 있다.

5 한국소비자원

(1) 한국소비자원의 업무(제35조)

① 소비자의 권익과 관련된 제도와 정책의 연구 및 건의
② 소비자의 권익증진을 위하여 필요한 경우 물품 등의 규격·품질·안전성·환경성에 관한 시험·검사 및 가격 등을 포함한 거래조건이나 거래방법에 대한 조사·분석
③ 소비자의 권익증진·안전 및 소비생활의 향상을 위한 정보의 수집·제공 및 국제협력
④ 소비자의 권익증진·안전 및 능력개발과 관련된 교육·홍보 및 방송사업
⑤ 소비자의 불만처리 및 피해구제
⑥ 소비자의 권익증진 및 소비생활의 합리화를 위한 종합적인 조사·연구
⑦ 국가 또는 지방자치단체가 소비자의 권익증진과 관련하여 의뢰한 조사 등의 업무
⑧ 「독점규제 및 공정거래에 관한 법률」 제90조 제7항에 따라 공정거래위원회로부터 위탁받은 동의 의결의 이행관리
⑨ 그 밖에 소비자의 권익증진 및 안전에 관한 업무

(2) 한국소비자원의 피해구제(제55조~제59조)

① 신청
- 소비자는 물품 등의 사용으로 인한 피해의 구제를 한국소비자원에 신청할 수 있음
- 국가·지방자치단체 또는 소비자단체는 소비자로부터 피해구제의 신청을 받은 때에는 한국소비자원에 그 처리를 의뢰할 수 있음

② 처리기간(제58조)
- 피해구제의 신청을 받은 날부터 30일 이내
- 30일 이내에 합의의 권고에 따른 합의가 이루어지지 아니하는 때에는 지체 없이 「소비자기본법」 제60조의 규정에 따른 소비자분쟁조정위원회에 분쟁조정을 신청해야 함
- 단, 피해의 원인규명 등에 상당한 시일이 요구되는 피해구제신청사건으로서 대통령령이 정하는 사건(의료, 보험, 농업 및 어업 관련 사건, 그 밖에 피해의 원인규명에 시험·검사 또는 조사가 필요한 사건)에 대하여는 60일 이내의 범위에서 처리기간을 연장할 수 있음

③ 피해구제절차의 중지(제59조)
- 법원에 소를 제기한 당사자는 그 사실을 한국소비자원에 통보해야 함
- 한국소비자원은 당사자의 소제기 사실을 알게 된 때에는 지체없이 피해구제절차를 중지하고, 당사자에게 이를 통지해야 함
- 피해구제절차에 적합하지 아니한 경우의 중지(제55조 제4항)

(3) 임원직무제(제39조)

① 원장은 한국소비자원을 대표하고 한국소비자원의 업무를 총괄한다.
② 부원장은 원장을 보좌하며, 원장이 부득이한 사유로 직무를 수행할 수 없는 경우에 그 직무를 대행한다.
③ 소장은 원장의 지휘를 받아 제51조 제1항의 규정에 따라 설치되는 소비자안전센터의 업무를 총괄하며, 원장·부원장 및 소장이 아닌 이사는 정관이 정하는 바에 따라 한국소비자원의 업무를 분장한다.
④ 원장·부원장이 모두 부득이한 사유로 직무를 수행할 수 없는 때에는 상임이사·비상임이사의 순으로 정관이 정하는 순서에 따라 그 직무를 대행한다.
⑤ 감사는 한국소비자원의 업무 및 회계를 감사한다.

6 소비자분쟁 조정위원회

(1) 조정위원회의 구성과 임명(제61조)

① 조정위원회는 위원장 1인을 포함한 150인 이내의 위원으로 구성하며, 위원장을 포함한 5인은 상임으로 하고, 나머지는 비상임으로 한다.
② 위원은 다음 각 호의 어느 하나에 해당하는 자 중에서 대통령령이 정하는 바에 따라 한국소비자원장의 제청에 의하여 공정거래위원회 위원장이 임명 또는 위촉한다.

> 1. 대학이나 공인된 연구기관에서 부교수 이상 또는 이에 상당하는 직에 있거나 있었던 자로서 소비자권익 관련 분야를 전공한 자
> 2. 4급 이상의 공무원 또는 이에 상당하는 공공기관의 직에 있거나 있었던 자로서 소비자권익과 관련된 업무에 실무경험이 있는 자
> 3. 판사·검사 또는 변호사의 자격이 있는 자
> 4. 소비자단체의 임원의 직에 있거나 있었던 자
> 5. 사업자 또는 사업자단체의 임원의 직에 있거나 있었던 자
> 6. 그 밖에 소비자권익과 관련된 업무에 관한 학식과 경험이 풍부한 자

③ 위원장은 상임위원 중 공정거래위원회장이 임명한다.
④ 위원장이 부득이한 사유로 직무를 수행할 수 없을 때 위원장이 아닌 상임위원이 위원장의 직무를 대행한다. 위원장이 아닌 상임위원이 부득이한 사유로 위원장의 직무를 대행할 수 없는 때에는 공정거래위원회위원장이 지정하는 위원이 그 직무를 대행한다.
⑤ 위원의 임기는 3년으로 하며, 연임할 수 있다.

(2) 조정위원회의 회의(제63조)

① 조정위원회 회의의 구분

분쟁조정회의	위원장, 상임위원과 위원장이 회의마다 지명하는 5명 이상 9명 이하의 위원으로 구성하는 회의
조정부	위원장 또는 상임위원과 위원장이 회의마다 지명하는 2명 이상 4명 이하의 위원으로 구성하는 회의

② 조정위원회 회의의 주재

분쟁조정회의	위원장
조정부	위원장 또는 상임위원

③ 조정위원회의 회의는 위원 과반수 출석과 출석위원 과반수의 찬성으로 의결한다. 이 경우 조정위원회의 회의에는 소비자 및 사업자를 대표하는 위원이 각 1명 이상 균등하게 포함되어야 한다.

7 소비자분쟁 조정

(1) 조정의 기간(제66조)

① 신청을 받은 날부터 30일 이내에 그 분쟁조정을 마쳐야 한다.
② 정당한 사유가 있는 경우로서 30일 이내에 분쟁조정을 마칠 수 없는 때에는 그 기간을 연장할 수 있으며 그 사유와 기한을 명시하여 당사자 및 그 대리인에게 통지하여야 한다.

(2) 분쟁조정의 효력(제67조)

① 조정위원회의 위원장은 분쟁조정을 마친 때에는 지체 없이 당사자에게 그 분쟁조정의 내용을 통지하여야 한다.
② 통지를 받은 당사자는 그 통지를 받은 날부터 15일 이내에 분쟁조정의 내용에 대한 수락 여부를 조정위원회에 통보하여야 한다. 15일 이내에 의사표시가 없는 때에는 수락한 것으로 본다.
③ 당사자가 분쟁조정의 내용을 수락하거나 수락한 것으로 보는 경우 조정위원회는 조정조서를 작성하고, 조정위원회의 위원장 및 각 당사자가 기명 날인하거나 서명하여야 한다.
④ 당사자가 분쟁조정의 내용을 수락하거나 수락한 것으로 보는 때에는 그 분쟁조정의 내용은 재판상 화해와 동일한 효력을 갖는다.

(3) 분쟁조정의 특례(제68조)

① 국가·지방자치단체·한국소비자원·소비자단체·소비자 또는 사업자는 소비자의 피해가 다수의 소비자(50명 이상)에게 같거나 비슷한 유형으로 발생하는 경우로서 대통령령이 정하는 사건에 대하여는 조정위원회에 일괄적인 분쟁조정(집단분쟁조정)을 의뢰 또는 신청할 수 있다.
② 집단분쟁조정을 의뢰받거나 신청받은 조정위원회는 60일 이내에 집단분쟁조정의 절차를 개시해야 한다.
③ 조정위원회는 피해의 원인규명, 시험, 검사 또는 조사가 필요한 경우 등일 때 조정절차 개시의 결정을 보류할 수 있으며 보류기간은 60일을 넘을 수 없다.
④ 집단분쟁조정은 제2항의 공고가 종료된 날의 다음 날부터 30일 이내에 마쳐야 한다(각각 30일의 범위 2회 연장 가능).
⑤ 집단분쟁조정의 절차 등에 관하여 필요한 사항은 대통령령으로 정한다.

(4) 대표당사자의 선임(제68조의2)

① 집단분쟁조정에 이해관계가 있는 당사자들은 그중 3명 이하를 대표당사자로 선임할 수 있다.
② 조정위원회는 당사자들이 제1항에 따라 대표당사자를 선임하지 아니한 경우에 필요하다고 인정하는 때에는 당사자들에게 대표당사자를 선임할 것을 권고할 수 있다.

③ 대표당사자는 자기를 선임한 당사자들을 위하여 그 사건의 조정에 관한 모든 행위를 할 수 있다. 다만, 조정신청의 철회 및 조정안의 수락·거부는 자기를 선임한 당사자들의 서면에 의한 동의를 받아야 한다.

④ 대표당사자를 선임한 당사자들은 대표당사자를 통하여서만 그 사건의 조정에 관한 행위를 할 수 있다.

⑤ 대표당사자를 선임한 당사자들은 필요하다고 인정하는 경우 대표당사자를 해임하거나 변경할 수 있다. 이 경우 당사자들은 그 사실을 지체 없이 조정위원회에 통지하여야 한다.

(5) 일반적인 소비자분쟁해결 기준(생활법령)

① 사업자는 물품 등의 하자, 채무 불이행 등으로 인한 소비자의 피해에 대하여 다음 각 목의 기준에 따라 수리, 교환, 환급 또는 배상을 하거나, 계약의 해제, 해지 및 이행 등을 하여야 한다.

> 가. 물품보증기간 동안의 수리·교환·환급에 드는 비용은 사업자가 부담한다.
> 나. 수리는 지체 없이 한다. 수리가 지체되는 불가피한 사유가 있을 때에는 소비자에게 알려야 한다.
> 다. 물품 등을 유상으로 수리한 경우 그 유상으로 수리한 날부터 2개월 이내에 소비자가 정상적으로 물품 등을 사용하는 과정에서 그 수리한 부분에 종전과 동일한 고장이 재발한 경우에는 무상으로 수리하되, 수리가 불가능한 때에는 종전에 받은 수리비를 환급하여야 한다.
> 라. 교환은 같은 종류의 물품으로 한다.
> 마. 할인 판매된 물품 등을 교환하는 경우에는 그 정상가격과 할인가격의 차액에 관계없이 교환은 같은 종류의 물품으로 한다. 같은 종류의 물품 등으로 교환하는 것이 불가능한 경우에는 같은 종류의 유사물품 등으로 교환한다.
> 바. 환급금액은 거래 시 교부된 영수증 등에 적힌 물품 등의 가격을 기준으로 한다.

② 품질보증기관과 부품보유기간은 다음 각 목의 기준에 따른다.

> 가. 품질보증기간과 부품보유기간은 해당 사업자가 품질보증서에 표시한 기간으로 한다.
> 나. 사업자가 품질보증기관과 부품보유기간을 표시하지 아니한 경우에는 품목별 소비자분쟁해결기준에 따른다.
> 다. 중고물품 등에 대한 품질보증기간은 품목별 분쟁해결기준에 따른다.
> 라. 품질보증기간은 소비자가 물품 등을 구입하거나 제공받는 날부터 기산한다.
> 마. 품질보증서에 판매일자가 적혀 있지 아니한 경우, 품질보증서 또는 영수증을 받지 아니하거나 분실한 경우 또는 그 밖에 사유로 판매일자를 확인하기 곤란한 경우에는 해당 물품 등의 제조일이나 수입통관일부터 3월이 지난 날부터 품질보증기간을 기산하여야 한다.

③ 물품 등에 대한 피해의 보상은 물품 등의 소재지나 제공지에서 한다.

④ 사업자의 귀책사유로 소비자피해의 처리과정에서 발생되는 운반비용, 시험·검사비용 등의 경비는 사업자가 부담한다.

8 소비자소송(제70조)

(1) 단체소송

사업자가 제20조의 규정을 위반하여 소비자의 생명·신체 또는 재산에 대한 권익을 직접적으로 침해하고 그 침해가 계속되는 경우, 법원에 소비자권익침해행위의 금지·중지를 구하는 "단체소송"을 제기할 수 있다.

(2) 단체소송의 대상

① 공정거래위원회에 등록한 소비자단체로서 다음 각 목의 요건을 모두 갖춘 단체

> 가. 정관에 따라 상시적으로 소비자의 권익증진을 주된 목적으로 하는 단체일 것
> 나. 단체의 정회원수가 1천명 이상일 것
> 다. 제29조의 규정에 따른 등록 후 3년이 경과하였을 것

② 제33조에 따라 설립된 한국소비자원

③ 「상공회의소법」에 따른 대한상공회의소, 「중소기업협동조합법」에 따른 중소기업협동조합중앙회 및 전국 단위의 경제단체로서 대통령령이 정하는 단체

④ 「비영리민간단체 지원법」 제2조의 규정에 따른 비영리민간단체로서 다음 각 목의 요건을 모두 갖춘 단체

> 가. 법률상 또는 사실상 동일한 침해를 입은 50인 이상의 소비자로부터 단체소송의 제기를 요청받을 것
> 나. 정관에 소비자의 권익증진을 단체의 목적으로 명시한 후 최근 3년 이상 이를 위한 활동실적이 있을 것
> 다. 단체의 상시 구성원수가 5천명 이상일 것
> 라. 중앙행정기관에 등록되어 있을 것

9 소비자 안전

(1) 위해정보의 수집 및 처리(제52조)

① 위해정보의 수집: 소비자 안전센터는 물품 등으로 인하여 소비자의 생명·신체 또는 재산에 위해가 발생하였거나 발생할 우려가 있는 사안에 대한 정보를 수집할 수 있다.

② 위해정보 처리: 소장은 제1항의 규정에 따라 수집한 위해정보를 분석하여 그 결과를 원장에게 보고하여야 하고, 원장은 위해정보의 분석 결과에 따라 필요한 경우에는 다음 각 호의 조치를 취할 수 있다.

1. 위해방지 및 사고예방을 위한 소비자안전경보의 발령
  2. 물품 등의 안전성에 관한 사실의 공표
  3. 위해 물품 등을 제공하는 사업자에 대한 시정 권고
  4. 국가 또는 지방자치단체에의 시정조치·제도개선 건의
  5. 그 밖에 소비자안전을 확보하기 위하여 필요한 조치로서 대통령령이 정하는 사항

③ 위해정보를 수집, 처리하는 자: 물품 등의 위해성이 판명되어 공표되기 전까지 사업자명·상품명·피해정도·사건경위에 관한 사항을 누설하여서는 아니 된다.
④ 공정거래위원회는 소비자 안전센터가 위해정보를 효율적으로 수집할 수 있도록 하기 위하여 필요한 경우 행정기관·병원·학교·소비자단체 등을 위해정보 제출기관으로 지정·운영할 수 있다.
⑤ 제1항 및 제2항의 규정에 따른 위해정보의 수집 및 처리 등에 관하여 필요한 사항은 대통령령으로 정한다.

(2) 소비자정책 위원회의 소비자정책의 추진 체계

기본계획 수립	공정거래위원회는 소비자정책 위원회의 심의·의결을 거쳐 소비자정책에 관한 기본계획을 3년마다 수립
기본계획	1. 소비자정책과 관련된 경제·사회 환경의 변화 2. 소비자정책의 기본방향 3. 소비자정책의 목표 　가. 소비자안전의 강화 　나. 소비자와 사업자 사이의 거래의 공정화 및 적정화 　다. 소비자교육 및 정보제공의 촉진 　라. 소비자피해의 원활한 구제 　마. 국제소비자문제에 대한 대응 　바. 그 밖에 소비자의 권익과 관련된 주요한 사항 4. 소비자정책의 추진과 관련된 재원의 조달방법 5. 어린이 위해방지를 위한 연령별 안전기준의 작성 6. 그 밖에 소비자정책의 수립과 추진에 필요한 사항
기본계획 변경	공정거래위원회는 소비자정책위원회의 심의·의결을 거쳐 기본계획을 변경할 수 있음
기본계획 수립, 변경 절차	필요한 사항은 대통령령으로 정함
시행계획의 수립	관계 중앙행정기관의 장은 기본계획에 따라 매년 10월 31일까지 소관 업무에 관하여 다음 연도의 소비자정책에 관한 시행계획을 수립하여야 함

(3) 정책위원회의 기능(제25조)

① 정책위원회는 다음 각 호의 사항을 종합·조정하고 심의·의결한다.

  1. 기본계획 및 종합시행 계획의 수립·평가, 그 결과의 공표
  2. 소비자정책의 종합적 추진 및 조정에 관한 사항
  3. 소비자보호 및 안전 확보를 위해 필요한 조치 사항
  4. 소비자정책의 평가 및 제도개선·권고 등에 관한 사항
  5. 그 밖에 위원장이 소비자의 권익증진 및 소비생활의 향상을 위하여 토의에 부치는 사항

② 정책위원회는 소비자의 기본적인 권리를 제한하거나 제한할 우려가 있다고 평가한 법령·고시·예규·조례 등에 대하여 중앙행정기관의 장 및 지방자치단체의 장에게 법령의 개선 등 필요한 조치를 권고할 수 있다.
③ 정책위원회는 제2항에 따른 법령의 개선 등 필요한 조치를 권고하기 전에 중앙행정기관의 장 및 지방자치단체의 장에게 미리 의견을 제출할 기회를 주어야 한다.
④ 중앙행정기관의 장 및 지방자치단체의 장은 제2항에 따른 권고를 받은 날부터 3개월 내에 필요한 조치의 이행계획을 수립하여 정책위원회에 통보하여야 한다.
⑤ 정책위원회는 제4항에 따라 통보받은 이행계획을 검토하여 그 결과를 공표할 수 있다.
⑥ 정책위원회는 업무를 효율적으로 수행하기 위하여 정책위원회에 실무위원회와 분야별 전문위원회를 둘 수 있다.
⑦ 이 법에 규정한 것 외에 정책위원회·실무위원회 및 전문위원회의 조직과 운영에 관하여 필요한 사항은 대통령령으로 정한다.

(4) 소비자 중심 경영(CCM)의 인증(제20조의2)

① 공정거래위원회는 물품의 제조·수입·판매 또는 용역의 제공의 모든 과정이 소비자 중심으로 이루어지는 경영을 하는 사업자에 대하여 소비자 중심 경영에 대한 인증을 할 수 있다.
② 소비자 중심 경영인증을 받으려는 사업자는 대통령령으로 정하는 바에 따라 공정거래위원회에 신청하여야 한다.
③ 소비자 중심 경영인증을 받은 사업자는 대통령령으로 정하는 바에 따라 그 인증의 표시를 할 수 있다.
④ 소비자 중심 경영인증의 유효기간은 그 인증을 받은 날부터 3년으로 한다.
⑤ 공정거래위원회는 소비자 중심 경영을 활성화하기 위하여 대통령령으로 정하는 바에 따라 소비자 중심 경영인증을 받은 기업에 대하여 포상 또는 지원 등을 할 수 있다.
⑥ 공정거래위원회는 소비자 중심 경영인증을 신청하는 사업자에 대하여 대통령령으로 정하는 바에 따라 그 인증의 심사에 소요되는 비용을 부담하게 할 수 있다.
⑦ 제1항부터 제6항까지의 규정 외에 소비자 중심 경영인증의 기준 및 절차 등에 필요한 사항은 대통령령으로 정한다.

CHAPTER 06 | 개인정보 보호법

강의보기

■ SECTION 01 | 개인정보 보호법의 이해

1 개인정보의 개념

(1) 정의

① 개인의 신념, 신체, 재산, 사회적 지위, 신분 등에 관한 사실, 판단, 그리고 평가를 나타내는 일체의 정보
② 개인정보 보호법 제2조에 명시된 개인정보란 살아 있는 개인에 관한 정보로서 성명, 주민등록번호 및 영상 등을 통하여 개인을 알아볼 수 있는 정보를 말함
- 개인과 관련된 사실적인 정보: 이름, 주소, 주민등록번호, 직업 등
- 주관적인 정보: 해당 개인에 대한 타인의 의견, 평가, 견해 등(예 신용평가정보, 사회적 지위 등)

(2) 정보통신망법상 개인정보 적용 대상

① 개인정보의 주체는 자연인(自然人)으로 법인의 상호, 영업 소재지, 대표이사의 성명, 이사·감사 등 임원정보, 자산, 영업실적 등의 정보는 개인정보의 범위에 해당하지 않음
② 개인정보의 현재는 생존하는 자연인이므로 이미 사망하였거나 실종신고 등 관계법령에 따라 사망한 것으로 간주되는 자에 관한 정보는 개인정보로 볼 수 없음. 단, 사자(死者)에 관한 정보가 생존하는 유족 등 후손과 관련이 있는 경우에는 유족 등 후손의 개인정보로 볼 수 있음
③ 개인 식별 가능한 정보여야 하며 다른 정보와 용이하게 결합해서 개인 식별이 가능하면 개인정보로 규정함

★ 주민등록번호는 개인 식별이 가능한 개인정보이며, 혈액형은 동일한 정보가 많아 개인 식별이 불가능하므로 개인정보가 아닙니다. 주민등록번호와 혈액형이 결합한 정보는 개인식별이 가능하므로 개인정보에 해당합니다.

(3) 개인정보의 유형과 종류

① 회원가입 시 제공되는 정보: 이름, 주민등록번호, 주소, 전화번호, 생년월일, 성별, 취미, 가족관계, 출신학교
② 서비스 제공 과정에서 생성되는 정보
- 서비스 이용기록, 접속 로그(log), 쿠키(cookie), 접속 IP 정보, 결제기록, 이용 정지기록
- 사업자가 마케팅 등에 활용할 목적으로 가공한 회원 정보
- 정보통신기술 발전에 따른 새로운 유형의 정보

③ 인터넷, GPS 등을 이용한 개인의 위치 정보, 개인특성정보
- 지문, 나이, 혈액형, 체중, 신장 등
- 홍채, 바이오 정보(유전자 정보 등)

2 개인정보의 유형과 종류

(1) 와이블(Weible)의 개인정보 분류(1993)

① **일반정보**: 이름, 주민등록번호, 운전면허정보, 주소, 전화번호, 생년월일, 출생지, 본적지, 성별, 국적
② **가족정보**: 부모의 이름 및 직업, 배우자의 이름 및 직업, 부양가족의 이름, 가족 구성원들의 출생지 및 생년월일, 가족 구성원의 주민등록번호 및 직업
③ **교육 및 훈련정보**: 학교출석사항, 최종학력, 학교성적, 기술자격증 및 전문 면허증, 이수한 훈련프로그램, 서클활동, 상벌사항, 성격 및 형태보고
④ **병역정보**: 군번 및 계급, 제대유형, 주특기, 근무부대
⑤ **부동산정보**: 소유주택, 토지, 자동차, 기타 소유 차량, 상점 및 건물 등
⑥ **동산정보**: 보유 현금, 저축현황, 현금카드, 주식, 채권 및 기타 유가증권, 수집품·고가의 예술품, 보석
⑦ **소득정보**: 현재 봉급액, 봉급경력, 보너스 및 수수료, 기타 소득의 원천, 이자소득, 사업소득
⑧ **기타 수익정보**: 보험(건강·생명 등) 가입현황, 수익자, 회사채·회사의 판공비, 투자프로그램, 퇴직프로그램, 휴가·병가
⑨ **신용정보**: 대부 잔액 및 지불상황, 저당, 신용카드, 지불연기 및 미납의 수, 임금압류 통보에 대한 기록
⑩ **고용정보(근로정보)**: 현재의 고용주, 회사주소, 상관의 이름, 직무수행 평가기록, 훈련기록, 출석기록, 상벌기록, 성격테스트 결과, 직무태도
⑪ **법적정보**: 전과기록, 자동차 교통위반기록, 파산 및 담보기록, 구속기록, 이혼기록, 납세기록
⑫ **의료정보**: 가족병력기록(심장병·암·알코올중독·정신병 등), 과거의 의료기록, 정신질환기록 여부, 신체장애, 혈액형 등
⑬ **조직정보**: 노조가입, 종교단체 가입, 정당가입, 클럽회원
⑭ **습관 및 취미정보**: 흡연, 음주량, 선호하는 스포츠 및 오락, 여가활동, 비디오 대여 기록, 도박 성향

3 개인정보 보호의 원칙

(1) 한국 – 개인정보 보호법(제3조)

① 개인정보처리자는 개인정보의 처리 목적을 명확하게 하여야 하고 그 목적에 필요한 범위에서 최소한의 개인정보만을 적법하고 정당하게 수집하여야 한다.
② 개인정보처리자는 개인정보의 처리 목적에 필요한 범위에서 적합하게 개인정보를 처리하여야 하며, 그 목적 외의 용도로 활용하여서는 아니 된다.
③ 개인정보처리자는 개인정보의 처리 목적에 필요한 범위에서 개인정보의 정확성, 완전성 및 최신성이 보장되도록 하여야 한다.
④ 개인정보처리자는 개인정보의 처리 방법 및 종류 등에 따라 정보 주체의 권리가 침해 받을 가능성과 그 위험 정도를 고려하여 개인정보를 안전하게 관리하여야 한다.
⑤ 개인정보처리자는 제30조에 따른 개인정보 처리방침 등 개인정보의 처리에 관한 사항을 공개하여야 하며, 열람청구권 등 정보 주체의 권리를 보장하여야 한다.
⑥ 개인정보처리자는 정보 주체의 사생활 침해를 최소화하는 방법으로 개인정보를 처리하여야 한다.
⑦ 개인정보처리자는 개인정보를 익명 또는 가명으로 처리하여도 개인정보 수집목적을 달성할 수 있는 경우 익명처리가 가능한 경우에는 익명에 의하여, 익명처리로 목적을 달성할 수 없는 경우에는 가명에 의하여 처리될 수 있도록 하여야 한다.
⑧ 개인정보처리자는 이 법 및 관계 법령에서 규정하고 있는 책임과 의무를 준수하고 실천함으로써 정보 주체의 신뢰를 얻기 위하여 노력하여야 한다.

(2) OECD 개인정보 보호 8원칙

① 수집 제한의 원칙
- 개인정보의 수집은 원칙적으로 제한됨
- 어떠한 개인정보도 합법적이고 정당한 절차에 따라 수집되어야 함
- 경우에 따라 정보 주체에게 통지 또는 동의가 필요함

② 정확성의 원칙
- 개인정보는 그 목적에 부합된 것이어야 함
- 이용 목적에 필요한 범위에서 정확하고 완전하며 최신의 것으로 보존되어야 함

③ 목적의 명확화/특정 원칙
- 수집할 당시에 미리 특정되어야 함
- 그 후의 이용은 특정된 수집 목적의 달성 또는 당해 수집 목적과 일치해야 함
- 수집 목적이 변경될 때마다 그 목적을 명확하게 함
- 목적에 적합하지 않을 경우 파기 또는 무명화함

④ 이용 제한의 원칙: 목적의 명확화/특정 원칙에 따라 명확한 목적 이외의 다른 목적으로 공개, 이용, 기타 사용에 제공되어서는 안 됨(정보 주체의 동의가 있거나 법률 규정에 따르는 경우 제외)

⑤ 안전 조치의 원칙: 개인정보를 분실, 불법적인 접근, 훼손/파괴, 사용, 변조, 공개 등의 위험으로부터 보호함

⑥ 공개의 원칙
- 개인정보처리와 관련된 정보처리장치의 설치, 활용과 관련된 정책을 공개함
- 개인정보의 존재, 성질 및 그 주요한 이용목적, 정보 관리자 등을 식별할 수 있어야 함
- 주소를 분명하게 하기 위한 수단을 쉽게 이용할 수 있어야 함
→ 개인이 시간, 사전지식, 교통편, 비용 등에 관하여 부담을 가지지 않고 쉽게 개인정보 처리와 관련된 정보를 얻을 수 있어야 함

⑦ 개인 참여의 원칙
- 개인은 자기에 관한 정보의 소개를 확인할 권리를 가지며 필요한 경우에는 자신에 관한 정보를 합리적인 기간 내에 합리적인 비용과 방법으로 알기 쉬운 형태로 통지 받을 권리가 있음
- 개인 참여의 권리가 거부되는 경우 개인은 그 이유를 구하고 거부에 대하여 이의를 제기하거나 정보의 파기, 정정, 보완 요구할 수 있음

⑧ 책임의 원칙: 정보 관리자는 개인정보 수집 및 이용에 관한 모든 원칙이 지켜지도록 필요한 조치를 취하여야 할 책임이 있음
  - 법적 제재에 따른 책임
  - 자기규범에 규정되어 있는 책임

(3) OECD 정보통신망의 안전을 위한 8개 원칙(2002)

올바른 인식 (Awareness)	정보통신망의 참가자들(정부, 기업, 조직, 개인)은 정보통신망에 있어서 보안의 필요성을 인식하고 보안을 강화함
책임성 (Responsibility)	모든 참가자들은 정보통신망의 보안에 책임이 있음
대응 (Respones)	참가자들은 보안사고를 예방하고 탐지, 대응하는 데 적시에 상호 협력하여 행동함
윤리성 (Ethics)	참가자들은 타인의 적법한 이익을 존중함

민주성 (Democracy)	정보통신망의 보안은 사상의 자유, 자유로운 정보의 유통, 통신의 비밀, 개인정보의 보호, 투명성 등 민주사회의 중요한 가치와 양립함
적절한 리스크 평가 (Risk Assessment)	참가자들은 정보통신망에 대한 위협요소를 적절히 평가함
안전조치 (Safeguards Management)	참가자들은 보안을 정보통신망의 핵심요소로서 설계하고 운영·조정함
재평가 (Reassessment)	참가자들은 정보통신망의 보안 상태를 점검하고 필요 시 보안정책 및 관행, 조치, 절차를 수정함

4 개인정보 보호 법률과 제도

(1) 정보통신망법의 적용 대상 범위

정보통신, 공공행정, 금융·신용, 의료, 교육 등 개별 분야에 따라 적용되는 법률

공공 부문	공공기관의 개인정보 보호에 관한 법률
민간 부문	정보통신망법(민간 영역의 규제범위가 가장 넓은 법률), 의료법, 신용정보보호법

★ 「정보통신망법」 제2조 제1항 제3호에 명시된 정보통신서비스 제공자란 전기통신사업자와 영리를 목적으로 전기통신사업자의 전기통신역무를 이용하여 정보를 제공하거나 정보의 제공을 매개하는 자를 말합니다.

(2) 개인정보 보호법의 주요 내용

① 개인정보 보호 규제 대상 및 범위 확대
② 주민번호 등 고유식별정보 보호 강화
③ 민간 CCTV 설치 및 제한 근거 마련
④ 개인정보 영향평가 및 유출 통지 제도 도입
⑤ 개인정보 분쟁조정제도 강화

5 개인정보 보호의 권리 및 책무

(1) 용어정의(제2조)

① 처리: 개인정보의 수집, 생성, 연계, 연동, 기록, 저장, 보유, 가공, 편집, 검색, 출력, 정정(訂正), 복구, 이용, 제공, 공개, 파기(破棄), 그 밖에 이와 유사한 행위
② 정보 주체: 처리되는 정보에 의하여 알아볼 수 있는 사람으로서 그 정보의 주체가 되는 사람
③ 개인정보파일: 개인정보를 쉽게 검색할 수 있도록 일정한 규칙에 따라 체계적으로 배열하거나 구성한 개인정보의 집합물(集合物)
④ 개인정보처리자: 업무를 목적으로 개인정보파일을 운용하기 위하여 스스로 또는 다른 사람을 통하여 개인정보를 처리하는 공공기관, 법인, 단체 및 개인 등
⑤ 공공기관
  • 국회, 법원, 헌법재판소, 중앙선거관리위원회의 행정사무를 처리하는 기관, 중앙행정기관(대통령 소속 기관과 국무총리 소속 기관을 포함) 및 그 소속 기관, 지방자치단체
  • 그 밖의 국가기관 및 공공단체 중 대통령령으로 정하는 기관
⑥ 고정형 영상정보처리기기: 일정한 공간에 설치되어 지속적 또는 주기적으로 사람 또는 사물의 영상 등을 촬영하거나 이를 유·무선망을 통하여 전송하는 장치로서 대통령령으로 정하는 장치
⑦ 이동형 영상정보처리기기: 사람이 신체에 착용 또는 휴대하거나 이동 가능한 물체에 부착 또는 거치(据置)하여 사람 또는 사물의 영상 등을 촬영하거나 이를 유·무선망을 통하여 전송하는 장치로서 대통령령으로 정하는 장치
⑧ 과학적 연구: 기술의 개발과 실증, 기초연구, 응용연구 및 민간 투자 연구 등 과학적 방법을 적용하는 연구

(2) 정보주체의 권리(제4조)

① 개인정보의 처리에 관한 정보를 제공받을 권리
② 개인정보의 처리에 관한 동의 여부, 동의 범위 등을 선택하고 결정할 권리
③ 개인정보의 처리 여부를 확인하고 개인정보에 대한 열람(사본 발급 포함) 및 전송을 요구할 권리
④ 개인정보의 처리 정지, 정정·삭제 및 파기를 요구할 권리
⑤ 개인정보의 처리로 인하여 발생한 피해를 신속하고 공정한 절차에 따라 구제받을 권리
⑥ 완전히 자동화된 개인정보 처리에 따른 결정을 거부하거나 그에 대한 설명 등을 요구할 권리

(3) 국가와 지방자치단체의 책무(제5조)

① 개인정보의 목적 외 수집, 오용·남용 및 무분별한 감시·추적 등에 따른 폐해를 방지하여 인간의 존엄과 개인의 사생활 보호를 도모하기 위한 시책을 강구하여야 한다.
② 제4조에 따른 정보 주체의 권리를 보호하기 위하여 법령의 개선 등 필요한 시책을 마련하여야 한다.
③ 만 14세 미만 아동이 개인정보 처리가 미치는 영향과 정보주체의 권리 등을 명확하게 알 수 있도록 만 14세 미만 아동의 개인정보 보호에 필요한 시책을 마련하여야 한다.
④ 개인정보의 처리에 관한 불합리한 사회적 관행을 개선하기 위하여 개인정보처리자의 자율적인 개인정보 보호활동을 존중하고 촉진·지원하여야 한다.

⑤ 개인정보의 처리에 관한 법령 또는 조례를 적용할 때에는 정보주체의 권리가 보장될 수 있도록 개인정보 보호 원칙에 맞게 적용하여야 한다.

6 개인정보 수집·이용 및 동의

(1) 자료수집의 4가지 원칙 – 헨더슨(Henderson)과 스나이더(Snyder), 1999

① 오직 합법적인 비즈니스 목적으로 개별적으로 수집해야 함
② 비즈니스와 적절하게 관련이 있어야 함
③ 합법적인 자세로 획득되어야 함
④ 수집하기 전에 개인에게 동의를 얻어야 함

(2) 개인정보 수집·이용(제15조)

① 개인정보처리자가 정보 주체로부터 개인정보를 수집할 수 있는 경우
- 정보주체의 동의를 받은 경우
- 법률에 특별한 규정이 있거나 법령상 의무를 준수하기 위하여 불가피한 경우
- 공공기관이 법령 등에서 정하는 소관 업무의 수행을 위하여 불가피한 경우
- 정보 주체와의 계약의 체결 및 이행을 위하여 불가피하게 필요한 경우
- 명백히 정보 주체 또는 제3자의 급박한 생명, 신체, 재산의 이익을 위하여 필요하다고 인정되는 경우
- 개인정보처리자의 정당한 이익을 달성하기 위하여 필요한 경우로서 명백하게 정보 주체의 권리보다 우선하는 경우, 개인정보처리자의 정당한 이익과 상당한 관련이 있고 합리적인 범위를 초과하지 아니하는 경우에 한함
- 공중위생 등 공공의 안전과 안녕을 위하여 긴급히 필요한 경우

② 개인정보처리자가 정보 주체로부터 개인정보 수집에 대한 동의를 받을 때 알려야 하는 사항
- 개인정보의 수집·이용 목적
- 수집하는 개인정보의 항목
- 개인정보의 보유 및 이용기간
- 동의를 거부할 권리가 있다는 사실 및 동의 거부에 따른 불이익이 있는 경우에는 그 불이익의 내용

③ 아동의 개인정보 보호(제22조의 2)
- 개인정보처리자는 만 14세 미만 아동의 개인정보를 처리하기 위하여 이 법에 따른 동의를 받아야 할 때에는 그 법정대리인의 동의를 받아야 하며 법정대리인이 동의하였는지를 확인하여야 함
- 제1항에도 불구하고 법정대리인의 동의를 받기 위하여 필요한 최소한의 정보는 법정대리인의 동의 없이 해당 아동으로부터 직접 수집할 수 있음
- 개인정보처리자는 만 14세 미만 아동에게 개인정보 처리와 관련한 사항의 고지 등을 할 때에는 이해하기 쉬운 양식과 명확하고 알기 쉬운 언어를 사용하여야 함

7 개인정보 수집·이용 제한(제18조)

(1) 목적 외의 이용 제한

개인정보처리자는 개인정보를 당초 범위를 초과하여 이용하거나 제3자에게 제공하여서는 아니 된다.

(2) 개인정보를 목적 외의 용도로 이용하거나 이를 제3자에게 제공하는 경우(공공기관의 경우로 한정)

① 정보주체로부터 별도의 동의를 받은 경우
② 다른 법률에 특별한 규정이 있는 경우
③ 명백히 정보 주체 또는 제3자의 생명, 신체, 재산의 이익을 위하여 필요하다고 인정되는 경우
④ 다른 법률이 정하는 소관업무를 수행할 수 없는 경우로서 보호위원회의 심의·의결을 거친 경우
⑤ 조약, 그 밖의 국제협정의 이행을 위하여 외국정부 또는 국제기구에 제공하기 위해 필요한 경우
⑥ 범죄의 수사와 공소의 제기 및 유지를 위하여 필요한 경우
⑦ 법원의 재판업무 수행을 위하여 필요한 경우
⑧ 형(刑) 및 감호, 보호처분의 집행을 위하여 필요한 경우
⑨ 공중위생 등 공공의 안전과 안녕을 위하여 긴급히 필요한 경우

8 개인정보 파기

(1) 개인정보의 파기(제21조)

① 개인정보처리자는 보유기간의 경과, 개인정보의 처리 목적 달성, 가명정보의 처리 기간 경과 등 개인정보가 불필요하게 된 경우 지체 없이 파기하여야 한다. 다만, 다른 법령에 따라 보존하여야 하는 경우에는 그러하지 아니하다.
② 개인정보를 파기할 때에는 복구 또는 재생되지 아니하도록 조치하여야 한다.

③ 개인정보를 파기하지 아니하고 보존하여야 하는 경우에는 해당 개인정보 또는 개인정보 파일을 다른 개인정보와 분리해서 저장·관리하여야 한다.
④ 개인정보의 파기 방법 및 절차 등에 필요한 사항은 대통령령으로 정한다.

(2) 파기 방법

개인정보의 안전한 파기에 관한 세부 사항은 보호위원회가 정하여 고시한다.
① 전자적 파일 형태인 경우: 복원이 불가능한 방법으로 영구 삭제
② 기록물, 인쇄물, 서면, 그 밖의 기록매체인 경우: 파쇄 또는 소각

(3) 파기 사유

① 개인정보 수집 및 목적이 달성된 경우
- 이용자가 초고속 인터넷을 해지한 경우
- 이용자가 마트 마일리지 회원 탈퇴를 요청하는 경우
- 개인정보를 수집하는 이벤트가 종료된 경우
- 제3자 업체에 기획 TM을 위해 정보를 제공하고 해당 업체 TM이 종료된 경우

② 이용자에게 고지하거나 동의받은 보유 및 이용 기간이 종료된 경우
- 보유 및 이용기간 종료
- 이용자에게 개인정보를 수납할 때 동의를 받은 기간이 도래한 경우
- 다른 법률 규정 등에 따라 이용자 동의 없이 보유 및 이용이 가능한 기간이 도래한 경우
- 해지 고객이 이용 요금을 납부하지 않은 경우 해당 요금 정산 시까지
- 요금 관련 분쟁이 발생한 경우에 보유 기간 내 당해 분쟁 해결 시

③ 사업을 폐지하는 경우에 파기하는 경우: 폐업하거나 서비스를 중단하는 경우

9 개인정보의 처리 제한

(1) 민감 정보 처리 제한(제23조)

개인정보처리자는 사상·신념·노동조합·정당의 가입·탈퇴, 정치적 견해, 건강, 성생활 등에 관한 정보, 그 밖에 사생활 침해의 우려가 있는 개인정보로서 대통령령으로 정하는 민감 정보를 처리하여서는 아니 된다(단, 정보 주체에게 동의를 받았거나 법령에서 민감 정보의 처리를 요구하거나 허용하는 경우에는 예외).

(2) 고유식별정보의 처리 제한(제24조)

개인정보처리자는 특정한 경우를 제외하고는 법령에 따라 개인을 고유하게 구별하기 위하여 부여된 식별정보로서 대통령령으로 정하는 정보(주민등록번호, 여권번호, 운전면허번호, 외국인등록번호)를 처리할 수 없다.

(3) 주민등록번호 처리의 제한(제24조의2)

① 개인정보처리자는 다음 각 호에 해당하는 경우를 제외하고는 주민등록번호를 처리할 수 없다.

> 1. 법률·대통령령·국회규칙·대법원규칙·헌법재판소규칙·중앙선거관리위원회규칙 및 감사원규칙에서 구체적으로 주민등록번호의 처리를 요구하거나 허용한 경우
> 2. 정보 주체 또는 제3자의 급박한 생명, 신체, 재산의 이익을 위하여 명백히 필요하다고 인정되는 경우
> 3. 주민등록번호 처리가 불가피한 경우로서 보호위원회가 고시로 정하는 경우

② 개인정보처리자는 주민등록번호가 분실·도난·유출·위조·변조 또는 훼손되지 아니하도록 암호화 조치를 통하여 안전하게 보관하여야 한다.
③ 개인정보처리자는 제1항의 각 호에 따라 주민등록번호를 처리하는 경우에도 정보주체가 인터넷 홈페이지를 통하여 회원으로 가입하는 단계에서는 주민등록번호를 사용하지 아니하고도 회원으로 가입할 수 있는 방법을 제공하여야 한다.
④ 보호위원회는 개인정보처리자가 제3항에 따른 방법을 제공할 수 있도록 관계 법령의 정비, 계획의 수립, 필요한 시설 및 시스템의 구축 등 제반 조치를 마련·지원할 수 있다.

(4) 고정형 영상정보처리기기의 설치·운영 제한(제25조)

① 누구든지 다음 각 호의 경우를 제외하고는 공개된 장소에 고정형 영상정보처리기기를 설치·운영하여서는 아니 된다.

> 1. 법령에서 구체적으로 허용하고 있는 경우
> 2. 범죄의 예방 및 수사를 위하여 필요한 경우
> 3. 시설의 안전 및 관리, 화재 예방을 위하여 정당한 권한을 가진 자가 설치·운영하는 경우
> 4. 교통단속을 위하여 정당한 권한을 가진 자가 설치·운영하는 경우
> 5. 교통정보의 수집·분석 및 제공을 위하여 정당한 권한을 가진 자가 설치·운영하는 경우
> 6. 촬영된 영상정보를 저장하지 아니하는 경우로서 대통령령으로 정하는 경우

② 누구든지 불특정 다수가 이용하는 목욕실, 화장실, 발한실(發汗室), 탈의실 등 개인의 사생활을 현저히 침해할 우려가 있는 장소의 내부를 볼 수 있도록 고정형 영상정보처리

기기를 설치·운영하여서는 아니 된다. 다만, 교도소, 정신보건 시설 등 법령에 근거하여 사람을 구금하거나 보호하는 시설로서 대통령령으로 정하는 시설에 대하여는 그러하지 아니하다.

③ 제1항 각 호에 따라 고정형 영상정보처리기기를 설치·운영하려는 공공기관의 장과 고정형 영상정보처리기기를 설치·운영하려는 자는 공청회·설명회의 개최 등 대통령령으로 정하는 절차를 거쳐 관계 전문가 및 이해관계인의 의견을 수렴하여야 한다.

④ 제1항 각 호에 따라 고정형 영상정보처리기기를 설치·운영하는 자(이하 "고정형 영상정보처리기기 운영자")는 정보주체가 쉽게 인식할 수 있도록 다음 각 호의 사항이 포함된 안내판을 설치하는 등 필요한 조치를 하여야 한다.

> 1. 설치 목적 및 장소
> 2. 촬영 범위 및 시간
> 3. 관리책임자의 연락처
> 4. 그 밖에 대통령령으로 정하는 사항

⑤ 고정형 영상정보처리기기 운영자는 고정형 영상정보처리기기의 설치 목적과 다른 목적으로 고정형 영상정보처리기기를 임의로 조작하거나 다른 곳을 비춰서는 아니 되며, 녹음기능은 사용할 수 없다.

⑥ 고정형 영상정보처리기기 운영자는 개인정보가 분실·도난·유출·위조·변조 또는 훼손되지 아니하도록 제29조에 따라 안전성 확보에 필요한 조치를 하여야 한다.

⑦ 고정형 영상정보처리기기 운영자는 대통령령으로 정하는 바에 따라 고정형 영상정보처리기기 운영·관리 방침을 마련하여야 한다. 다만, 제30조에 따른 개인정보 처리방침을 정할 때 고정형 영상정보처리기기 운영·관리에 관한 사항을 포함시킨 경우에는 고정형 영상정보처리기기 운영·관리 방침을 마련하지 아니할 수 있다.

⑧ 고정형 영상정보처리기기 운영자는 고정형 영상정보처리기기의 설치·운영에 관한 사무를 위탁할 수 있다. 다만, 공공기관이 고정형 영상정보처리기기 설치·운영에 관한 사무를 위탁하는 경우에는 대통령령으로 정하는 절차 및 요건에 따라야 한다.

(5) 이동형 영상정보처리기기의 운영 제한(제25조의2)

① 업무를 목적으로 이동형 영상정보처리기기를 운영하려는 자는 다음 각 호의 경우를 제외하고는 공개된 장소에서 이동형 영상정보처리기기로 사람 또는 그 사람과 관련된 사물의 영상(개인정보에 해당하는 경우로 한정한다. 이하 같다)을 촬영하여서는 아니 된다.

> 1. 제15조 제1항 각 호의 어느 하나에 해당하는 경우
> 2. 촬영 사실을 명확히 표시하여 정보주체가 촬영 사실을 알 수 있도록 하였음에도 불구하고 촬영 거부 의사를 밝히지 아니한 경우. 이 경우 정보주체의 권리를 부당하게 침해할 우려가 없고 합리적인 범위를 초과하지 아니하는 경우로 한정한다.
> 3. 그 밖에 대통령령으로 정하는 경우

② 누구든지 불특정 다수가 이용하는 목욕실, 화장실, 발한실, 탈의실 등 개인의 사생활을 현저히 침해할 우려가 있는 장소의 내부를 볼 수 있는 곳에서 이동형 영상정보처리기기로 사람 또는 그 사람과 관련된 사물의 영상을 촬영하여서는 아니 된다. 다만, 인명의 구조·구급 등을 위하여 필요한 경우로서 대통령령으로 정하는 경우에는 그러하지 아니하다.

③ 제1항 각 호에 해당하여 이동형 영상정보처리기기로 사람 또는 그 사람과 관련된 사물의 영상을 촬영하는 경우에는 불빛, 소리, 안내판 등 대통령령으로 정하는 바에 따라 촬영 사실을 표시하고 알려야 한다.

④ 제1항부터 제3항까지에서 규정한 사항 외에 이동형 영상정보처리기기의 운영에 관하여는 제25조 제6항부터 제8항까지의 규정을 준용한다.

(6) 개인정보 취급자에 대한 감독(제28조)

① 개인정보처리자는 개인정보를 처리함에 있어서 개인정보가 안전하게 관리될 수 있도록 임직원, 파견 근로자, 시간제 근로자 등 개인정보처리자의 지휘·감독을 받아 개인정보 취급자에 대하여 적절한 관리·감독을 행하여야 한다.

② 개인정보처리자는 개인정보의 적정한 취급을 보장하기 위하여 개인정보취급자에게 정기적으로 필요한 교육을 실시하여야 한다.

10 개인정보의 안전한 관리

(1) 개인정보의 안전성 확보 조치

관리적 조치	• 개인정보의 안전한 취급을 위한 내부 관리계획의 수립 및 시행 • 개인정보 관리 책임자의 의무와 책임을 규정한 내부 지침 마련 • 개인정보 보호를 위한 정기적인 자체 감사 실시
기술적 조치	• 개인정보에 대한 접근 통제 및 접근 권한의 제한 조치 • 개인정보 침해사고 발생에 대응하기 위한 접속기록의 보관 및 위조·변조 방지를 위한 조치 • 개인정보를 안전하게 저장·전송할 수 있는 암호화 기술의 적용 또는 이에 상응하는 조치 • 개인정보 침해사고 발생에 대응하기 위한 접속기록의 보관 및 위조·변조 방지를 위한 조치

물리적 조치	개인정보의 안전한 보관을 위한 잠금장치 등 물리적 접근 방지 조치

(2) 개인정보 처리방침의 수립 및 공개(제30조)

개인정보처리자는 다음 각 호의 사항이 포함된 개인정보의 처리방침을 정해야 한다.

1. 개인정보의 처리 목적
2. 개인정보의 처리 및 보유 기간
3. 개인정보의 제3자 제공에 관한 사항(해당되는 경우에만 정함)
3의2. 개인정보의 파기절차 및 파기방법(제21조 제1항 단서에 따라 개인정보를 보존하여야 하는 경우에는 그 보존근거와 보존하는 개인정보 항목을 포함함)
3의3. 제23조 제3항에 따른 민감정보의 공개 가능성 및 비공개를 선택하는 방법(해당되는 경우에만 정함)
4. 개인정보처리의 위탁에 관한 사항(해당되는 경우에만 정함)
4의2. 제28조의2 및 제28조의3에 따른 가명정보의 처리 등에 관한 사항(해당되는 경우에만 정함)
5. 정보주체와 법정대리인의 권리·의무 및 그 행사방법에 관한 사항
6. 제31조에 따른 개인정보 보호책임자의 성명 또는 개인정보 보호 업무 및 관련 고충사항을 처리하는 부서의 명칭과 전화번호 등 연락처
7. 인터넷 접속정보파일 등 개인정보를 자동으로 수집하는 장치의 설치·운영 및 그 거부에 관한 사항(해당하는 경우에만 정함)
8. 그 밖에 개인정보의 처리에 관하여 대통령령으로 정한 사항

(3) 개인정보 보호 책임자의 지정(제31조)

개인정보처리자는 개인정보의 처리에 관한 업무를 총괄해서 책임질 개인정보 보호책임자를 지정하여야 한다. 다만, 종업원 수, 매출액 등이 대통령령으로 정하는 기준에 해당하는 개인정보처리자의 경우에는 지정하지 아니할 수 있다.

개인정보 보호책임자는 다음 각 호의 업무를 수행한다.

1. 개인정보 보호 계획의 수립 및 시행
2. 개인정보 처리 실태 및 관행의 정기적인 조사 및 개선
3. 개인정보 처리와 관련한 불만의 처리 및 피해 구제
4. 개인정보 유출 및 오용·남용 방지를 위한 내부 통제 시스템의 구축
5. 개인정보 보호 교육 계획의 수립 및 시행
6. 개인정보 파일의 보호 및 관리·감독
7. 그 밖에 개인정보의 적절한 처리를 위하여 대통령령으로 정한 업무
   • 제30조에 따른 개인정보 처리방침의 수립·변경 및 시행
   • 개인정보 보호 관련 자료의 관리
   • 처리 목적이 달성되거나 보유기간이 지난 개인정보의 파기

(4) 개인정보 보호 책임자의 지정요건(시행령 제32조)

① 공공기관

기관	책임자
국회, 법원, 헌법재판소, 중앙선거관리위원회의 행정사무를 처리하는 기관 및 중앙행정기관	고위공무원단에 속하는 고위공무원 또는 그에 상당하는 공무원
정무직 공무원을 장(長)으로 하는 국가기관	3급 이상 공무원(고위공무원 포함) 또는 그에 상당하는 공무원
고위공무원, 3급 공무원 또는 그에 상당하는 공무원 이상의 공무원을 장으로 하는 국가기관	4급 이상 공무원 또는 그에 상당하는 공무원
규정에 따른 국가기관 외의 국가기관(소속 기관 포함)	해당 기관의 개인정보 처리 관련 업무를 담당하는 부서의 장
시·도 및 시·도 교육청	3급 이상 공무원 또는 그에 상당하는 공무원
시·군 및 자치구	4급 이상 공무원 또는 그에 상당하는 공무원
각급 학교	해당 학교의 행정사무를 총괄하는 사람
규정에 따른 기관의 공공기관	개인정보 처리 관련 업무를 담당하는 부서의 장

② 공공기관 외의 개인정보처리자
• 사업주 또는 대표자
• 임원(임원이 없는 경우에는 개인정보 처리 관련 업무를 담당하는 부서의 장)

(5) 개인정보 유출 통지 등(제34조)

① 개인정보처리자는 개인정보가 분실·도난·유출(이하 "유출 등")되었음을 알게 되었을 때에는 지체 없이 해당 정보주체에게 다음 각 호의 사항을 알려야 한다. 다만, 정보주체의 연락처를 알 수 없는 경우 등 정당한 사유가 있는 경우에는 대통령령으로 정하는 바에 따라 통지를 갈음하는 조치를 취할 수 있다.

1. 유출 등이 된 개인정보의 항목
2. 유출 등이 된 시점과 그 경위
3. 유출 등으로 인하여 발생할 수 있는 피해를 최소화하기 위하여 정보 주체가 할 수 있는 방법 등에 관한 정보
4. 개인정보처리자의 대응 조치 및 피해 구제 절차
5. 정보 주체에게 피해가 발생한 경우 신고 등을 접수할 수 있는 담당 부서 및 연락처

② 개인정보처리자는 유출 등이 된 경우 그 피해를 최소화하기 위한 대책을 마련하고 필요한 조치를 하여야 한다.

③ 개인정보처리자는 유출 등이 있음을 알게 되었을 때에는 개인정보의 유형, 유출 등의 경로 및 규모(1천 명 이상의 정보주체에 관한 개인정보가 유출 등이 된 경우, 민감정보 또는 고유식별번호가 유출 등이 된 경우, 개인정보처리시스템에 대한 외부로부터 불법적인 접근에 의해 개인정보가 유출 등이 된 경우) 등을 고려하여 대통령령으로 정하는 바에 따라 제1항의 각 호의 사항을 지체 없이 보호위원회 또는 대통령령으로 정하는 전문기관(한국인터넷진흥원)에 신고하여야 한다.

④ 제1항에 따른 유출 등의 통지 및 제3항에 따른 신고의 시기, 방법 및 절차 등에 관하여 필요한 사항은 대통령령으로 정한다.

(6) 개인정보 유출 등의 통지(시행령 제39조)

① 개인정보처리자는 개인정보가 분실·도난·유출(이하 "유출 등")되었음을 알게 되었을 때에는 서면 등의 방법으로 72시간 이내에 법 제34조 제1항 각 호의 사항을 정보주체에게 알려야 한다. 다만, 다음 각 호의 어느 하나에 해당하는 경우에는 해당 사유가 해소된 후 지체 없이 정보주체에게 알릴 수 있다.

> 1. 유출 등이 된 개인정보의 확산 및 추가 유출 등을 방지하기 위하여 접속경로의 차단, 취약점 점검·보완, 유출 등이 된 개인정보의 회수·삭제 등 긴급한 조치가 필요한 경우
> 2. 천재지변이나 그 밖에 부득이한 사유로 인하여 72시간 이내에 통지하기 곤란한 경우

② 개인정보처리자는 구체적인 내용을 확인하지 못한 경우에는 개인정보가 유출된 사실, 그때까지 확인된 내용 및 제34조 제1항 제3호부터 제5호까지의 사항을 서면 등의 방법으로 우선 통지해야 하며, 추가로 확인되는 내용에 대해서는 확인되는 즉시 통지해야 한다.

③ 개인정보처리자는 정보주체의 연락처를 알 수 없는 경우 등 정당한 사유가 있는 경우에는 정보주체가 쉽게 알 수 있도록 자신의 인터넷 홈페이지에 30일 이상 게시하는 것으로 통지를 갈음할 수 있다.

11 과징금

(1) 과징금의 부과 기준

① 과징금을 부과하려는 경우에는 위반 사실, 부과 금액, 이의제기 방법 및 이의제기 기간 등을 명시하여 이를 납부할 것을 과징금 부과대상자에게 서면으로 통지하여야 한다.

② 통지를 받은 날부터 30일 이내에 보호위원회가 정하는 수납기관에 과징금을 납부하여야 한다.

(2) 과징금의 산정기준

과징금은 1차조정, 2차조정, 부과가징금 결정을 순차적으로 거쳐 산정한다.

1차조정	위반행위의 기간 및 횟수, 취득한 이익의 규모, 개인정보처리자의 업무 형태 및 규모를 고려함 → 기준금액의 100분의 90의 범위에서 가중하거나 감경
2차조정	위반행위를 시정하기 위한 조치 여부 등을 종합적으로 고려함 → 1차 조정을 거친 금액의 100분의 50의 범위에서 가중하거나 감경

12 벌칙

(1) 10년 이하의 징역 또는 1억원 이하의 벌금(제70조)

① 공공기관의 개인정보 처리업무를 방해할 목적으로 공공기관에서 처리하고 있는 개인정보를 변경하거나 말소하여 공공기관의 업무 수행의 중단·마비 등 심각한 지장을 초래한 자

② 거짓이나 그 밖의 부정한 수단이나 방법으로 다른 사람이 처리하고 있는 개인정보를 취득한 후 이를 영리 또는 부정한 목적으로 제3자에게 제공한 자와 이를 교사·알선한 자

(2) 5년 이하의 징역 또는 5천만원 이하의 벌금(제71조)

① 정보 주체의 동의를 받지 아니하고 개인정보를 제3자에게 제공한 자 및 그 사정을 알면서도 개인정보를 제공받은 자

② 개인정보를 이용하거나 제3자에게 제공한 자 및 그 사정을 알면서도 영리 또는 부정한 목적으로 개인정보를 제공받은 자

③ 법정대리인의 동의를 받지 아니하고 만 14세 미만인 아동의 개인정보를 처리한 자

④ 민감정보를 처리한 자

⑤ 고유식별정보를 처리한 자

⑥ 보호위원회 또는 관계 중앙행정기관의 장으로부터 전문기관으로 지정받지 아니하고 가명정보를 결합한 자

⑦ 전문기관의 장의 승인을 받지 아니하고 결합을 수행한 기관 외부로 결합된 정보를 반출하거나 이를 제3자에게 제공한 자 및 그 사정을 알면서도 영리 또는 부정한 목적으로 결합된 정보를 제공받은 자

⑧ 특정 개인을 알아보기 위한 목적으로 가명정보를 처리한 자

⑨ 업무상 알게 된 개인정보를 누설하거나 권한 없이 다른 사람이 이용하도록 제공한 자 및 그 사정을 알면서도 영리 또는 부정한 목적으로 개인정보를 제공받은 자

⑩ 다른 사람의 개인정보를 훼손, 멸실, 변경, 위조, 유출한 자

(3) 3년 이하의 징역 또는 3천만원 이하의 벌금(제72조)

① 고정형 영상정보처리기기의 설치 목적과 다른 목적으로 고정형 영상정보처리기기를 임의로 조작하거나 다른 곳을 비추는 자 또는 녹음 기능을 사용한 자
② 거짓이나 그 밖의 부정한 수단이나 방법으로 개인정보를 취득하거나 개인정보 처리에 관한 동의를 받는 행위를 한 자 및 그 사정을 알면서도 영리 또는 부정한 목적으로 개인정보를 제공받은 자
③ 직무상 알게 된 비밀을 누설하거나 직무상 목적 외에 이용한 자

(4) 2년 이하의 징역 또는 2천만원 이하의 벌금(제73조)

① 정정·삭제 등 필요한 조치를 하지 아니하고 개인정보를 계속 이용하거나 이를 제3자에게 제공한 자
② 개인정보의 처리를 정지하지 아니하고 개인정보를 계속 이용하거나 제3자에게 제공한 자
③ 국내외에서 정당한 이유 없이 비밀유지명령을 위반한 자
④ 자료제출 요구에 대하여 법 위반사항을 은폐 또는 축소할 목적으로 자료제출을 거부하거나 거짓의 자료를 제출한 자
⑤ 출입·검사 시 자료의 은닉·폐기, 접근 거부 또는 위조·변조 등을 통하여 조사를 거부·방해 또는 기피한 자

13 정보 주체의 권리 보장

(1) 개인정보의 열람(제35조)

정보의 주체는 개인정보처리자에게 자신의 개인정보에 대한 열람을 요구할 수 있다. 다만 다음 각 호의 어느 하나에 해당하는 경우에는 정보주체에게 사유를 알리고 열람을 제한하거나 거절할 수 있다.

> 1. 법률에 따라 열람이 금지되거나 제한되는 경우
> 2. 다른 사람의 생명·신체를 해할 우려가 있거나 다른 사람의 재산과 그 밖의 이익을 부당하게 침해할 우려가 있는 경우
> 3. 공공기관이 다음 각 목의 어느 하나에 해당하는 업무를 수행할 때 중대한 지장을 초래하는 경우
>   가. 조세의 부과·징수 또는 환급에 관한 업무
>   나. 「초·중등교육법」 및 「고등교육법」에 따른 각급 학교, 「평생교육법」에 따른 평생교육시설, 그 밖의 다른 법률에 따라 설치된 고등교육기관에서의 성적 평가 또는 입학자 선발에 관한 업무
>   다. 학력·기능 및 채용에 관한 시험, 자격 심사에 관한 업무
>   라. 보상금·급부금 산정 등에 대하여 진행 중인 평가 또는 판단에 관한 업무
>   마. 다른 법률에 따라 진행 중인 감사 및 조사에 관한 업무

(2) 개인정보의 처리정지(제37조)

① 정보 주체는 개인정보처리자에 대하여 자신의 개인정보 처리의 정지를 요구할 수 있다.
② 처리정지 요구를 거절할 수 있는 경우
- 법률에 특별한 규정이 있거나 법령상 의무를 준수하기 위하여 불가피한 경우
- 다른 사람의 생명·신체를 해할 우려가 있거나 다른 사람의 재산과 그 밖의 이익을 부당하게 침해할 우려가 있는 경우
- 공공기관이 개인정보를 처리하지 아니하면 다른 법률에서 정하는 소관 업무를 수행할 수 없는 경우
- 개인정보를 처리하지 아니하면 정보 주체와 약정한 서비스를 제공하지 못하는 등 계약 이행이 곤란한 경우로 정보 주체가 그 계약의 해지 의사를 명확하게 밝히지 아니한 경우

(3) 손해배상책임(제39조)

① 개인정보처리자의 고의 또는 중대한 과실로 인하여 개인정보가 분실·도난·유출·위조·변조 또는 훼손된 경우로서 정보 주체에게 손해가 발생한 때에는 법원은 그 손해액의 5배를 넘지 아니하는 범위에서 손해배상액을 정할 수 있다.
② 배상액 산정에 따른 고려사항
- 고의 또는 손해 발생의 우려를 인식한 정도
- 위반행위로 인하여 입은 피해 규모
- 위법행위로 인하여 개인정보처리자가 취득한 경제적 이익
- 위반행위에 따른 벌금 및 과징금
- 위반행위의 기간·횟수 등
- 개인정보처리자의 재산 상태
- 개인정보처리자가 정보 주체의 개인정보 분실·도난·유출 후 해당 개인정보를 회수하기 위하여 노력한 정도
- 개인정보처리자가 정보 주체의 피해 구제를 위하여 노력한 정도

14 개인정보 피해구제제도

(1) 대안적(소송외적) 분쟁해결제도

분쟁 발생 시 제3자가 관여하거나 또는 관여 없이 당사자 쌍방의 자율적 의사 및 합의에 의하여 분쟁을 해결하는 방식으로서 법원의 소송제도에 의한 분쟁해결방식을 보완하는 의미를 가진다.
① 제3자가 관여하는 분쟁해결 방식: 가장 대표적인 것은 법원에 의한 소송으로 분쟁해결 주체로서 법원의 권위를 기대할 수 있음

장점	강제력이 부여된 집행으로 확실하고 신뢰할 수 있음
단점	소송에 의한 분쟁해결 방식은 처리기간이 비교적 장기간이며 비용이 과다하게 듦

② **대안적(소송외적) 분쟁해결제도(ADR; Alternative Dispute Resolution)**: 우리나라에서는 화해, 조정, 중재, 알선 등 다양한 제도가 각종 법률에 근거하여 운영되고 있음

장점	처리기간의 신속과 저렴한 비용, 분쟁해결 절차의 간편성
단점	분쟁해결 결과에 대한 이행 강제력이 없기 때문에 어느 일방이 합의사항을 이행하지 않는 경우에 분쟁당사자는 다시 법원에 제소해야 함

(2) 개인정보 분쟁조정위원회 설치 및 구성(제40조)

① **설치 목적**: 개인정보에 관한 분쟁의 조정(調停)을 위하여 개인정보 분쟁조정위원회를 둔다.

★ 분쟁조정위원회는 개인정보와 관련된 분쟁이 발생한 경우 당사자 간에 합리적이고 원만하게 분쟁을 해결하기 위하여 설립된 대안적 분쟁해결 기구입니다.

② **구성**: 위원장 1명을 포함한 30명 이내의 위원으로 구성되며 위원은 당연직위원과 위촉위원으로 구성된다. 위촉위원은 다음 각 호의 어느 하나에 해당해야 한다.

★ 위촉위원은 보호위원회 위원장이 위촉하고 당연직위원은 대통령령으로 정하는 국가기관 소속 공무원입니다.

1. 개인정보 보호업무를 관장하는 중앙행정기관의 고위공무원단에 속하는 공무원으로 재직하였던 사람 또는 이에 상당하는 공공부문 및 관련 단체의 직에 재직하고 있거나 재직하였던 사람으로서 개인정보 보호 업무의 경험이 있는 사람
2. 대학이나 공인된 연구기관에서 부교수 이상 또는 이에 상당하는 직에 재직하고 있거나 재직하였던 사람
3. 판사·검사 또는 변호사로 재직하고 있거나 재직하였던 사람
4. 개인정보 보호와 관련된 시민사회단체 또는 소비자단체로부터 추천을 받은 사람
5. 개인정보처리자로 구성된 사업자단체의 임원으로 재직하고 있거나 재직하였던 사람

③ **위원장**: 위원 중 공무원이 아닌 사람으로 보호위원회 위원장이 위촉함

④ **임기**: 위원장과 위촉위원의 임기는 2년으로 하되, 1차에 한하여 연임할 수 있음

(3) 분쟁조정의 신청(제43조)

① 개인정보와 관련한 분쟁의 조정을 원하는 자는 분쟁조정위원회에 분쟁조정을 신청할 수 있다.

② 분쟁조정위원회는 당사자 일방으로부터 분쟁조정 신청을 받았을 때에는 그 신청 내용을 상대방에게 알려야 한다.

③ 개인정보처리자가 제2항에 따른 분쟁조정의 통지를 받은 경우에는 특별한 사유가 없으면 분쟁조정에 응하여야 한다.

(4) 분쟁조정의 처리기간(제44조)

분쟁조정 신청을 받은 날부터 60일 이내에 이를 심사하여 조정안을 작성하여야 한다. 다만, 부득이한 사정이 있는 경우에는 분쟁조정위원회의 의결로 처리기간을 연장할 수 있다.

(5) 분쟁의 조정(제47조)

① 분쟁조정위원회는 다음 각 호의 어느 하나를 포함하여 조정안을 작성할 수 있다.

1. 조사 대상 침해행위의 중지
2. 원상회복, 손해배상, 그 밖에 필요한 구제 조치
3. 같거나 비슷한 침해의 재발을 방지하기 위하여 필요한 조치

② 분쟁조정위원회는 제1항에 따라 조정안을 작성하면 지체 없이 각 당사자에게 제시하여야 한다.

③ 제2항에 따라 조정안을 제시받은 당사자가 제시받은 날부터 15일 이내에 수락 여부를 알리지 아니하면 조정을 수락한 것으로 본다.

④ 당사자가 조정내용을 수락한 경우(제3항에 따라 수락한 것으로 보는 경우를 포함) 분쟁조정위원회는 조정서를 작성하고, 분쟁조정위원회의 위원장과 각 당사자가 기명날인 또는 서명을 한 후 조정서 정본을 지체 없이 각 당사자 또는 그 대리인에게 송달하여야 한다. 다만, 제3항에 따라 수락한 것으로 보는 경우에는 각 당사자의 기명날인 및 서명을 생략할 수 있다.

⑤ 제4항에 따른 조정의 내용은 재판상 화해와 동일한 효력을 가진다.

(6) 조정의 거부 및 중지(제48조)

① 분쟁조정위원회는 분쟁의 성질상 분쟁조정위원회에서 조정하는 것이 적합하지 아니하다고 인정하거나 부정한 목적으로 조정이 신청되었다고 인정하는 경우 그 조정을 거부할 수 있다. 이 경우 조정거부의 사유 등을 신청인에게 알려야 한다.

② 분쟁조정위원회는 신청된 조정사건에 대한 처리 절차를 진행하던 중에 한 쪽 당사자가 소를 제기하면 그 조정의 처리를 중지하고 이를 당사자에게 알려야 한다.

15 개인정보제도 정책 수립 - 기본계획

(1) 개인정보 보호위원회(제7조)

개인정보 보호에 관한 사무를 독립적으로 수행하기 위하여 국무총리 소속으로 개인정보 보호위원회를 둔다. 개인정보 보호위원회는 「정부조직법」 제2조에 따른 중앙행정기관으로 본다.

(2) 보호위원회 구성(제7조의2)

① 보호위원회: 상임위원 2명(위원장 1명, 부위원장 1명)을 포함한 9명의 위원으로 구성
- 위원장, 부위원장: 국무총리의 제청
- 그 외 위원 중 2명: 위원장의 제청
- 2명: 대통령이 소속되거나 소속되었던 정당의 교섭단체 추천
- 3명: 그 외의 교섭단체 추천으로 대통령이 임명 또는 위촉

② 보호위원회의 위원
- 개인정보 보호 업무를 담당하는 3급 이상 공무원(고위공무원단에 속하는 공무원 포함)의 직에 있거나 있었던 사람
- 판사·검사·변호사의 직에 10년 이상 있거나 있었던 사람
- 공공기관 또는 단체(개인정보처리자로 구성된 단체를 포함)에 3년 이상 임원으로 재직하였거나 이들 기관 또는 단체로부터 추천받은 사람으로서 개인정보 보호 업무를 3년 이상 담당하였던 사람
- 개인정보 관련 분야에 전문지식이 있고 「고등교육법」 제2조 제1호에 따른 학교에서 부교수 이상으로 5년 이상 재직하고 있거나 재직하였던 사람

③ 위원장과 부위원장은 정무직 공무원으로 임명한다.

④ 위원장, 부위원장, 제7조의 13에 따른 사무처의 장은 「정부조직법」 제10조에도 불구하고 정부위원이 된다.

(3) 위원장(제7조의3)

① 위원장은 보호위원회를 대표하고 보호위원회의 회의를 주재하며 소관 사무를 총괄한다.

② 위원장이 부득이한 사유로 직무를 수행할 수 없을 때에는 부위원장이 그 직무를 대행하고 위원장·부위원장이 모두 부득이한 사유로 직무를 수행할 수 없을 때에는 위원회가 미리 정하는 위원이 위원장의 직무를 대행한다.

③ 위원장은 국회에 출석하여 보호위원회의 소관 사무에 관하여 의견을 진술할 수 있으며, 국회에서 요구하면 출석하여 보고하거나 답변하여야 한다.

④ 위원장은 국무회의에 출석하여 발언할 수 있으며, 그 소관 사무에 관하여 국무총리에게 의안 제출을 건의할 수 있다.

(4) 임기(제7조의4)

위원장과 위원의 임기는 3년으로 하되, 한 차례만 연임할 수 있다.

(5) 겸직 금지(제7조의6)

① 위원은 재직 중 다음 각 호의 직(職)을 겸하거나 직무와 관련된 영리업무에 종사하여서는 아니 된다.

> 1. 국회의원 또는 지방의회의원
> 2. 국가공무원 또는 지방공무원
> 3. 그 밖에 대통령령으로 정하는 직

② 제1항에 따른 영리업무에 관한 사항은 대통령령으로 정한다.

③ 위원은 정치활동에 관여할 수 없다.

(6) 보호위원회의 심의·의결사항 등(제7조의9)

① 보호위원회는 다음 각 호의 사항을 심의·의결한다.

> 1. 제8조의2에 따른 개인정보 침해요인 평가에 관한 사항
> 2. 제9조에 따른 기본계획 및 제10조에 따른 시행계획에 관한 사항
> 3. 개인정보 보호와 관련된 정책, 제도 및 법령의 개선에 관한 사항
> 4. 개인정보의 처리에 관한 공공기관 간의 의견조정에 관한 사항
> 5. 개인정보 보호에 관한 법령의 해석·운용에 관한 사항
> 6. 제18조제2항제5호에 따른 개인정보의 이용·제공에 관한 사항
> 6의2. 제28조의9에 따른 개인정보의 국외 이전 중지 명령에 관한 사항
> 7. 제33조제4항에 따른 영향평가 결과에 관한 사항
> 8. 제64조의2에 따른 과징금 부과에 관한 사항
> 9. 제61조에 따른 의견제시 및 개선권고에 관한 사항
> 9의2. 제63조의2제2항에 따른 시정권고에 관한 사항
> 10. 제64조에 따른 시정조치 등에 관한 사항
> 11. 제65조에 따른 고발 및 징계권고에 관한 사항
> 12. 제66조에 따른 처리 결과의 공표 및 공표명령에 관한 사항
> 13. 제75조에 따른 과태료 부과에 관한 사항
> 14. 소관 법령 및 보호위원회 규칙의 제정·개정 및 폐지에 관한 사항
> 15. 개인정보 보호와 관련하여 보호위원회의 위원장 또는 위원 2명 이상이 회의에 부치는 사항
> 16. 그 밖에 이 법 또는 다른 법령에 따라 보호위원회가 심의·의결하는 사항

② 보호위원회는 제1항 각 호의 사항을 심의·의결하기 위하여 필요한 경우 다음 각 호의 조치를 할 수 있다.

> 1. 관계 공무원, 개인정보 보호에 관한 전문 지식이 있는 사람이나 시민사회단체 및 관련 사업자로부터의 의견 청취
> 2. 관계 기관 등에 대한 자료제출이나 사실조회 요구

③ 제2항 제2호에 따른 요구를 받은 관계 기관 등은 특별한 사정이 없으면 이에 따라야 한다.
④ 보호위원회는 제1항 제3호의 사항을 심의·의결한 경우에는 관계 기관에 그 개선을 권고할 수 있다.
⑤ 보호위원회는 제4항에 따른 권고 내용의 이행 여부를 점검할 수 있다.

(7) 회의(제7조의10)
① 보호위원회의 회의는 위원장이 필요하다고 인정하거나 재적위원 4분의 1 이상의 요구가 있는 경우에 위원장이 소집한다.
② 위원장 또는 2명 이상의 위원은 보호위원회에 의안을 제의할 수 있다.
③ 보호위원회의 회의는 재적위원 과반수의 출석으로 개의하고, 출석위원 과반수의 찬성으로 의결한다.

(8) 위원의 제척·기피·회피(제7조의11)
① 위원은 다음 각 호의 어느 하나에 해당하는 경우에는 심의·의결에서 제척된다.

> 1. 위원 또는 그 배우자나 배우자였던 자가 해당 사안의 당사자가 되거나 그 사건에 관하여 공동의 권리자 또는 의무자의 관계에 있는 경우
> 2. 위원이 해당 사안의 당사자와 친족이거나 친족이었던 경우
> 3. 위원이 해당 사안에 관하여 증언, 감정, 법률자문을 한 경우
> 4. 위원이 해당 사안에 관하여 당사자의 대리인으로서 관여하거나 관여하였던 경우
> 5. 위원이나 위원이 속한 공공기관·법인 또는 단체 등이 조언 등 지원을 하고 있는 자와 이해관계가 있는 경우

② 위원에게 심의·의결의 공정을 기대하기 어려운 사정이 있는 경우 당사자는 기피 신청을 할 수 있고, 보호위원회는 의결로 이를 결정한다.
③ 위원이 제1항 또는 제2항의 사유가 있는 경우에는 해당 사안에 대하여 회피할 수 있다.

16 암호화

(1) 암호화
① 개인정보처리자는 비밀번호, 생체인식정보 등 인증정보를 저장 또는 정보통신망을 통하여 송·수신하는 경우에 이를 안전한 암호 알고리즘으로 암호화하여야 한다. 다만, 비밀번호를 저장하는 경우에는 복호화되지 아니하도록 일방향 암호화하여 저장하여야 한다.
② 개인정보처리자는 다음 각 호의 해당하는 이용자의 개인정보에 대해서는 안전한 암호 알고리즘으로 암호화하여 저장하여야 한다.

> 1. 주민등록번호
> 2. 여권번호
> 3. 운전면허번호
> 4. 외국인등록번호
> 5. 신용카드번호
> 6. 계좌번호
> 7. 생체인식정보

③ 개인정보처리자는 이용자가 아닌 정보주체의 개인정보를 다음 각 호와 같이 저장하는 경우에는 암호화하여야 한다.

> 1. 인터넷망 구간 및 인터넷망 구간과 내부망의 중간 지점(DMZ : Demilitarized Zone)에 고유식별정보를 저장하는 경우
> 2. 내부망에 고유식별정보를 저장하는 경우(다만, 주민등록번호 외의 고유식별정보를 저장하는 경우에는 다음 각 목의 기준에 따라 암호화의 적용여부 및 적용범위를 정하여 시행할 수 있다)
>   가. 법 제33조에 따른 개인정보 영향평가의 대상이 되는 공공기관의 경우에는 해당 개인정보 영향평가의 결과
>   나. 암호화 미적용시 위험도 분석에 따른 결과

④ 개인정보처리자는 개인정보를 정보통신망을 통하여 인터넷망 구간으로 송·수신하는 경우에는 이를 안전한 암호 알고리즘으로 암호화하여야 한다.
⑤ 개인정보처리자는 이용자의 개인정보 또는 이용자가 아닌 정보주체의 고유식별정보, 생체인식정보를 개인정보취급자의 컴퓨터, 모바일 기기 및 보조저장매체 등에 저장할 때에는 안전한 암호 알고리즘을 사용하여 암호화한 후 저장하여야 한다.
⑥ 10만명 이상의 정보주체에 관하여 개인정보를 처리하는 대기업·중견기업·공공기관 또는 100만명 이상의 정보주체에 관하여 개인정보를 처리하는 중소기업·단체에 해당하는 개인정보처리자는 암호화된 개인정보를 안전하게 보관하기 위하여 안전한 암호 키 생성, 이용, 보관, 배포 및 파기 등에 관한 절차를 수립·시행하여야 한다.

★ 「개인정보의 안정성 확보조치 기준」 제7조(개인정보의 암호화)에 명시된 내용입니다.

CHAPTER 07 | 프레젠테이션

▶ 강의보기

SECTION 01 | 강의기법

1 교육훈련의 이해

(1) 인적자원개발(HRD; Human Resource Development)의 개념

맥라간 (Mclagan, 1989)	개인, 집단, 조직의 효율성 향상을 목적으로 훈련개발, 조직개발, 경력개발을 통한 의도적·계획적·조직적 학습활동
나들러 (Nadler, 1994)	"업무성과 향상과 성장 가능성을 제고하기 위해 일정 기간 내 실행되는 계획적인 학습경험이다." → 교육과 훈련 및 개발의 세 영역을 포괄적으로 사용함
왓킨스 (Watkins)	조직의 개인, 집단, 조직 수준에서 장기적이고 직무와 관련된 학습 능력을 고양하기 위한 연구와 실천 분야
스완슨 (Swanson)	성과 향상을 위해서 조직개발과 개인훈련 및 개발을 통해서 인적자원의 전문성을 개발하고 발전시키는 과정

(2) 인적자원개발 관련 용어

인간자원개발, 인력개발, 인재개발, 산업교육, 기업교육, 사내교육 등이 관련 용어로 사용된다. 이는 인력, 교육, 개발의 의미를 발견하면서 사용되기 시작하였다.

(3) 교육훈련의 목적

교육훈련의 효과에 대하여 피고스(P.Pigors)와 마이어(C.A.Myers)는 다음과 같이 제시하였다.

- 입사교육훈련으로 신입사원은 기업의 내용, 방침과 규정을 파악함으로써 친근감과 안심감을 가질 수 있음
- 신입사원은 직무에 대한 지도를 받아 질과 양이 모두 표준에 달하고 임금의 증가를 도모할 수 있음
- 재해, 기계설비 소모 등의 감소에 유효함
- 종사원의 불만과 결근·이동을 방지할 수 있음
- 내부 이동 시에 대비하여 다기능, 승진에 대비한 능력 향상을 도모할 수 있음
- 새로 도입된 신기술에 대한 종사원의 적응을 원활히 함

2 교육훈련의 종류

(1) OJT(On The Job Training)

① 정의
- 현장실무교육(On The Job Training)의 약자로 일상 업무 수행과정을 통해 지식, 기능, 태도를 향상시키려는 교육활동
- Off-JT의 단점을 극복 또는 보완하면서 업무 현장에 근무하는 종사원을 직접 학습자로 참여시켜 학습하는 형태로 기업교육의 목적을 달성하기 위한 매우 유용한 방법

② 방법: JIT(Job Instruction Training), 직무순환, 코칭, 멘토링 등

③ 필요성
- 교육 실시자로서 현장 경험이 있는 선임자의 지식과 기능을 생생하게 전달하고자 할 때
- 장기간에 걸쳐 학습자에게 업무를 숙달시킬 필요가 있을 때
- Off-JT 개발 및 실시를 위한 비용을 절약하는 대안이 필요할 때
- 업무현장에 학습자를 시급히 투입할 필요가 있을 때

④ 유의점
- 조직에서 필요한 인재를 교육, 훈련한다는 명확한 의도가 있어야 함
- 계속적인 교육과 훈련이 필요함
- 집합교육과 연계해야 함
- 자기계발과 관련지어 전개될 때 효과적임
- 상사는 인재 육성의 열의, 부하의 자주성과 창조성 존중, 모범, 함께 학습하는 자세가 필요함
- OJT의 중요성에 대한 최고 경영자의 인식이 선행되어야 함

⑤ 장단점

장점	• 구체적이고 실제적인 교육훈련이 가능함 • 계속적, 반복적 훈련이 가능함 • 적은 경비 • 평가의 용이성 • 상사와 부하, 선후배 간의 인간관계가 두터워지며 상사와 선배의 자기계발의 기회가 많음
단점	• 현장에 교육을 방해하는 소음 등의 방해물이 존재함 • 고가의 장비를 사용한 교육 시 고장이 나면 전체 생산에 지장을 초래함 • 안전사고 발생의 가능성이 있음

- 고객이 함께 있을 때는 고객에 대한 서비스의 질이 떨어짐
- 상급자의 능력에 지나치게 좌우될 염려가 있음
- 학습자가 OJT의 교육내용을 자신의 주 업무와 관련이 없다고 생각할 경우 시간 낭비일 수 있음
- 일상 지도가 중심이 되면 시야가 좁은 지도가 되기 쉬움
- 유능한 지도자가 부족함

(2) Off-JT
① 정의: 집합교육이라고도 하며, 동일한 내용을 다수의 학습자에게 전체적으로 교육하기 위한 목적을 가지고 일정한 시간과 장소에서 행해지는 교육
② 방법: 강의법, 토의법, 사례연구법, 역할 연기법, 시범 등

(3) OJL
① 정의: 직무 관련 자기개발로 학습자의 자기주도적인 학습을 바탕으로 한다. 본인의 능력개발을 위해 경영관리상, 직무 수행상 필요한 목표를 스스로 설정하게 하고 회사는 소정의 절차를 통해 이를 지원하는 방법이다.
② 예시: 자기학습(SML), 실천학습(Action Learnin) 등

(4) Off-JL
① 정의: 직무 외 자기개발의 의미이며 본인이 스스로 책임지고 학습하는 방법
② 예시: 독서, 자기계발, 자격증 취득 등

3 교육훈련 전문가의 역할과 역량

(1) 서비스 교육훈련 전문가의 역할(Nadler, 1979)
① 교수 프로그램 개발자
- 조직의 문제를 확인하고 학습요구를 분석하여 이를 충족할 학습내용을 확정함
- 확정된 내용이 효과적으로 학습되고 실제 사항에 적용되도록 성인학습이론을 바탕으로 교수학습계획을 수립하는 역할

② 학습 촉진자(Facilitator Of Learning)
- 학습자들과 직접 학습활동을 하거나 학습자가 하도록 도와주는 역할로 강의, 토의 진행, 시범 등의 역할을 수행함
- 강사는 다양한 경험과 이론적 배경을 갖추어야 함

③ 교수전략 개발자
- 교육훈련 프로그램이 효과적으로 전달되도록 매체 선정과 방법을 찾는 역할
- 각종 학습보조도구와 시청각 자료를 제작하고 활용하여 학습효과를 상승시킬 방안을 강구함

4 교육대상의 특성

(1) 성인학습자의 특성
- 목표지향적인 참여동기
- 신체적 요건으로 인해 밝은 조명, 냉난방, 안락한 의자, 큰 글씨와 큰 소리가 요구됨
- 알려고 하는 욕구가 있음
- 선택적으로 학습 상황에 임함
- 다양한 경험을 가지고 있음
- 성인학습자는 자기주도적 학습을 원함

(2) 앤드라고지(Andragogy)-성인학습 방법
① 성인들은 적극적으로 자신의 학습요구를 분석하거나 학습활동을 계획하려고 함
② 스스로 학습목적과 목표를 설정하거나 결과를 평가하는 과정에 참여하기를 원함
③ 학습 수행을 위해 많은 시간이 요구되기도 함
④ 기본전제
- 성인학습자는 자기주도적임
- 외재적 요인보다 내재적 요인에 의해 학습동기가 유발됨
- 학습자의 경험은 역할수행 동안 얻어진 것이므로 학습의 전 과정에 유용한 자원임
- 학습자의 학습 준비도에 따라 교육과정을 편성함
- 학습자가 현재의 실생활에 활용하도록 학습하므로 성과지향적임

(3) 앤드라고지의 실천원리
- 학습에 적합한 물리적·심리적 분위기를 형성함
- 방법과 교육과정의 방향을 계획하는 데 학습자들을 직접 참여시키도록 함
- 참여자들로 하여금 그들 자신의 학습요구들을 진단하는 데 참여하도록 함
- 학습자들로 하여금 그들 자신의 학습 목표를 형성하도록 격려함
- 학습자들로 하여금 그들 자신의 목표를 수립하기 위해 자원들을 확인하고 그 자원을 활용하기 위한 전략을 고안하도록 격려함
- 학습자들이 학습계획을 수행할 수 있도록 도와줌
- 학습자들이 그들의 학습을 평가하도록 참여하게 함

(4) 페다고지(Pedagogy)-아동교육, 청소년 학습 대상
① 학과목 중심, 학교 중심, 교수의존 중심, 전일제 중심 학습
② 교육계획, 교육목표 설정 및 평가 등 교육에 관한 모든 결정이 교사에 의해 이루어짐

③ 학습자인 아동·청소년들은 교사에 의해 결정된 수업에 무조건적으로 따라야 함
④ 교육의 주도권이 전적으로 교사에게 있음
⑤ 기본전제
- 교사 중심의 강의 전달식 수업
- 의존적 성격
- 학습자의 경험은 학습자원으로서의 가치가 거의 없음
- 교사가 그들에게 학습하도록 강요하는 것을 학습할 준비가 되어 있음
- 교과 중심적 성향 - 표준화된 교육과정
- 외재적 동기에 의해 학습이 동기화

5 학습의 원리

(1) 성인학습의 기본 원리(크로스, 1982)
- 새로운 정보를 제공할 때에는 그것이 학습자들에게 의미 있고 현실감이 있는지 실용성 여부를 확인함
- 정보를 제공할 때에는 능숙하게 할 수 있는 기회를 부여함
- 한 번에 하나의 아이디어나 개념만을 제공함
- 잦은 피드백과 요점정리를 하여 기억을 유지함

(2) 학습의 기본 원리(도날슨과 스캐널, 1968)
- 학습은 학습자들 스스로의 활동
- 학습 속도는 사람마다 다름
- 학습은 끊임없이 지속되는 과정(Process)
- 학습은 자극(Stimulation)에서 시작해서 감각(Senses)으로 끝남
- 긍정적 강화(Positive Reinforcement)는 학습을 강화함
- 최선의 학습은 '해 봄(Doing)'을 통해 얻어짐
- '전체-부분-전체'의 순서에 따를 때 학습의 효과가 나타남
- 지지적인 학습 환경에서 학습의 효율성이 높아짐
- 훈련시간이 적정하게 분배되어야 함

6 강의(교육훈련) 기법

(1) 강의법
① 특징
- 가장 오래된 교수 방법
- 주로 언어를 통한 교수자의 설명과 해설에 의해 수업이 이루어짐
- 교수자가 학습자에게 학습 내용을 주로 말을 사용하여 해설이나 설명에 의해 일방적으로 전달하는 방법
- 많은 학습자를 대상으로 짧은 시간 동안 동시에 가르칠 수 있는 경제적이면서 용이한 교수 기법
- 강사는 아이디어와 개념을 전달해 주고, 아이디어와 개념을 개발하고 평가해 주며, 강의를 마칠 무렵에는 주요한 강의 내용을 요약해 줌
- 강의가 진행되는 동안에 일반적으로 학생들에게 질문을 권장하지는 않으며, 경우에 따라서 학습자들이 질문을 제시하는 경우 강사는 사실과 정보의 명료화에 주안점을 두고 고차적인 논의는 하지 않음
- 강의식 교수법에서는 학습자들의 청취 기능과 노트정리 기능이 상당한 정도로 숙달되어 있어야 함

② 장단점

장점	• 광범위한 분야의 지식을 폭넓고 조리 있게 제공함 • 교사 1명이 여러 명의 학습자에게 정보를 전달하는 형태로 경제적임 • 여러 수준의 인지목표 달성에 따른 교육 방법 못지않게 효과적임 • 학습 집단의 크기를 고려하여 융통성 있게 활용 가능함 • 새 주제의 도입, 배경, 정보 제시, 전체적인 전망 제시, 요약, 강조에 유용함 • 사실적 정보, 최근 정보를 다루기에 적합함
단점	• 교사, 강사 개인의 능력 및 기술에 전적으로 의존하여 수업을 진행함 • 학습자를 단순한 기계적인 청취자로만 길러낼 위험성이 큼 • 학습자의 다양한 능력, 지식, 경험 등이 고려될 여지가 거의 없음 • 교수자의 일방적인 내용 전달에 그칠 수 있음 • 장기 기억을 요구하는 정보에 적당하지 않음

(2) 토의법(Discussion Method)
① 특징
- 1915년 파커(Parker)가 문답법을 개선하여 회화법(會話法)이라 부른데서 연유하여 오늘날까지 널리 사용됨
- 주로 교수자와 학습자 간, 학습자와 학습자 간의 상호작용을 통하여 정보와 의견을 교환하고 결론을 도출하는 공동의 학습 형태
- 교수자는 학습자 간의 상호작용을 조정하고 유익한 정보를 제공하는 역할을 수행함
- 교수자는 학습자들 간의 대화에 민감하고 적절히 대응할 수 있는 역량을 갖추어야 함
- 흥미유발이 강력하고 토의 중 경험을 교류할 수 있음
- 정보의식이 좋아지는 반면 정보량은 적음
- 문제해결 방법이나 아이디어 개발 시 문제의식을 공유하는 데 적절한 방법임

② 장단점

장점	• 민주적, 적극적 사고를 유발함 • 테마에 의한 동기를 유발함 • 지식, 경험을 자유롭게 교환할 수 있음 • 높은 수준의 인지적 학습 목표달성에 효과적임 • 학습자 중심의 자율수업이 가능함 • 강의법에 비해 학습자의 동기를 유발시켜 능동적 참여를 조장하는 데 효과적임 • 문제에 대한 관심, 흥미를 높이고 깊은 생각을 하게 함 • 현대 조직사회에 필요한 여러 가지 태도, 즉 타인의 의견을 존중하고 합의를 도출하여 실천해 가는 생활태도를 육성할 수 있음
단점	• 참석자의 수준에 좌우됨 • 적절한 강사 또는 지도자를 구하기가 어려움 • 수업 진행 단계뿐만 아니라 준비 계획 단계부터 많은 시간이 소요됨 • 토의 과정에 있어 시간 분배가 어렵고 시간 소비량이 다른 수업에 비해 많은 한계를 가지고 있음 • 토의의 목적에 벗어나 불필요한 논쟁을 벌일 소지가 많고 학습자 중 몇 명에 의해 토의가 주도될 가능성이 있음 • 대규모 집단에는 적용하기 어려움 • 다양하고 많은 양의 학습내용을 다루기 어려움

(3) 브레인스토밍

① 오스번(A. F. Osbarn)이 개발한 기법으로 자유연상기법을 이용하여 아이디어를 수집하는 방법

② 방식
- 일체의 비난을 삼가야 함
- 자유분방한 분위기를 조성함
- 아이디어 양을 중시함
- 아이디어들의 결합과 개선이 이루어져야 함

③ 장단점

장점	• 자기 아이디어의 제안 및 발표 능력의 향상 • 새로운 아이디어 창출이 가능함
단점	시간과 장소 문제로 자주 실시하기 어려움

(4) 사례연구법

① 특징
- 하버드대학에서 개발한 귀납적 교육 방법
- 사례해결에 직접 참가하여 해결과정에서 판단력 개발을 목적으로 함
- 문서나 멀티미디어 자료를 통해 해답이 정해지지 않은 사례를 제시한 후 그 안에 내포된 문제를 학습자들이 파악하고 시도된 해결 방법의 적합성을 서로 비판하여 나아가 대안을 제시하고 토론하는 과정을 통해 학습자에게 살아 있는 지식을 증진시키도록 하는 교육 방법
- 단기간에 실무에서 발생하는 문제에 접하여 그 해결을 위하여 고도의 판단력을 양성할 수 있음
- 행동전이가 용이하고 판단기준을 내면화할 수 있으며 유연한 사고를 유도할 수 있음
- 상황 분석력이나 문제해결능력을 높여야 할 경우 적용하는 것이 효율적임

② 장단점

장점	• 현실적인 문제의 학습이 가능함 • 생각하는 학습교류가 가능함 • 집중과 커뮤니케이션을 통해 살아 있는 사고력을 갖게 함 • 사례 속의 문제를 다양한 관점에서 바라보게 함 • 커뮤니케이션 스킬을 향상시킬 수 있음
단점	• 원칙과 이론의 체계적인 습득이 어려움 • 실제 상황이 아니기 때문에 사례 활용이 실전적 체험으로 이어지지는 못함 • 사례를 분석하고 적용하는 연습에 불과함 • 학습자의 의사결정이 타당한지 검증할 방법이 없음 • 학습자는 사례에 관한 자료를 수집하는 것이 쉽지 않음 • 커뮤니케이션 리더의 역할이 매우 중요함 • 학습자들이 사례를 처음 대했을 때 당황하기 쉬움 • 제대로 실시하기 위해 시간이 많이 소요됨 • 학습자는 사례에 관한 자료를 수집하는 것이 쉽지 않음

(5) 역할연기법

① 특징
- 타인의 역할을 연기를 통해 경험해 봄으로써 자신과 타인 간의 관계에 대한 이해를 촉진시키며 기대되는 행동과 태도의 변화를 유도하는 교육 방법
- 강사는 촉진자의 역할을 수행함

② 장단점

장점	• 흥미를 갖고 적극적으로 참여할 수 있음 • 개개인의 약점을 파악할 수 있음 • 아는 것과 행하는 것 사이의 차이를 느낄 수 있음 • 자기의 습관을 알 수 있고 발표력이 향상됨 • 무의식적인 내용의 표현 기회를 줌 • 참여자 간의 친근감이 증대됨 • 타인의 연기에 대한 관찰을 통해 새로운 아이디어를 습득하는 것이 가능함
단점	• 다른 방법과 병용하지 않으면 의미가 없음 • 교육훈련 장소 확보가 어려움 • 준비하는 데 많은 시간이 소요됨 • 교수자의 많은 노력과 기술이 필요함 • 연기놀이로 끝날 수 있음

SECTION 02 | 프레젠테이션 프로그램 활용

1 프레젠테이션(Presentation)의 이해

(1) 프레젠테이션의 일반적인 정의
- 한정된 기간 내에 정보를 정확하게 전달하여 그 결과로서 판단과 의사결정까지 초래하는 커뮤니케이션 스킬
- 자신의 생각이나 아이디어, 경험, 노하우 등 모든 정보를 상대방에게 전달하고 설득하는 모든 행위

(2) 프레젠테이션의 구성요소

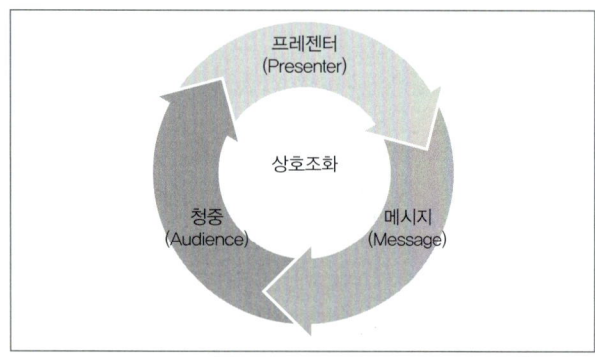

2 목적에 따른 프레젠테이션의 분류

(1) 정보적 프레젠테이션
① 최우선 목적은 지식을 공유하고 상호간의 이해를 형성하는 것으로 청중과 지식을 공유하는 것
② 성공과 실패는 청중이 그들 자신의 삶에 전달된 내용들을 얼마나 잘 이해하고 유지하고 적용하는가에 달려 있음
③ 정보적 프레젠테이션의 목적을 달성하기 위해서는 청중의 주의 집중 획득과 유지가 매우 중요함
④ 종류
  - 서술적 프레젠테이션
  - 설명적 프레젠테이션
  - 논증적 프레젠테이션

(2) 설득적 프레젠테이션
① 청중의 가치관을 바꾸고 발표자가 의도한 행동양식을 받아들이게 하거나, 청중의 가치관을 강화하고 보강하며 새로운 가치관을 창출시키고자 하는 목적의 프레젠테이션
② 프레젠터가 영향을 주고자 하는 것이 무엇이냐에 따라 경향적 프레젠테이션과 작용적 프레젠테이션으로 구분됨

③ 종류
  - 경향적 프레젠테이션
  - 작용적 프레젠테이션

(3) 의례적 프레젠테이션
발표자와 청중 혹은 청중 상호 간을 '사회적으로 보다 강하게 결합시키려는' 목적을 가진 프레젠테이션이다.

(4) 동기부여적 프레젠테이션
청중의 의욕을 환기하고, 기대하는 행동을 받아들이게 하려는 목적을 가진 프레젠테이션이다.

(5) 엔터테인먼트 프레젠테이션
메시지를 포함하나 청중으로 하여금 '재미있다'고 느끼게 만들기 위한 목적을 가진 프레젠테이션이다.

3 프레젠테이션의 목적

(1) 목적
문제 제기를 통해 청중에게 해결책을 제시, 청중의 행동변화를 이끌어내는 것이다.

(2) 스피치의 궁극적인 목적
사람들을 설득하고 동기를 자극하여 어떠한 행동이나 의사결정을 원하는 목적대로 이끌어내는 것이다.

4 프레젠테이션 – 4P 분석

(1) 목적(Purpose) – 어떤 목적으로 강의하는가?
- 10을 전달하려면 100을 준비하라(철저한 사전준비)
- 사전에 미리 조사할 사항을 확인함
- 청중은 무엇을 기대하고 있는지를 확인함

(2) 청중(Pepole) – 누구를 대상으로 하는가?
① 청중의 수, 성별, 연령대, 직급, 학력 등 청중의 특성을 고려함
② 고객기업에 대한 기본적 지식이 필요함
③ 핵심 안건 발표, 강의 시 소수(10명 내외)의 청중이 유리함

④ 청중의 남녀 구성
- 남성인 경우: 강의 논조가 논리적이어야 함(인과관계, 근거자료 제시, 통계수치 제시 등)
- 여성인 경우: 이미지, 그림 등 시각적인 정보를 이용함(적극 참여 유도)

(3) 장소(Place) – 강의 장소는 어디인가?

① 발표, 강의 시작 30분 전에 도착할 것
② 강의장 전화번호, 진행자, 약도, 소요시간, 교통사정, 일기예보 등을 확인함
③ 고객/청중의 입장에서 실내 분위기를 확인함
④ 장소점검 요소
- 발표 장소(실내/실외)
- 발표장의 배치와 발표자의 위치
- 발표장 형태(연회장, 회의실, 컴퓨터실 등)
- 시설 확인(마이크, 스크린 작동, 노트북, TV 및 비디오, 전원 스위치 등)

(4) 사전 준비(Preparation) – 무엇을 준비해야 하는가?

① 자신감
② 정보와 자료 수집
- 다양하고 중요한 정보와 자료를 모은 뒤, 이것을 철저히 분석하고 잘 가공하여 프레젠테이션에서 사용할 발표 자료를 준비함
- 아무리 정보가 많고 도움이 되더라도 이 정보들을 효과적으로 가공해서 고객이 이해하기 쉽고, 논리적으로 전달되지 않으면 효과가 떨어짐
- 정보를 병렬식 또는 직렬식으로 솔루션에 맞추어 가공함
③ 발표자료 제작
④ 리허설

아우라 효과	프레젠테이션 시 두려움을 극복하는 방법으로 발표자가 실제 바라보는 사람이 멀리 있을수록 시야가 그 앞뒤 좌우로 넓어지는 현상을 이용할 때 얻을 수 있는 효과
간접적 정보 수집	청중들을 잘 아는 정보원을 통해 청중의 속성에 관해 질문하여 수집하는 기법

5 프레젠테이션의 전달

(1) 자세

① 얼굴 표정: 웃는 얼굴
② 시선: 청중과 시선을 마주함(가장 먼 곳에서 시작하고 관심을 갖는 사람을 찾음)
③ 손: 뒤나 앞으로 맞잡지 않음(선악과의 잎사귀, 범인의 수갑 찬 모습)
④ 복장: 최대한 단정한 복장
⑤ 목소리의 대소: 힘있고 명확한 소리
⑥ 청중과의 거리: 2~3m 이내
⑦ 자세: 등을 펴고 허리에 힘을 주고 섬
⑧ 선 자세: 어깨 폭 정도로 벌리고 섬

(2) Opening

① 본격적인 프레젠테이션에 앞서 프레젠터의 첫마디나 행동을 의미함
② 청중들의 관심과 기대감을 주는 중요한 역할
③ 오프닝 전략: 일화 제시, 경험담 제시, 권위자의 말 인용, 충격적인 이야기 제시 등

(3) Closing

① 요점 정리를 하면서 짧고 강렬하게 끝맺는 것이 좋음
- 멋진 마무리는 스피치에 있어 가장 중요한 전략요점임
- 청중들에게 깊은 인상을 심어 주게 됨
② 연설이 끝났을 때 청중들의 귀에 울려 퍼질 수 있는 여운을 주는 한마디의 말이 가장 오랫동안 사람들의 기억 속에 남음
③ 프레젠테이션의 요점을 종합하면서 마무리 멘트는 청중들이 배운 것을 실천하도록 하고, 당신의 메시지를 집으로 가져가게 함
④ 마무리 단계는 발표자가 프레젠테이션의 목적을 이룰 수 있는 마지막 기회로, 청중이 결단을 내리고 행동할 수 있도록 요약하고 반복하여 강조. 이때 본론에서 사용했던 시각화 자료를 다시 한 번 보여주는 것이 매우 중요함
⑤ 프레젠테이션의 결론에서 반드시 지켜야 할 조건은 일관성임
⑥ 본론 부분에서 실수로 내용을 잘못 설명했다고 해서 마무리 단계에서 이것에 대해 부연 설명을 하거나 다시 정정하려 한다면 시간이 길어지고 청중에게 혼란을 주게 되므로 준비한 결론만 확실하게 말해야 함
⑦ 클로징 전략: 결어, 외침이나 호소

6 프레젠테이션의 구성

서론 (15%)	• 주의집중 • 동기부여 • 강의개요 • 강사소개
본론, 전개 (50%)	• 논리적인 내용 • 보조자료 활용 • 핵심 전달 • 중간중간 동기 부여 • 전개 마무리 단계 질문 받기
결론 (35%)	• 요약 • 재동기 부여 • 결어

7 질의응답 및 마무리

(1) 질의응답

① 프레젠테이션을 완성시키는 단계
② 본론이나 마무리 과정에서 청중의 질문은 청중과 발표자 간에 긍정적인 상호작용을 만들어 내며, 과정 중 생긴 오해를 해결할 수 있는 기회를 제공함
③ 청중의 질문을 보고 이해 수준과 관심 영역을 파악하여 진행 방향을 잡을 수 있음
④ 상황에 따른 효율적인 질문과 답변

질문	개방질문, 폐쇄질문, 간접질문, 명료화 질문 등
답변	질문 반복하기, 표현 바꾸어 보기, 역으로 질문하기, 질문의 방향을 다른 곳으로 유도하기, 합성하기 등

(2) 일반적인 질문에 대한 처리 순서

1단계: 경청
질문자와 같은 시점으로 시선을 고정시키고 질문을 끝까지 경청한다.
↓
2단계: 내용정리
질문에 대한 감사를 표현한 후 질문한 내용을 반복해서 한 번 더 설명한다.
↓
3단계: 답변
답변을 질의자뿐만 아니라 전체 청중들과도 공유한다.
↓
4단계: 이해 여부 확인
이해 여부 확인 후 추가관련사항이 있으면 적절히 설명한다.

(3) 효율적인 질문 대처법

• 철저한 준비와 리허설
• 질의자에 대한 칭찬 화법을 활용함
  예 "네, 좋은 질문입니다.", "꼭 필요한 질문을 하셨습니다." 등
• 간단하고 명료하게 직설화법으로 답변함
• 곤란한 질문을 받았을 때는 경우에 따라서 여건이 되면 자세히 설명해 주겠다는 식의 우회기법을 사용함
  예 "죄송합니다만, 그건 저희 회사의 기밀사항이라 이 자리에서 말씀드릴 수 없음을 양지 바랍니다." 등

8 매체 활용

(1) 슬라이드 디자인 원리

단순성	• 전하려고 하는 필수적인 정보만을 제공함 • 한 장의 슬라이드에 글자 크기는 16~18포인트, 줄 수는 8줄 이내
명료성	이해하기 쉽도록 내용 단순화함
균형성	심미적으로 좋은 배치가 되도록 함

조화성	영상은 컬러, 질감, 크기 등에서 상호 보완적이어야 함
	예 노란 바탕+검정 글씨
	    파란 바탕+흰 글씨
	    흰 바탕+검정 글씨
	    검정 바탕+노란 글씨
	    노란 바탕+검정 글씨

조직성	내용의 배열에 흐름이 있어야 함
강조성	중요한 부분을 색이나 선으로 두드러져 보이게 함
통일성	구성요소들이 전체적으로 하나라고 생각되도록 배치함
원근법	• 공간을 느끼게 하고 입체감을 줌 • 예를 들어 내용물이 차지하는 부분이 적고 빈 공간이 많은 경우에는 보는 사람의 시선이 빈 공간을 배회하여 중요한 내용을 쉽게 포착하지 못하는 반면에 내용이 너무 가득 찬 도면은 시선이 한곳에 고정되지 못하고 이곳저곳으로 배회하여 중요한 정보를 놓치게 됨

(2) 파워포인트 자료 작성

① 내용은 되도록 적게 넣음
- 한 슬라이드에 글자가 너무 많거나 크기가 작으면 가독성이 떨어짐
- 핵심 내용만 입력함(자세한 내용은 설명하거나 유인물로 제공)

② 여백 유지
- 너무 꽉 찬 화면은 여유가 없어 보이고 청중에게 부담감을 줄 수 있음
- 여백을 살리기 위해 그래픽, 도형 등을 활용함

③ 가급적 도해 이용
- 같은 내용을 시각적으로 빨리 이해하기 쉽게 전달하는 방법을 고려하는 것이 중요함
- 텍스트보다는 그림, 표, 도형, 차트 등의 도해를 활용함

④ 멀티미디어 기능 이용
- 시각적 정보, 소리, 움직임이 병행되면 정보 집중력과 이해도를 높일 수 있음
- 단, 내용과 상황에 따라 적절히 사용해야 함

⑤ 많은 장식효과는 배제
- 한 화면에 많은 색상 및 장식 효과가 들어가면 피곤을 유발할 뿐만 아니라 내용의 초점을 잃게 됨
- 내용을 파악하는 데 방해가 되지 않을 정도로만 사용

⑥ 배경 색상 주의: 어두운 곳, 그래픽이나 도형을 많이 사용한 프레젠테이션을 제시할 경우 가독성이 떨어짐

(3) 다이어그램의 유형

유형	의미
(원형 화살표)	순환, 주기
(삼각형)	성장, 상승
(위로 향하는 화살표)	전개, 예측
(조직도)	확산, 하위 분류
(벤다이어그램)	공통/특성
(화살표 단계)	위치, 단계

제3과목 고객관리 실무론

CHAPTER 01 전화 서비스

01 전화응대 시 정확하게 정보를 전달하기 위한 방안으로 올바르지 않은 것은?
① 음성을 바르게 하고 의미를 명확하게 한다.
② 해당 업무에 대한 정확한 전문지식을 갖춘다.
③ 고객의 의도를 정확하게 파악할 수 있도록 듣기 능력을 배양한다.
④ 중요한 부분은 충분히 강조하되 가급적 반복하여 확인하지 않는다.
⑤ 상대방이 이해하지 못할 전문용어나 틀리기 쉬운 단어는 사용하지 않는다.

01 ▮ SECTION 01
중요한 내용의 경우 재차 확인한다.
정답 ④

02 '호칭(呼稱)'의 기본 예의에 대한 설명으로 올바르지 않은 것은?
① 공적인 자리에서 친구나 동료처럼 대등한 위치에 있는 사람일 경우, '○○ 씨'라고 하여 상대방을 존중해 주는 것이 좋다.
② 자신보다 아랫사람이라 하더라도 처음 대면하는 경우 '○○ 씨' 혹은 이와 유사한 존칭(尊稱)을 사용하는 것이 좋다.
③ 친구나 동료처럼 대등한 위치에 있는 사람이라면 사적인 자리에 한해 이름을 불러도 크게 문제가 되지 않는다.
④ 직급과 직책 중에서 더 상위 개념을 칭하는 것이 통상적인 예의이다.
⑤ 자신보다 나이가 많거나 지위가 상급인 경우 '성(姓)○○ 씨'라고 부르는 것이 좋다.

02 ▮ SECTION 01
자신보다 나이가 많거나 지위가 상급인 경우에는 공손하고 예의바르게 직위나 적정한 사회적 경칭을 사용한다.
정답 ⑤

03 업무 지시를 받을 때의 요령에 대한 설명으로 올바르지 않은 것은?
① 지시 내용을 잘 듣고 요점을 기록해 정리하는 것이 좋다.
② 불가능한 지시의 경우 불가능한 이유를 말하고 다른 지시를 받는다.
③ 이중으로 지시를 받은 경우 앞서 부여받은 지시를 우선하여 신속하게 처리한다.
④ 직속상사 이외의 지시가 있을 경우 먼저 직속상사에게 보고하고 그 지시를 따른다.
⑤ 지시한 내용에 대해 의견이 있을 때는 겸허한 마음으로 사실에 의거해서 있는 그대로 간결하고 솔직하게 의견을 제시한다.

03 ▮ SECTION 01
이중으로 지시를 받은 경우 일의 우선순위를 결정하고, 판단할 수 없을 때는 상사나 선배에게 상의한다.
정답 ③

04 업무보고의 요령에 대한 설명으로 올바르지 않은 것은?

① 필요한 경우 반드시 중간보고를 한다.
② 지시받은 사항에 대해 완료되는 즉시 보고한다.
③ 지시한 사람에게 직접 보고하는 것이 원칙이다.
④ 보고할 내용이 긴 경우, 결론부터 말하고 경과나 이유, 소견 등의 순으로 간결하게 보고한다.
⑤ 보고할 내용이 몇 가지 겹쳤을 경우, 먼저 하나씩 나누어서 보고한 이후 전체 상황을 보고한다.

04 ■ SECTION 01
보고할 내용이 몇 가지 이상 겹쳤다면 전체 상황을 먼저 보고하고, 하나씩 나누어서 보고한다.
정답 ⑤

05 보고(報告)의 일반 원칙이 아닌 것은?

① 적시성의 원칙
② 유효성의 원칙
③ 일시성의 원칙
④ 간결성의 원칙
⑤ 정확성의 원칙

05 ■ SECTION 01
보고의 일반 원칙에는 필요성의 원칙, 완전성의 원칙, 적시성의 원칙, 정확성의 원칙, 간결성의 원칙, 유효성의 원칙이 있다.
정답 ③

06 콜센터의 업무 성격에 따른 분류 중 아웃바운드 콜 서비스의 활용 사례에 해당하지 않는 것은?

① 해피콜
② 요금관리 안내
③ 반복구매 유도
④ 이탈고객 방지
⑤ DM 발송 후 확인

06 ■ SECTION 02
DM 발송 후 확인은 인바운드 콜에 해당한다.
정답 ⑤

07 콜센터 업무 수행을 위한 스크립트 진행 과정에 대한 설명으로 올바르지 않은 것은?

① 도입단계 시 고객과의 신뢰감을 형성하기 위해 가장 중요한 것은 첫 인사이다.
② 전화를 받는 사람이 결정권자인지를 확인하고 상담을 진행한다.
③ 먼저 고객을 이해하는 시간을 가지면서 고객과의 유대관계를 형성하는 것이 중요하다.
④ 고객 서비스를 강조한 접근보다 상품에 대한 직접적인 설명을 통해 접근하는 것이 더욱 유리하다.
⑤ 고객들의 반론에 대한 자료를 미리 준비하여 대응하는 것이 좋다.

07 ■ SECTION 03
직접적인 상품 설명으로 접근하는 것이 아니라 고객에 대한 서비스를 강조하며 접근하는 것이 유리하다.
정답 ④

08 스크립트(Script) 작성 원칙에 대한 설명으로 올바르지 않은 것은?

① 회화체로 작성되어야 한다.
② 활용 목적이 명확해야 한다.
③ 논리적으로 작성되어야 한다.
④ 이해하기 쉽게 작성되어야 한다.
⑤ 오랜 시간에 걸쳐 고객을 설득할 수 있어야 한다.

08 ▌SECTION 03
짧은 시간 내에 고객을 이해시키고 설득할 수 있어야 하며, 전체 대화 중 '클라이맥스'를 구성하여 생동감 있게 작성해야 한다.
정답 ⑤

09 스크립트(Script) 작성 원칙이 아닌 것은?

① 고객 중심
② 문어체 활용
③ 논리적 작성
④ 활용 목적 명확화
⑤ 간단·명료한 작성

09 ▌SECTION 03
스크립트는 구어체, 회화체로 작성해야 한다.
정답 ②

10 콜센터 조직의 일반적인 특성 중 '비정규직 중심의 전문조직'과 관련된 내용이 아닌 것은?

① 임금
② 근로조건
③ 복지수준
④ 사회적 인식
⑤ 조직 관리의 용이성

10 ▌SECTION 03
비정규직 중심의 전문조직은 비정규직, 계약직 중심의 근무형태가 주종을 이루며, 이러한 고용형태는 임금, 근로조건, 복지수준, 그리고 사회적 인식 등의 차별로 이어질 수 있다.
정답 ⑤

11 콜센터 조직 구성과 관련해 다음 〈보기〉의 설명에 해당하는 것은?

┌ 보기 ┐
텔레마케팅 업무가 효율적으로 운영되도록 지휘하고 감독하는 역할이며, 텔레마케팅 전략 수립, 텔레마케팅 판촉 전개, 스크립트 작성 및 개선 작업, 현장 교육 및 코칭, 이직률 관리 등의 업무를 수행하는 실질적 관리자이다.

① TA
② QAA
③ 상담원
④ 슈퍼바이저
⑤ 유니트 리더

11 ▌SECTION 03
슈퍼바이저는 텔레마케터들의 업무를 지휘감독, 모니터링하여 성과를 분석, 관리하는 실질적 관리자의 역할을 수행한다.
정답 ④

12 '혹실드(Hochschild)'가 제시한 감정노동의 유형 중 다음 〈보기〉의 설명에 해당하는 것은?

┌─ 보기 ─────────────────────────────┐
│ 자신의 감정을 기업에서 원하는 기준에 맞추도록 스스로를 변화시켜 나가려는 보다 │
│ 적극적인 행위를 의미한다. │
└──────────────────────────────────┘

① 내면화 행위
② 표면화 행위
③ 구별적 행위
④ 실질적 행위
⑤ 전문적 행위

12 ■ SECTION 03
감정노동의 유형 중 내면화 행위에 대한 설명으로 업무에 적합한 감정표현, 내키지 않은 기분에도 좋은 척하는 노력 등으로 측정한다.

정답 ①

---

13 콜센터 모니터링을 위한 코칭의 종류 중 다음 〈보기〉의 설명에 해당하는 것은?

┌─ 보기 ─────────────────────────────┐
│ 짧은 시간 안에 콜센터 상담원을 대상으로 주의를 집중시켜 적극적이고 긍정적인 참 │
│ 여를 통해 성취를 북돋우는 고도의 코칭 기술이다. │
└──────────────────────────────────┘

① 원격 코칭
② 스팟 코칭
③ 시스템 코칭
④ 데이터 코칭
⑤ 프로세스 코칭

13 ■ SECTION 03
스팟 코칭에 대한 설명으로 심적 부담감과 거부감이 적고 상담원과 친밀감을 가질 수 있다는 장점이 있다.

정답 ②

---

14 콜센터 모니터링 방법 중 다음 〈보기〉의 설명에 해당하는 것은?

┌─ 보기 ─────────────────────────────┐
│ 상담원이 모르도록 무작위로 추출한 상담자의 상담 내용을 평가자가 녹음하여 평가 │
│ 결과를 상담원과 공유하는 방식의 모니터링 기법이다. │
└──────────────────────────────────┘

① Silent Monitoring
② Self Monitoring
③ Recording Monitoring
④ Peer Monitoring
⑤ Side-by-side Monitoring

14 ■ SECTION 03
① Silent Monitoring: 상담원과 떨어진 장소에서 상담원이 통화를 모니터링하는 방법
② Self Monitoring: 직접 자신의 상담 내용을 듣고 스스로 평가하는 방법
④ Peer Monitoring: 동료의 상담 내용을 듣고 피드백해 주거나 벤치마킹하는 방법
⑤ Side-by-side Monitoring: QAD가 상담원 근처에서 콜을 듣고 즉각적으로 피드백하는 방법

정답 ③

CHAPTER 02 고객상담

15 효과적인 경청을 위한 방안이 아닌 것은?

① 주의를 고객에게 집중한다.
② 고객의 말을 가로막지 않는다.
③ 중요한 내용이나 요점을 기록한다.
④ 고객에게 계속적인 반응을 보이는 것이 좋다.
⑤ 상대방의 말에 맞장구를 치거나 공감을 표시하는 행위는 가급적 자제한다.

15 ▪ SECTION 01
상대방의 말을 비판하거나 평가하지 않고 맞장구를 치거나 공감을 표시한다.
정답 ⑤

16 다음 〈보기〉의 사례에 해당하는 화법의 명칭은?

┤보기├
- 네, 그럼 제가 해결해 드리겠습니다.
- A/S 부서에서 책임지고 처리해 드리겠습니다.
- 저희가 오전 중으로 확인해서 꼭 다시 연락드리겠습니다.

① 보상 화법
② 역전 화법
③ 신뢰 화법
④ 아론슨 화법
⑤ 부메랑 화법

16 ▪ SECTION 01
신뢰 화법은 상대방에게 신뢰감을 줄 수 있는 말을 전하는 화법이다.
정답 ③

17 다음 〈보기〉의 설명에 해당하는 불평 고객 유형은?

┤보기├
- 다른 유형의 사람들보다 더 높은 소외의식을 가지고 있다.
- 서비스 제공자를 비롯해 제3자에게도 불평을 하는 고객 유형이다.
- 모든 상황에서 평균 이상의 불평 성향을 갖는 고객 유형이다.

① 격노자
② 표현 불평자
③ 수동적 소비자
④ 소극적 불평자
⑤ 적극적 행동자

17 ▪ SECTION 01
씽(J.Singh)의 불만고객 유형 분류에서 행동으로 불평하는 사람인 행동 불평자, 적극적 행동자에 대한 설명이다.
정답 ⑤

18 '클레임(Claim)'에 대한 설명으로 올바르지 않은 것은?

① 상대방의 잘못된 행위에 대한 시정 요구이다.
② 클레임이 처리되지 않을 경우 물질적·정신적 보상 또는 법적 보상을 통해 해결해야 한다.
③ '당연한 것으로서의 권리, 유산 등을 요구 혹은 청구하다.'는 의미를 내포하고 있다.
④ 실제로 고객이 경험하게 되는 사소한 상처, 즉 컴플레인(Complain)에서 비롯되어 시작되기도 한다.
⑤ 행동 또는 내부의 자체 조치를 통해 즉시 해결될 수 있는 정도로 상대방의 잘못된 행위에 대한 불만 사항을 통보하는 행위를 말한다.

18 ▪ SECTION 04
⑤는 컴플레인(Complain)에 대한 설명이다.
정답 ⑤

19 고객의 잘못으로 발생되는 고객불만의 원인이 아닌 것은?

① 고객의 기억착오로 인한 마찰
② 고객의 고압적 태도와 감정적 반발
③ 고객의 성급한 결론과 독단적인 해석
④ 부족한 상품지식으로 인한 잘못된 상품 설명
⑤ 할인, 거래 중단, 교환 등의 이유로 고의나 악의에서 제기하는 불만

19 ■ SECTION 05
부족한 상품지식으로 인한 잘못된 상품 설명은 기업에게 문제가 있는 경우에 해당한다.
정답 ④

20 코칭 대화 프로세스 모형 중 'GROW 모델'을 구성하는 절차적 단계에 해당하지 않는 것은?

① 대안 탐색
② 목표 설정
③ 현실 확인
④ 성취결과 인정
⑤ 실행의지 확인

20 ■ SECTION 06
GROW 코칭 모델은 Goal(대화의 목표 정하기), Reality(코칭 주제에 대한 현실점검), Obstacles & Options(구체적 실행계획, 예상 장애물과 대안 탐색하기), Will(실천의 확인)이다.
정답 ④

21 '코치(Coach)'의 역할과 관련해 다음 〈보기〉의 설명에 해당하는 것은?

┌보기├─
직원들이 개인적인 성장과 경력상 목표를 달성하는 데 도움이 되는 업무가 무엇인지 결정하는 것을 도와주는 사람이다.
└─────

① 교사
② 후원자
③ 멘토
④ 역할모델
⑤ 평가자

21 ■ SECTION 06
코치의 역할에는 후원자, 조언자, 평가자, 역할모델, 정보제공/교수가 있다. 〈보기〉는 후원자에 대한 설명이다.
정답 ②

22 코칭(Coaching)의 장점에 대한 설명으로 올바르지 않은 것은?

① 코치와 학습자의 동시 성장이 가능하다.
② 일대일로 지도하므로 교육 효과가 높다.
③ 업무 수행성과에 직접적으로 관련되어 있다.
④ 상·하 간의 커뮤니케이션 능력을 향상시킬 수 있다.
⑤ 코치와 학습자 간의 계약관계는 학습 능률 향상을 위해 반드시 필요하다.

22 ■ SECTION 06
코치와 학습자 간의 계약관계는 학습에 지장을 줄 수 있으므로 단점에 해당한다.
정답 ⑤

23 멘토(Mentor)의 역할에 대한 설명으로 올바르지 않은 것은?

① 업무 또는 사고 등에 의미 있는 변화를 일으키게 해 주는 조언자이다.
② 전문적이고 구체적인 지식이나 지혜를 통해 도움을 주는 내용 전문가이다.
③ 프로세스상 필요한 경우가 아니라 팀원이 원하는 경우에 한하여 지원할 수 있다.
④ 주로 같은 조직에 있는 사람이나 외부 전문가가 수행하게 된다.
⑤ 멘토의 역할은 일생을 거칠 만큼 장기적일 수도 있지만 경우에 따라 그 반대로 단기적일 수도 있다.

23 ▌SECTION 06
팀원이 원할 때 혹은 프로세스상 꼭 필요할 때 지원할 수 있다.

정답 ③

CHAPTER 03 예절과 에티켓

24 이미지 형성 과정과 관련해 다음 〈보기〉의 내용에 해당하는 이론은?

┤보기├
- 개그맨 = 외향적이고 활발한 사람
- 능력 있는 사람 = 쾌활하고 똑똑한 사람
- 도덕적인 사람 = 친절하고 이타적인 사람

① 내현성격 이론
② 편향성격 이론
③ 행위성격 이론
④ 양립성격 이론
⑤ 과장성격 이론

24 ▌SECTION 01
내현성격 이론(Implicit Personality Theory)은 도식의 일종으로 성격 특성들 간의 관계에 대해 개인이 가지고 있는 이론을 의미하며, 일반 사람들이 다른 사람의 성격을 판단하는 데 사용하는 나름대로의 틀이다.

정답 ①

25 첫인상 형성과 관련해 다음 〈보기〉의 설명에 해당하는 용어는?

┤보기├
처음에 주어진 정보에 관하여 판단을 내릴 경우 이것이 나중에 수용되는 정보의 기본 지침이 되어 맥을 잇게 되는 현상을 의미한다.

① 맥락 효과
② 일관성의 오류
③ 인지적 구두쇠
④ 아스팔트 효과
⑤ 부정성의 법칙

25 ▌SECTION 01
맥락 효과(Context Effect)란 처음의 정보가 나중에 제시된 정보의 처리 지침이 되고 전반적인 맥락을 결정지어 주는 것으로 처음에 내린 판단에 따라 이후에 입력되는 정보들에 대한 판단도 맥을 잇게 된다는 것이다.

정답 ①

26 다음 〈보기〉의 내용 중 '메라비언(Mehrabian)의 법칙'에서 제시된 청각적인 요소를 찾아 모두 선택한 것은?

보기
가. 말씨　　　　나. 음성　　　　다. 표정
라. 억양　　　　마. 전문지식　　바. 말의 내용

① 가, 나, 다
② 가, 나, 다, 라
③ 가, 나, 라
④ 나, 라, 마
⑤ 나, 다, 라, 바

26 ■ SECTION 01

청각적인 요소에는 음성, 언어, 호흡, 말씨, 억양, 속도가 해당된다.

정답 ③

---

27 올바른 인사의 시기와 방법에 대한 설명으로 올바르지 <u>않은</u> 것은?

① 상대방의 인사에 응답하는 것보다 내가 먼저 반갑게 인사하는 것을 생활화해야 한다.
② 일반적으로 30보 이내에서 준비하는 것이 좋다.
③ 상대방과 방향을 마주할 경우 6보 정도가 가장 좋은 시기라 할 수 있다.
④ 측방에서 갑자기 만났을 경우에는 인사를 생략하는 것이 좋다.
⑤ 상사를 외부인과 함께 복도에서 만났을 때는 멈추어 서서 인사하는 것이 좋다.

27 ■ SECTION 02

측면으로 만나게 되는 경우에는 상대를 확인하는 즉시 인사를 나누도록 한다.

정답 ④

---

28 다음 〈보기〉에서 상황별 인사의 종류를 바르게 연결한 것은?

보기
가. 단체 손님을 마지막으로 배웅할 경우
나. 상견례 장소에서 혼주 간의 인사를 나눌 경우
다. 사무실로 출근하여 상사에게 인사할 경우
라. 복잡한 엘리베이터 안에서 회사 임원과 만났을 경우

① 가 – 정중례
② 나 – 보통례
③ 다 – 목례
④ 라 – 보통례
⑤ 라 – 정중례

28 ■ SECTION 02

나 – 정중례, 다 – 보통례, 라 – 목례

정답 ①

29 전통 예절에서 절하는 방법에 대한 설명으로 올바르지 않은 것은?
① 남자는 기본 횟수로 한 번을 한다.
② 여자는 기본 횟수로 두 번을 한다.
③ 살아있는 사람에게는 기본 횟수만 한다.
④ 고인(故人)에게는 기본 횟수만 한다.
⑤ 의식 행사에서는 기본 횟수의 배를 한다.

29 ■ SECTION 03
고인(故人)에게나 의식행사에서는 기본 횟수의 배를 한다.
정답 ④

30 전통적인 공수법(拱手法)에 대한 설명으로 올바르지 않은 것은?
① 남자와 여자의 손 위치는 동일하다.
② 평상(平常)시와 흉사(凶事) 시의 손 위치는 다르다.
③ 공수는 의식행사에 참석하거나 어른을 뵐 때 반드시 한다.
④ 평상(平常)시 남자는 왼손을 위로 하여 두 손을 가지런히 모아서 잡는다.
⑤ 공수는 배례의 기본동작으로 두 손을 앞으로 모아서 잡는 것을 말한다.

30 ■ SECTION 03
공수는 남자와 여자의 손 위치가 다르다.
정답 ①

CHAPTER 04   비즈니스 매너

31 비즈니스 상황에서 필요한 명함 교환 예절에 대한 설명으로 올바르지 않은 것은?
① 상대방을 만나는 즉시 우선 명함을 교환하고 나서 인사와 악수를 나누어야 한다.
② 평소 명함을 충분히 가지고 다니는 습관을 기른다.
③ 상대방이 읽기 쉽도록 180도로 돌려 잡아 건네는 것이 예의이다.
④ 미팅 중에 상대방의 명함을 접거나 훼손하지 않도록 주의한다.
⑤ 동시에 주고받을 때는 오른손으로 주고 왼손으로 받는 것이 좋다.

31 ■ SECTION 01
일반적으로 사람들을 만나자마자 명함부터 건네는 경향이 있는데 명함은 일단 간단히 인사나 악수가 끝난 뒤에 교환하는 것이 바른 순서다.
정답 ①

32 악수(握手)의 5대 원칙에 대한 설명으로 올바르지 않은 것은?
① 처음 만나는 사람과 악수를 할 경우 자연스럽고 부드러운 미소를 통해 친근하면서 긍정적인 인상을 심어줄 수 있다.
② 악수를 할 경우 상대방의 눈을 응시하는 것은 실례가 될 수 있기 때문에 가벼운 목례를 통해 신뢰감을 심어주는 것이 좋다.
③ 손을 팔꿈치 높이만큼 올려서 팔꿈치가 자연스럽게 굽혀지는 정도의 거리에 서서 손을 내미는 것이 좋다.
④ 악수를 할 때 지나치게 손을 흔드는 것은 실례가 될 수 있으므로 주의해야 한다.
⑤ 악수를 할 때는 손에 적당히 힘을 주어 상대방의 손을 잡는 것이 좋다.

32 ■ SECTION 01
상대방의 눈을 보지 않고 하는 악수는 큰 실례가 된다.
정답 ②

33. 다음 〈보기〉의 그림과 같이 서로 마주보는 좌석의 고속열차 탑승 시 가장 높은 상석부터 순서대로 바르게 나열한 것은?

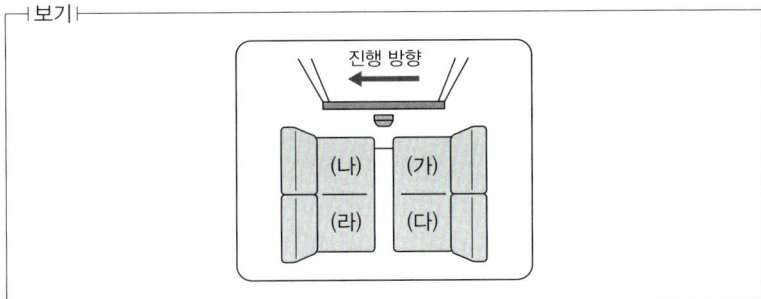

① (가)>(나)>(다)>(라)
② (가)>(나)>(라)>(다)
③ (가)>(다)>(나)>(라)
④ (나)>(라)>(가)>(다)
⑤ (나)>(라)>(다)>(가)

33 ▮ SECTION 01
열차의 진행 방향으로 창가 좌석이 제1상석이고, 제1상석을 마주 보는 곳이 제2상석, 제1상석의 옆이 제3상석, 그 앞이 제4상석이다.

정답 ①

34. 비즈니스 상황에서 지켜야 할 전자우편(e-mail) 네티켓에 대한 설명으로 올바른 것은?
① 약어 및 속어 사용을 통해 보다 명확한 의미가 전달될 수 있도록 한다.
② 상세한 정보를 전달하기 위해 첨부파일은 용량에 상관없이 모든 경우에 예외를 두지 않고 발송해야 한다.
③ 첨부파일의 경우 바이러스 감염의 위험성이 있기 때문에 압축하지 않고 원본 상태로 발송하는 것이 원칙이다.
④ 대다수의 비즈니스 메일은 빠른 답변을 원하기 때문에 가능하면 24시간 안에 답장을 보내는 것이 좋다.
⑤ 수신자의 동의에 상관없이 유머 메일 또는 정보성 메일을 통해 상대방과의 유대감을 강화하는 것이 중요하다.

34 ▮ SECTION 02
① 약어 및 속어의 사용은 삼가야 한다.
② 첨부파일은 꼭 필요한 경우에만 첨부하고, 용량이 큰 파일은 압축해서 첨부한다.
③ 첨부파일을 통한 컴퓨터 바이러스 피해 가능성을 고려해야 한다.
⑤ 유머 메일과 정보성 메일은 수신자의 동의를 얻은 후 발송해야 한다.

정답 ④

35. 국제 비즈니스 매너를 위해 숙지해야 할 국가별 문화 특징에 대한 설명으로 올바르지 <u>않은</u> 것은?
① 영국은 승리를 나타내는 'V'자 사인을 할 경우 반드시 손등이 상대방을 향하도록 해야 한다.
② 일본은 쌍으로 된 것이 행운을 가져다준다고 믿기 때문에 선물을 쌍으로 이루어진 세트로 준비하는 것이 좋다.
③ 태국은 불교 국가로 불상과 승려를 신성시하며 왕가에 대한 존경심을 가지고 있기 때문에 이들을 욕되게 하는 언행을 하지 않도록 주의해야 한다.
④ 인도의 힌두교도는 소를 신성시하며 쇠고기를 먹지 않기 때문에 식사 메뉴 선정에 주의해야 한다.
⑤ 중국에서 박쥐는 행운을 전해주는 동물로 여긴다.

35 ▮ SECTION 02
영국에서 손등을 바깥쪽으로 향하는 V자는 욕설의 의미이다.

정답 ①

36 국제 비즈니스 시 주의해야 할 국가별 문화에 대한 설명으로 올바르지 <u>않은</u> 것은?

① 중국은 자신이 사용하던 젓가락으로 음식을 집어주는 습관이 있다.
② 일본은 자신의 밥그릇이나 국그릇을 들어서 음식을 먹는 습관이 있다.
③ 홍콩에서는 시계를 죽음의 상징으로 여기기 때문에 선물을 하지 않는 것이 좋다.
④ 태국, 말레이시아에서는 사람의 머리를 신성시하기 때문에 상대방의 머리를 함부로 만져서는 안 된다.
⑤ 인구의 대부분이 이슬람교도인 인도네시아에서는 일반적으로 돼지고기나 술을 입에 대지 않고 오른손을 부정하게 생각한다.

36 ■ SECTION 02
인도네시아에서 왼손은 화장실에서 사용하기 때문에 부정하다고 여겨 식사 때에는 사용하지 않는다.
정답 ⑤

37 영국에서 주로 사용되며 '미스터(Mr.)'보다 더 심오한 존경의 뜻을 담는 경칭으로 '님', '귀하' 등을 의미하는 용어는?

① Dr.
② Sir
③ Esquire
④ Majesty
⑤ The Hon

37 ■ SECTION 02
영국에서 Esquire(ESQ)은 신사라고 할 수 있는 신분에 대한 경칭으로, Mr.보다 더 심오한 존경의 뜻으로 사용한다.
정답 ③

38 일반적 의전(儀典)예우 기준과 관련해 공적(公的) 직위가 없는 인사의 서열 기준이 <u>아닌</u> 것은?

① 연령
② 전직(前職)
③ 행사 관련성
④ 국가기관 선순위
⑤ 정부산하단체 및 관련 민간단체장 등

38 ■ SECTION 02
공적 직위가 없는 인사의 서열 기준은 전직, 연령, 행사 관련성, 정부산하단체, 공익단체 협의장, 관련 민간단체장 등이다.
정답 ④

39 국제 비즈니스 에티켓과 관련해 테이블 매너 시 유의사항에 대한 설명으로 올바르지 <u>않은</u> 것은?

① 식사 중에는 담배를 피우지 않는 것이 좋다.
② 음식이 담긴 식기에 직접 입을 대고 먹지 않는다.
③ 테이블에서 화장을 고치는 것은 예의에 어긋나므로 주의해야 한다.
④ 종업원을 부를 때 손을 높이 들고 소리 내어 불러도 예의에 어긋나지 않는다.
⑤ 식사 중에 손으로 머리나 귀, 코 등을 만질 경우 손으로 빵을 먹을 때 비위생적일 수 있기 때문에 가급적 자제한다.

39 ■ SECTION 02
웨이터를 불러야 할 때는 웨이터와 시선이 마주칠 때까지 기다렸다가 조용히 손을 약간 들면 된다. 소리 내어 웨이터를 부르거나 손을 높이 들어 흔들면 안 된다.
정답 ④

40 MICE 산업의 분류 중 '기업회의'보다 규모가 큰 3개국 10명 이상이 참가하여 정보교환, 네트워킹, 사업 등을 목적으로 하는 회의 유형은?

① Seminar
② Meeting
③ Exhibition
④ Convention
⑤ Incentive Travel

40 ▪ SECTION 02
Convention(국제회의)은 '기업회의'보다 규모가 큰 3개국 10명 이상이 참가하여 아이디어 교환, 사회적 네트워크 형성, 토론, 정보교환, 사업 등 MICE 목적으로 설립된 유료 시설을 사용하는 회의이다.

정답 ④

CHAPTER 05 소비자기본법

41 다음 〈보기〉의 내용과 같이 소비자에 대하여 정의한 학자는?

┌ 보기 ┐
소비자란 국민 일반을 소비생활이라고 하는 시민생활의 측면에서 포착한 개념이다.

① 폰 히펠
② 가토 이치로
③ 타케우치 쇼우미
④ 이마무라 세이와
⑤ 우자와 히로후미

41 ▪ SECTION 01
① 폰 히펠: 개인적인 용도에 쓰기 위해 상품이나 서비스를 제공받는 사람
③ 타케우치 쇼우미: 타인이 공급하는 물자, 용역을 소비생활을 위해 구입 또는 이용하는 자
④ 이마무라 세이와: 생활자이며 일반 국민임과 동시에 거래과정 말단에서의 구매자

정답 ②

42 「소비자기본법」에 명시된 '소비자의 기본적 권리(제4조)'의 내용에 해당하지 <u>않는</u> 것은?

① 물품 또는 용역으로 인한 생명·신체 또는 재산에 대한 위해로부터 보호받을 권리
② 물품 등을 사용함에 있어서 거래 상대방·구입 장소·가격 및 거래조건 등을 자유로이 선택할 권리
③ 어떤 경우에도 소비를 제한받지 않을 권리
④ 물품 등을 선택함에 있어서 필요한 지식 및 정보를 제공받을 권리
⑤ 소비생활에 영향을 주는 국가 및 지방자치단체의 정책과 사업자의 사업 활동 등에 대하여 의견을 반영시킬 권리

42 ▪ SECTION 01
③은 소비자의 기본적 8대 권리(제4조)에 해당하는 내용이 아니다.

정답 ③

43 「소비자기본법」의 내용 중 다음 〈보기〉의 내용에 해당하는 것은?

┌ 보기 ┐
국가 및 지방자치단체는 소비자의 불만이나 피해가 신속·공정하게 처리될 수 있도록 관련 기구의 설치 등 필요한 조치를 강구하여야 한다.

① 위해의 방지(제8조)
② 거래의 적정화(제12조)
③ 개인정보의 보호(제15조)
④ 소비자 분쟁의 해결(제16조)
⑤ 소비자권익 증진시책에 대한 협력(제18조)

43 ▪ SECTION 01
〈보기〉는 소비자기본법 제16조(소비자 분쟁의 해결)에 관한 내용이다.

정답 ④

44 「소비자기본법」에 명시된 한국소비자원의 업무에 해당하지 않는 것은?

① 소비자의 불만처리 및 피해구제
② 소비자의 권익과 관련된 제도와 정책의 입법 및 정책 결정
③ 소비자의 권익증진·안전 및 능력개발과 관련된 교육·홍보 및 방송사업
④ 소비자의 권익증진 및 소비생활의 합리화를 위한 종합적인 조사·연구
⑤ 소비자의 권익증진·안전 및 소비생활의 향상을 위한 정보의 수집·제공 및 국제협력

44 ■ SECTION 01
한국소비자원의 업무에는 소비자의 권익과 관련된 제도와 정책의 연구 및 건의가 있다.

정답 ②

45 소비자단체소송을 제기할 수 있는 비영리민간단체가 갖추어야 될 요건에 해당하지 않는 것은?

① 정관에 소비자 권익증진을 단체의 목적으로 명시할 것
② 소비자 권익증진을 위해 최근 1년 이상 이를 위한 활동실적이 있을 것
③ 중앙행정기관에 등록되어 있을 것
④ 법률상 또는 사실상 동일한 침해를 입은 50인 이상의 소비자로부터 단체소송의 제기를 요청받을 것
⑤ 단체의 상시 구성원수가 5천명 이상일 것

45 ■ SECTION 01
정관에 소비자의 권익증진을 단체의 목적으로 명시한 후 최근 3년 이상 이를 위한 활동실적이 있어야 한다.

정답 ②

CHAPTER 06 개인정보 보호법

46 와이블(Weible)이 분류한 개인정보의 14개 유형 중 노조 가입, 종교단체 가입, 정당 가입, 클럽 회원 등에 해당하는 것은?

① 조직정보
② 법적정보
③ 고용정보
④ 신용정보
⑤ 일반정보

46 ■ SECTION 01
② 법적정보: 전과기록, 자동차 교통위반기록, 파산 및 담보기록 등
③ 고용정보: 현재의 고용주, 회사 주소, 상관의 이름, 출석 기록 등
④ 신용정보: 대부 잔액 및 지불상황, 저당, 신용카드, 지불연기 및 미납의 수
⑤ 일반정보: 이름, 주민등록번호, 운전면허정보, 주소, 생년월일 등

정답 ①

47 개인정보 보호에 관한 OECD 8원칙 중 다음 〈보기〉의 설명에 해당하는 것은?

| 보기 |
| 개인정보는 그 목적에 부합된 것이어야 하고, 이용 목적에 필요한 범위에서 정확하고 완전하며 최신의 것으로 보존되어야 한다. |

① 정확성의 원칙
② 공개의 원칙
③ 책임의 원칙
④ 수집 제한의 원칙
⑤ 이용 제한의 원칙

47 ■ SECTION 01
② 공개의 원칙: 개인정보처리와 관련된 정보 처리장치의 설치, 활용과 관련된 정책의 공개
③ 책임의 원칙: 정보 관리자는 개인정보 수집 및 이용에 관한 모든 원칙이 지켜지도록 필요한 조치를 취해야 할 책임이 있음
④ 수집 제한의 원칙: 개인정보의 수집은 원칙적으로 제한됨
⑤ 이용 제한의 원칙: 명확한 목적 이외의 다른 목적으로 공개, 이용, 기타 사용에 제공되어서는 안 됨

정답 ①

48 「개인정보 보호법」에 명시된 용어(제2조)의 정의로 올바르지 않은 것은?

① 정보 주체: 처리되는 정보에 의하여 알아볼 수 있는 사람으로서 그 정보의 주체가 되는 사람
② 과학적 연구: 민간 투자 연구를 제외한 기술의 개발과 실증, 기초연구, 응용연구 등 과학적 방법을 적용하는 연구
③ 개인정보파일: 개인정보를 쉽게 검색할 수 있도록 일정한 규칙에 따라 체계적으로 배열하거나 구성한 개인정보의 집합물(集合物)
④ 개인정보처리자: 업무를 목적으로 개인정보파일을 운용하기 위하여 스스로 또는 다른 사람을 통하여 개인정보를 처리하는 공공기관, 법인, 단체 및 개인 등
⑤ 처리: 개인정보의 수집, 생성, 연계, 연동, 기록, 저장, 보유, 가공, 편집, 검색, 출력, 정정(訂正), 복구, 이용, 제공, 공개, 파기(破棄), 그 밖에 이와 유사한 행위

48 ■ SECTION 01
과학적 연구란 기술의 개발과 실증, 기초연구, 응용연구 및 민간 투자 연구 등 과학적 방법을 적용하는 연구를 말한다.

정답 ②

49 「개인정보 보호법」에 명시된 민감정보의 범위에 해당하지 않는 것은?

① 사상·신념
② 정치적 견해
③ 외국인등록번호
④ 정당의 가입·탈퇴
⑤ 노동조합의 가입·탈퇴

49 ■ SECTION 01
민감정보란 사상·신념, 노동조합·정당의 가입·탈퇴, 정치적 견해, 건강, 성생활, 범죄경력 자료, 유전자 검사로 얻어진 자료 등에 관한 정보, 그 밖에 정보 주체의 사생활을 현저히 침해할 우려가 있는 개인정보를 의미한다.

정답 ③

CHAPTER 07 프레젠테이션

50 교육훈련의 종류 중 다음 〈보기〉의 설명에 해당하는 것은?

┌─보기─┐
동일한 내용을 다수의 학습자에게 전체적으로 교육하기 위한 목적을 가지고 작업현장을 벗어나 일정한 시간과 장소에서 시행되는 교육 기법을 말한다.
└─────┘

① OJL
② Off-JL
③ OJT
④ Off-JT
⑤ TQC

50 ■ SECTION 01
Off-JT는 집합교육이라고도 하며 동일한 내용을 다수의 학습자에게 교육하기 위한 목적으로 시행되는 교육이다.

정답 ④

51 성인학습의 원리와 특성에 대한 설명으로 올바르지 않은 것은?

① 성인학습자는 알려고 하는 욕구가 있다.
② 성인학습자는 자기 주도적 학습을 원한다.
③ 성인학습자는 다양한 경험을 가지고 있다.
④ 성인학습자의 참여 동기는 과정 지향적이다.
⑤ 성인학습자는 선택적으로 학습 상황에 임한다.

51 ■ SECTION 01
성인학습자의 참여 동기는 목표 지향적이다.

정답 ④

52 교수법 유형 중 '강의법'의 특성에 대한 설명으로 올바르지 <u>않은</u> 것은?

① 보편적이고 가장 오래된 교수 기법 중 하나이다.
② 교수자가 학습자에게 지식, 정보, 개념, 원리 등의 내용을 해설이나 설명에 의해 주입의 형식으로 전달하는 기법이다.
③ 보편적으로 강의가 진행되는 동안 학생들의 질문을 권장하지 않는 경향을 보인다.
④ 학습자들의 청취 능력과 노트 정리 능력이 숙달되어 있을 경우 학습 성취에 큰 도움이 된다.
⑤ 소수의 학습자를 대상으로 오랜 시간에 걸쳐 가르칠 수 있는 교수 기법이다.

52 ▪ SECTION 01

강의법은 많은 학습자를 대상으로 짧은 시간에 동시에 가르칠 수 있는 경제적이면서 용이한 교수 기법이다.

정답 ⑤

53 교육훈련 기법 중 사례연구법의 단점에 대한 설명으로 올바르지 <u>않은</u> 것은?

① 생각하는 학습교류가 매우 어렵다.
② 원칙과 이론의 체계적인 습득이 어렵다.
③ 학습자의 의사결정이 타당한지 검증할 방법이 없다.
④ 학습자는 사례에 관한 자료를 수집하는 것이 쉽지 않다.
⑤ 실제 상황이 아니기 때문에 사례 활용이 실전적 체험으로 이어지지 못한다.

53 ▪ SECTION 01

사례연구법은 생각하는 학습교류가 가능하다.

정답 ①

54 파워포인트 자료를 제작할 경우 유의해야 할 점이 <u>아닌</u> 것은?

① 환경에 따른 배경 색상에 주의한다.
② 장식 효과에 치중하지 않도록 한다.
③ 다양한 멀티미디어 기능을 활용한다.
④ 도해보다는 텍스트 사용을 통해 직관성을 높인다.
⑤ 청중에게 부담감을 주지 않도록 여백을 살려서 제작한다.

54 ▪ SECTION 02

파워포인트 자료 제작 시, 가급적 도해를 이용하는 것이 좋다.

정답 ④

55 프레젠테이션 자료 제작 시 슬라이드 디자인 원리 중 '균형성'에 대한 설명으로 올바른 것은?

① 공간을 느끼게 하고 입체감을 준다.
② 내용의 배열에 흐름이 있어야 한다.
③ 중요한 부분은 두드러지게 보이도록 한다.
④ 심미적(審美的)으로 좋은 배치가 되도록 한다.
⑤ 전하려고 하는 필수적인 정보만을 제공해 준다.

55 ▪ SECTION 02

①은 원근법, ②는 조직성, ③은 강조성, ⑤는 단순성에 대한 설명이다.

정답 ④

**에듀윌이
너를
지지할게**
ENERGY

무엇이든 넓게 경험하고 파고들어
스스로를 귀한 존재로 만들어라.

– 세종대왕

기출복원 모의고사

제 1 회	232
제 2 회	246
제 3 회	260
제 4 회	274
제 5 회	288

제1회

시험시간	문제 수	맞은 개수
1시간 15분	75문항	1과목: 문항 / 25문항 2과목: 문항 / 25문항 3과목: 문항 / 25문항

* 과목별 맞은 개수가 10문항 미만 시 과락
* 과락 없이 총 45문항 이상 맞으면 합격

〈 응시자 유의사항 〉

1. 실제 시험에서는 시험지 표지에 본인의 수험번호와 성명을 기재합니다.
2. 시험지의 총 면수, 문제번호와 인쇄 상태 및 중복, 누락된 페이지가 없는지 확인하시기 바랍니다.
3. 답안은 각 문제마다 요구하는 가장 적합하거나 가까운 답 1개만을 선택하여야 합니다.
4. 답안 카드(샘플)는 교재의 뒤 쪽에 실려있으며 답안 카드 작성 시 마킹에 유의합니다.
5. 실제 시험의 모범 답안은 시험 일자의 다음 날 14:00부터 (사)한국정보평가협회 홈페이지의 [공지사항]을 통해 확인할 수 있습니다.

1과목 – CS 개론

01 기업에서 고객 만족의 필요성이 대두된 이유에 대한 설명으로 올바르지 않은 것은?

① 고객 만족과 기업수익 간의 강력한 상관관계는 고객 만족과 고객 애호도(충성고객)의 함수관계로 존재하는 것으로 나타났다.
② 기업경쟁력의 가장 중요한 과제는 지속적 신규고객 창출이 핵심이 되었다.
③ 충성고객이란 만족 이상의 감동하였을 경우 고객 애호도로 연결되어 기업에 커다란 수익을 창출해주는 고객이다.
④ 연구에 따르면 새로운 고객을 창출하는데 소요되는 비용이 기존 고객을 유지하는데 소요비용의 4~5배에 이른다고 한다.
⑤ 기존 고객의 반복적 구매와 신규고객의 구매 창출 때문에 기업의 매출이 발생함을 지각하면서부터이다.

02 다음 〈보기〉의 공정성 이론과 관련된 내용 중 공정성 분류 유형을 찾아 모두 선택한 것은?

┤보기├
가. 절차상의 공정성   나. 상호작용의 공정성
다. 고객채널의 공정성   라. 도출결과의 공정성
마. 변화관리의 공정성

① 가, 나
② 가, 나, 다
③ 가, 나, 라
④ 가, 나, 다, 라
⑤ 가, 나, 다, 라, 마

03 '솔로몬(Solomon)'과 '구트만(Gutman)'이 제시한 서비스 접점의 특징으로 올바르지 않은 것은?

① 서비스 제공자는 고객을 중심으로 한 단일 관계를 형성할 수 있어야 한다.
② 목표 지향적인 역할 수행이 되어야 한다.
③ 서비스 접점의 목적은 정보교환에 있다.
④ 제공되는 서비스에 따라 제한을 받는다.
⑤ 인간적인 상호 작용이 있어야 한다.

04 다음 〈보기〉에서 '귀인 이론(Attribution theory)'의 '내적 귀인'에 해당하는 것을 찾아 모두 선택한 것은?

┤보기├
가. 운수   나. 태도   다. 의도
라. 성격 특성 마. 사회적 규범

① 가, 나, 다
② 가, 나, 다, 라
③ 가, 나, 다, 라, 마
④ 나, 다, 라
⑤ 나, 다, 라, 마

05 한국인의 특성에 맞는 감성경영 전략에서 경영자가 고려해야 할 사항으로 볼 수 없는 것은?

① 개인주의와 공동체 의식을 조화시키려는 노력이 필요하다.
② 깊이 있는 사고와 토론의식이 필요하다.
③ 가족주의를 바탕으로 한 경영가족주의 시도, 조직의 간소화, 건전한 자본주의 정신의 함양이 필요하다.
④ 시대 변화에 따른 세대별 이성과 감성의 구성 비율이 다를 수 있으므로 유연성 있는 리더십의 발휘가 요구된다.
⑤ 리더 개인적 측면에서 권위를 완전히 내려놓고 화합을 최우선으로 하는 자세가 필요하다.

06 다음 〈보기〉에서 설명하는 노드스트롬 백화점의 경영방식에 해당하는 것은?

┤보기├
1982년 In Search of Excellence 에서는 '최고 관리자들이 사무실에서 나와 영업상태를 정확히 파악하기 위해 그들의 직원, 고객 그리고 공급자들과 접촉했다.'

① 화목경영의 힘
② 현장배회 경영(MBWA)
③ 역피라미드 조직
④ 기본 경영원칙
⑤ 종업원 지주제도

07 고객 행동의 영향 요인 중 나이, 직업, 경제적 상황, 개성, 가치관, 생활방식(Life Style) 등에 해당하는 요인은?

① 선택적 요인
② 사회적 요인
③ 개인적 요인
④ 문화적 요인
⑤ 수단적 요인

08 '구전(口傳)'의 기본적인 개념과 정의에 대한 설명으로 올바르지 않은 것은?

① 고객이 이해관계를 떠나서 자신의 직·간접 경험을 비공식적으로 교환하는 활동 혹은 행위를 의미한다.
② 영향력의 특성과 관련된 개인 혹은 집단 간의 영향력을 말한다.
③ 특정 주제에 대하여 고객이 직접 경험한 내용 중 부정적인 것을 중심으로 이를 확산시키는 행위이다.
④ 고전적 개념에서 구전이란 개인들의 경험에 기초한 대면 커뮤니케이션을 말한다.
⑤ 구전은 단지 언어적 커뮤니케이션에 제한된 것이 아니다.

09 비즈니스 프로세스 중 '경쟁 프로세스'에 대한 설명으로 올바른 것은?

① 프로세스라기보다는 오히려 과거의 기능적 활동으로 파악되는 경우가 많다.
② 신제품 개발, 새로운 지식 습득을 위한 학습조직 구축 등이 대표적인 사례이다.
③ 변화하는 고객의 니즈와 기술적 변화에 맞추어 조직의 지속적인 경쟁 우위 확보를 위해 역량을 개발하는 프로세스를 말한다.
④ 프로세스의 초점이 고객 만족에 있으며, 고객의 기대 수준과 대비하여 판단할 수 있다.
⑤ 프로세스의 결과물이 고객에게 가치 있다고 파악되지만, 실제 경쟁이라는 측면에서는 핵심 프로세스가 아닌 경우이다.

10 '품질기능 전개(QFD)'의 한계에 대한 설명으로 올바르지 않은 것은?

① 현재 시점에서 정의되고 있는 고객이 영속적으로 정확하다고 보기에는 한계가 존재하기 때문에 새로운 제품에 반영하는 데 어려움이 있을 수 있다.
② 고객의 소리는 고객이 사용하는 언어로 표현되기 때문에 정성적(定性的)이거나 모호한 경우에도 정확한 요구 속성을 파악할 수 있다.
③ 품질기능전개(QFD)가 단순히 현재 상황을 정리하는 것에 지나지 않을 것이라고 우려하는 상황이 발생할 수 있다.
④ 기술 특성 선택에 따라 고객 요구 중요도가 왜곡될 수 있다.
⑤ 고객 요구사항과 기술 특성의 연관 관계를 제대로 파악하는 데 어려움이 있을 수 있다.

11 다음 〈보기〉의 설명에 해당하는 성격유형 지표(MBTI)의 선호 경향은?

┌ 보기 ┐
목적과 방향은 변화할 수 있고 상황에 따라 일정이 달라지며 자율적이고 융통성이 있다.

① 직관형
② 판단형
③ 인식형
④ 외향형
⑤ 사고형

12 다음 〈보기〉의 설명에 해당하는 고객 평생 가치(CLV) 제고를 위한 핵심 활동은?

┌ 보기 ┐
고객이 기존에 구매하던 상품과 같은 종류의 업그레이드된 상품을 판매하는 것을 의미한다.

① Repeating
② Up Selling
③ Advice Selling
④ Retention
⑤ Cross Selling

13 다음 〈보기〉의 설명에 해당하는 '머튼(R. K. Merton)'이 주장한 '아노미 이론(Anomie Theory)'의 부적응 유형은?

┤보기├
문화적 목표와 수단을 모두 거부하지만, 기존의 것을 새로운 것으로 대치하려는 유형을 의미한다.

① 동조형
② 혁신형
③ 반역형
④ 의례주의형
⑤ 패배주의형

14 다음 〈보기〉의 내용에 해당하는 '휴스턴(Huston)'과 '레빙거(Levinger)'가 제시한 인간관계 형성 단계는?

┤보기├
• 두 사람 사이에 직접적인 교류가 일어나는 단계이다.
• 공정성과 호혜성이 관계 유지의 주요 요인으로 작용한다.
• 상대방의 인격적인 특성보다 역할이 중시되므로 친밀감이나 상호의존성이 증진되기 힘들다.

① 의존적 결정 단계
② 피상적 역할 단계
③ 인상 형성 단계
④ 친밀한 사적 단계
⑤ 심리적 기여 단계

15 효과적인 부탁 기술 중 자신이 원하는 것보다 훨씬 큰 것을 상대방에게 요청하고 거절할 시 요구의 규모를 조금씩 축소하면서 결국 자신이 원하는 것을 얻어내는 방법은?

① 최후통첩 기법
② 얼굴 부딪히기 기법
③ 면전에서 문 닫기 기법
④ 높은 공 기법
⑤ 한 발 들여놓기 기법

16 고객 관계관리(CRM) 도입의 실패 요인이 아닌 것은?

① 문제 있는 업무의 프로세스 자동화
② 고객 중심이 아닌 기업 중심의 CRM
③ 고객, 제품, 상품, 거래 등 많은 양의 고객정보 데이터 무시
④ 정보 시스템 조직과 업무부서 간의 협업 부족
⑤ 일부 부서가 아닌 전체 부서의 확장된 적용

17 접촉 경계 혼란의 원인 중 밀접한 관계에 있는 두 사람이 서로의 독자성을 무시하고 동일한 가치와 태도를 지닌 것처럼 여기는 상태를 뜻하는 유형은?

① 자의식(Egotism)
② 내사(Introjection)
③ 융합(Confluence)
④ 반전(Retroflexion)
⑤ 투사(Projection)

18 'e-CRM' 전략에서 '고객접근 전략'에 해당하는 것은?

① 리마인드 서비스(Remind Service)
② 인센티브 서비스(Incentive Service)
③ 개인화 서비스(Personalize Service)
④ 옵트 인 메일(Opt-In Mail)
⑤ 어드바이스 서비스(Advice Service)

19 서비스의 정의에 대하여 다음 〈보기〉의 내용과 같이 제시한 학자는?

┤보기├
제품은 유형물, 고안물, 객관적 실체지만 서비스는 무형 활동이나 노력이다. 그러므로 구매하는 대상의 본질이 유형적 혹은 무형적인가의 여부로 판단해야 한다.

① 세이(Say)
② 레티넨(Lehtinen)
③ 마샬(Marshall)
④ 자이다믈(Zeithaml)
⑤ 베리(Berry)

20 '사전 서비스(Before Service)'에 대한 설명으로 올바르지 않은 것은?

① 우수한 고객 서비스 제공을 위한 환경을 조성할 수 있다.
② 기업이 고객을 맞이하기 전에 고객을 위해 준비하는 것을 말한다.
③ 재고수준 설정, 수송 수단 선택, 주문처리 절차 확립 등의 업무에 해당한다.
④ 판매 전에 제공되는 서비스로서 판매 가능성을 타진하고 촉진하는 예약 서비스 등이 있다.
⑤ 정상적인 서비스에 영향을 미칠 수 있는 파업 혹은 자연재해에 대한 긴급 상황계획, 고객에게 기술적 훈련과 지침서를 제공하는 것 또한 공급자와 구매자의 관계를 긍정적으로 유지하는 방안이 된다.

21 서비스의 대상별 분류기준 중 '소비자 서비스'에 가장 부합하는 것은?

① 정보통신
② 행정
③ 도소매
④ 문화 · 오락
⑤ 보건의료

22 관광 서비스의 특징에 대한 설명으로 올바르지 않은 것은?

① 관광 수요의 계절성으로 수요가 불규칙적이다.
② 고객의 직접 참여를 통해서만 서비스를 창출한다.
③ 인적, 물적 서비스가 혼합되어 존재하는 개념이다.
④ 일반 서비스와는 달리 비용 산출이 쉽고 서비스 선택 시 지각의 위험도를 보이지 않는 특징이 있다.
⑤ 인적 서비스에 대한 높은 의존성을 가지고 있다.

23 '알더퍼(Alderfer)'가 제시한 ERG 이론 중 인간의 사회생활과 관련된 욕구로 '매슬로우(Maslow)' 욕구 5단계의 존경 욕구, 사회적 욕구, 안전 욕구에 해당하는 욕구는?

① 관계 욕구
② 성장 욕구
③ 존재 욕구
④ 태도 욕구
⑤ 완성 욕구

24 감성 리더십의 구성요소 중 자신의 기분, 감정, 본능적 욕구 등이 타인에게 미치는 영향을 인식하고 이해하는 것에 해당하는 요소는?

① 자아인식
② 자기조절
③ 감정이입
④ 대인관계 기술
⑤ 동기부여

25 기존 고객을 유지하기 위한 시장방어 전략 중 '저지 전략'에 해당하는 것은?

① 입지 · 유통 등의 통제
② 가격 인하, 판매촉진
③ 장기고객 요금 할인
④ 경쟁우위 개발
⑤ 고객과의 장기 계약 연장

2과목 – CS 전략론

01 서비스 청사진을 이용하여 프로세스를 설계할 경우 얻을 수 있는 이점이 아닌 것은?

① 내부 작용선은 부서 고유의 상호의존성 및 부서 간 경계영역을 명확히 해주어 점진적인 품질개선 작업을 강화시킬 수 있다.
② 가시선은 고객이 볼 수 있는 영역과 어떤 종업원이 고객과 접촉하는지를 알려주어 합리적인 서비스 설계를 할 수 있도록 도와준다.
③ 내·외부 마케팅을 위한 합리적인 기반을 구성한다.
④ 서비스를 구성하는 요소와 연결고리를 알려줌으로써 해당 부서의 관점뿐만 아니라 전체 서비스를 통합하여 전략적 회의 진행이 가능하다.
⑤ 일선 종업원의 의견이 최대한 반영될 수 있도록 하향식 의사 접근을 배제하고 상향식 의사 접근을 활성화하는 데 도움을 준다.

02 다음 〈보기〉의 설명에 해당하는 서비스 모니터링 속성은?

┤보기├
서비스 품질 모니터링 제도의 활용이 의도한 효과를 내기 위해서는 모니터링 제도가 제대로 정립되어 있어야 한다. 특히 모니터링은 표본추출 테크닉이기 때문에 모니터링 대상 접점을 통하여 전체 접점 서비스의 특성과 수준을 추정할 수 있어야 한다.

① 신뢰성
② 타당성
③ 대표성
④ 객관성
⑤ 차별성

03 MOT 사이클 차트 분석 5단계 중 가장 첫 번째 단계는?

① 고객 접점 사이클 세분화
② 서비스 표준안으로 행동하기
③ 서비스 접점 진단
④ 서비스 접점 설계
⑤ 고객 접점 시나리오 만들기

04 '롱테일(Long Tail) 법칙'에 대한 설명으로 올바르지 않은 것은?

① 대량생산, 대량 소비의 시대가 끝나고 소량 다품종 생산이 일반화되면서 나타나기 시작하였다.
② 80%의 '사소한 다수(Trivial Many)'가 만들어 내는 새로운 시장과 지식 등 다양성의 힘을 강조하고 있다.
③ IT 전문지 '와이어드(Wired)'의 편집장인 '크리스 앤더슨(Chris Anderson)'에 의해 처음 소개되었다.
④ '선택과 집중'이라는 키워드와 결합하여 기업 전략의 중요한 축을 형성하게 되었다.
⑤ 판매 분포도에서 마치 공룡의 긴 꼬리처럼 길게 이어지는 사소한 상품 80%의 판매량이 상위 20%의 매출을 압도한다는 개념으로 '역(逆) 파레토 법칙'이라고도 불린다.

05 표적 시장 선정을 위한 표적 마케팅 활동 중 '집중화 전략'에 대한 설명으로 올바르지 않은 것은?

① 소비자의 구매 행동의 변화에 따른 위험을 감수해야 한다.
② 자사보다 큰 경쟁자가 동일시장에 진입할 경우 시장성을 잃을 수도 있다.
③ 기업의 목표 달성에 가장 적합한 하나 또는 소수의 표적 시장을 선정하여 마케팅 활동을 집중하는 전략을 말한다.
④ 기업의 자원이 제한된 경우 주로 사용되는 방법이다.
⑤ 먼저 소수의 작은 시장에서 높은 시장점유율을 달성한 이후 큰 시장에서 낮은 시장점유율을 달성하기 위한 이행 과정의 성격이 강하다.

06 '수잔 키비니(Susan Keaveney)' 교수가 제시한 서비스 전환 유형 중 '핵심 서비스 실패'에 관련된 내용에 해당하는 것은?

① 경쟁자의 우수한 서비스
② 높은 가격, 가격 인상, 불공정한 가격 산정 및 속임수 가격
③ 무관심과 무례함, 냉담한 반응, 전문성 부족
④ 서비스 제공자의 업무 실수, 서비스 파멸, 계산상의 오류
⑤ 부정적 반응 혹은 무반응, 내키지 않는 반응

07 '브래디(Brady)'와 '크로닌(Cronin)'이 제시한 애프터서비스(A/S)의 품질 차원 중 상호작용 품질에 해당하는 것을 다음 〈보기〉에서 찾아 모두 선택한 것은?

보기
가. 기술 나. 정책 다. 전문성
라. 편의성 마. 처리 시간 바. 태도 및 행동

① 가, 나
② 가, 나, 다
③ 나, 다, 라
④ 라, 마, 바
⑤ 마, 바

08 '스위니(Sweeny)'과 '수타르(Soutar)'가 제시한 고객가치 유형 중 제품의 사용에 따라 시간 절약에서 오는 비용 절감에 의한 가치에 해당하는 것은?

① 품질
② 사회적 가치
③ 상황적 가치
④ 감정적 가치
⑤ 비용대비 가격 가치

09 서비스 수익 체인의 구조와 기능에 대한 설명으로 올바르지 않은 것은?

① 고객 만족은 고객충성도를 높인다.
② 종업원 충성도는 종업원 생산성을 유발한다.
③ 종업원 만족은 종업원 충성도를 유발한다.
④ 서비스 가치는 고객 만족을 유도한다.
⑤ 외부 품질은 종업원 불만을 저하시킨다.

10 서비스 전달 시스템의 종류 중 '고객화 위주의 서비스 전달 시스템'에 대한 설명으로 올바르지 않은 것은?

① 계획과 관리가 중요하며, PERT/CPM, 간트차트 등과 같은 관리 기법들을 이용한다.
② 다양한 고객의 욕구를 충족시킬 수 있다.
③ 기능 위주의 전달 시스템보다 폭넓은 업무를 수행할 수 있다.
④ 일관되고 표준화된 서비스를 제공하기 어렵다.
⑤ 고객의 욕구가 서로 다양하고 다르다는 점에 착안하여 서비스 전달 시스템을 설계한다.

11 소비자의 쇼핑 습관을 기준으로 한 소비재의 분류 중 다음 〈보기〉의 설명에 해당하는 것은?

보기
• 소비자가 알지 못하거나 알고 있다고 하더라도 일반적으로 구매하지 않는 제품 유형을 말한다.
• 생명보험, 묘지, 백과사전 등의 상품에 해당한다.

① 편의품
② 비탐색품
③ 전문품
④ 제조품
⑤ 선매품

12 의료 서비스의 특성에 대한 설명으로 올바른 것은?
① 의료 서비스 비용은 직접 지불 형태를 갖는다.
② 의료 서비스는 기대와 실제 성과가 대부분 일치한다.
③ 의료 서비스는 수요예측이 손쉽게 가능하다.
④ 의료 서비스는 의사결정자가 다양하다.
⑤ 의료 서비스는 기본적으로 유형적인 제품 특성을 가지고 있다.

13 카노(Kano) 품질 모형의 장점에 대한 설명으로 올바르지 않은 것은?
① 제품과 서비스에 대한 소비자의 요구를 이해할 수 있도록 도와주기 때문에 소비자 만족에 가장 큰 영향을 주는 특성을 규명할 수 있다.
② 설문지 응답 결과에서 최빈값을 기준으로 품질 유형을 분류하는 방법이기 때문에 분류된 품질의 유형 내에서 각 품질 요소의 상대적 중요도를 파악할 수 있다.
③ 기술적 또는 재정적 문제로 인하여 서비스와 제품을 동시에 프로모션 하지 못할 경우 고객 만족에 더 많은 영향을 주는 방향으로 결정할 수 있다.
④ 만족·불만족이라는 주관적 측면과 물리적 충족·불충족이라는 객관적 측면을 함께 고려하고 있다.
⑤ 품질 속성이 지닌 진부화 경향을 설명할 수 있는 단서를 제공한다.

14 다음 〈보기〉의 설명에 해당하는 용어는?
┤보기├
소비자가 제품을 구매하기 전에 결정할 수 있는 제품의 속성으로 색채, 스타일, 가격 등과 같은 요인이다.

① 결과 품질
② 탐색 품질
③ 비용 품질
④ 과정 품질
⑤ 경험 품질

15 서비스 종사원의 역할 갈등과 관련해 개인의 특성에 따른 갈등 요소가 아닌 것은?
① 성격의 차이
② 의사소통의 장벽
③ 업무의 상호의존성
④ 인식의 차이
⑤ 가치와 윤리

16 다음 〈보기〉의 설명에 해당하는 종합만족도 측정 방법은?
┤보기├
• 여러 가지 서비스의 하위 요소 또는 품질에 대한 차원 만족도의 합을 복합점수로 간주하는 방식이다.
• 중복 측정 문제를 방지할 수 있으나, 가중치 부여 등 조사모델이 복잡해질 수도 있다.

① 혼합 측정법
② 간접 측정법
③ 요소 측정법
④ 직접 측정법
⑤ 복합 측정법

17 마케팅 조사 시 '정성(Qualitative) 조사' 기법을 적용해야 하는 경우가 아닌 것은?
① 소비자 특성별 니즈 구조와 차이
② 다량의 샘플링이 어려운 경우
③ 예비적 정보의 수집
④ 양적 조사의 사전 단계
⑤ 소비자 언어의 발견 및 확인

18 '레이나르츠(Reinartz)'와 '쿠머(Kumar)'의 충성도 전략과 관련해 다음 〈보기〉의 설명에 해당하는 고객 유형은?

| 보기 |
- 회사의 제공 서비스와 소비자 욕구 간 적합도가 높고 높은 잠재이익을 가지고 있다.
- 태도적인 충성도 구축과 더불어 지속적인 의사소통과 고객관계 유지가 필요하다.

① True Friends
② Butterflies
③ Strangers
④ Barnacles
⑤ Humming Bird

19 고객의 기대에 대한 영향 요인 중 '상황적 요인'으로 볼 수 있는 것은?

① 촉진 전략
② 서비스 가격
③ 시간적 제약
④ 서비스 직원의 역량
⑤ 유통 구조에 의한 편리성

20 성과관리의 기본적인 내용이 아닌 것은?

① 성과정보의 광범위한 활용
② 과정 측면에 초점을 둔 성과평가와 관리
③ 관리 수단과 요소에 대한 자율권 확대
④ 기관 활동의 성과에 대한 종합적이고 다양한 평가
⑤ 목표와 전략에 입각한 사업계획과 업무관리

21 다음 〈보기〉의 ( ) 안에 들어갈 용어에 해당하는 것은?

| 보기 |
한국은행이 신종 코로나바이러스 감염증(코로나19) 사태로 대내외 경제구조가 크게 변화를 겪을 것이란 분석을 내놓았다. 특히 "경제주체들의 위험회피 성향 및 자국 우선주의 확대로 물적·인적 교류가 위축되면서 글로벌 교역 증가세가 이전보다 둔화될 것"으로 보고 해외 생산기지의 본국 회귀, 즉 (   )에 따른 기업의 자국 중심 공급망 재편, 주요 부품 현지조달 등으로 글로벌 가치사슬 약화 기조가 심화될 경우 중간재 교역을 중심으로 부정적 영향이 더 확대될 수 있다고 밝혔다.

① 스핀오프(Spin-off)
② 리쇼어링(Reshoring)
③ 오프쇼어링(Off-shoring)
④ 오픈 소싱(Open Sourcing)
⑤ 크라우드 소싱(Crowd Sourcing)

22 서비스 수요 관리 전략 중 '수요조절 전략'이 아닌 것은?

① 가격 전략
② 제도적 수단의 확보
③ 서비스 상품의 다양화
④ 커뮤니케이션의 증대
⑤ 서비스 제공 시간과 장소의 조절

23 남들을 따라 하는 모방심리나 유행과는 달리 어떤 욕구나 강렬한 심리적 동기가 내재해 있는 광범위한 행동으로 형성되는 트렌드(Trend) 유형은?

① 사회문화적 트렌드(Social-cultural Trend)
② 메가 트렌드(Mega Trend)
③ 마케팅 트렌드(Marketing Trend)
④ 소비자 트렌드(Consumer Trend)
⑤ 메타 트렌드(Meta Trend)

24 한국능률협회컨설팅(KMAC)에서 제시한 '고객가치 지수(CVI)' 측정 모델의 측정 단계 중 다음 〈보기〉의 ( ) 안에 들어갈 내용으로 올바르지 않은 것은?

―보기―
- 1단계: (가)
- 2단계: (나)
- 3단계: (다)
- 4단계: (라)
- 5단계: (마)
- 6단계: 고객가치 향상을 위한 전략 과제 도출

① (가): 고객니즈 수집 및 분석
② (나): 고객가치 요소 발굴
③ (다): 서비스의 물리적·과학적 속성 검증
④ (라): 현재의 가치 수준을 측정하고 핵심 가치(Core Value)를 추출
⑤ (마): 고객가치 콘셉트 도출

25 두 개 이상의 서비스를 개별적으로 구매할 수 없고 패키지로만 구매할 수 있도록 하여 가격을 책정하는 서비스 가격 전략은?

① 보증묶음가격 전략
② 비(非)묶음가격 전략
③ 선택묶음가격 전략
④ 혼합묶음가격 전략
⑤ 순수묶음가격 전략

3과목 – 고객관리 실무론

01 전화응대의 장점에 대한 설명으로 올바르지 않은 것은?
① 상대방의 언어적 정보를 통해 고객의 욕구를 정확하게 파악할 수 있다.
② 문제 해결 시간이 절약된다.
③ 문제 해결 방법을 신속하게 얻을 수 있다.
④ 고객에게 문제가 발생하면 언제, 어디서나 즉시 상담할 수 있다.
⑤ 전화가 주는 즉시성, 익명성, 보편성의 이점 때문에 다양한 채널을 통하여 사용되고 있다.

02 보고(報告)의 일반적인 원칙이 아닌 것은?
① 경제성의 원칙
② 필요성의 원칙
③ 적시성의 원칙
④ 완전성의 원칙
⑤ 정확성의 원칙

03 '콜센터 업무성과 측정지표' 중 '운영성과지표'에 해당하지 않는 것은?
① 평균 주문당 비용
② 평균 통화 후 작업시간
③ 평균 응답속도
④ 평균 처리시간
⑤ 평균 포기율

04 텔레마케팅을 위한 스크립트 작성 방법 중 응답하는 내용을 '예/아니오'로 나누고 이에 따라 다음의 질문이나 설명이 뒤따르도록 작성하는 방식은?

① 주문식　　② 차트식
③ 질문식　　④ 회화식
⑤ 혼합식

05 콜센터 모니터링의 기본 프로세스와 활용 방법에 대한 설명으로 올바르지 <u>않은</u> 것은?

① 모니터링 과정을 통해 나온 데이터는 통화 품질을 측정하고, 상담원의 개별적인 코칭을 위한 자료로 활용하되 향후 보상의 근거로 활용되지 않도록 각별히 주의해야 한다.
② 모니터링이 어떤 방식으로 수행되더라도 상담원들은 간섭받고 불공정하게 평가받는다고 생각할 수 있기 때문에 이에 대한 반감을 최대한 고려해야 한다.
③ 콜센터 모니터링은 '목표 설정 → 평가 척도 구성 → 실행평가 및 분석 → 상담원 피드백'의 단계로 진행된다.
④ 모니터링을 감시가 아닌 상담원 자신을 발전하게 하는 수단으로 인식할 수 있도록 해준다.
⑤ '목표 설정' 단계에서는 정성적 목표 또는 정량적 목표를 설정한다.

06 다음 〈보기〉의 설명에 해당하는 불만 고객의 유형은?

|보기|
- 제3자에게 불평을 하지는 않지만 불평해봐야 들어주지도 않는다는 생각을 가진다.
- 기업에게 두 번의 기회를 주지 않는다.

① 화내면서 불평하는 사람
② 집단적으로 불평하는 사람
③ 행동으로 불평하는 사람
④ 불평을 표현하는 사람
⑤ 소극적으로 불평하는 사람

07 손님을 맞을 때 안내하는 방법으로 올바르지 <u>않은</u> 것은?

① 일반적으로 응접실 내에서는 입구 쪽에서 가장 먼 곳이 상석이다.
② 계단을 오를 때에는 남성 고객이 먼저 올라가고 안내자가 뒤에 선다.
③ 손님이 방문하면 즉시 일어서서 맞이한다.
④ 상급자인 방문객을 수행할 때에는 수행하는 사람이 조금 뒤에 서서 걷는다.
⑤ 엘리베이터를 탈 때 방문객에게 "3층 응접실로 안내하겠습니다."라고 사전에 행선 층을 알려 주는 것이 매너이다.

08 불만 고객 응대의 기본 원칙 중 다음 〈보기〉의 설명에 해당하는 것은?

|보기|
서비스 종사자의 처지에서 고객이 화를 낼 때 그것은 나에게 개인적인 감정이 있어서 화를 내는 것이 아니라 일 처리에 대한 불만으로 복잡한 규정과 제도에 대해 항의하는 것이다.

① 감정통제의 원칙
② 역지사지의 원칙
③ 책임공감의 원칙
④ 언어절제의 원칙
⑤ 피뢰침의 원칙

09 '코칭(Coaching)'에 대한 설명으로 올바르지 <u>않은</u> 것은?

① 코치와 코치 받는 사람은 파트너십을 통해 새로운 시각으로 가능성을 창조해 낸다.
② 코칭은 집단적으로 시행된다.
③ 코치 받는 사람이 자신의 목표를 설정하도록 함으로써 조직의 목표에 끌려간다는 느낌 대신 스스로 성취감을 느낄 수 있다.
④ 조직 차원의 코칭을 통해 상호 존중의 문화가 구축됨으로 자신을 더욱 자유롭게 표현하게 된다.
⑤ 일방적인 지시, 명령 하달의 커뮤니케이션을 경청하고 적절하게 질문하며 지원해 주는 스타일로 바꿈으로써 조직 내 인간관계를 개선하고 신뢰 문화를 구축하는 데 공헌한다.

10 다음 〈보기〉의 내용과 같이 이미지에 대하여 정의한 학자는?

보기
내적 이미지란 자신에 대해 가지고 있는 개인의 생각과 느낌의 총합이다.

① 카이저
② 메라비언
③ 로젠버그
④ 부어스틴
⑤ 리안

11 다음 〈보기〉에서 '메라비언(Mehrabian)의 법칙'에서 제시된 시각적인 요소를 찾아 모두 선택한 것은?

보기		
가. 음성	나. 동작	다. 표정
라. 복장	마. 억양	바. 전문지식

① 가, 나, 다
② 가, 나, 다, 라
③ 나, 다, 라
④ 나, 라, 마, 바
⑤ 다, 라, 마, 바

12 인사의 시기에 관한 설명으로 올바르지 않은 것은?

① 인사 대상과 방향이 마주칠 경우 6~8보 정도에서 인사하는 것이 가장 좋다.
② 인사 대상과 방향이 서로 다를 경우 일반적으로 10보 이내에서 준비한다.
③ 복도에서 상사 한사람을 만났을 경우에는 걸음을 멈출 필요가 없으며 한쪽 옆으로 비켜서서 가볍게 인사한다.
④ 측방에서 만나거나 갑자기 만났을 때는 즉시 인사한다.
⑤ 상사를 사외 인사와 함께 복도에서 만났을 때에는 멈추어 서서 정중하게 인사한다.

13 전통적인 공수법(拱手法)에 대한 설명으로 올바르지 않은 것은?

① 공수는 배례의 기본동작으로 두 손을 앞으로 모아서 잡는 것을 말한다.
② 평상(平常) 시와 흉사(凶事) 시의 손 위치는 다르다.
③ 평상(平常) 시, 남자는 왼손을 위로하여 두 손을 가지런히 모아서 잡는다.
④ 남자와 여자의 손 위치는 동일하다.
⑤ 공수는 의식행사에 참석하거나 어른을 뵐 때 반드시 한다.

14 악수(握手)의 5대 원칙에 대한 설명으로 올바르지 않은 것은?

① 처음 만나는 사람과 악수를 할 경우 자연스럽고 부드러운 미소를 통해 친근하면서 긍정적인 인상을 심어줄 수 있다.
② 악수를 할 경우 상대방의 눈을 응시하는 것은 실례가 될 수 있기 때문에 가벼운 목례를 통해 신뢰감을 심어주는 것이 좋다.
③ 악수를 할 때는 손에 적당히 힘을 주어 상대방의 손을 잡는 것이 좋다.
④ 손을 팔꿈치 높이만큼 올려서 팔꿈치가 자연스럽게 굽혀지는 정도의 거리에 서서 손을 내미는 것이 좋다.
⑤ 악수를 할 때 지나치게 손을 흔드는 것은 실례가 될 수 있으므로 주의해야 한다.

15 나라별 식사예절에 대한 설명으로 올바르지 않은 것은?

① 중국인은 음식을 모두 다 비우면 충분하다는 의미이므로 음식을 다 비우는 것이 예의이다.
② 태국에서는 그릇 위에 젓가락을 올려놓는 것은 죽음을 의미한다.
③ 인도에서는 식사 중 이야기를 하는 것은 무례한 행동이라 여기므로 식사에 집중하는 게 좋다.
④ 칠레에서는 항상 손을 테이블 위에 얹어놓는 것이 좋은 식사예절이다.
⑤ 일본은 숟가락을 사용하지 않고 젓가락만을 사용하는 것이 식사예절이다.

16 국제 비즈니스 에티켓과 관련해 올바른 테이블 예절에 대한 설명으로 올바르지 않은 것은?

① 테이블에서 화장을 고치는 것은 예의에 어긋나므로 주의해야 한다.
② 식사 중에는 담배를 피우지 않는 것이 좋다.
③ 큰 소리로 웨이터를 부르는 것은 예의에 어긋나므로 주의해야 한다.
④ 스푼을 이용해 수프를 먹기 힘들 경우 식기를 들어 직접 마셔도 예의에 어긋나지 않는다.
⑤ 식사 중에 손으로 머리나 귀, 코 등을 만질 경우 손으로 빵을 먹을 때 비위생적일 수 있기 때문에 가급적 자제한다.

17 다음 〈보기〉의 설명에 해당하는 MICE 산업의 분류 유형은?

> 보기
> 마케팅 활동의 하나로 제품 생산자 및 판매업자들이 제품을 홍보 또는 판매하기 위해 정해진 특정 장소에서 관람객과 잠재적 바이어를 대상으로 제품의 전시, 홍보, 거래 등의 활동을 하는 것을 말한다.

① Incentive
② Convention
③ Tour
④ Meeting
⑤ Exhibition

18 「소비자기본법」 '제14조(소비자의 능력 향상)'에 대한 내용이 아닌 것은?

① 국가 및 지방자치단체는 경제 및 사회의 발전에 따라 소비자의 능력 향상을 위한 프로그램을 개발하여야 한다.
② 국가 및 지방자치단체는 소비자교육과 학교교육·평생교육을 연계하여 교육적 효과를 높이기 위한 시책을 수립·시행하여야 한다.
③ 국가 및 지방자치단체는 소비자의 올바른 권리행사를 이끌고, 물품 등과 관련된 판단능력을 높이며, 소비자가 자신의 선택에 책임을 지는 소비생활을 할 수 있도록 필요한 교육을 하여야 한다.
④ 국가 및 지방자치단체는 소비자의 능력을 효과적으로 향상시키기 위한 방법으로 「지역신문법」에 따라 신문 및 발간사업을 할 수 있다.
⑤ 제1항의 규정에 따른 소비자교육의 방법 등에 관하여 필요한 사항은 대통령령으로 정한다.

19 「소비자기본법」에 명시된 '소비자 중심경영의 인증(제20조의2)'에 대한 내용이 아닌 것은?

① 공정거래위원회는 소비자 중심경영인증을 신청하는 사업자에 대하여 대통령령으로 정하는 바에 따라 그 인증의 심사에 드는 비용을 부담하게 할 수 있다.
② 소비자 중심경영인증을 받으려는 사업자는 대통령령으로 정하는 바에 따라 공정거래위원회에 신청하여야 한다.
③ 공정거래위원회는 소비자 중심경영을 활성화하기 위하여 대통령령으로 정하는 바에 따라 소비자 중심경영인증을 신청하였으나 최종 선정되지 못한 기업에 대하여 포상 또는 지원 등을 할 수 있다.
④ 소비자 중심경영인증의 유효기간은 그 인증을 받은 날부터 3년으로 한다.
⑤ 소비자 중심경영인증을 받은 사업자는 대통령령으로 정하는 바에 따라 그 인증의 표시를 할 수 있다.

20 「소비자기본법」의 내용 중 다음 〈보기〉에 해당하는 것은?

> 보기
> 국가 및 지방자치단체는 소비자의 기본적인 권리가 실현될 수 있도록 소비자의 권익과 관련된 주요시책 및 주요결정사항을 소비자에게 알려야 한다.

① 개인정보의 보호(제15조)
② 거래의 적정화(제12조)
③ 광고의 기준(제11조)
④ 소비자에의 정보제공(제13조)
⑤ 소비자의 능력 향상(제14조)

21 개인정보의 처리와 관련하여 「개인정보 보호법」에 명시된 정보 주체의 권리에 해당하지 않는 것은?

① 개인정보의 처리에 관한 정보를 제공받을 권리
② 개인정보의 처리 정지, 정정·삭제 및 파기를 요구할 권리
③ 개인정보의 처리로 인하여 발생한 피해를 신속하고 공정한 절차에 따라 구제받을 권리
④ 개인정보의 처리에 관한 동의 여부, 동의 범위 등을 선택하고 결정할 권리
⑤ 개인정보의 처리 여부를 확인하고 개인정보에 대하여 사본의 발급을 제외한 현장 열람을 요구할 권리

22 「개인정보 보호법 시행령」에 명시된 '고유식별정보의 범위(제19조)'에 해당하지 않는 것은?

① 여권번호
② 사업자등록번호
③ 운전면허의 면허번호
④ 주민등록번호
⑤ 외국인등록번호

23 의전(儀典)의 기본 원칙에 대한 설명으로 올바르지 않은 것은?

① 의전은 상대 문화 및 상대방에 대한 존중과 배려를 바탕으로 한다.
② 의전은 기본적으로 오른쪽을 상석으로 한다.
③ 의전은 특정 지역의 문화를 반영한다.
④ 참석자 서열을 지키는 것은 의전의 핵심이자 의전 행사에 있어 가장 기본이 되는 기준이다.
⑤ 의전은 양자주의를 원칙으로 한다.

24 기업교육의 종류 중 'OJT(On the Job Training)'를 실시할 때 유의사항이 아닌 것은?

① 자기 계발과 관련지어 전개될 때 효과적이다.
② 조직에서 필요한 인재를 교육, 훈련한다는 명확한 의도가 있어야 한다.
③ 교육훈련의 효율성을 높이기 위해 집합교육 방식이 아닌 온라인 콘텐츠 교육을 적극적으로 활용해야 한다.
④ OJT의 중요성에 대하여 최고경영자의 인식이 선행되어야 한다.
⑤ 상사는 인재 육성에 대한 열의를 가지고 하급자의 자주성과 창조성을 존중하며 모범을 보이고 같이 배운다는 자세가 필요하다.

25 다음 〈보기〉의 설명에 해당하는 프레젠테이션 유형은?

보기
1941년 미국의 오스번(A. F. Osborn)이 그의 저서를 통해 제시한 기법으로 일정한 테마에 대하여 회의 형식을 채택하고, 참여자의 자유발언을 통한 아이디어의 제시를 요구하여 발상을 찾아내려는 방법을 말한다.

① 강의법
② 토의법
③ 사례연구법
④ 역할연기법
⑤ 브레인스토밍

제2회

시험시간	문제 수	맞은 개수
1시간 15분	75문항	1과목: 문항 / 25문항 2과목: 문항 / 25문항 3과목: 문항 / 25문항

* 과목별 맞은 개수가 10문항 미만 시 과락
* 과락 없이 총 45문항 이상 맞으면 합격

〈 응시자 유의사항 〉

1. 실제 시험에서는 시험지 표지에 본인의 수험번호와 성명을 기재합니다.
2. 시험지의 총 면수, 문제번호와 인쇄 상태 및 중복, 누락된 페이지가 없는지 확인하시기 바랍니다.
3. 답안은 각 문제마다 요구하는 가장 적합하거나 가까운 답 1개만을 선택하여야 합니다.
4. 답안 카드(샘플)는 교재의 뒤 쪽에 실려있으며 답안 카드 작성 시 마킹에 유의합니다.
5. 실제 시험의 모범 답안은 시험 일자의 다음 날 14:00부터 (사)한국정보평가협회 홈페이지의 [공지사항]을 통해 확인할 수 있습니다.

1과목 – CS 개론

01 다음 〈보기〉의 내용과 같이 정의한 학자는?

┤보기├
'고객만족'이란 비즈니스와 기대에 부응한 결과로써 상품, 서비스의 재구입이 이루어지고 아울러 고객의 신뢰감이 연속되는 상태를 말한다.

① 톰 피터스(Tom Peters)
② 제임스 콜린스(James C. Collins)
③ 굿맨(J. A. Goodman)
④ 피터 웨스트브룩(Peter Westbrook)
⑤ 아담 스미스(Adam Smith)

02 대기행렬 모형 중 다음 〈보기〉의 도식에 해당하는 것은?

┤보기├
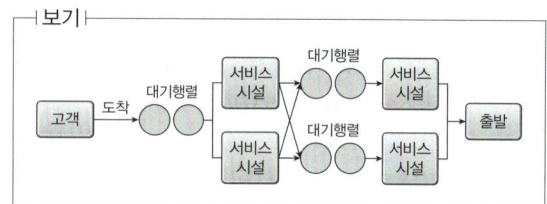

① 단일경로 복수단계 대기 시스템
② 복수경로 단일단계 대기 시스템
③ 단일경로 단일단계 대기 시스템
④ 혼합경로 연속단계 대기 시스템
⑤ 복수경로 복수단계 대기 시스템

03 서비스 프로세스를 설계할 때 고려해야 할 사항 중 다음 〈보기〉의 (   )에 해당하는 용어는?

┤보기├
서비스 프로세스는 (   )이며, 각각의 개별 활동들은 하나의 시각에서 인식되어야 한다. 이때 적용하는 프로세스의 규율은 창의성을 억제하기보다는 성과와 효율성을 제고할 수 있는 자율적인 성격을 가져야 한다.

① 변화론
② 목적론
③ 활동론
④ 전체론
⑤ 강화론

04 '미래의 산업 전략이 성공할 수 있도록 사람, 기술, 프로세스를 결합해 조직의 역량을 구축해 나가는 과정을 의미하는 것'에 해당하는 비즈니스 프로세스의 분류는?

① 기반 프로세스
② 변혁 프로세스
③ 경쟁 프로세스
④ 보상 프로세스
⑤ 교환 프로세스

05 다음 〈보기〉에서 고객 만족의 3요소에서 '소프트웨어'에 해당하는 내용을 모두 선택한 것은?

┤보기├
가. 주차 시설   나. 기업의 상품
다. 서비스 프로그램 라. 고객지원센터
마. 직원 친절도   바. 예약

① 가, 나, 라
② 가, 다, 마
③ 나, 다, 라
④ 나, 다, 바
⑤ 나, 라, 마

06 '총체적 고객만족경영(TCS)'의 혁신 요소 중 내부 핵심 역량 강화를 위한 혁신 활동으로 볼 수 있는 것은?

① 가격 경쟁력
② 브랜드
③ 이미지
④ 프로세스
⑤ 고객관리

07 다음 〈보기〉의 ( )에 해당하는 용어는?

> **보기**
> 노드스트롬 백화점의 가장 중요한 실적 평가 기준은 바로 시간당 매출액이다. 매장별로 1년간 순매출액 목표를 달성하거나 초과하는 판매 사원을 ( )(으)로 선정하고 자사 매장 제품에 대해 연간 33%가 할인되는 신용카드를 발급해 주고 있다.

① Pace Setter
② CS Leader
③ Sales Master
④ Grand Marketer
⑤ Royal Crown

08 '데이(Day)'와 '랜던(Landon)'이 제시한 불만족에 대한 소비자의 반응 중 공적 반응에 해당하지 <u>않는</u> 것은?

① 교환
② 소송
③ 구매중단
④ 환불 조치 요구
⑤ 소비자단체 고발

09 제품 구매나 사용 시 소비자가 지각하는 위험 요인 중 구매한 상품이 준거집단으로부터 부정적으로 평가를 받을 수 있는 위험에 해당하는 유형은?

① 사회적 위험
② 재무적 위험
③ 신체적 위험
④ 심리적 위험
⑤ 시간 상실의 위험

10 고객 의사결정을 위해 필요한 정보 원천의 분류 중 가족, 친구, 이웃, 친지, 동료 등에 해당하는 원천은?

① 학습적 원천
② 공공적 원천
③ 개인적 원천
④ 상업적 원천
⑤ 경험적 원천

11 생산성 향상 운동의 하나인 '3S'의 내용 중 현재의 제품 계열에서 이익이 적거나 적자를 내고 있는 제품을 축소해 나가는 요소는?

① Specialization
② Satisfaction
③ Specification
④ Simplification
⑤ Standardization

12 '그레고리 스톤(Gregory Stone)'의 고객 분류 중 추가로 비용을 지불하더라도 백화점의 배달 서비스나 선물용으로 포장해서 발송해 주는 서비스를 선호하는 고객 유형은?

① 개인적 고객
② 촉진적 고객
③ 윤리적 고객
④ 편의적 고객
⑤ 경제적 고객

13 성격유형지표(MBTI)의 선호경향 중 다음 〈보기〉의 설명에 해당하는 것은?

> ─┤보기├─
> 오감(五感)에 의존하여 실제의 경험을 중시하며 지금 현재에 초점을 맞추고 정확하고 철저히 일을 처리한다.

① 외향형   ② 감각형
③ 내향형   ④ 감정형
⑤ 인식형

14 '고객평생가치(CLV)'를 위한 활동 중 다음 〈보기〉의 사례에 해당하는 것은?

> ─┤보기├─
> 점원: 어서 오세요. '○○ 24시 편의점'입니다.
> 손님: 저기, 요즘 잘 나가는 도시락 추천 좀 해 주세요.
> 점원: 손님, 그러시면 얼마 전에 새로 나온 불고기 도시락으로 드셔보세요. 그리고, 바로 옆에 새로 나온 초코 우유랑 함께 드시면 훨씬 맛있으니까 추천해 드립니다.
> 손님: 그럼 그렇게 해서 같이 계산해 주세요.

① 상황 판매   ② 욕구 판매
③ 교차 판매   ④ 보상 판매
⑤ 고객 유지

15 CRM(고객관계관리) 전략 수립과 관련해 시장매력도에 영향을 미치는 요인 중 '환경 요인'이 아닌 것은?

① 사회적 환경   ② 정치적 환경
③ 비(非)법률적 환경   ④ 기술적 환경
⑤ 경제적 환경

16 '스탠리 브라운(Stanley Brown)'이 제시한 성공적인 CRM(고객관계관리) 구현 단계가 아닌 것은?

① 목표를 분명하게 설정한다.
② 프로젝트의 진척 현황을 주의 깊게 살핀다.
③ 비판적인 자세로 방법론을 선택한다.
④ 최대한 전문화된 솔루션을 채택한다.
⑤ 이해관계가 상충되는 부서와 끊임없이 소통한다.

17 인간관계의 만족도를 결정하는 요인과 관련해 다음 〈보기〉의 (   )에 들어갈 내용은?

> ─┤보기├─
> • 현재의 인간관계에서 얻고자 기대하는 성과기준이며 주로 과거의 인간관계에서 받아 온 성과의 평균 수준을 나타낸다.
> • 현재의 관계에서 얻는 성과가 (   )보다 높으면 만족감을 느끼는 반면, 현재의 성과가 (   )보다 낮으면 불만을 느낀다.

① 가치 수준   ② 이행 수준
③ 비교 수준   ④ 접근 수준
⑤ 경험 수준

18 고객관계관리(CRM) 도입의 실패 요인이 아닌 것은?

① 방대한 양의 고객정보 데이터 무시
② 정보 시스템 조직과 업무부서 간의 협업
③ 기술 숙련도에 대한 충분한 고려 미흡
④ 고객 중심이 아닌 기업 중심의 CRM
⑤ 명확한 전략 부재 및 무계획

19 '해리스(Harris)'가 제시한 인간관계 유형 중 다음 〈보기〉의 설명에 해당하는 것은?

> ─┤보기├─
> 이 유형에 해당하는 사람은 대인관계에서 진정한 관계를 맺기 위하여 시간을 투자하며 문제를 건설적으로 해결할 수 있는 능력을 갖추고 있다. 따라서 건강하고 행복한 삶의 방식과 태도를 지니게 된다.

① I'm OK or not OK
② I'm not OK – You're OK
③ I'm not OK – You're not OK
④ I'm OK – You're not OK
⑤ I'm OK – You're OK

20 'e-CRM'에 대한 설명으로 올바르지 <u>않은</u> 것은?
① 초기 기반 시설에 대한 설치비용이 낮은 반면 유지 관리 비용이 상대적으로 높다.
② 구매 이력 이외에 방문 횟수, 관심 횟수, 광고 관심 횟수, 게시판 사용횟수 등 고객의 행위를 표현하는 다양한 정보를 사용할 수 있다.
③ 고객 요청 시 언제든지 온라인에 접속하여 처리할 수 있기 때문에 단순한 절차와 실시간 처리가 가능하다.
④ 커뮤니케이션, 마케팅의 다양성을 중시하여 적극적인 고객화를 통한 장기적인 수익 실현을 목적으로 한다.
⑤ 웹 로그 데이터, 이메일 반응, 웹 콜센터 등 인터넷을 통한 단일 통합 채널의 구축이 가능하다.

21 서비스의 정의를 다음 〈보기〉의 내용과 같이 주장한 학자는?

> 보기
> 서비스란 시장에서 판매되는 무형의 제품으로 정의할 수 있으며, 손으로 만질 수 있는지 없는지에 따라 유형의 상품과 무형의 상품으로 구분할 수 있다.

① 블루아(Blois)
② 라스멜(Rathmell)
③ 자이다믈(Zeithaml)
④ 마샬(Marshall)
⑤ 세이(Say)

22 '현장 서비스(On Service)'에 대한 설명이 <u>아닌</u> 것은?
① 인도시간, 오더 필링(Order Filling)의 정확성, 인도할 때 제품의 상태, 재고 가용성 등에 영향을 미친다.
② 정상적인 서비스에 영향을 미칠 수 있는 파업 혹은 자연재해에 대한 긴급 상황계획, 고객에게 기술적 훈련과 지침서를 제공하는 것 또한 공급자와 구매자의 관계를 긍정적으로 유지하는 방안이 된다.
③ 고객과 기업의 직원 간에 직접적으로 상호거래가 이루어지는 서비스로서 고객에게 제품을 인도하는데 직접적으로 관련된 것들을 의미한다.
④ 현장 서비스는 서비스의 본질적인 것으로 고객이 업장에 들어오는 순간부터 현장 서비스가 본격적으로 진행된다.
⑤ 재고수준을 설정하고 수송 수단을 선택하며 주문처리 절차를 확립하는 등의 활동에 해당한다.

23 서비스의 대상별 분류기준 중 '생산자 서비스'에 해당하지 <u>않는</u> 것은?
① 음식숙박
② 광고
③ 법률
④ 회계
⑤ 디자인

24 관광 서비스의 정의 중 다음 〈보기〉의 설명에 해당하는 것은?

> 보기
> 수입 증대에 이바지하기 위한 종사원의 헌신, 봉사하는 자세와 업무에 대해 최선을 다하는 태도, 즉 '세심한 봉사 정신'을 뜻한다.

① 기술적 정의
② 활동적 정의
③ 구조적 정의
④ 기능적 정의
⑤ 비즈니스적 정의

25 리더십 이론에서 '피들러(Fiedler)'가 제시한 상황 이론의 상황 변수 중 성격이 <u>다른</u> 것은?
① 응집력
② 보상체계
③ 의사결정 구조
④ 리더의 권력
⑤ 과업의 난이도

2과목 – CS 전략론

01 서비스 청사진의 구성 요소 중 전화 예약 담당 직원, 주사약을 준비하는 간호사, 의료 폐기물 수거 담당 직원 등에 해당하는 요소는?

① 지원 프로세스
② 일선 종업원의 행동
③ 고객의 행동
④ 후방 종업원의 행동
⑤ 재구매 유도 행동

02 서비스 모니터링의 구성 요소 중 하나의 대상을 유사한 척도로 여러 번 측정하거나 한 가지 척도로 반복하여 측정하였을 때 일관성 있는 결과를 산출하는 정도를 의미하는 요소는?

① 신뢰성
② 차별성
③ 대표성
④ 접근성
⑤ 유용성

03 MOT 사이클 차트 분석 단계 중 서비스 표준안 작성 및 행동에 대한 설명으로 올바르지 않은 것은?

① 새롭게 만들어진 표준안은 고객 서비스 상황에서 단순한 업무적 대응뿐만 아니라 좀 더 세부적으로 고객에게 필요한 사항이 제공될 수 있도록 운영되어야 한다.
② 새로운 고객 접점 표준안대로 행동하고 있는지를 주기적으로 점검하고 미비한 부분에 대하여 보완하는 피드백이 있어야 한다.
③ 새로운 고객 접점 표준은 고객의 만족 여하에 따라 융통성이 고려되지 않도록 확고한 기준으로 정립되어야 한다.
④ 새로운 고객 접점 표준은 구체적이고 평가가 가능해야 한다.
⑤ 고객 접점 개선안에서 마련된 새로운 고객 서비스 행동 지침을 정리하여 고객 접점 표준안을 만든다.

04 서비스 마케팅과 관련해 '칼 알브레히트(Karl Albrecht)'가 제시한 '서비스 삼각형(Service Triangle)'에 대한 내용 중 '상호작용 마케팅'에 대한 설명으로 옳은 것은?

① 기업이 고객에게 제공할 서비스를 설계하고, 가격을 결정하며, 분배 및 촉진하기 위해 행하는 모든 업무에 해당한다.
② 경영자가 기업 서비스 약속을 이행할 수 있도록 서비스 제공 종사원을 지원하는 활동이다.
③ 기업의 서비스 약속을 종업원, 대리인 등이 제대로 지키는 과정을 의미하는 것으로 고객에게 서비스를 제공하는데 있어 구성원의 역량이 매우 중요하다.
④ 서비스를 제공하기 이전에 고객과 커뮤니케이션하는 모든 것으로 기업이 고객의 기대를 형성하고 고객과 약속하는 활동을 말한다.
⑤ 서비스 제공 종사원이 고객과 약속한 서비스를 제공할 능력과 의지를 가질 수 있도록 교육 및 동기부여, 장비와 기술 확충 등을 실시하는 행위를 말한다.

05 확장된 마케팅믹스 '7Ps' 중 'Price'에 해당하지 않는 것은?

① 거래조건
② 표준 가격
③ 할인
④ 공제
⑤ 판매 촉진

06 '코틀러(Kotler)'가 제시한 시장 세분화의 요건에서 다음 〈보기〉의 설명에 해당하는 것은?

| 보기 |
| 세분 시장은 개념적으로 구분될 수 있으며 마케팅믹스 요소와 프로그램에 대해 서로 다르게 반응해야 한다.

① 행동 가능성
② 동질성
③ 측정 가능성
④ 접근 가능성
⑤ 차별화 가능성

07 소비자의 선택 기준이 품질, 성능 및 혁신적인 특성에 있다고 가정하고 '마케팅 근시안(Marketing Myopia)'을 초래할 가능성이 있는 마케팅 개념은?

① 투자 개념
② 관리 개념
③ 가치 개념
④ 제품 개념
⑤ 자원 개념

08 소비재 시장에서 가능한 시장 세분화 방법 중 '심리 분석적 변수'는?

① 가격 민감도
② 직업과 소득
③ 라이프 스타일(Life Style)
④ 제품구매 빈도
⑤ 제품의 사용량

09 서비스 수익 체인의 구성과 관련해 외부의 표적시장을 의미하는 요소에 해당하지 <u>않는</u> 것은?

① 재(再)구매
② 고객 유지
③ 긍정적 구전(口傳)
④ 정보제공 및 커뮤니케이션
⑤ 주위 권유

10 다음 〈보기〉의 ( )에 들어갈 용어로 적절한 것은?

┤보기├

누구나 좋아하는 장난감을 눈앞에 두고 한 그룹에는 그 장난감을 가지고 놀면 안 된다고 부드럽게 말하고 다른 한 그룹에는 절대로 가지고 놀아서는 안 된다며 단호하게 말했다. 그 결과 부드럽게 말을 들었던 그룹의 아이들은 별로 그 장난감을 가지고 놀고 싶어 하지 않았다는 결과를 얻게 되었다. 단호하게 말을 들은 아이들은 엄격하게 금지당했기 때문에 장난감을 가지고 놀 수 없었다며 자신의 행동을 정당화 할 수 있는 반면 부드럽게 말을 들은 아이들은 자신의 행동을 정당화 할 수 있을 만큼 딱 부러진 이유를 찾을 수 없기 때문에 ( )(이)가 생겨 장난감에 대한 매력이 줄어들 수밖에 없었던 것이다.

① 방위적 노출
② 라벨링 효과
③ 인지적 불협화
④ 내면 심리 조화
⑤ 맨털 리허설

11 소비자의 쇼핑 습관을 기준으로 한 소비재 분류에서 다음 〈보기〉의 설명에 해당하는 것은?

┤보기├

제품의 시장 노출과 포장이 구매에 촉진적인 역할을 하며 사전 계획이나 정보탐색의 노력 없이 구입하는 제품 유형을 말한다.

① 충동제품
② 긴급제품
③ 필수제품
④ 비탐색품
⑤ 선매품

12 '마이어(Myers)'가 제시한 양질의 의료 서비스 조건과 관련해 다음 〈보기〉의 내용에 해당하는 것은?

> **보기**
> 지리적, 재정적, 사회문화적 이유로 이용자에게 필요한 의료 서비스를 제공하는 데 있어 장애를 받아서는 안 되며, 모두가 양질의 의료 서비스를 편리하게 이용할 수 있도록 해야 한다.

① 조정성
② 지속성
③ 지향성
④ 접근성
⑤ 효율성

13 'SERVQUAL'의 5가지 품질에 따른 차원별 설문 내용 중 '응답성(Responsiveness)'에 해당하지 않는 것은?

① 안심하고 거래하기 위한 안전 확보
② 직원이 바쁠 때도 소비자의 요구에 신속한 대응
③ 업무처리 시간의 알림
④ 즉각적인 서비스 제공
⑤ 자발적으로 소비자를 도와주려는 태도

14 서비스 회복 시 'e-서비스 품질(Service Quality)' 차원 중 고객에게 문제가 발생하였을 경우 적절한 정보를 제공할 수 있는 능력, 온라인 보증을 제공할 수 있는 능력, 환불 절차 등에 해당하는 요소는?

① 응답성
② 전략적 경영
③ 실시간 접촉
④ 서비스 증거
⑤ 배상 및 보상

15 권한위임의 이점(利點)에 대한 설명으로 올바르지 않은 것은?

① 열정적이고 우호적인 분위기에서 혁신적인 아이디어를 개발할 수 있다.
② 종사원의 태도와 행위변화를 유도하여 직무 만족을 증대시키고 역할 분담과 역할 모호성을 감소시킬 수 있다.
③ 내부 마케팅의 실행 요소로서 서비스 품질과 고객 만족에 큰 영향을 미친다.
④ 의사결정에 대한 일선 부서의 자율성이 확대될 경우 상층부의 공식적인 통제가 약화하여 수평적인 조직 문화를 선도할 수 있다.
⑤ 고객의 요구에 더욱 유연하게 대응할 수 있다.

16 서비스 산업에서 품질이 낮은 이유에 대한 설명으로 올바르지 않은 것은?

① 서비스 생산성 및 효율성에 대한 지나친 강조
② 동시성으로 인한 품질관리의 어려움 존재
③ 다양한 서비스 제공의 경우에 실수 발생 가능성 존재
④ 서비스에 대한 재작업, 소환, 실수의 개선 등의 요구에 민감
⑤ 서비스 수준이 높지 않을 것으로 예상하는 고객의 존재

17 '주란(Juran)'이 제시한 서비스 품질 분류 차원이 아닌 것은?

① 서비스 시간과 신속성
② 사용자의 눈에 보이는 하드웨어적 품질
③ 사용자의 눈에 보이지 않는 내부적 품질
④ 사용자의 눈에 보이는 소프트웨어적 품질
⑤ 사용자의 눈에 보이지 않는 하드웨어적 품질

18 다음 〈보기〉의 설명에 해당하는 서비스 품질 측정 모형은?

―보기―
'SERVQUAL' 모델이 우리나라 상황에 적합하지 않다고 보고 2000년 한국표준협회(KSA)와 서울대학교 경영연구소가 공동 개발한 모델로써, 기업의 서비스 품질 수준을 정확하게 평가하고 개선 과제를 도출하여 지속적인 품질 관리를 할 수 있도록 대한민국 서비스 산업과 소비자의 특성을 반영한 종합지표이다.

① NPS
② NCSI
③ KCSI
④ ACSI
⑤ KS-SQI

19 마케팅 조사 시 '정량(Quantitative) 조사' 기법을 적용해야 하는 경우가 아닌 것은?

① 소비자 특성별 니즈 구조와 차이 파악
② 시장 경쟁상황 및 소비자 태도와 행동 파악
③ 각 상표의 포지셔닝 파악
④ 시장 세분화 및 목표시장 선정
⑤ 예비적 정보의 수집

20 고객가치 분석을 위해 'RFM 기법'을 사용할 경우, 해당 분석에 필요한 요소는?

① 구매요인, 구매빈도, 구매금액
② 구매시점, 구매사유, 구매금액
③ 구매위험, 구매빈도, 구매금액
④ 구매시점, 구매빈도, 구매금액
⑤ 구매시점, 구매빈도, 구매태도

21 다음 〈보기〉의 계획수립 기법 중 예측 기법에 해당하는 유형을 모두 선택한 것은?

―보기―
가. MBO   나. 벤치마킹
다. 상황대응 계획법   라. 시나리오 계획법
마. 참여적 계획수립   바. 외부조직 계획법

① 가, 나
② 가, 나, 다
③ 가, 나, 다, 라
④ 다, 라
⑤ 다, 라, 바

22 다음 〈보기〉의 내용에 해당하는 마케팅 유형은?

―보기―
기업이 환경, 보건, 빈곤 등과 같은 사회적인 이슈를 기업의 이익 추구를 위해 활용하는 것으로 1984년 미국 아메리칸익스프레스가 소비자들이 신용카드를 사용할 때 얻는 수입의 일부를 자유의 여신상 복원에 기부한 프로젝트가 대표적인 사례로 꼽힌다.

① 레트로 마케팅
② 코즈 마케팅
③ 넛지 마케팅
④ 플래그쉽 마케팅
⑤ 티저 마케팅

23 제품에 관한 소비자의 관여 수준에 따른 유형 중 고(高)관여도 관점으로 올바르지 않은 것은?

① 소비자는 정보탐색자이다.
② 소비자는 목표지향적인 정보처리자이다.
③ 집단의 규범과 가치는 제품 구매에 중요하지 않다.
④ 소비자는 능동적 수신자이기 때문에 태도 변경을 위한 광고의 효과는 약하다.
⑤ 소비자는 기대 만족을 극대화하려고 노력하며 최선의 선택을 위해 다수의 속성을 검토한다.

24 '고객경험관리(CEM)'의 특징에 대한 설명으로 올바르지 않은 것은?

① 고객 상호작용의 순간, 즉 '접점'에서부터 시작된다.
② 내부 지향적이며 운영 지향적이다.
③ 고객이 기업에 대해 생각하고 느끼는 것을 파악한다.
④ 고객의 기대와 경험 간의 차이가 있는 곳에 제품이나 서비스를 위치시켜 판매하는 선행적 성격이 강하다.
⑤ 기업에 대한 고객 경험을 향상시키기 위해 시스템과 기술 및 단순화된 프로세스를 활용한다.

25 다음 〈보기〉의 대화에 해당하는 가격책정 정책은?

┤보기├
- 아내: 여보, 우리 동네에 '○○마트'라고 새로 들어온 거 알아요?
- 남편: 아니, 처음 들어요.
- 아내: 글쎄, 거기 왕통치킨이라고 치킨 한 마리를 8,000원에 판매한대요. 전단지 보니까 할인 상품도 많은 거 같아요.
- 남편: 잘됐네요. 그럼 이번 주말에 꼭 가 봅시다.

① Mark-up 전략
② Loss Leader 전략
③ Odd Pricing 전략
④ Price Lining 전략
⑤ Prestige Pricing 전략

3과목 - 고객관리 실무론

01 효과적인 경청을 위한 방안에 해당하지 않는 것은?

① 중요한 내용이나 요점을 기록한다.
② 주의를 고객에게 집중한다.
③ 고객의 말을 가로막지 않는다.
④ 비판하거나 평가하지 않는다.
⑤ 고객에게 계속 반응을 보이는 것은 부담이 될 수 있으므로 주의해야 한다.

02 '중간보고'가 필요한 경우가 아닌 것은?

① 결과나 전망이 보일 때
② 현재 상황이 확정적일 때
③ 업무기 완료되기까지 상당한 시간이 걸릴 때
④ 지시한 방침, 방법으로는 불가능할 때
⑤ 작업을 진행하는 데 있어 곤란한 문제가 발생했을 때

03 콜센터 조직 구성과 관련해 다음 〈보기〉의 내용에 해당하는 구성원은?

┤보기├
상담원의 상담 내용을 모니터링 하여 평가하고 관리, 감독을 통해 통화품질을 향상시키는 업무를 수행한다.

① CA
② TA
③ QAA
④ 유니트 리더
⑤ 텔레컨설턴트

04 스크립트(Script)에 대한 설명이 아닌 것은?
① 효과적인 스크립트는 고객의 니즈를 파악하여 일관된 흐름에 따라 대화가 진행되어야 한다.
② 고객의 상황 변화에 따라 탄력적으로 운영되지 않도록 주의해야 한다.
③ 대화를 어떻게 이끌어갈 것인지 그 순서를 도식화한 것이다.
④ 상담원이 고객과 텔레마케팅 대화를 이끌어 가는 데 필요한 일종의 역할연기 대본이다.
⑤ 고객 응대를 기본으로 작성된 가상의 시나리오이다.

05 콜센터 모니터링 방법 중 'Silent Monitoring'의 단점이 아닌 것은?
① 즉각적인 피드백이 어렵다.
② 고객과 상담원 간의 자연스런 상호작용이 관찰되기 어렵다.
③ 콜을 대기하는 비생산적인 시간이 발생하며 비효율적이다.
④ 해당 모니터링의 목적에 대해 충분히 전달되지 못할 경우 상담원은 'Big Brother'의 공포가 생길 수 있다.
⑤ 감시당하는 느낌을 받을 수 있다.

06 다음 〈보기〉의 설명에 해당하는 화법은?

┌ 보기 ┐
고객이 해당 제품에 대하여 변명을 하거나 트집을 잡을 경우, 트집을 잡은 내용이 장점이라고 설득하여 제품을 구입하게 하는 화법을 의미한다.
└──────┘

① 양자택일법
② 쿠션 화법
③ 부메랑 화법
④ 칭찬 화법
⑤ 침묵 화법

07 비즈니스 용무로 인한 방문 시 가져야 될 매너에 해당하지 않는 것은?
① 응접실을 안내받아 앉아서 대기하던 중 상대방이 들어올 경우 바로 일어나서 인사를 건네도록 한다.
② 설사 방문의 목적이 달성되지 않았다 하더라도 실망하는 내색을 보이지 않고 정중히 인사를 나누는 것이 예의이다.
③ 면담 시 대화가 진행되는 중이라 하더라도 팔을 들어 착용 중인 손목시계를 확인하는 것이 크게 예의에 어긋나지 않는다.
④ 사무실을 방문할 경우 가급적 바쁜 시간을 피해서 미리 약속 시간을 잡도록 한다.
⑤ 방문 시간에 여유 있게 도착하여 미리 화장실에서 용모와 복장을 점검하는 것이 좋다.

08 '개방형 질문(Open Question)'에 대한 설명으로 올바른 것은?
① 고객이 이미 어떤 대답을 할지 알고 있을 경우 시도할 수 있는 질문 유형이다.
② 고객의 입을 통해 확인받는 질문 유형이다.
③ 고객이 적극적으로 이야기하게 함으로써 고객의 니즈(Needs)를 파악할 수 있다.
④ 단순한 사실 또는 몇 가지 중 하나를 선택하게 하여 고객의 욕구를 파악할 수 있도록 한다.
⑤ 화제를 정리하고 정돈된 대화를 할 수 있다.

09 다음 〈보기〉의 (가)와 (나)에 들어갈 적절한 단어를 고른 것은?

┌─ 보기 ─────────────────────────────┐
│ 컴플레인은 '가슴을 치다'라는 의미로 상대방의 잘못된 │
│ 행위에 대한 불만 사항 통보로 주의 정도의 (가)이며, │
│ (가)한 감정 상태를 표현하는 것이다. 이는 행동 또는 │
│ 내부의 조치에 의해 즉시 해결될 수 있다. 흔히 컴플레인 │
│ 은 고객이 상품을 구매하는 과정 또는 구매한 상품에 관하 │
│ 여 품질, 서비스 등을 이유로 (나)을/를 제기하는 것으 │
│ 로 종종 발생하는 사항이다. │
└────────────────────────────────────┘

① (가): 불만족, (나): 불만
② (가): 불편, (나): 불편감
③ (가): 불만, (나): 불편
④ (가): 불편, (나): 불만
⑤ (가): 불만족, (나): 불편감

10 멘토(Mentor)의 역할에 대한 설명이 아닌 것은?

① 같은 조직에 있는 사람이 아니라 외부 전문가를 통해서만 수행토록 한다.
② 멘토의 역할은 일생을 거칠 만큼 장기적일 수도 있고, 반면에 단기적일 수도 있다.
③ 팀원이 원할 때 또는 프로세스 상 필요할 때 지원할 수 있다.
④ 업무 또는 사고에 있어 의미 있는 변화를 일으키게 해주는 조언자이다.
⑤ 전문적이고 구체적인 지식이나 지혜를 가지고 도움을 주는 내용 전문가이다.

11 다음 〈보기〉의 ( )에 해당하는 용어가 바르게 나열된 것은?

┌─ 보기 ─────────────────────────────┐
│ 미국의 심리학자인 앨버트 메라비언은 상대방과의 의사소 │
│ 통에서 전달되는 정보의 양이 (가)인 요소가 55%, (나) │
│ 인 요소가 38%, (다)인 요소가 7%로 형성된다고 제시 │
│ 하였다. │
└────────────────────────────────────┘

① (가): 시각적, (나): 언어적, (다): 청각적
② (가): 청각적, (나): 시각적, (다): 언어적
③ (가): 청각적, (나): 언어적, (다): 시각적
④ (가): 시각적, (나): 청각적, (다): 언어적
⑤ (가): 언어적, (나): 시각적, (다): 청각적

12 올바른 인사 예절로 보기 어려운 것은?

① 상사와 사외 인사를 복도에서 함께 만났을 경우 멈추어서서 정중하게 인사한다.
② 일반적으로 복도에서 상사와 만났을 때는 멈추지 않고 한쪽 옆으로 비켜서서 가볍게 인사한다.
③ 인사를 하기 가장 좋은 시기는 6~8보 정도의 거리에서이다.
④ 일반적으로 30보 이내에서 준비하는 것이 좋다.
⑤ 측방이나 갑자기 만났을 경우는 생략해도 무방하다.

13 전통적인 '공수법(拱手法)'에 대한 설명으로 올바르지 않은 것은?

① 흉사(凶事) 시, 남자는 왼손을 위로 하여 두 손을 가지런히 모아서 잡는다.
② 남자와 여자의 손 위치는 다르다.
③ 평상(平常)시, 여자는 오른손을 위로 하여 두 손을 가지런히 모아서 잡는다.
④ 평상(平常)시와 흉사(凶事) 시의 손 위치는 다르다.
⑤ 흉사(凶事) 시, 여자는 왼손을 위로 하여 두 손을 가지런히 모아서 잡는다.

14 비즈니스 상황에서 필요한 명함 교환 예절에 대한 설명으로 올바르지 않은 것은?

① 앉아서 대화를 나누다가도 명함을 교환할 때는 일어서서 건네는 것이 좋다.
② 목례를 하며 가슴선과 허리선 사이에서 건넨다.
③ 명함은 상대방이 바로 볼 수 있도록 건넨다.
④ 명함에 모르는 한자(漢字)가 있을 경우 직접 질문하는 것은 예의에 어긋나므로 용무가 끝난 후 별도로 찾아보는 것이 좋다.
⑤ 상대방이 2명 이상일 경우, 연장자에게 먼저 건네는 것이 좋다.

15 악수 예절에 대한 설명으로 올바르지 않은 것은?

① 악수를 하면서 허리를 숙이지 않는 것이 원칙이지만, 우리나라의 경우 관례상 공손함을 표현하는 의미에서 예외적으로 허용되기도 한다.
② 국가원수, 왕족, 성직자 등은 보편적 악수 예절에 예외가 허용될 수 있다.
③ 부부 동반 행사나 모임일 경우 남성이 상대 배우자인 여성과 친분이 있을 때 악수를 먼저 청하더라도 크게 실례가 되지 않는다.
④ 우리나라의 경우 연장자가 연소자에게 먼저 권하는 것이 보편적이다.
⑤ 남성이 상사일 경우라 하더라도 여성 직원에게 악수를 먼저 청하는 것은 실례가 된다.

16 국제 비즈니스 에티켓과 관련해 테이블 매너 시 유의사항이 아닌 것은?

① 식사 중에는 담배를 피우지 않는 것이 좋다.
② 음식이 담긴 식기에 직접 입을 대고 먹지 않는다.
③ 식사 중에 손으로 머리나 귀, 코 등을 만질 경우 손으로 빵을 먹을 때 비위생적일 수 있기 때문에 되도록 자제하는 것이 좋다.
④ 테이블에서 화장을 고치는 것은 예의에 어긋나므로 주의해야 한다.
⑤ 종업원을 부를 때는 손을 높이 들고 소리 내어 부르는 것이 예의이다.

17 MICE 산업의 분류 중 조직이 구성원의 성과에 대한 보상과 동기부여를 위해 비용의 전체 또는 일부를 조직이 부담하는 포상관광으로 상업용 숙박시설에서 1박 이상 체류하는 것에 해당하는 유형은?

① Tour
② Exhibition
③ Incentive Travel
④ Convention
⑤ Meeting

18 「소비자기본법」 제25조에 명시된 '소비자정책위원회의 기능'에 대한 내용이 아닌 것은?

① 정책위원회는 소비자의 기본적인 권리를 제한하거나 제한할 우려가 있다고 평가한 법령·고시·예규·조례 등에 대하여 중앙행정기관의 장 및 지방자치단체의 장에게 법령의 개선 등 필요한 조치를 권고할 수 있다.
② 정책위원회는 제4항에 따라 통보받은 이행계획을 검토하여 그 결과를 공표할 수 있다.
③ 중앙행정기관의 장 및 지방자치단체의 장은 제2항에 따른 권고를 받은 날부터 3개월 내에 필요한 조치의 이행계획을 수립하여 정책위원회에 통보하여야 한다.
④ 정책위원회는 제2항에 따른 법령의 개선 등 필요한 조치를 권고한 날부터 15일 내에 중앙행정기관의 장 및 지방자치단체의 장에게 관련 권고에 대한 검토의견서를 제출받아야 한다.
⑤ 정책위원회는 업무를 효율적으로 수행하기 위하여 정책위원회에 실무위원회와 분야별 전문위원회를 둘 수 있다.

19 「소비자기본법」에 명시된 '소비자단체의 업무(제28조)'에 대한 내용이 아닌 것은?

① 물품 등의 규격·품질·안전성·환경성에 관한 시험·검사 및 가격 등을 포함한 거래조건이나 거래 방법에 관한 조사·분석
② 소비자의 불만 및 피해를 처리하기 위한 상담·정보제공 및 당사자 사이의 합의 조정·심의
③ 소비자의 교육
④ 소비자 문제에 관한 조사·연구
⑤ 국가 및 지방자치단체의 소비자의 권익과 관련된 시책에 대한 건의

20 소비자단체소송을 제기할 수 있는 비영리민간단체가 갖추어야 할 요건에 해당하지 <u>않는</u> 것은?

① 실제 동일 침해를 입은 30인 이상의 소비자로부터 단체소송의 제기를 요청받을 것
② 중앙행정기관에 등록되어 있을 것
③ 정관에 소비자 권익증진을 단체의 목적으로 명시할 것
④ 소비자 권익증진을 위해 최근 3년 이상 이를 위한 활동 실적이 있을 것
⑤ 단체의 상시 구성원 수가 5천명 이상일 것

21 '와이블(Weible)'의 개인정보의 유형 중 음주량, 흡연 여부, 여가활동, 선호하는 스포츠 및 오락 등에 해당하는 것은?

① 개발정보
② 포괄정보
③ 일반정보
④ 선택정보
⑤ 습관 및 취미정보

22 「개인정보 보호법」 제39조(손해배상책임)에 명시된 배상액 산정에 따른 고려 사항이 아닌 것은?

① 위반행위로 인하여 입은 피해 규모
② 개인정보처리자가 정보주체의 피해구제를 위하여 노력한 정도
③ 위반행위에 따른 벌금 및 과징금
④ 개인정보처리자의 재산상태
⑤ 고의 또는 손해 발생을 기획·의도한 정도

23 「개인정보 보호법 시행령」에 명시된 공공기관의 개인정보 보호 책임자 지정 요건에 해당하는 것은?

① 정무직공무원을 장(長)으로 하는 국가기관: 4급 이상 공무원
② 고위공무원, 4급 공무원 또는 그에 상당하는 공무원 이상의 공무원을 장으로 하는 국가기관: 5급 이상 공무원
③ 시·도 및 시·도 교육청: 4급 이상 공무원
④ 시·군 및 자치구: 5급 공무원
⑤ 국회, 법원, 헌법재판소, 중앙선거관리위원회의 행정사무를 처리하는 기관과 중앙행정기관: 고위공무원단에 속하는 공무원

24 '앤드라고지(Andragogy)' 학습의 주요 내용(기본전제)에 해당하지 <u>않는</u> 것은?

① 학습자가 독립적 성향을 지닌다.
② 학습에 대하여 내재적 동기를 지닌다.
③ 표준화된 교육과정을 학습할 수 있다.
④ 학습자의 풍부한 경험을 자원으로 활용할 수 있다.
⑤ 실제 적용 위주의 학습 프로그램을 구성할 수 있다.

25 프레젠테이션 자료 제작 시 슬라이드 디자인 원리 중 '명료성(明瞭性)'에 대한 설명은?

① 공간을 느끼게 하고 입체감을 준다.
② 구성 요소들이 전체적으로 하나라고 생각되도록 배치한다.
③ 내용의 배열에 흐름이 있도록 한다.
④ 이해하기 쉽도록 내용을 단순화한다.
⑤ 심미적으로 좋은 배치가 되도록 한다.

| 제3회 |

시험시간	문제 수	맞은 개수
1시간 15분	75문항	1과목:　문항 / 25문항 2과목:　문항 / 25문항 3과목:　문항 / 25문항

* 과목별 맞은 개수가 10문항 미만 시 과락
* 과락 없이 총 45문항 이상 맞으면 합격

〈 응시자 유의사항 〉

1. 실제 시험에서는 시험지 표지에 본인의 수험번호와 성명을 기재합니다.
2. 시험지의 총 면수, 문제번호와 인쇄 상태 및 중복, 누락된 페이지가 없는지 확인하시기 바랍니다.
3. 답안은 각 문제마다 요구하는 가장 적합하거나 가까운 답 1개만을 선택하여야 합니다.
4. 답안 카드(샘플)는 교재의 뒤 쪽에 실려있으며 답안 카드 작성 시 마킹에 유의합니다.
5. 실제 시험의 모범 답안은 시험 일자의 다음 날 14:00부터 (사)한국정보평가협회 홈페이지의 [공지사항]을 통해 확인할 수 있습니다.

1과목 – CS 개론

01 다음 〈보기〉의 내용은 올리버가 기대 불일치 이론을 뒷받침하기 위해 제시한 이론이다. 이에 해당하는 이론은?

> 보기
> 기대는 불일치 및 만족에 영향을 미치고, 성과에의 기대 수준이며, 기대 현상에서 나타나는 요인들에 영향을 받는다.

① 동화 이론
② 대조 이론
③ 순응 이론
④ 설득 이론
⑤ 비교수준 이론

02 고객만족 결정의 5가지 요소 중 제공된 서비스에 만족 또는 불만족하였을 경우 그 이유를 분석하는 것에 해당하는 요소는?

① 고객감정
② 공평성의 지각
③ 제품 또는 서비스의 특징
④ 다른 고객, 가족 구성원, 동료
⑤ 서비스의 성공 및 실패의 원인에 대한 귀인

03 '슈메너(Schmenner)'가 제시한 서비스 프로세스 매트릭스의 내용 중 '서비스 샵(Shop)'과 관련성이 없는 것은?

① 높은 상호작용
② 낮은 노동집중도
③ 높은 개별화 서비스
④ 병원, 수리 센터 등의 업종
⑤ 변호사, 컨설턴트, 회계 등의 업종

04 다음 〈보기〉의 내용 중 고객 만족의 주요 3요소에 해당하지 않는 것을 모두 선택한 것은?

> 보기
> 가. 그린웨어   나. 하드웨어
> 다. 서비스웨어 라. 소프트웨어
> 마. 휴먼웨어

① 가, 나
② 가, 다
③ 나, 다
④ 다, 라
⑤ 다, 마

05 서비스 기업이 고객 만족경영의 혁신에 실패하는 요인이 아닌 것은?

① 전사적 합의점 도출 실패
② 혁신에 필요한 물적 · 인적 자원의 부족
③ 기회 포착의 실패
④ 기업 측면의 지나친 비용절감 강조
⑤ 고객 접점 종사자의 인식 변화

06 노드스트롬(Nordstrom) 백화점의 기본 경영 원칙에 해당하지 않는 것은?

① 구색(Selection)
② 가치(Value)
③ 서비스(Service)
④ 합리성(Rationality)
⑤ 품질(Quality)

07 구전(口傳)의 개념에 대한 설명으로 올바르지 않은 것은?

① 특정 주제에 관하여 고객들의 직·간접적인 개인적 경험에 대해 긍정적, 혹은 부정적인 내용의 정보를 비공식적으로 교환하는 의사소통이다.
② 영향력의 특성과 관련된 개인 혹은 집단 간의 영향력을 말한다.
③ 구전은 특히 언어적 커뮤니케이션에 한정되어 나타나는 특징이 있다.
④ 구전은 개인들의 경험에 기초한 대면 커뮤니케이션이다.
⑤ 고객이 이해관계를 떠나서 자신의 직·간접 경험을 비공식적으로 교환하는 활동 혹은 행위를 의미한다.

08 제품 구매나 사용 시 소비자가 지각하는 위험 요인 중 구매한 상품이 준거집단으로부터 부정적으로 평가를 받을 수 있는 위험은?

① 신체적 위험
② 심리적 위험
③ 재무적 위험
④ 사회적 위험
⑤ 시간상실의 위험

09 '고객'에 대한 일반적인 정의가 아닌 것은?

① 기업과 직, 간접적으로 거래하고 관계를 맺는 모든 주변인을 의미한다.
② 기업이나 조직에 고객 생애 가치의 실현으로 수익을 창출해 줄 수 있는 사람을 일컫는다.
③ 물건을 사러 오는 사람으로 한 번의 구매와 상호작용을 통해 형성된다.
④ 단골고객은 높은 친밀감과 애용가치를 가지고 있다.
⑤ 접촉이나 반복구매를 한 적이 없는 사람은 고객이 아니라 구매자에 불과하다.

10 고객 유형 중 제품이나 서비스를 구매하기보다 평판, 심사, 모니터링 등에 영향을 미치는 집단으로 소비자 보호단체, 기자, 평론가, 전문가 등에 해당하는 것은?

① 법률 규제자
② 가치구매 고객
③ 의견선도 고객
④ 시장기대 고객
⑤ 가치중심 고객

11 '성격유형지표(MBTI)'의 선호 경향 중 '내향형'에 대한 설명으로 올바른 것은?

① 깊이 있는 대인관계를 유지하며 조용하고 신중하며 이해한 다음에 경험한다.
② 사람과 관계에 큰 관심을 두고 상황적이며 정상을 참작한 설명을 한다.
③ 목적과 방향은 변화할 수 있고 상황에 따라 일정이 달라지며 자율적이고 융통성이 있다.
④ 진실과 사실에 큰 관심을 두고 논리적이고 분석적이며 객관적으로 판단한다.
⑤ 분명한 목적과 방향이 있으며 기한을 엄수하고 철저히 사전 계획하고 체계적이다.

12 고객관계관리(CRM)의 개념에 대한 설명으로 올바르지 않은 것은?

① 고정고객 확보보다 신규고객 창출에 중점을 둔다.
② 시장 점유율보다는 고객점유율을 우선시한다.
③ 선별된 고객으로부터 수익을 창출하고 장기적인 고객관계를 가능하게 한다.
④ 고객과의 관계를 바탕으로 평생 고객가치를 극대화한다.
⑤ 고객에게 가장 적합한 제품을 알맞은 시기에 최적의 채널로 제공하여 더욱 많은 가치를 창출한다.

13 '머튼(Merton)'이 제시한 인간관계 부적응 유형 중 문화적 목표는 수용하지만, 제도적 수단은 포기하는 것은?

① 혁신형
② 반역형
③ 동조형
④ 패배주의형
⑤ 의례주의형

14 대인지각 왜곡유형에 대한 설명으로 올바르지 않은 것은?

	종류	내용
①	후광효과	개인이 가진 지능, 사교성, 용모 등과 같은 특성 중 하나에 기초하여 인상을 형상화하는 것
②	투영효과	판단함에 있어 자신과 비교하여 남을 평가하는 경향
③	초두효과	판단함에 있어 처음 주어진 정보에 더 큰 비중을 두는 경향
④	최근효과	판단함에 있어 최근에 제공된 정보에 더 큰 비중을 두는 경향
⑤	중심화 경향	집단 특성에 근거하여 판단하는 경향

15 '스탠리 브라운(Stanley Brown)'이 제시한 성공적인 CRM(고객 관계관리) 구현 단계에 관한 내용이 아닌 것은?

① 관련된 모든 부서를 참여시킨다.
② 인터페이스, 데이터 전환, 데이터 전송에 유의한다.
③ 기업의 다른 전략 과제들과 조율한다.
④ 구현의 수익성을 고려한다.
⑤ 가시적인 성과보다 과정에 초점을 맞춘다.

16 고객 관계관리(CRM)의 실패 요인 중 의미 없는 데이터 베이스 자료가 아닌 것은?

① 평생 단 한 번 구매하는 제품
② 단위당 판매가 많은 경우
③ 정보 수집에 큰 비용이 드는 경우
④ 장기적 타산이 맞지 않는 경우
⑤ 상표에 대한 충성심을 보이지 않는 제품

17 '교류분석(TA)'의 기본 개념에 대한 설명으로 올바르지 않은 것은?

① 미국의 정신과 의사인 '에릭 번(Eric Berne)'에 의해 창안된 이론이다.
② 사회비평과 구조주의에 기반을 두고 있다.
③ 개인의 성장과 변화를 위한 체계적인 심리 치료법이며 성격 이론이다.
④ 초기에는 집단 치료에 이용되었으나 점차 개인 상담이나 개인 치료로 확대되었다.
⑤ 상호 반응하고 있는 인간 사이에서 이루어지고 있는 교류를 분석하는 방법을 의미한다.

18 e-CRM 성공을 위한 '고객 창출 전략'에 해당하는 것은?

① 리마인드 서비스(Remind Service)
② 인센티브 서비스(Incentive Service)
③ 개인화 서비스(Personalize Service)
④ 커뮤니티 서비스(Community Service)
⑤ 어드바이스 서비스(Advice Service)

19 다음 〈보기〉의 내용과 같이 서비스를 정의한 학자는?

  ┤보기├
  서비스란 고객 만족을 제공하려는 고객접촉 인력이나 장비의 상호작용 결과 일어나는 활동, 또는 일련의 활동으로 소비자에게 만족을 제공하는 것을 말한다.

① 주드(Judd)
② 레티넨(Lehtinen)
③ 베리(Berry)
④ 블루아(Blois)
⑤ 라스멜(Rathmell)

20 '크리스토퍼(Christopher)'가 제시한 고객 서비스의 3단계 중 '거래 후 서비스'에 해당하는 것은?

① 주문의 편리성
② 명시된 회사의 정책
③ 시스템의 유연성
④ 수리 중 일시적 제품 대체
⑤ 기술적 서비스

21 '쇼스택(Shostack)'이 제시한 서비스의 유형성 스펙트럼에서 다음 〈보기〉의 ( )에 들어갈 내용의 연결이 올바르지 않은 것은?

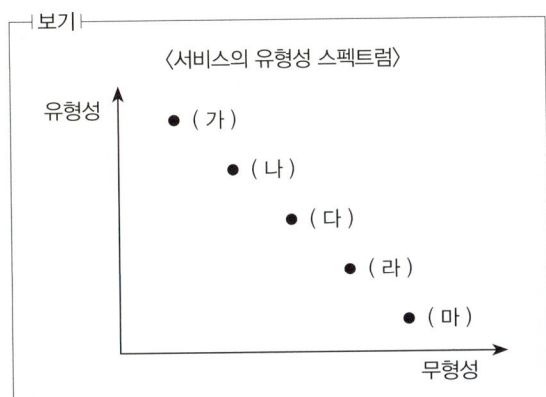

① (가) - 소금
② (나) - 세제
③ (다) - 자동차
④ (라) - 광고대행사
⑤ (마) - 청량음료

22 다음 〈보기〉의 설명에 해당하는 관광 서비스의 정의는?

┤보기├
관광기업이 기업 활동을 하면서 관광객의 요구에 맞추어 소유권의 이전 없이 제공하는 상품인 무형적 행위 또는 편익의 총체를 말한다.

① 구조적 정의
② 기술적 정의
③ 활동적 정의
④ 기능적 정의
⑤ 비즈니스적 정의

23 '알더퍼(Alderfer)'가 제시한 ERG 이론에 대한 설명으로 올바르지 않은 것은?

① 상위 욕구의 계속된 좌절은 낮은 수준의 욕구로 귀환토록 한다고 주장하였다.
② ERG 이론은 알더퍼가 매슬로우와 허츠버그의 이론을 확장한 것이라 할 수 있다.
③ 욕구는 체계적으로 정돈될 수 있고 낮은 수준의 욕구와 높은 수준의 욕구 간에 근본적인 차이가 있다고 주장하였다.
④ 매슬로우의 욕구 체계론에 대한 설명력과 경험적 타당성을 개선하기 위해 제안되었다.
⑤ 여러 욕구가 동시에 발생할 수 없으며, 하위 단계의 욕구가 하나씩 만족할 경우 다음 단계의 욕구가 순차적으로 발생한다고 주장하였다.

24 '서번트 리더십(Servant Leadership)'의 역할이 아닌 것은?

① 조직 구성원에게 만족을 제공하기 위해 봉사하는 것이다.
② 지배성에 대한 강한 욕구는 리더가 부하들에게 영향력을 행사할 수 있도록 동기화시키는 역할을 한다.
③ 고객 만족을 실현하는 사람은 조직 구성원이다.
④ 고객 만족을 위해서는 조직 구성원 개개인을 내부고객으로 인식해야 한다.
⑤ 서비스 기업에서 고객 만족경영, 서비스 경영의 필요성을 인식해야 한다.

25 서비스 기업과 일반 제조 기업의 차이에 대한 설명으로 올바르지 않은 것은?

① 진입장벽이 상대적으로 낮다.
② 내부고객을 우선하여 만족시켜야 한다.
③ 수요의 변동이 거의 발생하지 않는다.
④ 규모의 경제를 실현하기 어렵다.
⑤ 고객 충성도 확보가 핵심이다.

2과목 – CS 전략론

01 역할 또는 관점이 서로 다른 사람들이 무형의 서비스를 객관적이고 쉽게 이해할 수 있도록 서비스 시스템을 명확하게 나타내는 그림 또는 지도를 일컫는 용어는?

① Service Blueprint
② Fishbone Diagram
③ Man-Machine Chart
④ MOT Chart
⑤ 6 sigma

02 '고객의 소리(VOC; Voice Of Customer)'의 장점이 아닌 것은?

① 고객과의 관계를 개선하고 유지할 수 있다.
② 1차 자료보다 느리지만 기업의 일부 채널을 통해 집중적인 자료수집이 가능하다.
③ 고객의 요구와 기대의 변화를 파악할 수 있다.
④ VOC를 통해 예상 밖의 아이디어를 얻을 수 있다.
⑤ CRM의 한계를 극복하여 데이터를 통한 분석이 아닌 고객의 실제 성향 파악을 가능하게 한다.

03 MOT 사이클 차트 분석 1단계(서비스 접점 진단하기)의 3가지 측면과 예시의 연결이 올바르지 않은 것은?

① 휴먼웨어 – 서비스 기준 이행
② 소프트웨어 – 상품 구색 및 진열
③ 하드웨어 – 편리성
④ 하드웨어 – 품질
⑤ 소프트웨어 – 처리 속도

04 'SWOT' 분석 단계 중 내적 환경 분석과 관련해 내부 강점 요인으로 판단할 수 있는 근거에 해당하는 것은?

① 탄탄한 마케팅 조직
② 뒤떨어진 기술
③ 경제 호황
④ 낮은 연구 개발비
⑤ 극복하기 어려운 경쟁자 출현

05 확장된 마케팅믹스 '7Ps' 중 'People'의 내용이 아닌 것은?

① 직원 훈련
② 고객 교육
③ 고객 행동
④ 고객 개입 및 접촉
⑤ 공중 관계(Public Relation)

06 '서비스 패러독스(Service Paradox)'의 발생 원인이 아닌 것은?

① 서비스의 인간성 상실
② 기술의 복잡화
③ 서비스의 표준화
④ 서비스의 이질화
⑤ 종업원 확보의 악순환

07 서비스 실패 처리에서 고객이 기대하는 공정성 유형 중 종사원의 친절, 배려, 사과 등 서비스 제공자의 응대 태도에 해당하는 것은?

① 고객지향적 공정성
② 상호작용 공정성
③ 분배적 공정성
④ 절차적 공정성
⑤ 긍정적 공정성

08 애프터서비스(After Service) 품질 차원의 영향 요인이 아닌 것은?

① 정책
② 처리시간
③ 전문성과 기술
④ 직원의 태도와 행동
⑤ 공식적 훈련 프로그램

09 다음 〈보기〉에서 고도로 차별화된 개별적 서비스를 제공하는 리츠칼튼 호텔의 서비스 활용 사례에 해당하는 것을 모두 선택한 것은?

│보기│
가. 고객 기호 카드
나. 고객 코디네이터
다. 고객인지 프로그램
라. 고객 이력 데이터베이스

① 가, 나
② 가, 나, 다
③ 가, 나, 다, 라
④ 나, 다
⑤ 나, 다, 라

10 서비스 수익 체인의 구조와 기능에 대한 설명으로 올바르지 않은 것은?

① 서비스 가치는 고객 만족을 유도한다.
② 내부 품질은 종업원 만족을 가져온다.
③ 고객 충성도는 수익성과 성장을 유발한다.
④ 종업원의 충성도는 경쟁사 유인을 유발한다.
⑤ 종업원 만족은 종업원 충성도를 유발한다.

11 내구성과 유형성 및 용도에 따른 소비재 분류 중 다음 〈보기〉의 설명에 해당하는 것은?

│보기│
• 보통 한 번 내지 두세 번 사용으로 소모되는 유형 제품을 말한다.
• 어떤 장소에서든 구매할 수 있으며 대량 광고를 통해 구매를 유도하고 선호도를 구축할 수 있는 제품이다.

① 공공재   ② 서비스
③ 자본재   ④ 비내구재
⑤ 내구재

12 의료기관의 특징에 대한 설명으로 올바르지 않은 것은?

① 의료 서비스라는 공적 영역을 수행하지만, 기본적으로 영리적 동기를 가진 이익 집단의 성격이 강하다.
② 병원은 다양한 사업과 프로그램을 개발하여 지역 주민과 국가가 원하는 요구를 충족시킬 수 있어야 한다.
③ 진료 서비스라는 복합적인 생산품이 형성되기 위해 타 직종 간의 상하 명령 전달 체계가 생기게 되고 이로 인해 이중적인 지휘체계가 형성될 수 있다.
④ 병원은 고도로 노동집약적 집단인 동시에 자본 집약적인 조직체라고 할 수 있다.
⑤ 진료 결과에 따른 신체적·정신적 효과를 명확하게 판별하기 어려우므로 생산된 서비스의 품질 관리나 업적 평가가 어려운 특성을 보인다.

13 '가빈(Garvin)'이 제시한 품질 구성의 8가지 차원 중 '제품이 가지고 있는 운영적인 특징'은?

① 특징
② 인지된 품질
③ 지속성
④ 성과
⑤ 심미성

14 내부 마케팅과 관련해 권한위임의 비용에 대한 설명으로 올바르지 않은 것은?

① 교육 훈련의 비용이 많이 든다.
② 고객이 공평한 대우를 받지 못했다고 생각할 수 있다.
③ 책임감 있는 정규직 종업원의 채용은 인건비가 절약되는 효과를 가져온다.
④ 서비스 제공이 더 느리고 서비스의 일관성이 낮아질 수 있다.
⑤ 직원이 무리한 의사결정을 할 수 있다.

15 '카노(Kano)' 품질 모형의 요소 중 충족되건 충족되지 않건 만족도 불만도 일으키지 않는 품질 요소는?

① 무관심 품질 요소
② 매력적 품질 요소
③ 당연적 품질 요소
④ 무차별 품질 요소
⑤ 일원적 품질 요소

16 '내부 마케팅(Internal Marketing)'에 대한 설명으로 올바르지 않은 것은?

① 외부 마케팅을 최우선으로 시행하고 이후 순차적으로 내부 마케팅을 시행하여야 한다.
② 기업의 CEO는 직원에게 적절한 수준의 재량권을 부여하여 고객에게 최상의 서비스가 제공될 수 있는 환경을 조성해야 한다.
③ 직원이 고객에게 최상의 서비스를 제공할 수 있도록 지원하고 교육하는 활동을 의미한다.
④ 서비스 품질 관리를 위해 직원에 대한 교육 및 훈련을 시행하고 동기부여를 높일 수 있도록 내부 직원을 대상으로 하는 마케팅 활동을 말한다.
⑤ 기업과 직원 간에 이루어지는 마케팅을 말한다.

17 고객 만족 측정 방법 중 '직접 측정'에 대한 설명으로 올바르지 않은 것은?

① 복수의 설문 측정 방법에서 측정 오차 문제를 해소하기 어려우므로 단일 문항 측정으로 한정하여 정의하기도 한다.
② 일반적으로 단일한 설문 항목 또는 복수의 설문 항목을 통해 만족도를 측정하는 방식을 말한다.
③ 직접 측정에 따라 종합 만족도를 구하고 있는 대표적인 조사로 ACSI, NCSI 등을 꼽을 수 있다.
④ 조사모델이 간명하며 하위 차원에 대한 만족도 결과를 합산할 때 발생하는 중복 측정의 문제를 방지할 수 있다.
⑤ 민간부문을 대상으로 하는 만족도 조사에서 가장 많이 사용되는 방식이라 할 수 있다.

18 자료수집을 위한 방법 중 '서베이법(Survey Method)'의 장점에 해당하지 <u>않는</u> 것은?

① 자료수집의 용이성
② 다양한 측면에서 차이 분석 가능
③ 탐사 방식에 의한 깊이 있는 질문 가능
④ 큰 규모의 표본과 일반화 가능성
⑤ 객관적 해석의 가능성

19 'SERVQUAL'의 5가지 GAP 모델 중 'GAP 1'이 발생하였을 경우, 그 원인으로 볼 수 <u>없는</u> 것은?

① 지나치게 많은 관리 단계
② 상향 커뮤니케이션의 결여
③ 업무에 적합하지 않은 종업원
④ 경영자가 고객의 기대 파악 실패
⑤ 마케팅 조사의 중요성에 대한 이해 부족

20 적용 범위에 따른 계획 수립 유형 중 다음 〈보기〉의 설명에 해당하는 것은?

보기
• 무엇을, 누가, 어떻게 해야 하는지에 대한 구체적이고 단기적인 의사결정 과정이다. • 중간 관리자 혹은 초급 관리자가 계획에 참여한다. • 부서별 연간 예산을 책정하거나 현재의 운영을 개선하기 위한 일련의 과정을 계획한다.

① 운영 계획
② 정보적 계획
③ 전술적 계획
④ 전략적 계획
⑤ 종합적 계획

21 가격책정 전략 중 기업이 신제품을 출시할 때 처음에는 경쟁제품보다 낮은 가격을 제시한 후 점차적으로 가격을 올리는 전략은?

① 정산가격 전략
② 침투가격 전략
③ 종속가격 전략
④ 할증가격 전략
⑤ 흡수가격 전략

22 '로렌트(Laurent)'와 '캐퍼러(Kapferer)'가 제시한 관여도 측정에 필요한 5가지 차원에 해당하지 <u>않는</u> 것은?

① 구매가 잘못될 가능성
② 부정적 결과의 중요성
③ 개인적 관심
④ 상징적 가치
⑤ 고통과 아픔의 가치

23 '고객경험관리(CEM)'의 특징에 대한 설명으로 올바르지 <u>않은</u> 것은?

① 기업에 대한 고객 경험을 향상하기 위해 시스템과 기술 및 단순화된 프로세스를 활용한다.
② 고객이 기업에 대하여 생각하고 느끼는 것을 파악한다.
③ 고객 중심적 프로세스이다.
④ 고객 상호작용의 순간, 즉 '접점'에서부터 시작된다.
⑤ 수요가 있는 제품들과 그렇지 않은 제품들을 묶어 교차 판매를 유도하는 후행의 성격을 지닌다.

24 '러브록(Lovelock)'이 제시한 보조 서비스의 8가지 유형 중 다음 〈보기〉의 설명에 해당하는 요소는?

> **보기**
> 고객의 요구사항에 대한 정확한 판단을 위해 고객과 대화를 하고 고객의 요구를 만족하는 해결책을 마련하는 것을 의미한다.

① 예외 사항 요소
② 지불 요소
③ 자문·상담 요소
④ 대금 청구 요소
⑤ 안전 유지 요소

25 성과 관리의 3단계 중 성과 검토 단계의 성과 향상을 위한 개입 방안으로 볼 수 <u>없는</u> 것은?

① 코칭
② 지도
③ 카운슬링
④ 교육 훈련
⑤ 직무 충실화

3과목 – 고객관리 실무론

01 다음 〈보기〉에서 전화응대의 3대 원칙을 찾아 모두 선택한 것은?

> **보기**
> 가. 실천   나. 자원   다. 정확
> 라. 안정   마. 신속   바. 친절

① 가, 나, 다
② 가, 다, 마
③ 가, 마, 바
④ 나, 라, 마
⑤ 다, 마, 바

02 '간접 존대'를 바르게 사용한 사례는?

① 이 제품이 이벤트 기간이기 때문에 훨씬 저렴하세요.
② 우리 사장님은 마음이 무척 넓으시다.
③ 죄송하지만 지금은 자리가 없으십니다.
④ 오늘이 납부 마감일이세요.
⑤ ○○○ 님 진료비는 삼천원이세요.

03 '앤톤(Anton)'이 제시한 콜센터 아웃바운드 성과지표에 해당하지 <u>않는</u> 것은?

① 1교대당 평균 매출
② 콜당 비용
③ 평균 통화 시간
④ 시간당 판매량
⑤ 판매 건당 비용

04 고객이 회사 또는 매장을 방문했을 때, 안내하는 방법에 대한 설명으로 올바르지 않은 것은?

① 나란히 걸을 때는 연장자가 오른쪽에 서도록 한다.
② 계단을 올라갈 때, 남성이 먼저 앞장선다.
③ 가방은 옆에 두고, 서류는 테이블 위에 올려 둔다.
④ 엘리베이터에 탑승할 때는 왼쪽 안쪽으로 고객을 유도한다.
⑤ 긴 의자는 직원용, 팔걸이 의자는 고객용이다.

05 다음 〈보기〉에서 콜센터 운영을 위한 스크립트(Script) 작성 원칙에 해당하는 것을 모두 선택한 것은?

┤보기├
가. 상황 대응
나. 상황 관리
다. 활용목적 명확화
라. 간단명료한 작성
마. 다양한 직무 훈련
바. 파트 타임 직원의 활용

① 가, 나, 다, 라
② 가, 나, 라, 바
③ 나, 다, 라, 마
④ 나, 라, 마, 바
⑤ 다, 라, 마, 바

06 녹음된 콜 샘플을 무작위로 선택하여 듣고 상담원 자신을 평가하는 콜센터 모니터링 기법은?

① Side-by-side Monitoring
② Call Taping
③ Local Monitoring
④ Group Monitoring
⑤ Remote Monitoring

07 '씽(Singh)'이 제시한 불평 고객의 유형 중 다음 〈보기〉의 설명에 해당하는 것은?

┤보기├
• 다른 유형의 사람들보다 더 높은 소외의식을 가지고 있다.
• 서비스 제공자를 비롯해 제3자에게도 불평을 하는 고객 유형이다.
• 모든 상황에서 평균 이상의 불평 성향이 있는 고객 유형이다.

① 격노자
② 표현 불평자
③ 적극적 행동자
④ 수동적 소비자
⑤ 소극적 불평자

08 굿맨의 법칙에 대한 설명으로 올바르지 않은 것은?

① 문제 처리에 불만을 품은 고객의 비호의적인 소문의 영향은 호의적인 고객의 소문에 비해 두 배나 강하게 판매를 방해하는 것으로 나타났다.
② 고객은 동일한 서비스와 제품이라 하더라도 상황에 따라 관심도에 차이가 있는 것으로 나타난다.
③ 소비자 교육을 받은 고객은 기업에 대한 신뢰도가 높아져 호의적인 소문의 파급 효과와 상품구입 의도가 높아지고 시장 확대에 공헌하는 것으로 나타났다.
④ 굿맨의 법칙은 고충의 사과와 고객만족도와의 관계를 의미 있게 설명하고 있다.
⑤ 불만 고객 중 문제를 제기하고 그 문제해결에 만족한 고객은 문제를 제기하지 않은 고객에 비해 재거래율이 매우 높게 나타났다.

09 다음 〈보기〉의 내용에 해당하는 질문 기법의 유형은?

┤보기├
• 고객의 니즈를 정확하게 파악할 수 있다.
• 고객의 답변에 초점을 맞춘다.
• 처리해야 할 사항을 확인받을 수 있다.

① 개방형 질문
② 통제형 질문
③ 판단형 질문
④ 선택형 질문
⑤ 확인형 질문

10 판매자 측의 잘못으로 발생하는 고객 불만의 원인이 아닌 것은?
① 잘못된 애프터서비스
② 무성의한 접객 행위
③ 고객에 대한 직원의 인식 부족
④ 상품 지식의 결여로 인한 정보 제공의 미흡
⑤ 할인, 교환, 거래 중단 등의 핑계로 제기되는 악의적인 불만

11 다음 〈보기〉의 설명에 해당하는 효과는?

> 보기
> 첫인상이 좋지 않게 형성되었다고 할지라도, 반복해서 제시되는 행동이나 태도가 첫인상과는 달리 진지하고 솔직하게 되면 점차 좋은 인상으로 바뀌는 현상을 뜻한다.

① 최근 효과
② 최신 효과
③ 빈발 효과
④ 맥락 효과
⑤ 부정성 효과

12 인사의 종류와 관련해 '정중례'를 해야 할 경우에 해당하는 것은?
① 부서 직원을 대표해 사내 대회의실에서 임원에게 표창장을 받는 경우
② 아버지의 고향 친구이신 어른을 만났을 경우
③ 다른 부서에서 근무하는 입사 동료를 만났을 경우
④ 사무실에 출근하여 상사에게 인사를 할 경우
⑤ 사람들이 길게 줄을 서 있는 구내식당에서 직장 선배를 만났을 경우

13 인사에 대한 설명으로 올바르지 않은 것은?
① 인사는 상대방을 위한 것이라기보다 궁극적으로 나 자신을 위한 것이다.
② 낯선 환경에서 인사를 잘함으로써 상대방에게 호감과 신뢰감을 형성할 수 있게 한다.
③ 반드시 인사말을 함께 해야 하며, 상체를 너무 빠르게 움직이면 정중하고 예의 바른 느낌이 들지 않으므로 주의하여야 한다.
④ 윗사람에게 인사할 때에는 2~5m 가량 앞에서 해야 하며 너무 바싹 다가서는 것은 가는 길을 방해하는 때도 있어 바람직하지 않다.
⑤ 정중례를 할 때는 입을 벌리고 치아를 내보이며 웃는 표정을 지으면 좋다.

14 국제 비즈니스 에티켓과 관련해 올바른 식사 예절에 대한 설명으로 올바르지 않은 것은?
① 규모가 큰 레스토랑을 이용할 경우 사전에 미리 예약을 하는 것이 일반적이다.
② 서양의 경우 부부가 동반했을 때는 사각 테이블을 기준으로 서로 마주 보고 앉는 것이 일반적이다.
③ 식사 주문 시 메뉴판에 모르는 음식이 있을 때 음식에 대해 웨이터에게 물어보는 것은 크게 예의에 어긋나지 않는다.
④ 테이블의 상석은 연령이나 직위를 기준으로 하되 직위보다는 연령을 우선으로 해야 한다.
⑤ 중요한 비즈니스와 관계된 경우 옷차림에 격식을 갖추어 참석하는 것이 예의이다.

15 사회 문화에 따른 구성원의 가치관과 행동의 연관성을 설명하기 위해 '홉스테드(Hofstede)'가 제시한 '문화 차원 이론'의 5가지 범주에 해당하지 않는 것은?
① 남성성 대 여성성
② 불확실성 회피지수
③ 장기지향성 대 단기지향성
④ 개인주의 대 집단주의
⑤ 언론공정지수

16 비즈니스 상황에서 지켜야 할 전자우편(e-mail) 네티켓에 대한 설명으로 올바른 것은?

① 수신자의 동의에 상관없이 유머 메일 또는 정보성 메일을 통해 상대방과의 유대감을 강화하는 것이 중요하다.
② 첨부 파일의 경우 바이러스 감염의 위험성이 있으므로 압축하지 않고 원본 상태로 발송하는 것이 원칙이다.
③ 상세한 정보를 전달하기 위해 첨부 파일은 용량에 상관없이 모든 경우에 예외를 두지 않고 발송하여야 한다.
④ 약어 및 속어 사용을 통해 더욱 명확한 의미가 전달될 수 있도록 한다.
⑤ 영어를 사용할 경우 모든 글자가 대문자로 된 것은 사람에게 큰소리로 외치는 것과 비슷한 느낌을 주기 때문에 주의하여야 한다.

17 MICE 산업의 분류 중 '기업 회의'를 의미하며 10인 이상의 참가자가 교육, 아이디어 및 정보 교환, 사회적 네트워크 형성, 토론 등 다양한 목적을 갖고 참여하여 4시간 이상 진행되는 회의는?

① Tour
② Meeting
③ Convention
④ Exhibition
⑤ Incentive Travel

18 다음 〈보기〉의 내용과 같이 소비자에 대하여 정의한 학자는?

─┤보기├─
소비자란 개인적인 용도에 쓰기 위하여 상품이나 서비스를 받는 사람을 의미한다.

① 폰 히펠(Von Hippel)
② 가토 이치로(Gato Ichiro)
③ 클라우스 슈밥(Klaus Schwab)
④ 타케우치 쇼우미(Takeuchi Shoumi)
⑤ 이마무라 세이와(Imamura Seiwa)

19 「소비자기본법」의 내용 중 다음 〈보기〉의 ( )에 들어갈 내용이 아닌 것은?

─┤보기├─
국가는 물품등의 잘못된 소비 또는 과다한 소비로 인하여 발생할 수 있는 소비자의 생명·신체 또는 재산에 대한 위해를 방지하기 위하여 다음 각 호의 어느 하나에 해당하는 경우에는 광고의 내용 및 방법에 관한 기준을 정하여야 한다.
1. ( ) 등을 광고하는 때에 허가 또는 공인된 내용만으로 광고를 제한할 필요가 있거나 특정 내용을 소비자에게 반드시 알릴 필요가 있는 경우
― 소비자기본법 제11조(광고의 기준) ―

① 용도
② 성분
③ 성능
④ 품질보증 기간
⑤ 규격 또는 원산지

20 'OJT(On the Job Training)'의 단점이 아닌 것은?

① 구체적이고 실제적인 교육 훈련이 불가능하다.
② 상급자의 능력에 지나치게 좌우될 염려가 있다.
③ 학습자가 교육 내용을 자신의 주 업무와 관련이 없다고 생각할 경우 시간 낭비가 될 수 있다.
④ 현장에 교육을 방해하는 소음 등의 방해물과 안전사고 발생의 가능성이 존재한다.
⑤ 고가의 장비를 사용하다가 고장이 나면 전체 생산에 지장을 초래할 수 있다.

21 소비자 분쟁 조정위원회의 위원에 임명 또는 위촉되기 위한 자격 조건에 해당하지 않는 것은?

① 사업자 또는 사업자단체 임원의 직에 있거나 있었던 자
② 대학이나 공인된 연구기관에서 부교수 이상 또는 이에 상당하는 직에 있거나 있었던 자로서 소비자권익 관련 분야를 전공한 자
③ 변리사, 감정평가사, 회계사 자격이 있는 자
④ 4급 이상의 공무원 또는 이에 상당하는 공공기관의 직에 있거나 있었던 자로서 소비자권익과 관련된 업무에 실무경험이 있는 자
⑤ 소비자단체 임원의 직에 있거나 있었던 자

22 「개인정보 보호법」에 명시된 '개인정보 보호 원칙(제3조)'에 대한 설명으로 올바르지 않은 것은?

① 개인정보 처리방침 등 개인정보의 처리에 관한 사항을 공개하여야 하며, 열람 청구권 등 정보 주체의 권리를 보장하여야 한다.
② 개인정보의 실명 처리를 원칙으로 하고 익명으로 처리되지 않도록 기술과 방안을 강구하여야 한다.
③ 정보 주체의 사생활 침해를 최소화하는 방법으로 개인정보를 처리하여야 한다.
④ 개인정보의 처리 목적을 명확하게 하여야 하고 그 목적에 필요한 범위에서 최소한의 개인정보만을 적법하고 정당하게 수집하여야 한다.
⑤ 개인정보의 처리 방법 및 종류 등에 따라 정보 주체의 권리가 침해받을 가능성과 그 위험 정도를 고려하여 개인정보를 안전하게 관리하여야 한다.

23 의전(儀典)의 '5R(원칙)'이 아닌 것은?

① Reference
② Reflect
③ Rank
④ Right
⑤ Respect

24 프레젠테이션 구성과 관련해 '전개 단계(본론)'에 대한 설명으로 올바르지 않은 것은?

① 보조자료를 잘 준비하여 적절히 사용한다.
② 내용 조직은 논리적으로 체계화되어 설명할 수 있어야 한다.
③ 부차적인 점을 강조하여 중요한 핵심 내용을 무의미하게 만들지 말아야 한다.
④ 동기부여와 관련된 내용은 본론단계에서 중점적으로 조명하되 도입단계에서 미리 언급되지 않도록 주의한다.
⑤ 본론의 마지막, 즉 종결단계로 넘어가기 전에 질문받는 시간을 마련하여 청중의 의문점을 해소시켜 주는 것이 좋다.

25 프레젠테이션을 목적에 따라 분류할 경우 '정보적 프레젠테이션'의 유형에 해당하는 것은?

① 작용적 프레젠테이션
② 서술적 프레젠테이션
③ 의례적 프레젠테이션
④ 경향적 프레젠테이션
⑤ 동기부여적 프레젠테이션

제4회

시험시간	문제 수	맞은 개수
1시간 15분	75문항	1과목: 문항 / 25문항 2과목: 문항 / 25문항 3과목: 문항 / 25문항

* 과목별 맞은 개수가 10문항 미만 시 과락
* 과락 없이 총 45문항 이상 맞으면 합격

〈 응시자 유의사항 〉

1. 실제 시험에서는 시험지 표지에 본인의 수험번호와 성명을 기재합니다.
2. 시험지의 총 면수, 문제번호와 인쇄 상태 및 중복, 누락된 페이지가 없는지 확인하시기 바랍니다.
3. 답안은 각 문제마다 요구하는 가장 적합하거나 가까운 답 1개만을 선택하여야 합니다.
4. 답안 카드(샘플)는 교재의 뒤 쪽에 실려있으며 답안 카드 작성 시 마킹에 유의합니다.
5. 실제 시험의 모범 답안은 시험 일자의 다음 날 14:00부터 (사)한국정보평가협회 홈페이지의 [공지사항]을 통해 확인할 수 있습니다.

1과목 - CS 개론

01 고객만족(CS)과 관련해 다음 〈보기〉의 ( ) 안에 들어갈 학자의 이름은?

┌─보기─────────────────────────┐
( )은(는) 고객의 포괄적인 감정을 프로세스화하여 고객만족을 설명하였으며, 고객의 사용 전 기대와 사용 후 성과를 평가한 결과로 고객만족을 이해하였다.
└──────────────────────────────┘

① 올슨(Olsen)
② 올리버(Oliver)
③ 뉴먼(Newman)
④ 앤더슨(Anderson)
⑤ 웨스트브룩(Westbrook)

02 '워너(Weiner)'가 제시한 '귀인 이론(Attribution Theory)'의 범주화 체계 중 어떤 원인이 일시적인지, 영원한 것인지, 실수에 의한 것인지 또는 반복적인 것인지에 대하여 그 원인에 대한 추론을 의미하는 것은?

① 안정성
② 교환성
③ 통제성
④ 집중도
⑤ 인과성의 위치

03 '데이비드 마이스터(David Maister)'가 제시한 대기 관리의 기본 원칙에 대한 내용으로 올바르지 않은 것은?

① 혼자 기다리는 대기시간이 더 길게 느껴진다.
② 불확실한 기다림이 더 길게 느껴진다.
③ 원인이 설명되지 않은 대기시간이 더 길게 느껴진다.
④ 프로세스 이전의 기다림이 프로세스 내의 기다림보다 길게 느껴진다.
⑤ 서비스의 가치가 높다고 해서 고객이 기다림을 감수하지는 않는다.

04 품질기능 전개(QFD) 분석 도구 중 '품질의 집(HOQ)' 구성요소가 아닌 것은?

① 설계품질
② 설계특성
③ 고객 요구와 중요도
④ 설계특성의 상관관계
⑤ 조직 관리 시스템 재구축

05 '피쉬본 다이어그램(Fishbone Diagram)'의 원인분석 요인(Branch)으로 보기 어려운 것은?

① 산업 - Industry
② 운영 - Management
③ 환경 - Environment
④ 사람 - People
⑤ 과정 - Process

06 우리나라 고객만족경영의 1990년대(성장기) 변화와 흐름에 관한 내용이 아닌 것은?

① 데이터베이스 마케팅기법 국내 최초 도입
② 내부고객, 외부고객을 동시에 중시
③ 고객관계관리 시스템(CRM)과 A/S제도 도입
④ 자율적, 적극적 태도
⑤ 전사적 고객 만족경영 체제 개념 도입

07 '마이네트'가 제시한 고객만족경영 도입 배경의 중요성에 대한 설명으로 올바르지 <u>않은</u> 것은?

① 시장의 성숙화로 경쟁사보다 더 우수한 제품과 서비스를 개발하여 고객의 욕구를 충족시켜야 한다.
② 소비자의 욕구가 다양해지고 빠르게 변화하고 있다.
③ 소비자가 직접 소비자 문제에 적극적으로 참여하여 대응하려는 소비자 주권의식이 확산되었다.
④ 소수의 과점시장에서 다원적 경쟁시장으로 시장 구조가 변화하면서 글로벌 경쟁시대가 도래되었다.
⑤ 소비행위의 변화로 인해 소프트웨어적인 요소보다 하드웨어적인 요소가 중요한 요인으로 작용되고 있다.

08 노드스트롬(Nordstrom) 백화점의 경영 방식 중 외부 고객 만족을 위한 정책이 <u>아닌</u> 것은?

① 다양한 제품 구색
② 동기부여와 인센티브
③ 개인별 고객 수첩의 활용
④ 조건 없는 반품 수용 정책
⑤ 매력적인 쇼핑 환경의 제공

09 고객충성도 사다리 모델에서 상품의 지속적인 구매를 넘어 주변 사람들에게 자사 제품을 적극적으로 권유하는 고객 유형에 해당하는 것은?

① 잠재고객
② 가망고객
③ 신규고객
④ 핵심고객
⑤ 옹호고객

10 '그레고리 스톤'의 고객 분류 중 다음 〈보기〉의 내용에 해당하는 것으로 올바른 것은?

┌보기┐
- 특화되고 차별화된 서비스 요구
- 고객 특성 파악과 적절한 특화 마케팅이 고객 유지의 필수조건

① 편의적 고객
② 경제적 고객
③ 개인적 고객
④ 본위적 고객
⑤ 윤리적 고객

11 고객 행동의 영향 요인 중 문화의 특성에 대한 설명으로 올바르지 <u>않은</u> 것은?

① 문화는 점진적으로 변화하는 동태성을 갖는다.
② 문화는 태어날 때부터 타고나거나 본능적으로 형성되는 것이다.
③ 신념이나 가치 또는 관습이 문화적 특성으로 인정받기 위해서는 대다수 구성원에 의하여 공유되어야 한다.
④ 사회구성원들에 의하여 공유된 관습은 유지되기를 바라고 다음 세대로 계승되기를 바란다.
⑤ 사람의 일상적인 생활은 규범에 따라 생리적, 사회적, 개인적 욕구 해결의 방향 및 지침이 되고 아울러 외부사회 집단의 압력에 의한 연대성을 갖게 된다.

12 다음 〈보기〉의 ( ) 안에 들어갈 내용으로 올바르지 <u>않은</u> 것은?

┌보기┐
준거집단이란 개인의 태도와 행동에 직접적 또는 간접적으로 영향을 미치고 개인에게 행동의 지침을 제공하는 집단을 의미하는 것으로 1차 준거집단의 대표적인 사례로는 ( ) 등을 들 수 있다.

① 친지
② 친구
③ 가족
④ 학교
⑤ 이웃

13 성격유형지표(MBTI)의 4가지 선호 경향에 대한 설명 중 다음 〈보기〉의 설명에 해당하는 것은?

　보기
　육감 내지 영감에 의존하며 미래지향적이고 가능성과 의미를 추구하며 신속, 비약적으로 일을 처리한다.

① 감정형
② 사고형
③ 감각형
④ 판단형
⑤ 직관형

14 고객관계관리(CRM)의 장점에 대한 설명으로 올바르지 않은 것은?

① 가격이 아닌 서비스를 통해 기업경쟁력을 확보할 수 있다.
② 고객 채널의 이용률을 개선함으로써 개별 고객과의 접촉을 최대한 활용할 수 있다.
③ 고객이 창출하는 부가가치에 따라 마케팅 비용을 사용하는 것이 가능하다.
④ CRM의 도입 비용 대비 확실하게 그 효과를 장담할 수 있다.
⑤ 특정 캠페인의 효과 측정이 용이하다.

15 고객관계관리(CRM) 시스템 구축 5단계 중 다음 〈보기〉의 설명에 해당하는 것은?

　보기
　데이터웨어하우스(Data Warehouse), 백 오피스(Back Office)와 프론트 오피스(Front Office) 시스템, 전자상거래 등 새로운 커뮤니케이션 채널을 확립한다.

① 인프라 구축
② 기업의 특성에 맞는 고객전략 수립
③ 고객 유지를 위한 서비스와 피드백 관리
④ 데이터마이닝을 통한 고객 분석과 마케팅 실시
⑤ 고객 분석 결과를 실질적으로 판매과정에서 활용

16 e-CRM의 구성 요소 중 기업의 웹 사이트 또는 쇼핑몰 사이트에 인터넷 카페 등을 지원하거나 다양한 문화생활 정보 및 온라인 뉴스레터를 제공하는 활동은?

① e-Service
② e-Security
③ e-Sales
④ e-Community
⑤ e-Marketing

17 '넬슨 존스(R. Nelson Jones)'가 제시한 인간관계 심화 요인 중 다음 〈보기〉의 설명에 해당하는 것은?

　보기
　인간관계에서 보상이 서로 균형 있게 교류되는 것으로 긍정적 보상의 영역이 넓어지고 인간관계는 더 심화된다.

① 수용성
② 상호성
③ 구조성
④ 경험성
⑤ 원칙주의

18 대인지각 왜곡 유형 중 판단을 함에 있어 아주 나쁘다거나 아주 좋다거나 하는 판단을 기피하고 중간 정도인 것으로 판단하려는 경향을 보이는 유형은?

① 수용화 경향
② 관대화 경향
③ 중심화 경향
④ 양비론(兩非論)
⑤ 양시론(兩是論)

19 '해리스(Harris)'가 제시한 인간관계 유형 중 다음 〈보기〉의 설명에 해당하는 것은?

> **보기**
> 이 유형에 해당하는 사람들은 자신을 무가치하게 여기고 다른 사람들에게 의존하려는 욕구를 지니고 있다.

① I'm OK or not OK
② I'm OK – You're OK
③ I'm OK – You're not OK
④ I'm not OK – You're OK
⑤ I'm not OK – You're not OK

20 서비스에 대한 정의 중 코틀러(Kotler)가 제시한 이론에 해당하는 것은?

① 서비스는 행위(Deeds), 과정(Process) 그리고 그 결과인 성과를 의미한다.
② 서비스는 판매를 위해 제공되거나 연계되어져 제공되는 제 활동, 효익 혹은 만족을 의미한다.
③ 서비스는 한 재화의 형태에서 물리적 변화가 없이 편익과 만족을 낳는 판매에 제공되는 활동이다.
④ 어떤 사람이 상대방에게 제공할 수 있는 활동이나 혜택으로, 무형적이며 소유될 수 없는 것으로 물리적 생산물과 결부될 수도 있고 그렇지 않을 수도 있다.
⑤ 서비스는 거래 전(Before Service), 거래(On Service), 거래 후(After Service)로 구분한다.

21 크리스토퍼(Christopher)가 제시한 고객 서비스의 3단계 중 '거래 전 서비스'에 해당하는 것은?

① 제품 포장
② 설치와 수리
③ 제품 대체성
④ 재고품질 수준
⑤ 명시된 회사의 정책

22 고객은 서비스의 불확실성으로 인해 서비스를 받기 전에 서비스 증거를 원하며, 서비스 장소, 서비스 요원, 설비, 상징물, 가격 등을 통해 서비스 질을 추정한다. 이는 서비스의 어떤 특성 때문에 나타나는 현상인가?

① 무형성
② 다양성
③ 비분리성
④ 소멸성
⑤ 이질성

23 관광 종사자는 관광객 만족의 가장 중요한 요인으로 관광객과 상호작용하는 가운데에 나타나는 종사자의 태도로 나타난다. 이때 종사원의 태도와 행동에 미치는 요인이 아닌 것은?

① 지식
② 기술
③ 학력
④ 인성
⑤ 신체적 특성

24 유클(Yukl)은 관리자의 역할을 측정하는 설문지인 MPS(Managerial Practices Survey)라는 도구를 통해 14가지로 제시하였다. 다음 중 해당하지 않는 것은?

① 지원
② 위임
③ 모방
④ 멘토링
⑤ 문제해결

25 '참여적 리더십'의 단점에 대한 설명으로 올바르지 않은 것은?

① 참여에 따르는 시간이 소모된다.
② 책임 분산으로 인해 무기력해진다.
③ 집단의 지식과 기술 활용이 어렵다.
④ 타협에 의한 어중간한 결정에 도달한다.
⑤ 헌신적이고 선견지명(先見之明)을 가진 지도자를 찾기가 어렵다.

2과목 – CS 전략론

01 서비스 청사진을 통해 서비스의 효용성을 제공할 수 있는 경우로 올바르지 <u>않은</u> 것은?

① 서비스 수요 추정 시 예측 오류를 줄이고자 할 때
② 서비스 고객의 불평과 불만을 체계적으로 분석하고자 할 때
③ 고객 만족을 위해 서비스 시설 주변의 환경 개선 계획을 수립하고자 하는 경우
④ 호텔 객실이나 국제선 항공 좌석의 점유율을 제고하기 위한 전략계획을 수립하고자 할 때
⑤ 서비스 시설 내에서 고객의 동선 분석을 통해 서비스 생산성을 감소시키고자 할 때

02 다음 〈보기〉 중 '로버트 로터본(Robert Lauterborn)' 교수가 제시한 '4Cs'를 모두 선택한 것은?

┤보기├
가. Cost
나. Contact
다. Customer
라. Circulation
마. Convenience
바. Communication

① 가, 나, 다, 라
② 가, 나, 라, 마
③ 가, 다, 라, 마
④ 가, 다, 라, 바
⑤ 가, 다, 마, 바

03 다음 〈보기〉에서 설명하고 있는 서비스 모니터링 제도의 속성은?

┤보기├
서비스 품질 모니터링 제도의 활용이 의도한 효과를 내기 위해서는 모니터링 제도가 제대로 정립되어 있어야 한다. 특히 모니터링은 표본추출 테크닉이기 때문에 모니터링 대상 접점을 통하여 전체 접점 서비스의 특성과 수준을 추정할 수 있어야 한다.

① 객관성
② 신뢰성
③ 차별성
④ 대표성
⑤ 타당성

04 세분시장 유형 중 다음 〈보기〉의 설명에 해당하는 것은?

┤보기├
• 시장을 세분화한 후 모든 세분시장을 표적시장으로 선정하여 각 부분에 적합한 제품과 마케팅믹스를 투입하는 형태의 전략이다.
• 제품개발비, 생산비, 관리비, 재고관리비, 촉진 비용 등 비용증대를 유발하는 단점을 가진다.

① 제품 전문화 전략
② 시장 전문화 전략
③ 선택적 전문화 전략
④ 단일시장 집중 전략
⑤ 다수제품 전체시장 도달 전략

05 표적시장 선정을 위한 표적 마케팅 활동 중 '집중화 전략'에 대한 설명으로 올바르지 <u>않은</u> 것은?

① 소수의 작은 시장에서 높은 시장점유율을 달성하기 위한 전략이다.
② 기업의 자원이 제한되어 있지 않을 경우 주로 사용되는 방법이다.
③ 자사보다 큰 경쟁자가 동일시장에 진입할 경우 시장성을 잃을 수도 있다.
④ 기업의 목표 달성에 가장 적합한 하나 또는 소수의 표적시장을 선정하여 마케팅 활동을 집중하는 전략을 말한다.
⑤ 소비자의 기호나 구매 행동 변화에 따른 위험을 감수해야 할 수도 있다.

06 서비스 실패 처리에서 고객이 기대하는 공정성 유형 중 다음 〈보기〉의 설명에 해당하는 것은?

> 보기
> 고객의 서비스 실패에 대한 유형적 보상을 의미하는 것으로 교환 및 환불, 가격할인, 쿠폰 제공 등에 해당한다.

① 분배 공정성
② 참여 공정성
③ 가치 공정성
④ 절차 공정성
⑤ 상호작용 공정성

07 애프터서비스 품질 차원의 영향 요인 중 '편의성'과 관련된 내용이 아닌 것은?

① 내부 시설 배치
② 내부 편의시설
③ 접수 후 수리시간
④ 전화상담실 이용 편리성
⑤ 서비스센터 접근 용이성

08 고객인지 가치와 관련해 '세스(Sheth), 뉴먼(Newman), 그로스(Gross)'가 제시한 5가지 가치 유형에 해당하지 않는 것은?

① 정서 가치
② 상징 가치
③ 인식 가치
④ 사회 가치
⑤ 상황 가치

09 서비스 수익 체인을 이용하여 기업의 핵심 역량을 향상시키고 운영 단위를 지속해서 관리하기 위해 고려해야 할 사항으로 보기 어려운 것은?

① 측정한 결과에 대한 보상 개발
② 내부적 성공 사례에 대한 정보 공유
③ 성과 향상을 위한 행동 지침의 설계
④ 자체 평가한 결과에 대한 상호 의견 교환
⑤ 의사 결정 단위와는 별개로 서비스 수익 체인의 미래 예측 수준에 대한 전망

10 서비스 전달 시스템의 종류 중 '고객화 위주의 서비스 전달 시스템'에 대한 설명으로 올바르지 않은 것은?

① 고객의 욕구가 서로 다양하고 다르다는 점에 착안하여 서비스 전달 시스템을 설계한다.
② 보편적으로 사업 규모가 크고 사업내용이 복잡한 특성을 보인다.
③ 기능 위주의 전달 시스템보다 폭넓은 업무를 수행할 수 있다.
④ 일관되고 표준화된 서비스를 제공하기 어렵다.
⑤ 다양한 고객의 욕구를 충족시킬 수 있다.

11 '마이어(Myers)'가 제시한 양질의 의료 서비스 조건과 관련해 다음 〈보기〉의 설명에 해당하는 것은?

> 보기
> 양질의 의료 서비스를 위해 각 개인에게 제공되는 의료는 시간적·지리적으로 상관성을 갖고 적절히 연결되어야 한다.

① 조정성
② 효율성
③ 수요성
④ 적정성
⑤ 지속성

12 서비스 품질 측정이 어려운 이유에 대한 설명으로 올바르지 않은 것은?

① 서비스 전달이 완료되기 이전에는 검증되기가 어렵다.
② 서비스 품질은 주관적이기 때문에 객관화하여 측정하기가 어렵다.
③ 고객으로부터 쉽게 데이터를 수집할 수 있지만, 자료 해석에 어려움이 있다.
④ 고객이 서비스 프로세스의 일부이며, 변화를 일으킬 수 있는 요인이기 때문에 측정에 어려움이 있다.
⑤ 자원이 고객과 함께 이동하는 경우 고객이 자원의 변화를 관찰할 수 있어 서비스 품질 측정의 객관성이 저해된다.

13 '가빈(Garvin)'이 제시한 품질 구성의 8가지 차원 중 '심미성(審美性)'에 대한 설명으로 올바른 것은?

① 기업 혹은 브랜드의 명성에 해당한다.
② 제품이 가지고 있는 운영적인 특징을 말한다.
③ 특정 제품이 가지고 있는 경쟁적 차별성을 의미한다.
④ 사용자 감각에 흥미를 일으킬 수 있는 내용을 의미한다.
⑤ 제품이 고객에게 지속적으로 가치를 제공할 수 있는 기간을 말한다.

14 서비스 종사원의 역할 갈등과 관련해 '토마스(Thomas)'와 '킬만(Kilmann)'이 제시한 갈등 대처 유형 중 서로의 관심사를 모두 만족시키기 위해 문제의 본질을 집중적이고 정확하게 파악하여 문제 해결의 통합적 대안을 도출해 내는 유형은?

① 강요형　　② 회피형
③ 수용형　　④ 경쟁형
⑤ 협력형

15 고객 만족 측정 방법 중 '혼합 측정'에 대한 설명으로 올바르지 않은 것은?

① 간접 측정에서 빠질 수 있는 내용을 체감만족도를 통해 보완할 수 있다.
② 다양한 서비스 품질 차원을 고려한다는 점에서 컨설팅 차원의 정보를 제공할 수 있다.
③ 체감만족도와 차원 만족도를 합산하여 종합만족지수를 구할 경우 중복 측정 문제가 발생되지 않는다.
④ 체감만족도와 차원 만족도를 합산할 경우 그 구성 비율에 대한 이론적 근거와 경험적 연구가 부족하다.
⑤ 회귀분석과 같이 통계분석을 활용하여 각 차원의 가중치를 구하는 방식이 비교적 간단하고 실증적이라는 장점이 있다.

16 일반적으로 사용되는 조사 유형 중 '탐험조사'에 대한 설명으로 올바르지 않은 것은?

① 조사자가 주어진 문제에 대하여 잘 모를 경우 실시하는 조사 유형이다.
② 특정 그룹이나 제한된 숫자의 개인 인터뷰를 통한 예비조사를 실시하여 조사 목표를 수정하거나 재규정하는 데 사용한다.
③ 주로 정량조사에 의한 계량적인 방법이 사용된다.
④ 비정형적인 절차를 사용하여 자료 수집과 분석이 이루어진다.
⑤ 대표적인 조사 방법으로 심층면접, 표적집단면접법, 전문가의견조사, 문헌조사 등이 있다.

17 고객 만족 조사를 위한 자료수집 방법 중 '정성(Qualitative) 조사'에 대한 설명으로 올바르지 않은 것은?

① 정성조사란 소비자의 마음 안으로 들어가 그들을 이해하고 탐색하며 진단하는 조사 방법이다.
② 적은 인원의 사람을 대상으로 심층적인 내용의 자료수집이 가능하다.
③ 기본적으로 양적조사의 사후 단계에 조사가 진행되는 것이 원칙이다.
④ 소비자를 하나의 행동 개체인 인간의 관점에서 있는 그대로 바라보는 조사 방식이다.
⑤ 조사 결과에 대한 해석이 주관적이기 때문에 같은 조사에 대해 다른 결론이 도출될 수 있다.

18 거짓 고객충성도의 형성요인에 해당하는 것은?

① 품질만족 ② 가격
③ 기대   ④ 전환비용
⑤ 기업과 관계

19 'SERVQUAL'의 5가지 GAP 모델 중 'GAP 2'가 발생되었을 경우 해결방안으로 올바른 것은?

① 조직의 관리 단계 축소
② 종업원 업무 적합성 보장
③ 상향적 커뮤니케이션 활성화
④ 광고와 인적 판매의 정확한 약속 이행
⑤ 적절한 물리적 증거와 서비스 스케이프(Service Scape)

20 트렌드(Trend) 유형에 따른 설명 중 올바르지 않은 것은?

① 메타 트렌드(Meta Trend) - 트렌드 중에서 변화의 확산 속도가 가장 빠르고 그 과정이 중·장기적이며 복잡한 변화를 의미한다.
② 메가 트렌드(Mega Trend) - 10년 혹은 그 이상의 기간동안 개인, 사회, 세계적 삶을 형성하는 중요한 방향성을 의미한다.
③ 마이크로 트렌드(Micro Trend) - 소수의 열정적 집단이 동조하는 작은 변화를 의미한다.
④ 솔로비 트렌드(Slobby Trend) - '역 트렌드'라고도 불리며, 어떤 트렌드의 반작용으로 나타난 트렌드를 의미한다.
⑤ 패드(Fad) - 유행이라고 불리며 1~2년 혹은 한 계절 이내로 비교적 짧은 기간 존속하고 변화하는 것을 의미한다.

21 다음 〈보기〉의 설명에 해당하는 마케팅 유형은?

┤보기├
금융권에 따르면 최근 △△은행은 지난 15일 '오! 필승코리아 적금'을 출시했다. 이 상품은 축구 국가대표팀의 월드컵 성적에 따라 추가 금리를 제공하는 상품이다. △△은행은 이 상품을 홍보하면서 월드컵을 '○○○에서 개최되는 국제대회'로 표기했다. △△은행은 축구 국가대표팀의 공식 후원사이지만 피파(FIFA)의 비후원사인 만큼 월드컵이란 명칭을 사용할 수 없었기 때문이다. 일각에서는 이와 같이 공식 후원사가 아닌 기업이나 단체들이 대회와 직·간접적으로 연계된 것처럼 보이도록 하는 편법적인 마케팅에 대한 규제 강화를 요구하고 있다.

① PPL 마케팅   ② 버즈 마케팅
③ 바이럴 마케팅 ④ 노이즈 마케팅
⑤ 앰부시 마케팅

22 고객 분석을 위해 필요한 고객 세분화 유형의 분류 중 단일 기준에 따른 분류가 아닌 것은?
① 연령에 의한 세분화
② RFM에 따른 세분화
③ 지역에 따른 세분화
④ 상품에 의한 세분화
⑤ 구매액에 따른 세분화

23 '파라수라만(Parasuraman)'과 '그루얼(Grewal)'이 제시한 고객가치 구성 요소 중 금전적 희생을 통해 얻는 순이익이나 제품 또는 서비스를 취득하여 소비자가 얻는 이득에 해당하는 것은?
① 획득 가치
② 균형 가치
③ 우위 가치
④ 보완 가치
⑤ 실용 가치

24 '슈미트(Schmitt)'가 제시한 경험적 마케팅의 5가지 전략적 모듈 중 주로 기업과 브랜드 이름, 시각적 상징, 컬러, 사운드, 슬로건 등의 형식을 통해 경영자들이 기업이나 브랜드 아이덴티티(Identity)를 만들어 내고 유지하는 데 있어 강력한 도구로 활용되는 유형은?
① 관계적 경험
② 감각적 경험
③ 인지적 경험
④ 행동적 경험
⑤ 감성적 경험

25 수요변동에 맞추어 공급능력을 재조정하기 위해 너무 적은 수요가 발생될 경우 추진할 수 있는 방안이 아닌 것은?
① 과잉설비 매각
② 종업원 교육 또는 휴가
③ 종업원 감원 또는 해고
④ 시설 장비 유지관리 및 개보수
⑤ 하청 또는 아웃소싱(Out Sourcing)

3과목 – 고객관리 실무론

01 업무 수행과 관련해 명령을 받는 방법에 대한 설명으로 올바르지 않은 것은?
① 메모지를 준비해서 요점을 기록해 정리한다.
② 근거가 되는 데이터를 갖추고 다시 상사의 지시를 구한다.
③ 업무 지시에 대해 호명을 받으면 곧바로 '예'하고 대답한다.
④ 요점을 간단히 복창한 후에 능력, 시간, 내용 등을 잘 생각하여 수행토록 한다.
⑤ '5W 3H 원칙'이 아닌 '재진술의 법칙'을 사용하여 끝까지 잘 듣고, 모호한 점이 있을 경우 업무를 수행하는 중간에 질문하여야 한다.

02 콜센터의 생산성을 효율적으로 관리하기 위해 고려해야 할 사항이 아닌 것은?
① 우수한 상담원의 채용
② 상담원의 적절한 업무 배치
③ 상담원에 대한 지속적인 교육
④ 상담원의 재택근무 지원 및 혜택 금지
⑤ 상담원의 합리적인 평가와 이에 따른 보상

03 콜센터 업무 수행을 위한 스크립트 진행 과정에 대한 설명으로 올바르지 않은 것은?
① 도입단계 시 첫 인사가 끝나면 다음 단계로 회사와 상담원을 소개한다.
② 통화의 상대방이 본인이 맞는지 반드시 확인하고 난 이후 계속 상담을 진행해야 한다.
③ 상품에 대한 직접적인 설명보다 고객에 대한 서비스를 강조하며 접근하는 것이 유리하다.
④ 고객에 대한 정보를 토대로 상황에 맞는 상품을 제안하거나 고객에게 맞는 정보를 제공해주는 것이 전화 상담의 주요 포인트이다.
⑤ 고객의 구매가 이루어졌을 경우 자신의 선택이 잘못된 판단일 수 있다는 점을 반복하여 강조하는 것이 중요하다.

04 텔레마케터(TMR) 성과관리에 관한 설명으로 올바르지 않은 것은?

① 텔레마케터의 업무 수행 능력을 향상시키기 위해 지속적이고 개별적으로 지도, 강화, 교정하는 활동을 말한다.
② 모니터링을 통해 문제를 발견한 후 그 문제를 처리할 수 있는 능력을 개발시켜 준다.
③ 주로 통화품질관리자(QAA)의 모니터링과 슈퍼바이저의 코칭을 통해 이루어진다.
④ 성과관리 모니터링 방법 중 'QC(Quality Control)'는 잘된 점을 찾아 칭찬해 주는 유형을 말한다.
⑤ 사전 목표 설정과 실현을 위한 전략 및 사업 계획을 준비한다.

05 '클레임(Claim)'에 대한 설명으로 올바른 것은?

① 상대방의 잘못된 행위에 대한 불만사항 통보로 주의 정도의 불만족이다.
② 컴플레인과 클레임은 같은 것이다.
③ 행동 또는 자체 내부의 조치에 의해 즉시 해결될 수 있는 것이다.
④ 처리가 되지 않을 경우에는 고객에게 물질적·정신적 보상, 크게는 법적(공문)인 보상으로 해결해야 한다.
⑤ 클레임은 고객이 대단한 일로 상처를 받은 경우에 제기하는 것이고, 컴플레인은 사소한 것에 상처 받은 경우 제기하는 것이다.

06 불평하는 고객의 유형별 특징에 대한 설명으로 올바르지 않은 것은?

① 행동으로 불평하는 행동 불평자는 제3자에게 불평을 하려 하지는 않지만 불평해 봤자 들어 주지도 않는다는 소외의식을 소유한다.
② 소극적으로 불평하는 수동적 불평자는 어떤 조치를 취할 가능성이 가장 적은 고객의 유형이다.
③ 불평을 표현하는 표현 불평자는 제품이나 서비스 제공자에게 적극적으로 불평하고자 하는 고객의 유형이다.
④ 화내면서 불평하는 화내는 불평자는 기업에 두 번째 기회를 주지 않는 유형이다.
⑤ 행동으로 불평하는 행동 불평자는 극단적인 경우, '테러리스트'의 가능성이 있다.

07 다양한 상황에 따른 고객 불만 요인 중 카탈로그, 상품설명서, 인터넷 게시판 등에 대한 불만은?

① 인적 상황의 불만
② 시간적 상황의 불만
③ 금전적 상황의 불만
④ 물리적 상황의 불만
⑤ 정보적 상황의 불만

08 첫인상의 일반적인 특징에 대한 설명으로 올바르지 않은 것은?

① 첫인상은 처음 대면하여 대략 10초 이내에 결정되는 신속성의 특징을 보인다.
② 처음 전달된 첫 순간으로 결정되기 때문에 일회성의 특징을 지닌다.
③ 본인의 의지와는 상관없이 상대방에게 보이는 대로 판단되어진다.
④ 본인의 숨겨진 내면이나 성향을 전달하는 데 어려움이 있다.
⑤ 뒤에 들어온 정보가 처음 들어온 정보를 차단해 버리는 초두효과의 특성을 보인다.

09 비언어적 커뮤니케이션이 아닌 것은?

① 손짓
② 전문지식
③ 시선 맞추기
④ 신체 움직임
⑤ 물리적 거리

10 전통 예절에서 절의 종류 중 항렬(行列)이 같은 사람, 관직의 품계(品階)가 같을 경우 사용되는 것은?

① 행례 ② 초례
③ 공례 ④ 진례
⑤ 봉례

11 국제 비즈니스 매너를 위해 숙지해야 할 국가별 문화 특징에 대한 설명으로 올바르지 않은 것은?

① 영국은 승리를 나타내는 'V'자 사인을 할 경우 반드시 손등이 상대방을 향하도록 해야 한다.
② 일본은 쌍으로 이루어진 것이 행운을 가져다준다고 믿기 때문에 선물을 쌍으로 된 세트로 준비하는 것이 좋다.
③ 태국은 불교 국가로 불상과 승려를 신성시하며 왕가에 대한 존경심을 가지고 있기 때문에 이들을 욕되게 하는 언행을 하지 않도록 주의해야 한다.
④ 인도의 힌두교도는 소를 신성시하며 쇠고기를 먹지 않기 때문에 식사 메뉴 선정에 주의해야 한다.
⑤ 중국에서 박쥐는 행운을 전해주는 동물로 여긴다.

12 국제 비즈니스 에티켓과 관련해 테이블 매너 시 유의사항에 대한 설명으로 올바르지 않은 것은?

① 식사가 아직 끝나지 않았을 때는 나이프와 포크를 접시 위에 '팔(八)'자 모양으로 올려두도록 한다.
② 여성의 경우 테이블에서 화장을 고치더라도 예의에 어긋나지 않는다.
③ 큰 소리로 웨이터를 부르는 것은 예의에 어긋나므로 주의해야 한다.
④ 나이프에 음식이 묻었을 경우, 입에 가져가는 일은 예의에 어긋나므로 가급적 삼가는 것이 좋다.
⑤ 나이프나 포크가 떨어졌을 때는 본인이 줍지 말고 웨이터를 불러 가져가도록 한다.

13 '이메일(e-Mail)' 사용 예절에 대한 설명으로 올바르지 않은 것은?

① 메일을 보내는 자신의 신분을 밝혀 신뢰성이 떨어지거나 스팸메일로 오해받는 일을 줄여야 한다.
② 용량이 큰 첨부파일의 경우 상대방의 시간 소요가 많아지는 문제로 첨부파일은 꼭 필요한 경우에만 보내도록 한다.
③ 용량이 큰 파일이나 여러개의 파일은 다운로드 및 확인 소요시간 단축을 위해 개별파일로 첨부하여 발송한다.
④ 대다수의 비즈니스 메일은 빠른 답변을 원하기에 24시간 이내 답변을 보내도록 한다.
⑤ 유머 메일과 정보성 메일은 먼저 상대방의 수신 의향을 물어보고 보내는게 네티켓이다.

14 명함 교환 예절에 대한 설명으로 올바르지 않은 것은?

① 반드시 상대방보다 먼저 명함을 꺼내 준비하도록 한다.
② 목례를 하며 양손으로 공손하게 받는다.
③ 동시에 주고받을 때는 오른손으로 주고 왼손으로 받는 것이 좋다.
④ 혹시 모르는 한자가 있을 경우, 바로 물어봐도 실례가 되지 않는다.
⑤ 미팅이 진행될 경우, 상대방의 명함을 테이블 위에 올려 놓고 이야기를 하는 것은 실례가 되므로 주의한다.

15 다음 〈보기〉의 내용과 같이 소비자에 대하여 정의한 학자는?

┌ 보기 ┐
소비자란 국민 일반을 소비생활이라고 하는 시민 생활의 측면에서 포착한 개념이다.
└─────┘

① 폰 히펠(Von Hippel)
② 가토 이치로(Gato Ichiro)
③ 이마무라 세이와(Imamura Seiwa)
④ 우자와 히로후미(Ugawa Hirofumi)
⑤ 타케우치 쇼우미(Takeuchi Shoumi)

16 국제소비자기구가 제시한 소비자의 5대 책무에 포함되지 않는 것은?

① 사회적 관심
② 비판적 의식
③ 환경에의 자각
④ 자기 주장과 행동
⑤ 소비 활동의 표준 확립

17 다음 〈보기〉의 소비자단체의 취소에 관한 조항에서 ( ) 안에 들어갈 용어는?

┌ 보기 ┐
공정거래위원회 또는 ( )의 장은 소비자단체가 거짓 그 밖의 부정한 방법으로 제29조의 규정에 따른 등록을 한 경우에는 등록을 취소하여야 한다.
– 소비자기본법 제30조 –
└─────┘

① 지방국세청
② 지방자치단체
③ 한국소비자원
④ 한국소비자보호원
⑤ 한국소비자고발센터

18 소비자분쟁조정위원회에서 시행되는 '조정위원회의 회의(제63조)' 중 '분쟁조정회의'의 구성 요건에 해당하는 것은?

① 위원장, 상임위원과 위원장이 회의마다 지명하는 2명 이상 4명 이하의 위원으로 구성하는 회의
② 위원장, 상임위원과 위원장이 회의마다 지명하는 3명 이상 6명 이하의 위원으로 구성하는 회의
③ 위원장, 상임위원과 위원장이 회의마다 지명하는 4명 이상 7명 이하의 위원으로 구성하는 회의
④ 위원장, 상임위원과 위원장이 회의마다 지명하는 5명 이상 9명 이하의 위원으로 구성하는 회의
⑤ 위원장, 상임위원과 위원장이 회의마다 지명하는 6명 이상 10명 이하의 위원으로 구성하는 회의

19 일반적인 소비자분쟁해결기준에 대한 설명으로 올바르지 않은 것은?

① 물품의 보증기간 동안의 수리, 교환, 환급에 드는 비용은 사업자가 부담한다.
② 수리는 지체 없이 한다.
③ 물품 등을 유상으로 수리한 경우 그 유상으로 수리한 날로부터 1개월 이내 소비자가 정상적으로 물품 등을 사용하는 과정에서 그 수리한 부분에 종전과 동일한 고장이 재발한 경우에는 무상으로 수리한다.
④ 교환은 같은 종류의 물품으로 한다.
⑤ 환급금은 거래 시 교부된 영수증 등에 적힌 물품 등의 가격을 기준으로 한다.

20 개인정보 처리와 관련하여 개인정보 보호법에 명시된 정보 주체의 권리가 아닌 것은?

① 개인정보의 처리에 관한 정보를 제공받을 권리
② 개인정보의 처리 정지, 정정·삭제 및 파기를 요구할 권리
③ 개인정보의 처리 여부를 확인하고 개인정보에 대하여 사본의 발급을 제외한 현장 열람 및 전송을 요구할 권리
④ 개인정보의 처리에 관한 동의 여부, 동의 범위 등을 선택하고 결정할 권리
⑤ 개인정보의 처리로 인하여 발생한 피해를 신속하고 공정한 절차에 따라 구제받을 권리

21 OECD의 정보통신망 안전을 위한 8개 원칙에 해당하지 않는 것은?

① 대응(Response)
② 민주성(Democracy)
③ 상호작용(Interaction)
④ 재평가(Reassessment)
⑤ 적절한 리스크 평가(Risk Assessment)

22 「개인정보 보호법」 제25조 제5항 '고정형 영상정보처리기기의 설치 목적과 다른 목적으로 고정형 영상정보처리기기를 임의로 조작하거나 다른 곳을 비추는 자 또는 녹음 기능을 사용한 자'를 위반하여 적용되는 벌칙(제72조)은?

① 1년 이하의 징역 또는 1천만 원 이하의 벌금
② 1년 이하의 징역 또는 2천만 원 이하의 벌금
③ 3년 이하의 징역 또는 2천만 원 이하의 벌금
④ 3년 이하의 징역 또는 3천만 원 이하의 벌금
⑤ 5년 이하의 징역 또는 3천만 원 이하의 벌금

23 교육훈련 중 다음 〈보기〉의 설명에 해당하는 것은?

┌ 보기 ┐
현장실무교육을 뜻하는 용어로 일상 업무 수행과정을 통해 지식, 기능, 태도를 향상시키는 교육활동을 의미한다.

① OJT
② OJL
③ QMS
④ Off-JT
⑤ Off-JL

24 '앤드라고지(Andragogy)' 학습의 주요 내용으로 올바르지 않은 것은?

① 학습자가 독립적 성향을 지닌다.
② 문제 중심적 학습 경향성을 보인다.
③ 학습에 대하여 외재적 동기를 지닌다.
④ 학습자의 풍부한 경험을 자원으로 활용할 수 있다.
⑤ 실제 적용 위주의 학습 프로그램을 구성할 수 있다.

25 파워포인트를 이용해 프레젠테이션 자료를 제작할 때 유의해야 할 점이 아닌 것은?

① 장식 효과에 치중하지 않도록 한다.
② 환경에 따른 배경 색상에 주의한다.
③ 청중에게 부담감을 주지 않도록 여백을 살려서 제작한다.
④ 멀티미디어 기능의 활용은 정보에 대한 집중력과 이해력을 떨어뜨릴 수 있기 때문에 사용하지 않도록 주의한다.
⑤ 텍스트보다는 그림이나 표, 도형, 도표(차트) 등의 도해를 활용하여 청중이 직관적으로 내용을 이해할 수 있도록 해야 한다.

제 5 회

시험시간	문제 수	맞은 개수
1시간 15분	75문항	1과목:　　문항 / 25문항 2과목:　　문항 / 25문항 3과목:　　문항 / 25문항

* 과목별 맞은 개수가 10문항 미만 시 과락
* 과락 없이 총 45문항 이상 맞으면 합격

〈 응시자 유의사항 〉

1. 실제 시험에서는 시험지 표지에 본인의 수험번호와 성명을 기재합니다.
2. 시험지의 총 면수, 문제번호와 인쇄 상태 및 중복, 누락된 페이지가 없는지 확인하시기 바랍니다.
3. 답안은 각 문제마다 요구하는 가장 적합하거나 가까운 답 1개만을 선택하여야 합니다.
4. 답안 카드(샘플)는 교재의 뒤 쪽에 실려있으며 답안 카드 작성 시 마킹에 유의합니다.
5. 실제 시험의 모범 답안은 시험 일자의 다음 날 14:00부터 (사)한국정보평가협회 홈페이지의 [공지사항]을 통해 확인할 수 있습니다.

1과목 – CS 개론

01 고객만족(CS)과 관련해 다음 〈보기〉의 ( ) 안에 들어갈 내용으로 알맞은 것은?

> 보기
> 올리버는 만족의 개념에 대하여 '만족이란 소비자의 ( )으로 판단된다.'고 제시하였다.

① 확산반응　　② 성취반응
③ 상호반응　　④ 단일반응
⑤ 접근반응

02 다음 〈보기〉에서 설명하고 있는 고객만족 관련 이론 중 '레온 페스팅거(Leon Festinger, 1957)'가 제안한 것은?

> 보기
> 이솝 우화의 '여우와 신 포도' 이야기는 이 이론을 가장 잘 반영하고 있다. 이야기 속에서, 여우는 높은 줄기에 달려 있는 포도를 먹고 싶어 한다. 그러나 결국 여우가 포도에 닿지 못하자, 여우는 '저 포도는 굉장히 셔서 먹을 만한 가치가 없을 거야'라고 생각해 버린다. 여우는 포도를 먹고 싶었지만, 자신의 능력으로는 포도를 가질 수 없었기에 이러한 상태를 포도가 맛이 없을 것이라는 생각을 통해 정당화 시킨 것이다. 위와 같이 개인이 겪을 수 있는 이러한 상황과 이에 따른 행동 혹은 태도의 변화 과정에 대해 설명하고 있는 이론이다.

① 공정성 이론(Equity Theory)
② 교환 이론(Exchange Theory)
③ 귀인 이론(Attribution Theory)
④ 인지 부조화 이론(Cognitive Dissonance Theory)
⑤ 기대–불일치 이론(Expectation-Disconfirmation Theory)

03 서비스 프로세스의 중요성에 대한 설명으로 올바르지 않은 것은?

① 고객이 체험하는 서비스 전달 시스템은 고객이 서비스를 판단하는 중요한 증거가 된다.
② 서비스 프로세스는 상품 자체가 아닌 기업의 서비스 개발 시스템 향상과 밀접한 연관성이 있다.
③ 서비스 프로세스에 따라 서비스의 제공 절차가 복잡하여 고객에게 복잡하고 포괄적인 행동이 요구되기도 한다.
④ 서비스 프로세스의 단계와 서비스 전달자의 처리 능력은 고객에게 가시적으로 보여지는데 기인한다.
⑤ 직원과 상호작용 과정에서 적절한 전달 프로세스가 고객의 태도에 영향을 주고 향후 거래 여부를 결정하는 중요한 변수로 작용한다.

04 '린 쇼스택(Lynn Shostack)'이 제시한 서비스 프로세스를 설계할 때 고려해야 할 사항이 아닌 것은?

① 서비스는 생산과 소비가 동시에 일어나고 고객 간의 상호작용을 수반하기 때문에 설계 과정에 종업원과 고객을 모두 고려하여야 한다.
② 서비스 프로세스는 전체론이며 각각의 개별 활동들은 하나의 시각에서 인식되어야 한다.
③ 서비스 프로세스는 목적론이며 실제적인 과업 성과를 중시해야 한다.
④ 서비스 프로세스의 규율은 창의성을 억제하기보다는 성과와 효율성을 제고할 수 있는 자율적인 성격을 가져야 한다.
⑤ 구조화되고 정의된 절차를 따르면서 최대한 관료적으로 설계하여 안정성을 추구해야 한다.

05 '대기(Wait)'로 인한 수용 가능성에 영향을 미치는 요인에 해당하지 않는 것은?

① 안정성　　② 대기 환경
③ 생산 기술　　④ 통제 가능성
⑤ 거래 중요도

06 '총체적 고객만족경영(TCS)'의 혁신 요소 중 시장경쟁력 강화를 위한 혁신 활동에 해당하지 않는 것은?

① 이미지 ② 프로세스
③ 고객관리 ④ 가격 경쟁력
⑤ 요소 상품력

07 '슘페터(Joseph Schumpeter)'의 경제발전론에서 제시한 혁신의 5가지 유형이 아닌 것은?

① 새로운 재화
② 새로운 시장의 개척
③ 새로운 공급원의 개발
④ 새로운 인사조직의 구축
⑤ 새로운 생산방법의 도입

08 고객 행동의 영향 요인 중 문화의 특성이 아닌 것은?

① 공유성(共有性) ② 학습성(學習性)
③ 분리성(分離性) ④ 동태성(動態性)
⑤ 규범성(規範性)

09 프로세스적 관점에서 본 고객의 분류에서 '중간고객'에 해당하는 것은?

① 동료 ② 상사
③ 소매상 ④ 부하직원
⑤ 최종 고객

10 의사결정의 잘못으로 인해 입게 되는 금전적 손실에 해당하는 위험 유형은?

① 자극적 위험 ② 재무적 위험
③ 사회적 위험 ④ 심리적 위험
⑤ 시간 상실 위험

11 성격유형지표(MBTI)의 4가지 선호경향 중 다음 〈보기〉의 설명에 해당하는 것은?

> 보기
> 진실과 사실에 큰 관심을 갖고 논리적이고 분석적이며 객관적으로 판단하는 특성을 보인다.

① 감각형 ② 사고형
③ 감정형 ④ 인식형
⑤ 직관형

12 다음 〈보기〉에서 메타(Meta) 그룹에서 제시한 '고객관계관리(CRM)'의 분류 중 '협업 CRM'에서 적용되는 솔루션(Solution)을 찾아 모두 선택한 것은?

> 보기
> 가. 콜센터
> 나. E-mail
> 다. Web-log Solution
> 라. FOD(Fax On Demand)
> 마. ODS(Operation Data Store)

① 가, 나, 다 ② 가, 나, 라
③ 나, 다, 라 ④ 나, 다, 라, 마
⑤ 다, 라, 마

13 CRM(고객관계관리) 시스템 구축을 위해 필요한 고객 데이터 수집 원천 중 '내부 데이터'에 해당하는 내용을 다음 〈보기〉에서 찾아 모두 선택한 것은?

보기
가. 직접 수집 데이터 나. 제휴 활용 데이터 다. 기초적인 인적 데이터 라. 접촉 또는 거래 데이터

① 가, 나, 다 ② 가, 다, 라
③ 나, 다   ④ 나, 다, 라
⑤ 다, 라

14 고객관계관리(CRM)의 실패 요인 중 의미 없는 데이터베이스 자료가 아닌 것은?

① 단위당 판매가 작은 경우
② 평생 단 한 번 구입하는 제품
③ 장기적 타산이 맞지 않는 경우
④ 정보 수집에 적은 비용이 드는 경우
⑤ 상표에 대한 충성심을 보이지 않는 제품

15 e-CRM 성공을 위한 고객만족 전략 중 시간이나 장소에 구애받지 않고 고객의 상황에 맞추어 상품을 제공해 주는 서비스 유형은?

① 리마인드 서비스(Remind Service)
② 어드바이스 서비스(Advice Service)
③ 서스펜션 서비스(Suspension Service)
④ 저스트 인 타임 서비스(Just-In-Time Service)
⑤ 매스 커스터마이즈 서비스(Mass Customize Service)

16 '호손 실험(Hawthorn Experiment)'의 의의(意義)에 대한 설명으로 올바르지 않은 것은?

① 경제적 요인만이 중요한 동기 유발 요인은 아니다.
② 비경제적인 사회적 요인도 경제적 유인의 효과를 제한하고 감소시킨다.
③ 노동자들은 개인으로서 뿐만 아니라 공식 집단의 일원으로서 경영자에게 반응한다.
④ 개인은 기계의 톱니바퀴와 같은 수동적 존재가 아니라 적극적으로 활동하는 인간이다.
⑤ 조직을 분업화된 전문적 집단으로 만드는 것이 가장 효과적인 작업집단을 만드는 방식은 아니다.

17 다음 〈보기〉의 (   )에 해당하는 용어는?

보기
사람들은 어떤 자극에 노출되면 그것을 하나하나의 부분으로 보지 않고, 완결성, 연결성, 근접성, 유사성의 원리에 근거하여 '전체', '형태', 즉 (   )(을)를 형성하여 지각하는 경향이 있다.

① 게슈탈트   ② 미해결과제
③ 알아차림   ④ 전경과 배경
⑤ 행동 동기

18 의사소통의 유형과 관련해 수평적 의사소통에 해당하지 않는 것은?

① 회의   ② 회람
③ 위원회   ④ 구내 방송
⑤ 사전심사제도

19 '에릭 번(Eric Berne)'이 제시한 시간의 구조화 영역 중 서로 신뢰하며 상대방에 대하여 순수하게 배려하는 진실한 교류에 해당하는 것은?

① 친교
② 게임
③ 잡담
④ 활동
⑤ 의식

20 '커트 라이만(Curt Reimann)'이 제시한 우수한 리더십의 특성이 아닌 것은?

① 고객에 대한 접근성
② 일에 대한 열정
③ 기업문화의 변화
④ 강력한 추진력
⑤ 비조직화

21 서비스의 4대 특징 중 '이질성'에 대한 내용으로 올바른 것은?

① 서비스는 대량 생산이 어렵다.
② 서비스는 가격 책정이 어렵다.
③ 서비스는 재고의 형태로 보관할 수 없다.
④ 서비스의 계획과 촉진이 일치하는지 정확히 파악하기 힘들다.
⑤ 서비스는 즉시 사용되지 않으면 사라지고 원래의 상태로 환원될 수 없다.

22 관광 서비스의 특징에 대한 설명으로 올바르지 않은 것은?

① 관광 수요의 계절성으로 수요가 불규칙적이다.
② 인적 서비스에 대한 높은 의존성을 가지고 있다.
③ 고객의 직접 참여를 통해서만 서비스를 창출한다.
④ 인적, 물적 서비스가 혼합되어 존재하는 개념이다.
⑤ 일반 서비스와는 달리 비용 산출이 쉽고 서비스 선택 시 지각의 위험도를 보이지 않는 특징이 있다.

23 매슬로우(Maslow)의 욕구 5단계 중 가장 먼저 해결해야 하는 단계는?

① 안전 욕구
② 존경 욕구
③ 생리적 욕구
④ 자아실현 욕구
⑤ 소속과 애정의 욕구

24 감성 리더십을 구성하는 요소 중 자신의 기분이나 감정, 본능적 욕구 등이 타인에게 미치는 영향을 인식하고 이해하는 것을 의미하는 것은?

① 자기통제
② 자아인식
③ 동기부여
④ 감정이입
⑤ 대인관계 기술

25 기존 고객 유지를 위한 시장방어 전략 중 '보복 전략'에 해당하는 것은?

① 서비스 보증
② 경쟁우위 개발
③ 높은 전환비용
④ 장기고객 요금 할인
⑤ 입지·유통 등의 통제

2과목 - CS 전략론

01 'VOC(Voice Of Customer)' 관리에서 고객 피드백의 가치를 훼손하는 요소 중 '굿맨(Goodman)'이 제시한 내용이 아닌 것은?

① 일관성 없는 자료의 분류
② 우선순위를 구분하여 명시된 분석
③ 비능률적이고 중복된 자료의 수집
④ 즉시 사용되지 않음으로써 오래된 자료
⑤ VOC로 인해 실행한 개선 효과에 대한 점검 미비

02 소비재 시장에서 가능한 시장 세분화 방법 중 행동 분석적 변수에 해당하는 것은?

① 국가
② 소득
③ 문화 지향성
④ 상표 충성도
⑤ 개성

03 SWOT 분석에 의한 마케팅 전략 중 'S-T 전략'의 사례에 해당하는 것은?

① 철수 전략
② 전략적 제휴
③ 약점 보강 전략
④ 시장 침투 전략
⑤ 시장 축소 전략

04 '서비스 패러독스(Service Paradox)'의 발생 원인이 아닌 것은?

① 기술의 복잡화
② 서비스의 동질화
③ 서비스의 차별화
④ 종업원 확보의 악순환
⑤ 서비스의 인간성 상실

05 효율적인 사후 서비스 관리를 통해 얻을 수 있는 기업의 이점이 아닌 것은?

① 신제품 개발에 필요한 시간과 비용을 절감해 주는 이점이 있다.
② 고객지원에 소모되는 비용을 일체 전환하여 확실한 신규 비즈니스 모델을 개척할 수 있게 해준다.
③ 사후 서비스 관리를 통해 얻을 수 있는 고객의 정보는 기존 제품의 품질 기능 향상에 도움을 준다.
④ 기업으로 하여금 추가적인 수익 창출에 드는 비용과 시간적인 노력을 절감해 주는 중요한 역할을 한다.
⑤ 다양한 불편 사항이나 불만을 원활한 커뮤니케이션을 통해 분석하여 고객의 니즈와 트렌드를 파악할 수 있게 해준다.

06 서비스 실패와 관련해 다음 〈보기〉의 내용과 같이 주장한 학자는?

┤보기├
서비스 실패란 서비스 접점에서 고객의 불만족을 야기하는 열악한 서비스 경험을 의미한다.

① 윈(Weun)
② 젬케(Zemke)
③ 레너드(Leonard)
④ 헤스켓(Heskette)
⑤ 존스턴(Johnston)

07 고객인지 가치와 관련해 '세스(Sheth), 뉴먼(Newman), 그로스(Gross)'가 제시한 5가지 가치 유형 중 제품 소비의 특정 상황과 관련된 가치는?

① Social Value
② Epithetic Value
③ Emotional Value
④ Functional Value
⑤ Conditional Value

08 서비스 수익 체인의 구성과 관련해 운영 전략과 서비스 전달 시스템을 의미하는 요소가 <u>아닌</u> 것은?

① 서비스 가치의 매력도
② 종업원 선발과 경력개발
③ 업무 설계와 의사 결정권
④ 정보제공 및 커뮤니케이션
⑤ 고객에게 서비스를 제공하는데 필요한 지원 도구

09 '필립 코틀러'가 제시한 5가지 제품 품질 차원 중 제품을 구입할 때 구매자들이 정상적으로 기대하고 합의하는 일체의 속성과 조건에 해당하는 것은?

① Core Benefit
② Basic Product
③ Potential Product
④ Expected Product
⑤ Augmented Product

10 서비스 전달 시스템의 종류 중 '기능 위주의 서비스 전달 시스템'에 대한 설명으로 올바르지 <u>않은</u> 것은?

① 표준화된 서비스를 생산하는 데 적합한 특징을 보인다.
② 신속하게 서비스를 제공하는 데 제약을 받을 수 있다.
③ 서비스 프로세스의 특정 부분에 의해 쉽게 제약을 받을 수 있다.
④ 서비스 담당자의 업무를 전문화하여 고객이 직접 서비스 담당자를 찾아가는 형태로 전달 시스템이 설계되어야 한다.
⑤ 대표적으로 병원 또는 건강검진, 영화관 등의 사례에 해당한다.

11 다음 〈보기〉에서 '부오리(Vuori)'가 제시한 의료 서비스 품질 요소를 찾아 모두 선택한 것은?

보기
가. 형평성(Equity)
나. 효율(Efficiency)
다. 쾌적함(Amenity)
라. 적합성(Adequacy)
마. 합법성(Legitimacy)
바. 효과(Effectiveness)

① 가, 나, 다, 라
② 가, 나, 라, 마
③ 가, 마, 바
④ 나, 라, 바
⑤ 나, 라, 마, 바

12 '가빈(Garvin)'이 제시한 품질 구성의 8가지 차원 중 '성과'에 대한 개념으로 올바른 것은?

① 기업 혹은 브랜드의 명성을 의미한다.
② 잘못되거나 실패할 가능성의 정도를 의미한다.
③ 제품이 가지고 있는 운영적인 특징을 의미한다.
④ 특정 제품이 가지고 있는 경쟁적 차별성에 해당된다.
⑤ 제품이 고객에게 지속적으로 가치를 제공할 수 있는 기간을 말한다.

13 '자이다믈(Zeithaml)'이 주장한 지각된 서비스 품질의 대한 설명으로 올바르지 <u>않은</u> 것은?

① 서비스 품질은 객관적 또는 실제적 품질과 다르다.
② 서비스 품질의 평가는 대개 비교 개념으로 이루어진다.
③ 서비스 품질은 태도와 유사한 개념으로서 전반적인 평가이다.
④ 서비스 품질은 서비스의 추상적 속성이라기보다는 매우 구체적인 개념이다.
⑤ 서비스 품질은 고객이 여러 서비스 간의 상대적 우월성 또는 우수성을 비교함에 따라 고(高)·저(低)로 평가된다.

14 서비스 품질의 결정에 영향을 미치는 요인 중 '기대된 서비스'의 영향 요인이 아닌 것은?

① 구전(口傳)
② 과거의 경험
③ 전통과 사상
④ 기업 측의 약속
⑤ 기업의 물질적·기술적 지원

15 '스콧(Scott)'과 '미쉘(Michell)'이 제시한 내부 커뮤니케이션의 주요 기능에 대한 설명으로 올바르지 않은 것은?

① 종업원들의 동기유발을 촉진시킨다.
② 조직원들의 행동에 자율성을 부여할 수 있다.
③ 의사 결정을 하는데 중요한 정보 기능을 담당한다.
④ 종업원들이 감정을 표현하고 사회적 욕구를 충족시키는 주요 수단이다.
⑤ 종업원들이 자신의 감정을 표출하고 다른 사람과의 교류를 넓혀나갈 수 있다.

16 자료수집 방법 중 '서베이법(Survey Method)'의 한계점에 해당하지 않는 것은?

① 장시간 소요
② 낮은 응답률
③ 응답의 정확성 문제
④ 설문지 개발의 어려움
⑤ 객관적 해석의 불가능

17 평가시스템 구축을 위해 다음 〈보기〉와 같이 조사 계획을 수립할 경우 이에 해당하는 자료수집 방법은?

보기	
조사 제목	CS Leaders(관리사) 응시 실태와 의견에 대한 자료수집
조사 방식	각 면접원은 자신에게 할당된 조사 지역에서 조사대상자에게 설문지를 주고 응답하게 함
기간 및 장소	20○○. ○. ○○ ~ ○. ○○ ○○대학교 ○○센터
면접 대상	CS Leaders(관리사) 응시자 (면접원 당 40명 배정)
제공물	설문지 50매(여분 10매 포함)

① 관찰법
② 실험법
③ 서베이법
④ 문헌연구법
⑤ 표적집단면접법

18 행동적·태도적 충성도 차원의 고객 세분화 유형 중 강한 태도적 애착과 높은 재구매 성향을 보이며 경쟁 업체 프로그램에 쉽게 유혹되지 않는 고객집단에 해당하는 것은?

① 상대적 충성도
② 진실한 충성도
③ 조건적 충성도
④ 지배적 충성도
⑤ 개념적 충성도

19 'SERVQUAL'의 5가지 GAP 모델 중 'GAP 3'이 발생할 때 해결방안이 아닌 것은?

① 팀워크 형성
② 수요와 공급의 연결
③ 기술-직무 적합성 보장
④ 역할 갈등 및 역할 모호성 해소
⑤ 구체적인 서비스 품질 목표 설정

20 '남들을 따라하는 모방심리나 유행과는 달리 어떤 욕구나 강렬한 심리적 동기가 내재되어 있는 광범위한 행동에 의해 형성되는 트렌드(Trend)는?

① 메타 트렌드(Meta Trend)
② 메가 트렌드(Mega Trend)
③ 마케팅 트렌드(Marketing Trend)
④ 소비자 트렌드(Consumer Trend)
⑤ 사회문화적 트렌드(Social-cultural Trend)

21 '로렌트(Laurent)'와 '캐퍼러(Kapferer)'가 제시한 관여도 측정에 필요한 차원에 해당하지 않는 것은?

① 상징적 가치
② 부정적 결과의 중요성
③ 쾌락적 가치
④ 잘못 선택할 가능성
⑤ 잘된 구매와 만족감

22 다음 〈보기〉의 사례에 해당하는 마케팅 유형은?

┤보기├
최근 ○○ 제과점이 복고풍 도넛 제품인 '동네 도나쓰'를 출시했다. 옥수수 가루로 반죽한 작은 도넛 7개를 종이봉투에 담고 가격도 1,500원으로 저렴하게 책정했다. 고객들이 어린 시절 엄마 손을 잡고 재래시장에서 도넛을 사 먹던 기억을 떠올릴 수 있도록 도넛을 튀길 때 사용하는 검정 솥을 매장에 비치하고 그 안에 설탕을 담아 고객들이 원하는 만큼 묻혀 가져갈 수 있도록 했다.

① 코즈 마케팅
② 넛지 마케팅
③ 티저 마케팅
④ 레트로 마케팅
⑤ 플래그쉽 마케팅

23 '고객경험관리(CEM)'의 특징에 대한 설명으로 올바르지 않은 것은?

① 내부 지향적이며 운영 지향적이다.
② 고객 상호작용의 순간, 즉 '접점'에서부터 시작된다.
③ 고객이 기업에 대해 생각하고 느끼는 것을 파악한다.
④ 기업에 대한 고객 경험을 향상시키기 위해 시스템과 기술 및 단순화된 프로세스를 활용한다.
⑤ 고객의 기대와 경험 간의 차이가 있는 곳에 제품이나 서비스를 위치시켜 판매하는 선행적 성격이 강하다.

24 한국능률협회컨설팅(KMAC)에서 제시한 '고객가치지수(CVI)' 측정 모델의 측정 단계 중 다음 〈보기〉의 ( ) 안에 들어갈 내용으로 올바르지 않은 것은?

┤보기├
- 1단계: 고객 니즈 수집 및 분석
- 2단계: (가)
- 3단계: (나)
- 4단계: (다)
- 5단계: (라)
- 6단계: (마)

① (가): 고객가치 요소 발굴
② (나): 리서치 시행
③ (다): 내부적 품질 가치 설정
④ (라): 고객가치 콘셉트 도출
⑤ (마): 고객가치 향상을 위한 전략과제 도출

25 서비스 가격 결정 전략 중 '상층흡수 가격정책(Skimming Price Policy)'을 사용해야 할 경우가 아닌 것은?

① 서비스의 법적 보호, 또는 기타 이유로 경쟁사가 참여하기 어려운 경우
② 고(高)가격이 정당하게 받아들여지는 경우
③ 대량생산이 어려운 경우
④ 시장이 탄력적이고 규모의 경제효과가 존재할 경우
⑤ 가격 인상에 비(非)탄력적인 경우

3과목 – 고객관리 실무론

01 메라비언의 법칙(Law of Mehrabian)에서 면대면 커뮤니케이션 시 정보 전달량에 가장 많은 영향을 미치는 시각적인 요소는?

① 태도
② 숙련된 기술
③ 말씨
④ 말의 속도
⑤ 말의 내용

02 바람직한 전화응대의 자세가 아닌 것은?

① 언어는 정확하고 간결한 표현을 사용한다.
② 상대를 마주 보고 대하는 것처럼 정중하며 친절한 태도로 응대한다.
③ 전화기 옆에는 필기도구를 준비하여 항상 메모할 수 있도록 대비한다.
④ 통화 도중 상대방을 기다리게 할 경우 주위 소음이 들어가지 않도록 대기 버튼을 사용하는 것은 실례가 되므로 주의토록 한다.
⑤ 통화가 끝났을 경우 상대방이 먼저 끊은 것을 확인한 다음 수화기를 내려놓는다.

03 콜센터 운영 시 고려해야 할 사항 중 고객 배려, 고객 참여, 고객 감동 기법의 발굴과 교육훈련 등에 해당하는 것은?

① 효율성
② 적응성
③ 합목적성
④ 고객 서비스성
⑤ 복잡 상황 대응성

04 다음 〈보기〉의 설명에 해당하는 콜센터 코칭으로 올바른 것은?

―보기―
- QAD 코칭에서 가장 기본이 되는 유형이다.
- 집중적이고 세분화된 코칭과 개인화된 코칭 및 피드백이 가능하다.
- QAA의 경험과 지식에 의존해야 하는 한계점이 존재한다.

① 프로세스 코칭
② 개별 코칭
③ 스팟 코칭
④ 풀 코칭
⑤ 그룹 코칭

05 콜센터 업무 수행을 위한 스크립트 진행 과정에 대한 설명으로 올바르지 않은 것은?

① 도입단계 시 첫 인사가 끝나면 다음 단계로 회사와 상담원을 소개한다.
② 통화의 상대방이 본인이 맞는지 반드시 확인하고 난 이후 계속 상담을 진행해야 한다.
③ 상품에 대한 직접적인 설명보다 고객에 대한 서비스를 강조하며 접근하는 것이 유리하다.
④ 고객에 대한 정보를 토대로 상황에 맞는 상품을 제안하거나 고객에게 맞는 정보를 제공해주는 것이 전화 상담의 주요 포인트이다.
⑤ 고객들의 반론이 있을 경우 이에 대비한 자료를 미리 준비하여 극복하기보다 현재 소개 중인 상품에 대한 확신을 심어주는 것이 중요하다.

06 콜센터 조직의 일반적인 특성이 아닌 것은?

① 특정 업무의 선호
② 개인 가치의 평준화
③ 커뮤니케이션 장벽
④ 비정규직 중심의 전문조직
⑤ 콜센터만의 독특한 집단의식

07 불만 고객의 유형 중 '불평을 표현하는 사람'의 유형에 대한 설명이 아닌 것은?

① 부정적 구전을 퍼뜨리거나 거래 기업을 전환하거나 제3자에게 불평을 하려 하지 않는다.
② 제품이나 서비스 제공자에게 최고의 고객으로 전환될 수 있는 고객의 유형이다.
③ 구전의 확산 및 제3자에게 불평하는 것이 덜 긍정적이라고 생각한다.
④ 이들의 개인적 규범은 자신들의 불평과 일치한다.
⑤ 기업에게 두 번째 기회를 주지 않는다.

08 불만 고객과 관련해 다음 〈보기〉의 대화에 해당하는 이론은?

> 보기
> • 철수: 너 지난번에 새로 구매한 '○○ 안드로메다 더블 폴더폰' 자전거 라이딩 하다가 떨어뜨렸다면서?
> • 영희: 맞아, 무슨 방탄 액정이라고 광고에서 엄청 자랑하더니 그냥 화면이 나가버리더라.
> • 철수: 지금 보니까 멀쩡한데? 혹시 수리받은 거니?
> • 영희: 그래, 지난주에 보증기간이라 수리받았어. 역시 '○○ 전자'가 A/S만큼은 확실해. 약간 돈을 더 주더라도 여기서 사면 망가져도 확실하니까 좋아.

① 굿맨의 법칙
② 젠트너 이론
③ 케인스 이론
④ 오닐의 법칙
⑤ 듀젠베리의 법칙

09 코치(Coach)의 역할과 관련해 다음 〈보기〉의 설명에 해당하는 것은?

> 보기
> 직원들이 자신의 업무를 효과적으로 수행할 수 있도록 업무상 비전, 가치, 전략, 서비스 및 제품, 고객 등에 관한 정보를 제공하는 중요한 역할을 하는 사람이다.

① 교사
② 멘토
③ 후원자
④ 평가자
⑤ 역할모델

10 불만 고객과 관련된 내용으로 올바르지 않은 것은?

① 제기된 불만 처리에 만족한 불만 고객은 재구매할 확률이 높다.
② 불만 고객에게서 나오는 좋지 않은 평판은 빠른 시간 안에 퍼질 수 있다.
③ 보상으로 지출되는 전체 금액 중 불만 고객 응대 비용은 상당한 비중을 차지하지만 그 효과는 미비하다.
④ 불만 처리 과정에서 고객 불만과 관련된 내용뿐만 아니라 기업에 필요한 유용한 정보를 얻을 수 있다.
⑤ 불만 처리 과정에서 고객이 회사의 업무 프로세스나 규정에 대해 잘 알고 있다고 생각해서는 안 된다.

11 인상 형성과 관련해 다음 〈보기〉의 설명에 해당하는 것은?

> 보기
> 사람들은 한 번 판단을 내리면 상황이 달라진다고 할지라도 그 판단을 지속하려는 욕구를 가지고 있다.

① 맥락 효과
② 초두 효과
③ 파노플리 효과
④ 인지적 구두쇠
⑤ 일관성의 오류

12 인사의 종류와 관련해 정중례를 해야 할 경우에 해당하지 않는 것은?

① 집안의 높은 어른을 처음 뵈었을 경우
② 상견례 자리에서 혼주 간에 처음 인사를 나누는 경우
③ 구직을 위해 면접장에서 면접관과 처음 대면하였을 경우
④ 공식 업무상 처음으로 VIP를 접견하여 인사를 드릴 경우
⑤ 사람들이 길게 줄을 서 있는 구내식당에서 직장 선배를 만났을 경우

13 전통적인 '공수법(拱手法)'에 대한 설명으로 올바른 것은?

① 남자와 여자의 손 위치는 같다.
② 평상(平常)시와 흉사(凶事) 시의 손 위치는 같다.
③ 평상(平常)시, 여자는 왼손을 위로하여 두 손을 가지런히 모아서 잡는다.
④ 평상(平常)시, 남자는 오른손을 위로하여 두 손을 가지런히 모아서 잡는다.
⑤ 평상(平常)시와 제의례(祭儀禮) 시의 손 위치는 같다.

14 비즈니스 상황에서 필요한 명함 교환 예절에 대한 설명으로 올바르지 않은 것은?

① 평소 명함을 충분히 가지고 다니는 습관을 기른다.
② 동시에 주고받을 때는 오른손으로 주고 왼손으로 받는 것이 좋다.
③ 상대방을 만나는 즉시 우선 명함을 교환하고 나서 인사와 악수를 나누어야 한다.
④ 상대방이 읽기 쉽도록 180도로 돌려 잡아 건네는 것이 예의이다.
⑤ 미팅 중에 상대방의 명함을 접거나 훼손하지 않도록 주의한다.

15 넓은 의미의 비즈니스 관광을 뜻하는 'MICE 산업'에서 'MICE' 용어를 구성하는 요소가 아닌 것은?

① Meeting
② Exhibition
③ Convention
④ Incorporation
⑤ Incentive Travel

16 의전(儀典)의 기본 원칙에 대한 설명으로 올바르지 않은 것은?

① 의전은 상호주의를 원칙으로 한다.
② 의전은 기본적으로 오른쪽을 상석으로 한다.
③ 의전은 상대 문화 및 상대방에 대한 존중과 배려를 바탕으로 한다.
④ 의전은 문화의 다양성을 추구하되 특정 지역의 문화가 반영되지 않도록 주의하여야 한다.
⑤ 참석자 서열을 지키는 것은 의전의 핵심이자 의전 행사에 있어 가장 기본이 되는 기준이다.

17 국제 비즈니스 매너를 위해 숙지해야 할 국가별 문화 특징에 대한 설명이 올바르지 않은 것은?

① 프랑스에서는 축하 행사에 주로 카네이션을 많이 사용하기 때문에 처음 대면하는 경우 카네이션 선물을 하는 것이 좋다.
② 멕시코 인디언들은 사진을 찍으면 사람의 혼(魂)이 빠져 죽음에 이른다고 생각하기 때문에 촬영할 때 신중하게 행동해야 한다.
③ 태국에서는 이름으로 불리는 것이 정식이기 때문에 남자일 경우 통상 이름 앞에 'Mr.'를 붙여 호칭한다.
④ 일본은 식사 중에 자기 젓가락을 사용하여 상대방에게 음식을 집어주는 것이 결례가 되므로 주의해야 한다.
⑤ 인도에서는 남자와 인사할 때 악수를 하고 여자와 인사할 경우 합장을 하면서 허리를 약간 숙이는 것이 일반적이다.

18 「소비자기본법」의 내용 중 다음 〈보기〉의 내용에 해당하는 것은?

보기
국가 및 지방자치단체는 소비자의 불만이나 피해가 신속·공정하게 처리될 수 있도록 관련기구의 설치 등 필요한 조치를 강구하여야 한다.

① 위해의 방지(제8조)
② 거래의 적정화(제12조)
③ 개인정보의 보호(제15조)
④ 소비자분쟁의 해결(제16조)
⑤ 소비자권익 증진시책에 대한 협력(제18조)

19 「소비자기본법」 제21조(기본계획의 수립 등)에 명시된 공정거래위원회 소비자정책에 관한 기본계획에 해당하지 않는 것은?

① 소비자정책의 기본 방향
② 소비자정책과 관련된 경제·사회 환경의 변화
③ 어린이 위해방지를 위한 연령별 안전기준의 작성
④ 소비자정책의 추진과 관련된 예산의 편성·심의·의결
⑤ 그 밖에 소비자정책의 수립과 추진에 필요한 사항

20 「소비자기본법」 및 동법 시행령의 기본 개념과 정의에 대한 설명으로 올바르지 않은 것은?

① 소비자라 함은 사업자가 제공하는 물품 또는 용역을 소비생활을 위하여 사용하는 자 또는 생산 활동을 위하여 사용하는 자로서 대통령령이 정하는 자를 말한다.
② 사업자라 함은 물품을 제조·수입·판매하거나 용역을 제공하는 자를 말한다.
③ 소비자단체라 함은 소비자의 권익을 증진하기 위하여 소비자가 조직한 단체를 말한다.
④ 사업자단체라 함은 2 이상의 사업자가 공동의 이익을 증진할 목적으로 조직한 단체를 말한다.
⑤ 제공된 물품 등을 농업 및 어업활동을 위하여 사용하는 자는 소비자의 범위에서 제외한다.

21 와이블(Weible)이 분류한 개인정보의 14개 유형 중 성명, 주민등록번호, 운전면허정보, 주소, 전화번호 등에 해당하는 것은?

① 소득정보
② 법적정보
③ 일반정보
④ 신용정보
⑤ 조직정보

22 개인정보 처리와 관련하여 「개인정보 보호법」에 명시된 '정보주체의 권리(제4조)'에 해당하지 않는 것은?

① 개인정보 처리로 인하여 발생한 피해에 대해 징벌 수위를 청구할 권리
② 개인정보의 처리 정지, 정정·삭제 및 파기를 요구할 권리
③ 개인정보의 처리에 관한 동의 여부, 동의 범위 등을 선택하고 결정할 권리
④ 개인정보의 처리에 관한 정보를 제공받을 권리
⑤ 개인정보의 처리 여부를 확인하고 개인정보에 대한 열람 및 전송을 요구할 권리

23 OJL(On the Job Learning)의 사례에 해당하는 것은?

① 독서
② 직무순환
③ 직무교육훈련
④ 코칭 또는 멘토링
⑤ 액션러닝(Action Learning)

24 성인 학습의 원리와 특성에 대한 설명으로 가장 올바르지 않은 것은?

① 성인 학습자는 알려고 하는 욕구가 있다.
② 성인 학습자는 다양한 경험을 가지고 있다.
③ 성인 학습자는 선택적으로 학습 상황에 임한다.
④ 학습 수행을 위해 많은 시간이 요구되기도 한다.
⑤ 성인 학습자는 자기 주도적 학습을 기피하는 성향을 보인다.

25 프레젠테이션 자료 제작 시 슬라이드 디자인 원리 중 '단순성(單純性)'에 대한 설명으로 올바른 것은?

① 공간을 느끼게 하고 입체감을 준다.
② 내용의 배열에 흐름이 있어야 한다.
③ 중요한 부분은 두드러지게 보이도록 한다.
④ 전하려고 하는 필수적인 정보만을 제공한다.
⑤ 심미적(審美的)으로 좋은 배치가 되도록 한다.

memo

memo

memo

memo

memo

memo

**에듀윌이
너를
지**지할게

ENERGY

당신이 상상할 수 있다면 그것을 이룰 수 있고,
당신이 꿈꿀 수 있다면 그 꿈대로 될 수 있다.

– 윌리엄 아서 워드(William Arthur Ward)

여러분의 작은 소리
에듀윌은 크게 듣겠습니다.

본 교재에 대한 여러분의 목소리를 들려주세요.
공부하시면서 어려웠던 점, 궁금한 점,
칭찬하고 싶은 점, 개선할 점, 어떤 것이라도 좋습니다.

에듀윌은 여러분께서 나누어 주신 의견을
통해 끊임없이 발전하고 있습니다.

에듀윌 도서몰 book.eduwill.net
- 부가학습자료 및 정오표: 에듀윌 도서몰 → 도서자료실
- 교재 문의: 에듀윌 도서몰 → 문의하기 → 교재(내용, 출간) / 주문 및 배송

2026 에듀윌 CS리더스 관리사 한권끝장

발 행 일	2026년 1월 5일 초판
저 자	이서희
펴 낸 이	양형남
개 발	정상욱, 김규리
펴 낸 곳	(주)에듀윌
등록번호	제25100-2002-000052호
주 소	08378 서울특별시 구로구 디지털로34길 55 코오롱싸이언스밸리 2차 3층
I S B N	979-11-360-4025-1(13320)

* 이 책의 무단 인용·전재·복제를 금합니다.

www.eduwill.net

대표전화 1600-6700

에듀윌 CS리더스 관리사 한권끝장

답안지

제1과목(CS 개론)	제2과목(CS 전략론)	제3과목(고객관리 실무론)

(OMR answer sheet with 25 questions per subject, options ① ② ③ ④ ⑤)

이름:

종목: CS리더스 관리사

수험 번호: (0-9 digits)

감독 확인란: (서명)

에듀윌 CS리더스 관리사 한권끝장

답안지

제 1과목(CS 개론)	제 2과목(CS 전략론)	제 3과목(고객관리 실무론)

	제1과목	제2과목	제3과목
01	① ② ③ ④ ⑤	① ② ③ ④ ⑤	① ② ③ ④ ⑤
02	① ② ③ ④ ⑤	① ② ③ ④ ⑤	① ② ③ ④ ⑤
03	① ② ③ ④ ⑤	① ② ③ ④ ⑤	① ② ③ ④ ⑤
04	① ② ③ ④ ⑤	① ② ③ ④ ⑤	① ② ③ ④ ⑤
05	① ② ③ ④ ⑤	① ② ③ ④ ⑤	① ② ③ ④ ⑤
06	① ② ③ ④ ⑤	① ② ③ ④ ⑤	① ② ③ ④ ⑤
07	① ② ③ ④ ⑤	① ② ③ ④ ⑤	① ② ③ ④ ⑤
08	① ② ③ ④ ⑤	① ② ③ ④ ⑤	① ② ③ ④ ⑤
09	① ② ③ ④ ⑤	① ② ③ ④ ⑤	① ② ③ ④ ⑤
10	① ② ③ ④ ⑤	① ② ③ ④ ⑤	① ② ③ ④ ⑤
11	① ② ③ ④ ⑤	① ② ③ ④ ⑤	① ② ③ ④ ⑤
12	① ② ③ ④ ⑤	① ② ③ ④ ⑤	① ② ③ ④ ⑤
13	① ② ③ ④ ⑤	① ② ③ ④ ⑤	① ② ③ ④ ⑤
14	① ② ③ ④ ⑤	① ② ③ ④ ⑤	① ② ③ ④ ⑤
15	① ② ③ ④ ⑤	① ② ③ ④ ⑤	① ② ③ ④ ⑤
16	① ② ③ ④ ⑤	① ② ③ ④ ⑤	① ② ③ ④ ⑤
17	① ② ③ ④ ⑤	① ② ③ ④ ⑤	① ② ③ ④ ⑤
18	① ② ③ ④ ⑤	① ② ③ ④ ⑤	① ② ③ ④ ⑤
19	① ② ③ ④ ⑤	① ② ③ ④ ⑤	① ② ③ ④ ⑤
20	① ② ③ ④ ⑤	① ② ③ ④ ⑤	① ② ③ ④ ⑤
21	① ② ③ ④ ⑤	① ② ③ ④ ⑤	① ② ③ ④ ⑤
22	① ② ③ ④ ⑤	① ② ③ ④ ⑤	① ② ③ ④ ⑤
23	① ② ③ ④ ⑤	① ② ③ ④ ⑤	① ② ③ ④ ⑤
24	① ② ③ ④ ⑤	① ② ③ ④ ⑤	① ② ③ ④ ⑤
25	① ② ③ ④ ⑤	① ② ③ ④ ⑤	① ② ③ ④ ⑤

이름	
종목	CS리더스 관리사
수험번호	⓪①②③④⑤⑥⑦⑧⑨ / ⓪①②③④⑤⑥⑦⑧⑨ / ⓪①②③④⑤⑥⑦⑧⑨ / ⓪①②③④⑤⑥⑦⑧⑨ / ⓪①②③④⑤⑥⑦⑧⑨ / ⓪①②③④⑤⑥⑦⑧⑨ - ⓪①②③④⑤⑥⑦⑧⑨ / ⓪①②③④⑤⑥⑦⑧⑨
감독 확인란	(서명)

에듀윌 CS리더스 관리사 한권끝장

OMR 답안지

	제1과목(CS 개론)	제2과목(CS 전략론)	제3과목(고객관리 실무론)
01	① ② ③ ④ ⑤	① ② ③ ④ ⑤	① ② ③ ④ ⑤
02	① ② ③ ④ ⑤	① ② ③ ④ ⑤	① ② ③ ④ ⑤
03	① ② ③ ④ ⑤	① ② ③ ④ ⑤	① ② ③ ④ ⑤
04	① ② ③ ④ ⑤	① ② ③ ④ ⑤	① ② ③ ④ ⑤
05	① ② ③ ④ ⑤	① ② ③ ④ ⑤	① ② ③ ④ ⑤
06	① ② ③ ④ ⑤	① ② ③ ④ ⑤	① ② ③ ④ ⑤
07	① ② ③ ④ ⑤	① ② ③ ④ ⑤	① ② ③ ④ ⑤
08	① ② ③ ④ ⑤	① ② ③ ④ ⑤	① ② ③ ④ ⑤
09	① ② ③ ④ ⑤	① ② ③ ④ ⑤	① ② ③ ④ ⑤
10	① ② ③ ④ ⑤	① ② ③ ④ ⑤	① ② ③ ④ ⑤
11	① ② ③ ④ ⑤	① ② ③ ④ ⑤	① ② ③ ④ ⑤
12	① ② ③ ④ ⑤	① ② ③ ④ ⑤	① ② ③ ④ ⑤
13	① ② ③ ④ ⑤	① ② ③ ④ ⑤	① ② ③ ④ ⑤
14	① ② ③ ④ ⑤	① ② ③ ④ ⑤	① ② ③ ④ ⑤
15	① ② ③ ④ ⑤	① ② ③ ④ ⑤	① ② ③ ④ ⑤
16	① ② ③ ④ ⑤	① ② ③ ④ ⑤	① ② ③ ④ ⑤
17	① ② ③ ④ ⑤	① ② ③ ④ ⑤	① ② ③ ④ ⑤
18	① ② ③ ④ ⑤	① ② ③ ④ ⑤	① ② ③ ④ ⑤
19	① ② ③ ④ ⑤	① ② ③ ④ ⑤	① ② ③ ④ ⑤
20	① ② ③ ④ ⑤	① ② ③ ④ ⑤	① ② ③ ④ ⑤
21	① ② ③ ④ ⑤	① ② ③ ④ ⑤	① ② ③ ④ ⑤
22	① ② ③ ④ ⑤	① ② ③ ④ ⑤	① ② ③ ④ ⑤
23	① ② ③ ④ ⑤	① ② ③ ④ ⑤	① ② ③ ④ ⑤
24	① ② ③ ④ ⑤	① ② ③ ④ ⑤	① ② ③ ④ ⑤
25	① ② ③ ④ ⑤	① ② ③ ④ ⑤	① ② ③ ④ ⑤

이름

종목 : CS리더스 관리사

수험번호 : ⓪ ① ② ③ ④ ⑤ ⑥ ⑦ ⑧ ⑨ (각 자리)

감독 확인란 (서명)

에듀윌 CS리더스 관리사 한권끝장

제1과목(CS 개론)

01	①	②	③	④	⑤
02	①	②	③	④	⑤
03	①	②	③	④	⑤
04	①	②	③	④	⑤
05	①	②	③	④	⑤
06	①	②	③	④	⑤
07	①	②	③	④	⑤
08	①	②	③	④	⑤
09	①	②	③	④	⑤
10	①	②	③	④	⑤
11	①	②	③	④	⑤
12	①	②	③	④	⑤
13	①	②	③	④	⑤
14	①	②	③	④	⑤
15	①	②	③	④	⑤
16	①	②	③	④	⑤
17	①	②	③	④	⑤
18	①	②	③	④	⑤
19	①	②	③	④	⑤
20	①	②	③	④	⑤
21	①	②	③	④	⑤
22	①	②	③	④	⑤
23	①	②	③	④	⑤
24	①	②	③	④	⑤
25	①	②	③	④	⑤

제2과목(CS 전략론)

01	①	②	③	④	⑤
02	①	②	③	④	⑤
03	①	②	③	④	⑤
04	①	②	③	④	⑤
05	①	②	③	④	⑤
06	①	②	③	④	⑤
07	①	②	③	④	⑤
08	①	②	③	④	⑤
09	①	②	③	④	⑤
10	①	②	③	④	⑤
11	①	②	③	④	⑤
12	①	②	③	④	⑤
13	①	②	③	④	⑤
14	①	②	③	④	⑤
15	①	②	③	④	⑤
16	①	②	③	④	⑤
17	①	②	③	④	⑤
18	①	②	③	④	⑤
19	①	②	③	④	⑤
20	①	②	③	④	⑤
21	①	②	③	④	⑤
22	①	②	③	④	⑤
23	①	②	③	④	⑤
24	①	②	③	④	⑤
25	①	②	③	④	⑤

제3과목(고객관리 실무론)

01	①	②	③	④	⑤
02	①	②	③	④	⑤
03	①	②	③	④	⑤
04	①	②	③	④	⑤
05	①	②	③	④	⑤
06	①	②	③	④	⑤
07	①	②	③	④	⑤
08	①	②	③	④	⑤
09	①	②	③	④	⑤
10	①	②	③	④	⑤
11	①	②	③	④	⑤
12	①	②	③	④	⑤
13	①	②	③	④	⑤
14	①	②	③	④	⑤
15	①	②	③	④	⑤
16	①	②	③	④	⑤
17	①	②	③	④	⑤
18	①	②	③	④	⑤
19	①	②	③	④	⑤
20	①	②	③	④	⑤
21	①	②	③	④	⑤
22	①	②	③	④	⑤
23	①	②	③	④	⑤
24	①	②	③	④	⑤
25	①	②	③	④	⑤

이름

종목 CS리더스 관리사

수험번호

감독확인란 (서명)

에듀윌 CS리더스 관리사 한권끝장

제1과목(CS 개론)

01	①	②	③	④	⑤
02	①	②	③	④	⑤
03	①	②	③	④	⑤
04	①	②	③	④	⑤
05	①	②	③	④	⑤
06	①	②	③	④	⑤
07	①	②	③	④	⑤
08	①	②	③	④	⑤
09	①	②	③	④	⑤
10	①	②	③	④	⑤
11	①	②	③	④	⑤
12	①	②	③	④	⑤
13	①	②	③	④	⑤
14	①	②	③	④	⑤
15	①	②	③	④	⑤
16	①	②	③	④	⑤
17	①	②	③	④	⑤
18	①	②	③	④	⑤
19	①	②	③	④	⑤
20	①	②	③	④	⑤
21	①	②	③	④	⑤
22	①	②	③	④	⑤
23	①	②	③	④	⑤
24	①	②	③	④	⑤
25	①	②	③	④	⑤

제2과목(CS 전략론)

01	①	②	③	④	⑤
02	①	②	③	④	⑤
03	①	②	③	④	⑤
04	①	②	③	④	⑤
05	①	②	③	④	⑤
06	①	②	③	④	⑤
07	①	②	③	④	⑤
08	①	②	③	④	⑤
09	①	②	③	④	⑤
10	①	②	③	④	⑤
11	①	②	③	④	⑤
12	①	②	③	④	⑤
13	①	②	③	④	⑤
14	①	②	③	④	⑤
15	①	②	③	④	⑤
16	①	②	③	④	⑤
17	①	②	③	④	⑤
18	①	②	③	④	⑤
19	①	②	③	④	⑤
20	①	②	③	④	⑤
21	①	②	③	④	⑤
22	①	②	③	④	⑤
23	①	②	③	④	⑤
24	①	②	③	④	⑤
25	①	②	③	④	⑤

제3과목(고객관리 실무론)

01	①	②	③	④	⑤
02	①	②	③	④	⑤
03	①	②	③	④	⑤
04	①	②	③	④	⑤
05	①	②	③	④	⑤
06	①	②	③	④	⑤
07	①	②	③	④	⑤
08	①	②	③	④	⑤
09	①	②	③	④	⑤
10	①	②	③	④	⑤
11	①	②	③	④	⑤
12	①	②	③	④	⑤
13	①	②	③	④	⑤
14	①	②	③	④	⑤
15	①	②	③	④	⑤
16	①	②	③	④	⑤
17	①	②	③	④	⑤
18	①	②	③	④	⑤
19	①	②	③	④	⑤
20	①	②	③	④	⑤
21	①	②	③	④	⑤
22	①	②	③	④	⑤
23	①	②	③	④	⑤
24	①	②	③	④	⑤
25	①	②	③	④	⑤

이름

종목: CS리더스 관리사

수험번호

감독 확인란 (서명)

2026 최신판

에듀윌 CS리더스 관리사
독학으로 한권끝장 + 모의고사 15회분
기출복원문제 반복 생성 <AI 듀봇> + 무료특강

정답과 해설

정답과 해설

| 제1회 | 기출복원 모의고사

1과목 CS 개론 ▶ P.232

01	②	02	③	03	①	04	④	05	⑤
06	②	07	③	08	③	09	④	10	②
11	③	12	②	13	③	14	②	15	②
16	⑤	17	③	18	④	19	⑤	20	③
21	④	22	④	23	①	24	①	25	①

01 정답 ②
출제영역 CHAPTER 01 > SECTION 01

기업경쟁력의 가장 중요한 과제는 기존 고객을 잃지 않도록 하는 것이 핵심이 되었다.

02 정답 ③
출제영역 CHAPTER 01 > SECTION 02

'공정성'의 3가지 분류는 도출결과, 절차상, 상호작용이다.

03 정답 ①
출제영역 CHAPTER 01 > SECTION 03

서비스 제공자와 고객은 일방적 관계가 아니라 양자적 관계를 형성한다. 서비스 접점은 제공자와 고객이 모두 참여하며 각자의 경제적, 사회적, 개인적 특성에 의해 좌우된다.

04 정답 ④
출제영역 CHAPTER 01 > SECTION 02

귀인이론에서 내적 귀인과 외적 귀인의 설명은 다음과 같다.
- 내적(Internal) 요인: 기분, 성격, 태도, 능력 등의 원인에 의한 것
- 외적(External) 요인: 타인, 돈, 상황, 운수 등의 원인에 의한 것

05 정답 ⑤
출제영역 CHAPTER 02 > SECTION 02

감성경영 측면에서 리더는 화합과 권위를 조화시키려는 노력이 필요하다.

06 정답 ②
출제영역 CHAPTER 02 > SECTION 03

'현장배회경영(MBWA)'은 1980년대 미국의 경영이론가 '톰 피터스'와 '로버트 워터맨'이 『초우량 기업의 조건(In Search of Excellence, 1982)』이라는 저서에서 제시한 개념으로 경영자가 사무실 밖으로 나와 현장을 직접 돌아다니며 직원, 고객, 협력업체 등과 자유롭게 대화하고 문제를 파악하는 방식을 말한다.

07 정답 ③
출제영역 CHAPTER 03 > SECTION 03

'개인적 요인'에 대한 설명은 다음과 같다.
- 고객의 구매의사결정은 개인적 특성으로 라이프스타일, 연령, 직업, 경제적 상황, 개성, 가치관에 의해 영향을 받음
- 기호도는 연령에 의해 식품, 의류, 가구, 오락 등으로 변화함
- 직업과 경제적 상황에 따라 고객의 소비 유형에 영향을 미침

08 정답 ③
출제영역 CHAPTER 02 > SECTION 04

'구전(口傳)'은 특정 주제에 관하여 고객 개인의 직간접적인 경험에 대해 긍정적 혹은 부정적인 내용의 정보를 비공식적으로 교환하는 의사소통 행위이다.

09 정답 ④
출제영역 CHAPTER 01 > SECTION 03

'경쟁 프로세스(Competitive Process)'에 대한 설명은 다음과 같다.
- 조직이 영위하는 사업영역에서 경쟁자보다 뛰어나게 고객가치를 제공하는 프로세스를 의미함
- 프로세스의 초점이 고객 만족에 있으며, 고객의 기대 수준과 대비하여 판단이 가능함
- 비용으로 경쟁하는 경우 경쟁자보다 낮은 가격으로 생산하는 프로세스가 해당됨

10 정답 ②

출제영역 CHAPTER 01 > SECTION 03

'품질의 집(HOQ)'을 구축하는 데 가장 먼저 연결되어야 하는 고객의 소리는 고객이 사용하는 언어로 표현되기 때문에 정성적이며 모호한 경우가 많아 정확한 요구 속성을 파악하기 어렵다.

11 정답 ③

출제영역 CHAPTER 03 > SECTION 04

'인식형(Perceiving)'에 대한 설명이다.

| 오답 해설 |
① 직관형(iNtuition): 육감 내지 영감에 의존하며 미래지향적이고 가능성과 의미를 추구하며 신속, 비약적으로 일을 처리한다.
② 판단형(Judging): 분명한 목적과 방향이 있으며 기한을 엄수하고 철저히 사전계획하고 체계적이다.
④ 외향형(Extroversion): 폭넓은 대인관계를 유지하고 사교적, 정열적이며 활동적이다.
⑤ 사고형(Thinking): 진실과 사실에 큰 관심을 갖고 논리적이며 분석적이며 객관적으로 판단한다.

12 정답 ②

출제영역 CHAPTER 04 > SECTION 01

고객 1인당 CLV를 높이기 위한 3가지 핵심활동은 아래와 같다.
- 교차판매(Cross Selling): 기존의 상품계열에 고객이 관심을 가질만한 다른 상품을 접목시켜 판매함
- 추가판매(Up Selling): 고객이 기존에 구매하던 상품과 같은 종류의 업그레이드된 상품을 판매함
- 고객유지(Retention): 고객이 타사로 이탈하지 않고 계속해서 자사 고객으로 유지됨

13 정답 ③

출제영역 CHAPTER 04 > SECTION 05

'반역형'에 대한 설명이다.

| 오답 해설 |
① 동조형: 문화적 목표와 제도적 수단을 모두 수용하는 유형
② 혁신형: 문화적 목표는 수용하지만 제도적 수단은 포기하는 유형
④ 의례주의형: 문화적 목표를 거부하지만 제도적 수단에는 집착하는 유형
⑤ 패배주의형: 문화적 목표와 제도적 수단을 모두 거부하는 유형

14 정답 ②

출제영역 CHAPTER 04 > SECTION 05

휴스턴과 레빙거의 인관관계의 형성 단계는 다음과 같다.
- 첫인상 형성 단계(면식 단계): 두 사람의 직접적인 접촉 없이 관찰을 통해 서로를 아는 단계
- 피상적 역할 단계(접촉 단계): 두 사람 사이에 직접적인 교류가 일어나는 단계로 상대방의 인격 특성보다는 역할이 중시됨
- 친밀한 사적 단계(상호의존 단계): 두 사람 사이에 크고 작은 상호의존이 나타나는 단계로 호혜성(상대방으로부터 받은 것을 되돌려 주는 것)의 원칙이 초월되며 상호교류가 개인적 수준까지 발전하는 사적인 관계로 진전함

15 정답 ②

출제영역 CHAPTER 04 > SECTION 05

'얼굴 부딪히기 기법'은 자신이 원하는 것보다 훨씬 큰 것을 상대방에게 요청하고 그가 이를 거절하면 요구의 규모를 조금씩 줄여가면서 결국 자신이 원하는 것을 얻어내는 방법이다.

16 정답 ⑤

출제영역 CHAPTER 04 > SECTION 03

일부 부서가 아닌 전체 부서로의 확장된 적용은 '고객 관계관리(CRM)'의 성공 요인이다.

17 정답 ③

출제영역 CHAPTER 04 > SECTION 06

'융합(Confluence)'은 밀접한 관계에 있는 두 사람이 서로 간에 차이점이 없다고 느끼도록 합의함으로써 서로의 독자성을 무시하고 동일한 가치와 태도를 지닌 것처럼 여기는 상태이다.

| 오답 해설 |
① 자의식(Egotism): 개체가 자신에 대해 지나치게 의식하고 관찰하는 현상
② 내사(Introjection): 개체가 환경의 요구를 무비판적으로 받아들이는 상태
④ 반전(Retroflexion): 타인이나 환경과 상호작용하는 대신에, 자기 자신을 대상으로 삼아 외부에 하고 싶은 행동을 자신에게 하거나, 외부에서 나에게 해주길 바라는 행동을 스스로에게 하는 상태
⑤ 투사(Projection): 자신의 생각이나 욕구, 감정 등을 타인의 것으로 지각하는 현상

18 정답 ④

출제영역 CHAPTER 04 > SECTION 04

고객접근 전략에는 '옵트 인 메일(Opt-In Mail)' 서비스가 있는데 이는 사이트에 회원으로 가입할 때 광고 수신 여부와 필요로 하는 정보를 등록함으로써 허가 받은 사람에게만 이메일을 발송하는 서비스이다.

19 정답 ⑤

출제영역 CHAPTER 05 > SECTION 01

'베리(Berry)'가 제시한 서비스의 정의이다.

| 오답 해설 |
① 세이(Say): 비물질적인 것은 보존이 쉽지 않으므로 부가 아니다.
② 레티넨(Lehtinen): 서비스는 고객만족을 제공하려는 고객접촉 인력이나 장비의 상호작용결과로 일어나는 활동 또는 일련의 활동으로 소비자에게 만족을 제공하는 것이다.
③ 마샬(Marshall): 인간은 물질적인 물체를 창조할 수 없다.
④ 자이다믈(Zeithaml): 서비스는 행위, 과정 그리고 그 결과적인 성과를 의미한다.

20 정답 ③

출제영역 CHAPTER 05 > SECTION 02

재고수준 설정, 수송 수단 선택, 주문처리 절차 확립 등의 업무는 '거래 또는 현장 서비스(On Service)'에 해당한다.

21 정답 ④

출제영역 CHAPTER 05 > SECTION 03

'소비자 서비스'는 의료, 교육, 자동차 정비 및 기타 유지보수, 숙박, 음식, 레저, 문화·오락 그리고 민간가계를 포함하는 사회적·개인적 서비스로서 생활의 질을 높이기 위해 개인에게 제공하는 서비스이다.

22 정답 ④

출제영역 CHAPTER 05 > SECTION 04

'관광 서비스'는 일반 서비스와 달리 인적 서비스, 개인의 경험 등 복합적인 요소가 얽혀있어 비용 산출이 복잡하고 서비스 선택에 있어 구매 전 품질을 확인하기 어렵기 때문에 지각의 위험도를 가지고 있다.

23 정답 ①

출제영역 CHAPTER 06 > SECTION 01

알더퍼의 ERG 이론은 인식의 욕구를 다음과 같이 분류하였다.
- 존재 욕구(생존 욕구, Existence Needs): 생리적, 안전(물리적) 욕구
- 관계 욕구(Relatedness Needs): 존경 욕구, 사회적 욕구, 안전 욕구
- 성장 욕구(Growth Needs): 자아실현과 성장에 관련된 욕구, 존경 욕구

24 정답 ①

출제영역 CHAPTER 06 > SECTION 02

'자아인식(Self-awareness)'은 자신의 기분, 감정과 본능적 욕구가 타인에게 미치는 영향을 인식하고 이해하는 것이다.

| 오답 해설 |
② 자기조절(Self-regulation): 혼란스러운 충동, 기분의 통제, 방향 재조정 능력과 행동에 앞서 생각하고 판단을 유보하는 능력
③ 감정이입(Empathy): 타인의 감춰진 감정을 이해하고, 타인의 감정 상태에 따라 대처하는 능력
④ 대인관계 기술(Social Skill): 인간관계 및 인적 네트워크를 구축하고 관계를 유지하기 위한 것으로 라포를 형성하고 공통점을 발견하는 능력
⑤ 동기부여(Motivation): 부와 지위를 넘어서는 목표를 위해 일하려는 열정, 에너지와 끈기를 가지고 목표를 추구하는 성향

25 정답 ①

출제영역 CHAPTER 06 > SECTION 04

'저지 전략(Blocking)'에는 서비스 보증, 집중광고, 입지·유통 등의 통제, 전환비용 증가 등이 있다. 입지·유통 등의 통제는 유통망, 점포 위치, 입점을 선점하거나 독점함으로써 경쟁사 접근을 어렵게 하는 것이다.

2과목 CS 전략론 ▶ P.236

01	⑤	02	③	03	③	04	④	05	⑤
06	④	07	⑤	08	⑤	09	⑤	10	①
11	②	12	④	13	②	14	②	15	③
16	②	17	①	18	①	19	②	20	②
21	②	22	②	23	④	24	③	25	⑤

01　　　　　　　　　　　　　　　　　정답 ⑤

출제영역 CHAPTER 01 > SECTION 01

'서비스 청사진'은 품질개선을 위한 상의하달(Top-Down)과 하의상달(Bottom-Up)을 모두 촉진한다는 이점이 있다.

02　　　　　　　　　　　　　　　　　정답 ③

출제영역 CHAPTER 01 > SECTION 02

'대표성'의 속성에 대한 설명이다.

| 오답 해설 |
① 신뢰성: 하나의 대상을 유사한 척도로 여러 번 측정하거나 한 가지 방법으로 반복 측정하였을 때 일관성 있는 결과를 산출해야 한다.
② 타당성: 고객들이 실제로 어떻게 대우를 받았는지에 대한 고객의 평가와 모니터링 점수가 일치해야 하고 이를 반영해야 한다.
④ 객관성: 편견 없이 객관적인 기준으로 평가하여 누구든지 인정할 수 있게 해야 한다.
⑤ 차별성: 서로 다른 스킬 분야의 차이를 인정하고 반영해야 한다.

03　　　　　　　　　　　　　　　　　정답 ③

출제영역 CHAPTER 01 > SECTION 03

MOT 사이클 차트 분석 5단계는 다음과 같다.
- 1단계: 서비스 접점 진단하기(하드웨어, 소프트웨어, 휴먼웨어)
- 2단계: 고객 접점(서비스 접점) 설계
- 3단계: 고객 접점(서비스 접점) 사이클 세분화
- 4단계: 고객 접점 시나리오 만들기
- 5단계: 일반적인 표준안에서 구체적인 표준안으로 행동하기

04　　　　　　　　　　　　　　　　　정답 ④

출제영역 CHAPTER 02 > SECTION 01

사회, 경제, 경영 분야의 많은 현상을 간단명료하게 설명하여 20세기의 지배적인 패러다임이 되었으며, 선택과 집중, VIP 마케팅 등으로 연결된 것은 '파레토 법칙'이다.

05　　　　　　　　　　　　　　　　　정답 ⑤

출제영역 CHAPTER 02 > SECTION 01

'집중화 전략'에 대한 설명은 다음과 같다.
- 목표달성에 가장 적합한 하나 또는 소수의 표적시장을 선정, 마케팅 활동을 집중하는 전략
- 기업의 자원이 제한되어 있는 경우에 주로 사용되는 전략
- 큰 시장에서 낮은 시장점유율을 누리기보다 소수의 작은 시장에서 높은 시장점유율을 누리기 위한 방법
- 작은 규모의 시장에 속한 소비자의 구매행동의 변화에 따른 위험을 감수해야 하며, 경쟁자가 동일 시장에 진입할 경우 시장성을 잃을 수 있음

06　　　　　　　　　　　　　　　　　정답 ④

출제영역 CHAPTER 02 > SECTION 03

서비스 전환 유형 중 '핵심 서비스 실패'의 전환 행동에는 서비스 제공자의 업무 실수, 계산상의 오류, 서비스 파멸이 있다.

| 오답 해설 |
① '경쟁' 유형의 전환 행동이다.
② '가격' 유형의 전환 행동이다.
③ '서비스 접점 실패' 유형의 전환 행동이다.
⑤ '서비스 실패 반응' 유형의 전환 행동이다.

07　　　　　　　　　　　　　　　　　정답 ⑤

출제영역 CHAPTER 02 > SECTION 04

'애프터 서비스(A/S)' 품질차원에 대한 설명은 다음과 같다.
- 상호작용 품질: 태도 및 행동, 처리시간
- 결과 품질: 전문성/기술
- 물리적 환경: 편의성, 정책

08　　　　　　　　　　　　　　　　　정답 ⑤

출제영역 CHAPTER 07 > SECTION 02

고객가치의 네 가지 차원의 구성요소 중 '비용대비 가격 가치'는 제품의 사용에 따른 시간 절약에서 오는 비용절감에 의한 가치이다.

| 오답 해설 |
① 품질: 제품의 지각된 품질과 기대성과의 차이에서 파생되는 가치
② 사회적 가치: 사회적인 개념을 증대시키는 제품의 능력에서 파생되는 가치
④ 감정적 가치: 제품에서 제공받는 느낌이나 정서적인 측면에서 파생되는 가치

09   정답 ⑤
출제영역 CHAPTER 03 > SECTION 02

서비스 수익체인의 구조(연결관계)와 기능은 다음과 같다.
- 고객충성도는 수익성과 성장을 유발함
- 고객만족은 고객충성도를 높임
- 서비스 가치는 고객만족을 유도함
- 종업원 생산성은 가치를 유발함
- 종업원 충성도는 종업원 생산성을 유발함
- 종업원 만족은 종업원 충성도를 유발함
- 내부 품질은 종업원 만족을 가져옴

10   정답 ①
출제영역 CHAPTER 03 > SECTION 02

'고객화 위주의 서비스 전달 시스템'의 설명은 다음과 같다.
- 고객의 욕구가 다양하다는 점에서 착안하여 설계한 시스템(예 미용실, 세탁업, 숙박시설 등)
- 기능 위주의 전달 시스템보다 폭 넓은 업무를 수행할 수 있으며, 다양한 고객의 욕구를 충족시킬 수 있다는 장점이 있음
- 일관되고 표준화된 서비스를 제공하기 어렵다는 단점이 있음

11   정답 ②
출제영역 CHAPTER 03 > SECTION 03

'비탐색품'에 대한 설명이다.
| 오답 해설 |
① 편의품: 단가가 저렴하고 빈번히 구매하는 제품
③ 전문품: 제품의 가격이나 점포의 거리에 관계없이 소비자가 특별히 구매 노력을 기울이는 제품
⑤ 선매품: 고객이 여러 제품의 품질, 가격 등의 기준으로 비교 후 구매하는 제품

12   정답 ④
출제영역 CHAPTER 03 > SECTION 04

일반 서비스와 차별화된 특성을 가진 의료 서비스의 특성은 다음과 같다.
- 의료 서비스는 무형적인 제품임
- 기대와 실제 성과와의 불일치가 큼
- 수요예측이 불가능함
- 의료 서비스에 있어서 의사결정자는 다양함
- 의료 서비스 비용은 간접 지불 형태를 가짐

13   정답 ②
출제영역 CHAPTER 04 > SECTION 01

'카노(가노, 狩野) 품질 모형'에 대한 설명은 다음과 같다.
- 품질 속성이 지니는 진부화 경향을 설명할 수 있는 단서를 제공함
- 제품과 서비스에 대한 소비자 요구의 이해를 도와 소비자 만족에 가장 큰 영향을 주는 특성을 규명함
- 거래(Trade-off) 상황에서 중요한 가이드가 됨 → 기술적 또는 재정적 문제로 인하여 동시에 두 가지 제품이나 서비스를 프로모션하지 못할 때, 고객만족에 더 많은 영향을 주는 방향으로 결정함
- 만족·불만족이라는 주관적 측면과 물리적 충족·불충족이라는 객관적 측면을 함께 고려함

14   정답 ②
출제영역 CHAPTER 04 > SECTION 02

'탐색 품질(물질)'은 소비자가 제품을 구매하기 전에 결정할 수 있는 제품의 속성으로 색채, 스타일, 가격 등과 같은 요인이다.
| 오답 해설 |
⑤ 경험 품질(물질): 소비자들이 구매하는 기간 중이나 구매한 후에 판단할 수 있는 속성으로 맛, 착용 가능성 및 확실성과 같은 요인이다.

15   정답 ③
출제영역 CHAPTER 04 > SECTION 03

갈등요소는 크게 조직의 특성과 개인의 특성으로 나눌 수 있다.
- 조직의 특성: 목표의 불일치, 직위의 불일치, 한정된 자원, 명령체계의 불일치, 업무의 상호의존성 등
- 개인의 특성: 능력과 기술, 성격의 차이, 인식의 차이, 가치와 윤리, 감정, 의사소통 장벽, 문화의 차이 등

16   정답 ②
출제영역 CHAPTER 05 > SECTION 01

'간접 측정법'에 대한 설명은 다음과 같다.
- 여러 가지 서비스의 하위요소 또는 품질에 대한 차원만족도의 합을 복합점수로 간주하는 방식
- 종합만족도는 가중치가 부여된 각 차원만족도의 합으로만 산정함
- 중복 측정 문제를 완화시킬 수 있다는 장점이 있음
- 만족도 차원의 구성에서 모든 요소를 포함시킬 수 없으며 측정오차가 발생할 가능성이 있다는 한계가 있음

17 정답 ①

출제영역 CHAPTER 04 > SECTION 02

정성조사 기법을 적용해야 하는 경우는 다음과 같다.
- 양적 조사의 사전 단계, 가설의 발견, 예비적 정보의 수집, 사전 지식이 부족한 경우
- 가설의 질적 검증 및 의미의 확인(양적 조사 결과에 대한 의미 확인, 가설의 검증)이 필요한 경우
- 소비자 언어의 발견 및 확인이 필요한 경우
- 소비자를 깊이 이해하려는 시도를 하는 경우
- 다량의 샘플링이 어려운 경우
- 소비자의 정보 획득이 필요한 경우
- 신속한 정보 획득이 필요한 경우

18 정답 ①

출제영역 CHAPTER 05 > SECTION 03

'True Friends' 고객 유형에 대한 설명이다.

| 오답 해설 |

② Butterflies: 회사의 제공 서비스와 소비자 욕구 간의 적합도와 잠재 이익이 높고, 태도적인 충성도가 아니라 거래적인 만족을 달성하도록 해야 하는 유형이다.
③ Strangers: 회사의 제공 서비스와 소비자 욕구 간의 적합도가 낮고 관계유지를 위한 더 이상의 투자는 불필요하며 매 거래마다 이익을 창출해야 하는 유형이다.
④ Barnacles: 회사의 제공 서비스와 소비자 욕구 간의 적합도가 제한되고 잠재이익이 낮으며 규모와 지갑점유율이 낮으면 상향, 교체 구매를 유도해야 하는 유형이다.

19 정답 ③

출제영역 CHAPTER 06 > SECTION 01

상황적 요인에는 구매동기, 소비자의 기분, 날씨, 시간적 제약이 있다.

20 정답 ②

출제영역 CHAPTER 07 > SECTION 04

성과관리의 내용은 다음과 같다.
- 목표와 전략에 입각한 사업계획과 업무 관리
- 기관 활동의 성과에 대한 종합적이고 다양한 평가
- 결과 측면에 초점을 둔 성과평가와 관리
- 성과정보의 광범위한 활용(기관운영의 기초로 성과정보 활용)
- 관리수단과 요소에 대한 자율권 확대

21 정답 ②

출제영역 CHAPTER 06 > SECTION 04

'리쇼어링(Reshoring)'은 인건비, 세금 등 비용절감 등을 이유로 생산 과정의 일부를 해외로 이전했던 '오프쇼어링(Off-shoring)' 기업이 다시 본국으로 돌아오는 현상을 의미하는데, 일반적으로는 제조업체의 본국으로의 회귀를 뜻한다.

22 정답 ②

출제영역 CHAPTER 07 > SECTION 03

수요조절 전략(마케팅 믹스 요소)에는 가격 전략, 서비스 상품의 다양화, 서비스 제공 시간대와 장소의 조정, 촉진(커뮤니케이션)이 있다.

23 정답 ④

출제영역 CHAPTER 06 > SECTION 02

'소비자 트렌드(Consumer Trend)'에 대한 설명은 다음과 같다.
- 기술, 경기, 소비 문화로부터 소비의 표층 영역까지 포괄하여 광범위하게 나타나는 현상으로 5년에서 10년 동안 지속되어 소비 세계의 새로운 변화를 형성함
- 남들을 따라하는 모방심리나 유행과는 달리 어떤 욕구나 강렬한 심리적 동기가 내재되어 있는 광범위한 행동에 의해 형성됨

24 정답 ③

출제영역 CHAPTER 07 > SECTION 02

고객가치 측정단계는 다음과 같다.
- 1단계: 고객니즈 수집 및 분석
- 2단계: 고객가치 요소 발굴
- 3단계: 추출된 고객가치 요소를 활용한 리서치 시행
- 4단계: 고객가치 측정 모델에 의해 현재의 가치 수준을 측정하고 핵심 가치를 추출
- 5단계: 4단계를 바탕으로 고객가치 콘셉트 도출
- 6단계: 고객가치 향상을 위한 전략과제 도출

25 정답 ⑤

출제영역 CHAPTER 07 > SECTION 03

'순수묶음가격'은 개별적 구매가 불가능하며 패키지로만 구매 가능한 서비스 가격 전략이다.

3과목 고객관리 실무론 ▶ P.240

01	①	02	①	03	①	04	②	05	①
06	①	07	④	08	⑤	09	②	10	③
11	③	12	②	13	④	14	②	15	①
16	④	17	⑤	18	④	19	③	20	④
21	⑤	22	②	23	⑤	24	③	25	⑤

01　정답 ①

출제영역 CHAPTER 01 > SECTION 01

전화응대는 상대방의 표정이나 비언어적 정보를 얻을 수 없어 고객의 욕구를 파악하는 데 한계가 있다.

02　정답 ①

출제영역 CHAPTER 01 > SECTION 01

보고의 일반 원칙에는 필요성의 원칙, 완전성의 원칙, 적시성의 원칙, 정확성의 원칙, 간결성의 원칙, 유효성의 원칙이 있다.

03　정답 ①

출제영역 CHAPTER 01 > SECTION 02

콜센터 운영성과지표에는 서비스 수준, 평균 응답속도, 평균 대기시간, 포기율, 최초콜 해결율, 스케줄 준수율, 평균 통화시간, 평균 후처리시간, 상담원 이직율, 불통율, 고객만족도가 있다.

04　정답 ②

출제영역 CHAPTER 01 > SECTION 03

차트식은 '예', '아니오'에 따라 다음 질문이나 설명이 변하는 경우에 활용하는 스크립트 작성 유형이다.

| 오답 해설 |
④ 회화식: 상대방과 대화하면서 진행하는 유형
⑤ 혼합식: 차트식과 회화식이 합쳐진 유형

05　정답 ①

출제영역 CHAPTER 01 > SECTION 03

보상과 인정은 종업원들에게 확실한 동기부여가 되고 모니터링을 감시가 아닌 자신을 발전하게 하는 수단으로 인식하게 해준다.

06　정답 ①

출제영역 CHAPTER 02 > SECTION 01

'화내면서 불평하는 사람(화내는 불평자)'에 대한 설명은 다음과 같다.
- 친구나 친척들에게 부정적 구전을 하고 다른 업체로 전환의도가 높은 고객
- 제품이나 서비스 제공자에게 불평하는 성향은 평균 수준
- 제3자에게 불평을 하지는 않지만 불평해봤자 들어주지도 않는다는 소외의식 소유
- 기업에게 두 번째 기회를 주지 않음

07　정답 ④

출제영역 CHAPTER 02 > SECTION 02

상급자인 방문객을 수행할 때에는 손님의 바로 앞에 서지 않고 2~3보 앞의 한 쪽으로 비켜서서 안내한다.

08　정답 ⑤

출제영역 CHAPTER 02 > SECTION 05

'피뢰침의 원칙'은 고객이 개인적인 감정이 있어서 화를 내는 것이 아니라 일 처리에 대한 불만으로 복잡한 규정과 제도에 대해 항의하는 것으로 보는 것이다. 자신이 아닌 우리 회사나 제도에 항의하는 것이라는 관점을 가져야 고객의 심한 언어로부터 자유로울 수 있다.

09　정답 ②

출제영역 CHAPTER 02 > SECTION 06

'코칭(Coaching)'은 집단 교육이 아니라, 개인의 성장과 잠재력 개발을 위한 파트너십 기반의 대화 과정이다.

10　정답 ③

출제영역 CHAPTER 03 > SECTION 01

로젠버그는 내적 이미지를 개인의 생각과 느낌의 총합이라고 보고 자아개념을 자신의 신체, 자신의 행동, 자신의 능력 등을 판단하는 자신에 대한 지각의 본질이며 동시에 행동해야 할 방향을 결정하는 주체라고 보았다.

11 정답 ③

출제영역 CHAPTER 03 > SECTION 01

'메라비언의 법칙(Law of Mehrablan)'은 다음과 같다.
- 시각적인 요소: 표정이나 시선, 자세(태도), 옷차림(복장) 등
- 청각적인 요소: 목소리나 목소리의 고저 등
- 언어적인 요소: 말의 내용, 전문지식 등

12 정답 ②

출제영역 CHAPTER 03 > SECTION 02

인사 대상과 방향이 다를 경우 일반적으로 30보 이내에서 준비한다.

13 정답 ④

출제영역 CHAPTER 03 > SECTION 03

전통적인 공수법에서 남자와 여자의 손 위치는 다른데 남자는 평상시 왼손이 위로, 흉사 시 오른손이 위로 오고, 여자는 평상시 오른손이 위로, 흉사 시 왼손이 위로 온다.

14 정답 ②

출제영역 CHAPTER 04 > SECTION 01

악수를 할 때는 반드시 일어나서 상대의 눈을 보면서 한다.

15 정답 ①

출제영역 CHAPTER 04 > SECTION 02

중국에서는 음식을 모두 다 비우면 부족하다 생각하기 때문에 음식을 조금 남기는 것이 예의이다.

16 정답 ④

출제영역 CHAPTER 04 > SECTION 02

식기를 들어 직접 입을 대고 먹는 것은 올바른 테이블 매너가 아니다.

17 정답 ⑤

출제영역 CHAPTER 04 > SECTION 02

'전시(Exhibition)'에 대한 설명이다.

| 오답 해설 |

① Incentive Travel(포상관광): 조직원들의 성과에 대한 보상 및 동기를 부여하기 위한 순수 포상여행을 말하며, 상업용 숙박시설에 1박 이상 체류하는 것
② Convention(컨벤션): 기업회의보다 규모가 큰 3개국 10명 이상이 참가하여 아이디어 교환, 사회적 네트워크 형성, 토론, 정보교환, 사업 등 MICE 목적으로 설립된 유료 시설을 사용하는 회의
④ Meeting(기업회의): 최소 참가자를 10인 이상으로 하며 최소 반일(4시간) 이상 진행되는 모든 회의

18 정답 ④

출제영역 CHAPTER 05 > SECTION 01

「소비자기본법」 제14조(소비자의 능력 향상)의 내용은 다음과 같다.
- 국가 및 지방자치단체는 소비자의 올바른 권리행사를 이끌고, 물품 등과 관련된 판단능력을 높이며, 소비자가 자신의 선택에 책임을 지는 소비생활을 할 수 있도록 필요한 교육을 하여야 한다.
- 국가 및 지방자치단체는 경제 및 사회의 발전에 따라 소비자의 능력 향상을 위한 프로그램을 개발하여야 한다.
- 국가 및 지방자치단체는 소비자교육과 학교교육·평생교육을 연계하여 교육적 효과를 높이기 위한 시책을 수립·시행하여야 한다.
- 국가 및 지방자치단체는 소비자의 능력을 효과적으로 향상시키기 위한 방법으로 「방송법」에 따른 방송사업을 할 수 있다.
- 제1항의 규정에 따른 소비자교육의 방법 등에 관하여 필요한 사항은 대통령령으로 정한다.

19 정답 ③

출제영역 CHAPTER 05 > SECTION 01

공정거래위원회는 소비자 중심 경영을 활성화하기 위하여 대통령령으로 정하는 바에 따라 소비자 중심 경영인증을 받은 기업에 대하여 포상 또는 지원 등을 할 수 있다.

20 정답 ④

출제영역 **CHAPTER 05 > SECTION 01**

「소비자기본법」제13조(소비자에의 정보제공)의 내용은 다음과 같다.
- 국가 및 지방자치단체는 소비자의 기본적인 권리가 실현될 수 있도록 소비자의 권익과 관련된 주요시책 및 주요결정사항을 소비자에게 알려야 한다.
- 국가 및 지방자치단체는 소비자가 물품 등을 합리적으로 선택할 수 있도록 하기 위하여 물품 등의 거래조건·거래방법·품질·안전성 및 환경성 등에 관련되는 사업자의 정보가 소비자에게 제공될 수 있도록 필요한 시책을 강구하여야 한다.

21 정답 ⑤

출제영역 **CHAPTER 06 > SECTION 01**

「개인정보 보호법」제4조(정보주체의 권리)의 내용은 다음과 같다.
- 개인정보의 처리에 관한 정보를 제공받을 권리
- 개인정보의 처리에 관한 동의 여부, 동의 범위 등을 선택하고 결정할 권리
- 개인정보의 처리 여부를 확인하고 개인정보에 대한 열람(사본 발급 포함) 및 전송을 요구할 권리
- 개인정보의 처리 정지, 정정·삭제 및 파기를 요구할 권리
- 개인정보의 처리로 인하여 발생한 피해를 신속하고 공정한 절차에 따라 구제받을 권리
- 완전히 자동화된 개인정보 처리에 따른 결정을 거부하거나 그에 대한 설명 등을 요구할 권리

22 정답 ②

출제영역 **CHAPTER 06 > SECTION 01**

「개인정보 보호법 시행령」제19조(고유식별정보의 범위)에 따른 고유식별정보의 범위는 주민등록번호, 여권번호, 운전면허의 면허번호, 외국인등록번호이다.

23 정답 ⑤

출제영역 **CHAPTER 04 > SECTION 02**

의전의 기본 원칙은 다음과 같다.
- 상대에 대한 존중과 배려가 있어야 한다.
- 특정 지역의 문화를 반영하는 등 가변성이 있다.
- 상호주의를 원칙으로 한다.
- 서열을 지키는 것은 의전의 기장 기본이 되는 기준이다.
- 기본적으로 오른쪽을 상석으로 한다.

24 정답 ③

출제영역 **CHAPTER 07 > SECTION 01**

'OJT(On the Job Training)'를 실시할 때의 유의사항은 다음과 같다.
- 조직에서 필요한 인재를 교육, 훈련한다는 명확한 의도가 있어야 함
- 계속적인 교육과 훈련이 필요함
- 집합교육과 연계함
- 자기계발과 관련지어 전개될 때 효과적임
- 상사는 인재 육성의 열의, 부하의 자주성과 창조성 존중, 모범, 함께 학습하는 자세가 필요함
- OJT의 중요성에 대한 최고 경영자의 인식이 선행되어야 함

25 정답 ⑤

출제영역 **CHAPTER 07 > SECTION 01**

'브레인스토밍'은 오스번이 개발한 기법으로 자유연상기법을 이용하여 아이디어를 수집하는 것이다.

| 오답 해설 |
① 강의법: 가장 오래된 교수 방법으로 교수자가 학습자에게 학습 내용을 주로 말을 사용하여 해설이나 설명에 의해 일방적으로 전달하는 방법이다.
② 토의법: 교수자와 학습자 간, 학습자와 학습자 간의 상호작용을 통하여 정보와 의견을 교환하고 결론을 도출하는 공동의 학습 형태이다.
③ 사례연구법: 하버드대학에서 개발한 귀납적 교육 방법으로 학습사가 사례 해결에 식섭 참가하여 해결 과정에서 판단력 개발을 목적으로 한다.
④ 역할연기법: 타인의 역할을 연기를 통해 경험해 봄으로써 자신과 타인 간의 관계에 대한 이해를 촉진시키며 기대되는 행동과 태도의 변화를 유도하는 교육 방법이다.

제2회 기출복원 모의고사

1과목 CS 개론 ▶ P.246

01	③	02	⑤	03	④	04	②	05	④
06	④	07	①	08	③	09	①	10	③
11	④	12	④	13	②	14	③	15	③
16	④	17	③	18	②	19	⑤	20	①
21	②	22	②	23	①	24	④	25	⑤

01 정답 ③
출제영역 CHAPTER 01 > SECTION 01

'굿맨(Goodman)'은 고객만족을 비즈니스와 기대에 부응한 결과로써 상품, 서비스의 재구매가 이루어지고 고객의 신뢰감이 연속되는 상태로 보았고 굿맨의 정의는 고객만족의 일반적인 정의이다.

02 정답 ⑤
출제영역 CHAPTER 01 > SECTION 03

대기행렬모형의 기본 형태는 다음과 같다.

03 정답 ④
출제영역 CHAPTER 01 > SECTION 03

서비스 프로세스는 '전체론(Holistic)'이며 각각의 개별 활동들은 하나의 시각에서 인식되어야 한다.

04 정답 ②
출제영역 CHAPTER 01 > SECTION 03

'변혁 프로세스(Transformation Process)'는 변화하는 고객의 니즈와 기술적 변화에 맞추어 조직의 지속적인 경쟁우위 확보를 위해 역량을 개발하는 프로세스이다.

| 오답 해설 |
① 기반 프로세스(Qualifying Process): 경쟁자보다 뛰어나지는 않더라도 고객에게 최소한의 가치를 제공하기만 하면 되는 프로세스
③ 경쟁 프로세스(Competitive Process): 조직이 영위하는 사업 영역에서 경쟁자보다 뛰어나게 고객 가치를 제공하는 프로세스

05 정답 ④
출제영역 CHAPTER 02 > SECTION 01

소프트웨어는 고객이 접하는 시스템을 의미하며 기업의 상품, 서비스 프로그램, 서비스 절차, 예약, 업무처리, 해피콜, 부가서비스 체계 등이 있다.

06 정답 ④
출제영역 CHAPTER 02 > SECTION 02

'총체적 고객만족경영(TCS)'의 내부 핵심역량 강화요소에는 프로세스(혁신), 지식, 인사조직, 정보기술이 해당되며 프로세스 기법에는 리엔지니어링, TQM, 6시그마, 지식경영, 아웃소싱, 벤치마킹 등이 있다.

07 정답 ①
출제영역 CHAPTER 02 > SECTION 03

노드스트롬 백화점은 실적 우수자에 대한 보상책으로 각 매장별로 매출 목표를 초과 달성한 판매 직원에게 '최고 판매사원'이라는 칭호를 부여하고 이들에게 'Pace Setter'라고 새겨진 업무용 명함과 자사 매장 제품에 대해 연간 33%가 할인되는 신용카드를 발급해 주고 있다.

08 정답 ③
출제영역 CHAPTER 02 > SECTION 04

'데이(Day)'와 '랜던(Landon)'이 제시한 불만족에 대한 소비자의 반응은 다음과 같이 분류할 수 있다.
- 사적 반응: 가족 및 주변인들에게 하는 구전 활동, 구매중단에 대한 결정을 포함하는 반응
- 공적 반응: 교환, 환불요구, 불만시정 요구, 소비자단체에 고발, 법적 피해구제, 소송

09 정답 ①
출제영역 CHAPTER 03 > SECTION 03

'사회적 위험(Social Risk)'은 구매한 상품이 준거집단으로부터 부정적으로 평가를 받을 위험이다.

| 오답 해설 |
② 재무적 위험(Finacial Risk): 의사결정 잘못으로 입게 되는 금전적 손실
③ 신체적 위험(Physical Risk): 상품의 사용 결과 소비자가 해를 입을 가능성에 대한 위험
④ 심리적 위험(Psychological Risk): 구매한 상품이 자아 이미지에 부정적 영향을 미칠 수 있는 위험
⑤ 시간상실 위험(Time Loss Risk): 시간이나 노력의 상실 없이 구매 상품의 반품 및 수리를 받을 수 없는 경우에 발생하는 위험

10 정답 ③
출제영역 CHAPTER 03 > SECTION 03

고객 의사결정을 위해 필요한 정보 원천의 분류는 다음과 같다.
- 개인적 원천: 가족, 친구, 이웃, 친지 등
- 상업적 원천: 광고, 판매원, 포장, 웹사이트 등
- 공공적 원천: 대중매체(신문, 뉴스), 소비자 단체 등
- 경험적 원천: 제품 사용, 조사 등

11 정답 ④
출제영역 CHAPTER 02 > SECTION 02

'3S'의 구성요소는 다음과 같다.
- Simplification(단순화): 현재의 제품계열에서 이익이 적거나 적자를 내고 있는 제품을 축소함
- Standardization(표준화): 이후 실행해야 할 행위, 구성요소의 규격 등 복잡함을 일으키는 요소들에 대한 기준을 잡음
- Specialization(전문화): 특정 유형의 문제, 목표대상(표적)에 지식과 기술을 전문적으로 적용해 작업을 전문화함

12 정답 ④
출제영역 CHAPTER 03 > SECTION 02

'편의적 고객'은 자신이 서비스를 받는 데 있어서 편의성을 중시하며, 편의를 위해서라면 추가로 비용을 지불할 수 있는 고객이다.

13 정답 ②
출제영역 CHAPTER 03 > SECTION 04

'감각형(Sensing)'에 대한 설명이다.

| 오답 해설 |
① 외향형(Extroversion): 폭넓은 대인관계를 유지하고 사교적, 정열적이며 활동적이다.
③ 내향형(Introversion): 깊이 있는 대인관계를 유지하고 조용하고 신중하며 이해한 다음에 경험한다.
④ 감정형(Feeling): 사람과 관계에 큰 관심을 갖고 상황적이며 정상을 참작한 설명을 한다.
⑤ 인식형(Perceiving): 목적과 방향은 변화 가능하고 상황에 따라 일정이 달라지며 자율적이고 융통성이 있다.

14 정답 ③
출제영역 CHAPTER 04 > SECTION 01

'교차판매(Cross Selling)'는 기존의 상품계열에 고객이 관심을 가질만한 다른 상품을 접목시켜 판매하는 것이다.

15 정답 ③
출제영역 CHAPTER 04 > SECTION 02

시장매력도에 영향을 미치는 환경 요인에는 기술적 환경, 경제적 환경, 정치적 환경, 사회적 환경이 있다.

16 정답 ④
출제영역 CHAPTER 04 > SECTION 03

'스탠리 브라운(Stanley Brown)'은 지나치게 전문화된 솔루션을 피하고, 조직 상황에 맞는 적절한 솔루션의 선택을 강조했다.

17 정답 ③
출제영역 CHAPTER 04 > SECTION 05

'비교 수준(Comparison Level)'에 대한 설명은 다음과 같다.
- 특정한 인간관계를 통해 얻고자 기대하는 보상 혹은 대가이다.
- 다른 사람과 관계를 맺을 때 기대되는 성과 중 가장 높은 성과 기준을 의미하며, 주로 과거의 인간관계에서 받아온 성과의 평균수준을 나타낸다.
- 새로운 인간관계에서 기대되는 즉, 대체관계 비교 수준이 현재의 인간관계에서의 성과보다 높으면 현재의 관계를 청산하고 새로운 관계로 옮겨간다.

18 정답 ②
출제영역 CHAPTER 04 > SECTION 03

CRM 도입 실패 원인은 다음과 같다.
- 고객, 상품, 거래 등 방대한 양의 고객정보 데이터 무시
- 일부 부서에서만 적용
- 무계획
- 정보시스템 조직과 업무부서 간의 협업 부족
- 고객중심이 아닌 기업을 위한 CRM
- 문제 있는 업무의 프로세스 자동화
- 기술 숙련도에 대한 충분하지 않은 고려

19 정답 ⑤
출제영역 CHAPTER 04 > SECTION 06

'자기긍정과 타인긍정(I'm OK – You're OK)' 유형은 건강한 자존감과 자아상을 유지하며 사람들에게 친밀감, 편안함, 안정감을 주는 가장 이상적인 삶의 자세를 가진다. 또 타인과 조화롭게 살아가는 태도(GOW; Go On With)를 가지며 문제를 건설적으로 풀어나간다.

20 정답 ①
출제영역 CHAPTER 04 > SECTION 04

'e-CRM'은 초기 IT 도입 비용이 높은 반면, 유지 관리 비용이 상대적으로 낮다.

21 정답 ②
출제영역 CHAPTER 05 > SECTION 01

'라스멜(Rathmell)'이 제시한 서비스의 정의이다.
| 오답 해설 |
① 블루아(Blois): 서비스는 한 재화의 형태에서 물리적 변화가 없이 편익과 만족을 낳는 판매에 제공되는 활동이다.
③ 자이다믈(Zeithaml): 서비스는 행위, 과정 그리고 그 결과적인 성과를 의미한다.
④ 마샬(Marshall): 인간은 물질적인 물체를 창조할 수 없다.
⑤ 세이(Say): 비물질적인 것은 보존이 쉽지 않으므로 부가 아니다.

22 정답 ②
출제영역 CHAPTER 05 > SECTION 02

정상적인 서비스에 영향을 미칠 수 있는 파업 혹은 자연재해에 대한 긴급 상황 계획을 세우고 고객에게 기술적 훈련과 지침서를 제공하는 것은 '사전 서비스(Before Service)'이다.

23 정답 ①
출제영역 CHAPTER 05 > SECTION 03

'생산자 서비스'는 금융, 재무, 보험, 부동산, 사업, 법률 및 기타 전문가 서비스로서 제조업이나 서비스업에 제공되는 중간재적 성격을 가진다. 음식숙박은 '소비자 서비스'에 해당한다.

24 정답 ④
출제영역 CHAPTER 05 > SECTION 04

'기능적 정의'에 대한 설명이다.
| 오답 해설 |
③ 구조적 정의: 관광기업이 관광객의 요구에 맞추어 소유권 이전 없이 제공하는 상품인 무형의 행위 또는 편익의 총체를 의미한다.
⑤ 비즈니스적 정의: 관광기업의 활동을 통하여 관광객이 호감과 만족감을 느끼게 함으로써 가치를 가지는 지식과 행위의 총체를 의미한다.

25 정답 ⑤
출제영역 CHAPTER 06 > SECTION 01

'피들러(Fiedler)'의 상황 이론에서 과업의 난이도는 변수로 보지 않는다.

2과목 CS 전략론 ▶ P.250

01	④	02	①	03	③	04	③	05	⑤
06	⑤	07	④	08	③	09	④	10	③
11	①	12	④	13	①	14	①	15	④
16	④	17	⑤	18	⑤	19	⑤	20	④
21	④	22	②	23	③	24	②	25	②

01 정답 ④
출제영역 CHAPTER 01 > SECTION 01

후방 종업원의 행동은 고객에게 직접 보이지는 않지만 무대 위 종업원의 행동을 지원하는 행동을 한다.

02 정답 ①
출제영역 CHAPTER 01 > SECTION 02

'신뢰성'은 하나의 대상을 유사한 척도로 여러 번 측정하거나 한 가지 방법으로 반복 측정하였을 때 일관성 있는 결과를 산출하는 정도이다. 모든 평가자는 같은 방법으로 모니터링해야 하며 누가 모니터링 하더라도 그 결과에 큰 차이가 없어야 한다.

03 정답 ③
출제영역 CHAPTER 01 > SECTION 03

새롭게 만들어진 표준안은 고객에게 세부적이고 필요한 사항을 제공할 수 있도록 운영되어야 하며 고객의 만족 여부에 따라 새로운 표준이 도입될 수 있는 융통성을 가지고 있어야 한다.

04 정답 ③
출제영역 CHAPTER 02 > SECTION 01

'상호작용 마케팅(Interactive Marketing)' 또는 '리얼타임 마케팅(Real-Time Marketing)'은 서비스 삼각형의 아래쪽에 위치하며 기업이 한 약속을 종업원, 대리인 등이 제대로 지키는 과정으로 고객에게 서비스를 제공하는 데 있어 구성원의 역량이 매우 중요하다.

05 정답 ⑤
출제영역 CHAPTER 02 > SECTION 01

'판매 촉진'은 일반적으로 Promotion 활동에 포함된다.

06 정답 ⑤
출제영역 CHAPTER 02 > SECTION 01

'차별화 가능성'에 대한 설명이다.
| 오답 해설 |
① 행동 가능성: 세분시장을 유인하고 그 세분시장에 제공할 수 있도록 하는 효과적인 마케팅 프로그램을 수립할 수 있어야 한다.
③ 측정 가능성: 세분시장의 규모와 구매력 및 특성이 측정될 수 있어야 한다.
④ 접근 가능성: 세분시장에 효과적으로 도달해 서브할 수 있어야 한다.

07 정답 ④
출제영역 CHAPTER 02 > SECTION 01

'제품 개념(Product Concept)'에 대한 설명은 다음과 같다.
- 조직체는 지속적인 제품 개선에 힘써야 한다는 개념
- 소비자들의 선택 기준이 품질, 성능 및 혁신적인 특성 면에 있다고 가정함
- 마케팅 근시안(Marketing Myopia)을 초래할 가능성이 있음

08 정답 ③
출제영역 CHAPTER 02 > SECTION 01

심리 분석적 변수에는 라이프 스타일(Life Style), 개성이 있다.

09 정답 ④
출제영역 CHAPTER 03 > SECTION 02

외부의 표적시장을 의미하는 요소에는 고객평생가치, 고객유지, 재구매, 긍정적 구전, 주위 권유, 애호도, 매력도, 고객 요구를 겨냥해 설계된 서비스가 있다.

10 정답 ③
출제영역 CHAPTER 03 > SECTION 01

'인지부조화', '인지불협화'는 소비자가 두 개의 지각이 각각 옳다고 보는 반면 서로 조화되지 않고 지각될 때, 즉 불균형 형태에서 나타나는 심리상태이다. 태도와 행동이 일치하지 않을 때 긴장감을 경험한다.

11 정답 ①
출제영역 CHAPTER 03 > SECTION 03

'충동제품'에 대한 설명이다.

| 오답 해설 |
② 긴급제품: 긴급할 때 구매하는 제품
③ 필수제품: 소비자가 정기적으로 구매하는 제품
④ 비탐색품: 소비자가 알지 못하거나 알고 있다 하더라도 일반적으로 구매하지 않는 유형
⑤ 선매품: 고객이 여러 제품의 품질, 가격 등의 기준으로 비교 후 구매하는 제품

12 정답 ④
출제영역 CHAPTER 03 > SECTION 04

양질의 의료 서비스는 모두가 편리하게 이용할 수 있도록 '접근성'이 우선되어야 한다.

| 오답 해설 |
① 조정성: 의료의 내용에는 예방, 치료, 재활 및 보건 증진 사업과 관련된 다양한 서비스가 잘 조정되어 포함되어야 한다.
② 지속성: 각 개인에게 제공되는 의료는 시간적·지리적으로 상관성을 갖고 적절히 연결되어야 한다.
⑤ 효율성: 의료의 목적을 달성하는 데 투입되는 자원의 양을 최소화하거나 일정한 자원의 투입으로 최대의 목적을 달성할 수 있어야 한다.

13 정답 ①
출제영역 CHAPTER 04 > SECTION 01

'응답성(Responsiveness)'은 고객을 도와주고 신속한 서비스를 제공하려는 의지이다. 안심하고 거래하기 위한 안전 확보는 '확신성(Assurance)'과 관련이 있다.

14 정답 ①
출제영역 CHAPTER 04 > SECTION 01

e-서비스 품질에서 '응답성'은 고객에게 문제 발생 시 적절한 정보를 제공할 수 있는 능력, 환불 절차, 온라인 보증을 제공할 수 있는 능력이다.

| 오답 해설 |
③ 실시간 접촉: 온라인 및 전화를 통해 문의할 수 있는 고객 서비스 직원의 존재 여부
⑤ 배상 및 보상: 환불 시 물류비용에 대한 배상 정도

15 정답 ④
출제영역 CHAPTER 04 > SECTION 03

권한위임의 이점(利點)은 다음과 같다.
- 고객의 요구와 문제에 유연하고 신속하게 대응할 수 있음
- 열정적, 우호적인 분위기에서 고객을 접촉하고 충성고객을 창출할 수 있음
- 혁신적인 아이디어를 개발할 수 있음
- 종사원의 동기부여를 통해 생산성 증진과 서비스를 개선시키는 고객지향 서비스 활동을 수행하게 해줌
- 종사원의 태도와 행위변화를 유도하여 직무만족을 증대시킴
- 역할 모호성이 감소함

16 정답 ④
출제영역 CHAPTER 04 > SECTION 02

서비스 산업에서 품질이 낮은 이유는 다음과 같다.
- 서비스에서 비용절감이 서비스 수준의 저하 초래
- 인건비 상승으로 인한 셀프서비스와 자동화 확대
- 서비스업 종사자들의 프로의식 결여
- 서비스 생산성 및 효율성에 대한 지나친 강조
- 서비스 수준이 높지 않을 것으로 예상하는 고객의 존재
- 다수의 고객에게 다양한 서비스를 제공하는 경우 실수 발생의 가능성이 존재
- 서비스의 재작업, 소환, 실수의 개선 등의 요구에 관대
- 서비스 생산과 판매의 동시성으로 인한 품질관리의 어려움 존재
- 기업의 단기적 견해
- 커뮤니케이션 차이

17 정답 ⑤
출제영역 CHAPTER 04 > SECTION 01

주란(J. M. Juran)의 품질 분류는 다음과 같다.
- 사용자의 눈에 보이지 않는 내부적 품질
- 사용자의 눈에 보이는 하드웨어적 품질
- 사용자의 눈에 보이는 소프트웨어적 품질
- 서비스 시간, 신속성
- 심리적 품질

18
정답 ⑤

출제영역 CHAPTER 04 > SECTION 01

'KS-SQI 2006년 조사모델(2.0)'에 대한 설명이다.

| 오답 해설 |
① NPS: 브랜드에 대한 고객의 충성도를 측정하는 데 사용되는 지표
② NCSI: 우리나라의 국가 고객만족지수로 한국생산성본부와 미시간대학이 공동으로 개발하였으며 국내·외에서 생산되어 국내의 최종 소비자에게 판매되고 있는 제품 및 서비스에 대해 해당 제품을 사용한 경험이 있는 고객이 직접 평가한 만족 수준의 정도를 모형화하고 이에 근거하여 측정 및 계량화한 고객만족지표
④ ACSI: 스웨덴의 고객만족지표를 기초로 하여 미국품질연구회와 미시간대학 국가품질연구소의 '클라스 포넬(Claes Fornell)'이 소비자들의 기업, 산업, 경제 부문 및 국가경제에 대한 지각적 만족을 측정하기 위해 개발한 모형

19
정답 ⑤

출제영역 CHAPTER 05 > SECTION 02

정량조사 기법을 적용해야 하는 경우는 다음과 같다.
- 가설 질적 검증을 통한 확정적인 결론을 획득할 때
- 시장 세분화/목표시장을 선정할 때
- 시장 경쟁상황 및 소비자 태도/행동을 파악할 때
- 소비자 특성별 니즈 구조와 차이를 파악할 때
- 각 상표의 포지셔닝(강·약점)을 파악할 때
- 가장 바람직한 콘셉트, 용기, 상표명 등을 선정할 때

20
정답 ④

출제영역 CHAPTER 07 > SECTION 01

'RFM 기법'은 고객이 '언제 제품을 구입했는가(Recency; 구매시점)', '얼마나 자주 제품을 구입하는가(Frequency; 구매빈도)', '제품구입에 얼마나 사용했는가(Monetary; 구매금액)'의 3가지 요소를 가지고 고객의 등급을 분석하는 방법이다.

21
정답 ④

출제영역 CHAPTER 06 > SECTION 03

계획수립 기법 중 '예측 기법'에 해당하는 유형은 상황대응 계획법(단기간 예측법), 시나리오 계획법(장기간 예측법)이 있다.

22
정답 ②

출제영역 CHAPTER 06 > SECTION 04

'코즈 마케팅(Cause Marketing)'은 이유, 명분을 뜻하는 Cause에서 비롯된 합성어로 기업이나 브랜드를 사회가 추구하는 공익적 가치에 연계시켜, 경제적 이익과 공익을 동시에 추구하는 마케팅을 의미한다.

23
정답 ③

출제영역 CHAPTER 07 > SECTION 01

고관여도 관점에서 집단의 규범과 가치는 제품 구매에 중요하다.

24
정답 ②

출제영역 CHAPTER 07 > SECTION 02

'고객경험관리(CEM)'는 외부 지향적이며 고객 중심적이다.

25
정답 ②

출제영역 CHAPTER 07 > SECTION 03

'로스 리더(Loss Leader)'는 고객을 유인하기 위해 원가 이하 또는 시중가보다 훨씬 저렴하게 판매하는 상품을 뜻하며, '미끼상품, 유인상품' 등으로도 불리며, 손해를 보더라도 다른 고수익 상품의 구매를 유도해 전체 매출을 높이려는 가격 책정 전략이다.

3과목 고객관리 실무론 ▶ P.254

01	⑤	02	②	03	③	04	②	05	②
06	③	07	③	08	③	09	①	10	①
11	④	12	⑤	13	①	14	④	15	⑤
16	⑤	17	③	18	④	19	②	20	①
21	⑤	22	⑤	23	⑤	24	③	25	④

01 정답 ⑤
출제영역 CHAPTER 02 > SECTION 01

효과적인 경청을 위해서는 고객에게 적절한 반응(공감 등)을 보여주어 상대방의 말에 집중하고 있고 상대방의 관점에서 이해하려는 태도를 가지고 있음을 표현해야 한다.

02 정답 ②
출제영역 CHAPTER 01 > SECTION 01

중간보고가 필요한 경우는 다음과 같다.
- 업무가 완료되기까지 상당한 시간이 걸릴 때
- 상황이 변했을 때
- 작업을 진행하는 데 있어 곤란한 문제가 발생했을 때
- 지시한 방침이나 방법으로는 불가능할 때
- 결과나 전망이 보일 때

03 정답 ③
출제영역 CHAPTER 01 > SECTION 03

'QAA(Quality Assurance Anaylist)'는 통화품질 관리자로서 상담내용을 모니터링하여 평가, 관리, 감독을 통해 통화품질을 향상시키는 업무수행을 하며 전문적 지식, 객관적 판단능력을 필요로 한다.

04 정답 ②
출제영역 CHAPTER 01 > SECTION 03

'스크립트(Script)'는 고객 또는 마케팅 상황에 따라 탄력적으로 대화를 이끌어가는 대본이다.

05 정답 ②
출제영역 CHAPTER 01 > SECTION 03

'Silent(Remote) Monitoring'의 단점은 다음과 같다.
- 즉각적인 피드백이 어려움
- QAD가 콜 대기하는 시간이 생긴다면 비효율적인 방법임
- 감시당하는 느낌을 줄 수 있음
- 해당 모니터링의 목적에 대한 분명한 전달이 없다면 상담원은 'Big Brother'의 공포가 생길 수 있음

06 정답 ③
출제영역 CHAPTER 02 > SECTION 01

'부메랑 화법'은 던지면 다시 되돌아오는 부메랑을 화법에 응용시킨 것으로 고객이 제품에 대한 트집을 잡을 때, 그 트집이 제품의 장점 또는 특징이라고 주장하는 화법이다. 거절 요인을 구매요인으로 전환시킬 수 있다.

| 오답 해설 |
② 쿠션 화법: 단호한 표현보다는 미안한 마음을 먼저 전하여 사전에 쿠션 역할을 할 수 있는 말을 전하는 화법

07 정답 ③
출제영역 CHAPTER 04 > SECTION 02

상대방과의 대화 중 시간을 확인하는 것은 실례가 되는 행동이다.

08 정답 ③
출제영역 CHAPTER 02 > SECTION 01

'개방형 질문(Open Question)'은 고객이 자유롭게 의견이나 정보를 말할 수 있도록 질문하여 고객들 마음에 여유가 생기도록 하며 고객이 적극적으로 이야기하게 함으로써 고객의 니즈를 파악할 수 있다.

09 정답 ①
출제영역 CHAPTER 02 > SECTION 04

'컴플레인(Complain)'은 '가슴을 치다'라는 의미를 가지며 상대방의 잘못된 행위에 대한 불만사항 통보로 불만족한 감정상태를 표현하는 것이다. 흔히 컴플레인은 고객이 상품을 구매하는 과정 또는 구매한 상품에 관하여 품질, 서비스 등을 이유로 불만을 제기하면서 발생한다.

10 정답 ①
출제영역 CHAPTER 02 > SECTION 06

'멘토(Mentor)'는 같은 조직에 있는 사람 또는 외부 전문가가 수행하는 경우가 많다.

11 정답 ④
출제영역 CHAPTER 03 > SECTION 01

미국의 심리학자인 앨버트 메라비언은 커뮤니케이션에서의 정보량의 경우, 얼굴표정 등으로 전달되는 시각적인 요소가 55%, 청각적인 요소가 38%, 기타 언어적인 요소가 7%로 형성된다고 하였다.

12 정답 ⑤
출제영역 CHAPTER 03 > SECTION 02

측방에서 갑자기 만났을 때는 즉시 인사하는 것이 올바른 인사 예절이다.

13 정답 ①
출제영역 CHAPTER 03 > SECTION 03

전통적인 '공수법(拱手法)'에서 남자의 경우 평상시 왼손이 위로, 흉사 시 오른손이 위로 온다.

14 정답 ④
출제영역 CHAPTER 04 > SECTION 01

명함에 모르는 한자가 있을 경우는 "실례하지만 어떻게 읽습니까?"라고 질문한다.

15 정답 ⑤
출제영역 CHAPTER 04 > SECTION 01

여성의 경우 먼저 악수를 청하는 것이 에티켓이지만 성별에 관계없이 지위가 높은 사람이 낮은 사람에게 악수를 먼저 청하는 것이 일반적이다.

16 정답 ⑤
출제영역 CHAPTER 04 > SECTION 02

웨이터를 불러야 할 때는 소리 내어 웨이터를 부르지 않고 웨이터와 시선이 마주칠 때까지 기다렸다가 조용히 손을 약간 들도록 한다. 이때 손을 높이 들어 흔들거나 하면 안 된다.

17 정답 ③
출제영역 CHAPTER 04 > SECTION 02

'포상관광(Incentive Travel)'은 조직원들의 성과에 대한 보상 및 동기를 부여하기 위한 순수 포상여행을 말하며, 상업용 숙박시설에 1박 이상 체류하는 것이다.

| 오답 해설 |
② Exhibition(전시): 제품, 기술, 서비스를 특정 장소인 전문 전시 시설에서 1일 이상 판매, 홍보, 마케팅하는 등의 활동
④ Convention(컨벤션): 기업회의보다 규모가 큰 3개국 10명 이상이 참가하여 아이디어 교환, 사회적 네트워크 형성, 토론, 정보교환, 사업 등 MICE 목적으로 설립된 유료 시설을 사용하는 회의
⑤ Meeting(기업회의): 최소 참가자를 10인 이상으로 하며 최소 반일(4시간) 이상 진행되는 모든 회의

18 정답 ④
출제영역 CHAPTER 05 > SECTION 01

「소비자기본법」 제25조(정책위원회 기능 등) 제3항에 따르면 정책위원회는 제2항에 따른 법령의 개선 등 필요한 조치를 권고하기 전에 중앙행정기관의 장 및 지방자치단체의 장에게 미리 의견을 제출할 기회를 주어야 한다.

19 정답 ②
출제영역 CHAPTER 05 > SECTION 01

「소비자기본법」 제28조(소비자단체의 업무) 제1항에 명시된 내용은 다음과 같다.
- 국가 및 지방자치단체의 소비자의 권익과 관련된 시책에 대한 건의
- 물품 등의 규격·품질·안전성·환경성에 관한 시험·검사 및 가격 등을 포함한 거래조건이나 거래방법에 관한 조사·분석
- 소비자문제에 관한 조사·연구
- 소비자의 교육
- 소비자의 불만 및 피해를 처리하기 위한 상담·정보제공 및 당사자 사이의 합의의 권고

20
정답 ①

출제영역 CHAPTER 06 > SECTION 01

「개인정보 보호법」 제51조(단체소송의 대상 등)에 따른 비영리민간단체로서 다음 요건을 모두 갖춘 단체는 다음과 같다.
- 법률상 또는 사실상 동일한 침해를 입은 100명 이상의 정보주체로부터 단체소송의 제기를 요청받을 것
- 정관에 개인정보 보호를 단체의 목적으로 명시한 후 최근 3년 이상 이를 위한 활동실적이 있을 것
- 단체의 상시 구성원수가 5천명 이상일 것
- 중앙행정기관에 등록되어 있을 것

21
정답 ⑤

출제영역 CHAPTER 06 > SECTION 01

'습관 및 취미정보'는 흡연, 음주량, 선호하는 스포츠 및 오락, 여가활동, 비디오 대여 기록, 도박 성향 등에 대한 개인정보의 유형이다.

22
정답 ⑤

출제영역 CHAPTER 06 > SECTION 01

「개인정보 보호법」 제39조(손해배상책임) 제4항에 명시된 배상액 산정에 따른 고려 사항은 다음과 같다.
- 고의 또는 손해 발생의 우려를 인식한 정도
- 위반행위로 인하여 입은 피해 규모
- 위법행위로 인하여 개인정보처리자가 취득한 경제적 이익
- 위반행위에 따른 벌금 및 과징금
- 위반행위의 기간·횟수 등
- 개인정보처리자의 재산상태
- 개인정보처리자가 정보 주체의 개인정보 분실·도난·유출 후 해당 개인정보를 회수하기 위하여 노력한 정도
- 개인정보처리자가 정보 주체의 피해구제를 위하여 노력한 정도

23
정답 ⑤

출제영역 CHAPTER 06 > SECTION 01

「개인정보 보호법 시행령」 제32조(개인정보 보호책임자의 업무 및 지정요건 등) 제3항에 명시된 공공기관의 개인정보 보호 책임자 지정 요건은 다음과 같다.
- 국회, 법원, 헌법재판소, 중앙선거관리위원회의 행정사무를 처리하는 기관 및 중앙행정기관: 고위공무원단에 속하는 공무원 또는 그에 상당하는 공무원
- 정무직 공무원을 장(長)으로 하는 국가기관: 3급 이상 공무원(고위공무원 포함) 또는 그에 상당하는 공무원
- 고위공무원, 3급 공무원 또는 그에 상당하는 공무원 이상의 공무원을 장으로 하는 국가기관: 4급 이상 공무원 또는 그에 상당하는 공무원
- 시·도 및 시·도 교육청: 3급 이상 공무원 또는 그에 상당하는 공무원
- 시·군 및 자치구: 4급 이상 공무원 또는 그에 상당하는 공무원

24
정답 ③

출제영역 CHAPTER 07 > SECTION 01

'앤드라고지(Andragogy)'의 기본전제는 다음과 같다.
- 성인학습자는 자기주도적임
- 외재적 요인보다 내재적 요인에 의해 학습동기가 유발됨
- 학습자의 경험은 역할수행 동안 얻어진 것이므로 학습의 전 과정에 유용한 자원임
- 학습자의 학습 준비도에 따라 교육과정을 편성함
- 학습자가 현재의 실생활에 활용하도록 학습하므로 성과지향적임

25
정답 ④

출제영역 CHAPTER 07 > SECTION 02

'명료성'은 이해하기 쉽도록 내용을 단순화하는 것이다.

| 오답 해설 |
① 원근법: 공간을 느끼게 하고 입체감을 준다.
② 통일성: 구성요소들이 전체적으로 하나라고 생각되도록 배치한다.
③ 조직성: 내용의 배열에 흐름이 있어야 한다.
⑤ 균형성: 심미적으로 좋은 배치가 되도록 한다.

| 제3회 | 기출복원 모의고사

1과목 CS 개론 ▶ P.260

01	③	02	⑤	03	⑤	04	②	05	⑤
06	④	07	③	08	④	09	③	10	③
11	①	12	①	13	①	14	⑤	15	⑤
16	②	17	②	18	④	19	②	20	④
21	⑤	22	①	23	⑤	24	②	25	③

01 정답 ③
출제영역 CHAPTER 01 > SECTION 02

'순응(현상) 이론'은 기대 불일치와 만족이 일정 수준으로 조정되는 현상을 설명하며, 개인은 성과 수준에 순응하게 되고 이러한 순응 수준은 과거 경험 등 여러 요인의 영향을 받는다.

02 정답 ⑤
출제영역 CHAPTER 01 > SECTION 02

'서비스의 성공 및 실패의 원인에 대한 귀인'은 기대한 것보다 서비스에 만족 또는 불만족하였을 경우 소비자가 그 이유를 분석하여 평가하는 것이다.

| 오답 해설 |
① 고객감정: 고객의 서비스 전 감정, 소비경험에서 비롯된 감정은 서비스의 지각에 영향을 미친다.
② 공평성의 지각: 서비스 전달자의 공평한 서비스 전달은 고객만족에 영향을 미친다.
③ 제품 또는 서비스의 특징: 제품 및 서비스 특징에 대한 고객의 평가에 영향을 받는다.
④ 다른 고객, 가족 구성원, 동료: 구전에 의한 영향을 받는다.

03 정답 ⑤
출제영역 CHAPTER 01 > SECTION 03

'서비스 샵(Service Shop)'은 낮은 노동집중도와 높은 상호작용이 특징으로, 높은 개별화 서비스를 제공하지만 높은 자본투자를 필요로 하는 서비스 업종(예 병원, 자동차 정비소 등)이다.

04 정답 ②
출제영역 CHAPTER 02 > SECTION 01

고객만족의 3요소에는 하드웨어, 소프트웨어, 휴먼웨어가 있다.

05 정답 ⑤
출제영역 CHAPTER 02 > SECTION 02

TCS 혁신의 실패요인은 다음과 같다.
- 전사적 합의점 도출 실패
- 혁신을 위한 물적·인적자원의 부족
- 기회 포착의 실패
- 기업 측면에서의 지나친 비용절감 강조

06 정답 ④
출제영역 CHAPTER 02 > SECTION 03

노드스트롬(Nordstrom) 경영은 서비스(Service), 품질(Quality), 가치(Value), 구색(Selection)을 기본 이념으로 한다.

07 정답 ③
출제영역 CHAPTER 02 > SECTION 04

구전은 단순히 언어적 커뮤니케이션에 제한된 것이 아니다.

08 정답 ④
출제영역 CHAPTER 03 > SECTION 03

'사회적 위험'은 구매한 상품이 준거집단으로부터 부정적으로 평가를 받을 위험이다.

| 오답 해설 |
① 신체적 위험: 상품의 사용 결과 소비자가 해를 입을 가능성에 대한 위험
② 심리적 위험: 구매한 상품이 자아 이미지에 부정적 영향을 미칠 수 있는 위험
③ 재무적 위험: 의사결정 잘못으로 입게 되는 금전적 손실
⑤ 시간상실 위험: 시간이나 노력의 상실 없이 구매 상품의 반품 및 수리를 받을 수 없는 경우에 발생하는 위험

09 정답 ③
출제영역 **CHAPTER 03 > SECTION 01**

'고객'은 일정기간동안 상호접촉과 커뮤니케이션을 통해 반복 구매를 하고 기업이나 조직에 고객생애가치의 실현으로 수익을 창출해 줄 수 있는 사람이다.

10 정답 ③
출제영역 **CHAPTER 03 > SECTION 02**

'의견선도 고객'은 제품이나 서비스를 구매하기보다는 평판, 심사, 모니터링 등에 영향을 미치는 집단으로 소비자 보호단체, 기자, 평론가, 전문가 등을 의미한다.

11 정답 ①
출제영역 **CHAPTER 03 > SECTION 04**

'내향형(Introversion)'은 깊이 있는 대인관계를 유지하고 조용하고 신중하며 이해한 다음에 경험하는 특징이 있다.

12 정답 ①
출제영역 **CHAPTER 04 > SECTION 01**

'고객관계관리(CRM)'는 수익성이 높은 고객을 파악·획득 및 유지하는 일련의 활동으로 신규 고객 창출보다는 기존 고객 유지에 중점을 둔다.

13 정답 ①
출제영역 **CHAPTER 04 > SECTION 05**

'혁신형(Innovation)'은 문화적 목표는 수용하지만 제도적 수단은 포기하는 유형이다.

| 오답 해설 |
② 반역형(Rebellion): 문화적 목표와 수단을 모두 거부하지만 패배주의형과는 달리 기존의 것을 새로운 것으로 대치하려는 유형
③ 동조형(Conformity): 문화적 목표와 제도적 수단을 모두 수용하는 유형
④ 패배주의형(Retreatism): 문화적 목표와 수단을 모두 거부하는 유형
⑤ 의례주의형(Rituals): 문화적 목표를 거부하지만 제도적 수단에는 집착하는 유형

14 정답 ⑤
출제영역 **CHAPTER 04 > SECTION 05**

'중심화 경향'은 성향판단을 함에 있어 아주 나쁘다거나 아주 좋다거나 하는 판단을 기피하고 중간 정도인 것으로 판단을 하려는 경향이다.

15 정답 ⑤
출제영역 **CHAPTER 04 > SECTION 03**

'스탠리 브라운(Stanley Brown)'은 성공적인 CRM 구현을 위해서는 조직 전체의 참여와 수익성, 성과 중심의 접근이 중요하며, 과정 자체보다는 가시적인 성과에 초점을 맞추어야 한다고 하였다.

16 정답 ②
출제영역 **CHAPTER 04 > SECTION 03**

단위당 판매가가 적은 제품일수록 고객관리비용 대비 수익성이 낮아 데이터베이스의 의미가 줄어든다. 반대로 단위당 판매가가 많은 제품은 소수 고객이라도 관계를 유지할 가치가 높기 때문에 의미 없는 데이터베이스 자료로 보기 어렵다.

17 정답 ②
출제영역 **CHAPTER 04 > SECTION 06**

'교류분석(TA)'은 심리치료에 기초를 이루는 정신분석과 행동주의에 기반을 두고 일반인이 이해하기 쉬운 사고방식이나 방법을 치료에 도입하여 '정신분석학의 구어판(口語版)'이라고 불리기도 한다.

18 정답 ④
출제영역 **CHAPTER 04 > SECTION 04**

고객 창출 전략에는 커뮤니티 서비스(Community Service), 인비테이션 서비스(Invitation Service)가 있다.

19 정답 ②
출제영역 **CHAPTER 05 > SECTION 01**

'레티넨(Lehtinen)'은 서비스를 고객만족을 제공하려는 고객접촉 인력이나 장비의 상호작용결과로 일어나는 활동 또는 일련의 활동으로 소비자에게 만족을 제공하는 것으로 보았다.

20 정답 ④

출제영역 CHAPTER 05 > SECTION 02

'거래 후 서비스/사후 서비스(After Service)'에는 설치보증, 변경, 수리, 부품 공급, 제품 추적, 고객 클레임 및 불만처리, 수리 중 일시적인 제품 대체가 있다.

21 정답 ⑤

출제영역 CHAPTER 05 > SECTION 03

청량음료는 순수 유형재에 가깝다.

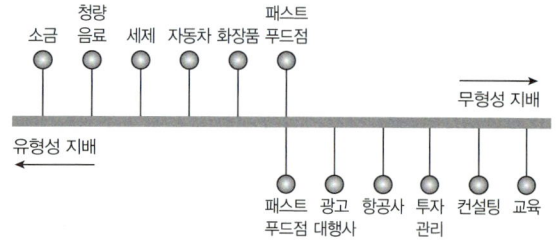

22 정답 ①

출제영역 CHAPTER 05 > SECTION 04

관광서비스의 구조적 정의는 관광기업이 관광객의 요구에 맞추어 소유권 이전 없이 제공하는 상품인 무형의 행위 또는 편익의 총체로 보는 것이다.

23 정답 ⑤

출제영역 CHAPTER 06 > SECTION 01

'알더퍼(Alderfer)'의 ERG 이론에 따르면 인간은 여러 욕구를 동시에 경험할 수 있으므로 관계나 성장욕구 충족에 관심을 갖기 이전에 생존욕구가 반드시 충족되어야 할 필요는 없다.

24 정답 ②

출제영역 CHAPTER 06 > SECTION 02

'카리스마 리더십'은 지배성에 대한 강한 욕구를 리더가 부하들에게 영향력을 행사할 수 있도록 동기화시키는 역할을 한다.

25 정답 ③

출제영역 CHAPTER 06 > SECTION 04

서비스 기업은 수요의 변동이 심하다.

2과목 CS 전략론 ▶ P.264

01	①	02	②	03	②	04	①	05	⑤
06	④	07	②	08	⑤	09	③	10	④
11	④	12	①	13	④	14	③	15	①
16	①	17	①	18	③	19	③	20	③
21	②	22	⑤	23	⑤	24	③	25	①

01 정답 ①

출제영역 CHAPTER 01 > SECTION 01

'서비스 청사진(Service Blueprint)'은 무형의 서비스를 역할 또는 관점이 다른 사람들이 객관적으로 쉽게 이해할 수 있도록 서비스 시스템을 명확하게 나타내는 그림 또는 지도이다.

02 정답 ②

출제영역 CHAPTER 01 > SECTION 02

'고객의 소리(VOC; Voice Of Customer)'는 1차 자료보다 빠르고 기업의 모든 채널에서 수집이 가능하다.

03 정답 ②

출제영역 CHAPTER 01 > SECTION 03

- 하드웨어: 기업 이미지, 브랜드 파워, 주차시설, 청결도, 매장의 분위기, 고객지원센터, 인테리어 등
- 소프트웨어: 기업의 상품, 서비스 프로그램, 서비스 절차, 예약, 업무처리, 해피콜, 부가서비스 체계 등
- 휴먼웨어: 친절도, 용모, 태도, 의사소통, 신뢰성, 이미지, 서비스 마인드, 접객 서비스 행동, 매너, 조직문화 등

04 정답 ①

출제영역 CHAPTER 02 > SECTION 01

내부 강점 및 약점요인은 다음과 같다.

강점요인	약점요인
• 우월한 제조기술 • 능력 있는 종업원 보유 • 높은 시장 점유율 • 탄탄한 마케팅 조직 • 원활한 자금 조달 • 고객충성도	• 무능한 관리자 • 경쟁력 없는 기획팀 • 뒤떨어진 기술 • 낮은 연구개발비 • 높은 이직률

05 정답 ⑤

출제영역 CHAPTER 02 > SECTION 01

'공중 관계(Public Relation)'는 일반적으로 Promotion 또는 조직 외부 커뮤니케이션 활동에 포함된다.

06 정답 ④

출제영역 CHAPTER 02 > SECTION 02

'서비스 패러독스(Service Paradox)'의 발생원인은 다음과 같다.
- 서비스 표준화
- 서비스 동질화
- 서비스 인간성 상실
- 기술의 복잡화
- 종업원 확보의 악순환

07 정답 ②

출제영역 CHAPTER 02 > SECTION 03

'상호작용 공정성'은 서비스 제공자의 응대 태도로 고객에게 친절, 배려, 공손한 응대를 하는 것이다.

| 오답 해설 |
③ 분배적 공정성: 고객이 얻게 되는 결과 또는 산출을 통하여 공정성 수준을 평가하며 고객이 불만 수준에 맞는 보상을 기대하는 것으로 금전적 보상, 차후 무료서비스 제공, 가격할인, 수리 및 교환의 형태가 있다.
④ 절차적 공정성: 문제를 해결하는 과정에서 적용될 수 있는 기준으로 서비스 실패를 처리하기 위해 사용되는 절차에 대하여 지각하는 것(회사의 정책, 규칙, 적시성 등)이다.

08 정답 ⑤

출제영역 CHAPTER 02 > SECTION 04

'애프터서비스(After Service)' 품질차원의 영향요인에는 태도 및 행동, 처리시간, 전문성/기술, 편의성, 정책이 있다.

09 정답 ③

출제영역 CHAPTER 03 > SECTION 01

리츠칼튼 호텔의 활용 사례는 다음과 같다.
- 고객 기호 카드(취향 수첩)
- 고객 코디네이터
- 고객인지 프로그램
- 고객 이력 데이터베이스

10 정답 ④

출제영역 CHAPTER 03 > SECTION 02

종업원 충성도는 종업원의 생산성을 유발한다.

11 정답 ④

출제영역 CHAPTER 03 > SECTION 03

'비내구재'에 대한 설명이다.

| 오답 해설 |
② 서비스: 무형이고, 분리가 불가능하며 소모성과 변화성이 높으며 높은 수준의 품질 통제, 공급자의 신뢰성이 요구된다.
⑤ 내구재: 여러 번 사용할 수 있는 유형 제품으로 인적 판매와 서비스가 수반된다(예 냉장고, 기계류, 의류 등).

12 정답 ①

출제영역 CHAPTER 03 > SECTION 04

의료기관의 특징은 다음과 같다.
- 비영리 동기(Nonprofit Motive)를 가짐
- 자본집약적, 노동집약적(Labor Intensive)임
- 다양한 사업 목적을 갖는 조직체임
- 생산된 서비스의 품질관리나 업적평가가 어려움
- 이중적인 지휘체계(Dualiness of Authority)를 가짐

13 정답 ④

출제영역 CHAPTER 04 > SECTION 01

'성과'는 제품이 가지고 있는 운영적인 특징이다.

| 오답 해설 |
① 특징: 특정 제품이 가지고 있는 경쟁적 차별성
② 인지된 품질: 기업 혹은 브랜드의 명성
③ 지속성: 제품이 고객에게 지속적으로 가치를 제공할 수 있는 기간
⑤ 심미성: 사용자 감각에 소구할 수 있는 내용

14 정답 ③

출제영역 CHAPTER 04 > SECTION 03

책임감 있는 정규직 종업원을 채용하면 인건비가 증가하게 된다.

15 정답 ①

출제영역 CHAPTER 04 > SECTION 01

'무관심 품질 요소'는 충족되든 충족되지 않든 만족도 불만도 일으키지 않는 품질 요소로 고객의 니즈를 잘못 파악하였을 때 발생한다.

16 정답 ①

출제영역 CHAPTER 04 > SECTION 03

'내부 마케팅(Internal Marketing)'은 외부 고객을 대상으로 한 마케팅보다 먼저 시행되어야 한다. 서비스 기업의 경영자는 기업의 마케팅 전략을 최종 소비자에게 판매하기 이전에 현장에서 일하는 접객 종사원에게 판매할 필요가 있다.

17 정답 ①

출제영역 CHAPTER 05 > SECTION 01

'직접 측정'은 단일 또는 복수의 문항을 통해서 전반적인 만족도를 측정한다.

18 정답 ③

출제영역 CHAPTER 05 > SECTION 02

'서베이법(Survey method)'은 탐사방식에 의한 깊이 있는 질문이 불가능하다.

19 정답 ③

출제영역 CHAPTER 06 > SECTION 01

GAP 1은 고객의 기대와 경영진의 인식 차이에서 발생한다. '업무에 적합하지 않은 종업원'은 GAP 3(서비스 표준을 제대로 제공하지 못함)과 관련된 문제로, GAP 1 발생 원인과는 거리가 멀다.

20 정답 ③

출제영역 CHAPTER 06 > SECTION 03

'전술적 계획'에 대한 설명이다.
| 오답 해설 |
① 운영 계획: 전략적 계획을 실천하기 위한 구체적 활동이 담긴 계획을 실행하는 데 필요한 활동과 자원에 비중을 둔다.
④ 전략적 계획: 전략 계획 수립 단계에서 조직 목표를 설정하고 이를 달성하기 위한 자원조달 및 배분, 수행방안을 결정하는 포괄적인 계획이다.

21 정답 ②

출제영역 CHAPTER 07 > SECTION 03

'시장침투가격 전략'은 처음에는 낮은 가격으로 시장에 진출하여 짧은 시간에 시장 점유율을 확보한 후 점차 가격을 조정하는 전략이다.

22 정답 ⑤

출제영역 CHAPTER 07 > SECTION 01

'로렌트(Laurent)'와 '캐퍼러(Kapferer)'가 제시한 관여도 측정에 필요한 5가지 차원은 다음과 같다.
- 부정적 결과의 중요성
- 잘못 선택할 가능성
- 쾌락적 가치
- 상징적 가치
- 제품의 중요성/개인적 관심

23 정답 ⑤

출제영역 CHAPTER 07 > SECTION 02

'고객경험관리(CEM)'은 고객의 기대와 경험 간에 차이가 있는 곳에 제품이나 서비스를 위치, 판매하는 선행적 성격을 지닌다.

24 정답 ③

출제영역 CHAPTER 07 > SECTION 03

'자문·상담 요소'는 서비스 사용에 관한 지도·교육·훈련, 경영기법 및 기술자문, 개인적 상담·조언·충고·감사 등을 포함하고 있으며, 고객의 요구를 파악하고 해결책을 마련하는 것을 의미한다.

25 정답 ①

출제영역 CHAPTER 07 > SECTION 04

'성과리뷰(성과검토) 단계'는 성과목표에 대비하여 달성된 성과 결과를 평가하는 단계로, 직무 충실화, 교육훈련, 카운슬링, 지도 등이 필요하다.

3과목 고객관리 실무론 ▶ P.268

01	⑤	02	②	03	③	04	⑤	05	①
06	②	07	③	08	②	09	⑤	10	⑤
11	③	12	①	13	⑤	14	④	15	⑤
16	⑤	17	②	18	①	19	④	20	①
21	③	22	②	23	①	24	④	25	②

01
정답 ⑤

출제영역 CHAPTER 01 > SECTION 01

전화응대의 3대 원칙은 신속, 정확, 친절이다.

02
정답 ②

출제영역 CHAPTER 01 > SECTION 01

간접 존대는 신체부분, 성품, 심리, 소유물과 같이 주어와 밀접한 관계를 맺고 있는 대상을 통하여 주어를 간접적으로 높이는 것으로 '넥타이가 멋있으시네요.'처럼 '~시'를 동반하는 것은 올바르나 '주문하신 커피가 나오셨습니다.'처럼 '~시'를 사물 등에 남용하는 것은 바른 경어법이 아니다.

03
정답 ③

출제영역 CHAPTER 01 > SECTION 03

콜센터 아웃바운드 성과지표는 다음과 같다.
- 콜당 비용
- 판매건당 비용
- 시간당 판매량
- 평균 판매가치
- 아웃바운드에 대한 판매비율
- 시간당 접촉 횟수
- 1인당 연간 평균 매출
- 1교대당 평균 매출

04
정답 ⑤

출제영역 CHAPTER 02 > SECTION 02

긴 의자는 손님용이고 팔걸이 의자는 직원용이다.

05
정답 ①

출제영역 CHAPTER 01 > SECTION 03

스크립트 작성의 원칙에는 활용목적 명확화, 간단명료, 이해, 유연, 설득 및 확신, 고객중심, 상황대응, 상황관리, 차별성, 회화체 활용이 있다.

06
정답 ②

출제영역 CHAPTER 01 > SECTION 03

'Call Taping'은 콜 샘플을 녹음한 것 중 랜덤으로 선택하여 듣고 상담원 자신의 성과를 평가하는 방법이다.

| 오답 해설 |

① Side-by-side Monitoring: QAD가 상담원의 근처에서 콜을 듣는 방법으로 관리자가 상담원의 근처에서 상담내용 및 업무처리 과정, 행동을 직접 관찰하고 즉각적으로 피드백하는 형식
⑤ Remote Monitoring: 상담원과 떨어진 장소에서 상담원의 통화를 모니터링하는 방법

07
정답 ③

출제영역 CHAPTER 02 > SECTION 01

'행동 불평자, 적극적 행동자'에 대한 설명은 다음과 같다.
- 모든 상황에서 평균 이상의 불평 성향을 갖는 고객 유형
- 제품이나 서비스 제공자에게 불평을 하는 고객
- 다른 사람들이나 제3자에게도 불평을 하는 고객
- 이들의 개인적 규범과 불평은 일치함
- 다른 유형의 사람들보다 더 높은 소외의식을 가짐
- 극단적인 경우 '테러리스트'의 가능성이 있음

08
정답 ②

출제영역 CHAPTER 02 > SECTION 04

'굿맨의 법칙'은 고객 불평 행동과 재구매 및 구전효과에 관한 내용으로 다음과 같은 3가지 법칙이 있다.
- 제1법칙(불만족한 고객): 불만을 제기하고 해결에 만족한 고객의 서비스 재구입 결정율이 불만은 있으면서 불만을 제기하지 않은 고객의 서비스 재구입 결정율보다 높다.
- 제2법칙(구전 마케팅): 고충처리에 불만을 품은 고객의 안 좋은 평가가 만족한 고객의 호의적인 평가보다 파급력이 높다.
- 제3법칙(소비자 교육의 필요성): 소비자 교육을 받은 소비자는 기업에 대한 신뢰도가 높아 호의적인 소문의 파급 효과를 기대할 수 있으며 상품의 구입 의도가 높아져 시장 확대에 공헌할 수 있다.

09 정답 ⑤
출제영역 CHAPTER 02 > SECTION 01

'확인형 질문'은 고객의 답변에 초점을 맞추는 질문이며 고객의 니즈를 정확하게 파악할 수 있고 처리해야 할 사항을 확인받을 수도 있다.

10 정답 ⑤
출제영역 CHAPTER 02 > SECTION 05

할인, 교환, 거래 중단 등의 핑계로 제기되는 악의적인 불만은 고객 측의 잘못이다.

11 정답 ③
출제영역 CHAPTER 03 > SECTION 01

'빈발 효과'에 대한 설명이다.

| 오답 해설 |
④ 맥락 효과: 처음에 내린 판단에 따라 이후 입력되는 정보들에 대한 판단도 맥을 잇게 된다는 효과
⑤ 부정성 효과: 부정적 정보가 긍정적 정보보다 인상 형성에 더 강력하게 작용한다는 효과

12 정답 ①
출제영역 CHAPTER 03 > SECTION 02

'정중례(45°)'는 엄숙한 장소에서 가장 많이 사용되는 인사이며 서서 하는 인사법 중 가장 정중한 의미를 담은 인사로 고객을 처음 맞이할 때, 사과, 감사, 맞이, 배웅의 의미를 담을 때, 면접 시에 한다.

13 정답 ⑤
출제영역 CHAPTER 03 > SECTION 02

정중례를 할 때 표정은 밝고 환한 미소를 지으면 좋다.

14 정답 ④
출제영역 CHAPTER 04 > SECTION 02

테이블의 상석은 연령에 따르거나, 직위를 기준으로 하며 연령은 어리지만 직위가 높다면 직위를 우선으로 한다.

15 정답 ⑤
출제영역 CHAPTER 04 > SECTION 02

홉스테드가 제시한 문화의 차이의 5가지 범주는 다음과 같다.
- 개인주의 대 집단주의
- 권위주의 성향 대 평등주의
- 불확실성 회피 성향
- 남성성 대 여성성
- 시간 성향

16 정답 ⑤
출제영역 CHAPTER 04 > SECTION 02

'전자우편(e-mail)'에서 영어를 사용할 때는 대문자로만 쓰지 않는다.

| 오답 해설 |
① 유머 메일과 정보성 메일은 수신자 동의를 얻은 후 발송해야 한다.
② 첨부파일은 꼭 필요한 경우에만 첨부하며 첨부파일을 통한 컴퓨터 바이러스 피해 가능성도 고려해야 한다.
③ 용량이 큰 파일이나 여러 개의 파일은 압축하여 첨부해야 한다.
④ 언어의 선택은 신중하게 하며 약어 및 속어 사용을 삼가야 한다.

17 정답 ②
출제영역 CHAPTER 04 > SECTION 02

'미팅(Meeting)'은 최소 참가자를 10인 이상으로 하며 최소 반일(4시간) 이상 진행되는 모든 회의를 말한다.

18 정답 ①
출제영역 CHAPTER 05 > SECTION 01

'폰 히펠(Von Hippel)'은 소비자를 개인적인 용도에 쓰기 위하여 상품이나 서비스를 제공받는 사람이라고 정의했다.

| 오답 해설 |
② 가토 이치로(Gato Ichiro): 소비자란 국민 일반을 소비생활이라고 하는 시민생활의 측면에서 포착한 개념이다.
④ 타케우치 쇼우미(Takeuchi Shoumi): 소비자란 타인이 공급하는 물자나 용역을 소비생활을 위하여 구입 또는 이용하는 자로서 공급자에 대립하는 개념이다.
⑤ 이마무라 세이와(Imamura Seiwa): 소비자는 생활자이며 일반 국민임과 동시에 거래과정의 말단에서 구매자로 나타난다.

19 정답 ④
출제영역 CHAPTER 05 > SECTION 01

「소비자기본법」제11조(광고의 기준)의 내용은 다음과 같다.
국가는 물품 등의 잘못된 소비 또는 과다한 소비로 인하여 발생할 수 있는 소비자의 생명, 신체 또는 재산에 대한 위해를 방지하기 위하여 광고의 내용 및 방법에 관한 기준을 정해야 한다.
- 용도·성분·성능·규격 또는 원산지 등을 광고하는 때에 허가 또는 공인된 내용만으로 광고를 제한할 필요가 있거나 특정 내용을 소비자에게 반드시 알릴 필요가 있는 경우
- 소비자가 오해할 우려가 있는 특정 용어 또는 특정 표현의 사용을 제한할 필요가 있는 경우
- 광고의 매체 또는 시간대에 대하여 제한이 필요한 경우

20 정답 ①
출제영역 CHAPTER 07 > SECTION 01

'OJT(On the Job Training)'은 구체적이고 실제적인 교육훈련이 가능하다.

21 정답 ③
출제영역 CHAPTER 05 > SECTION 01

「소비자기본법」제61조(조정위원회의 구성)에 따른 소비자 분쟁조정위원의 자격 조건은 다음과 같다.
- 대학이나 공인된 연구기관에서 부교수 이상 또는 이에 상당하는 직에 있거나 있었던 자로서 소비자권익 관련분야를 전공한 자
- 4급 이상의 공무원 또는 이에 상당하는 공공기관의 직에 있거나 있었던 자로서 소비자권익과 관련된 업무에 실무경험이 있는 자
- 판사·검사 또는 변호사의 자격이 있는 자
- 소비자단체의 임원의 직에 있거나 있었던 자
- 사업자 또는 사업자단체의 임원의 직에 있거나 있었던 자
- 그 밖에 소비자권익과 관련된 업무에 관한 학식과 경험이 풍부한 자

22 정답 ②
출제영역 CHAPTER 06 > SECTION 01

「개인정보 보호법」제3조(개인정보 보호 원칙)에 따라 개인정보처리자는 개인정보를 익명 또는 가명으로 처리하여도 개인정보 수집 목적을 달성할 수 있는 경우 익명처리가 가능한 경우에는 익명에 의하여, 익명처리로 목적을 달성할 수 없는 경우에는 가명에 의하여 처리될 수 있도록 하여야 한다.

23 정답 ①
출제영역 CHAPTER 04 > SECTION 02

의전의 '5R(원칙)'은 다음과 같다.
- Respect: 상대에 대한 존중과 배려
- Reflect: 문화의 반영 등 가변성
- Reciprocity: 상호주의
- Rank: 서열
- Right: 오른쪽이 상석

24 정답 ④
출제영역 CHAPTER 07 > SECTION 02

동기부여와 관련된 내용은 '도입 단계(서론)'에서 중점적으로 언급하며 '전개 단계(본론)'에서도 중간중간 동기를 부여하는 것이 좋다.

25 정답 ②
출제영역 CHAPTER 07 > SECTION 02

정보적 프레젠테이션의 유형은 다음과 같다.
- 서술적 프레젠테이션
- 설명적 프레젠테이션
- 논증적 프레젠테이션

| 제4회 | 기출복원 모의고사

1과목 CS 개론 ▶ P.274

01	④	02	①	03	⑤	04	⑤	05	①
06	②	07	⑤	08	②	09	⑤	10	③
11	②	12	④	13	⑤	14	④	15	①
16	④	17	②	18	③	19	④	20	④
21	⑤	22	①	23	③	24	③	25	③

01 정답 ④
출제영역 CHAPTER 01 > SECTION 01

'앤더슨(Anderson)'의 고객 만족에 대한 설명이다.

| 오답 해설 |
② 올리버(Oliver): 만족을 제품이나 서비스의 특성이나 그 자체가 제공하는 소비자의 욕구 충족 이행 수준에 관한 소비자의 판단으로 해석하였다.
③, ⑤ 뉴먼(Newman)과 웨스트브룩(Westbrook): 만족을 상품 및 서비스를 구매, 비교, 평가, 선택하는 과정에서 고객이 경험하는 호의적 또는 비호의적인 감정으로 구분하여 설명하였다.

02 정답 ①
출제영역 CHAPTER 01 > SECTION 02

'Weiner(와이너, 와너)'의 귀인 이론 범주화 체계는 다음과 같다.
- 인과성의 위치 차원(Locus of Causality): 서비스 실패의 원인이 행위자 자신에게 있는지 상대방이나 상황에 있는지를 추론함
- 안정성(Stability): 어떤 원인이 일시적인지, 영원한 것인지, 실수에 의한 것인지 또는 반복적인 것인지 추론함
- 통제성(Controllability): 원인이 의도적일 수도 있고 비의도적일 수도 있다는 것을 의미함

03 정답 ⑤
출제영역 CHAPTER 01 > SECTION 03

서비스가 더 가치 있을수록 사람들은 더 오랫동안 기다릴 것이다.

04 정답 ⑤
출제영역 CHAPTER 01 > SECTION 03

'품질의 집(HOQ)'의 구성요소는 다음과 같다.
- 고객 요구사항(CA; Customer Attirbute)
- 설계특성(EC; Enggineering Characteristic)
- 상관관계 – CA와 EC의 관계
- EC간의 상관관계
- 계획(목표) 품질 – 고객인식 비교
- 설계품질

05 정답 ①
출제영역 CHAPTER 01 > SECTION 03

'피쉬본 다이어그램(Fishbone Diagram)'의 원인분석 요인은 다음과 같다.
- 시설, 장비(Equipment)
- 프로세스(과정, Process)
- 사람(People)
- 원자재(Materials)
- 환경(Environment)
- 경영(운영, Management)

06 정답 ②
출제영역 CHAPTER 02 > SECTION 01

고객만족경영의 '성장기(1990년대)'에 대한 설명은 다음과 같다.
- 각 기업이나 공공기관들이 고객만족경영기법 도입 시작
- 전사적 고객만족경영 체제 개념 도입
- CS경영팀 신설, 고객 접점 전진배치, 데이터베이스 마케팅 기법 국내에 최초 도입
- 고객관리시스템(CRM) 도입, A/S제도 도입, 사이버고객의 만족도에 대한 관심이 고조됨

07 정답 ⑤
출제영역 CHAPTER 02 > SECTION 01

소비행위의 변화로 하드웨어적인 요소보다 소프트웨어적인 요소가 중요한 요인으로 작용하고 있다.

08 정답 ②
출제영역 CHAPTER 02 > SECTION 03

동기부여와 인센티브는 내부고객 만족 전략이다.

09 정답 ⑤
출제영역 CHAPTER 03 > SECTION 02

'옹호고객'은 단골고객의 성향을 포함함은 물론 다른 사람까지 추천하는 적극성을 띤 고객이다.

10 정답 ③
출제영역 CHAPTER 03 > SECTION 02

'개인적 고객'에 대한 설명이다.

| 오답 해설 |
① 편의적 고객: 자신이 서비스를 받는 데 있어서 편의성을 중시하는 고객
② 경제적 고객: 고객가치를 극대화하려는 고객
⑤ 윤리적 고객: 서비스 기업의 윤리적인 행동에 더욱 큰 비중을 두는 고객

11 정답 ②
출제영역 CHAPTER 03 > SECTION 03

문화는 태어날 때부터 타고나거나 본능적인 것이 아니라 삶의 초기에 학습을 통해 습득한다.

12 정답 ④
출제영역 CHAPTER 03 > SECTION 03

준거집단의 분류는 다음과 같다.
- 1차 준거집단: 좀 더 지속적이며, 도덕과 관습 등에 의한 비공식적인 상호작용을 하는 집단으로 가족, 친구, 이웃 및 동료 등이 있음
- 2차 준거집단: 덜 지속적이며, 사회의 복잡화·전문화로 필요성이 증대되었고, 특정 목적 달성을 위해 의도적으로 형성된 특수한 이해관계를 바탕으로 한 상호작용을 하는 공식적이고 합리적인 집단으로 학교, 종교 집단, 전문가 단체 등이 있음

13 정답 ⑤
출제영역 CHAPTER 03 > SECTION 04

'직관형(iNtuition)'에 대한 설명이다.

| 오답 해설 |
① 감정형(Feeling): 사람과 관계에 큰 관심을 갖고 상황적이며 정상을 참작한 설명을 한다.
② 사고형(Thinking): 진실과 사실에 큰 관심을 갖고 논리적이고 분석적이며 객관적으로 판단한다.
③ 감각형(Sensing): 오감에 의존하여 실제의 경험을 중시하며 지금 현재에 초점을 맞추고 정확, 철저히 일을 처리한다.
④ 판단형(Judging): 분명한 목적과 방향이 있으며 기한을 엄수하고 철저히 사전계획을 하고 체계적이다.

14 정답 ④
출제영역 CHAPTER 04 > SECTION 01

CRM의 장점은 다음과 같다.
- 광고비 절감
- 특정 고객 표적화 및 특정 캠페인의 효과 측정이 용이함
- 가격이 아닌 서비스를 통해 기업 경쟁력을 확보할 수 있음
- 고객이 창출하는 부가가치에 따라 마케팅 비용을 사용 가능함
- 제품 개발과 출시과정에 소요되는 시간 절약
- 고객 채널의 이용률을 개선함으로써 개별 고객과의 접촉 활용

15 정답 ①
출제영역 CHAPTER 04 > SECTION 02

2단계(인프라 구축)에 대한 설명이다.

| 오답 해설 |
② 기업의 특성에 맞는 고객전략 수립: 1단계
③ 고객 유지를 위한 서비스와 피드백 관리: 5단계
④ 데이터마이닝을 통한 고객 분석과 마케팅 실시: 3단계
⑤ 고객 분석 결과를 판매과정에 활용: 4단계

16 정답 ④

출제영역 CHAPTER 04 > SECTION 04

'e-Community'는 고객의 문의나 불만 제기에 대한 책임 있는 대응을 위해 커뮤니터 채널 확보에 노력하여 고객과 상호작용하는 것이다.

| 오답 해설 |
① e-Service: 인터넷에서 고객에게 제공되는 서비스를 관리한다.
② e-Security: 웹사이트를 방문한 고객들의 개인정보를 바이러스 및 해킹에 대한 피해로부터 보호하기 위한 장치를 확보한다.
③ e-Sales: 인터넷상에서 상품이나 서비스 판매와 같은 온라인 판매를 지원하기 위한 활동이다.
⑤ e-Marketing: 고객의 정보를 수집하고 분석하여 잠재고객을 확보하는 마케팅 전략이다.

17 정답 ②

출제영역 CHAPTER 04 > SECTION 05

'넬슨 존스(R. Nelson Jones)'이 제시한 인간관계 심화요인(3R)은 다음과 같다.
- 보상성(Reward): 인간관계에서 얻을 수 있는 긍정적 보상의 효과로 보상의 범위와 깊이가 확대될수록 인간관계가 더 심화됨
- 상호성(Reciprocality): 보상이 서로 균형 있게 교류되는 것으로 긍정적 보상의 영역이 넓어지고 인간관계가 더 심화됨
- 규칙(Rule): 서로의 역할과 행동에 대해 명료하게 설정된 기대나 지침을 의미하는 것으로 분명한 교류 규칙이 인간 관계를 더 심화시킴

18 정답 ③

출제영역 CHAPTER 04 > SECTION 05

'중심화 경향'은 판단을 함에 있어 아주 나쁘다거나 아주 좋다거나 하는 판단을 기피하고 중간 정도인 것으로 판단하려는 경향이다.
| 오답 해설 |
② 관대화 경향: 다른 사람을 매우 좋게 평가하고자 하는 경향

19 정답 ④

출제영역 CHAPTER 04 > SECTION 06

'자기부정과 타인긍정(I'm not OK – You're OK)' 유형에 대한 설명이다.
| 오답 해설 |
② 자기긍정과 타인긍정(I'm OK – You're OK): 건강한 자존감과 자아상을 유지하며 사람들에게 친밀감, 편안함, 안정감을 주는 가장 이상적인 삶의 자세를 가진다.
③ 자기긍정과 타인부정(I'm OK – You're not OK): 자신이 타인보다 우월하고 언제나 옳다고 생각하는 독선적, 자기중심적, 이기적 태도(GRO; Get Rid Of)를 가진다.
⑤ 자기부정과 타인부정(I'm not OK – You're not OK): 모든 사람이 인생의 패자이며 인생은 살 가치가 없는 것으로 여기고 절망감과 허무감으로 만사 무기력, 무관심적인 태도를 가진다.

20 정답 ④

출제영역 CHAPTER 05 > SECTION 01

'코틀러(Kotler)'는 서비스를 어떤 사람이 상대방에게 제공할 수 있는 활동이나 혜택으로 무형적이고 소유될 수 없으며 물리적 생산물과 결부될 수도 있고 그렇지 않을 수도 있다고 보았다.
| 오답 해설 |
① 자이다믈(Zeithmal): 서비스는 행위, 과정 그리고 그 결과적인 성과를 의미한다.
② 미국마케팅학회(AMA; American Marketing Association): 서비스는 판매를 위해 제공되는 모든 활동, 효익 혹은 만족을 의미한다.
③ 블루아(K. J. Blois): 서비스는 한 재화의 형태에서 물리적 변화가 없이 편익과 만족을 낳는 판매에 제공되는 활동이다.
⑤ 크리스토퍼(Christopher): 서비스를 거래 전(Before service), 거래(On service), 거래 후(After service)로 구분하였다.

21 정답 ⑤

출제영역 CHAPTER 05 > SECTION 02

크리스토퍼의 서비스 3단계 중 '사전 서비스(Before Service)'는 판매 전에 제공되는 서비스로서 판매 가능성을 타진하고 촉진하는 예약 서비스 등을 말한다. 명시된 회사의 정책, 회사에 대한 고객의 평가, 회사조직, 서비스 전달 시스템의 유연성, 기술적 서비스 등이 해당한다.

22 정답 ①

출제영역 CHAPTER 05 > SECTION 03

서비스는 실체가 아닌 수행이기 때문에 소유할 수 있는 것이 아니라 경험을 통해 감각적, 심리적으로 느껴야 하는 무형의 가치재이다.

| 오답 해설 |
③ 비분리성: 서비스는 생산과 동시에 고객에 의해 소비되므로, 집중화된 대량생산이 불가능하다.
④ 소멸성: 판매되지 않은 재고는 소멸되므로 서비스는 보관할 수 없으며, 리콜(Recall)이나 A/S가 불가능하다.
⑤ 이질성: 서비스는 고객에게 전달되는 동안 문화, 사람, 공간의 이질성으로 인해 그 내용과 질이 달라진다.

23 정답 ③

출제영역 CHAPTER 05 > SECTION 04

종사원의 태도와 행동에 영향을 미치는 다섯 가지 요인은 지식, 기술, 능력, 인성, 신체적 특성이다. 관광 종사자의 소득이나 학력은 다섯 가지 요인에 해당하지 않는다.

24 정답 ③

출제영역 CHAPTER 06 > SECTION 01

유클의 MPS 측정요소 14가지는 계획과 조직화, 문제해결, 역할과 목표의 명확화, 정보교류, 관찰, 동기유발, 자문, 위임, 지원, 개발과 멘토링, 갈등관리와 팀빌딩, 네트워킹, 인정, 보상이다.

25 정답 ③

출제영역 CHAPTER 06 > SECTION 02

참여적 리더십의 장단점은 다음과 같다.

장점	• 조직 목표에 대한 참여 동기 증대 • 집단의 지식과 기술 활용 용이 • 조직 활동에 더욱 헌신하게 함 • 개인적 가치, 신념 등 고취 • 참여를 통해 경영에 대한 사고와 기술을 익힘 • 자유로운 의사소통 장려
단점	• 참여에 따르는 시간 소요 • 타협에 의한 어중간한 결정에 도달할 수 있음 • 책임 분산으로 인한 무기력 • 헌신적이고 선견지명을 가진 지도자를 찾기 힘듦 • 참여적 스타일을 배우기 어려움 • 구성원들의 자격이 서로 비슷한 상황에서만 제한적으로 효과가 발휘됨

2과목 CS 전략론 ▶ P.278

01	⑤	02	⑤	03	④	04	⑤	05	②
06	①	07	③	08	②	09	⑤	10	②
11	⑤	12	③	13	④	14	⑤	15	③
16	③	17	③	18	④	19	⑤	20	①
21	⑤	22	②	23	①	24	②	25	⑤

01 정답 ⑤

출제영역 CHAPTER 01 > SECTION 01

'서비스 청사진(Service Blueprint)'은 서비스 시설 내에서 고객의 동선 분석을 통해 서비스 생산성을 증대시키고자 할 때 사용한다.

02 정답 ⑤

출제영역 CHAPTER 02 > SECTION 01

'로버트 로터본(Robert Lauterborn)' 교수가 제시한 4Cs는 다음과 같다.
• Customer(고객)
• Cost(비용)
• Convenience(편리성)
• Communication(커뮤니케이션)

03 정답 ④

출제영역 CHAPTER 01 > SECTION 02

서비스 모니터링의 요소 중 '대표성'에 대한 설명이다.

| 오답 해설 |
① 객관성: 편견 없이 객관적인 기준으로 평가하여 누구든지 인정할 수 있게 해야 한다.
② 신뢰성: 하나의 대상을 유사한 척도로 여러 번 측정하거나 한 가지 방법으로 반복 측정하였을 때 일관성 있는 결과를 산출하는 정도이다.
③ 차별성: 서로 다른 스킬 분야의 차이를 인정하고 반영해야 한다.
⑤ 타당성: 고객이 실제적으로 어떻게 대우를 받았는지에 대한 고객의 평가와 모니터링 점수가 일치해야 하고 이를 반영해야 한다.

04 정답 ⑤

출제영역 CHAPTER 02 > SECTION 01

'다수제품 전체시장 도달 전략'에 대한 설명이다.
| 오답 해설 |
① 제품 전문화 전략: 다양한 세분시장에 단일 제품으로 전략을 펼치는 유형
② 시장 전문화 전략: 특정 고객집단의 다양한 욕구를 충족시키기 위해 다양한 제품을 판매하기 위한 전략
③ 선택적 전문화 전략: 세분시장 중에서 매력적이고 기업 목표에 적합한 몇 개의 세분시장에 진입하는 전략
④ 단일시장 집중 전략: 기업이 단일 제품으로 단일 세분시장에 펼치는 전략

05 정답 ②

출제영역 CHAPTER 02 > SECTION 01

'집중화 전략'은 기업에 자원이 제한되어 있는 경우에 주로 사용되는 방법으로 큰 시장에서 낮은 시장점유율을 누리기보다는 소수의 작은 시장에서 높은 시장점유율을 누리기 위한 하나의 방법이다.

06 정답 ①

출제영역 CHAPTER 02 > SECTION 03

서비스 실패 처리에 고객이 기대하는 공정성 유형은 다음과 같다.
- 분배 공정성(Distributive Fairness): 금전적 보상, 차후 무료 서비스 제공, 가격할인, 수리 및 교환 등 고객이 얻게 되는 결과 또는 산출을 통한 공정성
- 절차 공정성(Procedural Fairness): 회사의 정책, 규칙, 적시성 등 문제를 해결하는 과정에서 적용될 수 있는 기준
- 상호작용 공정성(Interactional Fairness): 정중함, 관심 등 서비스 제공자의 응대 태도로 고객은 친절, 배려, 공손한 응대를 받기를 기대함

07 정답 ③

출제영역 CHAPTER 02 > SECTION 04

접수 후 수리시간은 애프터서비스(AS) 품질 차원의 영향 요인 중 '처리시간'과 관련된 내용이다.

08 정답 ②

출제영역 CHAPTER 03 > SECTION 01

'세스(Sheth), 뉴먼(Newman), 그로스(Gross)'가 제시한 5가지 고객가치로는 기능적 가치, 사회적 가치, 정서적 가치, 상황적 가치, 인식 가치가 있다.

09 정답 ⑤

출제영역 CHAPTER 03 > SECTION 02

모든 의사 결정 단위를 망라해 서비스 수익 체인의 각 연관 관계에 대해 측정해야 한다.

10 정답 ②

출제영역 CHAPTER 03 > SECTION 02

보편적으로 사업 규모가 크고 사업내용이 복잡한 특성을 보이는 것은 프로젝트 위주의 서비스 전달 시스템의 특징이다.

11 정답 ⑤

출제영역 CHAPTER 03 > SECTION 04

'마이어(Myers)'가 제시한 양질의 의료 서비스 조건은 다음과 같다.
- 접근성: 양질의 의료 서비스는 모두가 편리하게 이용할 수 있도록 접근성이 우선되어야 하고 재정적·지리적·사회문화적 이유로 주민에게 필요한 의료 서비스를 제공하는 데 있어서 장애를 받아서는 안 됨
- 조정성: 의료의 내용에는 예방, 치료, 재활 및 보건 증진 사업과 관련된 다양한 서비스가 잘 조정되어 포함되어야 함
- 적정성: 질적인 측면에서 의료의 의학적 적정성과 의료의 사회적 적정성이 동시에 달성될 수 있도록 적절하게 제공되어야 함
- 지속성: 각 개인에게 제공되는 의료는 시간적·지리적으로 상관성을 갖고 적절히 연결되어야 함
- 효율성: 의료의 목적을 달성하는 데 투입되는 자원의 양을 최소화하거나 일정한 자원의 투입으로 최대의 목적을 달성할 수 있어야 함

12 정답 ③

출제영역 CHAPTER 04 > SECTION 01

고객으로부터 서비스 품질에 대한 데이터 수집의 어려움이 존재한다.

13 정답 ④

출제영역 CHAPTER 04 > SECTION 01

'심미성'은 사용자 감각에 소구할 수 있는 내용을 의미한다.

| 오답 해설 |
① 인지된 품질: 기업 혹은 브랜드의 명성
② 성과: 제품이 가지고 있는 운영적인 특징
③ 특징: 특정 제품이 가지고 있는 경쟁적 차별성
⑤ 지속성: 제품이 고객에게 지속적으로 가치를 제공할 수 있는 기간

14 정답 ⑤

출제영역 CHAPTER 04 > SECTION 03

'토마스(Thomas)와 킬만(Kilmann)'이 제시한 갈등 대처 유형은 다음과 같다.
- 경쟁형: 상대방을 희생시키고 자신의 갈등을 해소하는 방법
- 회피형: 갈등이 없었던 것처럼 행동하여 이를 의도적으로 피하는 방법
- 수용형: 상대방의 갈등이 해소되도록 노력하는 방법
- 타협형: 양자가 조금씩 양보하여 절충안을 찾으려는 방법
- 제휴(협력)형: 양쪽 모두 만족할 수 있는 갈등 해소책을 적극적으로 찾는 방법

15 정답 ③

출제영역 CHAPTER 05 > SECTION 01

혼합 측정의 한계점으로 체감만족도와 차원만족도를 합산하여 종합만족지수를 구할 때 중복 측정 문제가 발생한다.

16 정답 ③

출제영역 CHAPTER 05 > SECTION 02

'탐험조사(Exploratory Research)'방법은 주로 비계량적인 방법과 비정형적인 절차를 사용하여 자료수집과 분석이 이루어진다.

17 정답 ③

출제영역 CHAPTER 05 > SECTION 02

정성조사는 보통 정량조사(양적조사)보다 사전 단계에 실시되어, 정량조사의 설계에 필요한 기초자료를 제공하기도 한다. 따라서 기본적으로 정성조사는 정량조사와 보완 예비적인 관계에 있다.

18 정답 ④

출제영역 CHAPTER 05 > SECTION 03

거짓된 고객충성도 형성요인에는 경쟁제한성, 전환비용 등이 있다.

| 오답 해설 |
①, ②, ③, ⑤는 진실한 고객충성도 형성요인이다.

19 정답 ⑤

출제영역 CHAPTER 06 > SECTION 01

GAP 2의 해결방안은 다음과 같다.
- 체계적인 서비스 설계
- 서비스 품질 목표 개발
- 서비스 업무 표준화
- 적절한 물리적 증거와 서비스 스케이프

20 정답 ①

출제영역 CHAPTER 06 > SECTION 02

'메타 트렌드(Meta Trend)'는 문화 전반을 아우르는 광범위하고 보편적인 트렌드를 의미한다. 자연 생태계처럼 아주 긴 기간을 거쳐 변하는 것으로 자연의 기본법칙이나 영원성을 지닌 진화의 법칙이며 사회적으로 일어나는 현상들이다.

21 정답 ⑤

출제영역 CHAPTER 07 > SECTION 01

'앰부시 마케팅(Ambush Marketing)'은 스포츠 마케팅 전략으로 공식 스폰서가 아님에도 불구하고 소비자들에게 마치 공식스폰서인 것처럼 위장하여 고객들에게 홍보를 하는 전략으로 올림픽, 월드컵과 같이 영향력 있는 대회 등에서 구사하는 전략이다.

22 정답 ②

출제영역 CHAPTER 07 > SECTION 01

RFM에 따른 세분화는 단일 기준이 아닌 다 기준에 의한 세분화이다.

23 정답 ①

출제영역 CHAPTER 07 > SECTION 02

'파라수라만(Parasuraman)'과 '그루얼(Grewal)'이 제시한 고객 가치 구성 요소는 다음과 같다.
- 획득 가치(Acquisition Value): 금전적 비용의 희생을 통해 얻는 순이익과 제품 또는 서비스를 취득하여 소비자가 얻는 이득과 관련 있다.
- 거래 가치(Transaction Value): 거래를 통해 얻는 즐거움과 같은 감정을 포함한다.
- 사용 가치(In-use Value): 제품이나 서비스의 사용으로 얻는 유틸리티가 포함된다.
- 상환 가치(Redemption Value): 거래 이후 장기간 제공되는 잉여가치를 설명하는 것으로 제품을 폐기하거나 서비스를 종료할 때까지의 잔여이익도 포함한다.

24 정답 ②

출제영역 CHAPTER 07 > SECTION 02

'감각적 경험'은 기업이나 브랜드 아이덴티티를 만들어 내고 유지하는 데 있어 가장 강력한 도구로 오감(시각, 청각, 촉각, 미각, 후각)을 통하여 소비자가 원하는 경험을 창출해 내는 일련의 활동을 의미한다.

| 오답 해설 |

① 관계적 경험: 감각, 감성, 인지, 행동 등 다른 네 가지 차원을 모두 포함하여 개인의 이상적인 자아나 타인, 문화 등과 연결시켜 고객의 자기 향상 욕구를 자극한다.
③ 인지적 경험: 놀라움, 호기심, 흥미를 통해서 고객이 수렴적 사고 또는 확산적 사고를 갖도록 하여 창조적 인지력과 문제 해결의 경험을 만들어주려는 목적으로 지성에 호소한다.
④ 행동적 경험: 육체적인 경험과 라이프스타일, 상호작용에 영향을 끼치는 것이 목표이다.
⑤ 감성적 경험: 긍정적인 감정에서부터 즐거움과 자부심 같은 강한 감정에 이르기까지 영향을 준다.

25 정답 ⑤

출제영역 CHAPTER 07 > SECTION 03

하청 또는 아웃소싱(Out sourcing)은 너무 많은 수요가 발생될 때 추진할 수 있는 방안이다.

3과목 고객관리 실무론 ▶ P.282

01	02	03	04	05
⑤	④	⑤	④	④
06	07	08	09	10
①	⑤	⑤	②	①
11	12	13	14	15
①	②	③	⑤	②
16	17	18	19	20
⑤	②	④	③	③
21	22	23	24	25
③	④	①	③	④

01 정답 ⑤

출제영역 CHAPTER 01 > SECTION 01

끝까지 잘 듣고 5W 3H로 모호한 점을 질문한다.

02 정답 ④

출제영역 CHAPTER 01 > SECTION 02

숙련된 상담원이 지속적으로 업무에 종사할 수 있도록 상담원의 재택근무를 지원한다.

03 정답 ⑤

출제영역 CHAPTER 01 > SECTION 03

고객에게 구매가 이루어졌을 때 자신의 선택이 잘못된 판단이 아니었다는 확신을 심어주어야 한다.

04 정답 ④

출제영역 CHAPTER 01 > SECTION 03

'QC(Quality Control: 품질관리)'는 잘못된 점을 찾아 정정하는 것이다.

05 정답 ④

출제영역 CHAPTER 02 > SECTION 04

컴플레인과 클레임의 설명은 다음과 같다.
- 컴플레인(Complain): '가슴을 치다'라는 의미를 가지며 상대방의 잘못된 행위에 대한 불만사항 통보로 불만족한 감정상태를 표현하는 것이며 이는 행동 또는 내부의 조치에 의해 즉시 해결될 수 있음
- 클레임(Claim): '당연한 것으로서 권리, 유산 등을 요구 혹은 청구하다.'라는 뜻을 내포하고 있고 상대방의 잘못된 행위에 대한 시정요구이며 클레임 처리가 되지 않을 경우, 고객에게 물질적, 정신적 보상, 크게는 법적으로 보상하여 해결해야 함

06
정답 ①

출제영역 CHAPTER 02 > SECTION 01

행동으로 불평하는 '행동 불평자(Activists)'는 다른 사람들이나 제3자에게도 불평을 하는 고객이다.

07
정답 ⑤

출제영역 CHAPTER 02 > SECTION 05

'정보적 상황에 대한 불만'은 카탈로그, 상품설명서, 통보서, 인터넷 게시판 등의 정보 제공에 대한 불만이다.

| 오답 해설 |
① 인적상황에 대한 불만: 종업원 복장, 접객태도, 상담태도, 대화 정도에서의 불만
② 시간적 상황에 관한 불만: 매장 운영시간, 고객 상담시간, 지연시간 등에 대한 불만
③ 금전적 상황 불만: 지불수단이나 결제조건, 멤버십 유무에 따른 금전적인 부담 정도, 금전적인 혜택이나 우대 등에 대한 불만
④ 물리적 상황에 대한 불만: 외형, 인테리어, 호텔이나 음식점, 매장의 입지조건, 설비, 재질에 대한 불만

08
정답 ⑤

출제영역 CHAPTER 03 > SECTION 01

'초두효과'는 상대방에게 전달되는 이미지 중에서 처음에 강하게 들어온 정보가 전체적인 이미지의 판단에 결정적이라는 것이다.

09
정답 ②

출제영역 CHAPTER 03 > SECTION 01

전문지식은 언어적 커뮤니케이션이다.

10
정답 ①

출제영역 CHAPTER 03 > SECTION 03

절의 종류와 대상은 다음과 같다.
- 작은절(초례, 반절): 웃어른이 아랫사람의 절에 대한 답배 시(時)에 함
- 보통절(행례, 평절): 항렬(行列)이 같은 사람, 관직의 품계(品階)가 같을 경우에 함
- 큰 절(진례): 자기가 절을 해도 답배를 하지 않아도 되는 높은 어른에게나 의식행사에서 함
- 매우큰절(배례): 관, 혼, 상, 제, 수연, 고희 시(時)에 함

11
정답 ①

출제영역 CHAPTER 04 > SECTION 02

영국과 프랑스에서 손등을 바깥쪽으로 향한 V자 사인은 '꺼져버려'라는 의미이며, 그리스에서는 '승리'의 의미이다.

12
정답 ②

출제영역 CHAPTER 04 > SECTION 02

테이블에서 화장을 고치는 것은 매너가 아니다.

13
정답 ③

출제영역 CHAPTER 04 > SECTION 02

다운로드 시 시간이 많이 소요되므로 용량이 큰 파일이나 여러 개의 파일은 압축하여 첨부한다.

14
정답 ⑤

출제영역 CHAPTER 04 > SECTION 01

받은 명함은 앉아서 대화를 나누는 동안 테이블 위에 놓고 이야기를 나눔으로써 상대방을 정확히 지칭하는 데 도움이 된다.

15
정답 ②

출제영역 CHAPTER 05 > SECTION 01

'가토 이치로(Gato Ichiro)'가 정의한 소비자에 대한 설명이다.

| 오답 해설 |
① 폰 히펠(Von Hippel): 소비자란 개인적인 용도에 쓰기 위하여 상품이나 서비스를 제공받는 사람이다.
③ 이마무라 세이와(Imamura Seiwa): 소비자는 생활자이며 일반 국민임과 동시에 거래과정의 말단에서 구매자로 나타난다.
⑤ 타케우치 쇼우미(Takeuchi Shoumi): 소비자란 타인이 공급하는 물자나 용역을 소비생활을 위하여 구입 또는 이용하는 자로서 공급자에 대립하는 개념이다.

16
정답 ⑤

출제영역 CHAPTER 05 > SECTION 01

'국제소비자기구'의 소비자 5대 책무에는 '비판적 의식, 자기주장과 행동, 사회적 관심, 환경에의 자각, 연대'가 있다.

17 정답 ②
출제영역 CHAPTER 05 > SECTION 01

「소비자기본법」 제30조(소비자단체 등록의 취소)에 의하면 공정거래위원회 또는 지방자치단체의 장은 소비자단체가 거짓 그 밖의 부정한 방법으로 제29조의 규정에 따른 등록을 한 경우에는 등록을 취소하여야 한다.

18 정답 ④
출제영역 CHAPTER 05 > SECTION 01

분쟁조정회의 위원장, 상임위원과 위원장이 회의마다 지명하는 5명 이상 9명 이하의 위원으로 구성된다.

19 정답 ③
출제영역 CHAPTER 05 > SECTION 01

소비자분쟁해결 기준에 따라 물품 등을 유상으로 수리한 경우 그 유상으로 수리한 날부터 2개월 이내 소비자가 정상적으로 물품 등을 사용하는 과정에서 그 수리한 부분에 종전과 동일한 고장이 재발한 경우에는 무상으로 수리하되, 수리가 불가능한 때에는 종전에 받은 수리비를 환급하여야 한다.

20 정답 ③
출제영역 CHAPTER 06 > SECTION 01

「개인정보 보호법」 제4조(정보주체의 권리)는 다음과 같다.
- 개인정보의 처리에 관한 정보를 제공받을 권리
- 개인정보의 처리에 관한 동의 여부, 동의 범위 등을 선택하고 결정할 권리
- 개인정보의 처리 여부를 확인하고 개인정보에 대하여 열람(사본 발급 포함)을 요구할 권리
- 개인정보의 처리 정지, 정정·삭제 및 파기를 요구할 권리
- 개인정보의 처리로 인하여 발생한 피해를 신속하고 공정한 절차에 따라 구제받을 권리

21 정답 ③
출제영역 CHAPTER 06 > SECTION 01

OECD의 정보통신망의 안전을 위한 8개 원칙은 올바른 인식, 책임성, 대응, 윤리성, 민주성, 적절한 리스크 평가, 안전조치, 재평가이다.

22 정답 ④
출제영역 CHAPTER 06 > SECTION 01

고정형 영상정보처리기기의 설치 목적과 다른 목적으로 고정형 영상정보처리기기를 임의로 조작하거나 다른 곳을 비추는 자 또는 녹음 기능을 사용한 자는 3년 이하의 징역 또는 3천만원 이하의 벌금에 처한다.

23 정답 ①
출제영역 CHAPTER 07 > SECTION 01

'OJT'에 대한 설명이다.

| 오답 해설 |
② OJL: 직무 관련 자기개발로 학습자의 자기주도적인 학습을 바탕으로 한다. 본인의 능력개발을 위해 경영관리상, 직무 수행상 필요한 목표를 스스로 설정하게 하고 회사는 소정의 절차를 통해 이를 지원하는 방법
④ Off-JT: 집합교육이라고도 하며, 동일한 내용을 다수의 학습자에게 전체적으로 교육하기 위한 목적을 가지고 일정한 시간과 장소에서 행해지는 교육
⑤ Off-JL: 직무 외 자기개발의 의미이며 본인이 스스로 책임지고 학습하는 방법

24 정답 ③
출제영역 CHAPTER 07 > SECTION 01

외재적 요인보다 내재적 요인에 의해 학습동기가 유발된다.

25 정답 ④
출제영역 CHAPTER 07 > SECTION 02

다양한 멀티미디어 기능을 사용하여 시각적 정보와 함께 소리와 움직임이 병행되면 정보에 대한 집중력과 이해도를 높일 수 있다.

제5회 기출복원 모의고사

1과목 CS 개론 ▶ P.288

01	②	02	④	03	②	04	⑤	05	③
06	②	07	④	08	③	09	③	10	②
11	②	12	②	13	⑤	14	④	15	④
16	③	17	①	18	④	19	①	20	⑤
21	④	22	⑤	23	③	24	②	25	④

01 정답 ②
출제영역 CHAPTER 01 > SECTION 01

'올리버(Oliver)'는 만족을 소비자의 '성취반응(Fulfillment Response)'으로 판단하며, 제품이나 서비스의 특성과 제품이나 서비스 그 자체가 제공하는 소비자의 욕구 충족 이행 수준에 관한 소비자의 판단이라고 정의하였다.

02 정답 ④
출제영역 CHAPTER 01 > SECTION 02

'페스팅거(Leon Festinge)'의 인지부조화 이론에서는 소비자가 두 개의 지각이 각각 옳다고 보는 반면 서로 조화되지 않고 지각될 때, 즉 불균형 형태에서 나타나는 심리상태를 설명한다.

03 정답 ②
출제영역 CHAPTER 01 > SECTION 03

서비스 프로세스는 서비스 상품 자체임과 동시에 서비스 전달 시스템 유통의 성격을 가진다.

04 정답 ⑤
출제영역 CHAPTER 01 > SECTION 03

서비스 프로세스를 설계할 때는 서비스의 무형성을 고려한 객관성, 정확성, 사실의 근거, 방법론의 구체적인 제시를 고려하여 구조화되고 정의된 절차에 따르되 지나치게 관료적이지 않도록 설계해야 한다.

05 정답 ③
출제영역 CHAPTER 01 > SECTION 03

'대기(Wait)'로 인한 수용 가능성에 영향을 미치는 요인은 다음과 같다.
- 지각된 대기시간(Perceived Duration of Wait)
- 기대불일치(Disconfirmation of Wait Time Expectation)
- 거래 중요도(Transaction Importance)
- 기회 비용(Waiting Cost)
- 통제 가능성(Controllability)
- 안정성(Stability)
- 대기 환경(Waiting Environment)

06 정답 ②
출제영역 CHAPTER 02 > SECTION 02

'총체적 고객만족경영(TCS)'의 혁신 요소는 다음과 같다.
- 내부 핵심역량 강화요소: 인사조직, 정보기술, 프로세스(혁신) 개선 등
- 시장경쟁력 강화요소: 가격 경쟁력, 브랜드, 이미지, 고객관리

07 정답 ④
출제영역 CHAPTER 02 > SECTION 02

'슘페터(Joseph Schumpeter)'의 혁신의 5가지 유형은 다음과 같다.
- 소비자가 아직 모르는 새로운 제품 또는 서비스 또는 새로운 품질의 제품 또는 서비스의 도입(새로운 재화의 도입)
- 새로운 생산방법의 도입
- 새로운 시장의 개척
- 원재료 혹은 반제품의 새로운 공급원의 개발
- 새로운 산업구조의 구축

08 정답 ③
출제영역 CHAPTER 03 > SECTION 03

고객 행동의 영향 요인 중 문화적 특성에는 규범성과 연대성, 학습성, 공유성, 지속성과 동태성, 만족성 등이 있다.

09 정답 ③
출제영역 CHAPTER 03 > SECTION 02

프로세스적 관점에서 본 고객의 분류는 다음과 같다.
- 외부고객: 최종 제품의 구매자/소비자
- 중간고객: 도매상/소매상
- 내부고객: 동료, 부하 등 본인이 하는 일의 결과를 사용하는 사람

10 정답 ②
출제영역 CHAPTER 03 > SECTION 03

'재무적 위험(Financial Risk)'은 의사결정의 잘못으로 입게 되는 금전적 손실이다.

| 오답 해설 |
③ 사회적 위험(Social Risk): 구매한 상품이 준거집단으로부터 부정적으로 평가를 받을 위험
④ 심리적 위험(Psychological Risk): 구매한 상품이 자아 이미지에 부정적 영향을 미칠 수 있는 위험
⑤ 시간상실 위험(Time Loss Risk): 시간이나 노력의 상실 없이 구매 상품의 반품 및 수리를 받을 수 없는 경우에 발생하는 위험

11 정답 ②
출제영역 CHAPTER 03 > SECTION 04

'사고형(Thinking)'에 대한 설명이다.

| 오답 해설 |
① 감각형(Sensing): 오감에 의존하여 실제의 경험을 중시하며 지금 현재에 초점을 맞추고 정확, 철저히 일을 처리한다.
③ 감정형(Feeling): 사람과 관계에 큰 관심을 갖고 상황적이며 정상을 참작한 설명을 한다.
④ 인식형(Perceiving): 목적과 방향은 변화 가능하고 상황에 따라 일정이 달라지며 자율적이고 융통성이 있다.
⑤ 직관형(iNtuition): 육감 내지 영감에 의존하며 미래지향적이고 가능성과 의미를 추구하며 신속, 비약적으로 일을 처리한다.

12 정답 ②
출제영역 CHAPTER 04 > SECTION 01

'협업 CRM'에 적용되는 솔루션으로는 채널별 중심으로 콜센터(전화), E-mail, 비디오, 팩스나 FOD(Fax On Demand), 우편 등에 대한 기능 등이 있다.

13 정답 ⑤
출제영역 CHAPTER 04 > SECTION 02

- 내부 데이터: 기초적인 인적 데이터, 접촉 또는 거래 데이터, 조사 데이터
- 외부 데이터: 직접 수집 데이터, 제휴 활용 데이터

14 정답 ④
출제영역 CHAPTER 04 > SECTION 03

데이터베이스 중에서 의미 없는 데이터 수집은 다음과 같다.
- 평생 단 한 번 구입하는 제품
- 상표에 대한 충성심을 거의 보이지 않는 제품
- 단위당 판매가 적은 경우
- 정보 수집에 비용이 많이 드는 경우
- 장기적으로 타산이 맞지 않는 경우

15 정답 ④
출제영역 CHAPTER 04 > SECTION 04

'저스트 인 타임 서비스(Just-In-Time Service)'는 시간이나 장소에 구애받지 않고 고객의 상황에 맞추어 상품을 제공해 주는 서비스이다.

| 오답 해설 |
① 리마인드 서비스(Remind Service): 고객의 과거 구매력이나 속성으로부터 향후 행동을 예측하거나 기념일 등을 등록하도록 유도하여 이를 이용하여 상품이나 구매를 촉진하는 전략
② 어드바이스 서비스(Advice Service): 고객이 상품 구입 시 망설이고 있을 때 사람이 직접 질문에 답하거나 안내해 주는 서비스
③ 서스펜션 서비스(Suspension Service): 관심품목 및 찜상품 기능 등을 추가하여 고객이 상품정보를 개인 홈페이지에 기록해 둘 수 있는 서비스
⑤ 매스 커스터마이즈 서비스(Mass Customize Service): 개별 고객이 원하는 사양을 가진 제품을 제공해 주는 서비스

16 정답 ③
출제영역 CHAPTER 04 > SECTION 05

'호손 실험(Hawthorn Experiment)'에 의하면 대규모 조직은 내부의 비공식적인 자생집단을 통해 사회 심리적 욕구가 충족된다.

17 정답 ①
출제영역 CHAPTER 04 > SECTION 06

사람들은 어떤 자극에 노출되면 그것을 하나하나의 부분으로 보지 않고, 완결성, 연결성, 근접성, 유사성의 원리에 입각하여 '전체', '형태', 즉 '게슈탈트'를 형성하여 지각하는 경향이 있다.

18 정답 ④
출제영역 CHAPTER 04 > SECTION 05

'구내 방송'은 하향적 의사소통(상의하달)이다.

19 정답 ①
출제영역 CHAPTER 04 > SECTION 06

'친교'는 두 사람이 서로 신뢰하여 상대방에 대하여 순수한 배려를 하는 진실한 교류이다.

| 오답 해설 |
② 게임: 스트로크 면에서 게임은 어떤 이유로 신뢰와 애정이 뒷받침된 진실한 교류가 영위되지 않으므로 부정적 스트로크를 교환하고 있는 것으로 본다.
③ 잡담: 직업, 취미, 스포츠, 육아 등 무난한 화제를 대상으로 특별히 깊이 들어가지 않고 즐거운 스트로크의 교환이다.
④ 활동: 지금 여기서 행하고 있는 일을 통해 서로 스트로크를 주고받는 실용적인 시간 구조화 형태를 의미한다.
⑤ 의식: 상호 간의 존재를 인정하면서 누구와도 특별히 친하게 지냄 없이 일정한 시간을 보내는 것이다.

20 정답 ⑤
출제영역 CHAPTER 06 > SECTION 01

'커트 라이만(Curt Reimann)'이 제시한 우수한 리더십의 특성은 다음과 같다.
- 고객에 대한 접근성(Customer Contact)
- 솔선수범과 정확한 지식의 결합(Visible, Committed Knowledge)
- 일에 대한 열정(Missionary Zeal)
- 도전적 목표(Aggressive Targets)
- 강력한 추진력(Strong Drives)
- 기업문화의 변화(Communication of Values)
- 조직화(Organization)

21 정답 ④
출제영역 CHAPTER 05 > SECTION 03

서비스의 특징 중 '이질성(Heterogeneity)'은 서비스가 고객에게 전달되는 동안 문화, 사람, 공간의 이질성으로 인해 그 내용과 질이 달라진다는 것으로 제공된 서비스가 계획되거나 촉진된 것과 일치하는지를 확실히 알기 어렵다.

22 정답 ⑤
출제영역 CHAPTER 05 > SECTION 04

'관광 서비스'는 인적 서비스, 개인의 경험 등 복합적인 요소가 얽혀있어 비용 산출이 복잡하고 서비스 선택에 있어 구매 전 품질을 확인하기 어렵기 때문에 지각의 위험도를 보인다.

23 정답 ③
출제영역 CHAPTER 06 > SECTION 01

매슬로우 욕구단계론에서 1단계는 생리적 욕구로 음식, 물, 공기, 배고픔, 수면, 갈증, 성(Sex) 등 인간의 가장 기초적인 욕구에 해당하며 가장 시급하게 해결해야 하는 단계이다.

24 정답 ②
출제영역 CHAPTER 06 > SECTION 02

'자아인식'은 자신의 기분, 감정, 본능적 욕구가 타인에게 미치는 영향을 인식하고 이해하는 것이다.

| 오답 해설 |
① 자기통제(자기조절): 행동 전 생각하고 판단을 유보할 수 있는 능력으로 충동 및 기분의 통제, 방향 재조정 능력 등이 해당한다.
③ 동기부여: 부와 지위를 넘어서는 목표를 위해 끈기와 에너지를 가지고 목표를 추구하는 성향이다.
④ 감정이입: 타인의 감정에 대처할 수 있는 능력이다.
⑤ 대인관계 기술: 인간관계에서 라포를 형성하고 네트워크를 구축하는 능력이다.

25 정답 ④
출제영역 CHAPTER 06 > SECTION 04

'보복 전략'의 방법에는 고객과의 계약기간 연장, 장기고객 요금할인, 가격 인하, 판매촉진 등이 있다.

| 오답 해설 |
①, ③, ⑤는 저지 전략, ②는 적응 전략에 해당한다.

2과목 CS 전략론 ▶ P.292

01	②	02	④	03	④	04	③	05	②
06	①	07	⑤	08	①	09	④	10	②
11	④	12	③	13	④	14	⑤	15	②
16	⑤	17	③	18	②	19	⑤	20	④
21	⑤	22	④	23	①	24	③	25	④

01 정답 ②

출제영역 CHAPTER 01 > SECTION 02

'굿맨(Goodman)'이 제시한 'VOC(Voice Of Customer)' 관리에서 고객 피드백의 가치를 훼손하는 8가지 요소는 다음과 같다.
- 비능률적이고 중복된 자료 수집
- 일관성 없는 자료 분류
- 즉시 사용하지 않음으로써 오래된 자료
- 결론이 서로 다르게 보고되는 다양한 분석
- 우선순위를 명시하지 않는 분석
- 행동을 수반하지 않는 분석
- 비능률적인 보고체로 인한 자료의 상실
- VOC로 인해 실행한 개선효과에 대한 점검 미비

02 정답 ④

출제영역 CHAPTER 02 > SECTION 01

'행동 분석적 변수'에는 제품구매 빈도, 사용량, 상표 충성도, 가격민감도, 구매할 때 중요시하는 변수(품질, 서비스, 경제성, 속도 등) 등이 있다.

03 정답 ④

출제영역 CHAPTER 02 > SECTION 01

S-T 전략에는 '시장 침투 전략'이 가장 부합한다.

04 정답 ③

출제영역 CHAPTER 02 > SECTION 02

서비스 패러독스 발생 원인은 다음과 같다.
- 서비스 표준화
- 서비스 동질화
- 서비스 인간성 상실
- 기술의 복잡화
- 종업원 확보의 악순환

05 정답 ②

출제영역 CHAPTER 02 > SECTION 04

효율적인 사후 서비스(애프터서비스)의 관리를 통해 얻을 수 있는 기업의 이점은 다음과 같다.
- 판매 후 서비스의 관리를 통해 얻을 수 있는 고객의 정보는 기존 제품의 품질 기능 향상에 도움을 줄 뿐만 아니라 고객의 욕구를 충족시킬 수 있다.
- 신제품 개발에 필요한 시간과 비용을 절감해주는 이점이 있다.
- 고객들이 제품에 대해 가지는 다양한 불편사항이나 불만을 원활한 커뮤니케이션을 통해 고객의 니즈와 트렌드를 파악할 수 있게 해준다.
- 기업으로 하여금 추가적인 수익창출에 드는 비용 및 시간적인 노력을 절감해 준다.

06 정답 ①

출제영역 CHAPTER 02 > SECTION 03

서비스 실패에 대한 '윈(Weun)'의 주장이다.

| 오답 해설 |
② 젬케(Zemke): 서비스 경험이 심각하게 떨어지는 서비스 결과를 경험하는 것이다.
③ 레너드(Leonard): 책임이 분명한 과실로 인하여 초래된 서비스 과정이나 결과에 대한 과실 → 천재지변과 같은 불가항력적 문제는 서비스 제공자의 과실이 아니므로 서비스 실패가 아니다.
④ 헤스켓(Heskette): 서비스 과정이나 결과에 대하여 서비스를 경험한 고객이 좋지 못한 감정을 갖는 것 → 문제의 원인이 무엇이든 서비스 제공자가 서비스 실패에 대해 회복하여야 한다.
⑤ 존스턴(Johnston): 책임소재와는 무관하게 서비스 과정이나 결과에 있어서 무엇인가 잘못된 것(Something Wrong)이다.

07 정답 ⑤

출제영역 CHAPTER 03 > SECTION 01

'상황 가치(Conditional Value)'는 제품 소비의 특정 상황과 관련된 가치이다.

| 오답 해설 |
① 사회적 가치(Social Value): 제품을 소비하는 사회계층집단과 관련된 가치
② 인식 가치(Epithetic Value): 제품 소비를 자극하는 새로움, 호기심 등과 관련된 가치
③ 정서적 가치(Emotional Value): 제품의 소비에 의한 긍정적 또는 부정적 감정 등의 유발과 관련된 가치
④ 기능적 가치(Functional Value): 제품의 품질, 기능, 가격, 서비스 등과 같은 실용성 또는 물리적 기능과 관련된 가치

08 정답 ①

출제영역 CHAPTER 03 > SECTION 02

운영 전략과 서비스 전달 시스템을 의미하는 요소는 다음과 같다.
- 작업장 설계
- 업무설계와 의사결정권
- 종업원 선발 및 경력개발
- 보상과 인정
- 정보 제공 및 커뮤니케이션
- 서비스 제공을 위한 적당한 도구

09 정답 ④

출제영역 CHAPTER 03 > SECTION 03

'기대하는 제품(Expected Product)'은 제품을 구입할 때 구매자들이 정상적으로 기대하고 합의하는 일체의 속성과 조건이다.

| 오답 해설 |
① 핵심 이점(Core Benefit): 고객이 실제로 구입하는 근본적인 이점이나 서비스
② 기본적 제품(Basic Product): 핵심 이점을 유형 제품으로 형상화시킨 것으로 제품의 기본적인 형태
③ 잠재적 제품(Potential Product): 미래에 경험할 수 있는 변환과 확장의 일체
⑤ 확장제품(Augmented Product): 경쟁자가 제공하는 것과 구별되게 하는 추가적인 서비스와 이점을 포함하는 제품

10 정답 ②

출제영역 CHAPTER 03 > SECTION 03

기능 위주의 서비스 전달 시스템은 신속하게 서비스를 제공할 수 있다.

11 정답 ④

출제영역 CHAPTER 03 > SECTION 04

'부오리(Vuori)'가 제시한 의료 서비스 품질 요소는 다음과 같다.
- 효과(Effectiveness)
- 효율(Efficiency)
- 의학적·기술적 수준(Medical/Technical Competence)
- 적합성(Adequacy)

12 정답 ③

출제영역 CHAPTER 04 > SECTION 01

'성과'는 제품이 가지고 있는 운영적인 특징이다.

| 오답 해설 |
① 인지된 품질: 기업 혹은 브랜드의 명성
② 신뢰: 잘못되거나 실패할 가능성의 정도
④ 특징: 특정 제품이 가지고 있는 경쟁적 차별성
⑤ 지속성: 제품이 고객에게 지속적으로 가치를 제공할 수 있는 기간

13 정답 ④

출제영역 CHAPTER 04 > SECTION 01

서비스 품질은 서비스의 구체적 속성이라기보다는 매우 추상적인 개념이다.

14 정답 ⑤

출제영역 CHAPTER 04 > SECTION 02

'기대된 서비스(ES)'에 영향을 미치는 요인에는 기업 측의 약속, 전통과 사상, 과거의 경험, 구전, 커뮤니케이션, 개인적 요구 등이 있다. 기업의 물질적·기술적 지원은 '지각된 서비스(PS)'의 영향 요인이다.

15 정답 ②

출제영역 CHAPTER 04 > SECTION 03

내부 커뮤니케이션은 조직구성원의 행동을 통제하는 기능을 가지고 있다.

16 정답 ⑤

출제영역 CHAPTER 05 > SECTION 02

'서베이법(Survey Method)'의 한계점은 다음과 같다.
- 설문지 개발의 어려움
- 탐사방식에 의한 깊이 있는 질문 불가능
- 장시간 소요
- 낮은 응답률
- 응답의 정확성 문제
- 부적절한 통계기법 사용으로 인한 현실 오도 가능성

17 정답 ③
출제영역 CHAPTER 05 > SECTION 02

다수의 응답자들을 대상으로 설문조사하는 방법으로 '서베이법(Survey Method)'에 대한 조사 계획이다.

18 정답 ②
출제영역 CHAPTER 05 > SECTION 03

진실한 충성도 유형의 고객집단의 특징은 다음과 같다.
- 강한 태도적 애착과 높은 재구매 고객유형으로 특정 기업이나 브랜드를 이용하며 경쟁업체에 쉽게 유혹되지 않음
- 기업이 고객에게 다른 기업이 제공하는 것 이상의 가치를 제공함으로써 고객에게 완전한 만족을 느끼게 해 그 결과로 형성되는 충성도
- 형성요인: 품질만족, 가격만족, 기대, 기업과의 관계

19 정답 ⑤
출제영역 CHAPTER 06 > SECTION 01

구체적인 서비스 품질 목표 설정은 GAP 2의 해결방안이다.

20 정답 ④
출제영역 CHAPTER 06 > SECTION 02

'소비자 트렌드(Consumer Trend)'는 남들을 따라하는 모방심리나 유행과는 달리 어떤 욕구나 강렬한 심리적 동기가 내재되어 있는 광범위한 행동에 의해 형성되는 트렌드이다.

| 오답 해설 |
① 메타 트렌드(Meta Trend): 문화 전반을 아우르는 광범위하고 보편적인 트렌드
② 메가 트렌드(Mega Trend): 거대한 변화를 의미, 사회문화적 환경의 변화와 함께 형성된 트렌드가 모여 사회의 거대한 조류를 형성하게 되는 현상
③ 마케팅 트렌드(Marketing Trend): 전적으로 마케팅 언어와 마케팅 현상 세계에서만 존재하는 트렌드
⑤ 사회문화적 트렌드(Social-cultural Trend): 사람들의 삶에 대한 감정과 동경, 문화적 갈증 등으로 표현할 수 있는 트렌드

21 정답 ⑤
출제영역 CHAPTER 07 > SECTION 01

'로렌트(Laurent)'와 '캐퍼러(Kapferer)'가 제시한 관여도 측정에 필요한 차원에는 부정적 결과의 중요성, 잘못 선택할 가능성, 쾌락적 가치, 상징적 가치가 있다.

22 정답 ④
출제영역 CHAPTER 07 > SECTION 01

'레트로 마케팅'은 과거를 회고한다는 의미이며, 과거 향수를 불러일으킬 수 있는 아이템을 현대인의 기호와 필요에 맞게 해석하는 복고 유행 마케팅 유형이다.

23 정답 ①
출제영역 CHAPTER 07 > SECTION 02

내부 지향적이며 운영 지향적인 것은 '고객관계관리(CRM)'의 특징이다. '고객경험관리(CEM)'는 고객중심적이다.

24 정답 ③
출제영역 CHAPTER 07 > SECTION 02

4단계에서는 고객가치측정 모델에 의해 현재의 가치 수준을 측정하고 핵심가치(Core Value)를 추출한다.

25 정답 ④
출제영역 CHAPTER 07 > SECTION 03

'상층흡수가격 전략'을 사용해야 할 경우는 다음과 같다.
- 투자액을 조기에 회수할 목적이거나 수요의 가격탄력도가 낮은 제품인 경우
- 대량생산이 어려운 경우
- 고(高)가격이 정당하게 받아들여지는 경우
- 서비스의 법적 보호 또는 기타 이유로 경쟁사가 참여하기 어려운 경우

3과목 고객관리 실무론 ▶ P.296

01	①	02	④	03	④	04	②	05	⑤
06	②	07	⑤	08	①	09	①	10	③
11	⑤	12	⑤	13	⑤	14	③	15	④
16	④	17	①	18	④	19	④	20	⑤
21	③	22	①	23	⑤	24	⑤	25	④

01
정답 ①

출제영역 CHAPTER 01 > SECTION 01

'메라비언의 법칙(Law of Mehrablan)'은 다음과 같다.
- 시각적인 요소: 표정이나 시선, 자세(태도), 옷차림 등
- 청각적인 요소: 목소리나 목소리의 고저 등
- 언어적인 요소: 말의 내용, 전문지식 등

02
정답 ④

출제영역 CHAPTER 01 > SECTION 01

통화 도중에 상대방을 기다리게 할 때는 주위의 대화내용이나 소음이 들리지 않도록 수화기를 손으로 가리거나 대기 버튼을 누른다.

03
정답 ④

출제영역 CHAPTER 01 > SECTION 02

고객 배려, 고객 참여, 고객 감동 기법의 발굴과 교육훈련 등은 '고객 서비스성'에 대한 내용이다.

04
정답 ②

출제영역 CHAPTER 01 > SECTION 03

'개별 코칭'에 대한 설명이다.

| 오답 해설 |
① 프로세스 코칭: 일정한 형식을 유지하면서 진행되는 방식으로 콜센터에서 가장 흔히 사용하는 형태이다.
③ 스팟 코칭: 짧은 시간에 콜센터의 상담원을 대상으로 수시로 주의를 집중시켜 적극적이고 긍정적인 참여를 통해 성취를 향상시키는 고도의 기술을 요하는 형태이다.
④ 풀 코칭: 짧은 미니 코칭보다는 코칭 시간이 길고 코칭의 내용이 구체적으로 이루어지며 모니터링 평가표에 따라 업무 및 2~3개의 통화품질 기준에 관한 내용을 가지고 진행하는 코칭이다.
⑤ 그룹 코칭: 콜센터에서 적정 수준의 통화품질을 유지하기 위해서 시행되는 코칭이며 일대 다수의 형태로 진행된다.

05
정답 ⑤

출제영역 CHAPTER 01 > SECTION 03

고객들의 반론을 극복하기 위해서 반론 상황에 따른 스크립트를 작성하여 이를 충분히 연습한다.

06
정답 ②

출제영역 CHAPTER 01 > SECTION 03

콜센터 조직의 일반적인 특성은 다음과 같다.
- 비정규직 중심의 전문조직
- 특정 업무의 선호
- 커뮤니케이션 장벽
- 독특한 집단의식, 한우리 문화
- 개인 편차

07
정답 ⑤

출제영역 CHAPTER 02 > SECTION 01

'불평을 표현하는 사람' 유형은 적극적인 불평을 통해 기업에게 두 번째 기회를 준다.

08
정답 ①

출제영역 CHAPTER 02 > SECTION 04

'굿맨(Goodman)'은 고객만족이란 비즈니스와 기대에 부응한 결과로서 상품, 서비스의 재구매가 이루어지고 아울러 고객의 신뢰감이 연속되는 상태라고 정의했다.

09
정답 ①

출제영역 CHAPTER 02 > SECTION 06

'교사'의 역할에 대한 설명이다.

| 오답 해설 |
② 멘토: 전문적이고 구체적인 지식이나 지혜를 가지고 도움을 주는 내용 전문가이다.
③ 후원자: 직원들이 개인적인 성장과 경력상 목표를 달성하는 데 도움이 되는 업무가 무엇인지 결정하는 것을 도와주는 사람이다.
④ 평가자: 특정 상황하에 직원의 성과를 관찰하여 적절한 피드백이나 지원을 하기로 직원과 약속한 사람이다.
⑤ 역할모델: 말한 바를 행동으로 보여주는 역할을 수행하면서 직원들의 기업문화에 적합한 리더십 유형을 보여준다.

10 정답 ③
출제영역 CHAPTER 02 > SECTION 05

보상에 쓰는 돈의 총액 중에서 불평 처리에 드는 비용은 적은 부분밖에 차지하지 않지만 고객에게 보여주는 데는 굉장한 효과가 있다.

11 정답 ⑤
출제영역 CHAPTER 03 > SECTION 01

'일관성의 오류'에 대한 설명이다.

| 오답 해설 |
① 맥락 효과(Context Effect): 처음의 정보가 나중에 제시된 정보의 처리 지침이 되고 전반적인 맥락을 결정지어 주는 것이다.
② 초두 효과(Primacy Effect): 상대방에게 전달되는 이미지 중에서 처음에 강하게 들어 온 정보는 전체적인 이미지의 판단에 결정적이라는 것이다.
③ 파노플리 효과(Panoplie Effect): 소비자가 특정제품을 소비하면 유사한 급의 제품을 소비하는 소비자 집단과 같아진다는 환상을 갖게되는 현상을 일컫는 용어이다.
④ 인지적 구두쇠: 인상형성에서 사람들은 상대를 판단할 때 가능하면 노력을 덜 들이면서 결론에 도달한다.

12 정답 ⑤
출제영역 CHAPTER 03 > SECTION 02

사람들이 길게 줄을 서 있는 구내식당에서 직장 선배를 만났을 경우 목례가 적합하다.

13 정답 ⑤
출제영역 CHAPTER 03 > SECTION 03

'제의례(제사)'는 자손이 조상을 받드는 귀한 일로 평상시의 공수 자세를 취해야 한다.

| 오답 해설 |
① 공수는 남자와 여자의 손 위치가 다르다.
② 공수는 평상시와 흉사시가 다르다.
③ 여자는 평상시 오른손을 위로, 흉사 시 왼손을 위로 한다.
④ 남자는 평상시 왼손을 위로, 흉사 시 오른손을 위로 한다.

14 정답 ③
출제영역 CHAPTER 04 > SECTION 01

간단히 인사나 악수가 끝난 뒤에 명함을 교환하는 것이 매너이다.

15 정답 ④
출제영역 CHAPTER 04 > SECTION 02

MICE 산업의 구성 요소는 다음과 같다.
- Meeting(기업회의)
- Incentive Travel(포상관광)
- Convention(국제회의)
- Exhibition(전시)

16 정답 ④
출제영역 CHAPTER 04 > SECTION 02

의전의 원칙(5R)은 다음과 같다.
- 상대에 대한 존중(Respect)과 배려(Consideration)
- 문화의 반영(Reflecting Culture) 등 가변성(Variability)
- 상호주의(Reciprocity)
- 서열(Rank)
- 오른쪽(Right)이 상석

17 정답 ①
출제영역 CHAPTER 04 > SECTION 02

프랑스에서 카네이션은 장례식에 많이 사용되어 죽음과 관련이 있기 때문에 선물로 피해야 한다.

18 정답 ④
출제영역 CHAPTER 05 > SECTION 01

「소비자기본법」제16조(소비자분쟁의 해결)에 해당하는 내용이다.

19 정답 ④
출제영역 CHAPTER 05 > SECTION 01

「소비자기본법」제21조(기본계획의 수립 등)에 명시된 공정거래위원회 소비자정책에 관한 기본계획은 다음과 같다.
- 소비자정책과 관련된 경제·사회 환경의 변화
- 소비자정책의 기본방향
- 소비자정책의 목표
- 소비자정책의 추진과 관련된 재원의 조달방법
- 어린이 위해방지를 위한 연령별 안전기준의 작성
- 그 밖에 소비자정책의 수립과 추진에 필요한 사항

20 정답 ⑤
출제영역 CHAPTER 05 > SECTION 01

「소비자기본법 시행령」 제2조(소비자의 범위)에 명시된 소비자 중 물품 또는 용역을 생산활동을 위하여 사용하는 자의 범위는 다음과 같다.
- 제공된 물품 또는 용역(물품)을 최종적으로 사용하는 자. 다만, 제공된 물품등을 원재료(중간재), 자본재 또는 이에 준하는 용도로 생산활동에 사용하는 자는 제외한다.
- 제공된 물품 등을 농업(축산업) 및 어업활동을 위하여 사용하는 자. 다만, 「원양산업발전법」 제6조 제1항에 따라 해양수산부장관의 허가를 받아 원양어업을 하는 자는 제외한다.

21 정답 ③
출제영역 CHAPTER 06 > SECTION 01

'와이블(Weible)'의 개인정보 분류에서 이름, 주민등록번호, 운전면허정보, 주소, 전화번호, 생년월일, 출생지, 본적지, 성별, 국적 등은 일반정보에 해당한다.

| 오답 해설 |
① 소득정보: 현재 봉급액, 봉급경력, 보너스 및 수수료, 기타 소득의 원천, 이자소득, 사업소득
② 법적정보: 전과기록, 자동차 교통위반기록, 파산 및 담보 기록, 구속기록, 이혼기록, 납세기록
④ 신용정보: 대부 잔액 및 지불상황, 저당, 신용카드, 지불연기 및 미납의 수, 임금압류 통보에 대한 기록
⑤ 조직정보: 노조가입, 종교단체 가입, 정당가입, 클럽회원

22 정답 ①
출제영역 CHAPTER 06 > SECTION 01

「개인정보 보호법」 제4조(정보주체의 권리)에 명시된 내용은 다음과 같다.
- 개인정보의 처리에 관한 정보를 제공받을 권리
- 개인정보의 처리에 관한 동의 여부, 동의 범위 등을 선택하고 결정할 권리
- 개인정보의 처리 여부를 확인하고 개인정보에 대한 열람(사본 발급 포함) 및 전송을 요구할 권리
- 개인정보의 처리 정지, 정정·삭제 및 파기를 요구할 권리
- 개인정보의 처리로 인하여 발생한 피해를 신속하고 공정한 절차에 따라 구제받을 권리
- 완전히 자동화된 개인정보 처리에 따른 결정을 거부하거나 그에 대한 설명 등을 요구할 권리

23 정답 ⑤
출제영역 CHAPTER 07 > SECTION 01

'OJL(On the Job Learning)'은 직무 관련 자기개발로 학습자의 자기주도적인 학습을 바탕으로 한다. 본인의 능력개발을 위해 경영관리상, 직무 수행상 필요한 목표를 스스로 설정하게 하고 회사는 소정의 절차를 통해 이를 지원하는 방법이다. 자기학습(SML), 실천학습(Action Learning) 등을 예로 들 수 있다.

24 정답 ⑤
출제영역 CHAPTER 07 > SECTION 01

성인 학습자는 자기주도적 학습을 원한다.

25 정답 ④
출제영역 CHAPTER 07 > SECTION 02

'단순성'은 전하려고 하는 필수적인 정보만을 제공한다.
| 오답 해설 |
① 원근법: 공간을 느끼게 하고 입체감을 준다.
② 조직성: 내용의 배열에 흐름이 있어야 한다.
③ 강조성: 중요한 부분을 두드러지게 보이도록 한다.
⑤ 균형성: 심미적으로 좋은 배치가 되도록 한다.

memo

memo

memo

고객의 꿈, 직원의 꿈, 지역사회의 꿈을 실현한다

펴낸곳 (주)에듀윌　**펴낸이** 양형남　**출판총괄** 김기철　**에듀윌 대표번호** 1600-6700
주소 서울시 구로구 디지털로 34길 55 코오롱싸이언스밸리 2차 3층
© 2025 eduwill. Created with AI assistance.
협의 없는 무단 복제는 법으로 금지되어 있습니다.

에듀윌 도서몰　· 부가학습자료 및 정오표: 에듀윌 도서몰 > 도서자료실
book.eduwill.net　· 교재 문의: 에듀윌 도서몰 > 문의하기 > 교재(내용, 출간) / 주문 및 배송

꿈을 현실로 만드는
에듀윌

DREAM

공무원 교육
- 선호도 1위, 신뢰도 1위! 브랜드만족도 1위!
- 합격자 수 2,100% 폭등시킨 독한 커리큘럼

자격증 교육
- 9년간 아무도 깨지 못한 기록 합격자 수 1위
- 가장 많은 합격자를 배출한 최고의 합격 시스템

직영학원
- 검증된 합격 프로그램과 강의
- 1:1 밀착 관리 및 컨설팅
- 호텔 수준의 학습 환경

종합출판
- 온라인서점 베스트셀러 1위!
- 출제위원급 전문 교수진이 직접 집필한 합격 교재

어학 교육
- 토익 베스트셀러 1위
- 토익 동영상 강의 무료 제공

콘텐츠 제휴·B2B 교육
- 고객 맞춤형 위탁 교육 서비스 제공
- 기업, 기관, 대학 등 각 단체에 최적화된 고객 맞춤형 교육 및 제휴 서비스

부동산 아카데미
- 부동산 실무 교육 1위!
- 상위 1% 고소득 창업/취업 비법
- 부동산 실전 재테크 성공 비법

학점은행제
- 99%의 과목이수율
- 17년 연속 교육부 평가 인정 기관 선정

대학 편입
- 편입 교육 1위!
- 최대 200% 환급 상품 서비스

국비무료 교육
- '5년우수훈련기관' 선정
- K-디지털, 산대특 등 특화 훈련과정
- 원격국비교육원 오픈

에듀윌 교육서비스 **AI 교육** AI 프롬프트 연구소/AI CLASS(ChatGPT/AICE/노션 AI/중개업 AI 등) **공무원 교육** 9급공무원/소방공무원/계리직공무원 **자격증 교육** 공인중개사/주택관리사/손해평가사/감정평가사/노무사/전기기사/경비지도사/검정고시/소방설비기사/소방시설관리사/사회복지사급/대기환경기사/수질환경기사/건축기사/토목기사/직업상담사/청소년상담사/전기기능사/산업안전기사/산업위생관리기사/건설안전기사/위험물산업기사/위험물기능사/설비보전기사/에너지관리기사/유통관리사/물류관리사/행정사/한국사능력검정/한경TESAT/매경TEST/KBS한국어능력시험·실용글쓰기/국제무역사/무역영어 **어학 교육** 토익 교재/토익 동영상 강의 **금융/IT/비즈니스** 전산세무회계/ERP정보관리사/재경관리사/정보처리기사/컴퓨터활용능력/SQLD/ADsP **대학 편입** 편입영어·수학/연고대/의약대/경찰대/논술/면접 **직영학원** 공무원학원/소방학원/공인중개사 학원/주택관리사 학원/전기기사 학원/편입학원 **종합출판** 공무원·자격증 수험교재 및 단행본 **학점은행제** 교육부평가인정기관 원격평생교육원(사회복지사2급/경영학/CPA) **콘텐츠 제휴·B2B 교육** 교육 콘텐츠 제휴/기업 맞춤 자격증 교육/대학취업역량 강화 교육 **부동산 아카데미** 부동산 창업CEO/부동산 경매마스터/부동산 컨설팅 **주택취업센터** 실무 특강/실무 아카데미 **국비무료 교육(국비교육원)** 전기기능사/전기(산업)기사/소방설비(산업)기사/IT(빅데이터/자바프로그램/파이썬)/게임그래픽/3D프린터/실내건축디자인/웹퍼블리셔/그래픽디자인/영상편집(유튜브) 디자인/온라인 쇼핑몰광고 및 제작(쿠팡, 스마트스토어)/전산세무회계/컴퓨터활용능력/ITQ/GTQ/직업상담사

교육문의 1600-6700 www.eduwill.net

· 2022 소비자가 선택한 최고의 브랜드 공무원·자격증 교육 1위 (조선일보) · 2023 대한민국 브랜드만족도 공무원·자격증·취업·학원·편입·부동산 실무 교육 1위 (한경비즈니스) · 2017/2022 에듀윌 공무원 과정 최종 환급자 수 기준 · 2023년 성인 자격증, 공무원 직영학원 기준 · YES24 공인중개사 부문, 2025 에듀윌 공인중개사 이영방 필살키 부동산학개론 (2025년 10월 월별 베스트) 그 외 다수 · YES24 한국산업인력공단 부문, 2025 에듀윌 산업안전기사 필기 한권끝장 (2025년 10월 월별 베스트) 그 외 다수 · 교보문고 취업/수험서 부문, 2025 에듀윌 공기업 코레일 한국철도공사 실전모의고사 9+2+4회(2025년 2월 1일~2월 28일, 인터넷 월간 베스트) 그 외 다수 · 알라딘 시사/상식 부문, 2025 최신판 에듀윌 취업 공기업 기출 일반상식(2025년 6월 5주 주별 베스트) 그 외 다수 · YES24 컴퓨터활용능력 부문, 2024 컴퓨터활용능력 1급 필기 초단기끝장(2023년 10월 3~4주 주별 베스트) 그 외 다수 · YES24 신규자격증 부문, 2025 에듀윌 SQL 개발자 SQLD 2주끝장+무료특강(2025년 10월 월별 베스트) 그 외 다수 · YES24 eBook 부문, 2025 에듀윌 취업 SKCT SK그룹 종합역량 통합기본서 (2025년 10월 월별 베스트) 그 외 다수 · YES24 국어 외국어사전영어 토익/TOEIC 기출문제/모의고사 분야 베스트셀러 1위 (에듀윌 토익 READING RC 4주끝장 리딩 종합서, 2022년 10월 4주 주별 베스트) · 에듀윌 토익 교재 입문~실전 인강 무료 제공 (2022년 최신 강좌 기준/1092강) · 2024년 종강반 중 모든 평가항목 정상 참여자 기준, 99% (평생교육원 기준) · 2008년~2024년까지 234만 누적수강학점으로 과목 운영 (평생교육원 기준) · 에듀윌 국비교육원 구로센터 고용노동부 지정 "5년우수훈련기관" 선정 (2023~2027) · KRI 한국기록원 2016, 2017, 2019년 공인중개사 최다 합격자 배출 공식 인증 (2025년 현재까지 업계 최고 기록)